诸城市政协文史资料丛书

刘统勋刘墉桥梓年谱

张其凤 著

政协诸城市委员会 编

天津古籍出版社
天津出版传媒集团

图书在版编目（CIP）数据

刘统勋刘墉桥梓年谱／张其凤著；政协诸城市委员会编．—天津：天津古籍出版社，2024.1
ISBN 978-7-5528-1444-6

Ⅰ.①刘…　Ⅱ.①张…　②政…　Ⅲ.①刘统勋－年谱②刘墉（1719-1804）－年谱　Ⅳ.①K827=49

中国国家版本馆CIP数据核字（2024）第041405号

刘统勋刘墉桥梓年谱
LIU TONGXUN LIU YONG QIAOZI NIANPU

张其凤／著　政协诸城市委员会／编

出　　版	天津古籍出版社
出 版 人	张　玮
地　　址	天津市和平区西康路35号康岳大厦
邮政编码	300051
邮购电话	（022）23517902

责任编辑　门　辉
封面设计　张其凤

印　　刷	山东黄氏印务有限公司
经　　销	新华书店
开　　本	787毫米×1092毫米　1/16
印　　张	32
字　　数	532千字
版次印次	2024年1月第1版　2024年1月第1次印刷
定　　价	180.00元

《刘统勋刘墉桥梓年谱》编委会

主　任：王爱民

副主任：张其凤　张海轶　吴建智　宗素霞　袁柳天
　　　　韩瑞玉　王江涌　韩培武　管常青　王洪发
　　　　王学斌

委　员：梁清波　张佳伟　刘　瑛　丁洪美　田洪文
　　　　王海勇　孙小波　赵东芳　万　军　窦烨刚
　　　　石恒福　蒋　超　赵　斓　丁　平　王忠伟

序 一

陈振濂

清代中叶，山左金石文艺发达。书法史上的刘墉俨然为首选大端。世云"浓墨宰相淡墨探花"，虽二者并举，要之刘墉之庙堂地位江湖名声与分量，当远胜于王文治。加上其时毕沅、阮元著《山左金石志》，访碑考据著述之风盛行，尚质、尚朴、尚厚、尚醇是当时审美主导。于是，刘墉书法的厚重，仿佛又与金石学牵上了因缘。一个是书法史、一个是金石学史，双重加持，遂成就了刘墉的文艺史至高地位。

再以刘墉家族自雍乾之世，簪缨世系，短短百年间，竟出了4位翰林、11位进士、42位举人、152位监生。诸城刘氏一门，连乾隆帝都赐旨誉为"海岱高门第"，同时民间风评又称为"天下第一家"。以此观之，刘统勋、刘墉所代表的齐鲁山左文化更以功名仕途到达公卿督抚尚侍之高位，伸延向京师朝廷。以刘氏父子的官场履历对比，如刘统勋历左都御史、陕甘总督漕运总督河道总督、工部刑部吏部三部尚书，而刘墉历官工部、礼部、兵部、吏部四部尚书，这样显赫且持久的地位，显然是同时代绝无仅有，更是历代所罕见的。他们父子的经历、视野、站位、能力、影响，作为今天的学术研究对象，都堪称无与伦比。更再扩而大之，顺藤摸瓜，发现、发展、发掘对他们周边的群体、家族、世系追根溯源的研究，以期勾画出横贯六七世的时代家族镜像，对我们学术界而言，实在是极有必要，甚至是十分急迫的。旧同学张其凤教授以数十年如一日之志，爬罗赐抉，钩沉索隐，成此巨帙，实在是功在千秋。

关于此一成果，不限于已有的极系统严密的具体著述内容，我以为更可以在两个大的学术领域，发挥杰出的开拓作用。

一、年谱史

治学之初，人物研究必先从做年谱开始。这是基础作业，是常识。但顶流的年谱不仅仅限于作为基础而存在，它本身可能就是一部后人绕不开去的学术精品著述。

年谱史最早可以追溯到宋代。昔欧阳修言修史当重"谱牒"之学，至清代章学诚有曰："方志，一方之史也。族谱家谱，一族一家之史也。年谱，一人之史也。"以此标准看来，张其凤的《刘统勋刘墉桥梓年谱》横跨六七代，它的含量，包含着的当是三者中后二者"谱牒学"与"年谱学"合璧的结果。

关于年谱。我少时初治学术，师尊即谆谆嘱咐取径路子要正，尤其对文史名人年谱要有深刻的关注与认知，甚至还可以引为起步伊始的必备台阶。最初曾误以为年谱只是流水账簿，资料堆砌排列，远不如著作论文读起来回肠荡气、酣畅淋漓，所谓有"汉书下酒"之意也。但一进入学术初阶，才知道年谱是知人论世的第一前提。于是忆及前二十年间，我曾用心读过的《陶靖节先生年谱》《王荆公年谱考略》《苏轼年谱》《朱熹年谱》《辛稼轩年谱长编》《刘师培年谱》《梁任公先生年谱长编》《鲁迅年谱》《黄宾虹年谱长编》《齐白石年谱》，以及20世纪90年代初研究"宋词流派美学"时花数月精读夏承焘先生的一生代表作《唐宋词人年谱》。于我自己而言，也在二十年前的2002年百年社庆前，耗时两年，动员博士、硕士同学共同编撰了社会历史上第一部《西泠印社百年史料长编》。有此积累，于年谱编撰、考订相比的研究工作难度，甘苦自承、冷暖自知。编年谱其实也分各种流派方法：以时系年作资料汇总，形成积点成线的脉络线索，是最直观的一种。而于资料作详细考证，去伪存真，纠谬正误，既落实史迹又能有优劣判断，则是有学术思考的一种。再就是在资料收集、梳理的基础上加按语，点出年谱中某一史料证史的追溯过程，突出提示出其中关键、重要、突出的价值。有如诗词的"笺"与"注"，一主前人之成说汇集，一主自家的解析辩证，两相比照，自然可以形成一个立体的学术交叉框架。张其凤这部《刘统勋刘墉桥梓年谱》，我以为其精华重点，正在"按"的部分。有如《四库全书总目提要》的引领作用——问题意识、背景描述、现象分析、因果梳理，万般思考都在其中。这是一个着力小而微，却寻求大而博的做法，没有相当的史学功力，无以为此。

二、家族史

一个刘墉，已经是政治史、文化史，乃至书法史上经久不歇的话题了。再加上父亲刘统勋，一门二宰相，父亲是领班大学士、首席军机大臣；儿子是体仁阁大学士。但父子承传之外，更不可思议的稀罕事，是父子俩竟还构成"科甲望族"，因为都是从"翰林院编修"起的步，即所谓出身极称高贵。这样的士林荣耀，人人艳羡。甚至再有奇观：刘统勋、刘墉和侄刘镮之三世皆为吏部尚书；刘统勋、刘墉、刘镡、刘镮之三世四位皆为翰林，这样漂亮的家族履历，只怕无法有第二例。如前所述，宰相、尚书、翰林、进士、举人、贡生，扎堆而出，门庭之盛，旷代所无。

家族史一直是史学研究中的弱项。与方志学代表的"区域史"、年谱学代表的"名人史"相比，谱牒学所代表的"家族史"因其难于取样而一直不太热。但这种现象并不一定完全"无解"，尤其是在张其凤的《刘统勋刘墉桥梓年谱》成形与他的后记中已经可以看到端倪，更可以据此发现家族史研究振兴的潜在可行性。因为诸城刘氏一门历7世，从雍正、乾隆、嘉庆、道光、咸丰、同治共6朝，除了4位翰林、11位进士、42位举人必然会成为"家族史"中最理想的研究对象之外，我更想起这个大家族中还有一位刘喜海，是钱币学收藏大家、古籍收藏大家、金石学家，也是一位历史学术界大佬。张其凤在后记里提道：他研究刘墉时，正逢西泠印社倡导"重振金石学"风气正盛，有一次在会议上碰面，我说乾、嘉、道、咸前后，山左拥有世罕其匹的陈介祺、吴式芬、刘喜海三大家。陈介祺的研究已很充分，吴式芬的研究尚待加强，而刘喜海则知者极少。嘱咐他能否纠集同道，为《西泠艺丛》编一组刘喜海专辑。结果不但有了数篇高质量的相关论文，张其凤还有一篇5万言的《刘喜海年谱》，真是令人喜出望外。张其凤自言：本意在刘墉、刘喜海之后，欲以诸城刘氏为主脉络进行更大面积的家族研究。但他当时下不了这么规模庞大的决心，于是删繁就简，只限以刘墉父子为中心了。其实，鄙以为：如果以诸城刘氏约20位杰出人才为一个整体视角，显然可以借此推进拓展大历史格局中"家族史""谱牒学"更大的研究成果。念及钱塘丁氏家族从丁国典到丁丙、丁申，直到丁辅之,西泠印社早期就有丁氏"八千卷楼"及一族相关研究著作刊布,但论"家族史"的规模规格,尚不及诸城刘氏。或曰:张其凤教授何不一试?

张其凤教授已有有关刘墉及其家族研究的11部著作问世,其成果影响学界甚大。但我以为《刘统勋刘墉桥梓年谱》应该是他迄今为止用功最勤、创意最多的代表作之一。21世纪以来,我们从"重振金石学"到"大印学",不断推动学术创新,与时俱进。它的拓展范围与路径是先从传统古玺印学到篆刻艺术学,再伸延向古典的文史物化形态——金石学,以及国际化的"世界印章史"视野——图纹与印记。如此,在今天的学术生态中,张其凤一定会获得充裕的施展才华的大空间。

我坚信这一点。

(作者系中国文联副主席,中国书协原副主席,中国文艺评论家协会副主席,西泠印社副社长兼秘书长,中国美院、浙江大学双博导)

海岱有高门（序二）

蒿 峰

其凤打电话来，让我为他的新著《刘统勋刘墉桥梓年谱》写一篇序言。说实在话，虽然明清史是我的本行，但三十多年已经不从事这个专业，学业早已荒废，脑子空空，亦不熟悉学界最近的研究情况，难以承担此重任。但与其凤多年好友，又感动于他三十年孜孜以求研究诸城刘氏家族，付出了常人难及的努力，青灯黄卷，披览群书，成就如此巨著，故而写几句话以表敬佩和祝贺。

其凤多年来致力于诸城刘氏家族研究，佳作迭出，名重士林。他的这本《年谱》是对清中期两位重要政治人物的研究，同时也是其刘氏家族研究的最新成果。在中国封建社会，世家大族在历史的发展中起着非常重要的作用，尤其是累世为官的巨族往往左右着一个朝代的政局和兴衰。因此，家族史研究是历史研究的一个重要领域。明清两代，著名的家族皆是科举起家，累世簪缨，迭代为官，多有建树，对一朝政治影响深远，诸城刘氏家族便是其中翘楚。刘氏家族自刘统勋入仕，继之以刘墉，时间贯穿雍正末年至嘉庆初年，历时七十多年。尤其在乾隆一朝，父子先后为相，在清中期历史上留下了浓墨重彩的一笔。研究刘氏家族、研究刘统勋和刘墉，对于更好地、更深刻地观察清中期的政治、经济、军事，理解社会兴衰具有不可替代的作用。

刘家的历史，最辉煌的莫过于刘统勋、刘墉。诸城刘氏家族，肇兴于明末，清康雍年间始蔚成世家大族局面，于清乾嘉时期达其巅峰状态。自五世至十四世，刘氏家族有7人官至二品以上，3人官至正一品。其家族子弟担任的无品官衔也极为贵重，如在清代人臣中权利最大的军机大臣（刘统勋），人望甚高的上书房总师傅

（刘统勋、刘墉）、四库全书馆正总裁（刘统勋）、副总裁（刘墉）、三通馆总裁、国史馆正总裁、会典馆正总裁、玉牒馆副总裁、经筵讲官等职务。任万众瞩目的科举考试官共25人次。在皇帝离京时，只有社稷重臣才能承领的临时职务"留京办事大臣"，刘统勋、刘墉父子均曾担任过，刘统勋甚至曾经多次担任。从科考角度看，刘氏家族亦无愧于科甲望族称号：刘统勋、刘墉、刘墫、刘镮之三世4位翰林，刘必显、刘果、刘棨、刘统勋、刘维焯、刘纯炜、刘墫、刘墉、刘诗、刘镮之、刘泌六世11位进士。刘氏家族一门共出了42个举人、152个监生（含18个贡生）、59个庠生，可谓人才辈出，功名称盛。再从学术艺事角度来看，刘氏同样无愧于文化世家的盛誉。刘统勋为有清一代水利、刑名名臣，刘墉书法为清代帖学之冠，刘奎为清代一流瘟疫学大家，刘喜海为中国近现代钱币学的奠基人、一流的金石学家、古籍鉴藏大家。这些实学或艺文成就，不仅在清代山东，少有世家可以比肩，即使置之全国，亦属凤毛麟角。正因如此，乾隆称刘氏家族为"海岱高门第"。又因刘墉氏家族子弟仕宦者爱民如子，深受百姓拥戴，老百姓就在民间故事中将自己对刘墉氏家族的好感与来自帝王的推誉相呼应，经常指称刘墉氏家族为"天下第一家"，遂使刘墉氏家族的声望在全国大家族中声名鹊起，成为有清一代世家望族的杰出代表。

历览刘统勋、刘墉父子一世风云，其为人为官可概括为"忠、能、正、清"四个字。父子二人谋国以忠，忠于大清、忠于皇上，上忧庙堂，下忧百姓，为官为相，无不是从大清、从皇上的根本利益出发，体恤黎民百姓，巩固大清江山，体现了一名大臣的社稷和民本意识；父子二人谋事以"能"，有担当，能办事，会办事，办成事，他们在位上都能抛却个人利益，勇于任事，解决难题，平抑风波，体现出了能臣的处世风范；父子二人立朝以"正"，刘统勋身为首席军机大臣，刘墉同父一样位至领班大学士，位极人臣，正色立朝，扬善除恶，对朝廷用正人而远小人，表现了父子二人的"名相"风度；父子二人立朝以"清"，一生廉洁，洁身自好，为清中期官场立一典型，表现出一代名臣的道德追求。当然，作为封建时代的大臣，他们不可避免地具有这样那样的局限性，但他们的学问、担当、人品、风范，依旧对21世纪的世风有深刻的影响与借鉴作用。

其凤是当代著名的书法家，他在习书中，开始注意刘墉，研究刘墉，进而研究整个刘氏家族。数十年如一日，广搜博求，孜孜不倦，集腋成裘，在尽可能全面占有史料的基础上，爬梳抉微，对刘氏家族和家族中的重要人物进行深入研究，提出自己的见解，自成一家。因为我俩有共同的爱好，交往三十多年来，经常在一起探讨明清地方史、刘氏家族史的有关问题。20世纪90年代，其凤经常来济南搜寻刘氏家族史料，他的刻苦精神时常令我感动。除济南以外，他还常跑青岛、北京、上海、杭州、太原，以及潍坊各地图书馆、博物馆查阅史料。在潍坊图书馆查阅资料时，他的手脚被冻伤；在故宫博物院清宫档案馆查阅资料时，背部因炎炎西晒的夏日而被灼伤，痱子一层叠一层，迄今仍留有背部一出汗便瘙痒难耐的毛病。几十年如一日，委实不易，曾经有几次，他找到我，为其到省图书馆、省博物馆搜集罕见的刘氏资料提供方便。在此追述一段往事，让我们从中体会一下其凤搜集资料的执着与不易。《槎河山庄图》堪称诸城刘氏家族的传家之宝，上面附有二十多件从帝王到军机大臣，到大学士，再到其他文武名公巨卿的累累题跋，其中有嘉庆皇帝、纪晓岚、庆桂、梁国治、嵇璜、胡季堂、朱珪、黄钺、德宝、英和、阮元、程恩泽、吴荣光等手泽，最后一件则是大名鼎鼎的林则徐。这可是研究刘墉家族历史及交游的第一手资料。为了一见这第一手资料的真容，其凤的经历真可称得上一波三折。他先是从纪晓岚的一首诗中得知这一信息，后十余年间，多次听说某地某人存有此图，便多次到这些地方的陌生人家登门拜访，但每一次拜访的结果，用其凤的话来说都是失望。因为他凭借其书画鉴定经验和对此图内容的了解，一看即知这些都并非真迹。直至有人说此图在"文革"期间毁于刘墉故里，他才在嗟叹之余放下了对这一史料的追逐。但他隐隐有一种预感，此图尚在人间，因此总是在有意无意之间，仍然关注、追踪此图的消息。后来好巧不巧，在网上浏览香港专栏作家董桥的散文时，他竟突然发现了有关此图下落的一条特别靠谱的消息，原来此图在20世纪60年代初流落到了赵朴初学术秘书、大收藏家周绍良之手。为此，其凤买了周绍良的著作《蓄墨小言》，想从中进一步寻找此图的下落，但从中除了得到几条刘墉小妾学书与刘氏"清爱堂墨"等几条史料外，其他并无所获。一向执着的其凤对此并不甘心，就另辟蹊径，搜寻周绍良亲友的回忆文章，结果在《炎黄春秋》一期杂

（刘统勋、刘墉）、四库全书馆正总裁（刘统勋）、副总裁（刘墉）、三通馆总裁、国史馆正总裁、会典馆正总裁、玉牒馆副总裁、经筵讲官等职务。任万众瞩目的科举考试官共25人次。在皇帝离京时，只有社稷重臣才能承领的临时职务"留京办事大臣"，刘统勋、刘墉父子均曾担任过，刘统勋甚至曾经多次担任。从科考角度看，刘氏家族亦无愧于科甲望族称号：刘统勋、刘墉、刘墫、刘镮之三世4位翰林，刘必显、刘果、刘棨、刘统勋、刘维焯、刘纯炜、刘墫、刘墉、刘诗、刘镮之、刘泌六世11位进士。刘氏家族一门共出了42个举人、152个监生（含18个贡生）、59个庠生，可谓人才辈出，功名称盛。再从学术艺事角度来看，刘氏同样无愧于文化世家的盛誉。刘统勋为有清一代水利、刑名名臣，刘墉书法为清代帖学之冠，刘奎为清代一流瘟疫学大家，刘喜海为中国近现代钱币学的奠基人、一流的金石学家、古籍鉴藏大家。这些实学或艺文成就，不仅在清代山东，少有世家可以比肩，即使置之全国，亦属凤毛麟角。正因如此，乾隆称刘氏家族为"海岱高门第"。又因刘墉氏家族子弟仕宦者爱民如子，深受百姓拥戴，老百姓就在民间故事中将自己对刘墉氏家族的好感与来自帝王的推誉相呼应，经常指称刘墉氏家族为"天下第一家"，遂使刘墉氏家族的声望在全国大家族中声名鹊起，成为有清一代世家望族的杰出代表。

历览刘统勋、刘墉父子一世风云，其为人为官可概括为"忠、能、正、清"四个字。父子二人谋国以忠，忠于大清、忠于皇上，上忧庙堂，下忧百姓，为官为相，无不是从大清、从皇上的根本利益出发，体恤黎民百姓，巩固大清江山，体现了一名大臣的社稷和民本意识；父子二人谋事以"能"，有担当，能办事，会办事，办成事，他们在位上都能抛却个人利益，勇于任事，解决难题，平抑风波，体现出了能臣的处世风范；父子二人立朝以"正"，刘统勋身为首席军机大臣，刘墉同父一样位至领班大学士，位极人臣，正色立朝，扬善除恶，对朝廷用正人而远小人，表现了父子二人的"名相"风度；父子二人立朝以"清"，一生廉洁，洁身自好，为清中期官场立一典型，表现出一代名臣的道德追求。当然，作为封建时代的大臣，他们不可避免地具有这样那样的局限性，但他们的学问、担当、人品、风范，依旧对21世纪的世风有深刻的影响与借鉴作用。

其凤是当代著名的书法家，他在习书中，开始注意刘墉，研究刘墉，进而研究整个刘氏家族。数十年如一日，广搜博求，孜孜不倦，集腋成裘，在尽可能全面占有史料的基础上，爬梳抉微，对刘氏家族和家族中的重要人物进行深入研究，提出自己的见解，自成一家。因为我俩有共同的爱好，交往三十多年来，经常在一起探讨明清地方史、刘氏家族史的有关问题。20世纪90年代，其凤经常来济南搜寻刘氏家族史料，他的刻苦精神时常令我感动。除济南以外，他还常跑青岛、北京、上海、杭州、太原，以及潍坊各地图书馆、博物馆查阅史料。在潍坊图书馆查阅资料时，他的手脚被冻伤；在故宫博物院清宫档案馆查阅资料时，背部因炎炎西晒的夏日而被灼伤，痱子一层叠一层，迄今仍留有背部一出汗便瘙痒难耐的毛病。几十年如一日，委实不易，曾经有几次，他找到我，为其到省图书馆、省博物馆搜集罕见的刘氏资料提供方便。在此追述一段往事，让我们从中体会一下其凤搜集资料的执着与不易。《槎河山庄图》堪称诸城刘氏家族的传家之宝，上面附有二十多件从帝王到军机大臣，到大学士，再到其他文武名公巨卿的累累题跋，其中有嘉庆皇帝、纪晓岚、庆桂、梁国治、嵇璜、胡季堂、朱珪、黄钺、德宝、英和、阮元、程恩泽、吴荣光等手泽，最后一件则是大名鼎鼎的林则徐。这可是研究刘墉家族历史及交游的第一手资料。为了一见这第一手资料的真容，其凤的经历真可称得上一波三折。他先是从纪晓岚的一首诗中得知这一信息，后十余年间，多次听说某地某人存有此图，便多次到这些地方的陌生人家登门拜访，但每一次拜访的结果，用其凤的话来说都是失望。因为他凭借其书画鉴定经验和对此图内容的了解，一看即知这些都并非真迹。直至有人说此图在"文革"期间毁于刘墉故里，他才在嗟叹之余放下了对这一史料的追逐。但他隐隐有一种预感，此图尚在人间，因此总是在有意无意之间，仍然关注、追踪此图的消息。后来好巧不巧，在网上浏览香港专栏作家董桥的散文时，他竟突然发现了有关此图下落的一条特别靠谱的消息，原来此图在20世纪60年代初流落到了赵朴初学术秘书、大收藏家周绍良之手。为此，其凤买了周绍良的著作《蓄墨小言》，想从中进一步寻找此图的下落，但从中除了得到几条刘墉小妾学书与刘氏"清爱堂墨"等几条史料外，其他并无所获。一向执着的其凤对此并不甘心，就另辟蹊径，搜寻周绍良亲友的回忆文章，结果在《炎黄春秋》一期杂志上找到周绍良女儿的一篇回忆文章，由此方知此图已被周绍良转赠其堂兄山东工业大学的周教授，周教授收藏有年后又将此图捐赠给了山东省博物馆。这可真是"山重水复疑无路，柳暗花明又一村"。得知这一消息后，其凤兴高采烈地打电话给我，要求务必提供方便，让他能够一睹此图真容。看来也是缘分到了，其凤到博物馆时，恰好此图正在展出，其凤遂一偿二十多年追逐此图的夙愿。

其凤的成功不是偶然的，十余本专著，是在汗水浇灌下开出的灿烂花朵。期待着其凤在书法和历史研究中取得更大的成绩。

（作者系山东省人民政府原党组成员、秘书长，大型地方文献丛书《山东地方文献集成》副主编）

凡 例

（一）本年谱以刘统勋、刘墉生平、政事、水利、刑名、文化、艺事为主，冠以●分列。

（二）为便于把握家族整体情形，兼及家庭人事，也冠以●分列。

（三）对时事及与刘统勋、刘墉相关重要人物事也精选列入，以○表示。

（四）对需要特别说明之事，加编者"按"语。

（五）每年纪事，月份清楚者置月份不明者前；月内日期清楚者一般居不明者前，同一月日期不明但其事明显居前者，其事仍置于前；遇月份不明事两条以上者，依笔者所了解背景别其顺序。

（六）鉴于以往所见诸多年谱资料不标来源，致有疑惑，亦无从稽考，故本年谱资料尽量表明来源。

（七）年谱内所有日期均按中国农历纪年计算。《清实录》以干支兼月相纪日者，于今日读者理解殊多不便，一律转换为今日读者所熟悉纪日法。

（八）刘统勋与刘墉为有清一朝父子名相，其事记于史料者实多，然年谱终以史料翔实、时间线索清楚之《清实录》资料最为重要。因今日读者对《清实录》所述事件的背景、人名、地名、术语，乃至语言表述方式多有隔膜，以致阅读如棘随步，障碍颇多，故对所涉刘统勋资料均在加以标点符号之后，以纲目方式呈现——《清实录》每条与刘统勋相关者以数语概而言之为纲，相关之事以原文形式附之于后为目。庶几可使编者即使概括时偶有偏漏之失，也不妨碍读者了解原始史料之本来面目。

（九）对于《清实录》资料，为显示刘统勋、刘墉父子真实境遇，只要与同时朝臣有关联者均将资料完整录出。

（十）刘统勋去世以后与其直接相关大事亦纳入谱内。

（十一）以科举对人生及人脉资源影响巨大，故不避其繁，刘统勋父子及其家人凡参与者，有闻必录。

（十二）家人称谓，刘统勋去世前以刘统勋为准，刘统勋去世以后以刘墉为准。另为尊重今日读者阅读习惯，刘姓一概不省略姓氏。如刘统勋即称刘统勋，而不称统勋。

刘统勋像，纪国英据刘氏祠堂文正公像摹

刘墉像,纪国英据刘氏祠堂文清公像摹

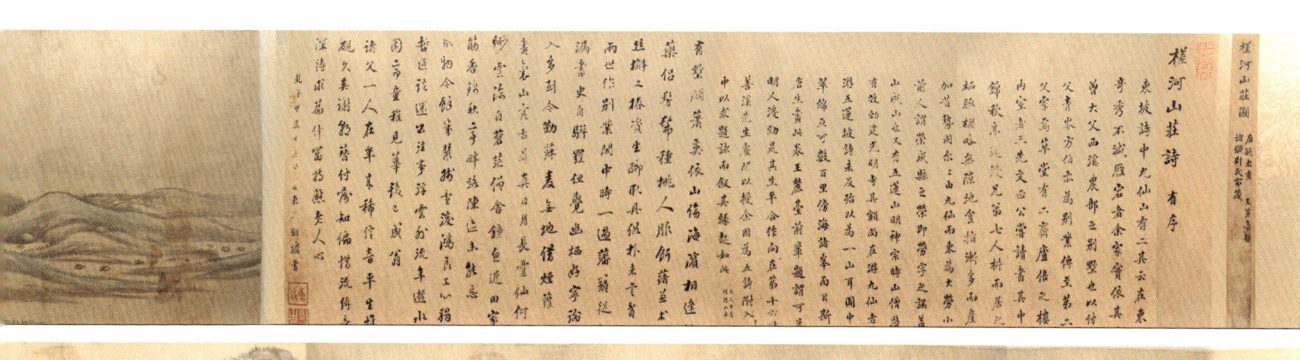

山东博物馆所藏《槎河山庄图》

刘统勋书法扇面

刘墉书法册页

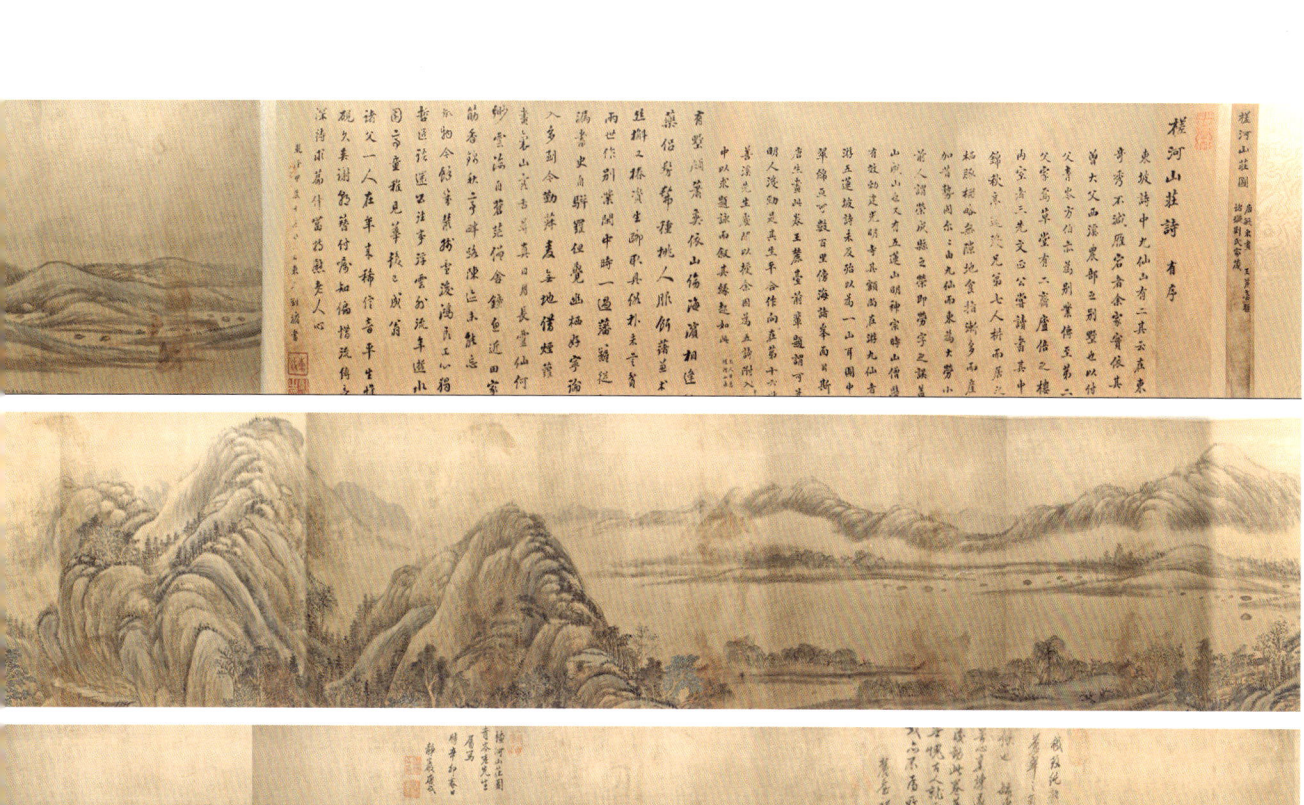

山东博物馆所藏《槎河山庄图》

刘统勋书法扇面

刘墉书法册页

刘墉行书七言联

胜负已判矣。至于颠覆，理固宜然。古人云：以地事秦，犹抱薪救火，薪不尽，火不灭。此言得之。齐人未尝赂秦，终继五国迁灭，何哉？与嬴而不助五国也。五国既丧，齐亦不免矣。燕赵之君，始有远略，能守其土，义不赂秦。是故燕虽小国而后亡，斯用兵之效也。至丹以荆卿为计，始速祸焉。赵尝五战于秦，二败而三胜。后秦击赵者再，李牧连却之。洎牧以谗诛，邯郸为郡，惜其用武而不终也。且燕赵处秦革灭殆尽之际，可谓智力孤危，战败而亡，诚不得已。向使三国各爱其地，齐人勿附于秦，刺客不行，良将犹在，则胜负之数，存亡之理，当与秦相较，或未易量。

呜呼！以赂秦之地封天下

之谋臣，以事秦之心礼天下之奇才，并力西向，则吾恐秦人食之不得下咽也。悲夫！有如此之势，而为秦人积威之所劫，日削月割，以趋于亡。为国者无使为积威之所劫哉！夫六国与秦皆诸侯，其势弱于秦，而犹有可以不赂而胜之之势。苟以天下之大，而从六国破亡之故事，是又在六国下矣。

气韵宏沉 雄局阵 宋寿老

余与石君前辈昕夕相见每语瞻苕竹君言笑宛在目前心光映澈古狂令嗣少河出示此帙乃四十年前录省识故吾殊悦然笑也兼残故纸两世厈奇岂是交谊然以此记古人文字存亡居则弄入吾手三载此来必毅希千金也早车成诵之文令勿还忘藉此温习数过题而归之 石菴记

少时所书卷而是之某不识为何人书也或去书小恚为少时所读之而诵之因灼然怃其曾读也或忘别有会心胜苦年耶不耽自知九不肬自信日月如流殊深悒怏见恒何性正尔依然教此念聊以自慰而已 石菴居士识

刘墉《经史艺文》第二册二跋

似带襟梅花春更发
南渭羌俑深远撩谁
當掩山猿晓自鸣
壬戌臘月八日試墨書舊作

塞上雜詠次韻 雁
片影飛何處黃雲凍不流關山
歷冰雪歲月記春秋結陣臨邊
度傳書到嶺留賓南知面內非
為苦寒愁
漢女和親地秦城築怨年光圓千

帳外色苦萬夫前晃耀經春雪
淒迷絕漠煙雄交在隆嶠偏照勒
燕然月
秋春綠藏青塚秋枯卧鐵衣散來
芳意少惹浮暖煙微燒澗常難
接生稀轉易肥王孫有遠志不為

苦思歸 草
縱苦名難問還憐種競奇有香偏
覺好少態更相宜秋杜詩歌日蒲
葡酒熟時折將曖金鹹絕勝綴踈
籬 花
楊柳無消息榆林感士心近關春色

目 录

上 卷（康熙三十八年—乾隆三十八年） …………………………………………（1）

1699	康熙三十八年	己卯	刘统勋 1 岁		（1）
1701	康熙四十年	辛巳	刘统勋 3 岁		（2）
1702	康熙四十一年	壬午	刘统勋 4 岁		（3）
1703	康熙四十二年	癸未	刘统勋 5 岁		（4）
1704	康熙四十三年	甲申	刘统勋 6 岁		（4）
1708	康熙四十七年	戊子	刘统勋 10 岁		（5）
1709	康熙四十八年	己丑	刘统勋 11 岁		（7）
1710	康熙四十九年	庚寅	刘统勋 12 岁		（8）
1711	康熙五十年	辛卯	刘统勋 13 岁		（10）
1712	康熙五十一年	壬辰	刘统勋 14 岁		（10）
1713	康熙五十二年	癸巳	刘统勋 15 岁		（11）
1714	康熙五十三年	甲午	刘统勋 16 岁		（13）
1715	康熙五十四年	乙未	刘统勋 17 岁		（14）
1717	康熙五十六年	丁酉	刘统勋 19 岁		（15）
1718	康熙五十七年	戊戌	刘统勋 20 岁		（16）
1720	康熙五十九年	庚子	刘统勋 22 岁	刘墉 1 岁	（17）
1721	康熙六十年	辛丑	刘统勋 23 岁	刘墉 2 岁	（18）
1723	雍正元年	癸卯	刘统勋 25 岁	刘墉 4 岁	（18）
1724	雍正二年	甲辰	刘统勋 26 岁	刘墉 5 岁	（19）
1726	雍正四年	丙午	刘统勋 28 岁	刘墉 7 岁	（22）
1727	雍正五年	丁未	刘统勋 29 岁	刘墉 8 岁	（23）
1728	雍正六年	戊申	刘统勋 30 岁	刘墉 9 岁	（24）

· 1 ·

1729	雍正七年	己酉	刘统勋 31 岁	刘墉 10 岁	(25)
1730	雍正八年	庚戌	刘统勋 32 岁	刘墉 11 岁	(25)
1731	雍正九年	辛亥	刘统勋 33 岁	刘墉 12 岁	(28)
1732	雍正十年	壬子	刘统勋 34 岁	刘墉 13 岁	(28)
1733	雍正十一年	癸丑	刘统勋 35 岁	刘墉 14 岁	(30)
1734	雍正十二年	甲寅	刘统勋 36 岁	刘墉 15 岁	(30)
1735	雍正十三年	乙卯	刘统勋 37 岁	刘墉 16 岁	(31)
1736	乾隆元年	丙辰	刘统勋 38 岁	刘墉 17 岁	(33)
1737	乾隆二年	丁巳	刘统勋 39 岁	刘墉 18 岁	(34)
1738	乾隆三年	戊午	刘统勋 40 岁	刘墉 19 岁	(35)
1739	乾隆四年	己未	刘统勋 41 岁	刘墉 20 岁	(38)
1740	乾隆五年	庚申	刘统勋 42 岁	刘墉 21 岁	(40)
1741	乾隆六年	辛酉	刘统勋 43 岁	刘墉 22 岁	(41)
1742	乾隆七年	壬戌	刘统勋 44 岁	刘墉 23 岁	(49)
1743	乾隆八年	癸亥	刘统勋 45 岁	刘墉 24 岁	(51)
1744	乾隆九年	甲子	刘统勋 46 岁	刘墉 25 岁	(54)
1745	乾隆十年	乙丑	刘统勋 47 岁	刘墉 26 岁	(55)
1746	乾隆十一年	丙寅	刘统勋 48 岁	刘墉 27 岁	(58)
1747	乾隆十二年	丁卯	刘统勋 49 岁	刘墉 28 岁	(63)
1748	乾隆十三年	戊辰	刘统勋 50 岁	刘墉 29 岁	(65)
1749	乾隆十四年	己巳	刘统勋 51 岁	刘墉 30 岁	(76)
1750	乾隆十五年	庚午	刘统勋 52 岁	刘墉 31 岁	(77)
1751	乾隆十六年	辛未	刘统勋 53 岁	刘墉 32 岁	(82)
1752	乾隆十七年	壬申	刘统勋 54 岁	刘墉 33 岁	(87)
1753	乾隆十八年	癸酉	刘统勋 55 岁	刘墉 34 岁	(94)
1754	乾隆十九年	甲戌	刘统勋 56 岁	刘墉 35 岁	(119)
1755	乾隆二十年	乙亥	刘统勋 57 岁	刘墉 36 岁	(131)
1756	乾隆二十一年	丙子	刘统勋 58 岁	刘墉 37 岁	(147)
1757	乾隆二十二年	丁丑	刘统勋 59 岁	刘墉 38 岁	(154)

1758	乾隆二十三年	戊寅	刘统勋60岁	刘墉39岁	(171)
1759	乾隆二十四年	己卯	刘统勋61岁	刘墉40岁	(174)
1760	乾隆二十五年	庚辰	刘统勋62岁	刘墉41岁	(183)
1761	乾隆二十六年	辛巳	刘统勋63岁	刘墉42岁	(188)
1762	乾隆二十七年	壬午	刘统勋64岁	刘墉43岁	(205)
1763	乾隆二十八年	癸未	刘统勋65岁	刘墉44岁	(226)
1764	乾隆二十九年	甲申	刘统勋66岁	刘墉45岁	(228)
1765	乾隆三十年	乙酉	刘统勋67岁	刘墉46岁	(229)
1766	乾隆三十一年	丙戌	刘统勋68岁	刘墉47岁	(233)
1767	乾隆三十二年	丁亥	刘统勋69岁	刘墉48岁	(237)
1768	乾隆三十三年	戊子	刘统勋70岁	刘墉49岁	(238)
1769	乾隆三十四年	己丑	刘统勋71岁	刘墉50岁	(252)
1770	乾隆三十五年	庚寅	刘统勋72岁	刘墉51岁	(255)
1771	乾隆三十六年	辛卯	刘统勋73岁	刘墉52岁	(263)
1772	乾隆三十七年	壬辰	刘统勋74岁	刘墉53岁	(268)
1773	乾隆三十八年	癸巳	刘统勋75岁	刘墉54岁	(273)

下　卷（乾隆三十九年—嘉庆九年） ……（286）

1774	乾隆三十九年	甲午	刘墉55岁	(286)
1775	乾隆四十年	乙未	刘墉56岁	(288)
1776	乾隆四十一年	丙申	刘墉57岁	(289)
1777	乾隆四十二年	丁酉	刘墉58岁	(291)
1778	乾隆四十三年	戊戌	刘墉59岁	(297)
1779	乾隆四十四年	己亥	刘墉60岁	(308)
1780	乾隆四十五年	庚子	刘墉61岁	(317)
1781	乾隆四十六年	辛丑	刘墉62岁	(321)
1782	乾隆四十七年	壬寅	刘墉63岁	(335)
1783	乾隆四十八年	癸卯	刘墉64岁	(350)
1784	乾隆四十九年	甲辰	刘墉65岁	(357)
1785	乾隆五十年	乙巳	刘墉66岁	(360)

1786	乾隆五十一年	丙午	刘墉 67 岁	(365)
1787	乾隆五十二年	丁未	刘墉 68 岁	(374)
1788	乾隆五十三年	戊申	刘墉 69 岁	(390)
1789	乾隆五十四年	己酉	刘墉 70 岁	(398)
1790	乾隆五十五年	庚戌	刘墉 71 岁	(406)
1791	乾隆五十六年	辛亥	刘墉 72 岁	(409)
1792	乾隆五十七年	壬子	刘墉 73 岁	(415)
1793	乾隆五十八年	癸丑	刘墉 74 岁	(422)
1794	乾隆五十九年	甲寅	刘墉 75 岁	(435)
1795	乾隆六十年	乙卯	刘墉 76 岁	(435)
1796	嘉庆元年	丙辰	刘墉 77 岁	(438)
1797	嘉庆二年	丁巳	刘墉 78 岁	(445)
1798	嘉庆三年	戊午	刘墉 79 岁	(447)
1799	嘉庆四年	己未	刘墉 80 岁	(452)
1800	嘉庆五年	庚申	刘墉 81 岁	(457)
1801	嘉庆六年	辛酉	刘墉 82 岁	(461)
1802	嘉庆七年	壬戌	刘墉 83 岁	(464)
1803	嘉庆八年	癸亥	刘墉 84 岁	(464)
1804	嘉庆九年	甲子	刘墉 85 岁	(468)

附　录 (477)

　一、诸城刘氏重要人物世系表 (477)

　二、诸城刘氏举人进士年表 (478)

　三、诸城刘氏著述表 (480)

参考文献 (487)

后　记 (493)

上 卷

(康熙三十八年—乾隆三十八年)

1699　康熙三十八年　己卯　刘统勋1岁

○己卯三十八年春二月，康熙奉皇太后南巡。①

○夏六月，以郭琇为湖广总督。②

○秋七月，康熙巡幸塞外。九月，还京师。③

●十二月二十三日戌时，刘统勋生于其父刘棨陕西宁羌州署。④

刘统勋（1699—1773），字尔钝，号延清，为乾隆年间朝中重臣。以敢谏、公正、善断大事、精通水利与刑名著称，积官至首席军机大臣、领班大学士（东阁）。书法与诗歌亦享时名。逝后即由乾隆赐谥"文正"，此实有清一代逝后当下即赐"文正"第一人。娶王氏，同邑庠生王宸嗣公女，累赠一品夫人，年三十九岁，忌八月二十六日；继颜氏，顺天府贡生曲阳县训导颜绍忭公女，封一品夫人；八十岁蒙恩，赐"令寿延祺"扁额；九十岁蒙恩，赐"萱晖颐祉"扁额。享年九十五岁，忌七月十一日。葬白家庄南茔。侧室吴氏、秦氏。子二人：刘墉、刘堪。女一人：适高密县诰授通奉大夫、直隶布政使单功擢。

按：刘统勋生前，父刘棨梦众乞丐至署中求乞，遂以"饥民"为其乳名⑤。

---

① 印鸾章：《清鉴纲目》，长沙：岳麓书社，1987年，第225页。
② 同上。
③ 同上。
④ ［清］刘镮之嘉庆十九年在刘统勋于乾隆二十一年所修《东武刘氏家谱》基础上所修订之《东武刘氏家谱》（简称［清］刘镮之嘉庆十九年修订《东武刘氏家谱》）。
⑤ 此为本人前往刘氏故里做田野考察时，刘氏后裔代代相传，信而有征者。

又按：刘统勋字、号在诸多清代史料中被颠倒，此年谱对刘统勋字、号依据刘统勋于乾隆二十一年（1756）主持并亲自参与编修的《东武刘氏族谱》而定，应该说比较可靠。而且以此来定，刘统勋字、号与其同胞兄弟之字、号也能完全对应起来，此亦足为佐证。刘统勋兄弟十人，字、号分别为：刘缙炤，字书思，号愚庵；刘绂熙，字尔厚，号恬园；刘绶焴，字尔重，号引岚；刘綖煜，字尔振，号岫洲；刘统勋，字尔钝，号延清；刘组焕，字尔立，号桐园；刘维焊，字尔痴，号见三；刘纯炜，字仰仲，号霁庵；刘绂焜，字慎来，号善溪；刘经焘，字常庵，无号。①

1701　康熙四十年　辛巳　刘统勋 3 岁

○辛巳四十年春二月，康熙巡幸畿甸，阅视永定河。庚辰，还京师。②

○三月，命郎中马尔汉往喀尔喀。③

●七月十七日戌时，六弟刘组焕生。④

按：刘组焕，字尔立，号桐园，荫生。初授行人司行人，敕授征仕郎，改补中书科中书，诰授奉直大夫，升授户部福建司主事，诰授朝议大夫。卒于乾隆三十三年（1768），享年六十八岁，忌五月二十日辰时。娶邱氏，同邑邱家大村康熙乙酉（1705）举人、直隶南宫县知县邱性善公女，累赠恭人，年三十四岁，忌三月二十六日；侧室杨氏，年二十八岁，忌八月二十三日，葬白家庄南茔；侧室谢氏，无考。子四人：刘臻、刘畯、刘界、刘𤪺。女二人：长适同邑仉林庄监生孙秉岳，次适潍县乾隆乙卯（1795）举人贵州石阡府知府郭守璞。

又按：刘墉八岁曾从六叔刘组焕读书，其后刘组焕之子刘臻任砀山县令之际，其赠诗耐人寻味。其诗《寄示臻儿》："别来已是再经春，闻尔仁声政克敦。心警桁杨如保赤，情殷桑梓善推恩。清勤永励媲三异，敬慎常怀对九阍。我勉簿书儿抚字，循良家学共图存。"他将"循良"视为家学，视为家族传承的重要内容，应是胸有

---

① ［清］刘镮之嘉庆十九年修订《东武刘氏家谱》。
② 印鸾章：《清鉴纲目》，长沙：岳麓书社，1987年，第228页。
③ 同上。
④ ［清］刘镮之修《刘统勋刘墉刘镮之年表》（刘氏后人尊称为《三公年表》，下简称［清］刘镮之修《三公年表》）。

湛思之人。另刘组焕侧室谢氏通经史，工书算。刘组焕去世以后，教其子刘䎸读书经，皆凭口授。①

○秋八月，康熙巡幸塞外。九月，还京师。②

○冬十二月，连州（清直隶州，今为县，属岭南道）瑶人作乱，以都统嵩祝为广东将军，率兵进讨。③

1702　康熙四十一年　壬午　刘统勋4岁

●春，父刘棨放陕西宁夏中路同知，未抵任，以母杨氏卒，回籍。刘统勋从之。④

○壬午四十一年春二月，广东将军嵩祝讨连州瑶人，降之，连州平。⑤

○夏六月，贵州葛彝寨苗人作乱，官军讨平之。⑥

○秋七月，康熙幸热河。八月，还京师。⑦

○九月，谕治黄河仿永定河法。⑧

○冬十月，诏制钱改铸大式（每文重一钱四分），停止鼓铸旧式小钱。⑨

○十一月，诏云南、贵州、四川、广西四省四十三年钱粮悉行蠲免。⑩

---

① ［清］刘光斗：《诸城县续志》卷二十二《列传》，《中国方志丛书·华北地方》第385册，台北：成文出版社有限公司，1976年，第440页。

② 印鸾章：《清鉴纲目》，长沙：岳麓书社，1987年，第228页。

③ 同上。

④ ［清］李元度：《国朝先正事略》卷五十，《续修四库全书》第539册，上海：上海古籍出版社，第191页。

⑤ 同上。
⑥ 同上。
⑦ 同上。
⑧ 同上。
⑨ 同上。
⑩ 同上。

1703　康熙四十二年　癸未　刘统勋 5 岁

○癸未四十二年春二月，康熙南巡。①

○夏五月，帝巡幸塞外。七月，还京师。②

○秋九月，湖南红苗叛，巡抚赵申乔讨平之。③

○冬十月，康熙西巡。④

●葬祖母杨氏。⑤

1704　康熙四十三年　甲申　刘统勋 6 岁

○甲申四十三年春三月，康熙幸南苑行围。⑥

○夏四月，康熙巡幸塞外。秋九月，还京师。⑦

●九月，父刘棨签掣湖南长沙府同知，蒙恩引见，奉温旨："棨居官甚好，未知学问何如？"因试《四书》文一篇，蒙褒赏，即授平阳知府。⑧

按：在平阳知府任上，"棨至释奠，见笙镛不具，延曲阜孔尚任为制乐器，教以雅奏，又葺《府志》，修卜子夏、王通、司马光、薛瑄诸祠，恤其后裔。"⑨

---

① 印鸾章：《清鉴纲目》，长沙：岳麓书社，1987 年，第 230 页。
② 同上。
③ 同上。
④ 同上。
⑤ ［清］刘镮之修《三公年表》。
⑥ 印鸾章：《清鉴纲目》，长沙：岳麓书社，1987 年，第 231 页。
⑦ 同上。
⑧ 赵尔巽主编《清史稿》卷四百七十六列传二百六十三《循吏》，第 12994—12996 页。又见［清］宫懋让等修，李文藻等纂：乾隆二十九年刊本《诸城县志》卷三十三《列传》五，台北：成文出版社有限公司，1976 年，第 999—1003 页。
⑨ ［清］宫懋让等修，李文藻等纂：乾隆二十九年刊本《诸城县志》卷三十三《列传》五，台北：成文出版社有限公司，1976 年，第 999—1003 页。

●七弟刘维焯出生。①

按：刘维焯，字尔痴，号见三。雍正己酉（1729）、庚戌（1730）联捷进士。任礼部额外主事，改补工部营缮司主事、稽察、上谕处行走，钦差伴送安南使臣，以子田浙江临安县知县请封，敕赠文林郎、浙江临安县知县。卒于乾隆三十九年（1774），享年七十一岁，忌九月十八日。娶郭氏，潍县岁贡生郭壮基公女，年二十二岁，忌五月初八日；继金氏，江南吴县山东安邱县知县金用梓公女，享年六十三岁，忌六月初九日。俱赠孺人，葬逢哥庄南茔。侧室张氏。子三人：刘田、刘晓、刘圩。女四人：长适同邑水西庄王德鉴，次适高密县单放谟，次适高密县监生单塘，次适同邑监生丁宪荣。

又按：刘维焯"崇节俭修，敦睦乡里"，茅屋数椽，仅蔽风雨。岁歉，损食省用以济人。稍丰，乃除田数亩，种穄存贮，仿朱子社仓法行之，名曰"丰余仓"云。其廉洁之风亦令人心折。其任工部营膳司主事时，送安南恭使回国，拒收礼物，归来行囊中仅有一斤肉桂，刘墉赞其"但使远人酬白雪，不闻客橐有黄金"。以海舶潮湿，得足疾，年二十八岁告归。子刘田，举人，临安县知县。②

1708　康熙四十七年　戊子　刘统勋 10 岁

○戊子四十七年春二月，康熙巡幸畿甸。三月，还京师。③
○夏四月，内大臣明珠卒。④
○五月，康熙巡幸塞外。六月，驻跸热河。⑤
○秋九月，皇太子允礽有罪，宣诏废之，幽禁咸安宫。⑥
○冬十一月，革直郡王允禔王爵，锁拿皇八子允禩，交议政处审理，寻释之。⑦

---

① ［清］刘镮之修《三公年表》。
② ［清］刘光斗：《诸城县续志》卷二十二《列传》，《中国方志丛书·华北地方》第 385 册，台北：成文出版社有限公司，1976 年，第 311—312 页。
③ 印鸾章：《清鉴纲目》，长沙：岳麓书社，1987 年，第 234 页。
④ 同上。
⑤ 同上。
⑥ 同上书，第 236 页。
⑦ 同上书，第 237 页。

● 八弟刘纯炜生。①

按：刘纯炜，字仰仲，号霁庵。雍正丙午（1726）举人，乾隆己未（1739）进士。历任江西分宜县、浙江海宁县、平湖县知县、敕授文林郎、升授浙江杭州府东塘同知、杭州府知府、杭嘉湖海防兵备道、浙江布政使、内用太仆寺正卿、诰授通议大夫、升顺天府府尹、复授光禄寺卿，卒于乾隆四十三年（1778），享年七十一岁，忌五月初八日巳时。娶赵氏，江南武进县戊辰（1688）进士、山西太原府知府赵凤诏公女，累赠淑人，年四十一岁，忌三月二十二日；侧室宋氏，享年六十九岁，忌五月二十二日；李氏，享年七十三岁，忌六月十二日。葬东贮沟庄西南茔。子五人：刘诗、刘书、刘礼、刘麟、刘易。女四人：长适曹县田庄监生袁克箕，次适曹县监生孙宗峋，次适莱阳县海堤庄庠生、候补府经历、貤封奉直大夫初之楫，次适海阳县迟哥庄候补从九品胡建章。

又按：刘纯炜办事果敢，清正廉明，善治水利，其作风与刘统勋最为接近。也是在十兄弟中，除刘统勋外，官阶最高、业绩最为突出的一位。至分宜做知县，前任衙署日用所需给直，减市贾三之一。刘纯炜至，即蠲除之。常平社仓胥吏为奸，量有大小，出少入多，刘纯炜为更定画一并自制铭辞，刊之斗斛。分宜县俗故健讼，实奸徒教唆，廉治之，讼顿衰减。邑大旱，祷于钤山，徒步归，方四五里，而雨大至。乡民相望，罗拜欢呼。邑多山谷，又当宜春、新喻诸邑之冲，匪窃多自外至者。刘纯炜阅户籍，编次都里村落，俾守望相助，奸人莫敢入界。三年，坐法免，贫不能归，布政使王兴吾延主饶州书院。鄂容安巡抚山左，闻刘纯炜名重之，移抚江右，至饶与谈竟夕，语人曰："德，体也；才，用也。属吏中安有体用兼全如刘君者乎？吾当荐之。"后以事去，不果。嗣抚江右者为长白范时绥，是年江水盛涨，各郡圩田被淹，饬修堤防。不逾时，辄坏。有言刘纯炜识水利者，范遂专属之。堤成，疏奏仍以知县用。试守海宁，调授平湖。平湖田赋浩繁，旧开征，遣役四出，谓之庄差，民以为苦。刘纯炜抵任，罢之，民乃争先输纳。先是，海宁自将军隆升、巡抚卢焯筑石坝于尖山、塌山之间，自是海潮归中小亹，故道赖尖山一带涨沙弥漫，拥护坝根。嗣海潮由北大亹直入中小亹，故道渐淤塞，而尖山南岸涨沙寖以坍刷，潮汐直趋坝根。刘纯炜谓，石坝坏则苏松七郡田庐可危。因核计坝身长短，周围密下竹落，以当潮汐之冲。阅四十日，而功成。二十七年，乾隆南巡，阅所修功，嘉叹，

---

① ［清］刘镮之修《三公年表》。

赐绸缎貂皮等物，晋东塘同知。东塘者，海宁塘也。赴任平湖，士民焚香送，皆依依不忍去。刘纯炜慰勉之，谓："我昔去海宁，邑人相送。如今日我许以数岁当复来，今果复还海宁。尔等归休矣。我去亦不过数岁，当复此来也。"送者乃拜泣而去。迁杭州府知府，杭旧有八旗汉军，奉旨酌为裁汰。或转补绿营，或出旗为民，其未经选补，又无资业者，待哺嗷嗷。刘纯炜相其老幼强弱，处置得宜，无一失所，军民为之立生祠。三十年，乾隆巡至浙，赐宴者再，仍赐貂皮等物，授海宁道，晋浙江布政使。坐外库失窃，免官。旋授太仆寺卿，迁顺天府尹，坐家仆盗用印纸，贬秩。授光禄寺卿。

1709　康熙四十八年　己丑　刘统勋11岁

○己丑四十八年春正月，褫大学士马齐职，交部拘禁。①
○三月，复立允礽为皇太子。②
○夏四月，蒙古喇嘛巴汉格隆伏诛。③
○康熙巡幸塞外。秋九月，还京师。④
○冬十月，册封诸皇子。⑤
○十二月，诏释马齐，命管理俄罗斯贸易事。⑥
●九弟刘绂焜生。⑦

按：刘绂焜，字慎来，号善溪。雍正乙卯（1735）举人。莱阳县学教谕，升兖州府学教授。卒于乾隆五十三年（1788），享年八十岁，忌二月初七日亥时，葬西沟庄南茔。娶郭氏，潍县户部主事郭昆公女，年三十二岁，忌八月初六日；继宋氏，胶州庠生宋羽宸公女，年二十四岁，忌四月初三日；黄氏，即墨县雍正癸卯（1723）举人、直隶涿州知州黄理中公女，年二十八岁，忌三月初六日。侧室傅氏，

---

① 印鸾章：《清鉴纲目》，长沙：岳麓书社，1987年，第237页。
② 同上书，第238页。
③ 同上。
④ 同上。
⑤ 同上。
⑥ 同上书，第239页。
⑦ ［清］刘镮之修《三公年表》。

年三十四岁，忌十一月十四日，葬流顺庄北茔；句氏，享年五十四岁，忌五月初四日，葬东贮沟东茔；陈氏。子八人：刘随、刘慈、刘埠、刘坡、刘垓、刘墱、刘阶、刘堤。女六人：长适益都县尧沟庄监生郭士锐，次适安邱县曹单厚，次适益都县尧沟庄郭士淦，次适同邑卢山庄候选九品丁翕，次适歴城县竹甸庄乾隆丙子（1756）举人、广东南海县知县毛圻，次适福山县古现庄河南河工同知王文绪。

又按：刘绂焜曾经保存过诸城刘氏传家珍宝《槎河山庄图》，并由他转给刘墉保管。刘墉曾为之写过诗。

●四十八年，九卿奉诏举才守具足者，知府中举刘棨及陈鹏年以对。即擢刘棨为天津道副使。

1710　康熙四十九年　庚寅　刘统勋12岁

○辛卯五十年夏五月，文华殿大学士张玉书卒。①
○康熙奉皇太后巡幸塞外。秋九月，还京师。②
○冬十月，杀翰林院编修戴名世。③
●十弟刘经焘生。④

按：刘经焘，字常庵，监生。生于康熙五十年（1711）六月十一日未时，卒于乾隆三十七年（1772）十二月初四日午时，享年六十二岁。娶张氏，同邑相州镇仁常公女，享年六十五岁，忌六月十四日。葬逄哥庄西茔。子一人：墿。女一人：适同邑候补盐运司知事丁廷模。

又按：刘经焘子刘墿在刘棨孙中排行第26位，故刘墉称其为二十六弟。字峻若，号澹园，增监生。在老家诸兄弟中与刘墉最为交厚。有《挹秀山房诗集》存世。徐世昌《晚晴簃诗汇》如此评其诗："澹园为石庵相国从弟，唱和最多。咏物诸作，寄托深远。石庵题其集云'神虚婉约，除烦去滥，为最上乘。如欲雅而复艳，则所谓法不孤立，仗境方生，自有时节因缘耳'。"其语深得诗中三昧，亦善

---

① 印鸾章：《清鉴纲目》，长沙：岳麓书社，1987年，第240页。
② 同上。
③ 同上。
④ ［清］刘镮之修《三公年表》。

书，得褚遂良真趣。

●长兄刘缙焻被录为山东乡试副榜第六名。①

辛卯科乡试山东考官：兵科给事中马之鹏，字文渊，湖广蒲圻人，乙丑进士。编修陈世倌，字秉之，浙江海宁人，癸未进士。题"见善如不"全章，"柔远人则"二句，"中心悦而 子也"。解元张淳，字无怀，武定人，壬辰进士。②

按：刘缙焻，字书思，号愚庵。出生于康熙十九年（1680）十二月初六日丑时，卒于雍正六年（1728）未时，年四十九岁，忌九月十三日。康熙辛卯（1711）副贡生，癸巳（1713）举人，任河南固始县知县。娶夏氏，高密县康熙丁未（1667）进士、工部屯田司员外郎夏畴公女，享年八十一岁，忌十二月初三日。葬逄哥庄南茔。子四人：刘坊、刘坦、刘塨、刘堈。

又按：刘缙焻，刘棨长子，又字尔愚。其做官事迹以乾隆《诸城县志》卷三十三《列传五》介绍最为详尽："性严毅，遇事不避艰难，黠吏豪民闻风摄迹。次年秋，河水溢，刘缙焻立淖中指画救援三昼夜，喉为之喑。急发帑赈之，民无流亡。年四十九，卒于官。"

●四叔刘棐卒。③

按：刘棐，字非木，号念西，附监生。以孙堉贵，赠中宪大夫、湖南粮储道，以孙墫贵，晋赠通奉大夫、江宁布政使。享年四十七岁，忌九月初三日。娶李氏，日照县顺治辛卯（1651）举人、江西浮梁县知县、诰封光禄大夫、内阁学士兼礼部侍郎李宗周公女，累赠夫人，享年六十六岁，忌三月初三日。葬逄哥庄南茔。侧室柳氏。子三人：刘继燨、刘绪煊（出嗣香后）、刘缵煌。女一人：适安邱县夏泊庄监生李愘。

又按：刘棐与刘棨为同父同母兄弟，为人忠厚。先是刘棨以母丧贫不能归，嘱刘棐代卖其家中薄田以筹盘缠，刘棐则将自己名下肥田卖掉为兄筹足旅费。后遇饥荒之年，与刘棨二人，一单日、一双日赈灾，事见乾隆《诸城县志》卷三十三《列传五》："康熙四十三年（1704），大饥，（棐）与棨约日行村外十里，见菜色者予粟三升。棨单日出，棐双日出，十阅月而后已。又遣人拣拾白骨瘗之隙地。"

---

① [清]刘文霱：《刘氏贡举文集》，目录第2页。
② [清]法式善等：《清秘述闻三种·上卷》卷四，北京：中华书局，1892年，第104页。
③ [清]刘镮之修《三公年表》。

1711　康熙五十年　辛卯　刘统勋13岁

●二月，父刘棨蒙恩赐御书"清爱堂"匾额。

（康熙）四十九年，棨擢直隶天津道副使，迎驾淀津，诏许从官恭瞻亲洒宸翰。棨因奏兄昔官河间知县，奉"清廉爱民"之褒，乞赐御书"清爱堂"额，上允之。①

按："清爱"即清廉爱民四字的浓缩，是康熙对刘氏一家为官者的殷切期望。对此事徐世昌《晚晴簃诗汇》也有记录："木斋为青岑方伯兄，康熙庚寅圣祖幸天津，青岑方官副使，入对观上作书，因奏：'臣兄果昔官河间知县，蒙诏褒以清廉爱民，乞赐堂额。'上即书'清爱堂'赐之，文清以书翰勒石，号《清爱堂帖》以此。"②

1712　康熙五十一年　壬辰　刘统勋14岁

○壬辰五十一年春二月，以宋儒朱熹配享孔庙。③
○夏四月，致仕文渊阁大学士陈廷敬卒。④
○康熙奉皇太后巡幸塞外。秋九月，还京师。⑤
○六月，湖广总督鄂海招抚镇箪边外红苗。⑥
○冬十月，复废皇太子允礽。⑦

---

① 赵尔巽主编《清史稿》下册，《循吏传一·刘棨传》，《二十五史》（百衲本），杭州：浙江古籍出版社，1998年，第1488页。
② 徐世昌：《晚晴簃诗汇》，《续修四库全书》第1629册，上海，上海古籍出版社，2002年，第506页。
③ 印鸾章：《清鉴纲目》，长沙：岳麓书社，1987年，第241页。
④ 同上书，第242页。
⑤ 同上。
⑥ 同上。
⑦ 同上。

○十一月，福建总督蓝理有罪，赦不诛。①

●十二月十九日，父刘棨由直隶天津道升为江西按察使司按察使。②

按：在江西按察使任上"时值恩诏大赦，棨详勘死囚，得原者百余人。"③

1713　康熙五十二年　癸巳　刘统勋 15 岁

○癸巳五十二年春二月，左都御史赵申乔奏请册立太子，不许。④

○夏四月，以额伦特（姓科奇哩氏，满洲镶红旗人）为湖广总督。⑤

○五月，诏除各地贫民开矿之禁。⑥

○康熙奉皇太后巡幸塞外，九月，还京师。⑦

●长兄刘缙炤中式山东乡试第三十七名举人⑧，次兄刘绂熙中式顺天乡试一百九十三名举人⑨，三兄刘绥烺与长兄同榜第四十二名举人。⑩ 六弟刘组焕以父荫入监读书。

癸巳科乡试山东考官：吏科给事中卢炳，字子阳，云南石屏人，戊辰进士。编修俞兆晟，字叔颖，浙江海盐人，丙戌进士。题"唯天为大"二句，"成己仁也"三句，"一乡之善"六句。

解元薛以聘，巨野人。⑪

癸巳科乡试顺天考官：户部尚书张鹏翮，字运青，四川遂宁人，庚戌进士。侍

---

① 印鸾章：《清鉴纲目》，长沙：岳麓书社，1987 年，第 244 页。
② 《大清圣祖合天弘运文武睿哲恭俭宽裕孝敬诚信中和功德大成仁皇帝实录》卷之二百五十二。
③ [清] 宫懋让等修，李文藻等纂：乾隆二十九年刊本《诸城县志》卷三十三《列传》五，台北：成文出版社有限公司，1976 年，第 999—1003 页。
④ 印鸾章：《清鉴纲目》，长沙：岳麓书社，1987 年，第 244 页。
⑤ 同上。
⑥ 同上。
⑦ 同上。
⑧ [清] 刘文霨：《刘氏贡举文集》，目录第 3 页。
⑨ 同上。
⑩ 同上。
⑪ [清] 法式善等：《清秘述闻三种·上卷》卷四，北京：中华书局，1892 年，第 109 页。

讲文志鲸，字石涛，湖广桃源人，辛未进士。题"子曰克己　仁焉"，"肫肫其仁"一句，"君子之言"四句。解元霍九锡，东光人。①

按：刘绲熙，字尔厚，号恬园。生于康熙二十七年（1688）三月初八辰时，卒于雍正元年（1723）四月十七日未时，享年三十六岁。以子塒贵，貤赠文林郎、福建漳州府诏安场监课司大使。娶李氏，安邱县夏坡庄河南中牟县知县其昂公女，貤封孺人。享年七十八岁，忌五月初四日。葬槎河庄东茔。子七人：刘培、刘垣、刘坪、刘堉、刘垌、刘塒、刘埻。女二人：长适同邑相州镇乾隆丙辰（1736）举人四川奉节县知县王桂，次适同邑徐家庄臧祚丰。

又按：刘绥烺，字尔重，号引岚。生于康熙三十一年（1692）三月初六未时，卒于乾隆十二年（1747）八月初二日丑时，享年五十六岁。直隶唐县知县，勅封文林郎。娶薛氏，高密县四川永宁协副将薛得公女，勅封孺人。享年五十一岁，忌五月十一日。葬魏家沟北茔。侧室张氏。子二人：刘奎、刘堳。女一人：适安邱县曹家楼庠生李振西。

刘绥烺为官事迹分为两个方面：一有仁者之心。在唐县知县任上，凡鞫狱皆谆复开导，不假威刑，人称刘一板。有兄弟构讼者，劝以骨肉至性，各流涕去。二积极作为，奏修水利。唐县旧有广利渠，引唐河水溉田数千亩，歷久淤塞。刘绥烺遂力陈于总督，奏请疏浚、开渠、建闸，民终赖之。擅长中医，常悬壶济世，并孕育出有清一代大瘟疫学家刘奎，时有"南臧（枚吉）北黄（元御）中刘（奎）"之誉，名载《清史稿》。

刘奎，字文甫，号松峰，监生，年八十四岁，忌正月初十日。娶李氏，同邑古城庄监生李则徵公女，享年五十六岁，忌八月初六日。葬东槎河庄南茔。子四人：刘秉鉴（出嗣堳后）、刘秉淦、刘秉鏾、刘秉鏥。女二人：长适同邑银河庄钟，次适同邑老鸦村贡生李丕恭。刘荣孙大排行十四，与刘统勋、刘墉父子关系密切。据刘奎自称因龆年有病，受父亲刘绥烺影响，对岐黄之术萌生浓厚兴趣。因刘奎"自幼不利场屋，入闱辄病"。遂在中年抱定"不为良相，便为良医"志愿，绝意仕途，刻苦攻读医书，昼夜不辍，针对时疫流行、许多百姓病死荒野的现实，吸收明末瘟疫学家吴又可等人经验，沉研医理，荟萃群术，在治疗瘟疫病症中，独树一帜，最终以其杰出的理论著述与实践被推举为医学史上的一代瘟疫学大家。他一生多奔波

---

① ［清］法式善等：《清秘述闻三种·上卷》卷四，北京：中华书局，1892年，第108页。

于京师、西安等地，悬壶济世，活人无数。晚年隐居五莲松朵山下，自号松峰老人。他一生不仅在临床实践中，解除了无数病人的病痛，而且还留下了两部不朽的医学著作。《松峰说疫》为刘奎赢得了巨大的学术声誉。因为付梓后影响巨大，所以，一经出版便传刻不断，在清代版本甚多。1987年，根据中共中央和国务院关于加强古籍整理的指示精神，以及卫生部一九八二年制定的《中医古籍整理出版规则》的要求，人民卫生出版社组织了国内一流的人才有计划、有系统地在最佳版本基础上对古代医学典籍加以整理。《松峰说疫》因此被纳入《中医古籍整理丛书》书目之中，由2009年被评为国医大师的张灿玾等人点校出版。2003年又被李顺保校注后由学苑出版社出版发行。当代除了张灿玾先生对《松峰说疫》一书具有全面的系统研究以外，还有一些医学工作者，从不同的角度，对其提出了各自不同的学术见解。有的见之于重要期刊，有的发表于重要学术会议，甚至当2003年SARS大疫来临之际，刘奎的瘟疫著作还为时人战胜疫情提供了重要启示与帮助。刘奎可谓诸城刘氏除刘统勋、刘墉、刘喜海外最具有全国声誉的一代大家。

●十二月十八日，父刘棨由江西按察使升为四川布政使司布政使。①

按：刘棨道经平阳、宁羌时，父老夹路欢迎，声震山谷。②

1714　康熙五十三年　甲午　刘统勋16岁

○甲午五十三年春三月，户部尚书王鸿绪进呈《明史列传》。③

○夏四月，康熙奉皇太后巡幸塞外。秋九月，还京。④

○冬十二月，诏土司杨如松管辖归诚之生番喇子等十九族。⑤

●堂兄刘继燿中式山东乡试第二十二名举人。⑥

甲午科乡试山东考官：刑部郎中李士瑜，字子佩，顺天永清人，庚辰进士。检

---

① 赵尔巽主编《清史稿》卷四百七十六《列传》二百六十三《循吏》，第12994—12996页。
② [清] 乾隆《诸城县志》卷三十三《列传》五，台北：成文出版社有限公司，1976年，第999—1003页。
③ 印鸾章：《清鉴纲目》，长沙：岳麓书社，1987年，第245页。
④ 同上。
⑤ 同上。
⑥ [清] 刘文霨：《刘氏贡举文集》，目录第3页。

讨卫昌绩，字子久，山西阳城人，丙戌进士。题"夫子之言"二句，"及其无穷"二句，"昔昔曾子"二节。解元杭濬，聊城人。①

按：刘继燨，字尔耻，号同庄。以子墫贵，赠通奉大夫、江宁布政使。享年三十五岁，忌正月二十一日。娶李氏，同邑古城庄康熙戊午（1678）举人山西临汾县知县李玉林公女，赠夫人。享年六十五岁忌，九月十四日。葬逢哥庄北茔。子五人：刘增、刘墫、刘垲、刘圻、刘墫。女二人：长适同邑孟家店子监生王枰，次适高密县庠生单敬谟。

又按：刘继燨敦厚仁义，素重教育，曾在村内设置义塾，延聘塾师，"使族党及佃户子弟可造者皆学焉"。刘继燨之子刘墫、刘垲、刘墫均能力超群，堪称一门三杰。其中刘墫被人比为明代况钟，刘墫则被点中翰林，积官至布政使，其详情见本年谱与其相关部分。

1715　康熙五十四年　乙未　刘统勋 17 岁

○乙未五十四年春二月，革江苏巡抚张伯行职。②

●三月，次兄刘綋熙、三兄刘绶烺迁槎河山庄。③

按：槎河山庄即刘必显所置别墅，乃诸城刘氏勃兴腾飞基地。刘必显于此安度晚年期间，建学堂，聘名师，课子孙，刘统勋曾读书其锦秋亭，刘墉亦在此度过幼年时光，后回山东亦时常来此盘桓。以刘棨中进士，刘必显将槎河山庄赠之。该别墅所在地，在今山东省五莲县户部乡之大刘家槎河村委会办公室稍靠后位置。其实，槎河山庄又分槎河山庄与东槎河山庄。刘綋熙所迁槎河山庄才是刘必显所买别墅所在地，刘绶烺所迁实为东槎河山庄。槎河山庄后来因析出小槎河山庄，故改称大槎河山庄与小槎河山庄对举；东槎河山庄现也已改称杨家峪村。

●春，康熙"询外官清介者，九卿共举四人，刘棨与焉。车驾幸汤泉，又特以

---

① [清] 法式善等：《清秘述闻三种·上卷》卷四，北京：中华书局，1892年，第113页。
② 印鸾章：《清鉴纲目》，长沙：岳麓书社，1987年，第245页。
③ [清] 刘镶之：嘉庆十九年《东武刘氏家谱》。

刘棨治状语从臣。而棨以筹画兵备致疾。"①

○夏四月，准酋策妄阿拉布坦寇哈密，命吏部尚书富宁安驰驿救之，征外藩兵集归化城，以右卫将军费扬固总理军务。②

○秋七月，遣傅尔丹屯田哈密等处。③

○冬十月，户部尚书赵申乔以其子获罪，请赐罢斥，不许。④

○十一月，以宋儒范仲淹入祀孔庙。⑤

1717　康熙五十六年　丁酉　刘统勋19岁

○丁酉五十六年夏四月，广东总兵陈昂请禁天主教，从之。⑥

○康熙奉皇太后巡幸塞外。冬十月，还京师。

○冬十一月，白莲教徒李兴邦被捕。⑦

○十二月丙戌，皇太后崩。⑧

● 刘统勋山东乡试中式第三十六名举人。⑨

● 四兄刘綎煜山东乡试中式第六十九名举人。⑩

丁酉科乡试山东考官：编修吕谦恒，字天益，河南新安人，己丑进士。检讨朱天保，字九如，满洲正红旗人，癸巳进士。题"子贡问师"全章，"文理密察"二句，"饥者甘食"全章。解元董思恭，字桂川，寿光人，辛丑进士。⑪

按：刘綎煜，字尔振，号岫洲。生于康熙三十六年（1697），卒于乾隆二十年

---

① ［清］宫懋让等修，李文藻等纂：乾隆二十九年刊本《诸城县志》卷三十三《列传》五，台北：成文出版社有限公司，1976年，第999—1003页。

② 印鸾章：《清鉴纲目》，长沙：岳麓书社，1987年，第245页。

③ 同上书，第246页。

④ 同上。

⑤ 同上。

⑥ 同上书，第249页。

⑦ 同上。

⑧ 同上。

⑨ ［清］刘文霨：《刘氏贡举文集》，目录第4页。

⑩ 同上。

⑪ ［清］法式善等：《清秘述闻三种·上卷》卷四，北京：中华书局，1892年，第118页。

（1755）十一月二十日寅时。于该年秋中举后历任山西兴县、凤台县知县，卒于官。娶孔氏，曲阜县圣裔两广都转盐运使孔兴琏公女，年四十四岁，忌八月初一日；继单氏，高密县傅家庄监生傅务格公女，年三十四岁，忌三月初十日。葬逢哥庄南茔。子一人：刘昀。女一人：适高密县庠生傅树珽。

又按：刘绖煜，父丧，居庐三年。刘绖煜乃刘氏做知县所历地方最多子弟。他始授兴县知县，后调凤台。再后发往山西，历署安邑、猗氏、曲沃、平陆诸县。一生做过六县知县。刘绖煜为官事迹，亦以乾隆《诸城县志》卷三十三《列传五》记载为详："旧有山径迂回四十余里，上官檄疏凿，刘绖煜力争乃止。以病归，民为立生祠。"

1718　康熙五十七年　戊戌　刘统勋20岁

●五月，父刘棨卒于官，刘统勋从母郭夫人扶柩归里。①
○夏六月，册封琉球国王尚敬为中山王。②
○秋七月，诏编《省方盛典》。③
○九月，西安将军额伦特与准酋策妄阿拉布坦战于哈刺马苏河（即怒江上流），败绩，死之。④
○冬十月，以皇十四子固山贝子允禵为抚远大将军，视师青海。⑤
○十一月，福建巡抚陈瑸卒。⑥

---

① 王钟翰点校《清史列传》卷四百七十六《列传》二百六十三《循吏》，第12994—12996页。
② 印鸾章：《清鉴纲目》，长沙：岳麓书社，1987年，第251页。
③ 同上。
④ 同上。
⑤ 同上书，第252页。
⑥ 同上书，第253页。

1720　康熙五十九年　庚子　刘统勋22岁　刘墉1岁

○庚子五十九年春正月，诏停止庆贺典礼。①

○二月，加封新达赖噶尔藏坚错为弘法觉众第六世达赖喇嘛，派满、汉官兵及蒙古青海兵护送入藏。②

●刘墉，农历七月十五日亥时（晚9—11时）生。③

刘墉，字崇如，号石庵。另有东武、木庵、穆庵、青原、香岩、勖斋、溟华、日观峰道人等字号。

按：此谱刘墉生辰据嘉庆十九年（1814）其侄镮之所修《东武刘氏家谱》所考定。此亦与刘墉自述相合。《刘文清公遗集十七卷》卷十一有诗题为"题朱某墨迹"者，在该诗小序中刘墉自云"予生康熙庚子岁……"。其侄镮之所订，被其后人尊称为《三公年表》者亦定是年。由其本人、其侄所说皆同，可云并非孤证，应属可靠证据无疑。许多书籍、文章误为康熙五十八年（1719），不确。以是将刘墉生年定为康熙五十九年，应准确无误。娶高密监生单仰公之女，累赠一品夫人。侧室黄氏（因南方黄、王不分，故有将黄氏误为王氏者）、柳氏。子刘杭珠十岁而夭，④无女。嗣子刘锡朋，一品荫生，官刑部福建司员外郎。⑤

又按：刘墉母王夫人（1699—1738），时年二十一岁，诸城庠生王宸嗣公之女，累赠一品夫人，忌八月二十六日，享年三十九岁。《宰相刘墉的一生》（陈连营等著）误为许夫人。⑥

○秋八月，平叛将军延信、四川提督岳钟琪分兵进藏，大破准噶尔兵。策零北

---

① 印鸾章：《清鉴纲目》，长沙：岳麓书社，1987年，第254页。
② 同上。
③ ［清］刘镮之修《三公年表》。
④ ［清］英和：《哭刘文清公》，于植元《英和与奎照》，沈阳：辽宁人民出版社，1988年，第56页。
⑤ 秦国经主编《清代官员履历档案全编》（下册）卷二十五，上海：华东师范大学出版社，1997年，第256页。
⑥ ［清］刘镮之：嘉庆十九年《东武刘氏家谱》。

遁，西藏悉平。①

1721　康熙六十年　辛丑　刘统勋23岁　刘墉2岁

○辛丑六十年春二月，遣官祭告天地太庙社稷。②

○三月，诏平逆将军延信、都统武格、副都统吴纳哈帅师驻西藏。③

○夏五月，诏大将军允禵驻兵甘州。④

○六月，台湾民朱一贵作乱，水师提督施世骠、总兵蓝廷珍讨平之。⑤

● 刘棨焰掣得河南光州固始县知县缺。⑥

1723　雍正元年　癸卯　刘统勋25岁　刘墉4岁

○癸卯，雍正元年春正月，诏训百官。⑦

○二月，以张鹏翮为文华殿大学士，兼吏部尚书。⑧

○三月，撤西藏驻防官军及西宁八旗兵，设戍于察木多。⑨

○夏四月，复日讲起居注官。丁卯，雍正初御乾清宫听政。⑩

○八月，秘封建储锦匣于乾清宫"正大光明"匾额后。⑪

---

① 印鸾章：《清鉴纲目》，长沙：岳麓书社，1987年，第254页。
② 同上书，第256页。
③ 同上。
④ 同上。
⑤ 同上。
⑥ 秦国经主编《清代官员履历档案全编》卷十五，上海：华东师范大学出版社，1997年，第200页下。
⑦ 印鸾章：《清鉴纲目》，长沙：岳麓书社，1987年，第262页。
⑧ 同上。
⑨ 同上。
⑩ 同上书，第263页。
⑪ 同上。

○九月，诏京尹行乡饮酒礼。①

○冬十二月，革十二阿哥允裪爵。②

●次兄刘绂熙终。③

1724　雍正二年　甲辰　刘统勋 26 岁　刘墉 5 岁

○甲辰二年春二月，刊刻《圣谕广训》颁布天下。④

○三月，年羹尧、岳钟琪袭击青海，平之。⑤

○夏四月，诏续纂《大清会典》。⑥

○五月，庄浪番人作乱，年羹尧、岳钟琪讨平之。⑦

○六月，户部侍郎塞德奏请设立井田，从之。⑧

○秋七月，命郡王十四阿哥允禵往守景陵。⑨

○八月，升从祀孔庙三十一人。⑩

●八月，刘统勋会试中贡士第二百二十二名。⑪

甲辰科会试考官：吏部尚书朱轼，字若瞻，江西高安人，甲戌进士。内阁学士福敏，字龙翰，满洲镶白旗人，丁丑进士。户部尚书张廷玉，字衡臣，江南桐城人，庚辰进士。吏部尚书史贻直，字儆弦，江南溧阳人，庚辰进士。题"子张问仁　敏惠"、"诚者自成"二句，"菽粟如水"二句。会元王安国，字书臣，江南高邮人。⑫

按：查《大清世宗敬天昌运建中表正文武英明宽仁信毅大孝至诚宪皇帝实录》

---

① 印鸾章：《清鉴纲目》，长沙：岳麓书社，1987 年，第 264 页。
② 同上书，第 265 页。
③ ［清］刘镮之修《三公年表》。
④ 同上书，第 265 页。
⑤ 同上书，第 266 页。
⑥ 同上书，第 267 页。
⑦ 同上。
⑧ 同上。
⑨ 同上书，第 268 页。
⑩ 同上。
⑪ ［清］刘文霨：《刘氏贡举文集》，目录第 4 页。
⑫ ［清］法式善等：《清秘述闻三种·上卷》卷五，北京：中华书局，1892 年，第 135 页。

卷之二十三,"雍正二年,甲辰,八月……丙子,以吏部尚书朱轼、户部尚书张廷玉为会试正考官;内阁学士福敏、吏部左侍郎史贻直为副考官"。法式善对史贻直官职所载不对。

●甲辰科殿试成进士榜单①:

第一甲三名:陈德华、王安国、汪德容

第二甲八十一名:汪由敦、王峻、赵大鲸、李重华、熊直宋、徐天麒、徐延熙、熊晖吉、周廷燮、于枋、吴龙应、李清植、吴应枚、程班、开泰、谢朋庚、刘统勋、严源焘、毕涟、诸锦、吴兆雯、储元升、储龙光、王廷琬、陈浩、朱陵、郭振、周吉士、尹会一、应雯、胡炋、薛士中、蒋振鹭、吕守曾、姚灿、庄敦厚、陈齐登、李寿彭、吴鸣虞、顾赟、羊焕然、贾如玺、徐瑗、陈绍芳、孙扬淦、吕日登、陈大玠、雅而纳、冯元方、金名世、邓泽永、屠嘉正、史茂、刘保、傅辉文、沙长祺、杨士鉴、郑拔进、高景蕃、李应机、赵鉴远、王泰甡、包涛、顾维铸、刘良璧、岳生夔、石去浮、俞荔、王玙、朱良裘、叶居仁、吴日燨、陈喦鉴、安偲、朱煐、李之峥、宋嵩巘、贵昌、李国相、周长发、金铭

第三甲二百一十五名:徐立御、吴祖留、冯祖悦、程开业、曾道亨、金相、陶良瑜、车栢、饶允服、恒德、龚健飏、周龙官、程恂、杨瓒、张蟲、周家相、秦伯龙、丁煌、郭位、陈璟、陈之溁、邱上峰、屠应麟、傅墍、王文清、马严、张锺秀、谢重灿、唐之元、胡南藩、周大璋、杨凤然、唐传鉎、潘思矩、刘廷元、李子靖、陈凤友、严遂成、徐允年、阮汝璟、黄在中、施阳林、陆培、聂蟾宫、陈纲、李纮、赵立身、陈庆门、魏世隆、秘象震、王建中、景份、刘所说、陈世翰、邱轩昂、陆汝钦、杨廷为、王锡九、王德纯、张孝扬、陈慰祖、朱檠、曹大隆、运太、李涵、林日焞、房璋、程锡琮、何其忠、赵瑛、方增文、张忠震、吴开业、赵晃、刘成德、周大律、李士杰、汪壎、廖必琦、章台、郑世杰、刘振斯、色诚、刘幹、张素、黎桢、张士琏、谢锺龄、叶洁齐、程光钜、陶士偰、阎廷佶、阮维诚、王祚昌、觉罗禄保、蔺璹、冯鸿模、何宗韩、江允溥、沈维崧、吴澄清、任之彦、王鸿荐、杨永升、蔡澍、长庚、鹿谦吉、光成采、张天保、胡星、徐汝升、罗经、刘元晖、何世华、蛮子、陈沆、夏封泰、刘重选、余士依、伍环、苏作睿、艾芳、冷时松、袁学

---

① 朱保炯、谢沛霖编《明清进士题名碑录索引》下册,上海:上海古籍出版社,1980年,第2693页。

谟、叶祝、武联馨、姚梦鲤、章国录、蓝正春、李子吟、文昭、舒兆夔、骆梦观、罗廷猷、刘世熹、赵麟趾、李翔鳞、萧启栋、李玉璋、郑重、于凝祺、马光学、谢宝、郑登瀛、夏之瑚、陈凤、田种玉、栾瑜、李大章、杨文桂、李廷宋、王灏、董廷光、郝霆、杨如松、吴希陵、张复、赵仕、刘德成、杨四奇、张炳题、梁汉鼎、宋暲、文保、林丛光、赵耀甲、邓钰、余圣言、王棫、谷旦、高厚望、周相、黎东昂、徐济言、李成龙、李时、杨佺、邱韵、陈献可、周傅昌、李甲第、赵锡孝、郑宜、孔传堂、单谓、王辙、邹玉章、傅鼐、舒明、谢志远、汪作楫、查克丹、黄光岳、安修德、郭如岐、彭心鉴、张孚至、燕文僎、傅百揆、牟曰笏、武联罄、祝万章、屈模、袁志洁、张圣训、徐琏、尹京卫、安佑、岱金、魏希范、吴天錤、畅于熊、赵士麟、宋汝梅、王溥

钦赐进士一名：张泰基

●九月初十日，刘统勋被选为翰林院庶常馆庶吉士。

庚戌，谕翰林院：选拔庶常，原以作养人才。今科进士特加简阅。取汪由敦、羊焕然、赵大鲸、于枋、姚灿、吴应枚、张泰基、程恂、诸锦、蒋振鹭、王峻、潘思矩、金相、吴龙应、陈浩、周长发、陈璟、谢朋庚、王泰牲、周廷燮、开泰、李重华、朱陵、李清植、徐延熙、赵晃、周吉士、程光钜、顾赟、严源焘、杨士鉴、吴兆雯、朱良裘、刘统勋、恒德、王廷琬、徐天麒、舒明、张圣训、熊晖吉等四十员，俱着改为庶吉士。并修撰陈德华、编修王安国、汪德容分别满汉书教习。①

按：因雍正元年特开恩科，考试时间与往年不同，分别是四月乡试、九月会试、十月殿试，故雍正二年的科举时间也与往年有差异，二月乡试、八月会试、九月殿试。②

○十二月，故太子允礽卒。③

●堂兄刘缵煌中式山东乡试第二百五十六名举人。④

是科乡试考官：太仆寺卿沈近思，字位山，浙江钱塘人，庚辰进士。御史朱一凤，字诏廷，顺天涿州人，己丑进士。题"子以四教"一节，"言其上下"一句，

---

① 《大清世宗敬天昌运建中表正文武英明宽仁信毅大孝至诚宪皇帝实录》卷之二十六。
② 同上书，卷之二。
③ 印鸾章：《清鉴纲目》，长沙：岳麓书社，1987年，第268页。
④ [清]刘文霨：《刘氏贡举文集》，目录第4页。

"五亩之宅"一节。解元王世魁，潍县人。①

按：刘缵煌，字尔恂，号载武，一号麓原，雍正甲辰（1724）举人。以子墫贵，诰赠奉政大夫、云南昭通府同知、晋赠中宪大夫、湖南粮储道。年三十岁，忌八月十三日。娶单氏，高密县康熙甲子（1684）举人、江西雩都县知县、诰赠朝议大夫、直隶广平府知府单梧岗公女，累赠恭人。享年七十四岁，忌十二月初一日。葬东大宋北岭东茔。子二人：刘墫，刘致。女二人：长适高密县乾隆乙未（1775）进士、湖北荆门州知州单言扬，次适高密县候选从九品单煊。

1726　雍正四年　丙午　刘统勋28岁　刘墉7岁

○丙午四年春正月，诏改八王允禩名为阿其那，九王允禟名为塞斯黑，俱擯之籍外。②

○三月，革侍讲钱名世职衔，并赐"名教罪人"匾。③

○夏五月，命禁锢允䄉于寿皇殿。④

○秋七月，革多罗郡王讷尔素爵，在家圈禁。⑤

○八月，革署理大学士户部尚书徐元梦职。⑥

●八月，八弟刘纯炜中山东乡试第七十一名举人。⑦

是科乡试考官：刑部郎中李根云，字仙蟠，云南赵州人，戊戌进士。刑部主事李同声，字月江，山西大同人，己丑进士。题"君子易事　器之"，"致广大而"四句，"夏曰校殷　共之"。解元单德谟，字充符，高密人，丁未进士。⑧

按：查《大清世宗敬天昌运建中表正文武英明宽仁信毅大孝至诚宪皇帝实录卷之四十六》："雍正四年，丙午，秋七月……戊申，以翰林院检讨李根云为山东乡试

---

① ［清］法式善等：《清秘述闻三种·上卷》卷五，北京：中华书局，1892年，第133页。
② 印鸾章：《清鉴纲目》，长沙：岳麓书社，1987年，第273页。
③ 同上书，第275页。
④ 同上书，第276页。
⑤ 同上。
⑥ 同上。
⑦ ［清］刘文霨：《刘氏贡举文集》，目录第4页。
⑧ ［清］法式善等：《清秘述闻三种·上卷》卷四，北京：中华书局，1892年，第137页。

正考官，兵部主事李同声为副考官"，应是法式善对正、副主考官官职不详，颟顸了事以致如此。

○秋九月，下礼部侍郎查嗣庭狱，杀之。①

○冬十月，诏停止浙江省乡、会试，以光禄寺卿王国栋为浙江观风整俗使。②

○十二月，贵州狆苗作乱，云贵总督鄂尔泰讨平之。③

1727　雍正五年　丁未　刘统勋29岁　刘墉8岁

○丁未五年春二月，太常寺卿邹汝鲁革职治罪。④

○三月，开闽省海禁。⑤

○夏四月，申禁铸黄铜器皿。⑥

●五月初三日，刘统勋被授为编修并被简拔在南书房行走。

己未，谕吏部：清书庶吉士陈浩、赵晃、严源焘、刘统勋、黄佑俱着授为编修。刘统勋着在南书房行走。⑦

按：请注意，此乃刘统勋在政坛上青云直上之第一步。在会试考试中，他名列榜末第二百二十名，可谓极不出彩。殿试，二甲十七名，虽有巨大跃升，但超逸群伦的卓进之势仍不明显。至此，不仅被授予翰林院编修（这是异常重要的一个位置），而且是所有翰林中唯一被雍正简拔为南书房行走者。南书房何地？是清代皇帝文学侍从值班之所。翰林入值南书房后，初为文学侍从，随时应召。常侍皇帝左右，备顾问、论经史、谈诗文。皇帝每外出巡幸亦随扈。皇帝即兴作诗、发表议论等皆记注。进而常代皇帝撰拟诏令谕旨，参预机务。这就意味着刘统勋从29岁始，已处最易被皇帝发现才华平台。至此一步，他可谓春风得意，登高据要津了。

---

① 印鸾章：《清鉴纲目》，长沙：岳麓书社，1987年，第276页。
② 同上书，第278页。
③ 同上书，第280页。
④ 同上。
⑤ 同上。
⑥ 同上。
⑦ 《大清世宗敬天昌运建中表正文武英明宽仁信毅大孝至诚宪皇帝实录》卷之五十七。

○秋八月，额附策凌与俄使萨瓦订立《恰克图条约》，并议定边疆，立石定界。①

○冬十月，逮隆科多下狱，永远禁锢。②

○十一月，云贵总督鄂尔泰更定苗民姓氏。③

○十二月，命江苏、安徽应征丁银摊入地亩。④

● 刘墉从六叔刘组焕（桐园）读书，刘组焕时年26岁。⑤

1728　雍正六年　戊申　刘统勋30岁　刘墉9岁

○戊申六年春正月，以铅厂山下地四十里赐安南国王。⑥

○夏四月，准从前因公诖误人员来京候用。⑦

○五月，以河南巡抚田文镜为河东总督，管理河南、山东二省事务。⑧

○秋七月，命浙江巡抚李卫管理江苏七府五州盗案。⑨

○八月，准浙江士子参加乡、会试。⑩

○冬十月，喇汝窝番作乱，川陕总督岳钟琪平之。⑪

● 长兄刘缙炤终。⑫

---

① 印鸾章：《清鉴纲目》，长沙：岳麓书社，1987年，第281页。
② 同上书，第283页。
③ 同上书，第284页。
④ 同上书，第285页。
⑤ ［清］刘镮之修《三公年表》。
⑥ 印鸾章：《清鉴纲目》，长沙：岳麓书社，1987年，第285页。
⑦ 同上。
⑧ 同上。
⑨ 同上书，第286页。
⑩ 同上。
⑪ 同上书，第287页。
⑫ ［清］刘镮之修《三公年表》。

1729　雍正七年　己酉　刘统勋31岁　刘墉10岁

○己酉七年春二月，诏定钱价。①

○三月，准酋噶尔丹策零入寇，以领侍卫内大臣傅尔丹为靖边大将军，川陕总督岳钟琪为宁远大将军，分两路出征。②

○夏五月，下湖南曾静狱，剖已故浙江吕留良尸，尽铢其族。③

○秋七月，诏杀已革御史谢济世。寻释之。④

●七月十四日，丁巳，刘统勋以编修衔充湖北乡试正考官，检讨张若涵为副考官。

●七弟刘维焊中式山东乡试第三十一名举人。⑤

是科乡试考官：户部郎中潘允敏，字颖少，江南溧阳人，壬辰进士。宗人府主事张钺，字南吕，江南上海人，戊戌进士。题"君子学道"二句，"溥博如天"一节，"出于其类"四句。解元张永瑗，字璞存，长山人。⑥

○九月，刊刻《大义觉迷录》，颁行天下。⑦

1730　雍正八年　庚戌　刘统勋32岁　刘墉11岁

○庚戌八年春三月，两江总督范时绎罢，以史贻直署两江总督。⑧

○夏四月，诏改大学士、尚书品级。⑨

---

① ［清］刘镮之修《三公年表》。
② 同上。
③ 印鸾章：《清鉴纲目》，长沙：岳麓书社，1987年，第288页。
④ 同上书，第289页。
⑤ ［清］刘文霨：《刘氏贡举文集》，目录第5页。
⑥ ［清］法式善等：《清秘述闻三种·上卷》卷五，北京：中华书局，1892年，第142页。
⑦ 印鸾章：《清鉴纲目》，长沙：岳麓书社，1987年，第291页。
⑧ 同上。
⑨ 同上书，第292页。

○秋九月，河南道士贾士芳伏诛。①

○冬十月，杀庶吉士徐骏。②

● 庚戌科会试，编修刘统勋充同考官。

是科会试考官：文华殿大学士蒋廷锡，字扬孙，江南常熟人，癸未进士。礼部侍郎鄂尔奇，字季正，满州镶蓝旗人，壬辰进士。工部侍郎孙嘉淦，字锡公，山西兴县人，癸巳进士。内阁学士任兰枝，字香谷，江南溧阳人，癸巳进士。题"志于道据"三句，"自诚明谓"全章，"见其礼而"一节。会员沈昌宇，字泰叔，浙江秀水人。③

按：查《大清世宗敬天昌运建中表正文武英明宽仁信毅大孝至诚宪皇帝实录卷之九十一》："乙巳，以大学士蒋廷锡为会试正考官，礼部左侍郎鄂尔奇、署工部左侍郎顺天府府尹孙嘉淦、内阁学士任兰枝为副考官"，法式善所记孙家淦职务不够完整，少一"署"字。

● 七弟刘维焯中式一百零一名进士。④

庚戌科殿试成进士榜单⑤

第一甲三名：周澍、沈昌宇、梁诗正

第二甲一百名：蒋溥、吴华孙、钟衡、倪国琏、孙人龙、周范莲、陶正靖、王猷、王文璨、蒋㭿、顾成天、戴汝桼、徐起岩、沈慰祖、杨廷栋、浦起龙、戚振鹭、林蒲封、刘暐泽、林鹏飞、张之浚、迈祖、毛之玉、商盘、徐景曾、吴振蛟、裘肇煦、李治运、鄂敏、吴璋、王秉运、许开基、曹绳柱、陈亮世、吴士珣、沈昌寅、章有大、李科捷、熊约祺、孙灝、沈孟坚、段之缙、吴应造、王以昌、朱凤英、李安民、栢谦、林黉、黄兰谷、佟保、言士绅、梁观我、唐效尧、胡宗绪、李谷、杨中兴、徐以烜、任弘业、马纶华、高峻、汪弘禧、王宗灿、刘弘绪、张松、孙芝、嵇璜、章秉铨、齐达、陈其凝、林令旭、李敏第、刘元燮、金嶒、井其洵、张若浑、汪振甲、侯嗣达、方暨谟、陈人集、周道、严在昌、王应彩、吴云从、马丙、曹一

---

① 印鸾章：《清鉴纲目》，长沙：岳麓书社，1987年，第292页。
② 同上。
③ ［清］法式善等：《清秘述闻三种·上卷》卷十五，北京：中华书局，1892年，第444页。
④ ［清］刘文濡：《刘氏贡举文集》，目录第5页。
⑤ 朱保炯、谢沛霖编《明清进士题名碑录索引》下册，上海：上海古籍出版社，1980年，第2698页。

士、任应烈、戈锦、刘宗贤、陈倜仪、陈兆仑、刘暐潭、陈九韶、胡彦升、程盛修、张铖、张纶、谢锽、吴履泰、冷崇、沈燮文

第三甲二百九十六名：钱志遥、王绳曾、陆邦玠、李时宪、刘瞻林、陈中、刘育杰、李之兰、胡启淳、汪衡、西成、陈象枢、付德、吴秉和、严树基、沈元阳、张先跻、高璿、富敏、林琼蕤、陆炘、袁儒忠、胡承泽、冯大山、戴章甫、李迪、朱清忠、李瑜、高允中、王邦光、傅恩、董行、周来馨、方邦基、张廷抡、王铎、高第、王维悫、李从龙、傅咏、徐玑、薄岱、陈世贤、梁钦、熊学鹏、赵宪、杨又林、黄师范、魏枢、西泰、李作楫、高以永、徐琰、乔履信、戴梦奎、王师、许腾鹤、卢秉纯、金鸿、李清载、戚彀言、傅齐贤、张能第、吴卓、郭孙俊、张重振、阚昌言、宋楠、李高、李钱度、王作宾、鲁淑、椿年、文魁、刘维焯、金溶、余景玠、罗克昌、阮学浩、齐锡智、李宜芳、李元皋、李凯、程璲、刘天宠、严暻、吴嗣爵、姜士崙、高弘绪、吴炜、薛伟器、韩彦曾、许希孔、朱敦棣、樊初荀、田实发、朱阔、薛韫、张志奇、卢伯蕃、张易源、陈惪正、吴传政、赵璟、陈霖、赵锡礼、程有成、杨秀、徐廷槐、王之麟、杜煜、姚德里、王祚显、高呾、姚恪、黄士鉴、何梦瑶、侯兹、陈玉友、侯封、黄道坪、张淑载、梁旼、额尔登额、张埙、傅良臣、钱鏽、李鸾、应炜、张祚昌、崔琳、高扬、魏克让、杨璋森、梁卿云、张应钧、王有德、陈振桂、陈遂、李盛唐、叶云拱、王政恒、谢国史、孙民则、朱语、苏大忠、慕泰生、伊福纳、曹守垣、廖贞、黄文修、畅翱、李其昌、徐梦凤、王尔鉴、何如荣、李运正、冯永振、李作梅、唐庭赓、刘国泰、张鹏翼、段海生、龙光焘、王图、侯国正、张钧、朱佐汤、方浩、解韬、王之卫、韩文卿、马上襄、路觐、徐鸣逵、程煜、阳腕、李国柱、孙倪城、余懋棣、伍炜、常琬、蔡焞、杨烛、张绰、许殿辅、曹恒吉、赵毅、张南麟、陈梦熊、甄汝冀、顾尔棠、袁守定、陈嗣谌、陈统、景一元、吕赓雅、刘公渭、成德、孔传心、葛荃、唐濂、郝博文、明山、段开化、马长淑、李逊、孙龙竹、石麟、杨升元、李成蹊、牛天贵、伍焕、杨天德、张素志、王澐、卜松源、戴仁行、杨绎、李贤经、姜毓、田成玉、郑铎、董良材、广明、张月甫、和深、方纯儒、车际亨、叶志宽、黄庆云、超襄宜、刘瓒、冯淳、武巘、任元灏、简天章、张资祺、宋锋、侯如树、吴率祖、王之导、丁声䶵、徐开第、德光、张峤、黄炅、孙孝芬、谢升、陶思贤、纪晫、古沣、黄家甲、沈遇黄、田五桂、梁学新、丁廷植、裘思录、王佐登、戴连元、李翘、王崑、孙绪祖、刘文诰、

陈学山、张犴、樊仲琇、刘宗向、色通额、尹祖伊、路于兖、姚日升、傅学灏、苏暻、周朗、高善祥、李振羽、杨国瓒、曹裕嗣、董禧、黄煃、陈两仪、赵楷、王国柞、李珠煜、燕臣仁、缪汪筏、何树萼、高泽、袁安、饶士蔼、阮汝昭、张荃、刘瓆、李学周、宋长城

● 八弟刘纯炜中式通明榜。①

1731　雍正九年　辛亥　刘统勋33岁　刘墉12岁

○辛亥九年春二月，设四川总督。②

○夏六月，大将军傅尔丹与噶尔丹策零战于和通泊尔，败绩。诏降傅尔丹为振武将军，以顺承郡王锡保代之。③

○冬十月，郡王额附策凌大破准噶尔兵于鄂登楚勒河，蒙古三音诺颜部遂自立。④

○十二月，严禁铁器出洋。⑤

● 刘统勋迁右春坊右中允。⑥

1732　雍正十年　壬子　刘统勋34岁　刘墉13岁

○壬子十年春正月，苗疆平定，召鄂尔泰回京，以为保和殿大学士兼兵部尚书。⑦

---

① ［清］刘镮之修《三公年表》。
② 印鸾章：《清鉴纲目》，长沙：岳麓书社，1987年，第293页。
③ 同上。
④ 同上书，第294页。
⑤ 同上书，第295页。
⑥ 王钟翰点校《清史列传》卷四百七十六《列传》卷十八，北京：中华书局，1987年，第1384页。
⑦ 印鸾章：《清鉴纲目》，长沙：岳麓书社，1987年，第295页。

●闰五月刘统勋转左春坊左中允。①

●七月十一日，辛丑，刘统勋以翰林院编修充河南乡试正考官。

壬子科乡试河南考官：中允刘统勋，字尔钝，山东诸城人，甲辰进士。刑部郎中崔琳，字符圃，陕西蒲州人，癸卯进士。题"友直友谅益矣"，"仲尼祖述"一句，"劳之来之德之"。解元孙岩，字警齐，汝阳人，戊辰进士。②

●堂兄刘绪煊中式顺天第七十三名举人。③ 侄刘塿同榜第一百七十一名举人。④

壬子科乡试顺天考官：吏部侍郎任兰枝，字香谷，江南溧阳人，癸巳进士。侍读杨炳，字蔚友，湖北锺祥人，癸卯进士。题"一日克己"四句，"诚之不可"一句，"取诸人以"二句。解元邵大业，字厚庵，大兴人，癸丑进士。⑤

按：刘塿，字淡明，号廉园，于该年中举。享年四十四岁，忌九月二十四日。娶王氏，同邑相州镇康熙甲子（1684）举人、吏部右侍郎加都察院左都御史沛恒公女，享年六十九岁，忌七月二十五日，葬逄哥庄东茔。侧室毛氏，享年六十五岁，忌十二月二十三日。葬逄哥庄东岭。子三人：刘秉鑑、刘秉锡、刘秉鈇。女二人：长适高密县梁尹庄监生任滞，次适同邑徐家庄从九品臧宸默。

又按：刘塿，刘棨孙大排行行六。

〇秋八月，额附策凌追击准噶尔于额尔德尼昭，大破之。⑥

〇冬十月，革大将军岳钟琪职，交部拘禁。⑦

〇十一月，雍正赐湖南生员谯衿匾额。⑧

〇十二月，大将军马尔赛有罪，伏诛。⑨

---

① 王钟翰点校《清史列传》卷四百七十六《列传》卷十八，北京：中华书局，1987年，第1384页。

② ［清］法式善等：《清秘述闻三种·上卷》卷五，北京：中华书局，1892年，第148页。

③ ［清］刘文霨：《刘氏贡举文集》，目录第5页。

④ 同上书，目录第6页。

⑤ ［清］法式善等：《清秘述闻三种·上卷》卷五，北京：中华书局，1892年，第145页。

⑥ 印鸾章：《清鉴纲目》，长沙：岳麓书社，1987年，第296页。

⑦ 同上。

⑧ 同上书，第297页。

⑨ 同上书，第298页。

1733　雍正十一年　癸丑　刘统勋 35 岁　刘墉 14 岁

○癸丑十一年春正月，命各直省设立书院。①

○三月，诏撤回西藏及乂木多防守之兵。②

○夏四月，以方苞为内阁学士。③

○五月，《大清会典》成。④

○六月，命直隶总督李卫往古北等处阅兵。⑤

●九月十五日，刘统勋署日进起居注官。⑥

1734　雍正十二年　甲寅　刘统勋 36 岁　刘墉 15 岁

○甲寅十二年春三月，河南学政俞鸿图有罪伏诛。⑦

○夏四月，禁广东编制象牙席。⑧

○六月，湖南忠峒十五土司呈请改流，许之。⑨

○秋八月，诏罢征准噶尔兵。⑩

●九月十三日，刘统勋以翰林院侍读与编修梁诗正俱充日讲起居注官。⑪

---

① 印鸾章：《清鉴纲目》，长沙：岳麓书社，1987 年，第 298 页。
② 同上。
③ 同上。
④ 同上书，第 299 页。
⑤ 同上。
⑥ 《大清世宗敬天昌运建中表正文武英明宽仁信毅大孝至诚宪皇帝实录》卷之一百三十五。
⑦ 印鸾章：《清鉴纲目》，长沙：岳麓书社，1987 年，第 299 页。
⑧ 同上。
⑨ 同上。
⑩ 同上书，第 300 页。
⑪ 《大清世宗敬天昌运建中表正文武英明宽仁信毅大孝至诚宪皇帝实录》卷之一百四十七。

●十一月，擢刘统勋为左春坊左庶子。①

1735　雍正十三年　乙卯　刘统勋37岁　刘墉16岁

○乙卯十三年夏四月，停旌表烈妇例。②

○五月，贵州台拱苗叛，以提督哈元生为扬威将军，统四省兵力讨之。③

○六月，以湖广提督董芳为副将军，命率师会剿台拱苗。④

○秋七月，以张照为抚苗大臣，免大学士鄂尔泰职。⑤

○八月，雍正去世。⑥

●刘统勋诰授奉政大夫。⑦

●八月，刘统勋在尚书房行走。⑧

●八月，九弟刘绂焜山东乡试第十五名举人；⑨侄刘坦同榜第三十七名举人；⑩侄刘坿同榜第六十九名举人。⑪

是科乡试考官：赞善郑江，字荃若，浙江钱塘人，戊戌进士。编修于枋，字小谢，江南金坛人，甲辰进士。题"夫子之道"二句，"诚者天之"二句，"树艺五穀"二句。解元丁琪，诸城人。⑫

按：刘坿，字敬庵，号西巖。歴任福建漳州府诏安场盐课司大使、甘肃成县知

---

① 王钟翰点校《清史列传》卷四百七十六《列传》卷十八，北京：中华书局，1987年，第1384页。
② 印鸾章：《清鉴纲目》，长沙：岳麓书社，1987年，第300页。
③ 同上。
④ 同上书，第301页。
⑤ 同上。
⑥ 同上。
⑦ ［清］刘镮之修《三公年表》。
⑧ 王钟翰点校《清史列传》卷四百七十六《列传》卷十八，北京：中华书局，1987年，第1384页。
⑨ ［清］刘文霱：《刘氏贡举文集》，目录第6页。
⑩ 同上。
⑪ 同上书，目录第5页。
⑫ ［清］法式善等：《清秘述闻三种·上卷》卷五，北京：中华书局，1892年，第152页。

县。享年五十六岁，忌八月十九日。娶李氏，安邱县水磨头庄廪生李佳訏公女，享年六十五岁，忌六月二十四日。葬寿塔寺南台子茔。子一人：刘秉鎮。女二人：长适同邑监生王续祖，次适同邑叩官庄候补布政司经历王元廌。

又按：刘坿，刘棨孙大排行行十。刘坿著有《海上吟》《丙戌诗草》。刘坿事迹见于刘光斗《诸城县续志》卷十三："为成县知县，有清名。岁饥，大府属发仓庾贷民，民不能偿，坿代偿之。以劳致疾，卒于旅舍。贫不能归榇，布政使资助之以归。"

● 八月，侄刘垣中式顺天乡试第二百十三名举人。①

是科乡试考官：工部侍郎顾祖镇，字景范，江南吴县人，戊戌进士。侍讲学士戴瀚，字巨川，江南上元人，癸卯进士。题"我欲仁斯"一句，"性之德也"二句，"有诸己之"三句。解元许秉智，大兴人。②

按：刘垣，字仲三。广东潮州府东界场盐课司大使。享年五十三岁，忌正月二十八日。娶单氏，高密县湖南沣州知州、赠通奉大夫、直隶布政使单宏度公女，年二十六岁，忌正月十五日；继宋氏，胶州袁家坟勒授承德郎士苏公女，享年五十六岁，忌六月二十四日；侧室王氏，享年□□□岁，忌□□□□□日；逢氏，享年□□□岁，忌三月十六日。葬槎河庄南茔。子五人：刘秉鏩、刘秉钺、刘秉镐、刘秉錀、刘秉钟。女三人：长适同邑齐沟庄王，次适即墨县西柳庄，次适同邑南曹村王崇良。

又按：刘垣，刘棨孙大排行行四。

● 十月十三日，刘统勋以左春坊左庶子充为顺天武乡试正考官。③

● 十月十五日，刘统勋内廷供奉，寻升詹事府詹事，兼翰林院侍读学士。④

---

① ［清］刘文霱：《刘氏贡举文集》，目录第5页。
② ［清］法式善等：《清秘述闻三种·上卷》卷五，北京：中华书局，1892年，第150页。
③ 《大清高宗法天隆运至诚先觉体元立极敷文奋武孝慈神圣纯皇帝实录》卷之四。
④ 同上。

1736　乾隆元年　丙辰　刘统勋38岁　刘墉17岁

○丙辰乾隆元年春正月,准噶尔噶尔丹策零遣使入觐,并贡方物。①

○三月,颁《十三经》《二十一史》于各省会及府州县学。②

●六月初十日,擢刘统勋为内阁学士兼礼部侍郎。③

○秋七月,立皇太子。④

●八月十一日,刘统勋参与批阅顺天乡试回避子弟试卷。⑤

●八月,刘统勋署刑部侍郎。⑥

●八月,刘统勋侄刘堌中式山东乡试第六十一名举人。⑦

是科乡试考官:四译馆少卿汪由敦,字师茗,浙江钱塘人,甲辰进士。中允彭启丰,字翰文,江南长洲人,丁未科状元。题"才难不其为盛","溥博渊泉"二句,"孔子进以有命"。解元戴汝槐,莱州人。⑧

按:刘堌,字殿高,号嘉南。享年三十六岁,忌二月初五日。娶单氏,高密县岁贡生诰赠中宪大夫常伯公女,享年六十九岁,忌五月十七日。葬逄哥庄南茔。子一人:刘秉钺。

又按:刘堌,刘棨孙大排行行七。

●八月,刘统勋从侄刘堃中式顺天乡试第一百三十六名举人。⑨

是科乡试考官:左都御史福敏,字龙翰,满洲镶白旗人,丁丑进士。吏部侍郎邵基,字学阯,浙江鄞县人,辛丑进士。题"务民之义"一句,"爱其所亲"一句,

---

① 印鸾章:《清鉴纲目》,长沙:岳麓书社,1987年,第307页。
② 同上书,第308页。
③ 《大清高宗法天隆运至诚先觉体元立极敷文奋武孝慈神圣纯皇帝实录》卷之二十。
④ 印鸾章:《清鉴纲目》,长沙:岳麓书社,1987年,第308页。
⑤ 《大清高宗法天隆运至诚先觉体元立极敷文奋武孝慈神圣纯皇帝实录》卷之二十五。
⑥ 王钟翰点校《清史列传》卷四百七十六《列传》卷十八,北京:中华书局,1987年,第1384页。
⑦ [清]刘文霨:《刘氏贡举文集》,目录第7页。
⑧ [清]法式善等:《清秘述闻三种·上卷》卷五,北京:中华书局,1892年,第157页。
⑨ [清]刘文霨:《刘氏贡举文集》,目录第7页。

"君子存之 义也"。解元古之琮，字梅岑，宛平人。①

按：刘垄，字自方，号石村。以子之锟贵，貤封承德郎、山西大同府通判。享年六十八岁，忌十二月二十日。娶孙氏，同邑相州镇考授从六品宣子公女，享年六十六岁，忌七月初二日；侧室单氏，享年八十岁，忌正月二十七日。俱封安人。葬姚家村□茔。子三人：刘之钰、刘之锟（出嗣塾后）、刘之鋐。女三人：长适同邑攒牛厂庄徐，次适同邑监生李龙文，次适同邑普庆庄监生张宪璠。

○秋九月，大学士朱轼卒。②

●九月初八日，以内阁学士吴金为武会试正考官，刘统勋为副考官。③

●十月初九日，乾隆面谕大学士嵇曾筠，让其带刘统勋往浙江学习海塘河道工程事务。④

1737　乾隆二年　丁巳　刘统勋39岁　刘墉18岁

○丁巳二年春二月，安南国王黎维祐卒，封其嗣子黎维祎为安南国王。⑤

●三月二十七日，刘统勋以内阁学士授刑部左侍郎，仍留浙江海塘学习行走，诰授资政大夫。⑥

○夏四月，释傅尔丹、陈泰、岳钟琪于狱。⑦

●四月十四日，刘统勋以刑部左侍郎衔奏报浙省海塘工程。

丁亥，刑部左侍郎刘统勋奏报海塘工程：惟朱轼所建五百丈至今坚固。其余旧塘，俱难经久。至于堵筑尖山、开挖引河，费用浩繁，成功难必。此督臣嵇曾筠所以专主建筑鱼鳞大石塘之议也。我皇上不惜百万帑金，以卫浙民田庐。今岁北岸海沙渐涨，南岸江溜渐通，可望成功。海宁城南石塘五百丈，现已完竣。密签长桩，

---

① [清]法式善等：《清秘述闻三种·上卷》卷五，北京：中华书局，1892年，第155页。
② 印鸾章：《清鉴纲目》，长沙：岳麓书社，1987年，第309页。
③ 《大清高宗法天隆运至诚先觉体元立极敷文奋武孝慈神圣纯皇帝实录》卷之二十七。
④ 同上书，卷之二十八。
⑤ 印鸾章：《清鉴纲目》，长沙：岳麓书社，1987年，第310页。
⑥ 《大清高宗法天隆运至诚先觉体元立极敷文奋武孝慈神圣纯皇帝实录》卷之三十九。
⑦ 印鸾章：《清鉴纲目》，长沙：岳麓书社，1987年，第310页。

平铺巨石，灌以米汁灰浆，扣以铁钉铁锔。后来工程若始终如一，可保永远无虞。查向来保固之法，于塘外签桩铺石，层累而上，作为坡陀之形，名为坦水。此项工程，在今日有不得不修筑之势。窃计海塘与河工，形势迥不相侔。河工有应筑、应开、应浚之不同。即有不得不筑、必不可筑之异。海塘之内，皆属守土寸金之地。一有冲决，民命攸关。且卤水一入，数年之内，必致颗粒无收。既议筑塘捍卫，自不容有两歧之议，此实在情形也。①

●六月十三日，吏部议准刑部左侍郎刘统勋所奏称新任督、抚、提、镇奏请随带人员之法。

庚午，吏部议准刑部左侍郎刘统勋奏称：臣伏见新任督抚提镇，往往奏请随带人员，以备委用。在封疆大吏，平日亲知灼见，自应有干练之才，足收指臂之益。惟是先寄耳目于数人，即付腹心以要缺，补用不循资格，舆论指为私交，更相仿效，滋弊多端。嗣后请文员除河工效力，武员除军前效力外，概停其随带。如本省、本标人员，不敷任用，则奏请由部拣发。若调任之后，于属员内果有才能出众之人，则据实保奏，仰候皇上谕部引见，量才任使。如此可以杜封疆大臣偏袒之陋习，才能人员钻营之故智。似于政体官常，均为允当。从之。②

○冬十一月，以大学士鄂尔泰、张廷玉，尚书讷亲、海望，侍郎纳延泰、班第为军机大臣。③

1738　乾隆三年　戊午　刘统勋40岁　刘墉19岁

○戊午三年春正月，封朝鲜国王李昑子愃为世子。④
●三月十八日，刘统勋从浙江海塘学习行走回刑部办事。⑤
●四月初九日，刘统勋据实奏报丁忧御史违例干谒得到乾隆嘉许。

丙午，又谕：毛之玉系丁忧御史，回籍守制，不知读礼家居，乃往浙江违例干

---

① 《大清高宗法天隆运至诚先觉体元立极敷文奋武孝慈神圣纯皇帝实录》卷之四十一。
② 同上书，卷之四十四。
③ 印鸾章：《清鉴纲目》，长沙：岳麓书社，1987年，第310页。
④ 同上书，第311页。
⑤ 《大清高宗法天隆运至诚先觉体元立极敷文奋武孝慈神圣纯皇帝实录》卷之六十五。

谒。着交部严加议处。刘统勋据实奏闻可嘉，着交部议叙。署总督嵇曾筠、布政张若震，何以不行奏闻？着明白回奏。寻据嵇曾筠奏覆：本年三月内，毛之玉到浙，曾经面见询问，据称家道贫苦，年逾六旬，亲丧未举，欲往江西广东亲友处，营求葬资，道由浙江，忝在衙门后辈，故来进见。来时布袍雨帽，悲痛满容，并非易衣赴席招摇干谒可比。臣心恻然，因送银一十二两，此外并无一人相助。未经奏闻，实难辞咎。疏入，报闻。①

按：毛之玉丁忧回籍守制，如真是易衣赴席招摇干谒，在清代确属非人伦之举。刘统勋对之弹劾，堪称卫道护统，在当时历史条件下，理应受到乾隆嘉许。但倘如毛之玉确像嵇曾筠所言，因家道贫苦，为举丧而外出营求葬资，则着实令人同情。刘统勋因弹劾其人而获议叙（清制对考绩优异的官员，交部核议，奏请给予加级、记录等奖励，谓之"议叙"），作者窃为刘统勋所不取。但依此而误认为刘统勋是借踩他人之身而上攀者则大谬矣。只要看刘统勋平日居心行事，即可知其实秉大公之心以处世之人也。

● 四月十四日，河道总督嵇曾筠奏报会同刑部侍郎刘统勋查勘治理浙江海塘工程情形，乾隆嘉勉。

辛亥，大学士总理浙江海塘管理总督事务嵇曾筠疏言：海潮入江，有南大亹、北大亹、中小亹三路，迁流无定。考其形势，溜趋北亹，则海宁一带塘工，坐当其冲；溜趋南亹，则绍兴一带塘工，亦受其险；惟溜趋中亹，庶南北两岸，俱获平稳。前因溜走北亹，遂致海宁塘工，连年告险，虽欲修筑石塘，而一日两潮，难以施工。幸两年来，东西塘外，涨沙日加，绵亘宽厚，水势中行，不特海宁塘工可筑，即南亹一路，亦可渐次开放。但中亹介于禪机、河庄两山之间，口门仄狭，江海不能畅流。往上，则直逼南亹；退下，则仍注北亹，皆须及早图维者。臣于本年二月，会同刑部侍郎刘统勋，查勘绍兴府属一带海塘，类多残缺。若及时修茸，需帑少而功亦易成。现已发银攒砌完整。再中亹之上游萧山县西兴地方，有大滩横亘江心，挑溜北注。如遽开中亹，则北岸之仁和、钱塘工程，亦成顶冲。现亦设法疏切，引溜冲刷，俟水势条顺，方可开放。至鱼鳞石塘工程，原系垂诸久远，臣复指示攒筑，务期坚整。得旨：欣悦览之。海塘工程，一以赖卿，自能先事豫筹，诸凡得宜，以

---

① 《大清高宗法天隆运至诚先觉体元立极敷文奋武孝慈神圣纯皇帝实录》卷之六十七。

副朕望也。①

〇夏五月，贵州定番州苗滋事，总督张广泗讨平之。②

●五月，刘统勋受命管理武英殿事务。③

●刘统勋从侄刘堉中式顺天乡试第一百四十七名举人。④

是科乡试考官：吏部尚书孙嘉淦，字锡公，山西兴县人，癸巳进士。礼部侍郎吴家骐，字晋绮，浙江桐乡人，戊戌进士。题"居敬而行"一句，"人道敏政 在人"，"规矩方员"一节。解元马锦昌，无锡人。⑤

按：刘堉，字工陶，号梧川。历任江西弋阳县、上饶县、安徽定远县知县，升授通政司经历，敕授文林郎。享年六十八岁，忌正月二十日。娶单氏，高密县贡生、湖南澧州知州单宏度公女，年二十八岁，忌三月初十日；继臧氏，同邑徐家庄增生臧球公女，年四十二岁，忌十二月初五日，俱封孺人。继赵氏，莱阳县康熙甲午（1714）举人、广西天河县知县赵荣西公女，享年八十三岁，忌五月十四日。葬东张哥庄南茔。侧室孙氏、钱氏。子一人：刘钜璐。女一人：适即墨县枣园庄王璈。

又按：刘堉，刘棐孙，刘继燻次子，刘墫次兄。乾隆三年（1738）举人。历任江西弋阳县、上饶县、安徽定远县知县，升授通政司经历，敕授文林郎。享年六十八岁。刘堉在知县任上"人以比明之况钟，以卓异举"。事见刘光斗《诸城县续志》卷十三："由举人为弋阳知县，调上饶。听断详审，平冤狱，人以比明之况钟。以卓异举，复为定远令，迁通政司经历。"

●八月，王夫人（刘墉生母）殁。⑥

〇冬十月，直隶总督李卫有病免，以吏部尚书孙嘉淦为直隶总督。⑦

---

① 《大清高宗法天隆运至诚先觉体元立极敷文奋武孝慈神圣纯皇帝实录》卷之六十七。
② 印鸾章：《清鉴纲目》，长沙：岳麓书社，1987年，第311页。
③ 王钟翰点校：《清史列传》卷四百七十六《列传》卷十八，北京：中华书局，1987年，第1384页。
④ [清] 刘文霨：《刘氏贡举文集》，目录第7页。
⑤ [清] 法式善等：《清秘述闻三种·上卷》卷五，北京：中华书局，1892年，第159页。
⑥ [清] 刘镮之编《东武刘氏家谱》。
⑦ 印鸾章：《清鉴纲目》，长沙：岳麓书社，1987年，第311页。

1739　乾隆四年　己未　刘统勋41岁　刘墉20岁

●正月初二，宫中赐宴、赋诗，刘统勋参与其事。①

○己未四年春正月，大学士嵇曾筠卒。②

●二月十九日，刘统勋参与阅会试回避卷。③

●二月初二日，八弟刘纯炜会试成贡士。

己未科会试考官：内阁大学士赵国麟，字仁圃，山东泰安人，己丑进士。户部侍郎留保，字松裔，满洲正白旗人，辛丑进士。吏部尚书甘汝来，字逊斋，江西奉新人，癸巳进士。兵部侍郎凌如焕，字琢成，江南上海人，乙未进士。题"生而知之"二句，"舜好问而"四句，"君子所性"二句。会元轩辕诰，字谋野，山东汶上人。④

○三月，予告大学士马齐卒。⑤

●三月，八弟刘纯炜（霁庵）殿试成一百三十九名进士。⑥

己未科殿试成进士榜单⑦：

第一甲三名：庄有恭、涂逢震、秦勇均

第二甲九十名：陆秩、官献瑶、陈锷、许炯、袁枚、陈大喻、裘曰修、沈德潜、蒋麟昌、杨开鼎、孙拱极、汪元麟、储麟趾、程景伊、徐景熹、曹经、郑万年、闻人棠、沈彦缙、梁启心、高名世、鞠逊行、姚廷祐、庄熊芝、黄可润、罗华、胡世科、徐垣、金文淳、杨沄森、轩辕诰、喻炜、陆广霖、唐炳、刘纯炜、徐文煜、沈惊远、陶镛、方世俊、蔡扬宗、林兴济、费兰先、许朝、陈兴祚、王觉莲、胡彦辅、孙良贵、张钧鳌、叶酉、黄大本、夏金章、孙炜、冯成修、张鹜、王执玉、钮汝

---

① 《大清高宗法天隆运至诚先觉体元立极敷文奋武孝慈神圣纯皇帝实录》卷之八十四。
② 印鸾章：《清鉴纲目》，长沙：岳麓书社，1987年，第312页。
③ 《大清高宗法天隆运至诚先觉体元立极敷文奋武孝慈神圣纯皇帝实录》卷之八十七。
④ ［清］法式善等：《清秘述闻三种·上卷》卷五，北京：中华书局，1892年，第164页。
⑤ 印鸾章：《清鉴纲目》，长沙：岳麓书社，1987年，第312页。
⑥ ［清］刘文霭：《刘氏贡举文集》，目录第8页。
⑦ 朱保炯、谢沛霖编《明清进士题名碑录索引》下册，上海：上海古籍出版社，1980年，第2710页。

骐、管一清、洪科捷、周世纪、张昌蕃、缪敦仁、张镠、王锦、沈廷标、孙坦、邱柱、叶有词、王化南、费昭、姜朝乘、邵其德、卜宁一、王元令、朱坛、杨勋、李超、谢颖元、王居正、伍文运、丁潍、吴嗣富、沈燡燔、赵天衢、施敬胜、呼华国、邹有誉、陈中龙、聂焘、詹肯构、管二象

第三甲二百三十五名：杨任仁、任元文、朱之铎、邱性善、谢家树、陈士琰、陈正勋、富介龄、祁成一、蒋岳、郭家英、党维世、何畴、林调燮、戴兆复、蔡正笏、丁俦嵩、伊贵绥、郑志鲸、张学浩、郭之铨、林学鸣、乔序（上相下鸟）、顾龙光、刘斯和、出科联、周焘、胡华训、许治、葛淳、陈偭、李基生、傅溥、兴国、符大纪、赵远猷、杨大琛、葛乃□、王世庠、刘子丑、李祥麟、崔鑰、丁源淇、慕豫生、徐鸿升、金景涑、沈弘模、林光锋、勒福、谢弘恩、孔傅炯、朱洽、胡建伟、施淇、孔云、傅锡罄、黄澍纶、邓承齐、王光佩、庞遥、唐弘宇、鲁春光、叶苑、伊兴阿、迟逢元、陈新燕、李景晟、张起麟、萧宗元、孔传正、王锡书、王赠华、萧惟耀、周金绅、张田、陈琨、张麟莱、王士鳌、李湖、江均、张绳祖、毕宿焘、王培宗、郑琯、张宗衡、徐孝常、钟一诚、刘为鸿、段珂、高桐、蒋廷芳、吴亿、靳学轼、单烺、刘朴、吴元春、郭伟人、黄绅、赵德昌、王元音、初元方、李大鹏、王清箱、杨愚、杨珪、陈居易、张凤瑞、梁善长、吴文正、刘际泰、巫慧、帅桂、刘慎、黄绎、张文运、杨培、曹天瑾、郭裕、洪汧、元凯、孙景烈、胡鸣珂、罗憎、巴金泰、赵崇文、张世栋、费瀛、贾鉥、郑其仁、王纬、孙镔、钟秀、郭匡、毛德馨、杨鸾、胡斯盛、甘美、孙默、陈材、刘霖、张铭、刘起芬、黄有觐、刘定麟、段毓灵、路县圃、谢才、张如绂、彭学麟、高廷元、彭作霖、李勋、翼士楷、张云翮、廪格、王肇基、黎上选、石攻玉、王鸿、吴跃龙、张作舟、谢千子、彭侣、丁士睿、熊倬、黄玉衡、仇元基、林鸿、李先益、高其文、朱华国、程善述、潘炯、陈兆昌、刘熤、黄瑞鹏、方连涧、傅隆阿、叶天枢、冉宗洙、李芳蕃、王程焰、郭锦春、孙龙光、舒瞻、宋恂、阳岐、梁德隆、高容、程严、文兆奭、赵永孝、丁复瀛、许元善、张圣治、宋熙、许元锁、房逢年、郭泳、李复发、江牧、黄文都、刘廷梁、欧阳星、万方、朱曾仲、郝璞、张昱、屠祖赉、李正揆、纪宣猷、金国彦、孙庆槐、董朱英、王作霖、梁尔珣、邱应琜、马伯辂、马干彰、邱仰嶙、王致清、聂元善、王琮、蒋应焻、黄福、陈晋、周人麒、赵金简、达时济、胡养正、唐学海、陈汝睿、凌树屏、彭绍兹、李斯升

●五月十三日，刘统勋接任革职侍郎方苞相关职事，管理武英殿事务。

戊午，又谕曰：方苞在皇祖时，因南山集一案，身罹重罪，蒙恩曲加宽宥，令其入旗，在修书处行走效力。及皇考即位，特沛殊恩，准其出旗，仍还本籍，又渐次录用，授职翰林，晋阶内阁学士。朕嗣位之初，念其稍有文名，谕令侍直南书房，且升授礼部侍郎之职。伊若具有人心，定当痛改前愆，矢慎矢公，力图报效。乃伊在九卿班内，假公济私，党同伐异，其不安静之痼习，到老不改，众所共知。适值伊以衰病，请解侍郎职任，朕俞允之，仍带原衔食俸。上年冬月，因伊条奏事件，朕偶尔召见一次，伊出外即私告于人，曾在朕前荐魏廷珍而参任兰枝，以致外间人言藉藉。经朕访闻，令大学士等传旨训饬。伊奏对支吾。朕复加宽容，未曾深究。近访闻得伊向住魏廷珍之屋，魏廷珍未奉旨起用之先，伊即移居城外，将屋让还，以示魏廷珍即日被召之意。又庶吉士散馆届期，伊已将人数奏闻，内阁定期考试矣。伊复于前一日，将新到吴乔龄一名，补请一体考试。朕心即疑之。今访闻得伊所居之屋，即吴乔龄之产，甚觉华焕，显系受托，为之代请。似此数事，则其平日之营私，可以概见。方苞深负国恩，着将侍郎职衔，及一切行走之处，悉行革去，专在三礼馆修书，效力赎罪。其武英殿事务，着陈大受、刘统勋管理。①

●五月二十五日，刘统勋教习庶吉士。

庚午，命刑部尚书尹继善、刑部左侍郎刘统勋教习庶吉士。②

●六月，刘统勋丁母郭夫人忧回籍守制。③

○冬十月，庄亲王允禄等有罪，斥革有差。④

1740　乾隆五年　庚申　刘统勋42岁　刘墉21岁

○庚申五年夏五月，额附策凌奏喀尔喀、准噶尔以鄂尔海分界，从之。⑤

---

① 《大清高宗法天隆运至诚先觉体元立极敷文奋武孝慈神圣纯皇帝实录》卷之九十二。
② 同上书，卷之九十三。
③ 王钟翰点校《清史列传》卷四百七十六《列传》卷十八，北京：中华书局，1987年，第1384页。
④ 印鸾章：《清鉴纲目》，长沙：岳麓书社，1987年，第312页。
⑤ 同上。

○秋七月，以徐士林为江苏巡抚。①

○冬十二月，楚、粤苗乱平。②

●刘统勋在籍守制。③

1741　乾隆六年　辛酉　刘统勋43岁　刘墉22岁

○辛酉六年春三月，赐鄂善死，擢仲永檀为佥都御史。④

○夏六月，大学士赵国麟罢。⑤

●六月十一日，刘统勋丁忧未除即授刑部侍郎一职，乾隆并要求其一俟服满即速进京供职。

●六月底，刘统勋服阕。

甲辰，谕：刑部侍郎员缺，着刘统勋补授。俟服满之日，即速来京供职。刘统勋未到任之先，仍着周学健署理。⑥

○秋七月，始举秋狝。⑦

●八月，刘墉中式山东举人第五十四名。⑧ 侄刘堉同榜第六十二名举人，⑨ 侄刘坰同榜第三十六名举人。⑩

是科乡试考官：编修万年茂，字少怀，湖北黄冈人，丙辰进士。编修周煌，字景垣，四川涪州人，丁巳进士。题："公叔文子"一节，"有所不足"二句，"夏后

---

① 印鸾章：《清鉴纲目》，长沙：岳麓书社，1987年，第312页。

② 同上书，第313页。

③ ［清］刘镮之修《三公年表》。

④ 印鸾章：《清鉴纲目》，长沙：岳麓书社，1987年，第313页。

⑤ 同上。

⑥ 《大清高宗法天隆运至诚先觉体元立极敷文奋武孝慈神圣纯皇帝实录》卷之一百四十四。

⑦ 印鸾章：《清鉴纲目》，长沙：岳麓书社，1987年，第314页。

⑧ 刘墉乾隆六年（1741）中式山东举人第五十四名，见于刘镮之在刘统勋所修家谱基础上修订的《东武刘氏家谱》，另外见于刘镮之执笔，时间截止到刘镮之去世前一年的《三公年表》。应属确凿无疑。陈连营《宰相刘墉的一生—传说与历史》误认为刘墉举人乃出于乾隆御赐，不知有何依据。

⑨ ［清］刘文霱：《刘氏贡举文集》，目录第8页。

⑩ 同上。

氏五"三句。解元刘其旋，字川南，安邱人，壬戌进士。刘墉随后进京为考进士作准备。①

按：此据嘉庆十九年（1814）刘镮之所修《东武刘氏家谱》所载。今日有关刘墉的一些专著及文章多言刘墉并未中举人，而是以恩荫举人的身份，参加会试，此说误。如陈联营《宰相刘墉的一生》云："我们目前还没有发现刘墉在三十二岁以前参加科举考试情况的有关资料。所以我们还不敢妄断他此前参加过科举考试，以及参加过多少次，但我们可以断定，他此前并没有获得参加会试或入仕资格的举人出身，只是因为他的父亲刘统勋此时已身居工部尚书、翰林院掌院学士等要职，并深受皇上宠信，刘墉因恩荫举人身份，才有资格参加会试考试的资格。"

按：刘垌，字仰晦，号君修。考取景山宫教习，历任胶州滨州学正，广东永安县、湖南慈利县、沅江县、湖北松滋县知县。享年八十四岁，忌十二月初十日。娶李氏，同邑六沟庄廪生官五公女，年十七岁，忌九月初六日；继臧氏，同邑徐家庄监生静轩公女，享年五十一岁，忌三月初九日。葬槎河庄南莹。侧室赵氏、李氏。子二人：刘秉钲、刘秉钰。女六人：长适胶州袁家坟宋奎明，次适同邑城子庄丁咏，次适同邑杨家庄邱琯，次适高密县钟家庄王，次适山西绛州居诸城县桥西庄耿瑄，次适日照县监生李镫。

又按：刘垌，刘棨孙大排行行九。著有《写意诗集》。据刘光斗《诸城县续志》卷十三记载刘垌"所至有贤声。督修江堤，以劳致疾，归卒"。

●九月二十五日，擢刘统勋为都察院左都御史。②

○九月，原任江苏巡抚徐士林卒。③

○冬十一月，尚书徐元梦卒。④

●十月，刘统勋疏：禁督、抚、提、镇各标中军积弊四事：

一、中军例以副将、参将、游击充之，承办公务，支发钱粮，为各营领袖，原非为上司服役，乃督、抚、提、镇出署，辄步随，至躬为料理车马、旗帜，甚为失体；一、中军朝夕相见，往往代筹米盐琐务，不但体统有亏，恐开钻营之路；一、

---

① [清] 法式善等：《清秘述闻三种·上卷》卷六，北京：中华书局，1892年，第167页。
② 《大清高宗法天隆运至诚先觉体元立极敷文奋武孝慈神圣纯皇帝实录》卷之一百五十一。
③ 印鸾章：《清鉴纲目》，长沙：岳麓书社，1987年，第314页。
④ 同上。

道、府、州、县等官，以督抚署内之事，中军无不周知，至省辄先往候，而又与文员两无统属，遂宴会往来，藉端营私；一、督、抚、提、镇衙门遇岁时令节，张灯结彩，中军每以兵丁子弟充优伶杂戏，平时则医卜、星相、碁师、琴客藉其梯引，均应严禁。部议从之。①

按：此条与《清实录》所载兵部议覆应是一回事。但上奏时间与兵部议覆时间，相差了两个月。

●十一月三十日，刘绥烺掣得江西建昌府忻城县知县缺。②

●十二月初三日，九卿议奏刘统勋参胥吏代作封奏事，得旨允行。

甲午，九卿议奏左都御史刘统勋奏称封奏之章，有令胥吏代作者。挟嫌怀私，党援报复，以及招摇漏泄等弊，皆从此起。查定例内，未见吏胥代作封章之条，是以未便参奏。请敕下吏部详悉定议等语。查臣工章奏，原宜各抒所见，毋得互为商酌。今左都御史刘统勋，请定令书吏代作以致泄漏之处分，应照漏泄应密公文例，重者降一级留任，轻者罚俸九个月。若致有怀私挟嫌党援报复之处，应照司道衙门一切案件假手书吏致蠹书作奸者照溺职例革职，仍将书吏分别按律治罪。得旨允行。③

按：封奏，即密封奏章。清初沿明制，大臣奏事用本章，由通政司转内阁呈送皇帝。雍正年间设奏事处，命大臣奏事皆用奏折，各赐黄绫糊木匣，外加小锁，有二钥，一存内廷，一赐本官，凡有奏折，皆装入匣内，封锁呈进，由皇帝亲自开锁。如御史等有密奏，即以奏折装入封筒封固，外加奏匣，称封奏。

封奏，本来是密奏，由皇帝亲自开锁，说明其密级应是绝密。但许多行政官员，养尊处优，假手胥吏代作封奏之章，就中滋生出诸多积弊。时任左都御史的刘统勋对此洞若观火，他在参奏中指出："挟嫌怀私，党援报复，以及招摇漏泄等弊，皆从此起。"

但刘统勋上奏之时，"查定例内未见吏胥代作封章之条"，所以"是以未便参奏"。这说明，当时清王朝对封奏制度的设立，有明显的漏洞。有感于此，刘统勋

---

① 王钟翰点校《清史列传》卷四百七十六《列传》卷十八，北京：中华书局，1987年，第1396—1397页。
② 秦国经主编《清代官员履历档案全编》卷十六，上海：华东师范大学出版社，1997年，第47页下。
③ 《大清高宗法天隆运至诚先觉体元立极敷文奋武孝慈神圣纯皇帝实录》卷之一百五十六。

才上奏乾隆皇帝。经九卿议奏后，吏部做出如下规定：一、令书吏代作以致泄漏者，照漏泄应密公文例——重者降一级留任，轻者罚俸九个月。二、若致有怀私挟嫌党援报复之处，照司道衙门一切案件假手书吏致蠹书作奸者照溺职例革职，仍将书吏分别按律治罪。至此，因为刘统勋的努力，封奏制度得以完善，剔除了封奏实际执行中所产生的招摇泄密、挟嫌怀私、党援报复等诸多弊端。

●十二月初三日，兵部议覆刘统勋上奏直省督、抚、提、镇中军奔走经营之弊，得旨从之。

甲午，兵部议覆左都御史刘统勋奏称直省督抚提镇，例设中军一员，承办公务，支发钱粮，以为各营领袖，原非上司服役之私属。窃见督抚提镇有事出署，中军跬步相随，夫马船只，皆亲身料理。督抚提镇，往往以柴炭米盐，付托中军代为筹画。道府州县等官至省，未悉督抚动履，则先往候中军。宴会往来，伺候消息，或藉端营私，广通声气，又见外省，每遇岁时令节，督抚提镇衙门，张灯开宴，中军曲意经营，即以兵丁子弟，充优伶杂戏。至于医卜星相、棋师琴客、出入督抚衙门者，皆藉中军为梯援。种种弊风，宜行查革。应如所奏，令各督抚提镇，不得以奔走米盐之事，付托中军。如中军有宴会营私者立即指参。其中军有仍前曲事督抚、引进伶优等人者，即以不谨例议处。其中军缺出，除钦授推补外，其应行题补之缺，着各督抚提镇，务选端方劲练之人。如有不称，照滥举匪人例议处。从之。①

按："督"，是总督；"抚"，是巡抚；"提"，是提督；"镇"，是总兵的别称。这四类官员，均为直隶及外省文武大员。地方治理状况如何，与这四大官员关系最大。

由刘统勋疏奏我们知道，本来，"中军"，在督、抚、提、镇之府均设一名。其职责按规定是："承办公务，支发钱粮，为各营领袖"，绝非督抚提镇等"上司服役之私属"。但乾隆初年之际，实际情况却与原先规定大相径庭。中军成了督抚提镇的私属，为其承做以下事情：一、督抚提镇有事出署，中军跬步相随。夫、马、船只，皆亲身料理。二、督抚提镇往往以柴炭米盐，付托中军代为筹画。正因为中军成为督抚提镇等大员的私人心腹，结果滋生以下弊端：一、道、府、州、县等官至省，不知道总督、巡抚等的行踪动静，就先去拜会巴结中军。宴会往来，探听消息。二、有的中军便与道、府、州、县等官藉端营私、广通声气。三、外省每遇岁时令

---

① 《大清高宗法天隆运至诚先觉体元立极敷文奋武孝慈神圣纯皇帝实录》卷之一百五十六。

节，督抚提镇衙门张灯开宴。中军曲意经营，即以兵丁子弟充优伶杂戏。以致体统有亏。四、医卜星相、棋师琴客，出入督抚衙门者，皆藉中军为梯援。

而这些弊端，足以导致一省、一个大的区域歪风邪气盛行，民不聊生。而此弊端之根源，就在于督抚提镇等大员化公为私，将中军收做私人心腹，而一旦中军借端营私，则于一省吏治风气关系重大。

刘统勋，从貌似小事入手，却解决了一个全国范围内的大问题。刘统勋的高明之处还在于，他不仅两次奏疏均切中乾隆朝政治体制弊端，而且所提均是完全可以立即动手解决的重要问题，而不是那些无论如何也解决不了的体制痼疾。

令人遗憾的是，刘统勋两疏虽对乾隆早期吏治起了防微杜渐的作用，但在乾隆晚年，却因乾隆自身对和珅大开幸进之门，遂使中前期整肃之吏治而被破坏殆尽。据《朝鲜李朝实录》评价，在乾隆五十七年（1792），"皇帝若有咳唾之时，和珅以溺器进之，纪纲由此可知"[①]。由于和珅佞相被乾隆默认甚至赏识，不正之风便八面而来，使乾隆晚年吏治到了江河日下不堪收拾的地步。嘉庆初年虽求振作，但面对由和珅造成的千疮百孔的一种局面，已无能为力，只得向这些歪风邪气让步，时至嘉庆中年吏治就更是一塌糊涂。可见刘统勋此两疏之上达，确有深谋远虑在，体现了他超于众人的一种见微知著的判断能力。

●十二月初四日，刘统勋以左都御史疏劾重臣张廷玉、讷亲，天下震动。

乙未，都察院左都御史刘统勋奏：伏见大学士张廷玉历事三朝，小心敬慎，皇上眷注优隆，久而弗替，可谓遭逢极盛。然大名之下，责备恒多。勋业之成，晚节当慎。外间舆论，动云桐城张姚两姓，占却半部缙绅。此盈满之候，而倾覆之机所易伏也。窃闻圣祖仁皇帝时，曾因廷臣有升转太速之员，特谕停止升转，原任大学士王熙之孙王景曾适在其内。臣愚以为宜仿此意。敕下大学士张廷玉会同吏部衙门，将张姚两姓部册有名者，详悉查明。其同姓不宗，与远房亲谊，不在此例。若系亲房近支、累世密戚，现任之员，开列奏闻。自命下之日为始，三年之内，停其升转。使望风逖听之人，知朝廷登进之无私。亦斯世受国恩之家，长享福禄于无尽。

又奏：尚书公讷亲未及强仕之年，统理吏、户两部，入典宿卫，参赞中枢，兼以出纳王言，趋承禁闼。此外特交事件，尚有多端。即智力有余，亦苦分身乏术。如或精神劳惫，必至贻误。现今讷亲所管事务，何者可以量行省减，非臣愚所敢妄

[①] 吴晗辑《朝鲜李朝实录中的中国史料》，北京：中华书局，1980年，第4840页。

议,但俾其才猷识力常余,于所办之事,则旷废之虞可免。又讷亲以一人之身,兼理数处。且时蒙召对,向用方隆。无论所属人员,奔走恐后。即同官寮审,亦皆敛手。虽未必至于开贿赂之门,窃威福之柄,然正谓事涉于因公,迹涉于任怨。或反复驳诘,或寓目不留。出一言而势在必行,定一稿而限逾积日。以臣所闻,议之者曰:部中议覆事件,历来所奉谕旨,与题定成例,有皆可引用者,司官多两引以待其主持。又云:督抚题请事件,本属从宽,则吏户两部或改归从严。若督抚从严,部内必无改宽之事。皇上用人行政,无非出于至公。讷亲之居心行事,当亦极图报称。至其职任之繁简,气象之谦盈,尚望圣明裁度训示。

两疏入,乾隆谕曰:左都御史刘统勋奏大学士张廷玉亲族居官人多应请裁抑一折。又奏尚书讷亲承办事务太多并任事过锐一折。朕思二臣若果声势赫奕,擅作威福,则刘统勋必不敢如此陈奏。今既有此奏,则二臣并无声势可以箝制僚寀,可知此国家之祥瑞也,朕心转以为喜。且大臣办公,责任綦重,原不能免人之指摘。即伊等办事,亦岂能竟无差错?闻过而喜,古人所尚。朕君临天下,兢兢业业,如有能指陈阙失者,未尝不嘉纳之。大臣为众所观瞻,见人直陈已过,惟当深加警惕。所谓有则改之,无则加勉。若有几微芥蒂于胸臆间,则非大臣之度矣。大学士张廷玉,亲族人众,因而登仕藉者亦多,此固家运使然。然其亲族子弟等,或有矜肆之念;为上司者,或有瞻顾之情,则非大学士所能料及也。今一经查议,人人皆知谨饬检点,转于大学士张廷玉有益。刘统勋所请裁抑之处,着该部查议具奏。至讷亲身为尚书,若于本部之事,稍涉推诿,不肯担当,则模棱成习,公事何由办理?但所办之事,其中未协之处亦所不免。况朕时加教诲,戒其自满自足,年来已知恪遵朕训矣。今见此奏益当留心自勉。至于职掌太多,如有可减之处,候朕酌量降旨。近来参奏大臣者,每多过当,殊不知旁观责人则易,而亲身任事则难。今之指摘大臣者,若任用至此地位,正恐未必能及也……至于弹劾大臣有关国体。此等奏折,若不发出,宵小无知者,必且以参大臣为幸进之阶,其为害于人心风俗,实非浅鲜,是以将二折发出,并将朕意晓谕众人知之。①

按:两道奏疏一上,乾隆皇帝受到极大震动,从"朕心转以为喜"等字句看,乾隆帝接此两道奏疏后,内心经历了一番复杂的思想斗争。他对此十分重视,不再将两道奏疏如同一般奏折交由部议,而是由自己亲自办理。专门为这两道奏折,这

---

① 《大清高宗法天隆运至诚先觉体元立极敷文奋武孝慈神圣纯皇帝实录》卷之一百五十六。

位日理万机的皇帝，所下的谕旨竟多达400多字，极尽委婉曲折而又含无限威严恫吓；既欲发挥其于朝廷政体、吏治有益之处，又要免除其潜在之弊；既要保护言官的人身安危，又要保全倚任重臣的体面。在这一代名臣的两道奏折上体现了一代明君早期极为精警干练的帝王之才。上此两道奏折，刘统勋虽是言官，为份内之事，而且所论实关国计政体，且评语又能持正，但却是冒着相当大的风险。如乾隆帝不是"转以为喜"，那后果就很难想象了。如乾隆没有本事箝制重臣，摆平此事（像晚年控制不了和珅一样），那么即使乾隆不想伤害刘统勋，恐怕他也难以逃脱张廷玉与讷亲两位的排挤。所幸张廷玉是一个较为谨慎的大员，而讷亲私心不多。然而张廷玉虽然早年一直敬慎有加，但晚年却日益昏耄，接连受到乾隆的严厉指斥。《清鉴纲目》评论此事说："其后廷玉以世宗遗旨令其配享太庙为请，帝斥为要挟，削去伯爵，以原衔致仕，几至恩礼不终，一如统勋所言"①。刘统勋弹劾两位重臣，并非出于攻击，而是出于公心。一是期望造就保全两位重臣名节，二是暗示乾隆对两位重臣勿因使用不当而造成政纲人心的紊乱，三是为皇帝驾驭重臣提供了利器。这三层意思，乾隆都捕捉得很准，所以采取的措施十分得力。

　　刘统勋这两道奏疏后来被清人从不同角度加以解读。昭梿在其《啸亭杂录》中以其为侃侃正论的典范："国朝惩明代之失，罔许言官挟私言事，紊乱纲纪，然遇骨鲠之士弹劾权要，列圣必力加奖劝，以旌其直。如郭华野之劾明、余二相及王、高诸人；刘文正公之劾果毅、勤宣，皆侃侃正论有足取者。"② 陈康祺在其《朗潜纪闻二笔》卷二中则认为刘统勋这是爱人以德的表现："桐城张氏父子继相，兄弟多登九列者。文和长军机时，其子姓宗族，及姻党姚氏占仕籍者，至数十人，时为之语曰：'张姚两姓，占却半部搢绅'。刘文正公统勋以闻，请量加裁抑，三年内停其升转，高宗从之。文正与文和故交，此奏可谓爱人以德。"③ 陈康祺又紧接加按语云："按：文正摺中并奏尚书公讷亲，以一人之身兼理数处，任事过锐，非怀谦集益之道，请旨训示，上亦如所请。讷亦同领机务者。"④ 戴璐在《藤荫杂记》中讲："诸城刘文正公，乾隆六年甫任总宪，即以桐城张、姚二姓官多，奏请裁抑，尚书

---

① 印鸾章：《清鉴纲目》，长沙：岳麓书社，1987年，第383页。
② ［清］昭梿：《啸亭杂录》卷三，北京：中华书局，1980年，第63页。
③ ［清］陈康祺：《朗潜纪闻二笔》卷二，北京：中华书局，1984年，第352页。
④ 同上。

纳亲管理事务太多，任事多锐，一时风采懔然。纳亲果于金川偾事，桐城未久去位。"① 黄鸿寿则在《清史纪事本末》中对刘统勋惊人的预见能力钦佩不已："六年，十二月，大学士张廷玉请解部务，不许。先是，都御史刘统勋疏言，外间舆论，动云桐城张姚两姓，占却半部搢绅，请加裁抑。又尚书公纳亲，兼差太多，宜量予减省。帝以疏示廷臣。廷玉因奏辞兼部，帝不允。后二人晚节不终，一如统勋言。"② 而刘统勋此次弹劾，大概在某种程度上，为后世曾国藩借鉴者更多。刘统勋所言张廷玉遭逢极盛，然而晚节当慎，责备恒多的处境，在平定太平天国起义之后的曾国藩这里，恐怕也是感同身受。他深知盈满之候与倾覆之机之间的微妙关系，故将戒满攻阙作为自己日常生活的基本功。对攻入金陵而过于贪婪不识进退的曾国荃，这位大政治家谆谆告诫他的胞弟千万要谨慎，他自己为了消除皇帝对自己的猜疑，主动裁撤他一手创建起来的湘军。种种心迹，皆合刘统勋这次弹劾重臣的精意。对张廷玉、讷亲的弹劾，对成就后世曾国藩的盛名竟然会发生如此重要的作用，这应是刘统勋本人也很难想到的一个事情。

●十二月初七日，刘统勋对浙江海塘改建提出与督臣德沛相异之法，奏请缓草塘而急两岸要害石塘。中枢议请派员确勘，得旨允行。后命刘统勋前往浙江会同总督、巡抚查勘。

戊戌，（九卿）又议覆：左都御史刘统勋奏称前据闽浙总督宗室德沛奏请，海宁之老盐仓，迤西至仁和之章家庵一带柴塘，改建石塘四千二百余丈。约估工料银九十余万两，廷议准行。臣前在浙省学习工程，往来江北之仁和、钱塘、海宁、海盐，以及江南岸之山阴、会稽、萧山、上虞等县，遍阅工程，于彼处地势水形，渐为熟悉。诚见草塘之改建，不必过急。而南北两岸之塘工，有不宜缓者。盖海塘之在浙省，莫冲于海盐，莫要于仁和、钱塘。而今督臣奏改之四千二百余丈，则北岸塘工数大段中之一段也。前此南涨北坍，势甚危险。自建筑草塘及北岸沙淤之后，前抚臣卢焯奏停岁修，堤岸平稳，待水势北归，再筹捍御，尚未为晚。至论通塘形势，海宁之潮，犹属往来涤荡。而海盐之潮，则对面直来，其大石塘建自明季，岁时既久，罅漏已成。若不及早补苴，将来费用不啻万计。仁、钱两县江塘，逼近城

---

① ［清］戴璐：《藤荫杂记》卷三，参见沈云龙主编《近代中国史料丛刊三编》第二十六辑，台北：出版社有限公司，1987年，第26页。

② 黄鸿寿：《清史纪事本末》卷二十八，北京：北京图书馆出版社，2003年，第212页。

垣，增修岁岁不免。臣在浙省备访前此情形，蠹役奸匠，将塘身石料或拆旧为新、凿大成小，有增修之名，而转有卑薄之实。又风潮之后，水势南归。既由此而中，必将由中而南。山、会、萧、虞诸县南岸居民，将来必纷纷告急。请饬下浙省督抚，会同查看各处塘工。其海盐之塘，渐就残缺者如何修补？杭城之塘，被水啮蚀者如何防护？山、会、萧、虞等处，其汊河支港为患田庐者，如何堵筑？臣以大概计之，动发七十万金。而通塘有苞桑之固，衽席之安矣。至于草塘工段，若以帑金二十万，买备大桩木，收贮江干，复于塘后多积土方，以待不虞，已为有备无患，不必尽此款项置之可缓之处，而于所急者反遗"等语。查兴建大工，必须斟酌尽善。今左都御史刘统勋奏，与督臣德沛改建石工之议，意见各殊。请钦差大臣一员，前往会同署抚德沛、将军福森、关差伊拉齐，诣各塘逐一确勘酌议。得旨：依议。应差之大臣，该部开列具奏。①

●十二月二十日，刘统勋往浙江，会同总督德沛、巡抚常安查勘海塘。

辛亥，命都察院左都御史刘统勋往浙江。会同总督德沛、巡抚常安查勘海塘。②

○十二月，大学士张廷玉请解部务，不许。③

1742　乾隆七年　壬戌　刘统勋44岁　刘墉23岁

○壬戌七年夏四月，命庄亲王允禄，尚书三泰、张照，管理乐部。④

●五月二十三日，刘统勋与调任闽浙总督宗室德沛、浙江巡抚常安合查海塘奏折，得到大学士等会同工部议覆"从之"。

辛巳，大学士等会同工部议覆：钦差左都御史刘统勋、调任闽浙总督宗室德沛、浙江巡抚常安奏称：亲勘仁、宁一带柴塘，自老盐仓迤西至观音堂止，护沙滩尽无存。又自观音堂迤西涨沙仅存数丈、或数十丈以至数百丈不等。较从前涨沙绵亘，塘堤平稳之时，已迥不相同。相机抢护，实为目前急务。又据杭州将军傅森奏称观音堂迤西等处，复经沙坍里许，水抵塘根各等语，应令该抚等作速办料抢修。至所

---

① 《大清高宗法天隆运至诚先觉体元立极敷文奋武孝慈神圣纯皇帝实录》卷之一百五十六。
② 同上书，卷之一百五十七。
③ 印鸾章：《清鉴纲目》，长沙：岳麓书社，1987年，第314页。
④ 同上。

称改建石塘，乃系经久之图。惟现在试桩艰涩，夫价必增，不免偷减。请豫备物料，俟水缓沙停，乘机兴筑。每年先以三百丈为率。查新任总督那苏图将次到浙，再令确勘。如意见果同，即行改建。仍令该抚悉心筹画，务期工归实用，帑不虚糜。其开槽建石，即在柴塘后身。旧有柴工尚存，无须加筑坦水。请添马牙关石桩一道，以资巩固。惟签桩处所，较比鱼鳞石塘原估之数，量为加增。亦应令该抚转饬工员据实估报，不得浮冒。再北岸之盐、平、仁、钱等县，及南岸之山、会、萧、上等县江海塘，既称北坍南涨，形与昔殊。随时补苴，足资捍御。其有已估未修及檄议未估之处，应令该抚详慎分别办理。至称目今抢修，需柴正殷，请照时价，每百斤给银九分。应如所奏，免致误工。但不得着为成例，嗣后遇柴薪充裕之年，即严饬各员减价购买。从之。①

●十月初四日，刘统勋等奏山西毛清奇误认题指应不准拔贡。得旨：山西毛清奇，不准拔贡，发回本学肄业。该学政交部严加议处。

甲辰，刘统勋等奏曰"考试拔贡，公同校阅，分别进呈。其山西毛清奇误认题指，应不准拔贡。"得旨："山西毛清奇，不准拔贡，发回本学肄业。该学政交部严加议处！余依议。此番进呈各省拔贡试卷，朕看取在一等者，文理即属平常，则其余更可知矣。至毛清奇将论语本文，竟尔错记，尤为荒谬。夫拔贡乃造就人才之典，今各省所取，浅陋如此，何以振起文风？司衡鉴者不得辞其责！嗣后务须矢公矢慎，遴选出众之材，以鼓励多士，毋得苟且塞责，自干严谴。"②

按：乾隆的处理意见是：山西毛清奇不准拔贡，山西学政交部严加议处。清制对有过失的官吏，交吏部拟定处罚办法，称为"议处"。如系吏部官员，则交都察院议处。其情节轻微者，则称"察议"。对山西学政严加议处，就已不是普通的议处了。由此可知，乾隆对山西学政于拔贡之事敷衍苟且十分恼怒，对其惩处也颇为严厉。对山西学政的处罚，其实是对所有类似敷衍苟且者的一次警示。因此，刘统勋对当时六年一次的拔贡有此参奏，对引起各地学政重视、振起文风，为国家抡才大典储备人才，应该具有深远意义。

○冬十二月，大学士鄂尔泰有罪免。③

---

① 《大清高宗法天隆运至诚先觉体元立极敷文奋武孝慈神圣纯皇帝实录》卷之一百六十七。
② 同上。
③ 印鸾章：《清鉴纲目》，长沙：岳麓书社，1987年，第315页。

●四兄刘绖煜，年四十六岁，挈得山西太原府兴县知县缺。①

1743　乾隆八年　癸亥　刘统勋45岁　刘墉24岁

○癸亥八年春正月，诏安插准噶尔降人于宁古塔。②

○二月，御史杭世骏对策忤旨，革职。③

●七月十五日，左都御史刘统勋奏报严禁陈奏密封内容泄露，杜绝仪制僭越事中枢议准，乾隆允行。

庚戌，又议准左都御史刘统勋奏称严漏泄章奏之禁、杜专阃僭越之端二条，查督、抚、藩、臬，陈奏密封事件，关系重大，尤宜慎密。如既用密封，而又彼此关通商酌，若非扶同掩饰，即属故意欺蒙，自应分别查议，以示惩戒。嗣后凡密奏事件，未经发出之先，即上司属员，概不得互相计议参酌。如有漏泄通同，一经发觉，按其情事轻重，分别治罪。再查会典内，惟开督、抚见文武属员仪注，及旗枪等执事。至于燕闲谈笑之顷，坐位作何朝向，饮酒看山之际，属员作何祗候，原无礼制可稽。而代天巡狩之牌，黄衣短褂之从，护卫班房之名，更无原委可考。或因旧习而不知改，或改除而不能尽，以致形迹涉于侈，趋承过于卑谄，殊非大吏谨慎威仪、小心翼翼之度。应通行直省督抚，嗣后仪从器仗，各遵会典，周旋仪度，各凛寅畏。其妄为尊大，有乖定制之条，自行除去。如被指摘纠参，照违制例议处。从之。④

按：继乾隆六年（1741）参奏督、抚、提、镇"中军"私用积弊之后，乾隆八年（1743），身在言官之位的刘统勋又一次将纠察的矛头对准地方大员——督、抚、藩、臬"漏泄章奏、专阃僭越"之弊，进一步规范了地方官场的风气。督、抚、藩、臬，是地方最高的四大行政官员的简称。督、抚，前文已述。"藩"是布政使的别称，"臬"是按察使的别称。这里刘统勋先是规范督、抚、藩、臬封奏制度，杜绝泄密乃至扶同掩饰、故意欺蒙情弊的。紧接着则是专门力杀督抚妄自尊大、专

---

① 秦国经主编《清代官员履历档案全编》卷十六，上海：华东师范大学出版社，1997年，第287页下。

② 印鸾章：《清鉴纲目》，长沙：岳麓书社，1987年，第316页。

③ 同上。

④ 《大清高宗法天隆运至诚先觉体元立极敷文奋武孝慈神圣纯皇帝实录》卷之一百九十七。

闻僭越威风的。此处刘统勋锋镝甚锐。一方面，他明确指出，督、抚"燕闲谈笑之顷，坐位作何朝向；饮酒看山之际，属员作何祗候"，《会典》一概没有规定。但是有的督、抚，竟然在这些细节上别出心裁地加以规定，使其出席的场面因此显得神圣而隆重，以便高自位置。而"代天巡狩之牌""黄衣短褂之从""护卫班房之名"更是无稽之设，但有的督、抚为了抬高自己，竟将这些排场都僭越擅设。中国是一个礼教国家，所谓"礼"，就是对人等级身份的限定。国君有国君之礼，诸侯有诸侯之礼。如天子九鼎，诸侯七鼎。此规格不能逾越，逾越便被称为"僭越"。因此，楚王问鼎，便代表了诸侯国对天子至尊地位的挑战。在清王朝处于鼎盛时期，估计还没有人象楚王那样公开向皇权挑衅，但年羹尧一类的人物居功自傲、目无皇权的不臣之迹还不时发生，这对清王朝的统治者加强皇权，巩固统治，无疑是最大的不利因素。作为忠君爱国的忠臣刘统勋看到这种专阃僭越，以其具有的远见卓识，当然深知对这类僭越现象姑息纵容的严重后果。但是刘统勋在指出督、抚专阃僭越的同时，进奏还是非常注意拿捏尺寸——意在警告封疆大吏本分守礼，而非网罗罪名。故对这些"专阃僭越"现象，给出下台之阶云："或因旧习而不知改，或改除而不能尽。"但他马上又严正指出，此种"形迹涉于侈肆、趋承过于卑谄，殊非大吏谨慎威仪、小心翼翼之度"。因此，提出解决方案："应通行直省督、抚，嗣后仪从器仗，各遵会典。周旋仪度，各凛寅畏。其妄为尊大，有乖定制之条，自行除去。如被指摘纠参，照违制例议处。"这两条都事关地方政事大局，尤其后者关系皇权的安危，乾隆深悉其中利害，故对刘统勋所议，他完全同意，史称"从之"。由上述，我们可以看到，刘统勋通过对地方大员与朝廷重臣的弹劾，对保密制度的落实，对当时的吏治风气起到了足够的震慑作用。而对抡才大典权威性的维护、对违例干谒者的参奏，足以维护人心之大者，诚所谓"致君尧舜上，为使风俗淳"的贤者所为。昭梿在其《啸亭杂录续录》中通过他父亲"恭王"的视角，也让我们看到了刘统勋在一代王爷心目中维持社会人心的分量："先恭王性刚直，某相国当权时，与余邸为姻戚，先王恶其人，与之绝交。又，当时誉鄂文端公相业，先王颇不以为然。曰：'居相位者，当有相度。西林偏袒乡党，非持平天下之道也。'素喜刘文正、裘文达、曹文恪诸公，每训梿必以诸城为式。"① 宋代以来，党争之祸，为害日炽。门户党争，无朝无之。乾隆一朝，初期张廷玉、鄂尔泰的满汉之争，影响极坏，所以，

---

① ［清］昭梿：《啸亭杂录续录》卷二，北京：中华书局，1980年，第413页。

昭梿之父恭王对鄂尔泰的相业不以为然，以其"偏袒乡党，非持平天下之道也。"刘统勋去世以后的于敏忠，尤其是晚期的和珅，大启奔竞之风，沆瀣一气的利益集团同流合污，使朝政败坏，民生凋敝，大清帝国的太平盛世气象因此危机四伏，日趋衰落。而刘统勋主政之时，正如朱珪所盛赞的那样"正色立朝，一心格主，天下倚之为泰山，天子腹之为心膂。赞刑赏，秉钧枢，宣一人之德，端士大夫之趋。其清风刚气，凛乎不可挠；而粵与万物，宽然而有余"①。其时士子无需奔趋逢迎，诚如乾隆在《怀旧诗》中对刘统勋相业的评价："进者无私惑，退者安其位"。② 正因为刘统勋的清刚之气为朝野上下一致公认，所以，还出现了"廉能绝物议，公不畏人疑"的一个事件："（严）长明内直日久，谙悉典故，尤务持平允。云南粮储道罗长浩亏铜厂银万一千两，又分赔属员汪大镛银一千两，有旨加罚十倍，逾限即正法。罗已纳十有一万矣，仍有分赔银六万未完，而限垂满，呈乞展限，诏下军机大臣与刑部查办。时刘文正公掌刑部，方主会试入闱。诸公相视莫能决。适有行在宣军机大臣事，长明即诣贡院挝鼓求见，因从容曰：'罗观察之限已迫，俟公出闱已无及矣。其所欠者分赔属员之项，昨见吏部档，汪大镛赴补直隶，属员既邀宽释，且得官，而上司乃坐极刑，可乎？'即于袖中出请宽限稿，求画押，刘公义而许之。长明出以示诸公列衔会奏，果奉谕旨令汪大镛分缴欠项，而罗得出狱。"③ 一位重臣，其品格能够被社会信任到这个程度，其对人心风俗干预的力量，可谓大矣哉！因此，我们称刘统勋"朝野风气系于一身"，确非虚言。

○冬十月，定大臣乞休举贤自代例。④

●是年，刘墉有应制诗两首。

恭和制制题孙祜周鲲丁观鹏同画十八学士图元韵⑤

贞观鸿图盖八瀛，人才也复应时生。

早从天策收群略，岂必河汾聚列卿。

---

① ［清］朱珪：《知足斋文集》卷六，《祭刘文正公文》，《续修四库全书》第1452册，上海：上海古籍出版社，2002年，第346页。
② ［清］弘历：《故大学士刘统勋》，《御制诗四集》卷五十八，《四库全书》第1308册，第288页。
③ ［清］梁章钜、朱智：《枢垣记略》卷二十八，北京：中华书局，1984年，第340页。
④ 印鸾章：《清鉴纲目》，长沙：岳麓书社，1987年，第316页。
⑤ ［清］刘墉：《刘文清公应制诗集》卷一，爱日轩陆贞一仿宋镌，第1页。

写貌千年传绘事，怀贤此日见皇情。

试看盘礴开生面，一艺还凭众力成。

恭和御制丁香花元韵①

芙蓉城主有丁仙，璎珞垂膺亦解禅。

结习未忘色色在。一庭春雨逗情缘。

按：刘墉时年尚未中进士，极难见到乾隆，但却有此二首应制诗，令人称奇。

1744　乾隆九年　甲子　刘统勋46岁　刘墉25岁

○甲子九年春正月，以史贻直为文渊阁大学士兼吏部尚书。②

●二月十二日，刘统勋参加乾隆耕耤之礼。③

●侄刘臻中式山东乡试第四十九名举人。④

是科乡试考官：侍讲周玉章，字叔大，浙江仁和人，丁巳进士。御史曹秀先，字冰持，江西新建人，丙辰进士。题"谨权量审"一节，"人之为道　治人"，"愿为圣人"一句。解元吕潆，文登人。⑤

按：刘臻，字凝之，号筠谷。中举后充咸安宫教习，以咸安宫教习期满，初授江南砀山县知县，敕授文林郎，浙江嘉善县知县，调任定海县知县，再授嘉善县知县。享年六十六岁，忌正月二十四日。娶王氏，同邑相州镇候选州同知王沛意公女，勅封孺人。享年五十九岁，忌二月十九日。葬白家庄南茔。侧室马氏，郑氏。嗣子一人：刘钟峋。女五人：长适同邑监生丁季勋，次适同邑庠生孙学诗，次适平度州蓼兰庄监生焦浙，次适高密县庠生单鑫，次适高密县从九品单应琨。

又按：刘臻，刘棨孙大排行行十三，刘组焕长子。在砀山知县任上，其政绩最为突出。一、"邑濒河，杂役多于正供。臻调剂有法，民力少纾"。二、"砀接豫省，

---

① ［清］刘墉：《刘文清公应制诗集》卷一，爱日轩陆贞一仿宋镌，第1页。
② 印鸾章：《清鉴纲目》，长沙：岳麓书社，1987年，第316页。
③ 《大清高宗法天隆运至诚先觉体元立极敷文奋武孝慈神圣纯皇帝实录》卷之二百十一。
④ ［清］刘文霨：《刘氏贡举文集》，目录第8页。
⑤ ［清］法式善等：《清秘述闻三种·上卷》卷六，北京：中华书局，1892年，第172页。

下游屡受曲防害。臻请两省大吏会勘，勒石禁止，著为令"。三、"邻邑河决，臻方病，闻即驰至河堤。又购薪数千斤运往，河督欲疏荐，以伯父统勋方奉命视河，力辞去官"。而由"邑人为立德政碑"可知其深获百姓拥戴。刘臻擅诗，时评甚高。《东武刘氏诗萃》与徐世昌《晚晴簃诗汇》均收录其多首诗作，著有《筠谷诗略》《遗泽草堂集》。其中《筠谷诗略》至今存世。

●十月二十六日，刘统勋次子堪出生。①

●十月二十七日，乾隆御临重修后翰林院，恩赏并送掌院大学士进院，召集大学士、翰林出身诸官员赐酒宴、赋贺诗，刘统勋与焉。②

按：刘堪，字广如，监生。以子刘镮之贵，赠中宪大夫、日讲起居注官、翰林院侍讲学士，加一级，历赠荣禄大夫、经筵讲官、户部右侍郎、例赠光禄大夫，经筵讲官、太子少保、户部尚书。享年二十一岁，忌十二月二十六日。葬逄哥庄西茔。娶赵氏，直隶天津县北仓雍正甲辰（1724）进士、山东登莱青海防兵备道赵晃公女，累封一品太夫人，七十岁蒙恩，赐"贞寿延祺"扁额。子一人：刘镮之。

又按：刘堪，刘统勋次子，刘棨孙，大排行行二十一。刘堪卒于乾隆二十九年十二月二十六日，以腹泻不治逝于胞兄刘墉太原府知府衙所。以其去世太早，未获功名。但其子刘镮之、孙刘喜海无论是政事还是文化建树，均作为主角延续了诸城刘氏后半期的辉煌岁月。

1745　乾隆十年　乙丑　刘统勋47岁　刘墉26岁

●正月，乾隆有诗《新春试笔》，刘统勋和以《恭和御制新春试笔元韵》一首。

乾隆《新春试笔》

青帝权衡物纽芽，春台温盎乐羲车。

仙蓂七叶人为日，宝胜三珠玉是花。

膏泽平铺葱岭雪，祥光浓迷赤城霞。

---

① ［清］刘镮之修《三公年表》。
② 《大清高宗法天隆运至诚先觉体元立极敷文奋武孝慈神圣纯皇帝实录》卷之二百二十七。

试灯阛阓闻箫鼓，暂许金吾不禁哗。

刘统勋《恭和御制新春试笔元韵》
春寒冻手敛姜芽，空对琳琅愧五车。
拜捧骊珠先耀目，欣瞻天笔欲生花。
韵谐暖律悠飏管，色染晴峦香霭霞。
传写侍臣翻赐札，玉堂小语片时哗。

此后，乾隆又写《新月》一诗，刘统勋和以《恭和御制新月元韵》。

乾隆《新月》
新月如钩低玉绳，谁参形色得相应。
半全省识浑无碍，三五未临亦绝胜。
火树烘春燃麝粉，莲花照夜剪吴绫。
琉璃一盏余膏尽，古佛分明谒宝灯。

刘统勋《恭和御制新月元韵》
朒魄均平协准绳，时如有约刻如应。
相看去岁光相似，不待深更冷不胜。
径寸轻黄悬宝玦，一痕浅碧晕缃绫。
丰年天意同民乐，先赐银钩巧样灯。

○乙丑十年春正月，刑部尚书张照卒。①
●三月十五日，乾隆耕耤，刘统勋与焉。②
●四月十一日，刘统勋以钦差身份两奏山东雨情，乾隆览奏稍慰。

癸丑，钦差左都御史刘统勋奏：察看山东通省雨泽情形，共一百一十二处。除曹县、定陶、胶州、高密、即墨、福山、文登、荣城、海阳未经得雨，其余所得分

---
① 印鸾章：《清鉴纲目》，长沙：岳麓书社，1987年，第317页。
② 《大清高宗法天隆运至诚先觉体元立极敷文奋武孝慈神圣纯皇帝实录》卷之二百三十六。

数，自一二寸至四五寸不等。高下田原，半皆布种。民情甚觉安贴。得旨：览奏俱悉。其得雨四五寸者，足资耕种，自不必言。至一二寸者，成何济哉？又麦根生虫之说，以今视之，如何？得雨后稍回苏否？再此际民情光景若何？何不详悉敷陈耶！寻奏：东省三四月内雨水情形，虽多寡不齐，而先后均获沾溉。德州、平原、禹城、齐河、历城五处，自三月二十一日得雨后，田野已觉滋润。泰安以北，仅止敷用。迤逦而南，如兖沂各属，俱形沾足。菏泽、郓城等处，亦渐次溥遍。惟济南、武定迤北，尚未深透。至麦根生虫，因春旱所致，为地无多。得雨后即行消化，已无此患。民间景况，虽因连岁歉收，而已赈又赈，不拘常例。现在报灾最重之州县，气象亦觉安恬。不独无抢夺羹饭、削刮树皮之事，即常岁鼠窃狗偷辈，亦觉稀少。得旨：览奏稍慰。①

● 四月十三日，刘统勋充殿试读卷官。

丁卯，以大学士陈世倌、协办大学士讷亲、内阁学士王会汾、吏部左侍郎阿克敦、兵部尚书彭维新、兵部右侍郎开泰、刑部尚书汪由敦、刑部左侍郎钱陈群、刑部右侍郎彭启丰、工部右侍郎德龄、左都御史刘统勋、左佥都御史嵇璜、大理寺卿刘纶等充殿试读卷官。②

○ 夏四月，大学士鄂尔泰卒。③

○ 五月，以讷亲为保和殿大学士兼吏部尚书。④

○ 冬十一月，定驻藏官兵三年换班例。⑤

● 十二月初四日，刘统勋充经筵讲官。

辛丑，以吏部尚书高斌、左都御史刘统勋、内阁学士伍龄安充经筵讲官。⑥

按：《清史列传》所记与此异，其时间为一月。目前尚无更为确凿证据，以证二者之真伪。然其误差不到一月，似可忽略不计者。

---

① 《大清高宗法天隆运至诚先觉体元立极敷文奋武孝慈神圣纯皇帝实录》卷之二百三十八。
② 同上书，卷之二百三十九。
③ 印鸾章：《清鉴纲目》，长沙：岳麓书社，1987年，第317页。
④ 同上书，第318页。
⑤ 同上。
⑥ 《大清高宗法天隆运至诚先觉体元立极敷文奋武孝慈神圣纯皇帝实录》卷之二百五十四。

1746　乾隆十一年　丙寅　刘统勋48岁　刘墉27岁

○丙寅十一年春正月，诏普免各省钱粮一次。①

●二月十七日，举行仲春经筵。直讲官刘统勋、索柱进讲《尚书》"辟四门""明四目""达四聪"三句。讲毕。乾隆宣御谕毕。

癸丑，以举行仲春经筵，刘统勋与索柱作为直讲官，进讲《尚书》"辟四门""明四目""达四聪"三句。讲毕，乾隆宣御论曰："从来释书者，率云辟四方之门以来贤俊。明四方之目，达四方之聪，以去壅蔽。夫明目达聪，以去壅蔽似矣。而所云辟四方之门，使贤者由此而入。则是门当设于何所乎？舜制九州岛岛，幅员不为不广。四岳十二牧之徒，内外弼亮，岂必设之阃阈以限量之哉？盖目为视之门，耳为听之门，辟门者辟此耳。明达者明达此耳。苟其视听无所壅蔽，则贤材亦由是而升，民隐亦由是而达。使不能兼听并观，则所谓贤者未必贤矣。故辟门、明目、达聪，本为一事，不可歧而二之。且兼听并观，尤以得贤为要。设不能得贤，则兼听并观，适滋丛脞，又何民隐之能周知乎？故为君者，以天下人之聪明为聪明则公。以一二人之聪明为聪明则私。言之易而行之难，此吾所以望勋华之世而兴叹也。"②

按：乾隆此段议论堪称精辟，故为之保留如上。

●二月二十九日，乾隆因前日保举一事而召诸臣面降谕旨，对群臣保举之人多有微词甚至痛斥，对刘统勋、钱陈群所保举之嵇璜内廷行走，虽未予讥讽挖苦但也并未正面肯定。

乙丑，又谕：今日因前日保举一事，欲召诸臣等面降谕旨。乃朕办事已毕，诸臣久之不至。在外部、院衙门，尚远近不一。至于内阁，则在紫禁城内，可以顷刻赴召。而大学士查郎阿、陈世倌、史贻直竟未入署。独不思今日朕以黎明阅视祝版，而辰巳之间，阁臣尚逍遥私第。可见向来所奏每日入署办事，粉饰之虚辞耳。尔等身为大臣当以早朝勤政，进规于朕，方无忝责难于君之道。而先自偷安，有是理乎。况三月朔日，日食示儆，正我君臣省愆思过、实心修省之时。而诸臣怠玩若此，其

---

① 印鸾章：《清鉴纲目》，长沙：岳麓书社，1987年，第318页。
② 《大清高宗法天隆运至诚先觉体元立极敷文奋武孝慈神圣纯皇帝实录》卷之二百五十九。

可垂之史册乎？朕从不肯透过臣下，乃至此刻与诸臣相见，非朕之晏朝也。诸臣扪心自问，平日之言忠言孝者谓何？夙兴夜寐者谓何？其何以自解？至举荐人才，有以为畏者，亦有以为喜者。其畏者，惟恐所举之人，或有咎戾，贻累于己。从利害起见，固非公尔忘私之义。其喜者，则就此可以市德徇私。一闻降旨，即觉技痒。如大学士陈世倌保举十人，史贻直至十四人，赵宏恩亦保十人。夫人材实为难得，而尚书、侍郎、督、抚，职任尤重。果有如许胜任之人，可以简用不尽，则朕亦不必鳃鳃过计，令廷臣各举所知矣。今兹所举，多属朕所素知者。试略举一二：如查郎阿保德龄可胜尚书之任，德龄嗜酒糊涂，从前不胜巡抚之任。来京授为护军统领武职，后因其本属文臣，姑用为工部侍郎。伊嗜酒之习，尚未能改，在部办事，亦属寻常。即教习庶吉士，亦未见其所成就。侍郎犹可姑容，岂能称尚书之职乎？即如有保阿克敦可胜尚书之任者，若甚无人，阿克敦实堪续貂。此荐尚书，属不谬也。又保二格、徐杞为侍郎。二格为副都御史，已属勉强姑息，何能胜侍郎之任？徐杞任布政使十余年，经手钱粮，颇能清楚，乃不自努力，思京堂安逸尊荣，无仓库钱粮之责，自求解任来京，与范璨同一气习。盖求其过则不得，论其心则实伪，所谓乡愿也。用此等人为侍郎，于国事何补乎？陈世倌保杨嗣璟，杨嗣璟从前差往山西审事回时，于朕前痛贬喀尔吉善，朕洞烛其隐，直欲得山西巡抚一席耳。彼时即向大学士等言之，由今观之，喀尔吉善岂非巡抚中之铮铮者？则杨嗣璟之居心，尚可问乎？史贻直保吴应枚、于振可为侍郎，吴应枚曾任奉天府尹，办事草率，被参调用。且人亦昏庸平常，岂可用为侍郎？于振文学虽或尚可观，将来如正詹、阁学之类，自属可用。至侍郎，则可定其不能胜任。即胜任，亦不过邓钟岳、陈德华之流耳。于部务有何裨益乎？赵宏恩保李如兰、翁藻，海望亦保翁藻。李如兰现任布政使，亦属平庸。翁藻小巧之才，无大器量。封疆重任，岂可轻付乎？李元亮保举李世倬，伊曾任布政使，甚属不及，今姑用为京堂，岂可胜侍郎之任？盛安保举金溶，金溶不过一聪明见机而行之人。前为御史时，有过罢斥。朕弃瑕录用，一无建明，此岂侍郎之选乎？刘统勋、钱陈群俱保嵇璜内廷行走，其人亦未必安静。伊等同在内廷，不免瞻徇之私。至雷鋐、雅尔哈善二人，则保之者甚多。雷鋐剿袭道学陈言，总不脱好名习气。雅尔哈善自附正直，器量褊小，性亦偏执。此等人即加擢用，亦惟务一己虚名，岂能实心任事？即如顾琮，昨具奏折，谓捐纳封典一事，断不可行。不思康熙、雍正年间，开捐款项颇多，今已尽行停止。惟封典系人子荣亲之举，廷臣议准御史条奏，允其暂留。顾琮，康熙年间即在内廷行走，尝蒙召见，未闻折奏。然尚可诿曰职卑？至雍正间，则已擢任大僚矣。何无一言及于捐纳？独至今日而沾沾以封典为言，岂顾琮学问至今日而始悟捐纳之必当停乎？谓今日而必当停，则其视昔时为何时？其心更不可问矣。且今日之捐纳封典生俊，实出于朕昔之停捐，而九卿所议存者。然较之昔日之事例，盖存一二于百十耳。有何轻重？其意以谏停捐纳，自是正论。惟思邀取声名，无关国家切要之务。总由朕喜闻正言，是以敷陈古道，沽取美名，亦属自为，非为国家起见也。朕从不求全责备于人，其不知者，亦不臆度其是非。即如所举，有朕未知者数人，已谕吏部带领引见。俟引见后，亦惟徐观其人之当否，以定保举者之是非而已。而适所论者数人，则实系朕所知者，断不可用尚书、侍郎、督、抚之人。不知汝诸臣以为何如耳？总之保举一事，必须真知灼见，问心无愧。其但顾一己利害，不为国家留意人才，已失大臣荐贤之道。至邀誉市恩，草率从事，不论其人之胜任与否，姑举以塞责。以人事君，尤不当如此存心。前日雷鋐尚谓朕宜隐恶而扬善。隐恶扬善，固大舜之美德。朕所勉焉而未逮。但如今日保举一事，诸臣颇有以朕为不知，而可以于中成事者。朕有见如此而不言，是匿怨而友其人也。朕宁为孔子之不匿怨，不能为雷鋐之隐恶而扬善矣。帝廷畴咨，庸违方命者，不能为之讳。此岂放勋不能隐恶而扬善。盖用人之际，与夫修德涵养之事，固不可一例论矣。用人乃国家至要之务，将来有应行保举之时，仍惟廷臣是询。此番既确见其未当，不得不为诸臣明白晓切言之。若朕言果有未协，亦不妨明悉陈奏，朕不自护也。①

按：对刘统勋、钱陈群所保举之嵇璜内廷行走，乾隆虽未予讥讽挖苦但也并未正面肯定，但语气较大学士查郎阿、陈世倌、史贻直等缓和得多。而且事实上，刘统勋、钱陈群所保荐的嵇璜确属大才，后来不仅成为一代水利名家，而且还积官至大学士。是乾隆不识人才？显然不是。只是在痛批查郎阿、陈世倌、史贻直们怠政的同时，为增加雷霆之威，就顾不上给刘统勋与钱陈群什么情面了。

○三月，瞻对土酋班滚作乱，命大学士、川陕总督庆复帅师讨之。夏六月，瞻对平。②

●闰三月初四日，刘统勋在左都御史任上暂代漕运总督。

---

① 《大清高宗法天隆运至诚先觉体元立极敷文奋武孝慈神圣纯皇帝实录》卷之二百五十九。
② 印鸾章：《清鉴纲目》，长沙：岳麓书社，1987年，第318页。

庚子，又谕：据高斌、尹继善查奏：杨开鼎参奏白钟山各款内，任意驳减，需索供应等款，俱无实在证据。惟陈家浦漫口一款，其冲刷丈数、兴工时日，与夫淹没受害之处，尚属有因。而高斌另折，则称于陈家浦一工，白钟山先事之绸缪、临事之措画以及善后之机宜，略无一当。至于深夜水发之时，人口亦有淹毙者。工员解体，舆论不服，不宜仍留总河之任等语。是杨开鼎所奏，并未全虚矣。杨开鼎所奏非虚，则高斌、尹继善此折，又何必左右便旋，两为调停耶？朕谓淹毙人口非灾，而讳言淹毙人口，乃真灾也。朕之前旨，亦惟开诚布公，欲明其事耳。岂有护于白钟山，而恶杨开鼎之进言乎？为大臣者，宜悉朕此心。白钟山着解任来京，交部严加议处。其总河印务，着顾琮速往署理。顾琮未到任之先，着高斌暂行管理。俟顾琮到任，将诸务面加讲论明晰，交伊妥办。至顾琮，不必押运北上，其总漕印务，着刘统勋前往署理。高斌、尹继善奏折并发。①

●四月三十日，署漕运总督左都御史刘统勋奏报经过地方得雨情形。

乙未，署漕运总督左都御史刘统勋奏报经过地方得雨情形。得旨：即京师亦于二十八等日，得雨沾足，诚可谓天恩浩荡。朕甚欣慰。迥非汝临去时光景矣。②

●五月，刘统勋奏报济南府属河道查勘结果。

刘统勋查勘河道，奏：济南府属德州哨马营有滚水坝，分消运河盛涨，而坝身过高宜改，令祗资减泄。东昌府属聊城县运河东岸，有减水闸引河四，历久多淤，宜挑浚通畅，令注入海。泰安府属东平县之戴村坝，为汶水分入大清河关键，其遏汶入运之石坝过高，宜稍令低，并将坝西归入大清河之水道疏通。沂州府沂河西岸之江枫口所建滚水坝二，候秋汛无虞，再加培，以卫兰山、郯城一带田庐。③

●六月二十四日，刘统勋会同总督尹继善、巡抚陈大受，查审江南苇荡营参将韩烈通揭河工道、厅各款。

戊子，工部尚书公哈达哈等奏：据江南苇荡营参将韩烈，通揭河工道、厅各款。一、淮扬道叶存仁，上年在铜沛同知任内，玩视修防。河水不能下泄，将徐州大坝堤工冲漫三百余丈，淹延二百余里。叶存仁并不申报，大吏亦无所闻。今岁钦差按临，又经曲为掩护，实为玩工殃民。一、河库道吴同仁支发钱粮，除兵饷外，俱每

---

① 《大清高宗法天隆运至诚先觉体元立极敷文奋武孝慈神圣纯皇帝实录》卷之二百六十二。
② 同上书，卷之二百六十五。
③ 王钟翰点校《清史列传》卷四百七十六《列传》卷十八，北京：中华书局，1987年，第1396—1397页。

百扣饭银五两，又扣平二两零。查本年河工水利二项银，该库支发百余万，通计扣克，不下十余万。必应严行清查。一、里河同知施廷瑞承挑盐河，参将奉委催工，查所挑工程口底，宽、深俱不足估，工所亦人夫寥寥，随将夫头责处，移催该厅添夫偿挑。讵该厅心怀仇恨，回文语多詈骂。参将即具禀总河顾琮，未经批发。后经访得该厅，原领银三千九十余两，系七折交夫头包挑，又未全给，以致挑不如式。而淮扬道叶存仁，复模糊量收。该道、厅侵帑徇情，罪均难逭。一、里河乃施廷瑞专管，而叶存仁、吴同仁均有兼辖之责。自本年五月初，黄水直注里河。该道、厅并不往清口一看，适值叶存仁祖母生辰，吴同仁率通工文武，前赴叶存仁署内，张筵演戏数日，竟置河库钱粮于膜外。以上各款，通工周知，伏乞据揭转奏等语。查该参将揭报各款，事关河务。相应请旨，确查究办。得旨：这折内所揭各款，著署漕运总督刘统勋，会同总督尹继善、巡抚陈大受秉公查审具奏。①

●六月二十五日，乾隆以韩烈所揭道、厅，俱系该省文员，传谕刘统勋等，不得稍有瞻顾偏向，务须查出实情，公平妥办。②

●六月二十六日，又以顾琮参韩烈贪劣不职各款，乾隆要求将韩烈解任，交刘统勋等，一并严审究拟具奏。③

●七月二十九日，刘统勋以署漕运总督左都御史衔奏报雨水情形折内，并讲述会审韩烈揭报叶存仁案情。

癸亥，署漕运总督左都御史刘统勋奏报雨水情形折内，并陈会审韩烈揭报叶存仁等一案。遵谕不敢瞻徇偏向。得旨：是，此案韩烈所得罪者多矣。非一不顾利害之直士，必一铤而走险之小人。汝一秉公办理，其情自见。若有所瞻顾偏倚，岂朕差汝审理之本意乎？④

〇秋七月，乾隆奉太后西巡，幸五台山。⑤

●八月二十九日，刘统勋以署漕运总督衔所请建盐城营守备衙署成。⑥

●秋九月初八日，福建巡抚周学健补授江南河道总督员缺，刘统勋还京。

---

① 《大清高宗法天隆运至诚先觉体元立极敷文奋武孝慈神圣纯皇帝实录》卷之二百六十九。
② 同上。
③ 同上。
④ 同上书，卷之二百七十一。
⑤ 印鸾章：《清鉴纲目》，长沙：岳麓书社，1987年，第319页。
⑥ 《大清高宗法天隆运至诚先觉体元立极敷文奋武孝慈神圣纯皇帝实录》卷之二百七十三。

辛丑，又谕：江南河道总督员缺，着福建巡抚周学健补授。福建巡抚员缺，着江苏巡抚陈大受调补。江苏巡抚员缺，着布政使安宁署理。江苏布政使员缺，着浙江布政使王师调补。浙江布政使员缺，着唐绥祖补授。陈大受着速赴新任。周学健俟陈大受到任后，即赴江南。顾琮、刘统勋各回原任。①

●九月二十五日，户部议覆刘统勋以左都御史署漕运总督衔所奏称温卫屯田收租事。

戊午，户部议覆：左都御史署漕运总督刘统勋奏称，温卫屯田，前定收租：上田三石，中田二石，下田一石六斗。额数过多，即丰年亦不能如数。今酌定每亩，除完正饷外，上田征津四钱、中田三钱、下田二钱，系与各半平分之数相符。照田定额，两无偏累，应如所请。自乾隆十一年，起运十年分漕粮为始。将应征前项饷津银两，统令该卫照数征收。从之。②

●十二月二十日，刘统勋以署漕运总督左都御史奏称会审原任苇荡营参将韩烈银两挪移诸事。

辛巳，刘统勋以署漕运总督左都御史奏称：臣等会审原任苇荡营参将韩烈用正额荒柴七千余束以作缆心，计值银一百四十八两零。并采办余柴存剩银一百八十四两零，凑给打缆工价，均属挪移。应依律杖一百、流三千里。系杂犯，准徒四年，免刺。余犯照例分别办理。其失察衙役犯赃之淮扬道叶存仁、河库道吴同仁相应附参，听候部议。至各项亏欠银两，应于各犯名下，照数追缴。再韩烈系奉旨解任之员，今既审明挪移是实，应请革职。③

○冬十二月，准噶尔台吉策妄多尔那木札勒遣使入觐。④

1747　乾隆十二年　丁卯　刘统勋49岁　刘墉28岁

●正月初二日，以刘统勋叩贺元旦折逾期一日方到，受乾隆申饬。

壬辰，谕军机大臣等曰：刘统勋叩贺元旦奏折于初二日始到，已过元旦矣。在

---

① 《大清高宗法天隆运至诚先觉体元立极敷文奋武孝慈神圣纯皇帝实录》卷之二百七十四。
② 同上书，卷之二百七十五。
③ 同上书，卷之二百八十一。
④ 印鸾章：《清鉴纲目》，长沙：岳麓书社，1987年，第319页。

赍折之人，固属无知迟缓。而刘统勋身为大臣，岂不知庆贺典礼，乃不豫嘱来人，先期恭进，殊属不合。着传旨申饬之。①

●二月三十日，刘统勋经乾隆面询，对韩烈惜其勇往，而憾其诬揭，尚思如何造就其人。

庚寅，谕军机大臣等曰：前据刘统勋奏折内称韩烈办柴勇往。今刘统勋来京将伊如何勇往，并其人尚可录用与否之处？询问刘统勋。据称韩烈办出余柴，至数十万之多。因未经报明上司，致被参劾。但其勇往办公情尚有可原谅。现在因挪移钱粮，问拟徒罪查挪移完赃，例得开复又因诬揭道厅，问拟革职，转与开复之例不符。若就其现在气质而论，草率不免误公，傲慢足以偾事。如身受惩创之后，痛自改悔，其才力或尚有可驱策之处等语。可寄谕周学健，将韩烈办事为人，将来可否录用之处确查秉公据实奏闻。寻覆奏：韩烈办理余柴一事，核之前后案卷，并非实属为公。且其乖张暴戾，现仍如旧。报闻。②

○丁卯十二年春三月，金川土司莎罗奔作乱，命云贵总督张广泗为川陕总督，率师讨之。③

○夏四月，孙嘉淦以老病乞休，许之。④

●八月初六日，刘统勋为顺天乡试副考官。

丁卯科乡试顺天考官：刑部尚书阿克敦，字仲和，满洲正蓝旗人，己丑进士。左都御史刘统勋，字延清，山东诸城人，甲辰进士。题"言未及之"六句，"如此者不"一节，"禹稷颜子　救之"。解元纪昀，字晓岚，献县人，甲戌进士。⑤

按：此为法式善《清秘述闻三种·上卷》所记。《清史列传》与此不同，记刘统勋为正考官。又查《大清高宗法天隆运至诚先觉体元立极敷文奋武孝慈神圣纯皇帝实录卷之二百九十六》，"顺天乡试，以顺天府府尹蒋炳为监临官，刑部尚书阿克敦为正考官，左都御史刘统勋为副考官"，似可知法式善《清秘述闻三种·上卷》所记正确，《清史列传》所记为误。

●朱珪作为本场考试的亲历者与受益者，对此场考试有如下回忆：

---

① 《大清高宗法天隆运至诚先觉体元立极敷文奋武孝慈神圣纯皇帝实录》卷之二百八十二。
② 同上书，卷之二百八十五。
③ 印鸾章：《清鉴纲目》，长沙：岳麓书社，1987年，第319页。
④ 同上书，第320页。
⑤ ［清］法式善等：《清秘述闻三种·上卷》卷六，北京：中华书局，1892年，第175页。

（纪昀）年二十四，乾隆丁卯遂发解。初，闱中拟珪首卷。得公卷，同书经二场，表"俪语冠场"，乃定公第一，珪第六。主试阿文勤公、刘文正公。榜发，皆以得人贺。二公复命，遂以两人姓名上闻，故公与珪皆早受特达之知，所由来也。①

●十二月十三日，父刘棨入祀陕西省名宦祠。

己巳，予故大学士前任浙江巡抚徐元梦、陕西宁羌州知州刘棨、临潼县知县赵于京等三人，入祀各该省名宦祠。②

●三兄刘绥煋（引岚）卒。③

1748　乾隆十三年　戊辰　刘统勋50岁　刘墉29岁

○戊辰十三年春正月，封十四皇叔允䄉为郡王。④

○二月，乾隆奉皇太后及皇后东巡至德州，皇后崩。⑤

●三月十六日，刘统勋奉旨与阿里衮、高斌等办理山东旱灾赈恤。

丁未，又谕：东省被灾甚重，目今雨泽又复愆期。饥民待哺甚殷，不可不急为拯恤。巡抚阿里衮现在查办，但一人之精力，恐有未周。著大学士高斌、左都御史刘统勋率同科道四员，速赴东省。详悉查察被灾州县散赈情形，并向后应如何广为赈恤安顿，毋令流离失所之处，悉心筹画。一面奏闻，一面会同该抚，妥协办理。浙省参案，现有大学士讷亲查审。高斌着即由浙省速赴山东。其科道四员，即行具名请旨，随刘统勋一同驰驿前往。又谕：东省上年被水成灾，目下又复望雨。朕心轸念，一切抚绥事宜，已谆切传谕该抚，加意筹画。又特命大学士高斌、左都御史刘统勋速赴该省，会同该抚悉心办理。大学士讷亲于浙省回程之便，道经山东。令其将地方情形，留心查察，有应商办者，与高斌等商酌办理。具折奏闻。⑥

●四月十日，乾隆命高斌、刘统勋等妥善劝耕借种，以杜田亩抛荒。

---

① ［清］朱珪：《纪晓岚墓志铭》，引自贺治起、吴庆荣的《纪晓岚年谱》，北京：书目文献出版社，1993年，第10页。
② 《大清高宗法天隆运至诚先觉体元立极敷文奋武孝慈神圣纯皇帝实录》卷之三百四。
③ ［清］刘镮之修《三公年表》。
④ 印鸾章：《清鉴纲目》，长沙：岳麓书社，1987年，第320页。
⑤ 同上。
⑥ 《大清高宗法天隆运至诚先觉体元立极敷文奋武孝慈神圣纯皇帝实录》卷之三百十一。

癸亥，谕军机大臣等：据完颜伟、沈廷芳等奏：四月初三日，济宁、汶上、滋阳、邹县、嘉祥、金乡、鱼台等州县，同时得雨，沾足深透。当此灾伤待泽之时，蒙上天垂佑，大沛甘霖，为之额手感颂。但必须及时布种，方不虚此恩施。可传谕高斌、刘统勋、阿里衮就得雨州县，通行晓示。其有力者令其自出赀本，乘此膏润，播植田禾，俾知将来丰稔可期，以待秋获。其无力者，则酌量借给籽种，以资耕作。务须善为劝谕，使共知勤力，以待丰收，庶于地方有济。但借种之例一开，无论有力无力，纷纷告借，不可不为区别，以杜滥冒。且灾黎不知远计，一遇籽粒到手，恐即用以糊口，而田亩仍复抛荒。即将来雨旸时若，西成亦无可望。全在经画得宜，斯卜仓箱有庆。一并传谕高斌等，善为留心斟酌办理，仰体昊苍怜恤灾氓之意，以副朕无使一夫失所之心。①

●四月十一日，以大金川兵事日久兵疲，谕令大学士讷亲亲往经略，山东事务，尽付高斌、刘统勋等。

甲子，谕军机大臣等：据班第奏报大金川现在情形，请特遣重臣，能谙练机宜，识见在张广泗之上者，前往料理。所见甚是。此番驻师日久，兵气不扬，将士懈怠。现在各省调拨官兵，云集川省。张广泗一人，未能独任。且自张兴覆没以后，益加愤懑。其抚驭将弁，亦未能恩威并著。若令班第协同参赞，其力量识见物望，均不能胜此重任，张广泗亦未必倾心信服。看来此事，惟大学士讷亲前往经略，相机调度，控制全师。其威略足以慑服张广泗，而军中将士，亦必振刷归向，上下一心。从前疲玩之习，可以焕然改观，成克期进取之效。即后此之善后机宜，亦可一手办理，抒朕西顾之忧。已明降谕旨，令讷亲前往经略四川军务，着再行传谕讷亲。东省现有高斌、刘统勋会同阿里衮办理，自可无误。讷亲至山东时，不必遵前旨查勘，著即速来京，所有起身时，一切应行豫备之处，已赏给内库银两，令伊家中先期制备。伊到京时，不过一日即可起程。至应行派往听候调遣人员，亦俱已派出。恐途中驿马，难于应付，已令先赴川省听候，一并传谕知之。②

●四月十二日，谕令刘统勋等悉心筹画灾后赈济，实事求是地奏报雨情。寻奏得刘统勋等所报下雨及赈灾诸实情。

乙丑，谕军机大臣等：山东灾黎，嗷嗷待赈。朕心日夜焦劳，广为咨访。闻该

---

① 《大清高宗法天隆运至诚先觉体元立极敷文奋武孝慈神圣纯皇帝实录》卷之三百十二。
② 同上。

省运到米石虽多，而灾民赴城领赈，往返路远，守候需时。领赈到手，已耗费大半。其妇女老弱力不能赴者，并无从得米，不觉为之恻然。可传谕高斌、刘统勋、阿里衮等，悉心筹画作何设法？委员分散各乡，令得就近赴领，断不可惜劳，使灾黎不能均沾实惠。且东省灾伤极重，其办理之处，不可拘照常例，务竭力拯救，以济阻饥之众。且前据沈廷芳等奏济宁等处，已得透雨，可以耕作。今又闻雨泽尚未沾足，不知近日曾否得雨？及通省何处缺雨？并雨泽多少之处？高斌等一并详悉确实查明具奏。寻奏：山东通省，三月二十一日得雨后，四月初三、四、五等日，又普得雨。目前麦田将收，秋禾遍种，地方大有起色。至运到米，臣等现饬委兖沂曹道吴士功，亲往水次督催调剂。计算远近，有力者令领帑自运；无力者运到分散。并行知分查兖、沂、曹、泰等处之御史赵青藜、沈廷芳，就近体察如有应行事宜，即与道府等酌量变通。务使阻饥之众，早得口食。得旨：览奏稍慰。①

●四月十三日，命浙江巡抚方观承悉心查办陈学愈逼死三命一案，其受诉堂官瞻徇一节，事涉奉差外出赈灾刘统勋。

丙寅，谕军机大臣等：浙江罗柴氏，控告陈学愈逼死三命一案。闻陈学愈等，于抚、臬、道、府、幕宾、书役，处处勾结，纳贿营求，风声昭著。前曾交大学士讷亲确实查明。今讷亲已经略川省军务，不及办理。着传谕巡抚方观承，将此案彻底清查。其如何纳贿钻营，通同照应舞弊之处，逐一研究奏闻。再闻罗柴氏，来京控告之时，都察院堂官不肯为之奏闻查办。俱有瞻徇情节，人言藉藉。因传询盛安。据称吊卷之言，发于刘统勋。刘统勋现在奉差，无从质询，着将盛安回奏之折，一并抄寄该抚，令其留心查办，据实奏闻。②

●四月三十日，高斌、刘统勋等详报山东赈务。

癸未，钦差大学士高斌、尚书刘统勋、山东巡抚阿里衮奏：此次山东赈务，已屡奉明旨，叠加推广。自去岁冬间，接连春夏。计口授食，时逾半载。其报灾最重之区，现在口食转不缺乏。而平日游食度日者，赈册之中，难登户口，迁徙日久，目下殊觉艰难。已饬知各牧令，其有户可查者，照闻赈归来之例一体赈恤。至失业孤贫，除设局收养外，亦酌借食米，俾得资生。再济南、武定迤北地方，雨水未报沾足。臣等即由济南等处，沿途体察。资其口食，筹其接济。得旨：览奏俱悉。勉

---

① 《大清高宗法天隆运至诚先觉体元立极敷文奋武孝慈神圣纯皇帝实录》卷之三百十二。
② 同上。

为之。以稍解朕忧。①

○夏四月，以大学士讷亲为经略大臣，赴四川督军。②

○五月，起复故将军岳钟琪为四川提督，驰赴大金川营。秋七月，诏褫张广泗职，逮京治罪，以大学士傅恒代督其军。③

●五月初二日，乾隆以山东雨水屡次冲决下游淮海，且山东地方屡发水旱之灾，谕令刘统勋会同该抚阿里衮悉心查勘水道梗塞等致患之由。寻奏查访情形及建议。

谕军机大臣等：江南淮、海一带州县，近年屡被灾伤。推原其故，皆由山东沂、郯等处上游雨水盛涨，建瓴而下，河道不能容纳，遂直注骆马湖，冲决六塘河两岸子堰，淹浸民田，以海、沭为归宿。小民荡析离居，甚属可悯。但查从前淮、海所属，不尽失收。即山东亦非尽无雨水盛涨之事，何以至今为患愈剧？而山东之以旱潦见告者，亦迄无宁岁。想来必系该省水道，所在梗塞，未尽疏通。蓄泄机宜，久废不讲。以致本处既苦漫溢，邻境并受淹伤。其相因为害，至于如此。虽上年曾经阿里衮奏请，开浚沂、兰等河。朕命大学士高斌，前往会勘查办。又经据奏交部议覆举行，其是否通盘筹画，可以永免两省灾伤，抑系暂为一隅补救之计。细阅伊等前后奏折，大概加意修筑堤埝。而于该省全局，及淮、海一带，相因受害，应作何疏浚料理，未据详悉议及。着传谕大学士高斌、左都御史刘统勋会同该抚阿里衮，于察赈之后，将山东全省水道，穷源竟委，广咨博访，躬亲履勘。务将近年所以致患之由，并将来作何查办，毋致再被浸漫，延及邻省之处，悉心妥酌定议。该省现在加恩赈恤，多方设法，惠济贫民。倘前项工程之外，有应举行者，即照以工代赈之，随宜兴作。俾灾黎得以稍资生计，亦一举两善之道也。并将如何商办之处，具折奏闻。寻奏：山东十府内。登州地际海滨，从无水患。青、莱二府，距海不远，宣泄亦易。曹州府境内，间有汊河支港，偶须疏浚，皆系一隅，无宣泄形势可议。武定府属，除大清河为盐艘经由。应随时疏浚外，余多滨海，水有归宿，无庸疏浚。济南、东昌、兖州、沂州、泰安五府，河道俱与运道有关，自北计之，初受漳卫之水，次资汶泗之水，又次接沂河之水，下注淮黄。河身两旁，承以诸湖，束以长堤。水小则开湖以济运，水大则借湖以受水。递年以来，因雨水过多，加以湖河急溜，

---

① 《大清高宗法天隆运至诚先觉体元立极敷文奋武孝慈神圣纯皇帝实录》卷之三百十三。
② 印鸾章：《清鉴纲目》，长沙：岳麓书社，1987年，第321页。
③ 同上书，第322页。

无地可容，以致成灾。沂、兰等河，现在开浚，以工代赈，并加给全价，赴工之民，极为踊跃。至沂河受患之处，尤在通京大路之江枫口。岸本平漫，复经冲刷宽深，每遇水发，下注芙蓉、燕子等河，不能容纳，民田往往被淹。酌议于江枫口，建坝二处，以防冲刷。均俟伏秋后，再相机办理。报闻。①

● 五月二十六日，乾隆再次询问山东灾情，刘统勋等据实以报多地得雨情形。

己酉，又谕：山东被灾地方，朕心刻为廑念。兖、沂、曹、泰等府自前月初间普得透雨之后，二麦收成分数若何？秋稼种植情形若何？此后曾否续沛甘霖？其济南等迤北地方，前此既未沾足，四月杪所得之雨，亦仅二三寸，此后曾否得雨？秋田曾否播种？二麦是否可救？通省赈务，既经分委查办，及今几及两月，所办一切散赈事宜若何？委员是否实力奉行？灾黎是否均沾实惠？如近来雨泽短少，应作何豫为筹画？并未得透雨之处曾否先事绸缪？高斌、刘统勋及阿里衮等，日久未见奏报。可传旨询问，令其透一详悉具奏，以慰朕怀。寻奏：查兖、沂、曹、泰等府，于四月内得雨，将及普遍。济南等迤北州县，五月初一、二得雨，四五寸者较多，秋稼在在普种。其麦收分数，前奏六分以上，盖以丰歉通计而论。若苗穟齐全，颗粒坚实地方，不但可以糊口，且多入市粜卖，价亦渐减。其被旱处所，臣阿里衮已查明赈借。至臣等及科道等分路查赈，不致遗漏。惟青、莱一带，僻处海隅，去运河较远，难于挽运，故前请暂通奉天海运。将来商贩络绎，米谷充溢，臣阿里衮当饬各属照时价买补仓储，豫筹民食，亦属两便。得旨：览奏稍慰。②

● 五月三十日，刘统勋等奉谕继续留山东办理河道水利与除旱赈灾诸事。

癸丑，又谕：朕前因山东赈务紧要，命高斌、刘统勋带同科道四员前往，会同阿里衮查办。今据高斌等奏称，该省雨泽沾足，麦收尚丰，灾黎渐归本业。高斌、刘统勋俟审明监生刘用霖一案，即起程进京复命。至秋成后，候旨来东，会办河道水利事宜。朕思目今已届季夏，去秋成不远，高斌等若俟审毕刘用霖一案，再行来京，为日无几，旋又东行。仆仆道途，徒劳往返，不如仍留彼处，于诸事办妥后，即将河道水利事宜，会同查勘，既于地方要务，彼此兼济，又可以省跋涉之劳。且该省灾地情形，朕时切轸念。日前因高斌等久未奏报，曾有旨询问。今阅所奏，虽稍得其梗概。但本年二麦，不过薄有收成。而赈务虽甫经告竣，然所以命伊等前往，

---

① 《大清高宗法天隆运至诚先觉体元立极敷文奋武孝慈神圣纯皇帝实录》卷之三百十四。
② 同上书，卷之三百十五。

非祇令同有司散赈而已。如此，则阿里衮一人亦足矣。况尚有望雨之处，恐将来正须筹画。前此被灾既重，地广人稠。阿里衮以一人之耳目亦难周到，必得高斌等巡历各州县查察，有司之散赈者实力妥协否？灾黎之被恩者遍及苏息否？拊循弹压，庶地方有司，加意办理，于赈务更为有益也。迨至巡历既周，已值查勘河道之时，正可就便办理，似为妥协。着传谕高斌等知之。并将何时可以会办，何时可以竣事之处，具折奏闻。寻奏：现在麦秋已过，米价渐平。各处陆续得雨，不但有益早稼，且可随时种植晚禾。第恐通省情形不齐，仍令科道四员分查，随时知会臣等，即酌量抚恤。如有偏枯处所，臣等即先事筹画，运米储银，以为补救之计。臣高斌、臣刘统勋身到之处，凡所闻见，亦即知会抚臣酌办。臣等既经周巡，则河道水利，即可随时相度，访问讲求，以便秋成后，确勘丈估，再将何日兴修？何时告竣？会同具奏。报闻。①

● 五月内，刘纯炜选授江西分宜县知县，但因会审命案不妥被革职。

刘纯炜被革职后经原任巡抚范时绶奏留办理堤工，工竣，保举于乾隆，本年十一月内，吏部带领引见，奉旨仍以知县用，其革职之案带于新任。②

● 六月初一日，御史奏闻高斌、刘统勋等办赈大臣滋扰地方，乾隆坚信高斌、刘统勋等本人必无需索之事，但家人等不可知，遂令御史将何地何人勒索苛派一一据实奏报。

甲寅朔，谕：御史冯钤奏东省办赈大臣官员，查看经由之处，该地方因豫备牲口，牌头里长人等需索滋扰等语。山左被灾之后，民食艰难，朕深为轸念，亟于拯救。特命高斌等办理赈务，遍历巡行，以查有司奉行之善与否，此诚期有利益民生之举也。但冯钤所奏情节，亦事之所必有。所谓有一利即有一弊：向来此等陈奏，朕恐有累于民，不容稍缓，往往即降旨申饬该大吏，或更加以处分，此言官所以不问虚实，有所闻即入告；而民风之渐习骄悍，不畏官长，亦率由于此。现在高斌、刘统勋，即至四御史，朕可保其本人必无需索之事。而家人等则不可知，冯钤既有所闻，应有确据。山东被灾之州县，可以指数。查赈之钦差亦不过此数人，或系伊等家人勒索，或地方官有意逢迎应付，或巡抚授意整备，以及吏役之借端苛派。着

---

① 《大清高宗法天隆运至诚先觉体元立极敷文奋武孝慈神圣纯皇帝实录》卷之三百十五。
② 秦国经主编《清代官员履历档案全编》卷三，上海：华东师范大学出版社，1997年，第8页上。

冯钤将何地何人，一一指出，据实具奏。朕将降旨究问，以为扰累地方者戒。嗣后科道等凡有陈奏，俱遵照此例。使事事俱归确实，则言官既得各尽其职，昌言不讳。而纠察皆有炳据，亦不得借风闻言事之名，架空诬捏。而朕行政用中，亦不致因噎废食。该衙门知道。①

●六月十七日，随同高斌、刘统勋办赈山东之四员科道恳请召回，乾隆申饬其冒昧请旨，交高、刘酌商去留，并命相关之部对四人严行申饬。

庚午，谕：前因山东赈务紧要，命同宁、马宏琦、赵青藜、沈廷芳等，随同大学士高斌、左都御史刘统勋前往分派查办。今各属虽已得雨，秋禾亦经布种，而有无应行派查之事，尚未据高斌等奏闻。乃同宁等，辄具折恳请召回，甚属不合。且东省赈济河工诸务，朕现在有旨，仍留高斌等在彼查办。即无另须派委伊等之事，亦应告知高斌等，听其据实陈奏。何得如此冒昧？着该部传谕严行申饬！至伊等应否须留东省，或可令其来京之处，大学士高斌等酌量具奏请旨。寻奏：山东秋禾在在丰茂，但地方千余里，收获不无盈绌。秋成时有此数员巡行体察，将丰歉不齐情形，飞告臣等，即当备悉上闻，豫筹早办。若通省丰稔，无劳措置，彼时奏令回京，于地方亦无劳费。报闻。②

●六月十九日，以前述科道四人冒昧请旨，高斌、刘统勋等因视为故常而遭乾隆传饬。

壬申，谕军机大臣等：昨据奉差山东办赈科道同宁、马宏琦、赵青藜、沈廷芳等，具折奏请回京，已降旨申饬。伊等乃随同高斌、刘统勋办事之员。应否来京，理应告知高斌、刘统勋，乃竟冒昧陈请。且高斌身为大学士，刘统勋现任左都御史，为伊堂官，而伊等并不告知，自行具奏。高斌、刘统勋等亦视为故常，殊于体统有碍。此等风气，断不可长。高斌、刘统勋未便因科道之故，明降谕旨申饬，可传谕令知此意，接到此旨时，当传饬伊等，以正宪纲，方合体制。③

●六月二十九日，浙抚方观承奏报，浙江罗柴氏控案，似与都察院及刘统勋有关，实则无关。刘统勋等奏雨情及兴工水利之事。

壬午，浙江巡抚方观承覆奏浙江罗柴氏控案。陈学愈、金裕成等，恐事败露获

---

① 《大清高宗法天隆运至诚先觉体元立极敷文奋武孝慈神圣纯皇帝实录》卷之三百十六。
② 同上书，卷之三百十七。
③ 同上。

罪，是以希冀弥缝。然其所嘱托者，不过二三同乡书办。至常安办理此案，事关三命，并不题咨，徇庇万国宣，并听幕宾恳求，率行批结。及见告发，意图销案。即如都察院挂牌调卷，适在常安进京之时。而其送卷迟延数月，在万国宣回任之后，直至常安被参，都察院始行参奏。且既已堂官交河南道查办，因何又未由堂官参奏，其中均不无情节。常安现已解京请派大臣逐加讯问，谅难支饰。至刘统勋，惟闻与常安尚属相好。此外细加访问，并无别故。报闻。

钦差大学士高斌、左都御史刘统勋奏，山东通省俱得雨沾足。运河一带河道，现委员详查。俟与抚臣河臣会商覆勘，再请兴工。若得年岁丰稔，兴工寓赈，利赖实深。得旨：览奏俱悉。但闻东省，近又有时气传染之症，果其言实，则东省之民，造何愆尤？而累遭灾异耶?！然流离之余，亦惟竭力补救。或用药物，彼处不得，可速奏请。①

●七月初七日，以赈济山东的南漕米船迁延堵塞，谕令刘统勋等查明是否地方官留难玩误。寻奏查无此情。

己丑，谕军机大臣等：朕前因山东赈济需用米粮，曾降旨拨运安庆、苏州米共二十二万余石。据各该抚奏称均经委员押运起行，谅已早到水次。今闻沿河一带，连樯接舻停泊船只甚多。所有米石，或系赈剩留补仓储，应即克期斛收。若令久停水次当兹溽暑，上蒸下湿必致霉变。船户胥役偷卖搀和，亦所不免。将来碍难办理！着传谕高斌、刘统勋、阿里衮查明是否地方官留难玩误，抑或另有情由，即行具折奏闻。寻奏：此项米石，先经委员前赴台庄等候，随到随收，业已全数兑完，委无留难玩误。惟是米多船众，前帮未回后帮接至，停泊河干，不免有连樯接舻之迹。得旨：此回奏即已迟延，何况其他？速行催办可也。②

●七月十日，高斌、刘统勋等奏灾后劝农之策，得旨允行。

壬辰，钦差大学士高斌、左都御史刘统勋、山东巡抚阿里衮奏：山东自五月以来，民间景象，日见转移，二麦成熟，得资接济。但今年白露节在闰七月半，即应种秋麦之期。现饬州县豫劝农民，及早布种。其无力之家，借给籽种，请于向例每亩五分之外，加借一倍，每亩给银一钱。得旨：允行，下部知之。③

---

① 《大清高宗法天隆运至诚先觉体元立极敷文奋武孝慈神圣纯皇帝实录》卷之三百十七。
② 同上书，卷之三百十八。
③ 同上。

●七月二十一日，谕令山东巡抚不得姑息灾后奸匪，乾隆对高斌、刘统勋办赈多有赞语。

癸卯，谕军机大臣等：阿里衮奏东省连年饥馑，穷民艰于口食，共谋抢夺，多系无知误犯。援照乾隆五年，前抚朱定元请减灾黎误犯案内，分别流徒枷责发落之例办理等语。穷民遭遇灾伤，抚绥赈恤，不惜多费帑金仓谷，原以养其良心，使不流为匪类，以期安靖地方。在灾民平日果属良善，必不起意为非。乃明知国家有赈恤之恩，而以饥饿难忍为由，仍复肆行抢劫，若不严行惩究，将来必致群起效尤。此例起于朱定元，乃姑息之尤。伊在东抚任内，一切办理未妥。何足为法？试思伊当时仅莒州、郯城二案，今已有五十二案。未必非扒抢例宽，有以启奸匪幸免之念，以致盗风愈炽。宽纵滋弊，已可概见。况东省负山濒海，非旱则潦，屡致偏灾，而民情凶悍，亦易于为盗。现据该抚奏报，今年已有数处被水者，当此积歉之余，收成又减分数。正须时时留心筹画，若再将抢夺案件从宽办理，奸民肆无忌惮，何所底止？阿里衮所奏，大概不过为地方处分起见，所见甚小，且于该省情形未协。着传谕阿里衮，现在所办各案，俱着照伊应得之罪，按律分别定拟，不得概援饥民扒抢之例，率请减等。上年东省重灾，若非特派高斌、刘统勋等前往协助，恐阿里衮一人，办理周章，未必能如此安帖。现在被水州县，近日情形若何？将来应作何办理？朕心深为轸念，着传谕阿里衮时刻留心加意，妥协查办，以安抚灾黎，弭辑奸盗，不得稍有忽略。①

●闰七月十七日，刘统勋等奏截留运京滇铜就地铸钱一事不必行。

己巳，又谕曰：李渭奏请、截留运京滇铜，设局开炉鼓铸，以平钱价一折。朕未经批，可交与刘统勋、阿里衮密议具奏。近年以来，各省钱价昂贵，不独东省为然。据奏纹银一两，换大制钱七百余文，与现在京师钱价，亦约略相同。乃遽请截留铜觔，此事之断不可行者。即如漕粮间有截留，必地方需米孔亟，势不得已，亦属权宜之事。至铜觔关系京局鼓铸，何得轻议截留？钱文乃民生日用所必需，固应亟为筹办。但屡经办理，迄无成效。再四思维，未得善处之术。即如从前大学士讷亲等会议平减之法，章程井井，非不极费经营。此刘统勋、阿里衮之所知者。究之钱价未见其减，此迩年已试之效也。况市价时增时减，本无一定。若年谷顺成，百物充裕，自可渐次平减。即欲开炉鼓铸，方于东省有益，亦当另为设法。或委员赴

---

① 《大清高宗法天隆运至诚先觉体元立极敷文奋武孝慈神圣纯皇帝实录》卷之三百十九。

浙采买洋铜，或往滇省产铜处所，另筹买运。至运京之铜，断无截留外省之理。朕意于钱文一事，非不欲办。实办之而无可办，转不若听其自然。今李渭既为此奏，或刘统勋、阿里衮等别有所见。可传谕刘统勋、阿里衮就东省现在钱价情形，应需鼓铸与否？应如何办理之处，熟筹妥议，具折奏覆。务须十分慎密，即幕宾等亦宜防其漏泄。盖此事一时未必即有良法，而一为张扬，则市侩居奇，民情惶惑，未睹其效，先滋弊端，甚有关系。一并传谕刘统勋、阿里衮等知之。寻奏：山东钱贵，在于去岁冬底、今岁春初，目下不起不落。李渭所奏，于理于事，均不可行。若办洋铜则时日难期。办滇铜，则挽运需费。至收买废铜，则又已行而无效者。况东省今岁乃恩免钱粮之年。农民以粟易钱，不须换银交官。钱商无由多敛。且梨栗枣柿，花实盛茂。贾贩之来收果品者，其钱俱散在乡间。连岁赈济银两，至数百万，而钱无从增益，所以冬春间钱价骤长。今大赈已完，新粮入市，果实充斥，官未开征，计钱价不致再昂，暂缓不至病民误事。得旨：知道了。告之准泰可也。①

●闰七月二十六日，令调任山西巡抚之阿里衮，趁刘统勋驻鲁办赈之机，即刻进京交接。

戊寅，谕军机大臣等：前经降旨，阿里衮调补山西巡抚。俟准泰到任后，来京请训。现今山东赈务将毕，且有刘统勋率同科道等查办。阿里衮不必俟准泰到，着即速来京陛见。其巡抚印务，交唐绥祖护理。②

●闰七月二十九日，钦差左都御史刘统勋等奏报山东三地偏灾抚恤情形，得旨加意赈恤。

辛巳，钦差左都御史刘统勋、山东巡抚阿里衮奏报高密、平度、胶州三州县偏灾抚恤情形。得旨：是不可以通省有收，而使此有向隅之叹也。况灾馑之余，亟应加意赈恤。③

●九月初十日，乾隆令严饬四名办赈科道，并命刘统勋查勘河道就绪后回京办事。

辛酉，又谕：给事中同宁、马宏琦、御史沈廷芳、赵青藜等，由山东查察赈务，回京复命。朕召见询以东省情形，伊等但称皇恩广沛，民庆乐生，岁获有秋，大有

---

① 《大清高宗法天隆运至诚先觉体元立极敷文奋武孝慈神圣纯皇帝实录》卷之三百二十一。
② 同上。
③ 同上。

起色。及询以办赈事宜，则云稽查册籍，并无遗滥。至问所查察之处，地方官办理，孰为周到？孰为实心？竟未能一一举陈。山左因连年被灾，百姓饥馑。朕日夜苦心劳思，截漕数百万石，发帑数百万金，以苏沟壑之困。念被灾地方辽阔，恐巡抚一人，耳目不能周到。特命大臣及科道等，前往查看抚恤。该科道等亲行周历，亦已七八月之久。通省一百余州县，其中守令，才力自不能齐。纵奉公守法，无夺饥民之食而食者；而经理出众得宜者，必有其人；拮据疎漏被胥役欺朦者，亦必有其人。即同一妥协，其中亦必有差等。而屡询漫无以应，岂不为言职愧哉？！平时议论风生，任之以事，则毫无实际。设非上天恩佑，秋成丰稔，则伊等何以查办经画耶？夫膺此民生休戚要务，仅以稽校簿书，塞责了事，灾黎其何赖焉？使其在京，则将以东省之灾为奇货，撺掇入告，日事纷更，将不知何底矣。着传谕严行申饬。目今该省秋麦已种，闾阎宁谧，刘统勋现在查勘山东河道，事有就绪，亦着回京。①

●十月二十八日，漕运总督蕴著奏报东海营守备事宜，提及前漕臣刘统勋水陆游巡举措。

己酉，漕运总督宗室蕴著奏：东海营切近东北洋面，南有凤凰城，北有墟沟城，距八十余里。雍正元年，将海州守备移驻墟沟城。雍正十年，改为都司，仍驻北城。乾隆十一年，因南城地面辽阔，烟户稠密，前署漕臣刘统勋令该都司水陆游巡。臣勘地形，南城防范固要，然酌选干员巡守，可免疏虞。北城地处海滨，居民稀少，逼近莺游门开海大洋，为海防重地，必得大员驻札，北城旧有衙署、仓厫、药局，臣饬令该都司，率额兵移驻，专力镇守巡逻。其南城地方，即令该营派勤干千把加意防范，并饬该都司不时亲巡查察。报闻。②

○冬十二月，杀川陕总督张广泗，赐大学士讷亲死。③

●是年，刘墉有应制诗一首。

恭和御制戏题投书涧元韵④

志士勤趋圣所安，息机遣累未为难。

早从睿咏窥心要，家问何妨一展看。

---

① 《大清高宗法天隆运至诚先觉体元立极敷文奋武孝慈神圣纯皇帝实录》卷之三百二十四。
② 同上书，卷之三百二十七。
③ 印鸾章：《清鉴纲目》，长沙：岳麓书社，1987年，第322页。
④ ［清］刘墉：《刘文清公应制诗集》卷一，爱日轩陆贞一仿宋镌，第1页。

1749　乾隆十四年　己巳　刘统勋51岁　刘墉30岁

○己巳十四年春正月，经略傅恒、提督岳钟琪举兵入金川，莎罗奔降。金川平。①

●二月十三日，例行仲春经筵，刘统勋以直讲官进讲《论语》两句，乾隆宣御论。

辛卯，以举行仲春经筵。遣官告祭奉先殿、传心殿。上御文华殿。讲官暨侍班之大学士、九卿、詹事等，行二跪六叩礼，分班入殿内序立。直讲官四人出就讲案前，行一跪三叩礼，复位。直讲官刘统勋、介福，进讲《论语》"夫子之道""忠恕而已矣"二句，讲毕。上宣御论曰：一贯不外于忠恕，而实则忠恕即一贯而已。盖一贯即所云如有所立卓尔，虽欲从之，末由也已。此其道无端倪之可见，而非不可见也，于忠恕见之。天何言哉，四时行焉，百物生焉，天地不可见也，于四时之行，百物之生见之。谓四时百物非天地可乎？谓天地将借四时百物以见可乎？忠恕之于一贯，亦如是而已矣。形而上者谓之道，天地是也，一贯是也。形而下者谓之器，四时百物是也，忠恕是也。夫圣人又何尝有告曾子之别传，而曾子乃假借是语以泛应门人之问哉？②

○秋九月，赐大学士庆复自尽。③

●十月二十九日，刘统勋任五朝国史馆监修总裁官。

甲辰，又谕：大学士伯张廷玉年将八十，不能复兼监修总裁之任。大学士公傅恒著充五朝国史馆监修总裁官，刘统勋著充总裁官，刘纶著充副总裁官。④

○冬十一月，以尚书汪由敦（字师茗，休宁人）协办大学士。⑤

●十二月初六日，刘统勋授工部尚书。⑥

---

① 印鸾章：《清鉴纲目》，长沙：岳麓书社，1987年，第322页。
② 《大清高宗法天隆运至诚先觉体元立极敷文奋武孝慈神圣纯皇帝实录》卷之三百三十四。
③ 印鸾章：《清鉴纲目》，长沙：岳麓书社，1987年，第323页。
④ 《大清高宗法天隆运至诚先觉体元立极敷文奋武孝慈神圣纯皇帝实录》卷之三百五十一。
⑤ 印鸾章：《清鉴纲目》，长沙：岳麓书社，1987年，第323页。
⑥ 《大清高宗法天隆运至诚先觉体元立极敷文奋武孝慈神圣纯皇帝实录》卷之三百五十四。

○赵翼此年二十三岁，因在家失馆断生计，乃至京依附刘统勋，协编《宫史》，得以与刘墉朝夕相处。①

1750　乾隆十五年　庚午　刘统勋 52 岁　刘墉 31 岁

○庚午十五年春正月，以张允随为东阁大学士兼礼部尚书。②
○二月，乾隆奉皇太后西巡，幸五台山。三月，还京师。③
●七月初九日，刘统勋奉旨驰驿前往广东会鞫道员明福事。

己酉，谕曰：陈大受参奏丁忧粮驿道明福一案，交庄亲王会同军机大臣等审讯，奏请派员前往，彻底清查定案，所奏非是。向例督、抚参劾属员，有总督省分，督参抚审，抚参督审，从不由京中特派部、院大臣前往审办。如督、抚参一属员，即派一大臣前往，则尽部、院之大臣，不足供出差审事之用。且必部、院大臣可信，则督、抚独非由部、院大臣简用，为朕素所倚信者乎？但陈大受纠参明福之案，如系明福一人婪赃入已，祗应交该督、抚审明定拟。今据明福有前任粮驿道俱如此折收之供。查自乾隆六年六月内，因闻广东省收粮，自州县以至道员，各项陋规，弊端种种，业经降旨，令前任巡抚王安国彻底清查，永行禁革，何以及今数载，仍有如明福之婪赃巨万者？或系当下奉行革除未尽，或因日久法弛，潜滋宿弊？夫以煌煌谕旨，置若罔闻。阳奉阴违，通同朦混。此所关于官方法纪者甚大！所有前任各道员，在乾隆六年以前者，尚可谓之相沿积弊，至乾隆六年禁革以后，毫厘皆属赃私！既经发觉，岂可竟付之不问？若非特差大臣前往，逐一清查，该督、抚或未免豫存成见，不谓事属既往，则谓法不及众，祗就现案完结。在明福婪赃入已，罪无可逭，而前任之违禁舞弊，亦不容纵之漏网。着尚书刘统勋驰驿前往，会同该督、抚秉公确查。并将明福及伊家人霍五等，一并押解广东，严审定拟。其前任折收各员，逐一查明，按律定拟。权衡轻重，朕自裁定。朕于办理一切政务，大公至正，刑赏无私，满汉从无歧视。此番钦差大臣前往，并不为明福一人。刘统勋如因明福

---

① [清] 赵翼：《瓯北集》，上海：上海古籍出版社，1997 年。
② 印鸾章：《清鉴纲目》，长沙：岳麓书社，1987 年，第 324 页。
③ 同上。

系满员，稍有回护，迎合在京大学士等，则终将见轻于朕。如因明福事已败露，遂将违禁娄收之罪，尽归明福一人，以了此局，而为众人出脱，亦必不能逃朕洞鉴。将此详谕中外知之。

又谕军机大臣等：广东省粮道衙门，向来积弊甚多。乾隆六年，业经降旨通行禁革。今该督陈大受参奏丁忧粮驿道明福在任折收米一万九千余石，价银二万七千余两。讯据供历任俱如此折收，此在乾隆六年以前，尚可谓之相沿积弊。乃在禁革以后，仍有此等阳奉阴违之事，如法纪何？粮道折收作弊，断不能掩督、抚之耳目。策楞曾任广东总督、准泰曾任广东巡抚。着将六年以后，历任粮道，有无浮收米石存仓，向各府州县折价，娄收入已，及始于何年何员任内，暗行舞弊，嗣后遂公行折价之处，据实指明具奏。现经该督陈大受、巡抚苏昌参出，并差尚书刘统勋前往彻底清查，自必水落石出。该督、抚不得瞻徇旧属，自蹈欺罔之咎。①

●七月二十日，以四川学政朱荃狼籍娄赃，事涉回籍张廷玉及梁诗正、汪由敦，或追缴御赐，或革职留任，刘统勋补授刑部尚书。

庚申，谕曰：朱荃在四川学政任内，匿丧赶考，贿卖生童，并勒索新生规礼，赃私累累。已据四川、湖广、浙江各督抚等研讯伊弟及家人等，供据确凿，实近年来学政所未有。伊乃大学士张廷玉儿女亲家，其敢于如此狼籍娄赃，明系倚恃张廷玉为之庇护。且查朱荃为大逆吕留良、严鸿逵案内之人，幸邀祸宽典。后复夤缘荐举，冒玷清华，本属衣冠败类。大学士张廷玉以两朝元老，严鸿逵之案，缮写谕旨，皆出其手，岂不知其人？乃公然与为姻亲，是诚何心？设在雍正年间，伊必不敢如此。即在伊平日谨守远之道，亦不当出此。而漫无忌惮至于如此，其忘皇考圣恩为何如？其藐视朕躬为何如？张廷玉若尚在任，朕必将伊革去大学士，交刑部严审治罪。今既经准其回籍，着交两江总督黄廷桂于司道大员内，派员前往，传旨询问，令其速行明白回奏，再降谕旨。张廷玉深负三朝眷注之恩，即其不得行私而欲归之一念，即已得罪天地鬼神，朕尚欲全其晚节，今乃种种败露，岂容冒叨宠赉？所有历来承受恩赐御笔书籍，及寻常赏赉物件，俱着追缴！至储麟趾参奏朱荃交部严察议奏时，朕曾以其事问梁诗正，伊并不将朱荃之事详悉陈奏，观其词色，转若储麟趾不应参劾者。且有功令森严，无人更敢作弊之语。现在朱荃、明福作弊至于如此，何谓无敢作弊？其意岂欲朕信臣下之无敢作弊，遂不加觉察，可以自便己私耶？及

---

① 《大清高宗法天隆运至诚先觉体元立极敷文奋武孝慈神圣纯皇帝实录》卷之三百六十八。

部议时，若非朕洞鉴情节，饬令大学士傅恒详悉查办，一任梁诗正等朦混，则储麟趾可以诬参议处矣。部中定稿，彼此议论，堂司官皆所共闻，令梁诗正抚心自问，尚不足以服其心耶？梁诗正着交部察议。朱荃平日为人，及匿丧纳贿诸罪状，与夫张廷玉以国家旧大臣，而与叛案中有名人结亲之处，汉大臣御史中宁不知之？而张廷玉在任时，无一人参奏者，足见朋比瞻顾之习，终不悛改。储麟趾尚能据实参其匿丧一事，较之挟诈行私，及摭拾浮言者，为称职矣。储麟趾着交部议叙。朱荃在词林中，尝考列一等，或系张廷玉阅卷，或派大臣同阅。若非张廷玉授意嘱托，则阅卷大臣揣摩迎合。且京察大典，张廷玉列朱荃于一等，朕于引见时降为二等。至保举试差人员，汪由敦力保朱荃，明系瞻徇，朕于引见册内，记其人终不妥，近曾以示汪由敦。可见营私交结伎俩，在朕前自不能掩，此等师生朋比之习，不可不严加惩创。汪由敦着交部严察议奏。寻吏部议处具奏。得旨：梁诗正着革职从宽留任，汪由敦本应革职，但念其其人尚勤慎，学问亦优，着在兵部侍郎任内效力赎罪。刑部尚书，着刘统勋补授。工部尚书，着孙嘉淦补授。储麟趾着纪录二次。余依议。①

●七月，刘统勋兼管翰林院掌院学士。②

●八月初五日，刘统勋奉命出差广东，由史贻直暂管刑部。

甲戌，谕曰：刑部尚书刘统勋现在奉差。大学士史贻直着暂行兼管刑部事务，不必随驾。工部侍郎刘纶着随往行在办事。③

●八月二十七日，以广东粮驿道明福婪赃案，乾隆令广东前任督、抚查奏历任道员情弊，并命刘统勋秉公审理。

丙申，谕：广东参革粮道明福折收粮价婪赃入己一案，朕降旨令前任广东督、抚，将乾隆六年禁革积弊以后，所有历任道员，有无似此浮收折价情弊，据实指明具奏。嗣据准泰折奏，但称伊等有无此弊，未敢豫定。而于身在广抚任所时，属员曾否相沿作弊，茫然不能自信。今阅总督策楞覆奏，将六年以后，曾任道员之朱叔权等五员居心行事，详悉入告。并称伊在广见闻，各粮道并无似明福之公行折价情由，一一直陈无隐，办理甚公，深得封疆大臣之体。朕心深为嘉许。况朕特遣尚书刘统勋往粤审理，原欲查明禁革以后，有无阳奉阴违情事，以服明福之心。而非欲

---

① 《大清高宗法天隆运至诚先觉体元立极敷文奋武孝慈神圣纯皇帝实录》卷之三百六十九。
② 王钟翰点校《清史列传》卷四百七十六《列传》卷十八，北京：中华书局，1987年，第1386页。
③ 《大清高宗法天隆运至诚先觉体元立极敷文奋武孝慈神圣纯皇帝实录》卷之三百七十。

于历任道员，有心搜剔，必欲其尽如明福也。即使各粮道内，或有仍沿积弊者，亦系属员一时朦蔽，在策楞问心，实无不可自信之处，即据实入告。且历任皆系汉员，明福独系满洲，策楞并不存庇护意见。各督抚中能如此存心者，实觉甚少。朕所嘉许者在是。若准泰并不实心办事，持两端以塞责者，岂不大相迳庭哉？恐各督抚如准泰者，不少其人。此皆不能自信，故不能信朕也。着将此折抄录，令刘统勋阅看。仍遵照前旨，秉公审理，并将此谕令中外知之。①

● 八月，刘统勋迁刑部尚书。②

○ 秋八月，册立贵妃那拉氏为皇后。③

○ 冬十月，乾隆奉太后南巡。④

○ 冬十一月，西藏珠尔默特作乱，驻藏都统傅清、左都御史拉布敦被戕。四川总督策楞、提督岳钟琪讨平之。⑤

● 十一月初三日，乾隆令严查韶州府知府杨国栋朋比明福一案，并传谕刘统勋及地方督抚知道。

壬寅，谕军机大臣等：陈大受、苏昌参奏韶州府知府杨国栋一折，军机大臣等请将杨国栋家赀密交查办等语。杨国栋不过知府微员，若止为明福经手交商营运银两，尚属僚友私情，非婪赃过付者比。即伊本人别有贪婪实迹，自可按律定拟，不必如此严办。但观折中所参，杨国栋于该督、抚饬查明福任内银米册籍，知必当被参，先期差人送信。则知其人平日与明福结交亲密，朋比为奸，又且巧于窥伺，暗漏消息。当明福初审到案时，供词狡猾。其为先已得信，事无可疑。杨国栋有此情由，不可不加惩究。应如军机大臣所议，密交步军统领，派员前往涿州查办。其折内款迹，着该督、抚等，一面题参，一面严审。该督、抚办理此案，能将实情一一究出，甚属可嘉。明福京中查出银两，并折内所奏，几及二万金。令非恣意贪黩，何由致此？实乃罪不容逭！着于此案审明时，按拟正法。至从前各任，事属已往，姑免深究。如果有折收情弊，着将实情奏闻，不必一一题请治罪，惩一儆百，已足

---

① 《大清高宗法天隆运至诚先觉体元立极敷文奋武孝慈神圣纯皇帝实录》卷之三百七十一。

② 王钟翰点校《清史列传》卷四百七十六《列传》卷十八，北京：中华书局，1987年，第1386页。

③ 印鸾章：《清鉴纲目》，长沙：岳麓书社，1987年，第325页。

④ 同上。

⑤ 同上。

伸国法而畅众心矣。着传谕尚书刘统勋并该督、抚等知之。寻陈大受、苏昌会奏：据杨国栋供认，心知明福必参，因胡恒顺前借明福银两行盐，系伊见交，立有字约，恐被查出，令家人唤胡恒顺进署，写书通知明福收藏旧约。又带家书一封，俱交胡恒顺。差工人黄衡至伊本籍涿州家中投书。次日至房山，面见明福投书，俱取有回札。于九月回广，伊当即将借约烧毁。并据明福及明福家人霍五、工人黄衡等佥供，悉属相符，是该参守平日与明福朋比为奸，已可概见。其杨国栋任所赀财，业已查封。报闻。①

●十一月三十日，刘统勋详奏广东粮驿道历任道员折收婪赃事，应并赃论罪。得旨严惩。

己巳，钦差刑部尚书刘统勋奏查审参革广东粮驿道明福折收仓米一案。据明福供称：前任各道，俱如此折收。除明福现在审明定拟另题外，查前道朱叔权、朱圣闲、李方勉、前护道薛醖、金允彝等任内，均有浮收米石。惟前道庞屿任内，查无折收之事。再查站船水手工食，历任俱有旷缺，应并赃论罪。除朱圣闲、金允彝病故，毋庸拟罪，仍追银两入官。庞屿止有旷缺工食银二十八两零，应照律杖流杂犯准徒四年。薛醖任内浮收三百二石七斗零，应拟斩杂犯准徒五年。朱叔权任内浮收五百四十五石零，李方勉任内浮收八百四十三石零，应拟斩监候。除庞屿并无浮收免其提解外，薛醖等应令押解来粤，讯明追赃究拟。其不能觉察之督、抚、藩、臬及听从浮收之各州、县均请旨议处。得旨：薛醖前任御史时，屡有封奏，朕因其人尚鲠直，折用道员。自应严于律己，益砺清操，方不负简任之意，乃于本任内违禁浮收，婪赃入己。若不严加治罪，则凡属言官，平时矫矫自命，以图受知，及莅外任，竟不能洁清自矢，是转以绳纠为捷径矣。薛醖着革职，拏交刑部，从重治罪。朱叔权、李方勉虽侵收入数，浮于薛醖，然二人本由外吏擢用，无足比数，俱着革职押解往粤，交与该督、抚质讯明确，按律追拟，已足蔽辜。庞屿侵收之数甚少，且已为添补赏贴之用，并未入己，着从宽免其革职治罪。其历任州县各官，被勒折交，情尚可原，俱着从宽免其察议。王安国等着议处具奏。余着核议具奏。②

●十二月初一日，刘统勋题奏明福案审明结果，交三法司会审。

庚午朔，钦差刑部尚书刘统勋题，查审明福实多折收米价银二万五千三百二十

---

① 《大清高宗法天隆运至诚先觉体元立极敷文奋武孝慈神圣纯皇帝实录》卷之三百七十六。
② 同上书，卷之三百七十七。

一两八钱九分入己,又侵收水手旷缺工食银一千二百四十二两零,应照律拟斩监候,追赃入官。其听从折轻之府、州、县交部议处。前任督、抚、藩、臬交部察议。得旨:三法司核拟具奏。吴谦铣现任藩司,于粮驿道有统辖之责,乃一任明福浮收勒折,婪得多赃,毫无觉察,着交部严察议奏。其州、县各官,俱系明福属员,不无抑勒情节,尚有可原。且俱经自行禀首,着从宽免其议处。①

● 十二月初二日,刘统勋兼管翰林院掌院学士。②

○ 朱筠于该年应乡举,同考官嘉兴郑虎文荐其卷,结果不售而文名丕震。刘统勋以朱筠博综群书,精核典故,乃延其于家,修《盛京志》。③

● 刘文正统勋,不以诗名,然偶有作必出人头地。乾隆中,张桐城相国廷玉予告归里,奉敕作送行诗。时门下士如赵编修翼等,皆客公所,并令拟作,卒莫有称意者。公在机廷,忽自握管为之,中有一联云:"住怜梦里云山绕,去惜天边雨露多。"遂缮进呈,纯皇帝亦大赏之。一时送行诗,遂无有出公右者。④

1751　乾隆十六年　辛未　刘统勋53岁　刘墉32岁

○ 辛未十六年春正月,乾隆奉皇太后南巡。渡钱塘江,祭禹陵。夏五月,还京师。⑤

● 三月初六日,刘统勋为会试正考官。⑥

● 三月,刘墉会试中贡士第六十四名。⑦

辛未科会试考官:内阁大学士刘统勋,字延清,山东诸城人,甲辰进士。工部

---

① 《大清高宗法天隆运至诚先觉体元立极敷文奋武孝慈神圣纯皇帝实录》卷之三百七十八。
② 同上。
③ 罗继祖:《朱筠河先生年谱》,《北京图书馆藏珍本年谱丛刊》第106册,北京:北京图书馆出版社,1999年,第8—9页。
④ [清]洪亮吉:《北江诗话》,引自《续修四库全书》第1705册,上海:上海古籍出版社,2002年,第6页。
⑤ 印鸾章:《清鉴纲目》,长沙:岳麓书社,1987年,第325页。
⑥ 王钟翰点校《清史列传》卷四百七十六《列传》卷十八,北京:中华书局,1987年,第1386页。
⑦ [清]刘文霨:《刘氏贡举文集》,目录第8页。

尚书孙嘉淦，字懿斋，山西兴县人，癸巳进士。礼部侍郎介福，字受兹，满洲镶黄旗人，癸丑进士。内阁学士董邦达，字孚存，浙江富阳人，癸丑进士。题"贤者辟世"四句，"上焉者虽"一段，"舜之居深"全章。会元周沣，字芑东，浙江嘉善人。①

按：刘统勋之字，又错为延清了。法式善多数正确，但同一书内有时也自相矛盾，此即其例证。另查《大清高宗法天隆运至诚先觉体元立极敷文奋武孝慈神圣纯皇帝实录》卷之三百八十四记载："以礼部左侍郎吕炽为会试知贡举。刑部尚书刘统勋、工部尚书孙嘉淦为正考官。礼部侍郎介福、内阁学士董邦达为副考官。"直到乾隆二十四年十二月《大清高宗法天隆运至诚先觉体元立极敷文奋武孝慈神圣纯皇帝实录》卷之二百九十六中才首次出现"协办大学士"之语。所以刘统勋当时的官职应是"刑部尚书"。

●四月，刘墉殿试二甲二名，中式进士。

辛未科殿试成进士榜单②：

第一甲三名

吴鸿、饶学曙、周沣

第二甲七十名

沈棫、刘墉、柯一腾、叶藩、万中道、吴肇元、汤世昌、汤先甲、王应瑜、卢明楷、戈涛、王应元、朱山、德瑛、朱光发、丁田树、孙洙、蒋楒、田弟怡、吕光亨、潘从龙、李逢亨、李承瑞、叶观国、狄咏篪、徐恕、陈筠、何逢僖、路谈、陈汝聪、叶棠、李绶、杨秉铨、王熙载、张孝泉、史鸣皋、罗典、周滨、戴天、韩衍桐、李俟、顾惪懋、姚晋锡、周于礼、沈世晋、金汝梅、王绂、何向宸、周曰赞、丁国干、张瑚、伊桂、黄涛、温葆初、王启绪、刘椿、朱垣、王采珍、贾天禄、朱稺、柴景高、蒋良骐、雪格、刘伯埙、刘恒、金祖昌、叶自渊、成文、褚天门、秦百里

第三甲一百七十名

印宪曾、尹廷宾、黄元吉、舒元烺、王思滉、杜泰、杨焯、梁兆榜、唐廷樾、

---

① ［清］法式善等：《清秘述闻三种·上卷》卷六，北京：中华书局，1892年，第184页。
② 朱保炯、谢沛霖编《明清进士题名碑录索引》，上海：上海古籍出版社，1980年，第2720页。

王元启、张素、廖鹏飞、孙俌、刘梦鹏、张云蒸、谭有德、邬昇、杨宏声、翟翱、张庆长、周埙、刘苞丽、范朝纲、冯鹏飞、孙熊兆、欧阳照、王家宪、李承庚、吴坦、陈廷柱、安璠、穆丹、张绳武、钟声□、王人麒、李鸿楷、吴为墉、吴疏、蔡如襄、孟玫、李拔、胡廷槐、谭尚忠、吴嶒、黄瓉、范思皇、刘宗琪、朱家濂、赵由僖、秦梦熊、诸葛仪、潘思藻、刘懿、张曾敞、卢庭琮、罗惟清、周隆谦、郭兆、栾廷钐、张龄度、何棟、张吴彰、龙应时、宋若霖、王以训、宋五仁、罗芝芳、冯慈、周世盛、江毓圻、李连登、胡国济、胡腾蛟、张鲲、宋廷采、梁竖校、张生馨、全魁、叶丕葆、张天佑、李世辅、艾茂、程化鹏、刘心传、饶上位、刘上台、王伟士、田世丰、朱一深、王大嵩、郭良贵、刘在益、李方泰、王勋、周曰万、安受骐、觉罗巴彦学、刘凤飞、朱锦如、刘羲、张又泰、何燧、徐名彝、胡端北、刘璜、徐步蟾、吕文光、严庆云、王勋、石敏、蔡馨、黄文梓、岳瀚、何显、黄丹书、陈荣榕、高辰、都镛、邱恩荣、程士范、郭天禄、何桐华、王旭龄、张鹤龄、仝宗魁、朱绶、詹学海、陈在玑、刘位廷、蒙□、赵丹、刘嗣汉、周青云、李元通、陈天楷、林愈蕃、周文权、李华钟、曾萼、徐玉书、袁齐宏、蔡其发、陈公问、李应孙、张绍、梁和中、惠琨、王成德、何子祥、赵默、张万鹏、南宫鼎、董丰垣、张济世、潘宗岐、杨履中、盛应谦、任秉哲、郭乙山、李腾渊、吴儒清、杨炎、胡志洁、孙昭、胡楷、黄鸿阁、徐吉士、李天培、胡圻、王彭会

●闰五月初七日，刘墉改翰林院庶吉士，敕授羽林郎。

壬申，内阁、翰林院带领新进士引见。得旨：新科进士，除一甲吴鸿、饶学曙、周沣已经授职外。沈棫、刘墉、叶藩、汤世昌、汤先甲、王应瑜、卢明楷、蒋楪、李承瑞、狄咏篯、戴天、姚晋锡、柯一腾、戈涛、路谈、王启绪、丁田树、李逢亨、李绶、史鸣皋、周曰赞、朱嵇、蒋良骐、梁兆榜、张曾敞、叶观国、罗典、周于礼、王绂、秦百里、黄元吉、穆丹、吴为墉、刘宗琪、郭兆、全魁、艾茂、李方泰、高辰、孙昭、黄鸿阁、范思皇俱着改为庶吉士。①

●六月初十日，刘统勋等奉旨派翰林二十员、中书二十员在武英殿将吴鼎、梁锡玙所著经学各书分别缮写一部进呈。

乙巳，谕曰：吴鼎、梁锡玙所著经学各书，著派翰林二十员、中书二十员，在武英殿各缮写一部进呈，原书给还本人。所有纸札饭食，皆给之于官。著梁诗正、

---

① 《大清高宗法天隆运至诚先觉体元立极敷文奋武孝慈神圣纯皇帝实录》卷之三百九十。

刘统勋董理其事。①

○夏六月,以吴鼎、梁锡玙为国子监司业。②

○秋九月,两广总督陈大受卒。③

●十月二十四日,以皇太后六旬大寿至京师祝厘者甚众,乾隆恐致京城米价高昂,乃拨米两万石平粜,又命刘统勋等随时稽查米价浮动情形。

丁巳,谕:今岁恭遇圣母皇太后六旬万寿,海宇臣民,愿效祝厘者甚众。现在辐辏京师,各城米价,或致少昂。着于京仓拨米二万石,分给五城,减价平粜。令尚书蒋溥、伍龄安、李元亮、刘统勋、孙嘉淦督率该巡城御史等实力稽查,妥协办理。该部即遵谕行。④

●六弟刘组焕升户部福建司主事。⑤

●是年,刘墉另有应制诗三首。

恭和御制平原行元韵⑥

平原公子敬爱客,以兹名入侠客行。
不知养客竟何好,纷然喧哄门常盈。
尚非文酒乐谈宴,何况吐握输真诚。
东王西帝争且让,朝横暮从败复成。
而客于此少得利,图铺啜耳何堪评。
当时岂乏廊庙秀,局外更有岩穴英。
即如孔氏老孙子,老眼已见将为赢。
黄馘稿项复几辈,遁迹远去无名称。
平原以是不累叶,歌钟之地居人耕。

---

① 《大清高宗法天隆运至诚先觉体元立极敷文奋武孝慈神圣纯皇帝实录》卷之三百九十二。
② 印鸾章:《清鉴纲目》,长沙:岳麓书社,1987年,第326页。
③ 同上。
④ 《大清高宗法天隆运至诚先觉体元立极敷文奋武孝慈神圣纯皇帝实录》卷之四百一。
⑤ [清] 刘镮之修《三公年表》。
⑥ [清] 刘墉:《刘文清公应制诗集》卷一,爱日轩陆贞一仿宋镌,第2页。

恭和梅花三叠元韵（题杨补之画）①

一叠试咏庾岭头，梅花之薮闻名早。
炎方地气发灵奇，草木於斯寄天巧。
虽无冰雪斗清妍，饶有云霞相映照。
若为移在上林中，万株芬馥瑶台好。
物生得地信有命，位置从天那得晓。
此图何以岭梅多，瘦墨几枝殊硬老。
怳然忽忆山农诗，猎猎北风吹不倒。
再叠试咏吴越邦，邓尉西湖春正早。
不须翦彩作繁葩，自有天机出新巧。
邓尉山黛可供妆，西湖水镜偏宜照。
目以香雪海固佳，咏入林逋诗更好。
世间梅富莫逾兹，不别花人亦应晓。
此图似写两乡真，娅姹风姿间苍老。
上人果是何许人，被恼禅心愁绝倒。
三叠试咏御苑春，春比人间来独早。
女姨著意遣花开，花亦矜妍竞逞巧。
栅瑚碧树周阿生，万点瑶光互相照。
谁言北地冷非宜，冷处难开开倍好。
松风竹露共一轩，月午烟昏更霜晓。
此图香色苑花如，舒卷常新春不老。
能邀天笔赋三章，濬源万斛看倾倒。

恭和御制三月晦日作元韵②

绿云深处鸟如谈，红紫枝头尚两三。
一段韶光转天上，几分农事在江南。
银塘水满催浮鷁，画阁风轻护饲蚕。

---

① ［清］刘墉：《刘文清公应制诗集》卷一，爱日轩陆贞一仿宋镌，第1页。
② 同上。

此日翠华行处好，几睹吟兴得清甘。

1752　乾隆十七年　壬申　刘统勋54岁　刘墉33岁

●二月初六日，刘统勋以查验通仓故革职从宽留任。

戊戌，谕：据派查通州三仓大臣旺札勒等奏称：现在盘量中西二仓，米数短少，显有情弊。请将监督七十四、袁承约、灵德、李掖垣革职，交部审明办理。南仓米数无亏，惟赢余米石不归本廒，殊属违例。请将监督舒敏、张敬业交部查议。仓场侍郎，一任属员随意收放，且于实在亏空情形漫无觉察，请交部严加议处等语。仓场侍郎，职司出纳。乃因循草率，不能董察属员，实心经理。该监督等典守天庾，亏缺米石，厥罪均无可逭。即行交部治罪追赔，洵不为过。但据查仓大臣等盘验者已得实数，而丈量往往与盘验未符，今盘验者二十六廒，而丈量者一百五十余廒。若即以丈量短少之数定罪，尚未为确实。着加恩将仓场侍郎及该监督等俱革职暂行留任，勒定限期，令其自将未盘验各廒，逐一过斛盘量实数，俟实数定后，仍令派出之大臣侍卫前往抽盘。照实在短少之数，分别定拟着追，方为允协。伊等现在盘量之时，着尚书哈达哈、刘统勋往来督率稽查。至定例五年一次查仓，实赖派出之王大臣，剔除弊窦，盘验赢绌。今甫一年，即亏缺如许。可知伊等并未实心，不过奉行故事，甚负任使之义，其罪尚浮于仓场侍郎之庸懦失察也。所有上届派出之王大臣等，即着交部严察议奏。寻吏部议上。得旨：前派和亲王弘昼等查验通州三仓，原以王大臣为朕信任之人，自无欺隐也。查而不实，则如勿查。弊之不厘，查于何有?! 使王大臣等彼时盘出短少，则应着落该仓场侍郎赔补。今于王大臣盘验后未逾数月，而短少如许。是其咎不在仓场侍郎，而在王大臣也。其仓场侍郎应赔之米，着加恩宽免。令和亲王于伊俸米中如数扣抵。宗人府所议停止弘昼亲王俸之处，着加恩宽免。达勒当阿、刘统勋俱着革职从宽留任。彭维新从宽免其革去职衔。余依议。①

●三月十四日，刘统勋参加乾隆耕耤仪式如例。

乙亥，上耕耤。诣先农坛行礼，更服至耤田所。躬耕三推，复加一推。御观耕

---

① 《大清高宗法天隆运至诚先觉体元立极敷文奋武孝慈神圣纯皇帝实录》卷之四百八。

台，命庄亲王允禄、怡亲王弘晓、和亲王弘画各五推。吏部尚书达勒当阿、户部尚书蒋溥、礼部尚书伍龄安、兵部尚书李元亮、刑部尚书刘统勋、工部左侍郎何国宗、左副都御史胡宝瑔、通政使多德、大理寺卿齐达色，各九推毕。顺天府府尹率农夫终亩。赏赉耆老农夫如例。①

●六月初三日，钱陈群因患病未痊，奏请解任调理。乾隆准其解任，刘统勋有送行诗②。

归愚归隐日，公作送归诗。
今日送公者，谁为绝妙词？
金门诸彦集，秋水片帆迟。
梦觉闻鸣橹，依依魏阙思。
一疏陈丹陛，重纶下紫霄。
睿文申眷注，上寿锡松乔。
诗和犹三接，儿扶更早朝。
俱蒙优诏许，讵待小山招。
岂弟存吾道，恢奇聚艺文。
平原余乞米，内史诩鹅群。
叱驭曾师古，拔茅切救焚。
洒然存一老，嘉惠四方闻。
从来胶漆意，倍在别离时。
欲叙平生事，难裁觏缕辞。
久随丹禁地，同笼白云司。
尚有前期在，鸳湖下钓丝。
烟水几千里，身轻放鹇初。
善酬明主意，勤读养生书。
有子辞金马，经时返玉除。
平安频奏达，不必觅双鱼。

---

① 《大清高宗法天隆运至诚先觉体元立极敷文奋武孝慈神圣纯皇帝实录》卷之四百十。
② ［清］王培荀：《乡园忆旧录》卷三，济南：齐鲁书社，1993年，第139页。

● 文正子文清公墉，送香树尚书诗云①：

帝廷有名卿，艺苑有哲匠。
蕴真道为邻，舒卷清风畅。
平生古处敦，冲襟多雅尚。
吹嘘寒谷温，栽培弱植壮。
冰雪萦怀抱，疏越朱弦唱。
天游谢畦畛，啸歌寄俯仰。
秋官颂皋苏，明慎钦时望。
云胡赋《归来》，养疴乐闲旷。
廿载侍禁林，欲去皇情注。
缅惟忠孝家，朝野多嘉誉。
篇章以宠行，眷眷行无遽。
秋风理归櫂，迢递江乡路。
琴书六一舫，药里少陵句。
宵凉梦偶成，徘徊玉堂署。
庭薇映华发，阶药引闲步。
觉来烟水宽，蔼蔼沧洲曙。
送别东门道，冠盖倾都城。
久要多宿德，新知罗俊英。
及此桂光圆，银汉正斜横。
洗爵寿君子，中有灏露盈。
低徊讵可留？迅鹢随云征。
一发是江南，眼与山俱青。
湛湛长江水，濯我无尘缨。
归来把黄菊，独酌和渊明。
襄随函丈初，忆自辛壬岁。
及兹一星终，弗谖周行惠。

---

① ［清］王培荀：《乡园忆旧录》卷三，济南：齐鲁书社，1993年，第139页。

深心有凤期，引翼若不逮。

　　寅年六角书，明明如月在。

　　裁诗怅离惊，深虞言鲜爱。

　　鲤庭洽季昆，风流更前辈。

　　岂惟文字缘？古义相磨淬。

　　犹冀北飞鱼，时时寄清诲。"

●八月初八日，蔡时田受带关节科场舞弊受严惩，乾隆传谕刘统勋等知之。

丙申，又谕：蔡时田受带关节，情罪甚为可恶。已有旨令在京总理事务王大臣会同该部严审定拟。但王大臣不过会同查审，至讯供定案，系该部专责。科场作弊，罪与贿卖生童无异。自应立决，即例应监候，亦当入于本年情实定拟。将此谕阿克敦、刘统勋知之。①

●八月二十六日，刘统勋始涉孙嘉淦伪稿案审讯。

甲寅，谕军机大臣等：施奕学在江南供出皂保给稿，及施奕源差陈谷前往嘱其不可供出皂保等情。此供似实，若非实有其事，何缘又拉出一皂保？此皆伊亲兄弟，非诬扳他人可比。其施奕源坚不承认，则因无人质对，且恐与施廷皋有碍。此案为日已久，伊早已串定供词矣。皂保尤应严加鞫讯，即坚执不承，亦当设法严审。其官学生岂止皂保、施纯德二人？自当从伊二人逐一追问，施廷皋亦必知情，即应传讯。舒赫德岂见不及此？总之舒赫德承办此案，初意即存畏难推托之见，今虽奏请将施奕度等解京对质，亦非出于本意，仍属取巧推卸。此时在江在京各犯，俱已串定口供。即解京亦不过挨延时日耳，非实在办理之道。舒赫德非不能办理此事之人，不应如此。着派刘统勋会同严审。皂保、施纯德既系官学生，可从官学中追问。从前无从踪迹，疑是江西人。今既有官学可寻，则又不必论其是江西人与否矣。施廷皋着即解任。可传谕施廷皋，伊尚系明白人。伊子侄中既有此事，伊亦曾追问过。家庭间必得其实在来历，若能将此案究办明晰，得其由来，不但原职可复，仍当加赏。如欲置身事外，不从实供明，朕亲审张广泗伊所目见，回京时即将伊照张广泗之例，亲加严鞫。其时众犯供明伊必无从狡饰，噬脐何及?！将此严行传谕施廷皋。并谕舒赫德、刘统勋。将审出情节，即速奏闻。刘统勋系特派承审，若亦附和推诿，

---

① 《大清高宗法天隆运至诚先觉体元立极敷文奋武孝慈神圣纯皇帝实录》卷之四百二十。

岂任用之大臣，举不肯出力耶？一并传谕知之。

又谕：今早舒赫德奏到，旋即降旨传谕封发顷于行围之际，马上细思，施奕学在江南所供皂保给稿之语，必系确情实无可疑。使其果系畏刑妄供，希图狡展时日，则该犯京中或江西岂别无一二认识之人，何人不可诬扳？而必欲累及堂兄皂保？且以伊亲弟施奕源为证耶？！此情理必无之事。且施奕源遣陈谷至江苏，嘱其不可扳出皂保，亦似非凭空结撰之语。皂保、施奕源坚不承认自来审鞫重案，亦岂有到案即可成招者？况此案发觉日久，伊等串通供词自应如此，岂可据为确供此皆易想到者。而舒赫德竟想不到，无他，不过一难办之心横于中耳。于奕学等，现据舒赫德飞咨提解，不日自可到案。此时未到之前，必无静候对质之理。且恐伊等潜通信息，又行串供捏混耳。已派刘统勋会同严审，可再传谕舒赫德，令其商同刘统勋，设法详细追究，毋任狡饰。并谕以此时若不据实承认，将来施奕学解到，对质得实必加倍重治其罪，后悔无及也。仍明切晓谕施廷皋，此稿断非出自伊手，亦不必畏惧。即伊子、侄亦不过传递接看，本无重罪。但能就伊子、侄中据实查出来历，伊不但无罪，且必另有加恩之处。此案办理至皂保，头绪显然可得。若再不上紧根求，反复审讯，仍无一实在下落。朕必于舒赫德是问。余悉前旨。①

● 八月二十七日，刘统勋等奉命拣选下第举人待乾隆回銮后引见。

乙卯，命拣选下第举人。谕今岁万寿恩科各省计偕云集，而中额所收例有定数。其下第举子中，有年力才具，可以及时录用者，特予格外加恩，拣选引见，分别以知县试用、教职铨选，俾得早列仕版。目今巡幸塞外，若俟回銮再行拣选，未免守候需时。着在京总理事务王大臣及协办大学士阿克敦、尚书舒赫德、刘统勋、孙嘉淦于会试揭晓后，即行会同拣选。大省四十人、中省三十人、小省二十人，候朕回銮以次引见。其年在七十以上，难以复图进取者，并着该部查明具奏，候朕酌量加恩，仍豫行晓谕各举子知之。②

● 八月二十九日，刘统勋等据实禀报皂保经严讯，并无转给施奕学伪稿诸事，并提议等施奕学等解到会鞫时再定。

丁巳，兵部尚书舒赫德、刑部尚书刘统勋奏：臣等复将皂保严讯，据供，实无转给施奕学伪稿之事；其施奕源遣人送信嘱托一节，设法根求，又无确据。现将皂

---

① 《大清高宗法天隆运至诚先觉体元立极敷文奋武孝慈神圣纯皇帝实录》卷之四百二十一。
② 同上。

保等隔别严禁。俟施奕度、施奕学、陈谷自江南解到时，会齐鞫讯。得旨：是。①

○九月，召尹继善来京，以庄有恭署两江总督。②

●九月初九日，以鄂昌所奏廖以权供称事涉施奕源，乾隆要求将此奏折转刘统勋等供会鞫时用。

癸亥，又谕曰：鄂昌所奏廖以权供称曾向施奕源问过伪稿，施奕源说是有的，我还看过等语。是又属施奕源等传钞之确证。可将此折钞寄舒赫德、刘统勋，俟施奕学等解到之日，将折内情节，一并详悉研讯。③

●九月初十日，乾隆以施奕源坚不承认所生波折指示刘统勋等行文提取廖以权与施奕源质对。

甲子，谕军机大臣等：舒赫德等奏称接到江西巡抚鄂昌来咨，廖以权供出施奕源看过伪稿。刑讯施奕源，坚不承认，应听鄂昌提取吴善楷、吴善魁与廖以权质对，另作一传稿头绪查办等语。此所见又复非是！施奕源，既供出廖以权向伊面述伪稿，则廖以权原系施奕源案内要犯，自应将该犯等提取来京，与施奕源质对，方得实情，何得因其牵入吴善楷、吴善魁，又欲令该抚另作一头绪查办？此岂非不欲究办之意，横据胸中所流露者耶？因鄂昌奏到，已传旨钞寄。可将此谕舒赫德、刘统勋，令即行文提犯归案办理，毋得他诿。④

●九月十一日，乾隆以尹继善所奏，指示舒赫德与刘统勋，访察施氏是否与张广泗有亲？往来情意如何？此稿是否向日依附张广泗随任糊口之汉军杜撰诸问题。

乙丑，谕军机大臣等：据尹继善奏称刘士禄到江质审，顿翻前供。质之施奕学，亦坚称得之堂兄皂保，并未得自刘士禄。至施奕学，得稿于皂保，曾经告知施奕源。施奕源因何隐匿皂保，转扳刘士禄之处，必须严讯施奕源等语。施奕源狡诈多端，所供并非确实来历，不过多方扳扯，为耽延时日之计。而此案来历，惟应从施奕源是问。舒赫德、刘统勋可不劳而得其实在情节？此案施奕源等原系传钞，并无重罪，而伊等彼此抵赖隐匿，看来实有可疑。或竟由此得其根底，亦未可定。已谕尹继善，

---

① 《大清高宗法天隆运至诚先觉体元立极敷文奋武孝慈神圣纯皇帝实录》卷之四百二十一。
② 印鸾章：《清鉴纲目》，长沙：岳麓书社，1987年，第327页。
③ 《大清高宗法天隆运至诚先觉体元立极敷文奋武孝慈神圣纯皇帝实录》卷之四百二十二。
④ 同上。

将施廷翰一并解京。其施氏是否与张广泗有亲，及平日与张广泗往来情意若何？着舒赫德等留心密行访察。再汉军中有向日依附张广泗随任糊口，今流落怨望，幸灾乐祸之徒，捏撰此稿，故伊等得之最先。俱着舒赫德等一并详悉察访。倘由此得首先捏撰之人，岂不大快？！毋更畏难推诿也。①

●九月十三日，刘统勋等奏审讯施奕源、施皂保传稿寄信各情节。

丁卯，兵部尚书舒赫德、刑部尚书刘统勋奏：臣等审讯施奕源、施皂保传稿寄信各情节。该犯等秉性游移，一味茹刑狡赖。臣等细阅督臣尹继善、抚臣鄂昌所取施奕学、廖以权等供词，究至施氏兄弟，别无径路可寻。现在多方根究，断不敢畏难推诿。至施廷皋父子与张广泗查无关涉之处。其张广泗平日亲友，或有流落怨望，造言生事之徒应一并详细察访。得旨：施奕学供伪稿非得之刘士禄，实系得之施奕源，则施奕源最为要犯。汝等应留心设法研鞫。②

●九月二十八日，上刘统勋参与拣选下第举人。

壬午，以大学士来保、史贻直、陈世倌、吏部尚书孙嘉淦、户部尚书蒋溥、刑部尚书阿克敦、刘统勋、户部侍郎裘曰修、礼部侍郎介福、刑部侍郎勒尔森、秦蕙田、工部侍郎何国宗、内阁学士邹一桂、钱维城充殿试读卷官。③

●丁惟性，字赓唐，乾隆十七年举于乡。其秋会试后，选下第举人以知县用。刘文正公统勋见其年少，使辞官再试礼闱。又数年，除范县教谕，补霍山知县。④

●十月初九日，刘墉散馆授翰林院编修。

丙申，内阁、翰林院带领辛未科散馆之修撰、编修、庶吉士等引见。得旨：清书修撰吴鸿已经授职。其庶吉士沈栻、蒋棨、王启绪、吴鹏南、林明伦俱着授为编修；张曾敞着授为检讨；叶藩以知县即用。汉书编修饶学曙、周沣已经授职。其庶吉士李承瑞、汤世昌、戈涛、路谈、刘墉、王应瑜、丁田澍、李绥、汤先甲、罗典、叶观国、蒋良骐、王绂、周于礼、朱稬、秦百里、卢明楷俱着授为编修。全魁、艾茂俱着授为检讨。柯一腾、范思皇、姚晋锡、穆丹、刘宗珙俱以部属用。狄咏箎、史鸣皋、梁兆榜、吴为墉俱以知县即用。洪其哲、轩辕诰、郭兆、高辰、孙昭俱着

---

① 《大清高宗法天隆运至诚先觉体元立极敷文奋武孝慈神圣纯皇帝实录》卷之四百二十二。
② 同上。
③ 同上书，卷之四百二十三。
④ 刘光斗：《诸城县续志》卷十六《列传》，参见《中国方志丛书·华北地方》第385册，台北：成文出版社，1976年，第377—378页。

归进士原班铨选。①

● 十一月初七日，刘统勋命在军机处行走。②

1753　乾隆十八年　癸酉　刘统勋 55 岁　刘墉 34 岁

○癸酉十八年春二月，杀江西抚州卫千总卢鲁生并其子卢锡龄、卢锡荣，南昌卫守备刘时达。③

● 三月，刘统勋参加乾隆耕耤活动如例。

● 五月十五日，刘墉充广东乡试正考官。④

编修刘墉，字崇如，山东诸城人，辛未进士。编修谢溶生，字未堂，江南仪徵人，乙丑进士。题"樊迟未达　诸枉""禘尝之义"一句，"夫道若大"一句。解元陈圣与。⑤

● 六月十九日，刘统勋得紫禁城骑马。

癸卯，命尚书刘统勋、汪由敦、纳延泰紫禁城骑马。⑥

● 七月十九日，刘统勋等驰驿江南会同高斌查办案件。

壬申，谕曰：署尚书策楞、尚书刘统勋命往江南，有会同高斌查办事件，着即驰驿前去。⑦

● 七月二十九日，以朱若东奏请加挑东省河道一折，乾隆命刘统勋等假归途之便，将长沟、安山一带河道，逐加阅视，如有应行筹画之处，酌量奏闻。又命其顺道确查高、宝等地灾情与地方官赈灾情形。

壬午，谕军机大臣等：给事中朱若东奏请加挑东省河道一折，似未确按情形。今岁东省运道淤浅，自因夏间干暵所致。向来雨水调匀之年，泉源充足，漕运遄行

---

① 《大清高宗法天隆运至诚先觉体元立极敷文奋武孝慈神圣纯皇帝实录》卷之四百二十四。
② 同上书，卷之四百二十六。
③ 印鸾章：《清鉴纲目》，长沙：岳麓书社，1987 年，第 327 页。
④ 《大清高宗法天隆运至诚先觉体元立极敷文奋武孝慈神圣纯皇帝实录》卷之四百三十八。
⑤ [清] 法式善等：《清秘述闻三种·上卷》卷六，北京：中华书局，1892 年，第 192 页。
⑥ 《大清高宗法天隆运至诚先觉体元立极敷文奋武孝慈神圣纯皇帝实录》卷之四百四十一。
⑦ 同上书，卷之四百四十三。

固其常。而今夏所值乃其偶，朱若东遂有增帑加挑之请，是徒为河员多一开销地步耳。该省岁挑成例，历来定有章程。如使工归实用，何至淤高积厚？河工向属弊薮，惟在董其事者，实力督察，严查冒滥积弊，方能于工程有益。不然，帑虽增而工不实，安可以有用之脂膏，饱无穷之溪壑耶?！所奏不可行。但运河关系紧要，或近年岁挑不力，较前加淤，亦未可定。着将原折钞寄策楞、刘统勋，于归途之便，将长沟安山一带河道，逐加阅视。如有应行筹画之处，酌量奏闻办理。再高、宝等属，因湖河异涨，车逻坝过水四尺有余，下游多被淹浸，朕心深为轸念。已令该抚庄有恭赴彼查勘抚恤。清江距高宝，不过三数日之程，并着策楞、刘统勋前往该处，将被水光景及地方官办赈情形，详悉确查，据实奏闻，以释悬注。寻奏：臣等沿途察访被水灾地，惟淮、扬、徐、海较重，幸二麦秋成颇丰。目下米粮价值，未甚增长。除被水田亩外，高田谷稻，尚望有收，民情均属安堵。其办赈情形，凡漂没庐舍，栖止湖堤贫民，俱已计口抚恤。其余被灾各村，分别极贫、次贫，照例办理赈恤。臣等查勘河务工料，必须身经目历。淮徐一带，一体留心查察，将实在光景情形，随时具奏。得旨：览奏俱悉，屡经颁旨。尔等不时据实奏闻。①

● 八月初三日，刘统勋等奏通过实地调查确认高、宝等地灾情较乾隆七年实轻。

乙酉，谕军机大臣等：前因高、宝等属，湖河异涨，民田多有被淹。降旨令策楞、刘统勋就近前往确查具奏。后闻该处于七月十二日，猝被风雨，堤坝漫溢。即有人言，该处现在被水，尚不及七年之甚。今庄有恭折报情形，称较乾隆七年被灾更重。间阎既经被水，自应亟加赈恤。但乾隆七年灾地广阔，朕不惜多用帑项，加意抚绥。今年高、宝一带，雨骤水涨，漫缺堤坝，以致民田淹浸，人口损伤，如果较之七年更重属实，即当照前办理，虽多费帑金，而灾黎可以不致失所。若系小民因灾借口，冀邀格外之恩，或地方有司，及奸胥蠹吏，借以张大其事，希图乘机中饱，则此风亦不可长。庄有恭所奏，安知非即属员禀报之词？着再传谕策楞、刘统勋将该处被水实在情形，详悉确行查勘。是否较之乾隆七年被灾轻重若何？实应如何办理？伊二人亲加履勘，目击情形，如有所见，即告知庄有恭，令其速为酌量妥办，并一面速奏。寻奏：查乾隆七年，古沟冲缺，运河东堤闸坝全开，是以淮、扬被灾甚重。今岁止车逻坝过水，二闸冲开口门。凡当冲之高邮、甘泉、兴化等处，被灾较重；余若宝应、江都等县实轻。臣亲勘情形，遍访舆论，实未有七年之重，

---

① 《大清高宗法天隆运至诚先觉体元立极敷文奋武孝慈神圣纯皇帝实录》卷之四百四十三。

现委员分别妥办。得旨：览奏稍慰，然亦不可豫存成见，谓必不似七年灾重也。如此则必有讳灾之意，百姓不免失所矣，将此告知庄有恭。

又谕：前因高、宝一带，猝被水患，传谕庄有恭，令其即行前往查勘，今据该抚折奏，已经亲往该处，并饬拨银两，分发各属，照例先行抚恤等语。看来今岁高、宝等属被水情形甚重，灾民亟宜抚恤。前已谕令策楞、刘统勋，就近查察。着再传谕庄有恭务宜实力详查办理，毋俾穷黎一夫失所。其淮海等属漫缺，田禾淹伤处所，自宜一并赈恤。前已令许松佶往来督率严查，毋任胥役中饱，务令灾民均沾实惠，无滥无遗。再折内所奏大江以南，雨泽情形，尚未沾足，未知此后何时方得透雨？将来田禾收成？究竟有无妨碍？仍令一并查明速奏。寻奏：查大江以南，俱于七月十九、二十一、二十四五六等日，甘雨叠沛，积水将至盈尺，十分沾足。且得雨正交处暑，甚属及时，秋禾茂发，将来可望九分收成。得旨：览奏俱悉。①

●八月十二日，乾隆命刘统勋等暂留江南与江苏巡抚庄有恭商办赈灾事宜，不必急于回京。

甲午，谕军机大臣等：庄有恭奏查勘车逻坝漫水情形一折，于水势如何，及成灾田亩若干，全未明晰。今年河湖异涨，被灾甚宽，所有抚恤事宜，该抚等宜极力查办，务俾均沾实惠。庄有恭虽现驻淮扬，督率办理，但灾地既广，恐伊一人或未能周察，可传谕策楞、刘统勋，令其暂留江南，会同商办，俟定有章程，交庄有恭督办，再行复命，不必急于回京也。至江南被水地方，或言较七年为轻，或言较七年为重，其究竟水势若何及成灾分数，可令策楞等体访舆论，确勘情形，据实速奏。向来赈恤，原有银、谷兼支之例，但此项谷石，若从邻省采买，恐邻省市价，未免有加昂之虑。江南为水陆通衢，商贩辐辏。今闻该处需米，图利者自必益加云集。若全以银折赈，民间尽可自行买食，是灾黎既可沾恩，而邻封亦不至食贵，庶为妥协。寻策楞、刘统勋奏覆：臣等面询抚臣，据称前奏较重于七年者，系专指高宝被冲处而言，以全局而论，实较七年为轻。且七年被水在积歉之余，今岁被水在麦收之后，所以民情尚属安帖。至散赈以银，停止采买，自应遵谕奉行。得旨：览奏俱悉。②

---

① 《大清高宗法天隆运至诚先觉体元立极敷文奋武孝慈神圣纯皇帝实录》卷之四百四十四。
② 同上。

●八月，从侄刘墫中顺天第八十六名举人。①

是科乡试考官：吏部尚书孙嘉淦，字锡公，山西兴县人，癸巳进士。礼部侍郎嵩寿，字茂承，满洲正黄旗人，癸卯进士。题"岁寒然后"一节，"诗云潜虽　不疚"，"孔子曰恶似"二节。解元余继坤，字雪筌，溧阳人。②

按：刘墫，字象山，号松崦，一号慎斋，乾隆戊午（1738）副贡生，癸酉（1753）举人。任国子监学正，庚辰（1760）进士，翰林院庶吉士，改授吏部稽勋司主事，兼文选司主事，乙酉广东副考官，升授吏部文选司员外郎，礼部精膳司郎中，陕甘学政，江南安徽宁池太广德兵备道，督理芜湖钞关，陕西按察使，江宁布政使，鸿胪寺正卿，诰授通奉大夫。享年八十五岁，忌三月初十日。娶臧氏，同邑□生候选州同知琳公女，诰赠夫人。享年五十六岁，忌七月十五日。葬孙家巴山东茔。子二人：刘钜玢、刘钜琛。女一人：适高密县廪贡生候选兵马司副指挥王清梧。

又按：刘墫为刘墉从兄，刘墉家书中称之五哥者即为刘墫。刘墫祖父刘棐，与刘棨同父同母且关系极为亲密，以此，后代关系较其他支脉兄弟易见密切。以在京时间久，刘统勋与刘墫关系亦厚于他人，时常与其讨论一些有趣问题，甚至让刘墫为自己代笔，及至情绪高涨之时还曾为刘墫扇面题跋。刘墫因与刘墉在京关系格外亲密，后二人到外地做官后通信也最多。刘墉诗集《刘文清公遗集》中即有数首刘墉写与刘墫之诗。在诸城刘氏九世一代，刘墫乃是刘墉外最具祖风特点之官员。他为民请命之激烈程度一般人无法比拟。乾隆四十六年（1781），黄河决口，徐州灾民，无家可归，露处大堤之上，江苏巡抚无意赈济。刘墫时为江宁布政使，在部下面前与其奋力斗争，直至灾民各安其所方告罢休。乾隆五十年（1785）大旱，稻秧不能按时供插，灾害即在眼前，巡抚仍无所介怀。刘墫闻总督萨载在河上，便撇开巡抚闵鹗元，单独往见，陈述旱情，遂与萨载同奏，及时收到赈恤旨意，免除了百姓灾难。以刘墫与己屡屡做对，巡抚无法忍受，遂奏刘墫既老且病。于是为调和矛盾，乾隆五十二年（1787）春，刘墫被改任鸿胪寺卿，后乞告归里，结束了自己任宦生涯。

●八月十八日，南河积年陋弊始露。乾隆命刘统勋等一面奏闻大约所缺道、府人员之数，一面将亏空各员摘印看守，并改革追讨亏空办法。同时又命刘统勋等奏

---

① ［清］刘文霨：《刘氏贡举文集》，目录第9页。
② ［清］法式善等：《清秘述闻三种·上卷》卷六，北京：中华书局，1892年，第191页。

报下河灾务，刘统勋等寻有奏。

庚子，谕军机大臣等：南河此番发觉之案，殊出意外。当富勒赫奏到时，朕意高斌、张师载浑厚易欺，为属员蒙蔽，咎止失察耳。乃据高斌所奏九万余两之数，既经查出，仍不行参奏，而听河员之自为弥缝，是竟成通同故纵。虽高斌、张师载身无染指，而明知侵冒，其罪非仅失察公过而已。今全河积年陋弊，尽行败露。若不极力整顿，将来仍不过革职留任，勒限着赔，则国家之功令不行。不但河员视侵亏为分所当然，将各省督、抚瞻徇属员，通同舞弊之恶习，何所底止耶？但俟策楞、刘统勋逐一清查，具题着追，则亏空人员，久不离任，将益肆侵亏，又一时不得如许接办之员，亦非所以慎重河务。着传谕策楞、刘统勋，就所查出及得之采访查，约举大数。一面奏闻，请拣发道府以下人员，往南接办；一面将亏空各员摘印看守。策楞暂行署理南河河道总督印务，并高斌、张师载应得处分，俱俟奏到日另降明旨。所有亏空之项，竟不必行文原籍查产，盖河员信息最速，一闻清查之信，隐匿寄顿，亦无所不至。其前任应赔之河道何煟等辈，钦差甫出都门，其赀财先已密为运寄。即照例行文查产，亦复何益？将来惟予限一年，限内不全完者，无论本年勾到不勾到，即行正法，庶河员稍知儆畏。嗣后工料尚不至全归子虚。朕意如此，将此一并谕策楞、刘统勋知之。又下河灾务，时切朕怀，何不速奏，以慰悬念？寻奏：下河被灾等处，业经委司督率各员查赈，其结茆就堤栖止者，均已抚恤。余户现在挨查，分别极贫、次贫，尚未得有确数。所有疏泄积水、借给籽种各条，亦已行司查案，分别定议。报闻。①

●八月二十三日，乾隆一日连下数道谕旨，其中两则与刘统勋有关。其一让军机大臣密谕刘统勋南河查勘清楚、办赈有绪后，即将何日可到山东之处，先行知会舒赫德令其前往。其二让军机大臣传谕舒赫德诸事，其最关紧要者即嘱舒赫德与刘统勋密约到东河查办日期。

乙巳，谕军机大臣等：向来河工最为弊薮，久被不肖工员，相沿朦混，特未经发觉耳。今南河积弊，甫一查核，立即败露，是其明验。其河东及直隶各工，此等亏料侵蚀情弊，举所不免。不但顾琮易于欺蔽，大概有工即有弊，不可不逐一彻底清查，庶嗣后可使帑归实用。已降旨令舒赫德，俟刘统勋差竣之后，前赴山东直隶地方会同查办。可密行传谕刘统勋于南河查勘清楚及灾赈办有头绪，即将何日可到

---

① 《大清高宗法天隆运至诚先觉体元立极敷文奋武孝慈神圣纯皇帝实录》卷之四百四十五。

山东之处，先行知会舒赫德令其前往。又此事应严密办理，不可先露风声，致有补那之弊。

又谕曰：舒赫德奏请裁彻北路军营参赞大臣及巡视边卡牧场水草侍卫，再达瓦齐既为台吉，必遣使来告，我亦遣使往报，请定修好之议一折。军营无事，伊欲奏彻参赞大臣及巡视边卡等处侍卫，所见尚是。朕亦知其无用，但事行已久，未便遽行裁彻。至所称遣使修好，殊为不晓事体。前之止兵修好，是与噶尔丹策零修好而已。至达瓦齐本系别支，胆敢作乱弑君，自为台吉，若系属国，尚当兴师问罪。但我大国，无乘乱兴师之理。今若遣使前往，不惟于体制未协，反谓我国畏彼。每立台吉，必皆遣使任意干请。况准噶尔之性，无事尚欲捏造妄言，若欲定议修好，彼必遣使往返，言之不已矣。将此寄信舒赫德知之。再朕前令舒赫德不必赶来者，谓彼必于九月初始能到京。彼时朕已进哨，是以谕其中止。今伊于二十日即行进京，朕尚未到热河，伊若取道前来，尽可驰赴该处陛见。伊非他人可比，数月未见朕躬，岂果念不及此耶？然伊不必因此赶来见朕，京城步军统领事务，尚属紧要。此际惟将一切事务，留心办理。现在南河工程事务，遣策楞、刘统勋查办亏空弊窦，河东直隶河工，恐亦有未清之项。刘统勋查完南河工程回京时，派舒赫德前往会同详悉严查。汝等可密寄信，询问刘统勋彼处事竣，于何时起程？何时可至河东之处？令其豫行札约舒赫德，计程自京驰驿前往。刘统勋甫查南河而还，即照伊查办可也。舒赫德不必前来请训，起程时，伊所管事务，交从前署理之人兼署，此事所关甚要，惟伊一人知之，毋令他人知觉。且史贻直之子在彼，尤不必令彼知之。①

●八月二十四日，两谕涉及刘统勋：其一与军机大臣议刘统勋等所上河工陋弊折，其二与刘统勋等言办赈诸事。

丁未，谕军机大臣等：策楞、刘统勋奏河工陋弊一折。所称本任、调任、升任及缘事各员，其经手钱粮，大都牵前扯后，以致多有侵亏，看来此等俱系向来积弊。高斌、张师载久任河臣，非漫无知觉者，特延玩瞻徇，遂致国家正帑，久肥若辈之橐而莫之禁。即如今岁桃源厅孙廷铖升任梧州，交代时，高斌勒令通完欠项，始准赴任。此不过因富勒赫在工，乃不得已如此办理。若系高斌于亏空人员，俱如此办理，则伊等亦何至积至九万余两之数乎？此番彻底清查，若不重加惩治，无以力挽颓风。此必非仅予革职着追，可以了事者。前已降旨，令策楞、刘统勋就所查出，

---

① 《大清高宗法天隆运至诚先觉体元立极敷文奋武孝慈神圣纯皇帝实录》卷之四百四十五。

约举大数，一面奏闻，请拣发人员接办，一面将亏帑各员，摘印看守，策楞等想尚未奉到。今所奏仅属查访陋弊大概，其实在侵亏之员，尚未逐一查奏。所奏高斌一节，亦属牵就。但高斌等，此时现在堵筑漫口，尚未竣工。将来策楞等逐一查清得实，具折奏闻后，则漫口亦当堵闭，自当明降谕旨。着传谕策楞、刘统勋令其仍遵前旨。确查据实具奏。

又谕：据策楞等奏称淮海被水情形。视七年较轻，与十一年相等。应赈各户，现在清查。但积水早消，始秋麦可种。已将宣泄积水广借籽种事宜，札致抚臣查办等语。办理灾赈，惟在实心实力，既不可稍涉张皇，亦不可豫存被灾较轻之见，庶灾户均沾实惠，不致失所。近因川省收成丰稔，复于截留江省漕粮四十万石之外，特降明旨，酌拨川省仓谷二三十万石，运江南备赈。其庄有恭所借东省米麦，亦传谕杨应琚，如在必需，则以十万石之数，酌量借给。是备赈之米，已不下八十万石矣。况前已屡谕庄有恭，令以银代赈。商贩闻有此旨，自必踊跃运粜。灾户得银，不难买食。如此从容办理，使间阎糊口有资，即为救灾善策，无事多方措置，辗转借籴也。其借给籽种为来年之计，亦成例应行之事。目今水未消涸，亟宜设法疏通，上紧宣泄，使秋麦得及时播种。则被灾地方，既得银米接济，而秋麦播种齐全之后，来岁春熟可期，元气亦庶几早复。将此传谕策楞、刘统勋知之。①

●八月二十八日，刘统勋等查参河员亏帑误工一折，让乾隆阅之骇然。

庚戌，乾隆又谕曰：策楞、刘统勋查参河员亏帑误工一折，阅之竟致骇然。高斌深受恩遇，委以全河重任。张师载因其历任河员加恩擢受巡抚，协办河务。道厅各属，自应厘剔夙弊，方无忝委任。富勒赫初奏时，意高斌等为属员所朦蔽，咎在失察。及阅高斌折奏，竟属故纵。今据策楞等查出浮冒朦混种种滋弊，如外河同知陈克浚、海防同知王德宣亏缺皆至二三万，高斌等岂竟毫无觉察，乃置之不问？！其视亏帑为应然，弥补为故智，二人之罪，其可逭乎？！至通判周冕应办物料，全无贮备，以致二闸被冲，束手无策。仍不据实题参拏问，仅称误事彻回，另委接办，此尤其乖谬之甚者。若非策楞等前往，则该员竟致漏网。高斌等之居心尚可问乎？富勒赫来京陛见，朕意其尚可随高斌学习河务，初无成见，令其前往厘剔也。乃富勒赫到工后，高斌等内不自安，始拮据查办。逮富勒赫奏闻，方称有查出亏空九万之多。亦并未指名弹劾。今经策楞等彻底查出，而高斌等负恩溺职，捏饰徇纵，竟为

---

① 《大清高宗法天隆运至诚先觉体元立极敷文奋武孝慈神圣纯皇帝实录》卷之四百四十五。

天道所不容。其败露有不期然而然者。此而从宽，则各省督抚，孰不效尤？政令其可问乎？高斌、张师载俱着革职，留工效力赎罪。策楞着署理南河总督，富勒赫着照张师载之例协办河务，卫哲治着补授安徽巡抚。李奇龄着革职，严审定拟。其余侵帑各员，俱着革职拏问，亦不必查抄家产。所有侵亏银两，勒限一年完项。周冕着革职锁押，二闸漫口亏空物料，勒限半年完项。其有限内不能全完者，俱即于该处正法。其欠项着高斌、张师载及各上司分赔。再督臣统辖全省，有办理河防之责，河员亏帑玩工，不得委为不知。黄廷桂到江未久，即办大差，旋经调任，尚未暇查及。至尹继善则前后在江，历有年所，且曾任总河，积弊自所稔悉。伊若早为举出，即可及早办理。乃从无一字奏闻，是岂国家委任封疆大臣之意？尹继善着一并交部严察议处。①

●八月二十九日，两谕三事涉及刘统勋：一则一事以策楞不谙河务，乾隆让刘统勋相助为理，一切熟为筹酌，俟规模略定，再行遵旨前往河东、直隶查察河务；一事策楞、刘统勋二人回奏乾隆八月二十二日谕旨拣选人员之问。一则开捐是否必行？刘统勋等回复"捐例实属应开"。

辛亥，又谕：南河总督事务，已降旨令策楞署理。看来南河光景，自高斌、张师载因循滋弊，沿习已深。经此一番查办，在工各员，掩饰周张，情态百出。策楞当此积玩之余，必当极力整顿，严肃澄清，使颓风一变，画定章程，俾属员有所遵守，方为实有裨益。总河一官，究以办事为主。贵能察属积弊，不专在通晓河务。即如高斌乃素称通晓河务者，而比年以来，冲决漫淹，何尝不水灾叠见？藉非高斌在彼，其冲决岂更有加于此乎？惟其不能督察稽核，则工非实工，料非实料，冒销浮混，无所不至。策楞稽弊是其所长，而于河务未经留意。刘统勋向曾学习，可相助为理，一切熟为筹酌，俟规模略定，再行遵旨前往河东、直隶查察河务。至南河亏帑各员，除参劾之陈克浚、王德宣外，凡经查出者，俱照前旨办理。但伊等领帑入手，随意花销，此番着赔，是否力能依限完缴，策楞当留心察访。并询问高斌、张师载，自能深知。如亏帑各员，自知获罪深重，纵酒行乐，逮一年期满，自戕躯命，幸逃显戮，朕必于策楞是问。如将来有更代策楞之人，并将此旨详悉告之。再传旨询问高斌、张师载，伊等平时捏饰徇纵，以致属员俱陷法网，伊等转以罢斥自便，竟得萧然事外而已乎？再前所降谕旨，策楞等何时接到？伊等现在所办，似悉

① 《大清高宗法天隆运至诚先觉体元立极敷文奋武孝慈神圣纯皇帝实录》卷之四百四十五。

遵前旨。而何日奉到之处，未经奏及，一并传谕知之。寻策楞、刘统勋奏：臣等前劾陈克浚等及请拣发人员二折，即系遵照八月二十二日谕旨，缘臣等以应请交部之折，故未敢将廷寄谕旨日期叙入。得旨：览。又批：此处汝二人略属取巧，盖始则观望朕未必即肯如是处置高斌，是尚未深知朕之干乾断耳。

谕军机大臣等：据庄有恭称办赈章程、开捐事宜，现在会同策楞、刘统勋、鄂容安酌商具奏等语。此番淮、扬被灾之处，据策楞等及庄有恭前后奏到。其情形实较乾隆七年为轻，将来赈恤诸费，自不至如七年繁重。开捐一事，原非得已。况现当府库充裕之时，若赈恤需费无几，即不应过于张皇。必所费不赀，始可暂开捐例。着传谕策楞等会同通盘筹酌，核计需用银米之数。以二百万为率，如必三四百万，方可题请开捐。若在二百万以内，竟不必为此一举，可速行谕令知之。再庄有恭折内，有与署督另行具奏之语。其另封一折，封套与督臣鄂容安联衔并列，意其有即为办灾奏闻之事，及拆阅乃系米粮价值，此不过幕宾照例书写，该督何曾与知？似此殊属故套，将此一并谕令知之。寻策楞、刘统勋、鄂容安、庄有恭等奏：臣等察查各属成灾情形，约计应赈户口，即照例办理，已在二百万之外。再查历年被灾，每届新春，皆蒙格外加赈。今岁被淹田地，不能全涸以种秋麦，则来春青黄不接时，穷民更需接济。臣等通盘筹酌，需用银米之数，统计三百万之外，捐例实属应开。报闻。①

●八月三十日，刘统勋等奏报清查河工之法。

壬子，钦差尚书策楞、刘统勋奏曰：臣等奉谕命臣与高斌会同清查河工，臣等商酌查办之法，先将高斌所称从前核减已定、未及参出之银九万余两，逐案行查。一面调取总河衙门奏销清册，一面饬取河库道自十七年核减定数后，所有发给各厅及现存道库钱粮实册。并饬委各道，飞饬各厅，将今岁工程段落迅详，该道照例核减，加结具报，以凭查核。臣等带同藩司富勒赫就近南下，将江南河道总督所辖之十七厅，遍历查勘。库则逐平弹兑，料则赴厂盘验。断不能丝毫掩饰。得旨：览奏俱悉。一切如朕所谕，平情度理，勿枉勿纵为之。看来尔等查办此案，及顺查赈恤之事，颇需时日。惟应据实奏闻，如朕亲历，方慰朕怀。正不必以早回随围，奔走效力为急也。②

---

① 《大清高宗法天隆运至诚先觉体元立极敷文奋武孝慈神圣纯皇帝实录》卷之四百四十五。
② 同上。

●九月初八日，两谕言一事。即刘统勋等续查出河工十一万五千余两亏空，与原先九万多两合起来就是二十多万两，可谓惊天大案。乾隆据此训斥河臣，并设法追补亏空。

庚申，谕曰：策楞、刘统勋奏到，查出南河河员，积年亏空未完工料银两，数盈巨万。已降旨将高斌、张师载革职，留工效力赎罪。亏帑之员，革职拏问。勒限一年，如限满不完，即行正法。今又续据查出核减未完，办料未交，各厅员多至十余万。此皆高斌、张师载积年徇纵，不行实力清查所致。由此观之，各省督、抚之徇纵属员者，当不乏人。其谓功令森严，并无亏空者，尚可信耶？论高斌、张师载之罪，即拏问重治其罪，亦所应得。但高斌，尚属旧人，其在河工久经出力。张师载恂谨自守，素无劣迹，且系随从高斌，是以姑从宽典。其应赔之项，必不再宽。至各省督、抚，若效尤试法，朕自不得不尽法绳之，勿谓教之不豫，处之不公也。其查出亏帑河员，例应于任所、原籍抄查赀产，朕见迩来人心日坏，平昔糜帑纵欲，自知无所逃罪，辄先期密为运寄，尝见亏帑累累，赀财无几，上司因巧为开脱。甚或所亏虽自无多，而因力难弥补，知必败露，遂肆意侵欺，别为寄顿者。此固由心习浇漓，而实上司之徇纵，有以启之。是以此番概不必抄查赀产，惟以奉旨之日为始，勒限一年，全完者据实请旨。限内未能全完者，该督、抚于限将满之前，请旨即于该处正法，亏帑着落上司分赔。此次续参各员，着即拏问，遵照此旨办理。朕于此案实为寒心，不惜三令五申，各督、抚其咸知所儆。

谕军机大臣等：策楞等查办南河工员亏空，续据查出十一万五千余两。此悉由高斌、张师载平时捏饰徇纵，以致不肖之员，肆无忌惮，竟以误工亏帑，视为寻常。积习相沿，牢不可破。论高斌等之罪，即拏问抄家，亦所应得。但念高斌尚属旧臣，久经出力，而张师载亦拘谨自守，尚素无劣迹，是以仅予革职，尚令在工效力赎罪。此出朕格外之恩，伊等若反以罢斥为幸，自谓可以萧然事外，则罪滋甚矣。现在亏帑各员，虽经降旨勒限一年，追赔还项。但各员力量能完与否？高斌等自所深知。可传谕策楞、刘统勋着询问高斌、张师载，从前既已不能实力稽查，因循徇隐，致使属员俱罹法网，至于此极！将来限满之日，亏空是否俱能全完，高斌等当如何设法分赔之处，令其据实询明具奏。若彼二人亦于此际，即先设法寄顿，使钱粮归于无着，则彼二人自知之。寻奏：得旨询问。据高斌、张师载称，亏帑各员，平时既不查察，事后又不参追，皆高斌等之罪。倘有未完，自当竭力设法尽数赔完，断不敢使帑项无着。报闻。①

●九月初十日，乾隆命刘统勋等公同办赈情形入奏。又以富勒赫奏称淮、扬赈务尚无头绪，乾隆命策楞、刘统勋等速将赈务实情速行查明具奏，寻有奏。

壬戌，谕军机大臣等：今岁淮、扬等处水灾，朕经节次降旨，截留漕粮四十万石，又拨运川米二三十万石，并令豫、东二省酌量拨给漕米，以资赈济。昨日又据鄂容安奏拨谷二十万石碾米运济，统计不下百万，为数已多。今据布政司郭一裕奏请再行截漕三四十万石，盖不知有各省协济之谷也。朕于赈恤灾黎，原所不惜。但漕粮关系天庾，亦不可过多截留。着将此传谕策楞、刘统勋、鄂容安、庄有恭等，公同筹酌现在情形。所拨米石，是否已足敷用？如必再为截留，据实奏闻，另行降旨。再据富勒赫奏称，淮、徐两府印官，多系委署。而协办之员，寥寥无几。该管道、府亦未上紧督催，以致将及九月，赈务尚无头绪等语。灾民亟须赈恤，自不容刻缓。淮、徐于七月被灾，该抚已委许松佶前往查办，何以迄今尚无头？着策楞等即将该处赈务情形，速行查明具奏，并一面上紧督催查办，无致灾黎或有失所，以慰朕轸念之意。寻奏：淮扬被水灾区，臣等酌定规条，委员协办。据该管道、府及各州县陆续详禀，被灾顷亩，已经查竣册报。应赈户口，清查已及八分。是今岁办理灾务，实较每年俱早，并非漫无头绪。惟是印委各官，分投查灾。富勒赫经过，未及迎接，亦未将办理本末报知，故有漫无头绪之语。查被灾正赈，例止四月。来年五月始有麦收，为日正长。是以除先行抚恤一月外，余俟秋尽冬初再给。得旨：所见虽是。但未免有与富勒赫私较是非之意。②

●九月十五日刘统勋等因具折代高斌赎罪之奏，遭乾隆申饬。

丁卯，谕军机大臣等：策楞等覆奏现在道厅各官，更易者多。看守钱粮，经理案卷，在在需员等语。此番清理南河积弊，业已剔除其既往，尤当慎重其将来。现在道、厅各员，俱系新手，从来新旧更代之时，弊端百出。河工一切备防事宜，自属各员分理，而提纲挈领，则系策楞之责。务当精密周详，不可稍有疏略，尤宜出之镇静，以为善后经久之计。倘有不能妥协，以致宿习未能净尽，并别滋流弊，将惟策楞是问。至另折所奏高斌赎罪之处，错谬已极。前因高斌、张师载在工日久，亏帑各员，是否能于限内全完，伊二人必深悉其底里。是以传谕询问，要知各员之

---

① 《大清高宗法天隆运至诚先觉体元立极敷文奋武孝慈神圣纯皇帝实录》卷之四百四十六。
② 同上。

亏空，即系伊二人之亏空。如各员限内不能全完，则该员固应正法。而未完之项，即应着落伊二人。如亦不能完，即将伊二人正法。朕法在必行，非空言也。试思高斌等平日受朕深恩，而获咎至此，此何等罪？而乃谓损赀可赎耶？即高斌等糊涂，而策楞、刘统勋所办何事？乃即具折代奏，着严行申饬。现在二闸尚未堵塞，即当令高斌、张师载驻工上紧勒限完竣，方与留工效力之旨相符。何以并不如此办理？致下河尚不能断流，灾民靡有宁居，朕心深为轸恻。将此一并传谕策楞等知之。①

●九月，刘统勋疏奏铜山县小店汛猛汛情及应对措施。

刘统勋疏言：臣由桃源县前赴徐州，途中接铜沛厅李焞、河营守备张宾等禀，称铜山县小店汛，南岸堤工危险。比臣星赴小店，则已冲开口门一百四十丈，溜势全掣，夺河之势已成。上以李焞、张宾平日任意侵蚀，贻误堤工；又现奉清查，自知获罪必重，今乘水涨遂任其冲决，不加抢护，命即行正法。刘统勋寻疏言：张家马路漫口，大溜直趋东南正河，业经断流。今水下注洪泽湖，一出五坝，一出清口。臣查清口出水东入河道，清江以下河底可冀刷深。随将河口之束清二坝拆卸，免阻清水出路。但黄水入湖，终非正道。堵闭事宜，亟宜筹划。口门现宽百四十余丈，工料约需三十万两。俟豫、东二省购料完备，急行抢筑。臣访舆论，上游南岸之毛城铺，北岸之石林口，皆昔年分减大溜之处，若水深溜急，即于两处略加疏导。②

●九月十八日，以铜山县张家马路堤工冲漫内外堤坝七八十丈，乾隆怀疑在工人员，令堤漫决以饰己罪，故命刘统勋等严行查察，寻奏堤工漫决，实系秋汛异涨，并无他故。同日刘统勋四位大臣议奏筹办赈恤八大事宜，得旨着照所请行。

庚午，又谕：据鄂容安奏铜山县张家马路堤工，于九月十一日，溜势猛急，风雨大作，冲漫内外堤坝七八十丈等语。目下秋汛已过，何至尚有风涛冲决之患？看来必系在工之员，自知河工弊窦，现在彻底清查，将来万难揵饰。故令堤工漫决，希冀工料无从查核，以为巧于脱卸之计。果尔，则人心之坏，更为可恨！着传谕策楞、刘统勋严行查察。如上年铜沛同知，即系李焞，曾经承办堤工，则情弊更属显然。李焞现已降旨革职拏问，若果有此种情弊，即一面奏闻，一面将李焞于该处先行正法，以为亏空误工者戒。该处河工漫溢，则附近被灾地方，必且物议沸腾。一

---

① 《大清高宗法天隆运至诚先觉体元立极敷文奋武孝慈神圣纯皇帝实录》卷之四百四十六。
② 王钟翰点校《清史列传》卷四百七十六《列传》卷十八，北京：中华书局，1987年，第1396—1397页。

加密访，情伪毕现。纵鬼蜮之辈，工于自全，亦断不能弥缝众口。如策楞不实力查出弊窦，则将来属员，必竞为欺蔽之术，其何以安于总河之任耶？凡此皆高斌等平时姑息徇纵所致。昨已降旨令高斌、张师载住二闸工所，堵筑漫口。如该处尚未工竣，可令高斌先往铜山县上紧抢护，勒限完工，一并传谕知之。并传谕鄂容安，令密行访查。寻奏：臣遵旨亲到工所，细加察访。所有堤工漫决，实系秋汛异涨，并无他故。并查淮、徐各厅钱粮，尚无侵亏。而附近居民，亦未闻有人盗决之语。得旨：已有旨了。①

钦差尚书策楞、刘统勋、署两江总督江西巡抚鄂容安、江苏巡抚庄有恭议奏筹办赈恤事宜。一、勘灾查赈，责成道、府大员，督率稽查。一、成灾扁图，应赈户口，宜核对顺庄烟户各册，以杜捏冒。一、抚恤修费，分别缓急酌给。一、今冬普赈，应遵旨全以银折。一、淮、徐、海历年带征漕米，恳酌留凑用。一、隆冬塞沍，酌量设厂煮粥。一、积水宜急筹宣泄，贫民宜酌给工本。一、民间圩岸、堤埝，宜饬及时修整。一、越境谋食贫民，应听自便。得旨：着照所请行。②

●九月二十日，三谕均与刘统勋相关。一是刘统勋所奏徐州铜山县黄河决口改道事；二是传谕舒赫德待同白钟山赶赴江南，助刘统勋等稽查河工弊窦一臂之力；三是乾隆对刘统勋所奏徐州下游南岸漫决，不宜堵闭二闸见解，十分赞同。

壬申，又谕：据尚书刘统勋奏称徐州铜山县黄河，冲开缕堤越堤一百四十余丈，溜势全行掣过，夺河之形已成。督臣鄂容安住工，率领员弁抢护。此处河形，直趋灵璧、虹县、睢宁，俱系七月间报灾之处。已分遣人员，即行抚恤等语。昨据鄂容安奏报，即经降旨，令该督等加意抚绥，毋使灾黎失所。策楞、刘统勋、鄂容安现驻铜山办理，但此番查办南河弊窦，纠纷旁午，加以堵御决口，稽察散赈，诸务丛集。而在工员弁，及地方官新旧更易，又多生手。着尚书舒赫德带同白钟山，即行驰驿前往，协同办理。今年江南黄河涨溢，虽属天灾。然果平时工程坚固，何至于此？皆由高斌等徇纵属员，经理不善所致。即将伊等拏交刑部，重治其罪，亦所应得。但伊等转得脱离工次，且亦由朕之误加任用，数年来为伊所欺，转行自咎耳。着即令高斌、张师载将漫决各工，勒限堵筑完竣。其疏防赔修之处，仍照例办理。高斌素称谙练河务，今虽离任。其一切旧有工程，悉其调度，若悠悠之口，谓因厘

---

① 《大清高宗法天隆运至诚先觉体元立极敷文奋武孝慈神圣纯皇帝实录》卷之四百四十七。
② 同上。

剔弊端，更易新督，以致工员解体，是核实稽弊，竟不可行。转使劣员得肆其狡狯伎俩，国家功令，尚可问乎？现据刘统勋奏称该处于九月初间，水势已十分险急。该管员弁，并不速报，直至漫决已成，始行具禀等语。明系积年冒销，堤工本属卑薄，及见清查积弊，遂乘此涨漫，不复上紧抢救，听其溃决，转可弥缝。如此幸灾乐祸，亟应置之重典。所有该工员弁，俱着革职挐问。该督等遵照前旨查明，从重办理。

谕军机大臣等：前经降旨令舒赫德随护皇后前往盘山，稽察随从官兵沿途需索。但事所关甚细，河工正在清查积弊，诸务纠纷。加以河工屡被冲决，在在皆须堵筑抚恤。且在工人员，悉更生手。策楞、刘统勋、鄂容安俱驻铜山县抢筑，尚恐照料未遍。已降旨令舒赫德带同白钟山前赴江南，协同查办。可传谕舒赫德令其实力稽查，务使南河积弊，从此肃清。其各属赈务，亦同刘统勋时加体察，俾被灾穷黎，均沾实惠。步军统领印务，仍遵前旨，着雅尔图署理。所有交令查办事件，如尚未完，亦即交雅尔图接办。至白钟山久任河工，一切自所素悉，前已获谴，复加录用，若不知黾勉出力，稍有欺隐，使弊端不能廓除，则惟白钟山是问。并令舒赫德传谕知之。

又谕曰：刘统勋奏徐州下游南岸漫决情形一折，内称漫水半由五坝，泄入高、宝诸湖，过运河西堤，东注下河，此时不应堵闭二闸等语，所见甚是。水势趋下，若先塞其去路。则滉漾冲激，何能堵御？即使施工，亦必不能坚固。此时策楞当已到徐，着传谕刘统勋、策楞等，令其详悉熟筹，先将徐州南岸，现决处所，即行督率工员，上紧堵闭，务期速竣。其前次二闸决口，且勿急于堵闭，俟上游堵筑完工，再行赶办。再此次漫决堤工恐系河员素有侵亏，因而乘机盗决希冀无可查核，若有此等情弊，必将该员在工正法，方足蔽辜。着策楞等仍遵前旨，密加访察，务得实奏闻。①

●九月二十四日，一日数谕，乾隆焦虑之情溢于言表。刘统勋关于黄水入湖、挟清水以刷深河底之奏为乾隆所否定；因刘统勋奏报漫口工程所需秸料不足，乾隆迅速调度周边省份助力；乾隆因极度憎恨高斌等费帑误事而以极端方法惩戒高斌等，让刘统勋等居间掌控。

丙子，谕军机大臣等：刘统勋等奏筹酌堵闭漫口事宜一折，内称黄水入湖，挟

---

① 《大清高宗法天隆运至诚先觉体元立极敷文奋武孝慈神圣纯皇帝实录》卷之四百四十七。

清水东入河道。清江以下河底，可冀刷深，此亦无聊之极思耳。黄水下注洪湖，其流渐缓，湖身必且停淤日积，下游河底，岂能借以刷深？治河之道，究以多方设法，导归正溜为是。固不可使湖河并势，又不可急于堵塞漫口。盖当此波涛猛急，苟非正溜顺流，即筑坝进埽，亦祗虚縻工料，终属无益。且工料未集，何能徒手以御洪流？此时自应广为办料，待水势稍落，相度机宜，随方疏瀹，使正溜仍归故道。则堵筑之处，奏功亦易。着于图中朱笔画处，开挖引河，则离南岸顶冲既远，去湾取直，乘势而东，趋下畅泄，使复故道，较之从张家马路，河身迂曲湾绕者，似为便捷。可传谕刘统勋、策楞、鄂容安令其悉心筹画，妥协办理。至所奏毛城铺、石林口两处。果能分减大溜，亦权宜补救之一法。伊等若详加斟酌，能减大溜，无碍正流，不妨随宜疏导。至现在该处物料，不能充裕，须豫东二省接济之处，已谕令蒋炳、杨应琚代为购买，可一并传谕知之。

又谕：据刘统勋等奏称江南应堵漫口工程，当今岁被水之后，且道路泥泞，挽运维艰。所需秸料桩苘等项，徐属所产，势不敷用。现咨豫、东二省购办等语，该处漫缺处所，需料孔殷。可传谕蒋炳、杨应琚令其转饬附近江南州县，速为购买，运往应用。俾该处物料广储，庶工程可以克期告竣。

又谕：铜山县堤工溃决，已降旨将遗误工程之同知李焞、守备张宾于该工即行正法。高斌、张师载特加曲宥。此旨尚未明发，可传谕策楞等，将高斌、张师载与李焞、张宾一同绑缚。询问高斌等二人有何回奏之语，并询以河工弊窦丛生，以致在在冲决，此皆由伊二人平时负恩徇纵之故，久宜自知罪戾。及闻铜山堤工漫决，亦当恐惧惶悚，何以并无一言，竟若全视为策楞、富勒赫之事者？然在朕虽已委曲加恩，伊等未必不反谓处之过当也。二人有何回奏？着即记明。俟押赴行刑处所，令其目睹李焞、张宾行刑讫，再宣旨仍将伊二人释放。并问伊二人有何回奏言语，一一据实奏闻。其明发谕旨，俟一二日后再发，若稍露惟策楞是问。此旨已到，即先处分。寻策楞、刘统勋奏：臣等于二十九日，传齐高斌等，一面绑缚，一面传旨询问。高斌、张师载俱称分应处死，无辞回奏。臣等一同押赴堤旁，将李焞、张宾斩决后，始传旨将高斌、张师载释放。即问伊有何回奏？二人昏迷在地，醒后奏称，我二人悔已无及。此时除感恩图报，心中并无别念。报闻。①

●九月二十五日，为刘统勋等折奏所需秸料事，乾隆以该处堤工紧要，恐若仅

---

① 《大清高宗法天隆运至诚先觉体元立极敷文奋武孝慈神圣纯皇帝实录》卷之四百四十七。

委之属员不能赶办迅速，遂命蒋炳、杨应琚二位封疆大吏亲赴毗连江省之处，督率委员，克期购运，以济急需。

丁丑，又谕：据刘统勋等折奏江南铜山县应堵漫决堤工所需秫秸桩苘等项，徐属所产，势不敷用，现咨豫东二省购办等语。已降旨蒋炳、杨应琚令饬附近江南州县，速为购运。该处堤工，甚属紧要。若仅委之属员，恐未能赶办迅速。着蒋炳、杨应琚即亲赴毗连江省之处，督率委员，克期购办运往，以济急需。其各本省应办事务，仍可带往办理，不致有误。该部即传谕知之。①

●十月初三日，虽然河臣以霖潦之象全已消除，而认为帮筑坝台之机已到，但乾隆对此持否定态度，而以为应该开挖引河，以裨堵筑。为此，他要求刘统勋等对可否开挖引河速行具奏。

甲申，又谕曰：策楞等折奏湖水情形，自九月二十六日后，天宇晴霁，气候收敛，霖潦之象，全已消除，可望有减无增等语，朕心稍慰。其所称现在帮筑坝台，催集物料，以便进埽堵筑之处。看来堵闭决口，固属紧要。但河水正溜直趋，力势甚大，向有旧堤，尚经冲决。今于洪流奔放之中，进埽堵御，正恐未易奏功。揆厥情形，究不如开挖引河，去湾取直，务求深广，河流渐引而东，复归故道。即修筑堤防，亦易为力。刘统勋、策楞等身在堤工，相度形势，其可开引河与否，自必稔悉。前经于图内指画，并降旨传谕伊等，想此时当已奉到。即着将可否开挖，并如何筹办之处，速行覆奏，以慰朕悬注。再策楞等绑缚高斌、张师载，又传旨释放后，高斌现在如何奋勉出力，该处百姓目观此事，是否舆情以为处置允协，事后公论若何？着策楞等访察，一并据实奏闻。寻舒赫德、策楞覆奏：开挖引河，有裨堵筑。现将河身北股一段，先行开挖。再差白钟山查明应开处所，即行妥办。高斌、张师载蒙恩释放后。分驻两坝工旁，同将备人等料理下埽坝台。实属知罪奋勉，事后公论，皆谓高斌一味姑息，张师载事事随同，均应受此处分，舆情允服。报闻。②

●十月初四日，乾隆命刘统勋、策楞等续查罗伦、黄煊亏缺工帑并对其革职拏问，勒限一年完缴。蒋尚宪、陈大壮、王连璧未完之项，虽系本年核减，但本年未完，明岁即成旧欠，均属浮销。著革职、勒限一年半清完。如各员逾限不完，俱照

---

① 《大清高宗法天隆运至诚先觉体元立极敷文奋武孝慈神圣纯皇帝实录》卷之四百四十七。
② 同上书，卷之四百四十八。

陈克浚之例办理。①

● 十月初五日，乾隆命舒赫德、刘统勋酌量或同尹继善、或同富勒赫遍历勘估所有应查次年岁抢各工。寻有奏。

丙戌，所有应查次年岁抢各工，虽系河督承办之事，但策楞现驻铜山工次。可令舒赫德、刘统勋酌量，或同尹继善、或同富勒赫遍历勘估。寻舒赫德策楞覆奏：南河积弊，当即遵旨办理。现在张家马路，已开挖引河疏导。蒋尚宪等亏空银两，饬于限内完缴。次年岁抢各工，于十月杪十一月初查估。届期臣等酌定一人，同往妥办。得旨：览奏俱悉。②

● 十月初八日，乾隆要求刘统勋等大臣和衷共济，尤其要多听白钟山意见。

己丑，谕军机大臣等，据策楞奏称洪泽湖滚坝水长至六尺一寸，工程危险堪虞，星往高堰一带，相机办理等语。铜山南岸黄河漫决，未及施工。淮、扬保障，全赖高堰石堤。现在堤工危险，朕心深为悬切。未知水势日内如何？堤堰工程是否足资防护？可速行奏闻。又据舒赫德等奏漫口北岸，新滩地形较高。且掘试三尺，即系淤泥，难以施工。俟冬令水消，酌看地势，多挖引河，俾归故道等语。前次图中朱笔所画，乃就图中形势而言，初无成见。据奏北岸新滩地形，高于漫口，掘试难以施工，原不必过于拘泥。惟有详细相度情形，或于开口上下附近，可以酌量施工之处，开挖引河，总以取直能顺水性，俾河溜早归故道为主。庶施工较易，不致久漫，洪湖淤沙日积，所奏冬令水落，可以竣工。此时水势方张，自不得不为少待。但冬令必须奏绩，运道方可无阻，下游渐获宁居，是所望于在工诸臣竭力筹办耳。前令舒赫德带同白钟山前往，原因白钟山久任河工，河务是所深悉。现在铜山堵筑大工，需人办理。高斌、张师载获罪之余，益加昏愦。舒赫德、刘统勋、策楞于办事为优，而练习河务，讲明有素，白钟山较为熟悉，是当用其所长，所有一切宣泄堵筑机宜，舒赫德、刘统勋、策楞当鼓励白钟山，就其所见，妥酌熟筹，诸臣和衷商确。总期河归正道，竣此大工。即将来尹继善到工。亦当告知，令与白钟山协恭共济，俾顺轨有期，河流可复，不论谁之见解合宜，皆汝众人之力。若此时尚存一彼此之见，则大非矣。至前降旨令舒赫德等顺路查办河东，今南河工程紧要，若又赴河东，未免顾此失彼，未合缓急之宜，应仍驻铜山协同商办。俟工程稍有就绪，于可去时再

---

① 《大清高宗法天隆运至诚先觉体元立极敷文奋武孝慈神圣纯皇帝实录》卷之四百四十八。
② 同上。

行起程。此时不必汲汲前往,一并传谕知之。寻舒赫德策楞奏:堵筑漫口,事关运道民生。一切疏导机宜,臣等与白钟山妥商,并鼓励在工官员兵役攒办,以期迅速奏绩。得旨:决口尚未有头绪,朕怀安能释耶?①

●十月初十日,乾隆以心忧铜山决口堵筑事而命刘统勋至京面陈一切。刘统勋经与本地河兵确查,并询问高斌,确认乾隆所推荐挑挖引河一事,于开河引溜,有益无损。

辛卯,谕军机大臣等:现在铜山决口,黄水入湖,策楞等在工办理,尚未得有端绪。屡据伊等折奏,该处水势情形,虽可想见大概。然终属纸上空谈,其实在形势,究竟如何?未能详悉,朕心深为悬注。着刘统勋于奉到此旨之日,印起程驰驿来京,面陈一切,再行前往。其现在事务,交与舒赫德、策楞。应奏闻者随时驰奏。应办理者速行办理。亦不必待刘统勋得旨回南,庶不致误事机也。

钦差尚书刘统勋奏遵旨开挖引河,遣副将朱一智等同本地河兵确查,并询问高斌,均称开河引溜,有益无损。已将河身北股开挖至淮、扬等处工程,俱札知舒赫德、策楞,据实陈奏。得旨:览奏俱,今命卿来京,以便面陈情形,较之来往问对,更为亲切。可量力而来,亦不必疲于道路。至催积物料,亦属要务,可告之舒赫德、策楞。又称,俟北岸淤泥稍坚,当于图内御笔指示处,对准漫口上下,大开引河,逼溜东趋,自易合龙。又批:此处恐有迁就遵旨之意。总之面陈指图而言,朕即悉矣。朕从不执己见,汝等宜早知之。②

●十月二十三日,乾隆对铜山河堤漫决带来水灾深为不安,命刘统勋等将所有筹画疏浚堵闭之处负全责。

甲辰,谕:铜山河堤漫决,东注洪湖。不特灵、虹、睢、宿等州县,俱遭淹浸。而洪河受涨,高堰下游束水堤亦被冲汕。决口一日不塞,则湖水一日不减,下游东堤二闸不能堵筑。且洪湖日益淤淀,每岁盛涨,皆属可虞。是堵御铜山决口,为目前第一要务。舒赫德、刘统勋、策楞等现在工次,所有筹画疏浚堵闭之处,即系伊等与该总河专责。豫、东两省物料,现已陆续趱运。应乘此冬令水消,及时施工,务于桃汛以前,刻期完竣。使河湖各循故道,安澜顺轨,以副委任。若在工人员,稍有怠玩疏虞,朕必于舒赫德是问。其工次员弁夫役,奔走效力,昼夜勤劳,露立

---

① 《大清高宗法天隆运至诚先觉体元立极敷文奋武孝慈神圣纯皇帝实录》卷之四百四十八。
② 同上。

风霜，朕心深为轸念，着拨河库银二万两，交舒赫德等视其出力等次，随时奖励犒赏，以示鼓舞。该部即遵谕行。①

● 十月，刘统勋奏报铜山漫口施工尤其是进埽情况及预估竣工时间。

刘统勋疏言：臣现驻铜山，率领河员于漫口附近旧河内，勘定引河二道，南三百余丈，北五百余丈，计日可成。蒙御笔指画北岸一道开浚，诚属有益。候淤河稍坚，陆续开工。惟开放之期，最为紧要，早则溜势不顺，新河易淤；迟则将有用之河，不能及时分溜。容臣届期相度开放。此处迤下百余里为朱家海口，雍正年间曾经冲决。彼时河臣齐苏勒素称勇干，而进埽逼紧，深至五丈余，屡走屡筑，连年始成。今裹头之外，已筑堤台；又于堤台之外，两旁用秸，中实以土，名铁心堤，层层碾实。逐次前进，直至深水三四十丈，渐近中泓之所，下埽步步得实，节节交键，腊底可以竣工。"又言："正河身内所挑南北小门河二道，串成大河，溜势半回趋正河，直达清口。今大门河已放水趋东，汇先挑小门河之水同归正河身后，虽近尾闾一段，底系淤沙，易致壅滞。然人夫众多，不致阻碍。不惟合龙时泄水分溜，来岁桃伏秋汛，可大减顶冲之势，于新筑堤工有益。报闻。②

● 十一月初二日，乾隆以御史魏涵晖条陈河工效力人员应照各省之例拣选引见发往，痛陈河工用人之弊，命刘统勋等详悉酌议奏闻。遂有南河人员定额编制之奏。寻吏部有南河、直隶、河东人员定额编制压缩之议覆。

癸丑，谕军机大臣等：御史魏涵晖条陈河工效力人员应照各省之例拣选引见发往，所奏甚是。南河效力，定额百二十员。其一切工程则各有厅员专管，即分防大汛。及遇缺委署，间亦需人，祇须足敷差遣而已，何必如许之多？此等人员到工之后，自备资斧，无所获利，势必竞事欺朦，指平为险，惟冀添筑工程，恣其浮冒，是误工亏帑，皆若辈为之。历来河臣，狃于陋习，不察其弊。殊不思各省州县刑名钱谷头绪纷繁，何尝不一人兼理？未见于正印之外，概委多人，纷纷协办也。嗣后河工亦应照各省之例，按其额设员缺，陆续酌量奏请发往，以备委署。或有紧要工程，万难兼顾，必资分办者，亦应限以数目，不得仍前滥请，徒使有名无实。着传谕舒赫德、刘统勋、策楞、尹继善令其详悉酌议奏闻。寻奏：南河效力人员，向系

---

① 《大清高宗法天隆运至诚先觉体元立极敷文奋武孝慈神圣纯皇帝实录》卷之四百四十九。
② 王钟翰点校《清史列传》卷四百七十六《列传》卷十八，北京：中华书局，1987年，第1396—1397页。

任意收录。虽经减定一百二十人，仍属过多。查估验工程物料，应河臣暨该管道员亲身督率。修防工程，系厅员专责。均不应委之效力人员。现在河工额设同知、通判及巡检、闸官共九十五员。效力人员，差遣备用，应请以六十人为率。如遇紧要工程，数不敷用，再请拣发。但效力厅员，必明白干练，方收实用。嗣后需用同知、通判应饬部于候补及曾任河员内，请旨拣发。下部议。寻吏部议：河工效力定额：江南一百二十员，直隶七十员，河东六十员，人数过多。应如所奏，江南定以六十员，直隶裁为三十五员，河东三十员。于候补及曾任河员内拣发。从之。①

●十一月二十五日，乾隆明确分工，在已命舒赫德、刘统勋负责铜山张家马路漫口堵闭后，又命策楞、高斌负责邵伯二闸堵筑。

丙子，又谕曰：舒赫德等奏现令堰盱一带，五坝俱已断流，二闸水势消落，已咨河臣饬催派员集料，次第堵闭，以期下河田亩渐涸，无误春耕等语。前因五坝水势盛长，若将二闸堵闭，恐转致漫溢，是以暂停堵筑，俾资畅泄。今五坝既已断流，该处水势消落，则二闸决口，于下河民田，实关紧要，急宜乘时堵闭。现在铜山张家马路，有舒赫德、刘统勋分驻漫口东西，督率进埽，谅可不日竣工。其邵伯二闸，即着策楞带同高斌前往，速行堵筑，务克期合龙。庶下河田亩，得以渐涸，明春耕种无误，于灾黎实为有益。②

●十一月二十九日，由谕旨可知舒赫德与刘统勋铜山堤工乾隆十分放心。

庚辰，又谕曰：瑚宝奏邵伯决口处，湖水消退二尺九寸，河水消退三尺，均有浅深不一，帮船行走，未免阻滞等语，所奏殊不明晰。目今当湖河漫溢之后，即使水势全消，亦何至顿虞浅涩，有碍粮艘递行？但高邮二闸及车逻等坝，原以潴蓄运河，若因上游决口，尚未合龙，遂迟回观望，使宣泄过多，则异日又将何以济运？今观水势甫减，而瑚宝即有此奏。可见二闸之工，实不容缓。不然，则明年且必有以湖水太弱为言者矣。前已降旨，令策楞督率高斌前往堵闭。今尹继善又奏称现在亲往该处查勘情形，设法赶筑，所见甚是。铜山堤工，既有舒赫德、刘统勋二人在彼，足敷督办。尹继善可即留高会同策楞等上紧催筑。至舒赫德等亦即专以堵塞决口为事，不必往来其间，反致有顾此失彼之患。将此速行传谕伊等知之，并钞寄瑚宝奏折，令伊等阅看。将何处浅阻缘由，详悉奏闻。寻策楞等奏：今岁洪湖盛涨，

---

① 《大清高宗法天隆运至诚先觉体元立极敷文奋武孝慈神圣纯皇帝实录》卷之四百五十。
② 同上书，卷之四百五十一。

二闸被冲漫口。高斌以湖河相连，难以施工，在运河内圈筑埽坝。水落渐次露滩，原筑废埽，横截运河。回空漕艘，俱由二闸上游，走湖面数里，绕至邵伯口，从小港入运，多有浅滩。臣等现饬员弁将南坝废埽拆毁数丈，漕船已由运河通行无碍。报闻。①

○冬十二月，协办大学士吏部尚书孙嘉淦卒。②

●十二月初六日，乾隆推荐试用混江龙、铁埽帚二法，经试验，刘统勋奏报二法无用。

丙戌，又谕：向来治河，有用混江龙之法，臣工中屡有以此为言，且谓靳辅亦曾用之。朕意前人虽有此法，恐亦纸上空谈，未必实能奏效。株守陈编者，或见为新奇可喜耳。尚书蒋溥又称明人亦云混江龙殊不可行，前河臣靳辅疏浚河淤之铁埽帚，似较便捷。其法于二里半一墩，每墩一船，船尾各系铁埽帚二，令河兵往来疏刷等语。是二里半之长，以河面两岸相距之广，仅船二只而一月又仅有三日之期，彼弁兵之用力与否，尚难期必。岂能望其一律深通？看来亦未必大有裨益。即如今日普福折内，以泰州之斗龙王家二港，现在淤浅。委员携带混江龙前往分头疏导，渐获通流，此以施之于支河小港，或易于见功，非所论于挟沙奔注之黄河也。但亦不妨姑一试之，试之而效，固为有益。即行之无效，亦非有大损。不若开浚黄河北流故道诸说之迂远难行也。且嵇璜亦主此议。着传谕舒赫德等于合龙后诸事告竣，会同奉命诸人查勘，混江龙、铁埽帚之法，均不妨试一行之。其适用与否，不过一二日即可立见。如不可行，亦可释群疑而息异论矣。再北岸大引河，现在已告成未？并近日埽工情形若何？仍不时据实奏闻，以慰悬念。寻舒赫德等奏：连日进埽，大溜一半回趋。正河溜行迅速，已开放北岸大引河，更无阻滞。得旨：欣慰览之。刘统勋等奏：试放混江龙、铁埽帚往来多时，仅刷深寸许。黄河急流奔注，旋疏旋淤，断难恃此深通。得旨：足见浮言无资实济。然不如此试看，其执书以说者，犹以为可行也。③

●十二月十二日，以二闸漫口物料不敷，乾隆协商刘统勋等能否于铜山漫堤处调节支援二闸，寻有奏。

---

① 《大清高宗法天隆运至诚先觉体元立极敷文奋武孝慈神圣纯皇帝实录》卷之四百五十一。
② 印鸾章：《清鉴纲目》，长沙：岳麓书社，1987年，第327页。
③ 《大清高宗法天隆运至诚先觉体元立极敷文奋武孝慈神圣纯皇帝实录》卷之四百五十二。

壬辰，谕军机大臣等：策楞、尹继善同于本日奏到二闸漫口工程。原估时水止深二丈，今已加倍刷深，料物多不敷用，又经发银采办等语。此项物料，必采之该处民间。但策楞另折又称积水之后，柴草稀少，民间买用颇艰。今复加采买，则柴草必益致昂贵，殊与民未便。因思现在铜山秸料，既已足用。山东代购之料，前因已经发价，降旨令仍陆续运往江南，以备将来之用。计此时尚未全抵工次，可传谕刘统勋等查明何处水次较便，作速运往二闸，以济工需。其新发价采办者，若已发价购定，则仍以济工。若未经买足者，不妨留作民间薪苏之用。总之不误工，不扰民，权宜办理，仍即奏闻。寻奏：二闸续办物料，现已敷用。山东代购之料，亦全数运完。铜、沛又有余存秸料，柴价较前虽昂，淮、扬一带，素产芦苇，民需尚不缺乏。惟徐州向系就近采办，易至昂贵。今铜沛余存秸料，足敷工用。少此采办，实于民用有裨。得旨：览奏俱悉。①

●十二月十五日，刘统勋等奏报徐州张家马路堤工于十二月十二日辰时合龙，乾隆龙心大悦，对刘统勋等大臣着从优议叙，对所有在事员弁着刘统勋等分别等次，送部议叙。乾隆又命刘统勋带领善于镶埽之员弁兵役，前往二闸并力堵筑。

乙未，谕曰：刘统勋等奏报徐州张家马路堤工于十二月十二日辰时合龙，堵闭断流，黄河大溜，全复故道等语。今年江南因秋雨过多，河湖异涨，铜山决口，夺溜南趋，非寻常漫溢可比。朕夙夜焦劳，特命大臣协力堵御。仰赖上苍垂佑，迅速奏功，河流顺轨。从前河工积弊，因循怠玩，牢不可破，此番若非专遣重臣，到工督率，将恐旷日经年，未克奏绩。今在事诸臣，俱能体朕宵旰之心，实心奋勉，昼夜急公，而员弁等遂各知踊跃趋事。工成不日，可见事在人为。此于政治实有关系，朕心深为喜悦。舒赫德、刘统勋、策楞等在工专办日久，宣力居多，着从优议叙。向检外省办理灾赈，亦率视为奉行故事，非失之过严，使泽不下逮，即失之过滥，俾吏书土棍侵渔中饱。鄂容安、庄有恭、卫哲治不辞劳瘁，身亲董办赈恤事宜，俱属妥协，复往来催办物料，以副大工之需，俱着交部议叙。所有在事员弁，着刘统勋等分别等次，送部议叙。该部即遵谕行。

谕军机大臣等：刘统勋等奏报徐州张家马路堤工于十二月十三日辰时合龙，堵闭断流，黄河大溜，全复故道等语。朕心深为嘉悦，已有旨谕部。至该处善后事宜，刘统勋驻工指示数日，即可交与白钟山接办。刘统勋着即带领善于镶埽之员弁兵役，

---

① 《大清高宗法天隆运至诚先觉体元立极敷文奋武孝慈神圣纯皇帝实录》卷之四百五十二。

前往二闸并力堵筑，克期竣工，俾下游积水早涸，毋误春耕，以慰朕悬念。①

● 十二月十八日，命刘统勋等拟于回京途中，顺道前往豫省会同查勘熟筹妥酌水利诸事。

戊戌，谕军机大臣等：顾琮等奏称祥符县卢家庄前，请建筑支河坝。荥泽、阳武一带堤内，应行加筑土坝，并估挑引河等工。两折皆属先事绸缪，豫为明岁之计。现在南河漫决处所，悉已合龙。刘统勋、策楞将次来京。可俟伊等顺道前往豫省会同查勘，熟筹妥酌，再行兴筑。如彼处情形，必须乘此冬令水弱，及时趱办，目下业已估计兴工，可即照所请，令其上紧办理。仍着刘统勋等于回京之便赴彼详加审视，务使议建各工，悉协机宜，足收捍御之益，而无无益之作可耳。将此传谕顾琮、蒋炳及刘统勋、策楞等知之。令其彼此咨商。

谕军机大臣等：据策楞奏现在两处漫工告成，又值封印之期，恳请赴京陛见等语。两处漫工，已经同日合龙，虽大局已定，而善后之策，尚须相度妥办，庶可永庆安澜。前曾传谕舒赫德、刘统勋，令于南河事竣，即由河东直隶一路，查察河务。今舒赫德已别有差遣，策楞即会同刘统勋应俟南河筹办善后事宜，妥协就绪，由河东直隶一带查核河工，进京复命。不必以时届封印，亟亟来京也。可传谕刘统勋策楞知之。②

● 十二月二十二日，尚未回京，刘统勋等又受命查办南河积案。

壬寅，谕军机大臣等：据富勒赫奏南河从前工程告竣，而案件尚未完结者。乾隆三、四等年，兴修水利，部驳未销之案六七案。乾隆八年，有五十余件。请敕交刘统勋等逐案清查，勒限完结。再从前水利动用钱粮，工程告竣后，尚有存剩平饭银五万六千余两，存贮河库。前任道员何焴朦胧具详咨部充公，数年来任意开销，丝毫无剩，不无混冒情弊等语。水利工程，久经完竣。其所用款项，经部驳查者，应销应赔，自应速为查办，何至历年沉搁累积如此之多？此即系向来河工玩弛之积弊。刘统勋、策楞现在南河，着交与伊等就近察核。逐案清查速结。至平饭一项，历任道员何焴等果否影射侵蚀？刘统勋等一并查明办理。③

● 十二月二十四日，以豫省河员折耗秸草银两数目甚大，虽经顾琮等查明追赔，

---

① 《大清高宗法天隆运至诚先觉体元立极敷文奋武孝慈神圣纯皇帝实录》卷之四百五十二。
② 同上书，卷之四百五十三。
③ 同上。

但乾隆仍不放心，命刘统勋前往河东查勘河务时，对其果否弥补全完？此外有无亏折？一并查明据实具奏。

甲辰，谕军机大臣等：豫省河员经管钱粮工料，前据顾琮、蒋炳奏明委员彻底清查，经朕明切批谕，以此皆因南河而起，足见顾琮、蒋炳素不留心。然能设法弥补，不致成大案，则汝之幸耳。今据顾琮等奏称查出各员折耗秸草，自一二百两至数千两不等，俱经着令赔补，现已照数交收贮库，此外并无亏折等语。豫省折耗秸草银两，果否弥补全完？此外有无亏折？俱交与刘统勋、策楞于南河事竣，前往河东查勘河务时，一并查明据实具奏。①

●十二月二十六日，以刘统勋所奏与乾隆掌握情况矛盾，乾隆命刘统勋等查明现在已、未到工石料，酌量运发各工，使得及时攒筑。又刘统勋所奏铜、沛余存秸料三百余万束，尹继善却称清口东西束水二坝急需物料，现正上紧采办也有各自声气不通之弊，乾隆遂命刘统勋将各工现在实应需料若干？及铜、沛大工所余之料是否足济该处工需？一面奏闻，一面办理。

丙午，又谕曰：刘统勋等奏称运河两岸土堤，今岁风浪冲刷，处处危险。砖石各工，坍卸甚多，现在确估题修。但此时高堰兴举大工，同时办石，未免艰难。应将土砖各工，先行赶办。其石工俟高堰石块办竣，再次第兴修等语，所办非是。前经鄂容安查明江南本地，现在石料尽有可采之处，毋庸山东代购。朕即降旨传谕高堰所需石料甚急，山东如已购办，即仍照旧运往济用。以山东代购之料，合之该督等江南本地所购，富已足敷各工之用而有余。况现据嵇璜奏山东初运石料，船只已入江南境，则江南各处所办，正可克期抵次，分济各工。又何事先赶砖土工，而石工直迟至高堰工竣始办？前后所奏，殊属矛盾。可传谕刘统勋、策楞、嵇璜、尹继善、鄂容安查明现在已、未到工石料，酌量运发各工，使得及时攒筑，以收堤防之益。又如刘统勋等奏称现在铜、沛，余存秸料三百余万束，酌留本工，并拨给各厅备用。而尹继善折内则又称清口东西束水二坝，需用物料，现在上紧采办等语，所奏亦未明晰。淮、徐当积水之后，柴草本自短少，民间需用薪刍，尚虞缺乏。铜、沛所余物料，即可取给，何以复采之于民？势必益致有碍，所办尚未妥协，可一并传谕刘统勋等令将各工现在实应需料若干？及铜、沛大工所余之料是否足济该处工

---

① 《大清高宗法天隆运至诚先觉体元立极敷文奋武孝慈神圣纯皇帝实录》卷之四百五十三。

需？一面奏闻，一面办理。务在不误工，不病民，斯为合宜耳。①

●十二月二十七日，乾隆传谕刘统勋等将山东采办及江南本处所购石料，分运高堰高、宝一带，以副工需。

丁未，谕军机大臣等：德尔敏、富勒赫奏高、宝一带，临湖石工，塌卸残缺者，现在一律修补。高堰原约估石料二十万丈，嗣实估需十六万余丈，所余三万余丈，请运高、宝石工应用等语。办理属是，所奏亦甚明晰。昨因刘统勋、尹继善等奏报采石维艰，应先办砖土各工。即经传谕令将东省石料分运济用。今据德尔敏等所奏高堰堤工，既余石三万余丈，自应运往高、宝应用。且现经鄂容安、庄有恭等各处分员采石，则石料自必更多。况高堰石工，并非一、二月即可全竣，自必陆续用石。与其堆积候用，何如即分济各工？可传谕刘统勋、策楞、鄂容安、杨应琚将山东采办及江南本处所购石料，分运高堰高、宝一带，以副工需，不必俟高堰所需全行运竣，余剩始行拨运高宝也。②

●十二月二十九日，刘统勋等覆奏查勘黄河入海巨套情事，结论是无庸疏浚。

己酉，钦差尚书刘统勋等覆奏查勘黄河入海柜、套。据沿海兵民称，海口旧在云梯关。近因海水渐退，河身两岸生淤，增长百余里。臣等查柜、套均在七曲港之上。一柜一里，十柜仅十里。套则七八里、十里不等。十柜去海口甚远，河流通塞，与增柜无涉。即十套之下，河身数十里，分流入海，亦无阻遏。无庸疏浚。报闻。③

●十二月，刘统勋等奏报因堵筑漫口员弁俱极黾勉，故酌定章程，以示惩劝。得乾隆大力肯定。

是月，钦差尚书舒赫德、刘统勋等奏堵筑漫口员弁俱极黾勉，向例无所惩劝。现酌定章程，派部员会同道协董率工次，臣等日夜分守两坝轮察。得旨：此次乃非常之灾，自不宜照常例料理。尔等不辞辛苦，诸事留心，朕实嘉慰！但愿常坚此志，速成巨工，以慰悬切耳。④

●十二月，刘统勋偕策楞条奏稽查工料四事及建议采取的相应措施。

刘统勋偕策楞条奏：稽查工料四事：一、各厅库贮少者至数千，多者至数万，

---

① 《大清高宗法天隆运至诚先觉体元立极敷文奋武孝慈神圣纯皇帝实录》卷之四百五十三。
② 同上。
③ 同上。
④ 同上。

旧料尘积，复领新料，本年未销，又领次年，厅员请领款项，不由道详，河臣约计历年之数给发，有无核减，俱不详查，致挪新掩旧，陋弊相沿，请嗣后预办上游、盐河等项银两，由该管道员承领，霜降后分发各厅，收工备用，仍报河臣委验，其在销算以后之款，仍令厅员照旧承领，责成该管道会同河库道查明有无旧欠，具结转详，方准给发，统限冬底运柴到工，其杂料限领银一月，到工并照州县仓库例盘查；一、河工有岁修、抢修之分，而每年核算则在霜降后，埽坝工程已历三汛，厅员任意浮开，无凭查验，请于秋防告竣后，将该厅营所管工程分三等，以逼临大溜、当冲最急者为一等，次险者为二等，又次者为三等，或拆修，或镶修，或改筑，或加帮，确估申详该道，核转河臣，督该道沿堤踏勘，限正月内兴工，三月内完竣，该管道亲往各工验收，不得转委，至伏秋大汛，临期抢护，难以预定，令该管道驻札河干，亲估亲收，详河臣亲验；一、一切物料工程，向系厅员按月申报，往往以少报多，指无作有，甚至甫请验料，即称某工动用，甫经验工，即报蛰陷加镶，弊端不一，查厅营同驻一工，最为亲切，运到何项物料，承修何处工程，无不深知确见。请嗣后除厅员照常申报外，并令该营守备、汛弁逐一据实折报该管道府，按所报数目比较抽验；一、河员查工，俱于霜降时，照水大小约计准销，并不按工考验，致调任、离任，辗转迁延，请于销算时，经河臣核减者，勒限交完，年清年款，升调缘事离任，必交代清楚，方准新任出结，徇隐题参赔补。诏如所议行。①

●经引见，乾隆对刘墉评价为"伶俐"。②

1754　乾隆十九年　甲戌　刘统勋 56 岁　刘墉 35 岁

●正月十三日，刘统勋奏乾隆十年后河库道姚廷栋、叶存仁、何焞、李宏等玩愒徇纵情事。

癸亥，钦差尚书刘统勋奏曰：河库钱粮，各有款项，丝毫难容侵那。而库道系专司出纳之员，更宜慎重办理。查十余年来，该道等或擅行私动，数至盈千累万而

---

① 王钟翰点校《清史列传》卷四百七十六《列传》卷十八，北京：中华书局，1987 年，第 1396—1397 页。

② 秦国经主编《清代官员履历档案全编》卷一，上海：华东师范大学出版社，1997 年，第 579 页上。

不报部；或任属侵亏，竟至无着，亦不查揭，殊属玩愒徇纵。请将十年以后之河库道姚廷栋、叶存仁、何焴、李宏等，一并革职，交部从重治罪。得旨：着照所请行。①

●正月十五日，刘统勋奉旨回奏河工四大积弊及其应对措施。

乙丑，钦差尚书刘统勋奏曰：遵旨查办河工积弊，拟定条款。一、河工次年料物，向系上年发银购办。以致各厅库年积月累，那新掩旧。臣等酌议，如上游、盐河二项。应于开闸时购买荡柴，请嗣后定于七月内按照工程，酌量给发。限十月内运料到工。其头关十月内给发。冬底办料到工。二关十一月内给发，次年二月办料到工。刀草杂料等项，随时请领，勒限到工。一、河工有岁修抢修之分。请嗣后每年秋防告竣后，各厅营将所管工程查勘，以逼临大溜、当冲最险者为一等，次险者为二等，又次者为三等，或拆修，或镶修，或改筑，或加帮，确估申详该道，核转河臣，督该道沿堤踏勘，限正月内兴工，三月内完竣。其运河工程，向无岁修。有应豫为修筑者，亦照此办理。至伏秋抢护，难以豫定。应令该管文武大员，不时巡查。遇有抢修工程，厅营一面动料修筑，一面核实具详。该管大员，亲行查验。再黄河水势，变迁靡定。如系新生大工，不在岁抢修之内者，必须该管道员会同参、游确估。河臣亲行核勘，一面题估，一面动支库银，委员赶办。工竣，核实造册题销。一、厅员办运料物、修筑工程，出入数目。向虽按月申报，然必俟料齐工竣，方行验收。请嗣后令该营守备汛弁，一体稽查。将运到料物若干，按十日一次。所做工程若干，用料若干，按一月一次，分晰据实折报。一、各厅销算钱粮，向系河臣按照水大水小，约计准销，其核减之项，仍令办下年工程料物。请嗣后销算时，有经河臣核减者，定限年内守铰，年清年款。如限满不完，查参。②

●正月十七日，刘统勋等对河工久拖未结之积案的奏报，引起乾隆高度重视，举一反三遂出台相应措施，以销各部积案。

丁卯，谕：外省动用钱粮及工程报销，应驳应准，俱有定例。乃督抚往往于部驳后、展转行查，不即克期办结。或据属员详禀，叠次声覆请销，而该部仍复往返驳诘，以致尘案累积，迨历年久远，官吏迭更，徒滋拖累。此向来相沿陋习，殊非敬事勤政之道。现据刘统勋、策楞查奏江南兴修水利以来，有历十余年至二十余年

---

① 《大清高宗法天隆运至诚先觉体元立极敷文奋武孝慈神圣纯皇帝实录》卷之四百五十四。
② 同上。

未结之案。自雍正四五年间，尘案尚有悬搁者。此等案件，如果有浮冒，自当据实查明，催追完款，何至任意迟延，历久不结？如果无情弊，亦当请豁免累。嗣后报销之案，符例者，该部不得漫行驳诘。例应驳查，至三次后，该部即具折声奏，按例核减，饬交该督、抚，查明经手官员，照数追赔完案，或据情酌予豁销，务令克期速结。仍着于岁底，将未完各案，汇折奏闻。其现有从前未结各案，着予限一年，令户工二部，通行查明，分别办理完结。①

●正月二十八日，刘统勋奏报高堰等四处草坝亟需修复。

庚辰，钦差尚书刘统勋奏曰：查高堰等处，石堤之外，向有草坝。积年俱已停修，去岁潮水盛涨，石工险要处风浪冲击，坍卸受险者，惟高堰、高涧、龙门、古沟四处为最。该处形势兜湾，俱为顶冲险要，必须修复草坝，方资巩固。现在详细确估，乘时办理。报闻。②

●正月，刘统勋奉旨查勘河海交汇之处柜套情况并回奏。同时又奏报了水利工程题销一事并相应方案。

十九年正月，命刘统勋等往勘，奏言："河海交会之所，河水遇潮停阻，颇积淤沙，而南大口门出水深通，无庸疏浚。至柜套均在七曲港之上，一柜一里，十柜仅十里；套则七八里或十里不等，十套计八十余里。不但十柜去海口甚远，河流通塞，与增柜无涉，即十套下河身数十里分流入海，并无阻遏。"报闻。寻命清查江南河工未结案，刘统勋奏言："水利工程陆续题销，或丈尺数目不符，或水方土方各异，屡经部驳，不准销算。一案不销，遂致全案稽迟，而外省辗转行查，至延二十余年之久，官更吏易，若再往返驳诘，徒滋案牍。现查出未销银百十三万三千五百两有奇，请限十月内确核题销。工部于覆到日详核，应销者即准销结案，应减者即核减着追。"诏如所请行。③

●二月初二日，刘统勋等奏高斌动用正项，采买备建行宫木植、土地，高斌为乾隆申饬。

壬午，谕军机大臣等：近据刘统勋等奏高斌动用正项，交朱一智采买备建行宫木植，已运到工，基地亦已买就，一并交尹继善查收等语。南巡所过之地，原不宜

---

① 《大清高宗法天隆运至诚先觉体元立极敷文奋武孝慈神圣纯皇帝实录》卷之四百五十五。
② 同上。
③ 王钟翰点校《清史列传》卷四百七十六《列传》卷十八，北京：中华书局，1987年，第1396—1397页。

多建行宫。至因阅看高堰驻跸，另为构造，尤可不必。前此南巡行营，幔城毡殿，足供止顿，何烦别事营建？如使河务修举，出纳精详，以其余力，储偫供顿，未为不可。今奉职无状若此，而欲以营建求悦。所谓悦不以道，朕奚取焉?！尹继善接受之后，必谓已有成局，事不容已。着传谕尹继善将此项木植送京，交工程处备用。运河一水可达，并无劳费。其已买基地，或听原业人赎回；或存作公地，取息充用，听其酌量办理。①

●二月初五日，乾隆巡幸盛京，刘统勋等在京总理事务。

乙酉，谕：朕今岁巡幸盛京，自京启銮至热河时，着庄亲王、恂郡王、大学士来保、史贻直、协办大学士阿克敦在京总理事务。其自热河启銮至盛京后，庄亲王、阿克敦已派随驾。着履亲王、裕亲王、大学士来保、史贻直、尚书刘统勋在京总理事务。其月选之文员内通判、州、县等官，武员内八旗护军校、骁骑校及外省送到之补放水手官、骁骑校并年满千总等官弁，俱着王、大学士照从前之例验看。其应俟引见之文武官弁，统于驻跸热河未启銮以前，着在京吏、兵二部满侍郎各去一人，带至热河引见。至外省督、抚、提、镇等奏折，着照例自京启銮之日为始，俱赍赴在京总理处加封，交内阁随本呈送行在，候朕批示，随本发回，仍于总理处交付赍折人祇领。该部通行传谕知之。②

●二月十四日，刘统勋着赏给住房一所。

甲午，谕：从前赏给孙嘉淦住房一所，着赏尚书汪由敦居住。并饬内务府大臣等，于官房内酌择一所，给孙嘉淦之子孝愉居住。尚书刘统勋亦着赏给住房一所。③

●二月二十三日，刘统勋一人办理直隶河工事务。

癸卯，乾隆谕曰：直隶河工事务，查勘俱已就绪，刘统勋一人足资办理。可传谕策楞即速来京，另候简用。④

●二月，刘统勋奏报奉旨查勘河臣顾琮所奏请工程事。

刘统勋疏言：河臣顾琮奏请于祥符庐家庄建支河坝，荥泽、阳武堤内加筑土坝，并估挑引河。奉旨，命臣等详度。臣自陈留沿堤而西，查支河南由古城村，北由庐家庄分流东注，宜建土坝堵旁流，俾由古城村前归入正河。臣复自阳武十三堡及五

---

① 《大清高宗法天隆运至诚先觉体元立极敷文奋武孝慈神圣纯皇帝实录》卷之四百五十六。
② 同上书，卷之四百五十六。
③ 同上。
④ 同上书，卷之四百五十七。

堡迤南之三坝，迤西之原武、荥泽等处，详勘形势。其地土松沙厚，堤内滩地易成支河，兼正河涨滥即成漫口，河流自西而东，均趋堤根，宜帮筑三坝埽工及阳凤大堤，并建拦河土坝，以资防护。至引河一节，臣思上乏来源，中经沙地，难免淤垫，应停估挑。从之。①

○甲戌十九年春三月，四川提督岳钟琪卒于军。②

●三月初一日，吏部议覆刘统勋参劾自乾隆十一年后历任河员存心浮冒事。

辛亥朔，吏部议覆曰：据钦差尚书刘统勋等参奏，自乾隆十一年后历任河员，动支河库办公银项，较从前达部数目，每年多用五七千两至一万九千余两不等。又将存库水利余平银五万七百余两，全行支用等语。除高斌、张师载、何煟、李宏业经革职外，应将前任江南河道总督、今调河东河道总督顾琮，照存心浮冒例革职。得旨：顾琮着来京候旨，其员缺着白钟山补授。③

●四月初一日，刘统勋加显秩太子太傅。

庚辰朔，乾隆谕曰：尚书刘统勋、汪由敦、总督方观承、鄂容安、喀尔吉善、开泰、永常、黄廷桂、硕色，宣力中外，夙夜靖共，嘉乃纯勤，宜加显秩。刘统勋、汪由敦俱着加太子太傅；方观承、喀尔吉善、黄廷桂俱着加太子太保。鄂容安、开泰俱着加太子少傅。永常、硕色俱着加太子少保。④

●四月二十五日，刘统勋等充殿试读卷官。

甲辰，命大学士来保、吏贻直、陈世倌、协办大学士刑部尚书阿克敦、户部尚书蒋溥、刑部尚书刘统勋、侍郎蔡新、吏部侍郎杨锡绂、裘曰修、礼部侍郎介福、兵部侍郎吴达善、工部侍郎董邦达、内阁学士钱维城、李清芳充殿试读卷官。⑤

●五月初四日，刘墉充日讲起居注官。

壬午，以编修刘墉充日讲起居注官。⑥

●五月二十日，以永常有交办事件，不能专力陕甘总督事务，命刘统勋驰驿前往协办。

---

① 王钟翰点校《清史列传》卷四百七十六《列传》卷十八，北京：中华书局，1987年，第1396—1397页。
② 印鸾章：《清鉴纲目》，长沙：岳麓书社，1987年，第327页。
③ 《大清高宗法天隆运至诚先觉体元立极敷文奋武孝慈神圣纯皇帝实录》卷之四百五十八。
④ 同上书，卷之四百六十。
⑤ 同上书，卷之四百六十一。
⑥ 同上书，卷之四百六十四。

戊戌，又谕：永常现有交办事件，不能专办陕甘总督事务。着刑部尚书刘统勋驰驿前往，协同办理。阿克敦着总理在京事务，不必随往盛京。①

●五月二十八日，刘统勋等审办商人王至德父子匿课行私案。

丙午，谕军机大臣等，阿里衮奏商人王至德父子匿课行私，一银两抵一案，看来此事尚易于查办。着阿里衮、刘统勋会同户部堂官秉公查审，即行具奏。刘统勋俟此案审定后，即行起程，不必候奏。②

●五月，命刘统勋协办陕甘总督事务，赐孔雀翎。③

●六月初十日，刘统勋等查参历任河库道侵欺钱粮数目甚多而未逐员分晰声明，以此乾隆见叶存仁于前河库道任内应追银甚少，遂欲对叶存仁同一类型者施恩。

戊午，谕：雅尔哈善奏叶存仁于前河库道任内应追银七两零，已全数缴完等语。前刘统勋等查参历任河库道侵欺钱粮，数目甚多。原未逐员分晰声明，但在道员，如果自有侵染，或一任属员侵隐，至盈千累百，自应革职着追。今叶存仁名下应赔之款，为数甚少。则其失察之咎，亦不至褫职。着该部即行调取来京引见，至此案内，或尚有似此者，着尹继善查明，据实具奏。④

●六月二十四日，军机大臣议覆中提及西路兵马需永常、刘统勋另行筹办具奏。

壬申，军机大臣议覆：陕甘总督永常奏称兴师进剿，利于火器。拟每百名用鸟枪手七十五名。每名于向例带铅药五百出之外，再加带铅药三百出。炮手五名，带新铸威远炮一位。弓箭手二十名，各佩弓二张，梅针箭五十枝，随身插带战箭数十枝。查现今各处挑选兵丁，奉旨俱令学习马上长枪。该督按照马六步四之例，于各标镇营，拣选骁健，令其学习长枪击刺之法。其弓箭器械，虽应豫备，但随身佩带，总宜轻捷便利，期于有济实用。至炮位一项，举动辄费驮载，旷野殊不适用，无庸备带，铅药亦无庸加添，仍照例用五百出为率。又奏称领兵官员，及进剿兵口粮，俱以六个月计，应备粳米一万一千二百余石，炒面二百二十五万斤，白面七十五万斤，羊二万只。又领兵官员跟役及满汉兵跟役余丁等口粮应备粟米六千七百石，炒面及青稞面一百万斤，白面四十万斤，羊七千八百只。再满汉官员及跟役余丁，亦

---

① 《大清高宗法天隆运至诚先觉体元立极敷文奋武孝慈神圣纯皇帝实录》卷之四百六十五。
② 同上。
③ 王钟翰点校《清史列传》卷四百七十六《列传》卷十八，北京：中华书局，1987年，第1391页。
④ 《大清高宗法天隆运至诚先觉体元立极敷文奋武孝慈神圣纯皇帝实录》卷之四百六十六。

以六个月计算，应支盐菜银一十七万九千六百两等语。查此次进剿，与前不同，携带食物简省，则进攻轻捷，行走便利。现奉谕旨北路兵进剿，应带牛羊肉干、炒面、棋子，可以随身备用，不必多需驮载，交策楞酌量办理。今西路官兵，即有应行豫备之处，亦应简便携带，不碍行程，方为妥协。应令永常、刘统勋另行筹办具奏再议。得旨：永常议奏进剿官兵器械粮饷折内，裹带官兵跟役口粮，至米面数百万斤。此系从前岳钟琪所办，乃相沿绿旗陋习，已属失策。况此番情形，与前更自不同。现在准夷内乱相寻，人心离畔，以天朝余力，乘机进取，正所谓取乱侮亡之时。若裹带米面数百万斤，驮载前往，则兵丁防获不暇，何能轻骑进剿？且与蒙古交战，惟应仍用蒙古行走之法，加以官军节制足矣。若辎重为累，不得鼓勇直前，反启准夷窥伺攘夺之心，岂非转资盗粮耶？已据军机大臣等议另行筹办。可将此传谕知之。①

○秋七月，准噶尔内乱，辉特台吉阿睦撒纳来降。②

●九月初十日，传谕刘统勋等，永常起程后，刘统勋仍驻肃州适中之地办理军需及两省总督印务。

丙戌，谕军机大臣等：永常十月间即应起程赴京陛见。安西止豆斌一人，达瓦齐或于冬间遣使前来，需有大员在彼，酌量办理，方得领要。着传谕刘统勋、鄂昌等，永常起程后，刘统勋仍驻肃州适中之地，办理军需及两省总督印务。鄂昌即前往安西驻札，其巡抚应行之事，一并带往办理。若夷使到卡，词意恭顺，自当遣人伴送来京。即有分外干求，当告以应行应止之处，汝可自往京师，叩见大皇帝，面陈一切，敬候谕旨遵行，不便遽为代奏。亦即遣送来京，其接待轻重分际，悉照敦多克之例。或该夷使带有些须货物，恳求变售，亦照敦多克例，告以候旨办理。至于现在一切调遣军机，务当周防慎密，勿令得窥见情形，并饬沿途官兵弁役，毋得稍有漏泄。③

●十月，刘统勋奏请将河东存仓常平豆，拨运三十万石，分贮凉、甘、肃三府州属。

是月，协办陕甘总督尚书刘统勋奏曰：西路明年备战马驼及安设塘站各马日食

---

① 《大清高宗法天隆运至诚先觉体元立极敷文奋武孝慈神圣纯皇帝实录》卷之四百六十七。
② 印鸾章：《清鉴纲目》，长沙：岳麓书社，1987年，第328页。
③ 《大清高宗法天隆运至诚先觉体元立极敷文奋武孝慈神圣纯皇帝实录》卷之四百七十二。

草豆，为数浩繁。已派交凉、甘、肃三府州属分棚拴养。应需草束业饬广积供支。惟料豆一项，该地所产有限，采买不易。请将河东存仓常平豆，拨运三十万石，分贮凉、甘、肃三府州属，与各州县采买豆接济供支。其河东运缺豆额仍于捐监项下补足。①

●十一月初七日，军机大臣等奏曰：现派训练遣往西路绿旗兵丁交刘统勋分派各营教演。

壬午，军机大臣等奏曰：现派训练遣往西路绿旗兵丁，臣等选得熟习长枪之健锐营前锋校五员，蓝翎长四十五名，副前锋参领岱清阿一员，令试用副将达吉等分起带往陕西，交协督刘统勋分派各营教演，仍令达吉等照料。再此项官兵俱系派往西路，应交各该处，将伊等应得之项，照例办给。令驰驿先行起程到陕时，应得口粮，交该协督酌给。从之。②

●十一月十四日，刘统勋奏称官兵奉派出征，其本任养廉、本兵月饷例应照旧支领，着照所请。

己丑，乾隆谕曰：刘统勋奏称，官兵奉派出征，其本任养廉、本兵月饷，例应照旧支领。请将陕甘出征满汉官兵明年秋季应得养廉、月饷，移于夏季起程之前支领等语，着照所请。陕甘二省出征官兵，明年秋季应得养廉、月饷，俱准其移于夏季起程之前支领，以裕戎行。③

●十一月二十五日，乾隆以刘统勋所奏"酌带赏需"非是。

庚子，谕军机大臣等：刘统勋等奏酌带赏需一折。内称准噶尔头目如果有交纳军器，实心向化者，应酌予赏赉等语，所奏非是。准夷投诚人众，所需军器，若令其一一交纳，则是激之使反。拒之使不来，既阻其向化之诚，复启其疑贰之渐，焉有如此办理之法？若果应行奖赏，则当其率众归诚，朕自有格外加恩之处。如近日北路之阿睦尔撒纳等来降，何尝不厚加宠赐？如以其投诚交纳器械，军营将军即行议赏，则是以我财币，贿诱来降，几似利其所有而为之矣。况橐载巨万而往，是启贼人以抢掠之门也，此从前岳钟琪等办理错谬，岂可复蹈前弊？刘统勋原系汉人，军务非所谙练，鄂昌外任年久，乃亦渐染绿营恶习，为此陈奏，甚属不合。着饬行！

---

① 《大清高宗法天隆运至诚先觉体元立极敷文奋武孝慈神圣纯皇帝实录》卷之四百七十五。
② 同上书，卷之四百七十六。
③ 同上。

至另折奏，五十六带领察哈尔兵丁，支领口粮火药之处，从前原议令其随带两月口粮，缓程前往。其经过处所，尚可打牲行围，以资口食，岂必按日计算？且察哈尔兵丁，从无掺演之例，即应行掺演者，既到彼处，亦宜停止，再无需用火药之理。明系五十六借此希图侵冒货卖，刘统勋等据此办理，直为伊所朦蔽。所有支领火药，着悉行追缴。五十六如此居心，岂可令在军营？已有旨拏交刑部，着刘统勋等即行派员押解来京。①

● 十一月二十六日，乾隆就刘统勋等奏本省采买驼马一折，剀切其中利害，着传谕刘统勋令其留心查察，毋任绿营官弁，蹈其故智，致马匹膘分不足。

辛丑，谕军机大臣等：刘统勋等奏本省采买驼马数目一折。内称于十月收槽饲馁等语。北路兵丁，现在酌议于明年二月分起先进。若筹办既定，将来西路兵丁，亦应于明年二月先进数千。马匹关系甚为紧要，必加意饲馁，使膘满壮健，始足资用。若馁养官员，稍有侵克，则料草虽按数报销，而未必一一尽归实用。马不能言，徒滋官役中饱。着传谕刘统勋等，令其留心查察，实力妥办。毋任绿营官弁，蹈其故智。致马匹膘分不足，咎有攸归矣。②

● 十一月，刘统勋等奏购买马驼一事，乾隆较为满意。

是月，协办陕甘总督、尚书刘统勋等奏曰：承准廷议，遴员购买马驼。今买获马七千三百二十九匹，驼七千五百六十三只。查西路进剿兵丁共约需战马五万八千九百余匹，驼一万四千八百余只。有本省营马、凉州满兵自骑本马、东晋北口解来马合现买马，共六万五千七百余匹。本省备战及余牧孳生合现买驼，共一万五千六十一只。马驼俱已充裕。青海及沿边地方所产马驼，原属有限，此次购买，非甚从容。臣等度既足用，已饬停买。得旨：所办尚妥。③

● 十一月，刘统勋疏言陕、甘沿边一带，至巴里坤军营，雍正七年专设塘站，驰递军机文报；乾隆元年撤兵时议裁。今议明岁进兵，请酌照旧例增设。

陕、甘沿边一带，至巴里坤军营，雍正七年专设塘站，驰递军机文报；乾隆元年撤兵时议裁。今议明岁进兵，请酌照旧例增设。查陕省自神木县至定边营九百五十五里，设正站九，马各三十；腰站二十，马各十七。甘省自花马池营至嘉峪关二

---

① 《大清高宗法天隆运至诚先觉体元立极敷文奋武孝慈神圣纯皇帝实录》卷之四百七十七。
② 同上。
③ 同上。

千二百七十里，设正站七，马各二十五；腰站六十二，马各十六；协站七，马各十。其口外自嘉峪关至巴里坤千六百五十六里，设站二十七，马各二十六。①

○冬十一月，封阿睦尔撒纳为亲王，班珠尔、纳默库为郡王。②

●十二月初十日，刘统勋等继续上奏备战马驼筹备诸事。

甲寅，协办陕甘总督尚书刘统勋等奏曰：西路所需战马约计几六万匹。前准廷议摘调本省及东晋二省营马并本省沿边及伊克昭等盟购买之马应用。今各该盟解来实数止得二万三千七百余匹，且疲瘦居多，西路战兵须于明年四月内全抵军营。正月间即应由喂马处所，陆续起解。前项马即加意牧养，断难增其膘力。查甘省递送满洲蒙古官兵，系于陕省标营及西安、凉州驻防各营马内抽调。前准廷议于甘省分设五大站，拨营马应用。今北口马匹，难资备战。若用以递送官兵尚可不至竭蹶。其原派安站营马皆膘力充足，请移以备战。查此项递送官兵，除雇觅民马、原调营马合以甘省各营并凉州满兵自骑本马及东晋二省解到，与本省沿边采买，可得马六万一千余匹，尽足敷用。再甘省口内各标营马并凉州宁夏满营，拨调之外，共缺额马二万八千八百余匹，现议安站之口马及将来西安满兵、固提兵骑赴肃州马，合计三万二千余匹，臣等拟以七分留甘，三分还陕，补各标营调缺之额，不敷者购补。至甘肃安提一营，调缺马六千匹，查现到哈密之察哈尔及明春赴军营之厄鲁特、阿拉善等官兵，换存骑马，数可相抵，即令就近留补。再陕省各标马，既资备战。解送时仍令本营住支马干于沿途，照东省拨来战马例支给。得旨：如所议速行。③

●十二月二十日，乾隆着军机大臣传谕刘统勋令其速查马匹膘力壮健者可否得二万之数？驼只膘壮者可得多少？另命其陆续将军粮运赴军营。兵部议覆刘统勋等明岁进剿准噶尔递送军报安设台站事宜，从之。

甲子，谕军机大臣等曰：现议明岁大兵进剿之前，于二月下旬先遣精锐五六千人，轻骑前往略地。弟思兵行马匹最关紧要，现在采买喂养及各营马匹内，膘力壮健，足供驰骋者，共有若干，可否得二万之数。再驼只膘壮者可得若干？着传谕刘统勋令其密速查明，即行驰奏。至军粮一项，前令该督暂驻安西一带，以进剿之期尚远，而哈密防兵恐不足恃也。今既克期进剿，亦着陆续速行运赴军营，以备支给

---

① 王钟翰点校《清史列传》卷四百七十六《列传》卷十八，北京：中华书局，1987年，第1396—1397页。

② 印鸾章：《清鉴纲目》，长沙：岳麓书社，1987年，第328页。

③ 《大清高宗法天隆运至诚先觉体元立极敷文奋武孝慈神圣纯皇帝实录》卷之四百七十八。

裹带之用。

兵部议覆曰：协办陕甘总督尚书刘统勋等题明岁进剿准夷递送军报安设台站事宜。一、陕省神木县至甘省定边营，安设正、腰各站二十九处。每一正站马三十匹，腰站十七匹。其正站九处，各派千把外委一员，于延绥镇附近营汛酌拨。一、甘省口内，自宁夏至嘉峪关，安设七十六塘。正站马二十五匹，腰站十六匹，协站十匹。共派千把外委四十五员，于宁、凉、肃三镇酌拨。并令三镇各派都守一员管领。一、口外，自黑山湖至巴里坤，安设二十七站。每站安马二十六匹，每三站设千把一员，外委二员，再设守备二员，居适中之地稽查，于安西肃州提镇标内酌拨。以上所需马，除塘站现存及各处抽拨不敷外，饬令采买。应添夫，即行召募。夫马工料照例支给，其各员弁盐菜银，除三镇所派都守不必给予外。口内，照出征例减半。口外，照例给予等语。均应如所请。从之。

命总督鄂容安驰赴西路，协同刘统勋等办理马匹军粮事务。①

●十二月二十一日，军机大臣等奏报乾隆，欲将北路部分之兵转为西路使用，并由刘统勋等交接。另要求刘统勋等按规定对应裁之兵分别置装银两已给与未给两种情况做不同处理。

乙丑，军机大臣等奏：臣等询之萨喇勒，详加酌议。西路派兵一万六千，足堪敷用。于北路派出兵内，喀尔喀贝勒车木楚克扎布、和托辉特公额琳沁之兵，郡王班珠尔、公纳噶察等名下应派之兵，并原派宁夏满兵一千名，裁减转拨西路，请交该将军并协督刘统勋于绿营兵内，酌量裁减三千余兵，共为一万六千名。其应裁之兵，未经给与置装银两者，毋庸议。已经给与者，请于伊等应得俸饷，定限缓为坐扣还项，其作何定限之处，该将军大臣议奏。从之。②

●十二月二十三日，班第等奏增设台站事，乾隆借此规范情报传递渠道，并传谕刘统勋等知之。乾隆又部署明年三月初进剿马驼粮草诸事。

丁卯，又谕：据班第等奏，自阿尔台以外前进兵丁，尾后应设台站。请在所带兵内，存留数名，陆续安设等语。阿尔台以外，路途远近，厄鲁特等自必深知。进兵后安设台站，仍兼用喀尔喀、厄鲁特等驻札方妥。若寻常事件，止令喀尔喀等驰递。如遇军机要务，专折陈奏者，兼用厄鲁特驰递。所有西北两路应设台站，兼用

---

① 《大清高宗法天隆运至诚先觉体元立极敷文奋武孝慈神圣纯皇帝实录》卷之四百七十九。
② 同上。

厄鲁特之处。北路交阿睦尔撒纳办理。西路交萨喇勒办理。将此传谕班第、刘统勋知之。

又谕曰：前曾传谕刘统勋以明年二月下旬，先遣精锐五六千骑，前往略地。令其查明膘力壮健马匹可否得二万之数，并膘壮驼只若干，即行密速驰奏，此旨当已奉到矣。今已定于明年三月初遣六千骑起程，先行进剿。所有查明膘壮驼马，务于二月内齐集军营，方不误前起官兵乘骑之用。已将总督鄂容安调赴西路，即日起程，协同该署督办理。着传谕刘统勋、鄂昌速将各驼马豫行调集，挑选备用。至军粮一项最关紧要，前令该督暂行屯贮附近安西一带者，以去进剿之期尚远，而哈密防兵恐不足恃也，今既酌定先遣五六千骑克期进剿，其应运军粮亦着该署督速行陆续运赴军营，以备支给裹带之用。即有夷使来信，不过令其绕行不见可耳，将此即行传谕知之。①

●十二月二十八日，军机大臣等议覆刘统勋奏请以察哈尔骑往之马，改作备战一折，得旨：依议速行。

壬申，军机大臣等议覆曰：协办陕甘总督刘统勋奏请以察哈尔骑往之马，改作备战一折。查前据陈宏谋奏晋省解到之马，多有疲乏，挑退六百余匹。若驳回另解往返需时，议将督、抚两标内马好者拨补解甘，晋省疲马留陕，喂养以备台站之用。今刘统勋奏称督、抚两标原议供台之马，已议改作战马是代补晋省之马，即在战马数内。晋省留陕喂养之挑退马，终难资用。现今察哈尔官兵骑往马匹，在哈密牧放，若于此内挑选千余匹，则备战充裕等语。但现议于明年三月初先遣五六千骑前往略地，业遵谕寄令该协督挑选膘壮马匹于二月内齐集备用。今刘统勋议以察哈尔马匹，改为战马。窃思略地官兵应于明岁三月初进发，察哈尔官兵于十一月甫到哈密，即加意牧放，恐难资用。应令该协督仍遵前旨于该省备战马内先行挑选豫备。其察哈尔马，牧放挑选，以补晋省挑退之数。得旨：依议速行。②

●十二月，为派兵递送西路军营六万匹战马刘统勋发明"脱卸递更之法"，乾隆十分满意，诏如所议速行。

西路军营战马，约需六万匹，派兵递送，廷议分设五大站。臣于分站之中，寓脱卸递更之法：第一站安马十分，每分千五百匹，二、三、四、五等站各千五百匹。

---

① 《大清高宗法天隆运至诚先觉体元立极敷文奋武孝慈神圣纯皇帝实录》卷之四百七十九。
② 同上。

每起官兵按站换马，不必回空，即留为后起更换之用。官兵既可按程长驱，而各站马行五日，即得休息三日，仍另备数十匹或百匹，以济疲乏。再各标营马已尽数调拨备战，未便全无守御。今有现议设站之北口，解来马二万三千七百余匹，及西安驻防兵，并固原提标兵，骑赴肃州马八千八百余匹。臣拟于此内以七分留甘，三分还陕，并阿拉善等换存马分补缺额。诏如所议速行。①

● 刘墉诰授奉直大夫，左春坊左中允，升任侍读。②

● 乾隆十九年甲戌，（朱筠河）二十六岁，会试中式……初，先生住刘文正公家，公每参决大政，多谘访先生，从容讽公以古大臣之事，公颔之。至是先生入翰林，公喜谓曰："君无复以古大臣责我，老夫无能为，望君努力耳。"③

● 该年会试考试，刘墉出任同考官。④

○ 伊秉绶（墨卿）生。

○《墨妙轩帖》成书，集王献之、褚遂良至元赵孟頫等人三十余种墨迹，汇为四卷。

1755　乾隆二十年　乙亥　刘统勋 57 岁　刘墉 36 岁

● 正月初六日，乾隆传谕刘统勋严饬承办各员加紧饲喂马匹，以利大军遄行。

庚辰，谕军机大臣等：着传谕刘统勋严饬承办各员，加紧饲喂马匹，以利遄行，勿致稍有遗误。⑤

● 正月初九日，乾隆对刘统勋所奏西路进兵之法提出新的调整。

癸未，又谕曰：刘统勋奏接准廷议。西路兵丁，于二月先进数千。但索伦兵自京至军营，计程八十余站，非兼程疾驰，势难克期而至。拟即日前往甘凉一带，相度各站车骡马匹情形等语。西路先进之兵系厄鲁特及甘、凉、满洲兵，非索伦兵也。

---

① 王钟翰点校《清史列传》卷四百七十六《列传》卷十八，北京：中华书局，1987年，第1396—1397页。

② ［清］刘镮之修《三公年表》。

③ 罗继祖：《朱筠河先生年谱》，《北京图书馆藏珍本年谱丛刊》第106册，北京：北京图书馆出版社，1999年，第10页。

④ ［清］法式善等：《清秘述闻三种·上卷》卷十五，北京：中华书局，1892年，第469页。

⑤《大清高宗法天隆运至诚先觉体元立极敷文奋武孝慈神圣纯皇帝实录》卷之四百八十。

原议于三月初，由军营进发，是二月内即应齐集。而索伦等兵，自京起程，长途按站次第前进，即使沿途车马无误，亦不能疾驰而至。刘统勋此奏，似属误会。但第一二起索伦兵，业于正月初三等日起行，较原议已早半月，若至陕甘境内，再能稍为变通，酌量趱行，令早至军营，更为有益。然亦不必改安台站，多费周章，或致欲速转迟，总以妥协遄行为善。其甘凉等处满汉官兵，俱当及早料理，照议分起速发，听候调遣。所有起程日期，附折奏闻。再现议大兵到日，俱驻巴里坤。另折所奏，火药、军装、口粮等项，即应运至军营，不必更驻哈密。该督可留心上紧督率办理，以济军资。并传谕鄂容安、鄂昌等知之。①

●正月十四日，刘统勋上奏北路马匹事。

戊子，协办陕甘总督、尚书刘统勋奏曰：北路马匹不堪，改站马为战马。其站马须四万二千余匹，挑北路马抵用万六千余匹。甘、凉、西、肃提镇骒马，可用者约六千匹。此外向民雇备及令陕省协济，查骒马尚宜驿站，将来拨存千二百匹，遇有倒毙拨给。②

●正月十八日，刘统勋等参奏宁夏府知府赵本植承喂马匹偷漏草料，得乾隆全力支持。

壬辰，得旨：马匹关系军行，赵本植系承喂之员，不能实心办理，即已有旷职守。今该员复任草料偷漏，以致马匹膘分不足，有误军需，并属罪无可逭。当此军兴伊始，即如此玩纵贻误，非严行治罪，不足示惩。赵本植着革职拏问，交该督抚将侵肥偷漏情弊，严行究讯。如果侵肥属实，即应照军法从事。以为玩误军需者戒。

军机大臣等议覆：协办陕甘总督、尚书刘统勋奏驼只盐菜银两，应照旧例，马匹跟役可核减。此次进兵，务在轻捷。北路将军、大臣、官兵等马驼，较旧减十之二，西北应一例。盐菜跟役，应照部定原议。至领催委至参佐领者，马驼应照委衔支给。从之。③

●正月二十八日，刘统勋奏报所酌办军务，乾隆对其部分安排比较满意。

壬寅，又谕曰：刘统勋奏酌办军务折内称，凉、庄、宁夏、满洲兵，俱于二十四五日前可抵肃州。其甘、凉、肃一提二镇兵，亦于三月初旬，均可抵巴里坤军营。

---

① 《大清高宗法天隆运至诚先觉体元立极敷文奋武孝慈神圣纯皇帝实录》卷之四百八十。
② 同上书，卷之四百八十一。
③ 同上。

前队哨探兵，原定于二月二十九日自军营起程。嗣降旨令于二月中旬进发，若三月初间，始抵巴里坤，已属迟误。想奏折时，尚未接此旨。接到自必遵照办理，着再传谕刘统勋。前队哨探兵丁，令其速行催调，务于二月初十日，全抵军营。其随后续进官兵，若可趱进，亦酌量先行数起，总以六千名为率。其余仍按站行走，不必严催，致竭马力。至官兵进剿口粮，原议俱令自行裹带。若进剿时，于自行裹带外，又复官为驮运，仍属军行粮随故套。从前岳钟琪等办理旧例，与此次轻骑捷趋，机宜殊未符合。况北路进剿口粮，俱自行裹带。而西路又官运三分之二，办理亦不画一。应速行筹画，以便捷轻利为主。西、北两路，亦不致参差。其所奏大兵齐集军营，所需口粮，酌量运往散给，巴里坤可以不留余粮，所见尚是。巴里坤原可无庸另设仓库存贮，即有应需接济亦可自哈密运往，料不至于有误，应照所奏办理。①

●二月初三日，刘统勋因沿途驿站马匹供应不足，受到乾隆申饬。

丁未，谕军机大臣等：据萨喇勒等奏称，沿途驿站，竟有无马者。其有马之驿，又必越至七八站，始能更换数匹。虽尽弃行装，尚不能日行三百里等语。西路用兵之时，驿站最关紧要。而沿途情形如此，岂从前屡经筹办，不过托之空言耶！况永常、萨喇勒等，驰驿前往西路，兵部早已先行知会。其需用马匹，尽可克期豫备，随到随换。今观其周章贻误，竟若全未料理者。该署督刘统勋、巡抚陈宏谋不知所司何事？着传旨严行申饬！其萨喇勒经过各驿，并着逐一查明。何处无马？何处短少？据实参处。至萨喇勒奏内，又称因接到趱前进兵谕旨，永常恐一同行走，马匹不敷，遂先往肃州等语。此又永常糊涂之处，且永常又从无一折奏闻。萨喇勒、扎拉丰阿等，皆系派令带兵、先进略地之人，自应一同行走。即因驿马不敷，亦当尽萨喇勒等先行方是。永常现系陕甘总督，尚可饬属催调，趱行前进。若总督乘马先往，而令伊等数蒙古大臣在后，其呼应自属不灵矣。驿站马匹短少，自属刘统勋等之办理不善。而永常亦复不知缓急轻重，着一并严行申饬。②

●二月初四日，就刘统勋等奏在途官兵口粮携带加官运之奏，乾隆予以辨析回复。

戊申，谕军机大臣等：据刘统勋等奏官兵口粮，酌议自行裹带四十日，官为驮运八十日，其在途行走、军营驻札所需口粮，另自哈密运往核给等语。官兵给与驼

---

① 《大清高宗法天隆运至诚先觉体元立极敷文奋武孝慈神圣纯皇帝实录》卷之四百八十一。
② 同上书，卷之四百八十二。

只，即为伊等裹带口粮之用，若仍官运，何名裹带？又何用给与驼只耶？刘统勋所奏，仍系军行粮随。从前岳钟琪等所办旧例，全不合此次机宜，已于前奏降旨训谕。该协督等尚未奉到，是以仍有此奏耳。现在北路办理，俱系兵丁自行裹带，西路自应画一。但恐西路，伊等业已传知先到之兵，应令详悉晓谕伊等错办之故，一遵北路成例办理。至官兵一抵巴里坤，即行进发。设或稍有停待，无过数日，并非久驻。刘统勋等折内所称军营驻札口粮，亦毋庸另行筹办，可并传谕知之。①

●二月二十一日，乾隆又传谕刘统勋，自改"六千人"起营为"二千人"起营。

乙丑，又谕曰：刘统勋奏先进各兵，候齐集进发，尚需时日，不能不于裹带之外，另给口粮，以资兵食。先进兵丁，若俟齐集后一并进发，则恐行走壅滞。不若以兵到四起，约满二千名，即令带领前进，如此则声势联络，后先可以接应，亦合用兵机宜。着传谕永常、刘统勋等所有各路应行先进之兵到营约满二千，即照此办理。嗣后陆续到营，即陆续进发，均以二千为率，巴里坤军营无须另办口粮。再西路续进之兵，原拨一万六千名，倘前队已足敷用，可以迅速成功，不须复行多进，即将最后兵丁，酌量停止，不必拘定前数。可并谕萨喇勒等知之。②

●二月二十三日，乾隆又谕刘统勋，指点其台站安设原则。军机大臣对刘统勋陕甘南、北路所设台站驿马之事，或"如议"或"从之"。

丁卯，又谕：据刘统勋等奏口外文报台站，从前军营旧路，由桥湾直抵巴里坤。路径久废，并无人烟。请仍由安西哈密一路，安至军营。口外驰送军营文报，安设台站，惟在路径直捷，方免迟滞，何必定有人烟之地？若由安西哈密一路，必致纡远。此盖绿旗将弁，安常习故，惮于迁移，而不顾军务奏报之迟误也。现在军营台站，自当仍照旧路，由桥湾一路安设。其哈密安西军台，亦不必尽，着酌留十之三四，以备偶有哈密、安西文报往来之用。

协办陕甘总督尚书刘统勋奏：陕甘台站，设在南路。沿边北路，未经筹办。指日凯旋，必由沿边近道赴京，请站设马六十。俟南路各驿兵过，彻调北路。下军机大臣议。寻议：北路，如议。南路，凯旋需马，应另筹。从之。③

---

① 《大清高宗法天隆运至诚先觉体元立极敷文奋武孝慈神圣纯皇帝实录》卷之四百八十二。
② 同上书，卷之四百八十三。
③ 同上。

●二月，刘统勋授吏部尚书兼管兵部、刑部事务。刘统勋受赏单眼花翎。①

●刘文正公（统勋）谢赐孔雀翎折，有"顾影惭深，举头恩重"八字。后于文襄（敏中）谢赐孔雀翎、黄马褂，有一联云："戴而知重，宁惟假以羽毛；服且增荣，奚啻赐之颜色。"②

○乙亥二十年春二月，以尚书班第为定北将军，陕甘总督永常为定西将军，分两路出师进征准噶尔。③

●定制，外任文臣无赐花翎者。乾隆中，方敏悫观承官直隶制府时，圣眷颇优。以古北口大阅故，公特乞赐花翎。上笑曰："若尔侏儒状，亦爱花翎耶？"因特赐之。嗣后外任督、抚，屡有蒙恩赐者。惟刘文正公督陕时，特赐花翎，公回京时，即日缴还，上亦优容，不加厚责也。④

●二月，刘统勋疏言：巴里坤营垒久废，仓库无存。粮饷若尽数运往，必修葺堆贮之所，而大兵进剿后，又宜分兵防守，事多未便。请将进剿口粮，应官运者，自哈密驮载；应裹带者，运往巴里坤散给。从之。⑤

○三月，杀湖南学政胡中藻，赐广西巡抚鄂昌死。⑥

●三月初七日，刘统勋与永常以疲乏骆驼喂养事涉嫌互有推诿之过。乾隆认为二人当中，永常之责较重。

庚辰，又谕曰：刘统勋奏办理马驼粮运情形折内称，挑出瘦小不堪用及疲乏驼只，俱系上年秋间查报堪用、永常奏明收槽喂养者。此处显有推诿情弊，永常系该省总督，又命为将军，一切事务，原系分所应办。即来京请训，往还亦仅数月。该省办理情形，岂得诿为不知。设使不令刘统勋前往，宁能不办耶？此永常之无可推诿也。至刘统勋以军机大臣，朕特派往协同办理，则永常所办之事，皆伊之事，彼此本无可分。设使永常独力能办，亦不必派伊协办矣。此刘统勋之无可推诿也。二者之中，永常之责较重，而其不应存彼此之见则一耳。况办理此等重大事务，其中小有未协，惟当随宜筹酌，令于事有济。此番进兵，原议于四月内，今于二月先进

---

① ［清］刘镮之修《三公年表》。
② 赵慎畛：《榆巢杂识》卷上，北京：中华书局，2001年，第105页。
③ 印鸾章：《清鉴纲目》，长沙：岳麓书社，1987年，第329页。
④ ［清］昭梿：《啸亭续录》卷一，北京：中华书局，1980年，第383页。
⑤ 王钟翰点校《清史列传》卷十八，第1396—1397页。
⑥ 印鸾章：《清鉴纲目》，长沙：岳麓书社，1987年，第330页。

数千，克期部署，已无误先行进剿之期。若仅如肉干等项，运送稍迟，不过将承办属员，照例参处足矣。岂可以此各存意见，有负朕郑重委任之意。着详悉传谕伊等。倘再蹈前辙，朕必重治其罪。①

●三月初十日，刘统勋以乾隆所嘱"满二千人起营"运兵，结果乾隆又改为索伦及满洲京兵如此，如绿旗兵丁，则只供台站等用。

癸未，谕军机大臣等：刘统勋奏称前奉谕旨，以先进之兵，约满二千，即带领前进。又准廷议续进官兵，俱以二千为一起。今绿旗官兵，久驻军营，即应遵旨料理进发。所谓先进之兵，约满二千即行前进者，指索伦及满洲京兵而言。如系绿旗兵丁，只可令供台站等用。②

●三月十一日，将军永常以用心过于自私且将自身应办之事与鄂昌之事尽诿刘统勋，遭乾隆严厉训斥。

甲申，又谕曰：永常奏称带领现在绿旗及回子兵，于三月初九日，继前队哨探兵进发。永常办事，一味草率。其急欲进兵，意以事成时，伊亦在彼处同有劳绩耳。此等意见，愚而且鄙。昨已降旨，令伊不得仅带绿旗官兵前进。如已起程，接旨后即在中途等候。俟各处兵丁齐集，再行进发。永常系总办军务大臣，一切应办、应催之事，皆系其职分。朕令刘统勋前往，不过协办伊任内事耳。伊理应将一切事务，筹画周详。乃诸事推诿于刘统勋，今急欲带兵前进。意以业已进兵，则愈于伊无涉。不思刘统勋一人，不但不能办理，今又将鄂昌之事交与刘统勋，岂能兼顾？永常接到此旨，即将带往绿旗官兵，交与额琳沁多尔济带领。伊即回至肃州，将陆续所到之兵，办给一切粮饷马驼，全行妥协，起程有日，伊然后尾行前进。少有违误，断不宽宥。③

●三月二十日，虽遭乾隆训斥。将军永常不知悔改，依旧将分内之事推诿于刘统勋，再次受到乾隆严厉申饬。

癸巳，谕军机大臣等：据永常奏自肃州前至巴里坤，即带现在兵丁进发。并咨后队带兵大臣等，兵足一千，亦即迅速前进。永常之意，特欲急进邀功。不知伊系将军，一切事务，俱应承办，刘统勋不过协同办理，乃永常诸事俱委之刘统勋。伊

---

① 《大清高宗法天隆运至诚先觉体元立极敷文奋武孝慈神圣纯皇帝实录》卷之四百八十四。
② 同上。
③ 同上。

之专责，似止带兵一进，余皆无涉者，殊属谬误。着传谕永常，即遵前旨。仍回肃州办理一应事务，果能妥协，即未带兵前进，朕亦必将伊议叙。今彼处口粮既少，何必又带此无用绿旗兵汲汲先进耶？至移咨索伦兵但足一千，即行前往，此特为伊子额勒登额耳。其于事理当否？亦曾悉心筹及乎？永常务令各队兵丁，仍遵前旨，量足三千，带领前进，不得故违取戾。①

● 三月二十一日，刘统勋奏赴兰州途次见各处兵俱整齐安静，其台站所雇民间车马，河东各站已尽归农，河西亦陆续遣散。

甲午，协办陕甘总督尚书刘统勋奏：臣赴兰州途次见各处兵，俱整齐安静。及到，兵已全过。其台站所雇民间车马，河东各站已尽归农，河西亦陆续遣散。当此春深雨足，及时力作农事亦甚有益。报闻。②

● 三月，刘统勋遵旨查明鄂昌违碍诗文与书札，直言进奏，受乾隆激赏。

是月，协办陕甘总督、尚书刘统勋奏，遵旨查出鄂昌诗稿札稿及书札。臣与鄂昌共事甘省，见其书词闪烁，好为隐饰，意其不过遇事多疑，识见鄙琐。今阅札稿，除发价派属员代买物件等事，罪止不应外。至如闻伊弟鄂容安将有北路之命，遂有奈何之辞。又于史贻直则夤缘纳贿，于黄廷桂则舞弊市恩，实出意料之外。谨签进。得旨：汝如此不瞻顾直奏！何愁不永受朕恩耶？！勉之！③

● 四月初五日，乾隆以鄂昌对川省解到之银青潮不足者不立马追责赔补反以照数兑收、通融搭用方式市恩于黄廷桂一事，了命刘统勋确查办理。

戊申，以鄂昌对川省解到之银青潮不足者不仅不立责赔补足额反而以照数兑收、通融搭用的方式市恩于黄廷桂，乾隆指定刘统勋对此确查办理。④

● 四月初七日，刘统勋接乾隆谕旨，对已补授四川按察使之公泰，令其将此处本职工作善后以后再赴新任。

庚戌，刘统勋接乾隆谕旨，对已补授四川按察使之公泰，看其手头是否有不便换人之事？如有，俟事竣再赴新任。⑤

● 四月初八日，乾隆以鄂昌致刘统勋手札内有为李肖筠包捐求情之语，询刘统

---

① 《大清高宗法天隆运至诚先觉体元立极敷文奋武孝慈神圣纯皇帝实录》卷之四百八十五。
② 同上。
③ 同上。
④ 同上书，卷之四百八十六。
⑤ 同上。

勋是否曾对其关照。刘统勋寻奏其乃属照例办理，毫无私情可言。

辛亥，又谕：从前永常、刘统勋会参凉庄道李肖筠勒属揽捐一案。查鄂昌与刘统勋札稿内，有嘱其酌定题本字语，使各县官免即革职，惟大笔超豁等语。刘统勋此事曾否照应？着传旨询问，令其覆奏。寻奏：李肖筠一案，鄂昌在肃时，游移观望。及其起程回省后，督臣永常同臣定稿，将李肖筠包捐情节会参。鄂昌因疑臣等意在苛刻，遂有札托之事。臣等照例办理，已有定议，断不因鄂昌之书，稍为徇庇。报闻。①

●四月十二日，刘统勋就剩余马驼上奏。

乙卯，协办陕甘总督、尚书刘统勋奏：各处官兵，先后进发，所需马驼，前经调肃拣放，除给出口各兵及解赴军营外，尚余驼三千九百余只，马六千七百余匹。查此项马驼，原自各营拨补。臣即分给甘肃、安西，令于就近标营，加意牧养备拨。报闻。②

●四月十三日，乾隆以将军永常无理要求刘统勋接济大兵口粮而遭乾隆训斥。③

●四月二十三日，以府谷县拏获粘贴纸单三人，刘统勋一方面饬布政使武忱提审，一方面恐其或系马朝柱等窜逸余党而上奏。④

●四月二十四日，刘统勋以余粮安置之法与备战余存马驼安置之法上奏，报闻。⑤

●四月，刘统勋未雨绸缪，虑及大兵即将凯旋，口外军台地方辽阔，每站所设驿马不足应差，故提议将备战马匹每塘补拨十四匹，同时从各营兵内派人前往照料，酌给口粮。得旨：好！⑥

●四月，刘墉迁右春坊右中允。⑦

●四月，刘墉擢翰林院侍读。⑧

---

① 《大清高宗法天隆运至诚先觉体元立极敷文奋武孝慈神圣纯皇帝实录》卷之四百八十六。
② 同上。
③ 同上。
④ 同上书，卷之四百八十七。
⑤ 同上。
⑥ 同上。
⑦ 王钟翰点校《清史列传》卷四百七十六《列传》卷二十六，北京：中华书局，1987年，第1986页。
⑧ 同上。

○夏四月，致仕大学士张廷玉卒。①

○五月，定北将军班第大破准酋达瓦齐于格登山，俘送京师，准噶尔平。②

●五月二十日，刘统勋以办理军营粮饷，俱属妥协，交部议叙。并对委办军务人员，著刘统勋等分别等第，奏闻请旨。

癸巳，谕曰：此次大兵奏捷，各督、抚办理军营粮饷，俱属妥协，宜予录叙，以奖勤劳。刘统勋、方观承、恒文、陈宏谋、蒋炳俱着交部议叙。其派委办理军务人员，着该督、抚分别等第，奏闻请旨。③

●五月二十九日，刘统勋与甘肃巡抚陈宏谋会奏甘省驿站马匹调剂诸事。刘统勋又单奏投诚台吉噶勒藏多尔济，遣使布图库等进京事。

壬寅，协办陕甘总督尚书刘统勋、甘肃巡抚陈宏谋会奏：甘省口内各塘站旧设正站、腰站、协站。正站安马二十五匹，腰站十六匹，协站十匹。查文报挨站递送，而马数多寡参差，劳逸不均。请将甘省境内，俱为正站。每站照腰站例，安马十六匹。此内除原设腰站之处毋庸变更外，应将原安之七正站马二十五匹内，各减去九匹，共减马六十三匹。于原安之七协站马十匹外，各添马六匹，共添马四十二匹。尚余马二十一匹，查嘉峪关向无驿站，即拨彼处应差。报闻。

刘统勋又奏，投诚台吉噶勒藏多尔济，遣使布图库等进京。携带皮货，欲行售卖。伊等系进京请安之人，未便以交易为事。但未谙体制，不便过绳。应将货物暂贮肃州，俟还日再酌量代为变价。得旨：总不必官办。回曰：令其自行持向商人交易，若以语言不通，可令为之传语照看而已。④

●六月初五日，户部议奏刘统勋以川省协甘军需银以青潮短银上奏处罚措施，得旨：依议。

丁未，户部等部议奏，陕甘协督、尚书刘统勋奏称：川省协甘军需银，查验委有青潮，折算共短银二千一百一十八两。应如该督所奏，于前任四川藩司齐格家属名下追缴，并先于督、抚、藩司名下，按股分赔。其前署藩司史奕昂，照徇隐不报例革职。黄廷桂，照应奏不奏例降三级调用。永常、刘统勋照徇例，降二级调用。

---

① 印鸾章：《清鉴纲目》，长沙：岳麓书社，1987年，第331页。
② 同上书，第332页。
③ 《大清高宗法天隆运至诚先觉体元立极敷文奋武孝慈神圣纯皇帝实录》卷之四百八十九。
④ 同上。

得旨：依议。史奕昂，着革职。黄廷桂着降三级；刘统勋着销去加一级，仍降一级。俱从宽留任。永常着销去军功加一级，免其降调。①

●六月二十日，刘统勋所参奏宁夏府知府赵本植侵扣军需一案，经翻覆审核定拟，乾隆偏于属通融办理并无侵扣实迹，但仍交刘统勋详核案情，再行秉公定拟覆奏。

辛亥，军机大臣会同三法司议覆：协办陕甘总督、尚书刘统勋参奏宁夏府知府赵本植侵扣军需一案。详核供词实属通融办理并无侵扣实迹，应将该协督定拟斩决之处照例改。得旨：赵永植系承办军需之员，如果侵肥属实，非军法从事，不足蔽辜。是以于该协督参奏时，令其严审定拟。嗣据该协督审奏，朕详览供词，并无侵扣实迹。随经军机大臣等议，令该协督再行详议具奏。今据该协督仍以斩决定拟，军机大臣会同法司核覆。原供实属通融办理，罪止挪移。按律应拟满流。是该协督所请即行正法之处，供罪殊未相符。着仍交该协督刘统勋详核案情，再行秉公定拟覆奏。至从前查办赀产，原因军务重大，且办理伊始，不得不明示惩创。如审明是挪非侵，则抵补之外，概可无庸查办。②

●六月二十一日，命刘统勋完成交接后回京供职。③

●六月三十日，以唆诱巴朗等逃回准噶尔之喇嘛绰尔济、班珠尔达克巴并伊徒弟一名被捕，乾隆命刘统勋俟该犯解到肃州，即着换去喇嘛服饰，锁械速送至京。④

●六月，以平定准噶尔，刘统勋议叙加三级。⑤

●七月十六日，军机大臣等议覆刘统勋奏称哈密、巴里坤、瓜州驻兵口粮事，结果或如所议或从之。又以刘统勋任平定准噶尔方略副总裁。⑥

●七月二十日，刘统勋以军务全竣，河西丰稔，豆价渐平，奏请原为平粜豆价所运而未运之河东豆十七万石毋庸转运。得旨：好！

辛卯，协办陕甘总督尚书刘统勋奏：上年河西各属承喂马驼料豆，军需初动，市价腾贵，应设法平粜，是以奏请拨运河东仓豆三十万石备用。今军务全竣，无应

---

① 《大清高宗法天隆运至诚先觉体元立极敷文奋武孝慈神圣纯皇帝实录》卷之四百九十。
② 同上。
③ 同上。
④ 同上，卷之四百九十一。
⑤ 王钟翰点校《清史列传》卷四百七十六《列传》卷十八，北京：中华书局，1987年，第1391页。
⑥ 《大清高宗法天隆运至诚先觉体元立极敷文奋武孝慈神圣纯皇帝实录》卷之四百九十三。

喂马驼。河西丰稔，豆价渐平。所有河东未运豆十七万石，毋庸转运。得旨：好。①

●八月初六日，乾隆命刘统勋等查甘省积欠官茶及各项公费。

丁未，谕军机大臣等：据陈宏谋奏甘省茶务项下，历年积欠官茶二十八万六千余封，欠改折银一十六万七千余两，又欠官礼捐项等银九万三千余两，共欠银茶约五十余万等语。此项欠课，历年既久，恐其中不无侵蚀隐射情弊。着传谕刘统勋、吴达善等将该省积欠官茶及各项公费，逐年详细查核，实在商欠几何？其中有无官商侵隐？及该欠户实系贫乏无力，难以清完，并人亡产绝，无可催追者？逐细清查，分年列款，详晰奏闻。毋得因有此旨，或任属员混开滋弊。②

●八月初九日，军机大臣等议覆中有准噶尔与内地商贸，安西等处地方裁汰、归并、添设、移建及瓜州回民宜迁归旧地等事均由刘统勋筹办。

庚戌，军机大臣等议覆：前任甘肃巡抚陈宏谋奏，筹办安西等处事宜。一据称准噶尔需用内地货物甚多，向来贸易，三年一次。今既内附，自须推广。或一年一次，一年两次。不必官为经理，亦不必令进关抵肃。于哈密以东之布隆吉地方，招集商贾同通事评定物价，于嘉峪关盘验稽查，量定税则抽税。其牛羊听客商交易，惟马匹归官，将茶易换，以充营伍之用，就年来贸易马价斟酌定数等语。查准噶尔需用货物，自应量为流通。现经奉旨，西路贸易，定于巴里坤地方，驻兵弹压，一切事宜，令协督刘统勋前往筹办。至马匹归官、以茶易换，亦属筹办之法。应将所奏交该协督酌量情形，详议具奏。一、据称关外赤金、靖逆、柳沟、安西、沙州五卫。每卫设守备千总各一员，又安西同知一员，管辖安西、柳沟、沙州三卫。靖逆通判一员，管辖赤金、靖逆二卫。每卫所管屯民，不过六七百户。沙州一卫较多。至塘汛卡座，各有弁兵，卫备千总，无所事事。莫如裁去卫备千总，将五卫归厅专管，令通判驻札赤金，同知移驻柳沟。惟沙州一卫，偏在西南，远难兼顾，添设沙州同知一员，与副将同城，方为合宜。再哈密向于陕、甘二省派府佐一员，专管屯田民事。派州县佐贰一员，收支兵粮。五年更换，究非所宜。不如设同知一员，常驻哈密，责成更专。以上四厅，皆应设巡检一员等语。查安西等处地方辽阔，裁汰、归并、添设、移建，事属更改旧制。是否必应如此办理，当确按情形，筹酌妥协。应请交该协督一面详查确拟，俟总督黄廷桂抵任，公同酌议具奏。至所奏瓜州回民

---

① 《大清高宗法天隆运至诚先觉体元立极敷文奋武孝慈神圣纯皇帝实录》卷之四百九十三。
② 同上书，卷之四百九十四。

宜迁归旧地之处，现刘统勋亲往巴里坤查勘，俟奏到再议。从之。①

●八月三十日，刘统勋回奏巡抚陈宏谋奏筹办安西诸事。

辛未，协陕甘总督、尚书刘统勋奏巡抚陈宏谋奏：筹办安西等处事宜一折，行知到臣。查贸易处所，既定在巴里坤，该抚所奏布隆吉地方，一年一次两次之处，应毋庸议。其所称商货出关盘查，自属应行事宜。嘉峪关现有游击一员，应行知照例办理。至所称量定税则，现在商民未齐，俟试行一二年，商货果有利息，再定则抽收。马匹归官拨营，于事有益。应于哈密贮茶，俟贸易马，照近价定数易换，令各营交价领马。又瓜州回民仍归旧处，甚为合宜。臣前往查勘，田土平衍，可容千余人。屯田约可下种九千石，其应如何迁移之处，再行具奏。至所请将赤金等五卫分驻同知通判，添设巡检四员，臣现行安西道就该管地方情形、如何合宜，备细详覆。俟督臣黄廷桂到任后，公同酌议。具奏请旨。报闻。②

按：由此回奏，不难见出刘统勋非同寻常的干练之才。一是化繁为简的能力，回复设贸易处所、商贸次数，以"应毋庸议"四字回复。商货出关盘查，以"自属应行事宜"回复。二是抓住要害的能力，如"其所称商货出关盘查"，"嘉峪关现有游击一员，应行知照例办理"。"嘉峪关游击一员"即为此事落地的要害，因而其"行知照例办理"一语即将"商货出关盘查"一事落实到位。三是未雨绸缪的谋划能力。"马匹归官拨营，于事有益。应于哈密贮茶"，"哈密贮茶"四字，足以说明这一点。四是做事扎实到位的能力，"又瓜州回民仍归旧处，甚为合宜。臣前往查勘，田土平衍，可容千余人。屯田约可下种九千石，其应如何迁移之处，再行具奏。"一段，将自己对此事看法与乾隆想知与应知但并未想到的，全部告知。而"臣前往查勘，田土平衍，可容千余人。屯田约可下种九千石"乾隆并没安排，但刘统勋感觉有必要，就全部踏勘落实到位。五是认识问题深刻，"至所称量定税则，现在商民未齐。俟试行一二年，商货果有利息，再定则抽收。"有此一句，市场即可盘活。如未见利息，即杀鸡取卵，匆忙抽税，市场必被杀死。

●九月初十日，乾隆传谕刘统勋回至肃州，稍缓驻兵事宜，密速筹办马驼之事，以备冬季为擒获阿睦尔撒纳之用。

辛巳，谕军机大臣等：刘统勋现往巴里坤，所办驻兵之事，尚可稍缓。现在阿

---

① 《大清高宗法天隆运至诚先觉体元立极敷文奋武孝慈神圣纯皇帝实录》卷之四百九十四。
② 同上，卷之四百九十五。

睦尔撒纳尚未擒获，大兵须由西路前进，马驼最关紧要。着传谕该督，令其回至肃州，密速筹办。即将现存营马加意喂养，约计足供五六千人乘骑之用。如有不敷，即随便购买，其价不必拘泥成例。但期筹画无误，听候今冬调遣，并将办理情形速行陈奏。①

●九月十四日，乾隆在接刘统勋禀报后继续敦促其速备马驼，以供大军驱驰之用。

乙酉，谕军机大臣等：前经屡谕刘统勋，回至肃州办理马驼，计已奉到。今据奏现有兵丁三千四百名，拟以一千四百名防守巴里坤，二千名听候调遣等语。巴里坤无须多兵防守，已传谕策楞，约存兵四五百名，余俱令其前进。其马匹仅二千六百有余，亟应筹画。务宜悉心办理，俾马力充裕，足应疾驱方为妥协。②

●九月十九日，刘统勋先是以不明军情而准永常调兵之札被乾隆斥为"所办甚属错谬"，接着又以奏请驻哈密筹办进兵事宜不当，受乾隆严谴。

庚寅，谕军机大臣等：吴达善奏刘统勋准永常来札，檄调甘肃绿营官兵援剿，所办甚属错谬。阿睦尔撒纳系闻军营大臣参奏，畏罪潜逃。岂能遽犯巴里坤，致为边患？试思从前噶尔丹策零时，尚不能轻犯边境。况阿睦尔撒纳素为众恶，又复负恩逃窜，人人恨其反复。即伊兄弟妻子，亦尽离心。以一穷蹙亡命，何能飞度巴里坤、哈密？而须尽征内地绿旗兵于数千里外，为拒守计耶?!且现据北路官兵，将附和逆贼之包沁首恶就缚。党羽歼除，军威已振。西路兵力不为不敷，与其调兵，何若勤办马驼口粮，应现兵之用?!刘统勋尚为稍知事体者，何一接永常来信，竟不详加审度惶遽若此?!定西将军，已着扎拉丰阿补授，着速传谕刘统勋，令其就军营现有官兵，料理马、驼口粮，即日前进。如回肃办理，尚需时日。并传谕吴达善令其就近速为筹备，或调营马，或另行购买，其价值不拘成例；一面报知该协督即于甘肃一带，分槽喂养，听候调遣。若购得膘壮之马，即先行解送军营。

又谕曰：刘统勋奏请驻哈密筹办进兵事宜，甚属错谬。朕初不意刘统勋亦张皇失措，茫无定识，至于如此。业克明安宰桑扎木参等，久经内属，来求倚托。必无被贼煽诱，转相窥伺之事。此特永常望风疑畏，自行惊扰。所称目睹情形者，岂果实有确据耶？阿睦尔撒纳在此时不过一亡命逸贼耳！况素为诸部所恶，人皆切齿。

---

① 《大清高宗法天隆运至诚先觉体元立极敷文奋武孝慈神圣纯皇帝实录》卷之四百九十六。
② 同上。

其北路同叛之包沁等，已被擒戮。焉能一时鼓动诸部，飞越数千里至巴里坤？此事理所必无者！军营众心所恃，全在领兵大臣。今一将军、一总督、一都统，无端自相惊怖。舍穆垒而回巴里坤，今又议舍巴里坤而就哈密。军心其何所恃？！刘统勋着严行申饬。仍令速遵前旨，即筹办马匹口粮。尽现在兵数，或三千，或二千，克期进发。现已一误再误，岂容更为犹豫？！在刘统勋军务原非所谙，但识见乖谬至此，实出朕意料之外。此时台站偶断，只应亟筹安接，以通伊犁声息。所发班第等报匣，何至尽行缴回？竟漠然置之度外，是何心耶？着一并严行申饬，报匣仍发回。①

●九月二十四日，刘统勋、策楞受将军永常蛊惑檄调安西官兵援剿、复行撤回事被冶大雄奏报后，乾隆对刘统勋等极度不满。

乙未，又谕：据署提督冶大雄奏，刘统勋、策楞檄调安西官兵援剿，复行撤回等语。刘统勋等从前之张皇失措，于此益见。阿睦尔撒纳从北路窜逸，岂有飞越西路为患之理？该协督等听信永常悾怯之词，辄远从内地调兵援剿，不思兵行全资马力，今忽而征发，忽而撤回，不惟惊惑视听，使甘肃内地一带，妄生疑议。即以马力而论，亦何堪此往来纷扰耶？总之，此事皆由永常懦怯，但思退守哈密，以为自卫之计，又不欲出诸己口。故尔张大其词，而刘统勋等遂为喋喋陈奏耳。策楞前获罪戾，未经正法。今复弃瑕任用，伊应感激报效，何竟遇事毫无所见若此？刘统勋虽未娴军旅，然于军机重务，亦宜审察确实。初不意其茫无定识至斯也！着传谕刘统勋、策楞，令将永常如何用言耸动伊等，伊等如何遽然听信之处，据实奏闻，不得稍涉粉饰。

又谕曰：冶大雄奏报，准刘统勋、策楞檄调绿营官兵援剿一事，前经吴达善奏到，已经降旨刘统勋，令其停止矣。阿睦尔撒纳畏罪逃窜，西路诸部，并无被其煽惑之事。皆由永常怯懦退缩，以至于此。军营原有现兵，尽敷追捕。何必由内地纷纷征调，且此所派官兵，必资马力。与其现筹马匹，供此无用之兵，何如以此马速解军营，使现有之满洲索伦等兵，得以及早进发？从前萨拉勒进兵时，所带不过数千。今以一逸贼逋窜，乃欲集兵万人，为婴城自卫计耶？！看来安西官兵，此时业已闻调前赴，不必停止。目今时值天寒，官兵赏项，着照例给与一半。其安西续派候调之二千及肃州兵二千，着遵前旨，停其派往。其军营现有各兵，亦着加恩给与赏项一半。所需马驼口粮，务期作速办齐，即日进发。再永常此番举动，摇惑军情不

---

① 《大清高宗法天隆运至诚先觉体元立极敷文奋武孝慈神圣纯皇帝实录》卷之四百九十七。

小。可一并传谕刘统勋等,速将此旨遍行晓谕军营大小官弁知之。①

●九月二十五日,刘统勋奏西路实在情形一折,被乾隆斥为"乖谬已极"!受到平生最严厉处罚。自身不仅被革职,二子亦被牵连入狱,甚至家产也被查抄以赔军资。

丙申,谕曰:刘统勋奏西路实在情形一折,乖谬已极!现今伊犁平定之后,阿睦尔撒纳背恩叛窜。阿巴噶斯、哈丹弟兄,不过一鄂拓克之宰桑,为所煽诱,抢夺台站。业克明安宰桑扎木参等,率众求请于附近军营居住。而永常妄生疑惧,遂退回巴里坤。今噶勒藏多尔济之子诺尔布琳沁即带兵千余杀退阿巴噶斯兵众,则西路全势,并无丝毫变动。若使永常仍驻穆垒,率来归之众,令为前驱,奋往直前,早通伊犁声息。而追寻阿睦尔撒纳逋逃踪迹,西陲当已安帖无事矣。乃永常惘怯于前,刘统勋附和于后,实出情理之外。军营所恃,全在领兵大臣。今一将军、一总督无端自相恐怖,众心其何所恃耶?!刘统勋奏内所云诺尔布琳沁等来告之说,俱未可深信。夫诺尔布琳沁,为守护游牧。始则恳求内移,继则率众剿贼。现将阿巴噶斯之得木齐班咱,擒送来营。情形若此,尚何不可信之有?又云内外之界,不可不分。试思各部自归诚以来,悉已隶我版图。伊犁皆我界,尚何内外之可分?今西路诸台吉、宰桑,皆知遣人来告军营,求以兵力壮其声势。其自效之意,显然可见。而永常、刘统勋乃望风疑畏。甚欲全调陕甘满汉标营马匹,且以向年巴里坤孤悬塞外,马驼被劫为词。夫雍正年间,准噶尔以其全力鸱张鼠窃,视今日之一举荡平,诸部归诚,相去天壤。三尺童子,莫不知之。刘统勋作此种种乖谬之语,贻误军事。且班第等在伊犁,系办理军务大臣。刘统勋并不与永常亟谋安接台站,竟奏请退回哈密而置班第等于不问。伊身为总督,现在巴里坤。一切军营应办事宜,何莫非其专责?即如军营马匹,现俱乏弱,纵撤回之马,不无疲瘦。而所有一切马匹,何以不豫饬豢养膘壮?刘统勋所司何事?糜费钱粮,不能适用,其罪尤无可逭!昨据治大雄奏到,伊将安西官兵,忽而调遣,忽而停止。马力岂不更加疲乏?永常已降旨革职,拏解来京。刘统勋如此乖张,贻误军旅重务。若以其系汉人,为之宽恕,而不治以应得之罪,则是朕歧视满汉,且将复何以用人?何以集事耶?刘统勋着革职,拏解来京治罪。伊子刘墉,亦着革职,拏交刑部。永常子额勒登额,着革职在军营效力。永常、刘统勋在京诸子,并着拏交刑部。所有各本旗籍及任所赀财,并着查

---

① 《大清高宗法天隆运至诚先觉体元立极敷文奋武孝慈神圣纯皇帝实录》卷之四百九十七。

出，为偿补军需马匹之用。①

按：永常是刘统勋所遇到的猪队友——推诿、自私、狡诈、怯懦。

●秋九月，封噶勒藏多尔济为绰罗斯汗，车凌为杜尔伯特汗，沙克多尔曼济为和硕特汗，巴雅尔为辉特汗。②

〇十月初七日，刘统勋革职前所奏马驼、粮饷转运及请求拨银诸事，军机大臣等议覆均应如所请，乾隆允从。

丁未，军机大臣等议覆：革任协办陕甘总督、尚书刘统勋奏，先后解到军营马匹，足供七千兵。恐有疲乏，仍将陕甘存马挑解。军营存驼，计四千余只，再购调拨。粮饷应募殷商，分别程途，给值转运，俱交吴达善办理。又请于兰州司库，拨银二十万两，分贮甘肃、安西、道库。均应如所请。从之。③

●十月初十日，刘统勋已解军营马五千四百余匹。④

●十月十一日，乾隆始转念及刘统勋忠贤，又深恐刘统勋性格刚烈，义不受辱，故此番谕旨曲折备至，此中既见乾隆之刚愎自用，又见刘统勋在其心目中忠贤秉性。

壬子，谕曰：刘统勋因永常自穆垒退回巴里坤，轻信浮言，张皇附和，奏请退守哈密、拒绝归附之诺尔布琳沁，种种乖谬，不可枚举。是以降旨革职拏解来京治罪。夫律以逗挠军机，摇惑舆情，即置之法，实无可逭。但朕念刘统勋所司者在粮饷马驼，其军行进止，原系将军之事。设令模棱之人，缄默自全，转可不致获罪。是其言虽刺谬，其心尚可原也。况永常尚不识死绥之义，何怪于懦弱书生？！刘统勋在汉大臣中，平日尚奋往任事。朕于万无可宽之中，求其一线可生，予以自新之路。刘统勋着从宽免其治罪，发往军营，交班第等，令其在司员内，办理军需，效力赎罪。倘伊以为士可杀而不可辱，欲来京甘受典刑，亦惟其所自处。伊子俱着释放，刘墉着加恩令在编修上行走自效。至策楞，去岁即以恇怯获罪，今复用为都统。于永常退回时，即当一面参奏，一面带兵进剿。乃一味曲从，依违观望，故亦降旨革职拏问。在伊实有应得之罪，但此番坐失机宜，永常实为罪首，策楞乃系因伊获谴，亦着从宽免其治罪。交与扎拉丰阿，令其在司员内办理粮饷，效力赎罪。刘统勋前

---

① 《大清高宗法天隆运至诚先觉体元立极敷文奋武孝慈神圣纯皇帝实录》卷之四百九十七。
② 印鸾章：《清鉴纲目》，长沙：岳麓书社，1987年，第333页。
③ 《大清高宗法天隆运至诚先觉体元立极敷文奋武孝慈神圣纯皇帝实录》卷之四百九十八。
④ 同上。

后所奏诸折并发。①

● 十月十五日，将原赏给刘统勋之城内官房一所，着赏给户部侍郎刘纶居住。②

1756　乾隆二十一年　丙子　刘统勋58岁　刘墉37岁

● 三月，刘墉与吴淞岩太守相见，吴送端砚与刘墉，并指点刘墉如何鉴别端砚，由是，刘墉留下《砚说录存》册，此为迄今为止所见最早之刘墉行草墨迹。③

● 四月，何国宗奉差前往伊犁，测量晷度，绘画地图，刘统勋会同前往。④

● 四月初九日奉上谕：何国宗、刘统勋两人一起，将所有山川地名考验纂录进呈。

何国宗原系奉差前往伊犁一带测量晷度并令绘画地图，现在即由巴里坤一带及额林哈必尔汉等处已尽足。伊等今岁办理，至冬间冰雪凝寒，或回至巴里坤或哈密居住，俟明春草长再行前进。现今厄鲁特当残敝之后，人多穷困，既无可交易，兼恐中途攘夺，伊等所赏资斧本自宽裕，可即从巴里坤自行备裹干粮，从容前往。刘统勋亦即会同何国宗一路行走。遵照前旨，将所有山川地名考验纂录进呈，并传谕刘统勋知之。钦此。⑤

● 四月二十八日，命何国宗专办西域舆图事务，刘统勋即驰驿回京⑥

○ 丙子二十一年夏五月，褫将军策楞、参赞玉保职，以达尔党阿及哈达哈代之。⑦

● 五月十六日，刘墉以编修充广西乡试正考官。

以御史刘湘为四川乡试正考官，编修钟兰枝为副考官；修撰梁国治为广东乡试正考官，编修博明为副考官；编修刘墉为广西乡试正考官，宗人府主事毛永燮为副

---

① 《大清高宗法天隆运至诚先觉体元立极敷文奋武孝慈神圣纯皇帝实录》卷之四百九十八。
② 同上。
③ 见刘墉墨迹《砚说录存》。
④ 《大清高宗法天隆运至诚先觉体元立极敷文奋武孝慈神圣纯皇帝实录》卷之五百十。
⑤ 《钦定皇舆西域图志·谕旨》，《四库全书》第500册，台北：台湾商务印书馆，1986年，第3页。
⑥ 《大清高宗法天隆运至诚先觉体元立极敷文奋武孝慈神圣纯皇帝实录》卷之五百十一。
⑦ 印鸾章：《清鉴纲目》，长沙：岳麓书社，1987年，第335页。

考官；修撰庄培因为福建乡试正考官，吏部主事范思皇为副考官；修撰吴鸿为湖南乡试正考官，刑部主事张模为副考官。①

丙子科乡试广西考官：编修刘墉，字石庵，山东诸城人，辛未进士。宗人府主事毛永燮，字理斋，顺天大兴人，壬戌进士。题"可得而闻　天道""言前定则"二句，"学者亦必"一句。解元唐迁仪，全州人。②

按：法式善虽与刘墉相熟，但此处却将刘墉字、号颠倒了。其熟人所述亦不可靠，法式善此误可谓典型例证。

● 六月十七日，刘统勋补授刑部尚书员缺。

癸丑，谕曰：何国宗现在降调，所遗左都御史员缺，着赵宏恩补授。汪由敦着调补工部尚书，其刑部尚书员缺，着刘统勋补授。刘统勋未到之前，汪由敦仍办刑部尚书事。赵宏恩以左都御史仍兼管工部尚书事。何国宗现差往伊犁一带测量，虽经降调，仍准服用原官顶带。俟回京之日，朕酌量另降谕旨。刘统勋从前妄议弃巴里坤，退守哈密。正当逆贼初叛之际，朕恐其摇动人心，阻挠军务。且果如其言，阿逆何至穷蹙无归，束手窜入哈萨克。观其至伊犁而不能守，更复有何伎俩，敢于侵扰内地？则巴里坤之断无可弃，理亦甚明。是以将伊革职治罪。然当其时，刘统勋因目击永常匆遽情形，骤闻其言，未能深察，是以张皇失措。夫永常身为将军，膺阃外之重寄，尚且怯懦退回，甘心偾事。刘统勋本系书生，未娴军旅，其所陈奏，识见固属冒昧舛谬，尚为乃心公事。假使彼时借口于职在文臣，办理军需，不与师行进止，模棱观望，缄默自守，转可安然无事。且如策楞、玉保等皆统兵大臣，当阿逆穷窜逋逃，距军营密迩，乃仍徘徊不进，坐致远扬。彼三人者，皆满洲、蒙古世仆，勇敢旧风未远，而皆逡懦至此。以刘统勋文怯汉人，相提并论，则其过为可谅，而其心转为可嘉矣。至何国宗职司风宪，乃于京察大典，竟将伊亲弟列为一等。虽古有内举不避亲之语，然有祁奚之公则可。试问何国宗兄弟，能无愧祁奚所言否乎？此所关系于官常者甚大，不得不示以惩警。朕用人行政，毫无成见。赏罚予夺，惟一秉至公，期于各当。将此宣谕中外知之。③

● 六月十八日奉旨：刘统勋、何国宗所办《西域图志》，著交军机处方略馆办

---

① 《大清高宗法天隆运至诚先觉体元立极敷文奋武孝慈神圣纯皇帝实录》卷之五百十三。
② ［清］法式善等：《清秘述闻三种·上卷》卷六，北京：中华书局，1892年，第198页。
③ 《大清高宗法天隆运至诚先觉体元立极敷文奋武孝慈神圣纯皇帝实录》卷之五百十五。

理。钦此。①

● 六月二十四日，仍赏东城官房一所给刘统勋。②

● 七月初五日，以刘统勋加恩起用，所有本籍原查入官家赀财产，并著给还。③

● 八月初六日，顺天乡试，以户部左侍郎兼管府尹事刘纶、府尹陈兆仑为监临官。刑部尚书刘统勋为正考官，刑部右侍郎蔡新为副考官。

丙子科乡试顺天考官：刑部尚书刘统勋，字延清，山东诸城人，甲辰进士。刑部侍郎蔡新，字葛山，福建漳浦人，丙辰进士。题"闵子侍侧"一节，"君子之道淡"四句，"曰若是前"一节。解元李骏，字冀超，长垣人。④

按：法式善《清秘述闻三种》讹舛较多，尤其考官字、号多颠倒，此又一例也。

○秋八月，和托辉特部郡王青滚杂卜叛，诏以成衮札布为定边左将军，率师讨之。⑤

● 二十一年丙子乡试。顺天主考官：刑部尚书刘统勋、广西正考官刘墉父子，浙江正考官、内阁学士庄存与与福建副考官、修撰庄培因兄弟，同科典试，称为盛事。⑥

● 九月二十七日，刘墉出任安徽学政。⑦

乾隆临行赐诗《赐安徽学政刘墉元韵》，⑧ 以壮行色。诗云：

海岱高门第，瀛洲新翰林。

尔称拟东箭，且爱栋南金。

---

① 《钦定皇舆西域图志·谕旨》，《四库全书》第 500 册，台北：台湾商务印书馆，1986 年，第 3 页。

② 《大清高宗法天隆运至诚先觉体元立极敷文奋武孝慈神圣纯皇帝实录》卷之五百十五。

③ 同上，卷之五百十六。

④ [清] 法式善等：《清秘述闻三种·上卷》卷六，北京：中华书局，1892 年，第 194 页。

⑤ 印鸾章：《清鉴纲目》，长沙：岳麓书社，1987 年，第 335 页。

⑥ [清] 福格：《听雨丛谈》卷十，参见沈云龙主编《近代中国史料丛刊》第 69 辑，台北：文海出版社，1973 年，第 183 页。

⑦ 王钟翰点校《清史列传》卷四百七十六《列传》卷二十六，北京：中华书局，1987 年，第 1986 页。

⑧ [清] 爱新觉罗·弘历：《赐安徽学政刘墉》，《御制诗二集》卷七十一，《四库全书》第 1304 册，第 352 页。

河诫伐檀诮，薪勤芃域心。

家声勉永继，莫负奖期深。

刘墉和诗为《恭和御制示安徽学政刘墉元韵》：①

久沐恩如海，新知士有林。

天章荣捧璧，雅化念追金。

勖以功裘业，殷然陶铸心。

赓歌惭里拙，濡翰颂高深。

● 诸城刘文清公视学安徽，高宗御赐诗云："海岱高门第，瀛洲新翰林。"文清刻私印曰："御赐海岱高门第"。②

● 公（刘墉）父子俱为贤宰相，高宗赐翰，称为"海岱高门第"。③

●《禹贡》曰："海岱惟青州。"诸城在汉为琅邪郡，今属青州。故乾隆二十一年，宰相刘文清公以翰林视学安徽，赐诗有曰"海岱高门第"也。④

● 闰九月二十日，刘统勋驰驿前往江南、山东交界处办理黄河工程。

乙卯，谕曰：江南、山东交界地方，黄河工程现有应需疏浚修筑之处，着尚书刘统勋驰驿前往，会同总河富勒赫、白钟山，相度情形，一面奏闻，一面办理。河标副将朱一智，着刘统勋带往工所，差遣委用。⑤

● 十月初五日，刘统勋于孙家集奏报堵筑工程所需物料，得乾隆有力支持。

己巳，谕军机大臣等：江南、山东交界之孙家集地方，现有堵筑工程，所需物料，关系紧要。据尚书刘统勋奏称，已经移咨河南、山东办运秸料。着爱必达、图勒炳阿等即速委员，克期运送，毋得稍有迟误。现在起运若干，未运若干。一面办

---

① ［清］刘墉：《刘文清公应制诗集》，清道光六年（1826）东武刘氏味经书屋刻本，卷一。
② ［清］王培荀：《乡园忆旧录》卷三，济南：齐鲁出版社，1993年，第181—182页。
③ 李元度：《国朝先正事略》卷十六，《续修四库全书》第538册，上海：上海古籍出版社，2002年，第363页。
④ ［清］阮元：《诸城刘氏族谱序》，《揅经室三集》卷五，《续修四库全书》第1479册，上海：上海古籍出版社，2002年，第246—247页。
⑤《大清高宗法天隆运至诚先觉体元立极敷文奋武孝慈神圣纯皇帝实录》卷之五百二十三。

理，一面奏闻。可即传谕该督、抚等知之。①

● 十月，刘统勋疏言："孙家集向无堤工，以备盛涨，例于秋汛后补筑水冲沟渠。今两年未经补筑，致成渠分溜。"诏解总河富勒赫任，以刘统勋暂署。②

● 十月初八日，刘统勋参奏富勒赫渎职，并暂署河道总督。

壬申，谕：从前富勒赫学习河务时，参奏南河积弊，尚似能实心任事，朕冀其有剔弊厘奸之能，是以即令署理河督。乃年来所办诸事，不过寻常供职，漫无实在整顿。即如孙家集地方，向来不设堤工，留为减泄黄水盛涨，冬令复行堵筑，历年俱如此办理。乃去岁旁溢之处，渐露河槽，富勒赫并不先事豫防。及今秋水势冲漫大溜渐移，亦未将情形据实入告，不过含糊具奏。现据刘统勋参奏，交部严加议处。若仍留总河之任，于河防重务，恐有贻误。富勒赫着来京候旨。其河道总督员缺，着爱必达补授。山东巡抚员缺，着鹤年调补。广东巡抚员缺，着周人骥署理。周人骥着来京陛见，即行赴任。鹤年现在奏请陛见，俟来京后，再赴新任。爱必达俟鹤年到任后，来京请训，再赴河道总督之任。爱必达未到任之先，刘统勋着暂行署理河道总督事务。③

● 十月十三日，乾隆为刘统勋孙家集催办河工秸料，并命爱必达与刘统勋商议河工事务。

丁丑，又谕：昨据爱必达奏办河工秸料，现委阿尔泰驰赴督催等语。孙家集工程，需料孔亟，自应大员督率。今爱必达已补授河道总督，该处堵筑，即系伊分内之事。若俟到任后方行前往，则鹤年来京尚需时日。可传谕爱必达即亲身督理山东料物，前赴工所。亦可与刘统勋面商河工一切事宜，于明岁修防等务，亦得早为熟悉。所有现在堵筑之处，尤当上紧督理，勿致稍有迟滞。俾漫水消涸，不误春耕。于山东、江南两省农事，所关甚巨。可速行传谕知之。

又谕：前因孙家集地方有堵筑工程。所需秸料，传谕图勒炳阿等，即速照刘统勋移咨，克期运送。并将起运若干，未运若干，即行奏闻。何以尚未奏到？黄河工程，关系紧要。现今需料甚急，图勒炳阿当亲往督催料理，勿致属员任意耽延，稍

---

① 《大清高宗法天隆运至诚先觉体元立极敷文奋武孝慈神圣纯皇帝实录》卷之五百二十四。
② 王钟翰点校《清史列传》卷四百七十六《列传》卷十八，北京：中华书局，1987年，第1396—1397页。
③ 《大清高宗法天隆运至诚先觉体元立极敷文奋武孝慈神圣纯皇帝实录》卷之五百二十四。

有迟误。并将现在办运情形，速行奏闻。可传谕知之。①

●十月二十九日，刘统勋奏只要料物云集，约期十月中旬，孙家集工程即可克期竣事。

癸巳，钦差尚书刘统勋等奏：臣等亲赴工次，见霜降后，平地漫涨之水渐涸。黄河正溜，因闸、坝堵闭，日渐加增。徐州城外河面，宽抵两岸，水深处一丈有余。孙工已筑一百十余丈，未筑八十余丈。现办料物，随到随筑，约期十月中旬，料物云集，即可克期竣事。得旨：以速为要。不然，则误春耕矣。②

○十月，刘墉座师周煌副全魁为使，偕王文治、徐傅舟二人册封琉球，行至姑米山，飓风坏舟，幸获救，各有诗纪事。刘墉于周煌行前有《送周景垣座主奉使琉球》③ 长诗相送。

诗曰：

> 吾师过海去，海水春悠悠。
> 青天磨出碧铜镜，白日照烂珊瑚钩。
> 借问此何行，天书下螭头。
> 中山之王传世土，儒臣将命承天休。
> 仪曹送衣灿宫锦，上有负仁抱义祥麟游。
> 峨峨万斛船，浩如鲸鲲浮。
> 船头到船尾，行倦中迟留。
> 闽疆对海门，遥望三琉球。
> 明珠晃漾目光眩，山川一气如圆球。
> 清风何飘飘，披拂三神洲。
> 神清之洞渺何许，仿佛琼楼玉宇可见不可求。
> 云中双凤来，赤岸高帆收。
> 君臣纷迓到宾馆，祥光瑞雾环行舟。
> 册书读罢日当午，鼓舞海若腾蛟虬。

---

① 《大清高宗法天隆运至诚先觉体元立极敷文奋武孝慈神圣纯皇帝实录》卷之五百二十四。
② 同上书，卷之五百二十五。
③ ［清］刘墉：《刘文清公遗集》卷五，第3页。

使汝国祚长，使汝福禄酋，

使汝嘉谷无腾螽，使汝边境无虔刘。

天子意，万年长，

抚大九洲尔邦之君世康侯，锡马番庶百无忧。

天使驾言旋载道，闻歌讴。

何由识天使，彩服丰而修。

过此一万里，西望峨眉秋。

神仙申人此焉宅，碧鸡金马翔岩幽。

笑携绿玉杖，来朝紫衣裘。

飞凌小海玩海鸥，清辞丽句敲琳球。

荒唐与细碎，囊括谈天邹。

赋海不道盐，区区木张何足俦。

归来就中有东海，我从夫子追冥搜。

●十一月初三日，刘统勋以孙家集工程办理迅速，得乾隆褒奖云："办理迅速，甚属可嘉。"并被交部议叙。

丙申，谕：孙家集漫口，水势泛于运道及徐、沛等州县田亩，均有关系。因特差刘统勋会同白钟山办理。今据奏已于十月二十九日堵闭合龙，河流顺轨，下游田地消涸，不误春耕。刘统勋、白钟山俱交部议叙。其在工员弁，着该署督等查明奏闻，交部议叙。①

●十一月十八日，谕刘统勋交河道总督印于爱必达，回京办事。②

○十二月，青滚杂卜被擒伏诛。③

●是年，刘墉另有应制诗一首。

恭和御制红杏园仍叠前韵元韵④

昔年廑筹边，此地驻翠辇。

---

① 《大清高宗法天隆运至诚先觉体元立极敷文奋武孝慈神圣纯皇帝实录》卷之五百二十六。
② 同上书，卷之五百二十七。
③ 印鸾章：《清鉴纲目》，长沙：岳麓书社，1987年，第335页。
④ ［清］刘墉：《刘文清公应制诗集》卷一，爱日轩陆贞一仿宋镌，第10页。

> 握奇运皇衷，风云护宸馆。
> 拓疆三万里，赫濯彻幽显。
> 今来大泽敷，绣野春光展。
> 裁诗忆曩昨，兢业非闲遣。
> 锡福本天申，乘时体元善。

1757　乾隆二十二年　丁丑　刘统勋59岁　刘墉38岁

●正月十二日，乾隆命刘统勋在京总理事务处行走。①

●正月十六日，刘墉奏称该督饬拏王者辅之子王锡昌，旋经搜出红纸说帖书札底稿，其中多有关说营求等语。

戊申，谕军机大臣等：据安徽学政刘墉奏称该督饬拏王者辅之子王锡昌，旋经搜出红纸说帖书札底稿，其中多有关说营求等语。王者辅久在江南督抚幕中，其父子俱属招摇生事之徒。现在该督因何案差拏？抑或亦别有访闻耶？着将刘墉查出说帖书札等件，并钞录原折，封寄尹继善，令将签出各条内招摇指撞之处，一并严加审讯，务得实情。总之外官幕友，夤缘请托，随事舞弊，比比而是。既经发觉，若不根究属惩，吏治何由肃清？不得视为细故也！再朱眰一案，现在查审如何？着并传旨询问。②

〇丁丑二十二年春正月，乾隆奉皇太后南巡。③

〇二月，绰罗斯特、辉特等部复叛，右部将军兆惠率师讨之。④

●三月初六日，刘统勋为会试正考官。⑤

丁酉，命礼部左侍郎徐以烜为会试知贡举，刑部尚书刘统勋为正考官，礼部左侍郎介福、右侍郎金德瑛为副考官。⑥

---

① 《大清高宗法天隆运至诚先觉体元立极敷文奋武孝慈神圣纯皇帝实录》卷之五百三十。
② 同上书，卷之五百三十一。
③ 印鸾章：《清鉴纲目》，长沙：岳麓书社，1987年，第336页。
④ 同上。
⑤ 王钟翰点校《清史列传》卷四百七十六《列传》卷十八，北京：中华书局，1987年，第1391页。
⑥ 《大清高宗法天隆运至诚先觉体元立极敷文奋武孝慈神圣纯皇帝实录》卷之五百三十四。

乾隆二十二年丁丑科会试，是科奉旨乡、会试易表判为诗，永著为例。考官：刑部尚书刘统勋，字延清，山东诸城人，甲辰进士；礼部侍郎介福，字受兹，满洲镶黄旗人，癸丑进士；礼部侍郎金德瑛，字慕斋，浙江仁和人，丙辰进士。题"臧文仲其"一句，"在上位不"二句；"一箪食一　加焉"，赋得"循名责实"得"田"字。

会元蔡以台，字季实，浙江嘉善人。[①]

丁丑科殿试成进士榜单[②]：

第一甲三名

蔡以台、梅立本、邹奕孝

第二甲七十名

李汪度、钱大经、戴文灯、刘亨地、曹锡宝、汪新、袁鉴、彭元瑞、王绍曾、李翊、梁英佐、蒋士铨、罗廷梅、王大鹤、刘芬、吉梦兰、戴第元、来益清、刘成驹、徐曰明、吴岩、邱廷澜、张光启、李林、李宗宝、陈兰森、沈若木、方汝谦、陶淑、李瑞麟、方春熙、熊之福、纪昭、彭冠、陈士林、杨服彩、郑爔、严思濬、洪钧、严锡绂、薛宁廷、汤登泗、杨逢元、陈铨、郑之翀、李宜蕃、那穆齐礼、李本昕、焦汝翰、袁渚孙、奇山、杨凤腾、吴潮、韩梦周、孙鹤翔、钱玘、彭绍观、鲁赞元、王正茂、李敬跻、胡来宣、王承广、倪学洙、施培应、钟光序、王裕增、许承苍、俞瀚、陆允镇、何璠

第三甲一百六十九名

周嘉猷、顾彬、成镐、玉星烛、李荫桩、尤垂青、陈柱、魏大文、何曰佩、蒋国华、康基田、张时栋、臧荣青、洪世佺、赵维翼、何思聪、张钟琬、田自禅、杨廷桦、陈学道、刘显恭、卫诣、王朝翰、噶尔萨、吴瀚、蔡亮茂、金兆奇、阮芝生、吴湘、丁百川、陈鈖、衷以埙、李本杞、林衡瑞、韩本晋、黄珪、翁耀、冯履谦、简昌璘、王僧恺、涂祖澜、黄绳先、王克捷、傅应时、田玉成、金科、杨鹏翮、陆昌祖、伦显圣、边廷抡、杨长发、解秉智、郭绍宗、沈长泰、涂应槐、谢清问、牟廷典、张大鲲、温颐、江廷泰、陈良佐、胡相良、禹寿、刘骞青、张起凤、张佩芳、

---

① ［清］法式善等：《清秘述闻三种·清秘述闻》卷六，北京：中华书局，1997年，第198—199页。
② 朱保炯、谢沛霖编《明清进士题名碑录索引》下册，上海：上海古籍出版社，第2727页。

张作霖、吴士奇、程大中、杨瑄、史大勋、周仁栋、刘长灵、王巨源、陈洪谟、尹涟、卢兆麟、单芸、张成宾、张永祥、夏良士、程文球、刘志、邹起凤、林闱阶、梁升、张伟、张遒绂、符汉理、靳文远、石永华、陈于午、李应龙、沈涟、富森泰、门锜、黄泌、乐鸣韶、常纪、杨霆、程兴仁、赵海、张宏仁、梁尚秉、唐之岳、郭六宰、雷懋德、王如涛、刘芳轲、李蕃、李漱芳、拱翊勋、孙耀曾、黄道恩、曾正浩、庄拔萃、陈一德、朱莞会、魏国正、何谦泰、陈经礼、梁作文、刘学周、贾景谊、王荣绪、阮基、苏箕斗、郭卫城、郭世谊、谢维沛、蒋载熹、杨槤、张德源、曹膏、李鹄、毛受松、陈献琪、纪澄中、李苐、陈怀玉、李灼、郭成巍、龚孔传、王汝梅、樊恭桂、杨如溥、汪潮、赵之旦、高名世、李梦登、米天英、贾德、陈琠、莫普济、楼克兴、张东、朱敬、杨启珍、燕增元、张洲、林名世、秦之柄、觉罗福志、段三才、张金龙、李子郁、曾西元、宋鳌、墙嵝

●三月二十五日，乾隆命刘统勋先行"出场"，赶赴行在，于孙家集工所面请训示，以便会同白钟山等相度毛城铺以应行堵筑并未筹及以致河身渐淤之处，上紧办理。

丙辰，谕军机大臣等：会场现在奏请发榜日期，闱事将已告竣，着传谕刘统勋，朕于四月初四五日，可抵徐城阅视河工。刘统勋前署河督，办理孙家集工程于毛城铺应行堵筑之处，并未筹及，以致河身渐淤，于伏秋大汛，甚有关系，此皆刘统勋办理不善所致。朕今亲临工所，刘统勋如已经出场，即令驰驿前来。若尚未彻闱，而此时场务，当已就绪，亦即令其先行出场，速赶赴行在，面请训示。以便会同白钟山等相度情形，上紧办理。①

〇夏四月，命左副将军成衮札布、右副将军兆惠出征准噶尔，阿睦尔撒纳走死，准噶尔平。②

●四月初四日，以亲阅高堰、清口及徐州等处工程，觉应疏、应筑之工，同时并举，白钟山所难及，遂命刘统勋等分头行动，务于伏汛前竣其所分配工程。

乙丑，又谕：河工为运道民生所系，朕宵旰忧勤，时深廑念。兹者，翠华南幸，于高堰、清口及徐州等处工程，亲临阅视，并与司河务诸臣，详加筹酌。现今伏汛将届，且近河皆积歉之区，贫民甚多，以工代赈，于穷黎有益，而于工程亦易集事。

---

① 《大清高宗法天隆运至诚先觉体元立极敷文奋武孝慈神圣纯皇帝实录》卷之五百三十五。
② 印鸾章：《清鉴纲目》，长沙：岳麓书社，1987年，第337页。

白钟山身任总河，工务自有专责，但以目今时势，所有应疏、应筑事宜，同时并举，朕意分任大臣以专其事，当可速收实效。黄河至徐州渐窄，北岸苏家山一带，又复迫束大溜。近城石堤，诚为最要。从前已有者，应加帮以培其势；从前所无者，应接筑以重其防。着尚书刘统勋率该道王鸿勋、钱度善为经理，加紧督催，务于伏汛前竣工，以资防护。而备料集事，尹继善亦不得辞其责。其六塘河以下，为沂、沭诸水下游。现有余潦停积，桃源、宿迁诸县，阻黄临运，为堤堰所隔，积水无由宣泄。洼地多成巨浸，农民失业堪悯。或应添建滚坝，或应酌建涵洞，或开导沟渠，潴为陂泽，水减一分，则民间受一分之益。着侍郎梦麟率该道吴嗣爵、同知李宏等速行确勘，次第妥协办理，至下河高、宝诸河之水，入江入海，各有分途。小港支渠，排比行列，但或淤或浅，以致水无所归，不特沿海兴、盐七邑被其患，而高、宝首当其冲。城垣庐舍，亦重为可虑。当使近江省入江，近海者归海，条理井然，深通畅遂，不致泛滥田亩，则所全实多。嵇璜前奏，请于昭关设滚坝一座，滚坝之下复开支河，南关旧坝改建滚水石坝，此项工程，并一应支河，即着嵇璜率同何煟董其事。诸臣当仰体朕焦劳至意，诸事公同商酌，和衷共济，联为一体，毋稍分畛域，各持意见。盖治水非他政务可比，必卓识远虑，明于全局，又不执己见，广咨博采，而能应机决策。其委用河汛员弁，则一本大公，好恶毫无偏徇，备此数者，庶或有济。顾安得斯人而授之重任耶？且所兴建埽坝各工，率以意增益，一经准建，岁岁加修。其以险已化平停止者，百不一二。此或由河臣沿袭因循，漫不省视，更或故留为河员养赡计。所谓帑归实用者，固如是乎？即欲为河员，与其留此无用之工，何不移之有用之地？亦可资其抢护，不致溃决成灾。此皆不能虑患于事先，惟求苟免于无事。一经决裂，虽悔何追？此司河务诸臣所当铭刻提撕，奉为恫戒也。徐城南北各工，现今培厚加高者，仍令张师载、高晋分办，务于四月完竣后，交白钟山收工，各回本任。现今各工应需一切物料，并着会同总督尹继善、巡抚爱必达、高晋等酌办。其有需豫、东二省协济者，即行知图勒炳阿、鹤年随时拨运。总期迅速鸠工疏瀹得宜，堤防巩固，于运道民生，两有裨益，以副朕慎重河防至意。①

● 四月初五日，以郭一裕奏总督恒文案发，乾隆急招刘统勋驰驿前往办案，并命德尔敏接替刘统勋徐州石工。

丙寅，又谕曰：郭一裕奏总督恒文各款，并折内有名人犯。着尚书刘统勋驰驿

---

① 《大清高宗法天隆运至诚先觉体元立极敷文奋武孝慈神圣纯皇帝实录》卷之五百三十六。

前往，会同贵州巡抚定长秉公严审。应革职解任者，一面奏闻，一面查办，按律定拟具奏。

谕军机大臣等：刘统勋现有差办事件，其徐州石工承办需人。着即速传谕德尔敏，令其驰驿迎至行在，面领训谕，即赴工次。①

●四月十一日，乾隆传谕刘统勋告知办案注意事项。

壬申，谕军机大臣等：郭一裕参奏一案，着刘统勋面见定长时，再将所奉谕旨，令其阅看，即会同前往。不必先行寄知，恐有漏泄。至家人赵二，尤属要犯，当密为防范，勿令闻风远扬。如查明后，应行摘印质审，一面奏闻，一面将总督印务，交定长暂行署理，再降谕旨。②

●四月十五日，乾隆在比较德尔敏与刘统勋时流露出对刘统勋掩饰不住的欣赏之情。

丙子，又谕曰：刘统勋另有差遣，是以特令德尔敏前赴南河，帮同办理石堤事务。但德尔敏非刘统勋之比，虽其办事认真而胸中不甚明晰，性情亦有偏执之处，只可用以督修工程原不令其自出主见。一应堤工庙工，不过令其监修而已。尹继善原曾面奉指示，若因有钦差，诸事必待与之商酌而行，转于工程无益，此亦尹继善所宜体会者，可一并传谕白钟山知之。③

●四月二十六日，以刘统勋出差，刑部尚书事务着秦蕙田暂行署理。④

●四月二十九日，任刘墭掣得福建福州府连江县知县缺。⑤

●四月，乾隆命刘统勋赴徐州督修近城石坝。⑥

●五月初二日，刘统勋充经筵讲官。⑦

●六月初一日，刘统勋查恒文令属员买金，短发金价，巡阅营伍，沿途纵容家人收受属员门礼诸款皆坐实。

---

① 《大清高宗法天隆运至诚先觉体元立极敷文奋武孝慈神圣纯皇帝实录》卷之五百三十六。
② 同上。
③ 同上。
④ 同上书，卷之五百三十七。
⑤ 秦国经主编《清代官员履历档案全编》卷十七，上海：华东师范大学出版社，1997年，第175页上。
⑥ 王钟翰点校《清史列传》卷四百七十六《列传》卷十八，北京：中华书局，1987年，第1394页。
⑦ 《大清高宗法天隆运至诚先觉体元立极敷文奋武孝慈神圣纯皇帝实录》卷之五百三十八。

白钟山身任总河，工务自有专责，但以目今时势，所有应疏、应筑事宜，同时并举，朕意分任大臣以专其事，当可速收实效。黄河至徐州渐窄，北岸苏家山一带，又复迫束大溜。近城石堤，诚为最要。从前已有者，应加帮以培其势；从前所无者，应接筑以重其防。着尚书刘统勋率该道王鸿勋、钱度善为经理，加紧督催，务于伏汛前竣工，以资防护。而备料集事，尹继善亦不得辞其责。其六塘河以下，为沂、沭诸水下游。现有余潦停积，桃源、宿迁诸县，阻黄临运，为堤堰所隔，积水无由宣泄。洼地多成巨浸，农民失业堪悯。或应添建滚坝，或应酌建涵洞，或开导沟渠，潴为陂泽，水减一分，则民间受一分之益。着侍郎梦麟率该道吴嗣爵、同知李宏等速行确勘，次第妥协办理，至下河高、宝诸河之水，入江入海，各有分途。小港支渠，排比行列，但或淤或浅，以致水无所归，不特沿海兴、盐七邑被其患，而高、宝首当其冲。城垣庐舍，亦重为可虑。当使近江省入江，近海者归海，条理井然，深通畅遂，不致泛滥田亩，则所全实多。嵇璜前奏，请于昭关设滚坝一座，滚坝之下复开支河，南关旧坝改建滚水石坝，此项工程，并一应支河，即着嵇璜率同何煟董其事。诸臣当仰体朕焦劳至意，诸事公同商酌，和衷共济，联为一体，毋稍分畛域，各持意见。盖治水非他政务可比，必卓识远虑，明于全局，又不执己见，广咨博采，而能应机决策。其委用河汛员弁，则一本大公，好恶毫无偏徇，备此数者，庶或有济。顾安得斯人而授之重任耶？且所兴建埽坝各工，率以意增益，一经准建，岁岁加修。其以险已化平停止者，百不一二。此或由河臣沿袭因循，漫不省视，更或故留为河员养赡计。所谓帑归实用者，固如是乎？即欲为河员，与其留此无用之工，何不移之有用之地？亦可资其抢护，不致溃决成灾。此皆不能虑患于事先，惟求苟免于无事。一经决裂，虽悔何追？此司河务诸臣所当铭刻提撕，奉为恫戒也。徐城南北各工，现今培厚加高者，仍令张师载、高晋分办，务于四月完竣后，交白钟山收工，各回本任。现今各工应需一切物料，并着会同总督尹继善、巡抚爱必达、高晋等酌办。其有需豫、东二省协济者，即行知图勒炳阿、鹤年随时拨运。总期迅速鸠工疏瀹得宜，堤防巩固，于运道民生，两有裨益，以副朕慎重河防至意。①

●四月初五日，以郭一裕奏总督恒文案发，乾隆急招刘统勋驰驿前往办案，并命德尔敏接替刘统勋徐州石工。

丙寅，又谕曰：郭一裕奏总督恒文各款，并折内有名人犯。着尚书刘统勋驰驿

---

① 《大清高宗法天隆运至诚先觉体元立极敷文奋武孝慈神圣纯皇帝实录》卷之五百三十六。

前往，会同贵州巡抚定长秉公严审。应革职解任者，一面奏闻，一面查办，按律定拟具奏。

谕军机大臣等：刘统勋现有差办事件，其徐州石工承办需人。着即速传谕德尔敏，令其驰驿迎至行在，面领训谕，即赴工次。①

●四月十一日，乾隆传谕刘统勋告知办案注意事项。

壬申，谕军机大臣等：郭一裕参奏一案，着刘统勋面见定长时，再将所奉谕旨，令其阅看，即会同前往。不必先行寄知，恐有漏泄。至家人赵二，尤属要犯，当密为防范，勿令闻风远扬。如查明后，应行摘印质审，一面奏闻，一面将总督印务，交定长暂行署理，再降谕旨。②

●四月十五日，乾隆在比较德尔敏与刘统勋时流露出对刘统勋掩饰不住的欣赏之情。

丙子，又谕曰：刘统勋另有差遣，是以特令德尔敏前赴南河，帮同办理石堤事务。但德尔敏非刘统勋之比，虽其办事认真而胸中不甚明晰，性情亦有偏执之处，只可用以督修工程原不令其自出主见。一应堤工庙工，不过令其监修而已。尹继善原曾面奉指示，若因有钦差，诸事必待与之商酌而行，转于工程无益，此亦尹继善所宜体会者，可一并传谕白钟山知之。③

●四月二十六日，以刘统勋出差，刑部尚书事务着秦蕙田暂行署理。④

●四月二十九日，侄刘埴掣得福建福州府连江县知县缺。⑤

●四月，乾隆命刘统勋赴徐州督修近城石坝。⑥

●五月初二日，刘统勋充经筵讲官。⑦

●六月初一日，刘统勋查恒文令属员买金，短发金价，巡阅营伍，沿途纵容家人收受属员门礼诸款皆坐实。

---

① 《大清高宗法天隆运至诚先觉体元立极敷文奋武孝慈神圣纯皇帝实录》卷之五百三十六。
② 同上。
③ 同上。
④ 同上书，卷之五百三十七。
⑤ 秦国经主编《清代官员履历档案全编》卷十七，上海：华东师范大学出版社，1997年，第175页上。
⑥ 王钟翰点校《清史列传》卷四百七十六《列传》卷十八，北京：中华书局，1987年，第1394页。
⑦ 《大清高宗法天隆运至诚先觉体元立极敷文奋武孝慈神圣纯皇帝实录》卷之五百三十八。

辛酉朔，又谕：前据郭一裕参奏恒文令属员买金，短发金价，巡阅营伍，沿途纵容家人收受属员门礼等款。朕以恒文历任封疆，受恩最重，当不应至此，是以特命刘统勋会同定长前往查察。今据刘统勋等奏到，恒文买金一事及纵容家人收礼，俱属确实。恒文身为大臣，自应洁己率属，乃篦篦不饬一至于此，实为深负朕恩。恒文着革职拏问，其案内有名之汪筠、罗以均等，着一并革职，严审究拟具奏。①

●六月初二日，乾隆对郭一裕始以贡金器怂恿，后以购金参奏其人颇感奇怪，命刘统勋用心秉公研讯。

壬戌，又谕：前据郭一裕参奏恒文各款，特命刘统勋会同定长查办。今据奏到买金等事属实，业已降旨将恒文革职拏问。但阅供词，内称购金情节，实缘欲购备方物进贡。商之郭一裕，据云：滇省惟金较贵重，我拟制金手炉四个进贡。因令标员明柱向巡抚衙门领取炉样，购金制备等语。臣工贡献，前曾屡经降旨，概行禁止。即督抚所贡方物，不过若柑食品等物，以备赏赐。或遇国家大庆，间有进书画、玩器庆祝者，酌留一二，亦以通上下之情而已。从未有以金器进贡者，使恒文果有金器进到，亦必申饬发回。况内府何所不有，宁藉此戈戈金器为耶？而乃藉词勒派属员，短价冀图余润，以致喧传阖省，殊玷官箴。然既有以进贡为口实者，嗣后各省督、抚，除食品外，概不得丝毫贡献，违者以违制论。至恒文历任封疆，岂尚懵于事理。其在公正大臣，一闻郭一裕进贡金炉之语，即应据实参奏，乃不惟不奏，更尤而效之，反被所欺，是何愚之甚耶？但郭一裕既以进贡金器怂恿总督，随以购金参奏，是复何心？此虽恒文一面之词，亦不得不根究明悉。着刘统勋、定长将此情节，逐一秉公研讯。至恒文家人，或偶尔需索，尚可诿为耳目不周，乃金银赃物，计值累千，是其网利营私，稔恶盈贯，何得仅以失察为解？着一并严审具奏。②

●六月初三日，传谕刘统勋对郭一裕与恒文之间围绕其由进贡金炉而所引发的一切关系，予以深究详审。

癸亥，谕军机大臣等：昨刘统勋审讯恒文短发金价，纵容家人，款迹属实，已降旨将恒文革职拏问矣。恒文身为大臣，借口进献，勒派属员，短价取利。其罪固属难道，但据恒文供金炉式样，得之郭一裕，现有领取炉样之中军明柱可证等语。果如恒文之言，则是郭一裕先以炉式示恒文，继乃以购金参劾，又明知金炉不可进

---

① 《大清高宗法天隆运至诚先觉体元立极敷文奋武孝慈神圣纯皇帝实录》卷之五百四十。
② 同上。

献，必奉严饬，乃告以今年不进，竟似恒文全堕其术中者。此乃市井所不为，岂大吏同事一方，而竟出此?! 或郭一裕先曾制炉备贡，后因恒文纷纷购金，阖省喧传，恐彼此俱致败露，遂不复入进，而转以参劾恒文为先发计，亦未可知。但恒文之金既资购买，岂郭一裕制炉之金独不需购买乎？其购买属之何人？未进之金炉何在？亦不得因系先参，遂置之不问。若刘统勋等因有此旨，又误会谓因郭一裕有炉不进，复加穷诘，则更失之远也。总之，此二人虽共事日浅，未必素无嫌怨。阅郭一裕所参，及恒文所供。彼此俱不无构陷挟嫌恶习，着传谕刘统勋等，务将此中实在情节，悉心详审，即行具奏。①

●七月初一日，由刘统勋等审讯郭一裕与恒文商量贡金一折，乾隆大发感慨。

辛卯朔，又谕曰：刘统勋等审讯郭一裕与恒文商量贡金一折。恒文身为总督，乃借贡献为名，纵其欲壑。现据查出赃私累累，应俟各案审明，按律治罪。至郭一裕先以贡金怂恿恒文，并呈示式样，后见阖省喧传，乃先发制人，冀立身于不败。迹其所供，行险取巧情状，一一毕露。伊本属小器，前于山东巡抚任内陛见时，曾面奏臣家计本足自给，且久历外任，愿进银一万两为工程用。朕听之骇然，深斥责其非。因一时未得其人，未即理易。今观其先购金置炉备进，其病根深锢，是以随处发露耳。且其购金亦委之司道，即云照数发价，而以司道大员，供督、抚私役，阖省趋风，成何政体？国家设官分职之义，固如是乎？郭一裕深负封疆之寄，着解任来京候旨。外人无知者，或谓恒文系满洲，郭一裕以汉人参奏满洲，是以两败俱伤，此则鄙谬，大不知朕心。朕自登极以来，满汉从无岐视。此案审定时，必办理至公至当，允惬众心。况从前皇祖时，张伯行纠劾噶礼，经大臣审讯，诬坐张伯行，皇祖察知其实，重治噶礼之罪，而张伯行任用如故，此家法也。但郭一裕为人，非张伯行比耳。至纳世通、沈嘉征身居藩臬，原许其具折奏事，遇督、抚有此等事，即应据实陈奏，乃并匿不以闻。惟事迎合上司，毫不知愧，何以为属僚表率？纳世通、沈嘉征着交部严加议处具奏。寻议上。得旨：纳世通、沈嘉征俱照部议革职。②

●七月初五日，乾隆嘱刘统勋对郭一裕有无赃私务必虚公研求，以求情罪允当。

乙未，谕军机大臣等：前因郭一裕制炉购金，亦俱令司道采办。虽据供照数发价，而此外有无赃私，殊未可信。是以令刘统勋等接到谕旨，据实穷究，如应查封，

---

① 《大清高宗法天隆运至诚先觉体元立极敷文奋武孝慈神圣纯皇帝实录》卷之五百四十。
② 同上书，卷之五百四十二。

即将伊任所查封。刘统勋等奉到此旨,自应秉公查办。如郭一裕在云南任内,果不能洁己率属,簠簋不饬,亦如恒文之负恩,自当将伊赀财查封,请旨治罪。若讯无实在确情,而因朕已降旨,遂有意苛求,遽将伊任所赀财封禁,则是全不识事理之轻重矣。此事关于政体官常者甚大,必虚公研究,方能情罪允当,倘稍存意见,其何以副朕特委查审之本意耶?着将此传谕刘统勋知之。①

●陈其元此笔记虽有荒诞不经之处,但以其叙刘统勋查郭一裕案带出一些有价值的细节,故采之如下。

报施轮回之说,岂尽无凭哉?先大父毅堂公尝为子孙言,高祖矞南公讳镳,官云南首府时,总督某公贪暴无艺,稍忤意旨,即加以白简,诸官奉令惟谨。一日者,饬云南守购赤金二百两,公承命向肆中买金,每金两十六换,赍金开价投入。总督大怒,不受。自是指瘢索垢,呵责万端,公拟即挂冠矣,会总督为言官列款纠劾。天子命诸城刘文正相国来按是狱。公上谒,相国以首府必总督私人,拒勿见,而使缇骑围督署,搜索,得通贿簿,某若干,某若干,锱铢无漏。而于云南守名下,则大书曰:"某日送赤金二百两,索价十六换,发还。"等字。遂大重公。总督拘于请室,昔时趋附辈无一人过问者,公乃为之纳橐檀,供衣履。比奉命锁拿进京,又馈白金千资其行。总督大感愧,抢首于地曰:"某无眼不识君。此行若得生,必矢报;倘罪不赦,来世为子孙以报君!"比入都,则赐自尽。越十余年,公以养亲归里,久忘前事矣。一日者,坐书室假寐,忽传言某总督来。方起迎之,总督已至前,珊瑚冠蟒玉如故状,向公跪曰:"来报恩。"欲掖之,已直走入内室。惊而醒,正疑讶间,则报生第四孙矣。即先大父也。弥月后,乳姆抱之出,见公即莞然笑,公抚其首曰:"儿他日不患不作官,但不可再贪耳。"即嗷然哭。先大父自言平生莅官行法,胆极大;独一见货财,则此心惕惕然。惧其惩于前世之夙根耶?矞南公晚居石门,是近邻二童子,奇其貌,招之来家,俾与先大父共读,即陈学士万青、侍郎万全也,故名大父曰万森。②

按:陈其元此则笔记虽多有荒诞不经之处,但其叙刘统勋办案时情形婉如目前,且该类情节也多可信,故采之以补偿正史细节之缺失。

---

① 《大清高宗法天隆运至诚先觉体元立极敷文奋武孝慈神圣纯皇帝实录》卷之五百四十二。
② [清]陈其元:《庸闲斋笔记》卷一,《续修四库全书》第1142册,上海:上海古籍出版社,2002年,第6页。

○秋七月，杀前浙江布政史彭家屏及夏邑附生段昌绪。①

●八月初四日，乾隆以郭一裕赃私不多，对刘统勋所奏查封其家产之举予以否定，并命刘统勋妥善处置押解恒文进京一事，以免罪犯畏罪自戕。

癸亥，又谕曰：刘统勋等查审郭一裕一案，讯明郭一裕诈伪贪鄙款迹，按律拟流，并请查封家产。此案情节，郭一裕与恒文，各自有应得之罪，而轻重不同。恒文赃私累累，众证确凿，家产自应查封，以惩贪黩。所查郭一裕各款，不过交属员代买物件，短发不及百金，更有将原物退还者。即其令属员修造花厅一节，亦祇数百金，较之恒文情罪亦应有差等。若即一例办理，殊不足以服其心。已有旨传谕定长，将伊赀财照旧给还，不必查封。郭一裕现已在途，刘统勋应饬令委员妥协伴送，俟到京之日，另降谕旨。至恒文前已降旨拏解来京，滇省距京甚远，宜加意防范，严密关防，毋令伊家人窥探消，致伊畏罪自戕，刘统勋即不得辞其咎矣。着一并传谕刘统勋知之。②

●九月十二日，乾隆谈及刘统勋面奏为恒文解脱事。

辛丑，谕曰：郭一裕参奏恒文一案，已据刘统勋、定长审拟奏到。恒文令属员买金，短发金价，及巡查营伍，纵容家人勒索门礼等款，俱属确实。而郭一裕始则亦令属员买金制炉，迨见恒文短价，阖属喧传，恐事由伊始，因而先发制人，以自为掩覆之计，皆其实情。恒文身为大臣，不能正己率属，乃以进献为名，短价勒属，私饱已橐。现据所查任所赀财至数万余两。恒文非素封之家，其历任封疆，不过二三年，养廉所入，除足敷一岁公用，及往来盘费外，即极为节啬，亦何能若是之多？是其平日居官之簠簋不饬，不待言矣！昨刘统勋面奏，乃尚谓恒文之败检，皆由于家人恣横所致。其意似为恒文卸罪者，此则所见非是。恒文果以洁清律己，奴仆下人，其孰敢肆行无忌至是？恒文亦非昏愦无能之流，又何至为所朦蔽，全无觉察？况勒索门礼，即系家人所为，而购金短价受属员馈送，岂亦家人教之耶？恒文深负朕恩，情罪重大。虽不至如杨灏克扣谷价，朘削脂膏，必当肆市者可比。而鄂善伏法之成例具在，此而曲为宽宥，其何以饬官方而肃吏治？着派侍卫三泰、扎拉丰阿驰驿前往。于解送所至之处，即将此旨宣谕，赐令自尽。伊虽有老母，而孽由自作，国法所在，朕亦不能为之曲宥也。至郭一裕为人本属庸鄙，前岁曾面奏愿捐养廉羡

---

① 印鸾章：《清鉴纲目》，长沙：岳麓书社，1987年，第337页。
② 《大清高宗法天隆运至诚先觉体元立极敷文奋武孝慈神圣纯皇帝实录》卷之五百四十四。

余银一万。朕彼时欲严加惩治，姑面加训责，令其悛改。讵意其到滇后，复有购金制炉之举。试问各省督、抚，谁有以金器充方贡者？此仍其捐银故习，至其到任以后，一惟以声色货利殖产营运为事。深忝封疆之任。但其在官，尚不至如恒文之狼籍，同一购金，而发价并未短扣。郭一裕着革职，从宽发往军台效力，以为大吏鄙琐者戒。外间无知之徒，于两人情罪，未及深悉，或不免妄生议论，谓郭一裕以汉人参劾满洲，终致两败俱伤，此则无识之甚。朕前旨举皇祖办理张伯行、噶礼之案，家法昭然。且郭一裕之人，亦得与张伯行相提并论乎？朕于此案，亦惟协乎大公至正，情罪轻重，一归允当而已。将此宣谕中外知之。①

●九月十八日，乾隆以漕运、河工需通盘考虑，避一时权宜，筹及经久，遂特派刘统勋前往做统筹之策，并为其配备得力干员。

丁未，谕：据杨锡绂奏运河情形一折，请修垫纤路，整理闸座、民埝，并挑浚淤浅各事宜，俱系现在所应办之事。运河连年漫溢，挽运维艰。今年复遇异涨，遂至阻滞，非大加修筑挑浚，其何以济？且目前因积水过多，惟是讲求宣泄。第宣泄太过，设遇水少之年，又不免流浅胶舟。此岂可但为一时权宜，而不筹及经久？即如微山湖等处纤路，既经淹浸日久，则堤土必多卸入河身，淤垫积高，较旧河底相去不知其几，必当实力挑浚。非仅照常按年大挑，所可草率告竣者？又如前此方观承等奏于临清之八里庙，建设石坝。张师载奏湖口闸不必于闸门较量广狭。以及尹继善等奏将沂水入运之卢口坝，留宽口门三十丈各事宜。皆当通盘筹算，悉心查办，期于有利无弊。且该漕督所奏，祇就运河之在东省者而言，其自临清以下至江南境，亦应一体经理。但此事非张师载一人所能独任，着刘统勋驰驿前往山东、江南一路相度，会同河臣等办理。再每年例派御史巡查漕务，其在东省者，现今将届点派之期，着派给事中海明令其随往，于济宁临清一带，督理挑浚运河事宜。其各部司员内，有实心任事、可胜习练河务、刘统勋素知其人者，亦着酌量带往委用。②

○九月，乾隆还京师，赐云贵总督恒文自尽。③

○冬十月，成衮札布班师，以兆惠留镇伊犁。④

●十月初四日，在接奏后，乾隆与裘曰修、张师载诸人明确刘统勋前往，专司

---

① 《大清高宗法天隆运至诚先觉体元立极敷文奋武孝慈神圣纯皇帝实录》卷之五百四十六。
② 同上书，卷之五百四十七。
③ 印鸾章：《清鉴纲目》，长沙：岳麓书社，1987年，第338页。
④ 同上。

运河一切工程。

癸亥，钦差侍郎裘曰修等奏，臣与张师载，由南旺至张秋镇及浑河南下，逐段相度，水势稍退。然南阳至韩庄闸，东西三百余里，尚一望无涯，南北堤岸断续，仍有数十里全无纤道者。转瞬重运北上，诚虑赶办不及。臣梦麟、臣蒋洲先后俱到，悉心筹画，西岸堤工，纤道经由之处，现已微露堤形，三千余丈。应请先行赶办，期于河水未冻之先竣事。'其有堤根坍入水中，工人无从立脚者，必俟伊河开放，水势大消，始可估办。然数百里水面，犹恐宣泄不能立待。伏查南旺旧制，三分南行，七分北行。今大溜南趋，倍于往昔。臣张师载现于分水口两岸，接长南坝，收短北坝，切去滩嘴，俾顺势北行，臣等更拟于粮艘回空后，严闭南闸，尽启北闸，暂使汶水全往北流。俟伊河放水，运河下段堤岸尽出，不能施工之处，可以次第兴举。至明春正月中旬以后，接续动工，并日趱力，一切纤路，三月中旬竣事重运遄行，不致迟误。至南阳以上，水势已落，惟查堤岸残缺，闸座坍损、涵洞淤塞者分别增修，及时办理。得旨：恐汝等分身不及，今又遣刘统勋前往，专司运河一切工程，此折可与之同酌，妥为之。①

●十月初五日，以塔永宁奏蒋洲于山西任内亏空，乾隆派刘统勋办理此案。并要求刘统勋"于审明完结后，再赴工次可也"。

甲子，又谕：据塔永宁奏蒋洲于山西布政使任内，亏帑至二万余金，升任时勒派通省属员弥补，尚有不敷，又于寿阳县方山木植卖银补项等语。此事实出情理之外，为之骇然！塔永宁既有此奏，不得不彻底清查审明虚实。着刘统勋即传旨，将蒋洲革职拏问，带往山西。并折内有名之杨文龙等，一并严审定拟具奏。任所字迹赀财，一并查明奏闻。已有旨令鹤年仍回山东，办理巡抚事务。此时印务，交阿尔泰暂行署理。鹤年行程，想尚不远，计日即可抵东。运河一应工程，已传谕鹤年接办。刘统勋于审明完结后，再赴工次可也。

又谕：据塔永宁奏，蒋洲于布政使任内，侵用帑金，升任时勒派属员弥补，并卖穆纳山木植补项等语。殊骇听闻，已将蒋洲革职，拏赴山西质审。但查审此案，非刘统勋不可。其所办东省运河各工，惟鹤年尚能熟悉。初升任时，有四不可去之奏，广东总督印务，现有李侍尧署理。鹤年仍回山东，以总督办理巡抚事务，专理一应工程。运河即在境内，原可往来督理，不必专驻济南省会。俟刘统勋审案完结

---

① 《大清高宗法天隆运至诚先觉体元立极敷文奋武孝慈神圣纯皇帝实录》卷之五百四十八。

赴工后，鹤年再赴广东可也。①

●十月十二日，乾隆明确恒文案内云南被勒买金之永昌府知府佛德等四员及被家人赵二勒索之临安府知府方桂等三十七员，俱经恒文败露之后，始行报出，均不得谓之自首。刘统勋审拟免议，非是。

辛未，吏部议：革职云贵总督恒文勒索属员案内，甘心贿送之署玉屏县知县赵沁等，应照例分别降调。得旨：赵沁等十四员，俱着降一级，从宽留任。刘岱着销去加一级，抵降一级，免其降调。恒文案内云南被勒买金之永昌府知府佛德等四员，及被家人赵二勒索之临安府知府方桂等三十七员，俱经恒文败露之后，始行报出，与赵沁等勒索情事相同，均不得谓之自首。刘统勋审拟免议，非是。乃刑部议覆赵沁等，则以应否免议请旨，而先议覆滇省之佛德等，遂以刘统勋审题声明，照例免议完结，前后办理不符。着刑部堂官明白回奏。其佛德、方桂各员，仍着交部，照察议赵沁等之例察议具奏。②

●十月十六日，乾隆密咨鹤年，命其迅疾严拿妥送蒋洲案几个要犯给刘统勋。

乙亥，谕军机大臣等：据塔永宁奏蒋洲任内，一切舞弊纳贿之事，皆伊内幕吴姓及管门家人黄姓、马姓等，从中经手。已密咨山东署抚，提犯解晋等语。吴姓诸人，均系此案要犯，着传谕鹤年即速严拏，委员解晋，交刘统勋归案严审。务令委员严加防范，迅速解送，勿使该犯兔脱，或畏罪自戕。可传谕鹤年并刘统勋知之。③

●十月十七日，乾隆以为蒋洲亏空两万多两其自辩因修理藩署所致肯定属于藉端捏饰，又对巡抚明德明面上看去对蒋洲亏空一无所知生疑，同时对蒋洲供出拖穆齐图所欠三千金均命刘统勋悉心研讯。

丙子，谕军机大臣等：据刘统勋面讯蒋洲，据供因修理衙门，多用银两，以致亏空等语。外间亦有为此说者，此言究未可信。修理藩署，需费即多，何至二万余两？其为藉端捏饰，不问可知！但明德与蒋洲共事经年，两署仅一墙之隔。蒋洲如此侵亏狼藉，明德岂毫无所知？何以并未奏及正恐不无别故，即或竟诿为不知。而藩司侵帑至此，犹一无闻见，巡抚所司何事耶？着传谕刘统勋、塔永宁一并详细查察，明德何以为之庇护？抑或实系失于觉察之处？务得确情，据实陈奏。蒋洲供内，

---

① 《大清高宗法天隆运至诚先觉体元立极敷文奋武孝慈神圣纯皇帝实录》卷之五百四十八。
② 同上。
③ 同上书，卷之五百四十九。

又有拖穆齐图欠三千两之语，看来拖穆齐图，为人亦甚不妥。其在山西，养廉颇优，何以去任起程时，又须蒋洲为之担承至三千金？种种情节，俱当悉心研究，使水落石出，毋得草率完结。再刘统勋现带蒋洲前往山西，途次亦宜速行，不可久稽时日，更宜留心防范，勿令畏罪自戕，可一并传谕知之。①

●十月二十七日，此日与刘统勋相关谕旨甚多。先是乾隆对塔永宁畏首畏尾态度生疑；其次是对山西塌方式窝案极度愤怒并命刘统勋严审究拟。对明德于蒋洲亏帑一无反应之事，乾隆十分恼火，连下两道谕旨着将其革职拿问，交与刘统勋严究；再是运河石工鹤年与张师载本拟等刘统勋定夺，乾隆以案件审办尚需时日，让鹤年与张师载自行定夺。

丙戌，谕：据塔永宁所奏山西各属亏空折内，称知州朱廷扬新旧两任，侵亏帑项，至二万有奇。又称武职中之守备武琏亦侵亏营项一千余两。由此类推，其恣意侵蚀而未经查出者，更不知凡几。该省吏治，尚可问耶？乃塔永宁奏称若遽行盘查，恐通属惊惶，必致贻误地方政务。一面剀切晓谕，速行完补等语，殊不免有畏首畏尾之意。且据刘统勋、塔永宁另折所奏，蒋洲案内，道府勒派情节，于杨龙文署内，查出派单一纸。而太原府知府七赍复连名作札，向各属催取，明目张胆，竟如公檄，视恒文之授意派买，更有甚焉。以致各属中之素有侵亏者，皆无所顾忌，如朱廷扬、周世紫皆盈千累万。此又与蒋洲之勒派无涉，吏治至此，尚不为之彻底清厘，大加整饬，何以肃官方而清帑项？此等劣员，被勒者情在可原，不过如滇省被勒诸属处分而止，至如杨龙文、七赍、朱廷扬等，则罪无可逭。一经审究盘查，自可立见底里。塔永宁何所瞻顾，而为此调停之奏耶？七赍并着革职拿问，交与刘统勋，一并严审究拟。看来清查一事，非塔永宁所能独任，即着刘统勋会同该抚，严行查办。不得稍存姑息。

又谕：前任山西巡抚明德，与蒋洲共事经年。蒋洲侵亏狼籍，明德岂毫无所知？今复据刘统勋等奏到，晋省州、县中，侵亏库项，竟有至盈千累万者。是该省风气，视库帑为可任意侵用，已非一日。明德身为巡抚，察吏是其专责，乃一任属员侵帑营私，至于此极，实为深负委任。明德即着都赍传旨革职拿问，遴委妥员解赴山西，交刘统勋等一并审拟具奏。任所赀财，并即查封。永贵在军营效力年久，着回至西安，署理巡抚印务。永贵未到之前，着吴士功护理。永贵所办军营粮务，着定长服

---

① 《大清高宗法天隆运至诚先觉体元立极敷文奋武孝慈神圣纯皇帝实录》卷之五百四十九。

满后，前往接办。

又谕：前据刘统勋、鹤年奏，东省运河挑浚修筑各事宜。鹤年与张师载定议举行，俟刘统勋回工接办等语。运河应挑应筑工程，现今水落归槽之时，正当迅速兴举，刘统勋一时尚不能即回工次。着鹤年即会商河臣，查勘既确，速行动工，不必俟刘统勋到日，始行办理，转致迟误也。

又谕：明德身为巡抚，与布政使同事许久，蒋洲任意妄行一至于此，何至毫无觉察？此必有分肥之事，且该省守令，视亏帑为寻常，吏治实不可问。已有旨将蒋洲、明德革职解交山西严审定拟。刘统勋等秉公严讯不可稍为回护，其蒋洲案内各犯，并现在查出之侵亏各员，一并令刘统勋等彻底清厘。所有各犯监禁晋省，均须留心防范，严行看守，倘有疏懈，令自戕灭口，不得明正典刑，责有攸归，慎之。①

●十月二十九日，刘统勋查得蒋洲勒派属员实据。

戊子，谕军机大臣等：蒋洲勒派属员，弥补亏空，又将寿阳县木植卖银补项一案。昨据刘统勋奏到，已于杨龙文署中，查出勒派银数清单。并于经过各州县中，提取七赉等连名书札，是蒋洲勒派之事，已确有证据。但讯之蒋洲、杨龙文、七赉三人，即可速为审拟，具奏正法。其各属缴银数目，或有与原单不符者，与此案定罪之处，无甚关系。若必待各员一一到案，质讯明白，转致稽延时日。至于山西通省亏空，昨已有旨，令刘统勋会同该抚查办。此又在蒋洲勒派本案之外，不妨于完结后详悉办理，可将此即行传谕知之。②

●十一月初五日，乾隆阅视刘统勋、塔永宁审拟蒋洲亏空勒派一案之奏，暴雷霆之怒。

癸巳，谕曰：据刘统勋、塔永宁审拟蒋洲亏空勒派一案，自认不讳。蒋洲乃原任大学士蒋廷锡之子，由部属擢用，任至抚藩。不思洁己奉公乃恣意侵亏，数盈巨万，又复勒派通省属员，以为弥补之计，其贪黩狼籍玷辱家门，实出情理之外！杨龙文身为监司，曲意逢迎，侵帑勒派，不法已极！其情罪实无可宽宥！蒋洲、杨龙文俱依拟即行正法，以昭炯戒。七赉作札催取但以知府而迎合司道，较之杨龙文罪尚稍轻。着依拟应绞监候，秋后处决。其余应行拟罪议处各官，仍着刘统勋、塔永宁等，逐一查明分别定拟具奏。另折所奏，明德收受蒋洲及各属古玩金银等物，现

---

① 《大清高宗法天隆运至诚先觉体元立极敷文奋武孝慈神圣纯皇帝实录》卷之五百四十九。
② 同上。

已有旨革职拏问，解赴山西。着刘统勋等一并审明定拟。至拖穆齐图与蒋洲结纳关通，携取蒋洲古玩，收受银物，甚属贪污无耻，着革职拏解来京治罪。山西一省，巡抚藩臬，朋比作奸，毫无顾忌，吏治之坏，至于此极！朕将何以信人？何以用人？外吏营私贪黩，自皇考整饬以来，久已肃清。乃不意年来如杨灏、恒文等案，屡经发觉。而莫甚于蒋洲此案！若不大加惩创，国法安在？！朕为愧愤！蒋洲之罪，重于恒文、杨灏！则郭一裕之派属买金，虽亦不能无罪，而恒文之事，实由郭一裕举发，尚属彼胜于此。郭一裕前在部呈请赎罪未准，然恐将来各省督抚，或有簠簋不饬，而同官中以事相干涉，惧于己有碍，转不据实入告，将无由发觉。其何以明国宪而儆官邪耶？郭一裕着加恩准其纳赎，刘统勋等折并发。①

● 十一月二十八日，命刘统勋就近详查晋省营伍额定银不敷买补、那垫公项、陆续坐扣还款之事。

丙辰，又谕：据塔永宁奏，晋省营伍，有因连年挑解军需马匹，额定价值银八两、不敷买补、那垫公项、陆续坐扣还款之事，与陕甘两省情事相同等语。陕甘不敷之项，前已降旨加恩。晋省营伍，若果系因公那垫，此与州县侵亏者迥别。着交刘统勋，就近详查，据实奏闻。朕自酌量施恩，倘有私自侵用者，亦据实指参，不得稍涉瞻徇。②

● 十二月初一日，吏部议刘统勋等奏蒋洲亏空案内诸官员定拟惩罚条款，得旨：依议。

己未，吏部议钦差刑部尚书刘统勋等奏，审拟蒋洲亏空案内，其徇隐不报之署山西布政使达灵阿，应照例革职；被勒出银之平阳府知府秦勇均等照例分别降调，应否留任。得旨：依议。秦勇均等俱着照部议降一级，从宽留任。③

● 十二月初六日前，以户部议覆河东盐政那俊奏各商请借帑筑堰垦畦一折，乾隆已命刘统勋会同塔永宁等详细查明定议具奏，盐商非穷苦百姓，竟至借帑（库银）筑堰，借帑而不起息，均让乾隆困惑不解，故今日再次提及并再命刘统勋等查明实情以便定夺。

甲子，谕军机大臣等：户部议覆河东盐政那俊奏各商请借帑筑堰垦畦一折，已

---

① 《大清高宗法天隆运至诚先觉体元立极敷文奋武孝慈神圣纯皇帝实录》卷之五百五十。
② 同上书，卷之五百五十一。
③ 同上书，卷之五百五十二。

有旨交刘统勋会同塔永宁等详细查明，定议具奏矣。河东盐池，系商人世业，遇有修筑，向例该商等自行出赀办理。该盐政不过因从前部议内，有行令酌量借项兴修之语，遂为各商奏请。但商人借动帑项，修理伊等世产，若祗分年扣还原款，而竟不起息，盐务中从无此例。商人非穷百姓之比也，着传谕刘统勋查明，如果该商等实在无力，必需借帑兴修，即奏明照数借给。其应如何照长芦酌量起息，一并定议奏闻。或因该处屡被灾伤，比长芦略减分数亦可。①

●十二月初九日，命刘统勋等速即查拏河南民间教会主要人物李老人、周清水。

丁卯，谕军机大臣等曰：河南邪教余党，已据胡宝瑔查拏具奏。其案内之李老人、周清水二犯系山西长治县人。据奏已飞咨晋省密拏，但二犯乃此案最要之人。可传谕刘统勋、塔永宁速即查拏，毋令闻风免脱。其二犯家内，有无邪教字迹，并即严查。一面将该犯咨解河南。一面具奏。②

●十二月十八日，刘统勋奏到，豫省李老人、周清水二犯，已于山西拏获解豫，并案审讯。

丙子，又谕：豫省邪教一案，已有旨谕胡宝瑔酌量查照步军统领衙门会同军机大臣、刑部所定胡二引进等罪案，分别办理矣。适据刘统勋奏到，豫省邪教案内，李老人、周清水二犯，已于山西拏获解豫，并案审讯。该二犯乃此案渠魁，虽据供已焚经出教，而看其情节，必因张仁败露拏获，始行灭迹，希图漏网，并非实心悛改，其狡供断不可信。着再传谕胡宝瑔当严讯确实，从重办理。寻奏：豫省应拏之犯，俱已获齐。逐一审确，惟山西李老人、周清水等，尚未解到。臣连日严讯，细看各犯中，王五钧诡谲刁恶，罪更甚于阎玉。且张仁诸事，皆其承接，必有秘藏，惟有从旁盘诘。嗣据阎玉、孟孝友供出八月带进京银五百两，剩回四百两，交王五钧。遂问该犯，据供已起出一百两，其三百两，系令高德寄交伊甥李应运。旋据李应运母杨氏供认，埋在邻人李俊床下。随于土中起出银两，并有封固经卷一包，内有狂诞之词，悖逆已极。又供出何一封一犯，立即严拏，并无其人。后查有郝玉凤，姓名声音相似，亦经拏获。于其家搜出经卷，内有大悖逆之处，现在严讯。一面提拏郝玉凤之子郝云及高德等，俟解到一并会审。再李老人及周清水之父周隆庭，皆系山西已正法张进斗之徒，周隆庭传刘善经，刘善经传卢应科，卢应科传张仁之弟

---

① 《大清高宗法天隆运至诚先觉体元立极敷文奋武孝慈神圣纯皇帝实录》卷之五百五十二。
② 同上。

张义,因传张仁。刘善经于上年发遣湖南,臣已飞咨挐解来豫,并案办理。张仁之母及其妻子,久经挐禁省城。其弟张礼,贸易他出,现亦挐获。报闻。①

●十二月二十五日,刘统勋奏明山西大同镇属有因换回直省解陕马五百余匹变价不敷买补以致挪垫公项事,得乾隆认可。乾隆要刘统勋回京办事。

癸未,谕:据刘统勋等奏山西大同镇属,有因换回直省解陕马五百余匹,变价不敷买补,以致那垫公项等语。此种垫项,本应按款扣还,但晋省连年挑解马匹,价值未免昂贵,借垫买补,自出实情,若照数追扣,兵力不无掯据。着加恩于该镇闲款地租银内,拨银四千两,抵还垫项,以示优恤营兵至意。

谕军机大臣等:据刘统勋等奏晋省各州县仓库钱粮,业经盘验等语。前经降旨,令刘统勋于审案完结后,仍赴东省,查办河工。今据张师载、阿尔泰等陆续奏报情形。看来已有就绪,自可渐次竣工。着传谕刘统勋不必再赴东省,即行回京办事。②

●十二月二十六日,刘统勋加荣衔太子太保。

甲申,谕:大学士史贻直参赞纶扉,陈世倌引年予告,并熙朝黄发,老成端重,宜晋崇阶以示褒宠。史贻直、陈世倌,俱着加太子太傅。协办大学士尚书鄂弥达,扬历中外,宣力有年;刑部尚书刘统勋复职以后,勤劳懋着;俱着加太子太保。③

●是年,刘墉另有应制诗两首。

恭和御制甘露寺北轩用杜牧韵元韵④

凭高真作御风行,俯仰江山有胜情。
正好逢春开绣谷,更宜当暑却桃笙。
平看楚岫连云色,下听岷源到海声。
一自留题增气象,光辉还贲昔人名。

恭和御制观苏州闾阎之盛不减昔年既一慰怀兼成是什元韵⑤

殷富从知教养功,由来盛世屡年奉。

---

① 《大清高宗法天隆运至诚先觉体元立极敷文奋武孝慈神圣纯皇帝实录》卷之五百五十三。
② 同上。
③ 同上。
④ [清]刘墉:《刘文清公应制诗集》卷一,爱日轩陆贞一仿宋镌,第3页。
⑤ 同上书,第4页。

六巡久识仁皇泽，二酺还劳圣主衷。

禹甸未妨田最下，尧民群就日升东。

农歌渔唱徵康阜，岁岁年年此日同。

1758　乾隆二十三年　戊寅　刘统勋60岁　刘墉39岁

●正月二十五日，刘统勋补授吏部尚书。

壬子，又谕曰：刘统勋着补授吏部尚书，秦蕙田着调补刑部尚书，其工部尚书员缺，着嵇璜补授。嵇璜现在南河，俟河工告竣之后，来京供职。其未到任之前，仍着秦蕙田兼署。①

●正月，刘统勋奉旨紫禁城骑马。②

○戊寅二十三年春正月，回部和卓木叛，诏以雅尔哈善为靖逆将军，率师讨之。③

●二月十三日，刘统勋充续文献通考馆总裁官。④

●四月二十九日，刘统勋奉旨会同尹继善、白钟山阅勘、详筹妥议巡漕给事中海明奏称之山东微山湖一带河工方案。

甲申，谕：据巡漕给事中海明奏称，东省水患，由微山湖之涨溢。而微山湖之涨溢，由黄河北岸之内灌。请于微山湖之南，圈筑拦黄堤工，即以取土方塘，挑成顺堤河形，导入荆山桥，出猫儿洼入运。并于内华山西筑通湖闸座，以备宣泄等语，具见悉心筹画。黄河由豫入徐，两岸夹束，河身甚狭，不溃决为铜山诸邑害，则漫衍而入于金乡、鱼台。今徐城已增筑石工，足资捍御，而山东之滨湖州县，民舍田庐，不免仍成巨浸，孰非吾赤子，而忍坐视？果使民生永获安全，即多费帑金，朕所不惜。且年年蠲赈，所费不更无已耶？但是否实有裨于东省，而于徐郡两岸，亦不致另生险工。或究不如于北岸无堤处所，接筑堤工之为得计。着尚书刘统勋驰驿

---

① 《大清高宗法天隆运至诚先觉体元立极敷文奋武孝慈神圣纯皇帝实录》卷之五百五十五。

② 王钟翰点校《清史列传》卷四百七十六《列传》卷十八，北京：中华书局，1987年，第1394页。

③ 印鸾章：《清鉴纲目》，长沙：岳麓书社，1987年，第338页。

④ 《大清高宗法天隆运至诚先觉体元立极敷文奋武孝慈神圣纯皇帝实录》卷之五百五十六。

前往，会同尹继善、白钟山逐加阅勘，详筹妥议，请旨办理。梦麟、裘曰修如尚在河干，着一并会同查办。①

●五月二十日，刘统勋等会勘黄河北岸应接筑堤工，现在委员发帑趱办后，乾隆要其回京，不必在彼看视兴工。

乙巳，谕：刘统勋等奏会勘黄河北岸应接筑堤工，现在委员发帑趱办等语。伊等既经勘定情形，自可次第兴举。刘统勋即着回京，不必在彼看视兴工。所有该处工程，着德尔敏驰驿前往督办。②

●五月二十九日，刘统勋奏奉差经过地方雨水情形。

甲寅，刘统勋奏奉差经过地方雨水情形。得旨：览奏俱悉。京师今得雨泽，大田无害，为之稍慰，而不敢言善也。③

●六月二十八日，刘臻时年三十三岁，咸安宫教习期满以知县用，掣得江苏徐州府锡山县知县缺。④

○秋七月，雅尔哈善与和卓木战于库车，和卓木遁去。诏褫雅尔哈善职，以兆惠为定边将军，移师讨之。⑤

●十一月二十八日，乾隆命刘统勋驰驿前往陕西查审都赉案。⑥

谕曰：西安现有审办事件，着尚书刘统勋驰驿前往。会同巡抚钟音审讯具奏。

●十二月初五日，以陈宗道、明舒、勒赫等进京觐见乾隆时均说嵩阿哩所参都赉各款实有其事，乾隆命刘统勋将都赉革职审讯。

丁巳，谕军机大臣等：嵩阿哩所参都赉各款，现命刘统勋前往查审。今适有西安协领陈宗道、明舒、勒赫等来京引见。朕面加询问，据称所参皆系实有之事。可传谕刘统勋即将都赉革职审讯，据实奏闻。⑦

●十二月初六日，刘统勋奏报查办都赉案情况并拟议如律，从之。

戊午，又谕：据西安协领陈宗道等称，副都统扬桑阿亦有修理衙署，动用官项

---

① 《大清高宗法天隆运至诚先觉体元立极敷文奋武孝慈神圣纯皇帝实录》卷之五百六十一。
② 同上书，卷之五百六十三。
③ 同上。
④ 秦国经主编《清代官员履历档案全编》卷十八，上海：华东师范大学出版社，1997年，第134页下。
⑤ 印鸾章：《清鉴纲目》，长沙：岳麓书社，1987年，第340页。
⑥ 《大清高宗法天隆运至诚先觉体元立极敷文奋武孝慈神圣纯皇帝实录》卷之五百七十五。
⑦ 同上书，卷之五百七十六。

之处。可传谕刘统勋将扬桑阿一并传旨革职审理。其余副都统等瞻徇同官，俱未经参奏，应并查明参处。寻刘统勋、钟音等奏：都赉擅修教场，侵扣公库银二千余两，并营私取利各款，审明属实，应按律拟斩监候。扬桑阿听从都赉，动用公项银三百余两。因新任将军查问，始行交还，应按律拟徒。至副都统乌裕齐、沈之仁、王炎等瞻徇同官，不行参奏，应俱革职。从之。①

● 刘纯炜用为浙江知县。②

● 刘墉该年从刘统勋所指与王昶近似应真像中略识王昶其人。

予以乾隆戊寅为中书舍人时，先生已观察山西。后四年召直武英殿校书，初至京师，见文正公，公方阅予所题李龙眠画十八罗汉赞。公问曰："曾识王某否？"对曰："未也。"公因指册中之一应真像曰："王某似此。"故先生尝谓曰："我两人定交于图画中也。"文正公清德重望，雅不欲以词章自见，先生如之。先生督学江苏、浙江，及余在陕西、江右，念及辄手书近诗见示。清新超悟，有香山、东坡风格，十余年所得甚多，而渐次遗佚，门人陈子韶合梁侍讲同书，书镌于西湖上，名《刘梁合璧》。今所采者，皆《合璧》中诗，全集则未之见也。③

按：王昶此则记事"后四年召直武英殿校书，初至京师，见文正公，公方阅予所题李龙眠画十八罗汉赞。公问曰：'曾识王某否？'对曰：'未也。'公因指册中之一应真像曰：'王某似此'。"一段让读者会感到特别难以理解。而要正确理解，关键处只有一点，即只要将是谁"初至京师"搞明白，整段话的意思就豁然开朗了。其实，王昶在这里并没错，他用的是"承前省略"语法。即"初至京师，见文正公"因承接前句省掉了"先生"二字。因此我们只要知道他这一段话是专门点评刘墉诗歌的，其所言"先生"即刘墉，我们就知道刘统勋即刘文正公所问的人是自己的长子刘墉，也就是"已观察山西"、"后四年召直武英殿校书"的那位先生，整段话的理解就会毫无障碍了。

---

① 《大清高宗法天隆运至诚先觉体元立极敷文奋武孝慈神圣纯皇帝实录》卷之五百七十六。
② 秦国经主编《清代官员履历档案全编》卷二，上海：华东师范大学出版社，1997年，第178页下。
③ ［清］王昶：《湖海诗传》卷十四，《续修四库全书》第1625册，上海：上海古籍出版社，2002年，第673页。

1759　乾隆二十四年　己卯　刘统勋61岁　刘墉40岁

○己卯二十四年春正月，定边将军兆惠追击两和卓木，被围于黑水营，副将军富德率师援之，三月围始解。①

●正月二十四日，刘统勋着以吏部尚书协办大学士。刘墉奏办考试情形一折引起乾隆重视。

癸卯，谕曰：蒋溥着补授大学士，仍兼管户部尚书事务。吏部尚书刘统勋着协办大学士。李元亮着调补户部尚书。梁诗正着调补兵部尚书。归宣光着补授工部尚书。陈德华着补授左都御史。阿里衮未到以前，兵部满尚书事务，着李元亮兼管。其现署工部满尚书，不能兼管。苏昌着以吏部侍郎署理工部满尚书事务。恩丕着留京署理工部侍郎。奉天府府尹员缺，着通福寿补授。

乾隆谕曰：据学政刘墉奏办考试情形一折，内称江北凤、颍、泗三处，风俗劲悍，文武生员及捐纳贡监，倚恃气力，轻于犯法，又犯事之后，皆善脱逃，不就拘执等语。士习民风，所关綦重。学政考棚，既有此种恶习，恐通省劣衿似此玩法抗官，滋事乡里为学臣所及见者，正复不少。着传谕巡抚高晋，令其留心体访并饬所属，遇有事犯，实力惩治，毋使败类姑容，贻害良善，以靖地方。②

●三月二十六日，刘统勋以服官勤慎交部议叙。

丙午，谕：吏部开具在京部院三品以上官，请旨甄别以重察典。本内现在办理军务之尚书兆惠、阿里衮、舒赫德、侍郎明瑞、永贵、阿桂、内阁学士五吉、温福等，皆身历行间，勤劳可念，着交部议叙。在内之协办大学士尚书鄂弥达、刘统勋、尚书李元亮、秦蕙田、侍郎署尚书苏昌、侍郎刘纶、于敏中俱服官勤慎，着一并交部议叙。至侍郎多纶自补用内部以来，无所短长，又前在山西布政使任内，将贪婪不职之属员杨龙文滥膺卓荐，现在部议革任，着从宽令其原品休致。侍郎李清芳，伊父年已八旬，亦着以原品休致，俾得回籍侍养，并昭教孝之典。余着照旧供职。③

---

① 印鸾章：《清鉴纲目》，长沙：岳麓书社，1987年，第341页。
② 《大清高宗法天隆运至诚先觉体元立极敷文奋武孝慈神圣纯皇帝实录》卷之五百七十九。
③ 同上书，卷之五百八十三。

●四月二十四日，刘墉在安徽学政任上奏捐纳贡监管理事。

癸卯，刘墉在安徽学政任上奏捐纳贡监管理事云："捐纳贡监，向例责成教官约束，但贡监人数众多，既不岁考，又无月课，教官势难综核。请嗣后凡贡监遇有小过扑责示惩者，州县仍会同教官核办。其举报优劣，只责成州县办理。"①

●五月二十四日，刘墉所奏捐纳贡监管理事得到礼部议覆。

癸卯，礼部议覆：安徽学政刘墉奏称捐纳贡监，与生员不同。责成教官约束，不足以收实效。请饬州县官于户婚田土案内，随时稽查，举报优劣，应如所请。从之。②

●六月初五日，刘统勋奏报查办将军保德、同知呼世图那移库项通同掩饰案，乾隆要求对相关人员均预惩戒。

甲寅，谕：据刘统勋等奏称，将军保德、同知呼世图那移库项，通同掩饰，亏空数至一万八千两，请旨革职研审等语。保德身为封疆大员，乃自将库贮帑银，与侵亏劣员，互为欺隐，殊出情理之外。保德、呼世图着革职，交与刘统勋等严审定拟具奏。到同城之副都统，有此侵亏那借情弊，付之不见不闻，明系扶同容隐，亦着解任质审。其盘查库项之归绥道固世衡，仅以库贮无亏，而如此那掩，竟置不问。该抚塔永宁一任属员蒙蔽并无觉察，直至普喜揭参，始行具奏，均属不合。俟审明完案时，一并交部严加议处。

谕军机大臣等：刘统勋等查奏普喜首告将军保德一案，审据粮饷同知呼世图，供出亏空库项一万二千两，因本道盘查，向将军保德那借旗库银抵饰，又将前任谷价六千两，亏缺无存，请将通同那补之将军保德、同知呼世图革职审拟等语。览奏事出情理之外，深为骇异。保德身为将军，如果持己公正，则厅员掩饰亏空，何敢辄行启齿？且既告知情形，事关国帑，即应据实参奏，何至自将库贮官银，代为那移影射？看此情节，若非通同染指侵肥，恐致败露，必有暧昧不明之事，为呼世图素日挟制，是以甘心共为欺隐。不然，则人虽下愚，亦当计不出此。且保德具折参奏普喜，谓该员目无上官，利欲熏心。而以提审人犯时，惟呼世图一人先到，有意抑扬其词，挟雠袒护，为先发制人之计，尤其罪之大者。着传谕刘统勋等，将保德、

---

① 王钟翰点校《清史列传》卷四百七十六《列传》卷二十六，北京：中华书局，1987年，1986页。

② 王炜编校《清实录科举资料汇编》，武汉：武汉大学出版社，2009年，第369页。

呼世图革职，严讯确情，务在水落石出。不得仅将呼世图定拟治罪，遂谓咎有所归，可以颟顸了事也。再副都统近在同城，有此侵亏那借情弊，付之不闻不见，明系扶同容隐，着一并解任质审。至该道固世衡，责在盘查，何得以银两无亏，而彼此那移至一万数千两，亦竟毫无体察，咎何可辞？塔永宁身系巡抚，一任属员如此侵亏蒙蔽，乃直至普喜揭禀，始行参奏，均有应得处分，着逐一分别查办。所有保德、呼世图在京家产，现已派员查封。但呼世图以微员亏项累累，数逾巨万，如家赀不足抵补，并当于保德名下着落追赔。其任所赀财，着一并严行查封，可并传谕知之。①

●六月初七日，以呼世图亏空至一万数千两之多及查封在京家产并无所蓄，保德家产现查亦属无几，乾隆觉殊不可解，命刘统勋严审具奏。

丙辰，谕军机大臣等：呼世图以同知微员，到任不过二年，亏空至一万数千两之多。及查封在京家产，并无所蓄，殊不可解。除任所赀财，已经传谕严查，毋使隐漏外。看来此等狡狯之徒，不无别有通同肥橐及诡计寄顿情事。再保德家产，现查亦属无几。据伊家人供，家内所有房产、地亩文契及衣服等项，俱在任所，想亦不无隐匿。着传谕刘统勋等一并详悉严审具奏。②

●六月十二日，以被参同知普喜置买产业费至数千金，乾隆命刘统勋确切查办其人，以对蒋洲等大案之后仍不收手之蠹吏必尽法痛惩。以儆将来。

辛酉，又谕：昨据保德续参同知普喜，置买产业，费至数千金等语，已传谕一并查办矣。该员以同知微员，至任年余，廉俸有数，何以在京查伊所有房产，已不下数千金。则其居官，大略可见。在保德此奏，难免迹近挟嫌，但前此奏伊利欲熏心，已在普喜揭参未到之时，自非无因。着传谕刘统勋等令其确切查办。不得因其先发制人，遂尔稍为迁就。至保德乃大员，审明定案，自当照例办理。若普喜等侵贪果实，应即在本处完结，俾众知惩创，不必解京，徒多纡折。从前办理蒋洲等一案，大加振刷，晋省吏治，自当肃清。何尚有玩法侵肥如呼世图等劣员？吏治何由整顿？！不可不尽法痛惩，以儆将来。将此传谕知之。③

●六月十九日，刘统勋等奏同知普喜、通判根敦扎布等觊法婪赃情节，乾隆要

---

① 《大清高宗法天隆运至诚先觉体元立极敷文奋武孝慈神圣纯皇帝实录》卷之五百八十八。
② 同上。
③ 同上书，卷之五百八十八。

求刘统勋要毫无迁就执法，并报晋省得雨情形。

戊辰，谕军机大臣等：据刘统勋等奏同知普喜通判根敦扎布等骫法婪赃情节昭灼。除根敦扎布已经参革外，请将同知普喜革职以便严审等语。普喜已降旨革职矣，看来刘统勋等所奏折内，塔永宁终不免有回护普喜之意，而刘统勋为之迁就，此大非矣！此等劣员，既系款迹确凿，一面奏闻，即应一面严加刑讯，尚何所顾忌？而必待案犯到齐之日，始行质讯耶？晋省办理蒋洲、杨龙文之后，以为可渐就肃清，不意犹有如此大干法纪者，该省吏治，尚可问乎？此案保德身系大员，如审无侵婪重情，其本罪原在那垫库项，自当仍遵前议定拟，解京请旨。其余各犯，应照蒋洲、杨龙文之例，严审定拟具奏，即于本处办结，以示惩创。

又谕：前据塔永宁奏山西各属，有得雨尚未沾足，未能补种齐全者，深为廑念。现在时届小暑，京师自本月十二日以来，仰沐天恩，已连次得有透雨，现可乘时翻种。未知晋省各属，亦能普得雨泽否？着传谕刘统勋、塔永宁即将晋省各属近日曾否得雨情形，备悉奏闻，以慰朕怀。①

●六月二十三日，刘统勋奏报审讯普喜婪赃累累寄顿狡狯情形后，乾隆深感骇异！感觉刘统勋尚有推勘不到之处，遂命其如已打道回府也要返回继续严审。

己酉，谕军机大臣等：据刘统勋审讯，普喜婪赃累累，寄顿狡狯情形实出情理之外，深堪骇异！但其中尚有审勘不到之处，如普喜查出资财不下万有余金，而所供得受赃银，只有数百两。犹必俟众证确凿，始行承认。岂有亲身自为之事，年岁未远，竟有不能记忆者？再其所称通判任内九年，约计办驼得银数千金及房地辗转取息等语，其言支离含混，未可任其颟顸了事。究竟所得赃物，除米店商人之外，更有何人岂可置之不问？且观其寄顿之项，踪迹诡秘，或所供不尽于此，应一并尽刑严究速结，毋得狡展迟延。刘统勋若已起身来京，仍回究明此事。②

●闰六月初四日，刘统勋在审勘普喜婪赃款内又究出保德于穆纳山私砍木植一案。

壬午，谕：前因普喜揭参保德与呼世图通同那垫亏空一案，命刘统勋前往会同该抚按款究审。彼时原以保德罪在那帑作弊，是以节次传谕，尚令审明定案，解京治罪。今据刘统勋等审勘普喜婪赃款内，究出保德于穆纳山私砍木植一案，得受赃

---

① 《大清高宗法天隆运至诚先觉体元立极敷文奋武孝慈神圣纯皇帝实录》卷之五百八十八。
② 同上。

银一千五百两，实出情理之外！保德身为将军大员，乃敢枉法婪赃，贪黩败检，一至于此，实为罪不容诛！非执法惩创，何以儆官邪而彰国宪?！着刘统勋等即将保德先于该处监看正法，以昭炯戒。其防御德保着革职，与案内各犯，一并严审定拟速奏。

谕军机大臣等：前因刘统勋等审讯普喜案内，尚有推勘不到之处，传谕令其逐一严行究审。今据续审出赃款内，竟有保德婪诈木商银一千五百余两。如此贪婪败检，出自将军大员，深可骇异！在此案中，情罪尤为重大，法难姑待。其从前代呼世图那帑掩饰，在保德转为罪轻矣，刘统勋等一经审实，即应奏请正法，以儆官邪。乃将保德私那官银一案，拟斩监候。而于此案得赃重款，仅拟以绞候，可乎?！看来刘统勋等办理此案，不免意存观望。已另降谕旨宣示，并着刘统勋等先将保德即于该处监看正法，以昭炯戒。其呼世图、普喜、根敦扎布等仍速行确勘，按律定拟完结。①

●闰六月初六日，乾隆认为刘统勋所办呼世图那帑掩饰亏空与普喜骫法婪赃及根敦扎布恣行科敛一案定拟俱未允协，略示不满，着军机大臣会同三法司另行核拟速奏。

甲申，谕曰：刘统勋等查审呼世图那帑掩饰亏空及普喜骫法婪赃、根敦扎布恣行科敛一案，该犯等侵亏婪索，盈千累万，赃据确凿。揆其情罪，均无可逭，亦不甚相悬殊。况晋省前因贿赂公行，力加振刷。蒋洲、杨龙文之案具在，除保德身为大员，辜恩藐法婪赃得实，已降旨先行正法外，乃刘统勋等于呼世图则拟以斩，普喜、根敦扎布则拟以绞，不知普喜赃至万余，且署道员时，呼世图正其所属，而有心弊混。应盘查时，亦并不盘查。根敦扎布以军需名色，科敛入己。其罪视呼世图有过之无不及耳。刘统勋等徒以库帑婪赃，视为差别。不知民务为重，库帑为轻。朕为秋审，不曾屡降旨谕乎？而塔永宁欲因此曲庇普喜，刘统勋亦佯为不知，朕实不解也，此案定拟俱未允协。着军机大臣、会同三法司另行核拟速奏。至塔永宁身任巡抚，属员如此狼籍败检，既不能觉察于前，复不行严参于后，已有应得处分。而审理此案，始终意存回护。朕办理庶政，法在必行，能容伊等伎俩巧为尝试耶？塔永宁着交部严加议处，刘统勋等折并发。②

---

① 《大清高宗法天隆运至诚先觉体元立极敷文奋武孝慈神圣纯皇帝实录》卷之五百九十。
② 同上。

●秋七月，兆惠、富德拔喀什噶尔及叶尔羌城，两和卓木遁。①

●九月初五日，刘墉调任江苏学政。

丁卯，谕：各省学政，现届差满。福建学政汪廷玙，广西学政鞠恺俱于本年任事，无庸更换。江苏学政，着刘墉调补。浙江学政，着李因培调补。江西学政，着谢溶生调补。广东学政，着郑虎文调补。湖南学政，着吴鸿调补。安徽学政，着刘星炜去。山东学政，着闵鹗元去。陕西学政，着钟兰枝去。河南学政，着汤先甲去。山西学政，着邵树本去。湖北学政，着温如玉去。四川学政，着陈筌去。云南学政，着李中简去。贵州学政，着冯成修去。直隶学政金德瑛着仍留原任。②

乾隆有《御制赐江苏学政刘墉元韵》诗③。

皖歙嘉能职，吴淞俾董繁。

先经后子史，多行寡文言。

可作化栽法，毋孤简用恩。

紧予勤实政，藻颂不须烦。

刘墉有《恭和御制赐江苏学政刘墉元韵》诗④。

拜赐天章焕，观风勖鉴衡。

圣恩绵奕世，臣节眷平生。

衔感殷图报，抡才凛示程。

欣同多士庆，寿考毓为桢。

●刘墉从五兄刘堉画虫豸二十四种于扇面，刘统勋细楷书前人二十四绝句于背。此扇后由纪香林收藏并装潢成长卷，纪并嘱翁方纲题绝句四首。

---

① 印鸾章：《清鉴纲目》，长沙：岳麓书社，1987年，第342页。
② 《大清高宗法天隆运至诚先觉体元立极敷文奋武孝慈神圣纯皇帝实录》卷之五百九十七。
③ ［清］爱新觉罗·弘历：《赐江苏学政刘墉》，《御制诗三集》卷十九，引自《四库全书》第1305册，第560页。
④ ［清］刘墉：《刘文清公应制诗集》卷二，第7页。

小笔诚悬铁钩锁，写生钱选锦灰堆。
谁知误点乌衣墨，肘到平泉绿野来。
谢家群以孰追攀，梦帖苏斋杳霭间。
春草池塘秋蟋蟀，南山句法忆东山。
东阁文章付鲤庭，闲征苍雅辨群经。
日斜下直花阴转，留得茶烟一缕青。
粤海同听古寺鸣，僧房尘拂答潮音。
菩提叶底怀人句，又积苔花石槛深。

●九月内，刘墉因任职江苏学政①，故得观江南才子唐寅画作多幅，遂有多次题咏。此年即有两次题诗。一次为《题唐六如杂画十一首次其自题韵》。

玉　川

逸轨难偕桑苎翁，洛城茅屋醉春风。
打门军将非无意，生恐先生在梦中。

梅花冻雀

鹅毛雪片落山椒，高士茅檐障纬萧。
寒雀也知梅有韵，一枝争占不相饶。

耿先生

北兵江上几连营，天堑难夸带水横。
化得黄金何处使，健儿十万买捐生。

张　祜

瓠子冬瓜作笑端，文章换骨却无丹。
不须摘句论工拙，较与徐凝一样酸。

---

① 秦国经主编《清代官员履历档案全编》卷二，上海：华东师范大学出版社，1997年，第398页上。

草 庐

纷纷成败困群雄,时雨真宜待应龙。
辛苦三分何日了,南阳犹记卧高春。

临 邛

怜才自是卓王孙,岂有屏间漏泄春。
好士由来天子意,谁言狗监也知人。

吕文穆公

气量由来迥不同,能于灯宴奏民穷。
儒衣风雪寻常事,何必场中又画中。

樊 川

两枝仙杏一时开,曾识空门气味来。
笑杀论兵兼爱色,几时曳得铁牛回。

香 山

憔悴江州司马时,兰船一只且迁移。
老来灰尽功名念,怖鸽无心拣月枝。

浣 花

沧海骑鲸语绝奇,尘中谁遣少陵知。
当年有约无人见,饭颗山头日午时。

一次为《题唐六如居士画四幅五首》。

书 室

瓶有黄花案有书,细君婢子淡相于。
不须预说高门庆,兰馥珠圆乐有余。

卖药者

感会风云半隐沦，神仙混迹或嚣尘。
世间和扁元难识，莫笑街头卖药人。

乞 者

既盲且丐亦欣欣，驯犬携儿意倍亲。
乞食丰年原易饱，不妨鼓腹作尧民。

屠 者

轵里夷门漫自豪，捐生何意等鸿毛。
只应更信王褒传，不钓磻溪试鼓刀。
子畏丹青世罕能，声清响浊亦何曾。
不须苦说真和伪，带水拖泥到右丞。

○冬十月，巴达克山汗擒斩之，函其首来献。回部平。①

●十一月二十一日，昌平州民靳国安等控告该州勒买草束、科派钱文一案，经刘统勋等前往查审业经审明定拟具奏。乾隆以为此与吏治民生，甚有关系，因此嘱方观承于属员中务须加意体察，遇有似此劣员，当即严行参处。

丁卯，谕军机大臣等：据昌平州民靳国安等控告该州勒买草束、科派钱文一案。经步军衙门具奏，特派刘统勋、伊禄顺前往查审，业经审明定拟具奏。知州身任地方，勒派买办草束，并不给价，苛累部民。看来此等劣员，尚幸及早发觉，得依本律杖流完结。若令久于其任，则习为固然，而不肖家人胥役，从中滋事，其为朘民膏以肥己橐，必有不可问者！直隶近京州县，往往藉名办差，任意科派自便其私，而上官亦或以该员办差之故，不免少为假借，于吏治民生，甚有关系。且即以差务中办道一切言之，向来经理情形，原与搭盖桥座互相调剂，是以承办妥协者。用桥座之有余济办道之不足，本属官民两便。但有司自来锢疾，有余者视节省为己资，而垫道稍有不敷，则哓哓自称赔累，因而刻剥民夫无所不至，转使归咎于办公，其心尚可问乎？但州县官办理之善否不一，而为督抚者正当力为整顿，毋使借公事而

---
① 印鸾章：《清鉴纲目》，长沙：岳麓书社，1987年，第342页。

济私谋，且转以为挟制上官之具。现在靳国安所控案，已照拟完结。着传谕方观承于属员中务须加意体察，遇有似此劣员，当即严行参处。倘以平日稍谙差务，遂曲为姑容以致酿成重案，又岂爱惜属员之道乎？①

●十二月初八日，刘统勋与如松等遵旨查仓，无短缺情弊。

甲申，钦差侍郎如松等奏遵旨盘查海运等仓米实数。得旨：此案据如松、刘统勋等逐廒盘查，尚无短缺情弊。则该仓场侍郎等从前办理，殊失于过严。着即将余米一千五百石，准其抵补掣欠。其不敷之数，再令车户照例赔补。至该车户等于装运时，随意撙留，以致缺前余后，自有应得之罪。着交与仓场侍郎责处示惩足矣，不必交刑部治罪。②

●十二月十八日，命大学士傅恒为正使，协办大学士刘统勋为副使，持节册封令妃魏氏为贵妃。③

1760　乾隆二十五年　庚辰　刘统勋62岁　刘墉41岁

○庚辰二十五年春正月，巴达克山汗素勒坦沙等遣使入觐，将军兆惠献俘至京师，乾隆御午门楼，行献俘礼。④

●五月，从侄刘墫中式进士第一百七十一名。⑤

是科会试考官：内阁大学士蒋溥，字质甫，江南常熟人，庚戌进士。刑部尚书秦蕙田，字味经，江南金匮人，丙辰进士。礼部侍郎介福，字受兹，满洲镶黄旗人，癸丑进士。副都御史张泰开，字履安号有堂，江南金匮人，壬戌进士。题"既而曰鄙已矣"，"愚而好自"三句，"诗云忧心　王也"。赋得"王道荡荡"得"同"字。会元王中孚，字沐洲，山东诸城人。状元毕沅，字秋帆，江南镇洋人。榜眼诸重光，字申之，浙江余姚人。探花王文治，字禹卿，江南丹徒人。⑥

---

① 《大清高宗法天隆运至诚先觉体元立极敷文奋武孝慈神圣纯皇帝实录》卷之六百一。
② 同上书，卷之六百二。
③ 同上书，卷之六百三。
④ 印鸾章：《清鉴纲目》，长沙：岳麓书社，1987年，第343页。
⑤ [清] 刘文霨：《刘氏贡举文集》，目录第9页。
⑥ [清] 法式善等：《清秘述闻三种·上卷》卷六，北京：中华书局，1892年，第204页。

●六月初二日，从侄刘墫被选庶吉士。

甲戌，内阁、翰林院带领新进士引见。得旨：新科进士，一甲三名毕沅、诸重光、王文治已经授职外。曹文埴、王燕绪、王显曾、童凤三、钱受谷、宋铣、刘权之、裘麟、张世禄、唐淮、金士松、孟超然、赵升、李瑞冈、刘墫、李孔阳、张光宪、王中孚、芮永肩、陈本敬、沈咸熙、萧芝、冯晋祚、刘经传、福兴、姜锡嘏、蓝应元、李台、蒋曰纶、张嵩、达椿、孟邵、谢敦源、张廷桂俱着改为庶吉士。程之章、王曾翼、张敦均、陆燨、姚左垣、李廷扬、熊启谟、汪献芝、姚翀、邹梦皋、陈用敷、尹文泽、许宝善、朱岐、黄世枢、吴璜、孙录、刘人睿、董之铭俱着分部学习。魏廷耑、褚启宗、欧阳立德、金光斗、吴肇煜、翟大程、孙维龙、陈奉兹、林人榳、倪廷模、崇士锦、潘经驭、蒋一璁、戴望崿、罗均、折遇兰、王纪曾、徐佑彦、杨企曾、赵维翰、黄楚彦、潘祁、陈世荣、王瑶、刘雁题俱着分发各省以知县用。刘谦、储宝书、段廷遴、李花芳、周嗣绂、马庆余、雷文辉俱着以教职即用。余着归班铨选。①

●八月二十八日，刘统勋奉旨查办江苏藩库亏空存公耗羡二项银两至七十余万案。

己亥，又谕：协办大学士刘统勋、刑部侍郎常钧差往江南。有查办事件，着驰驿前往。

谕军机大臣等：据尹继善等奏苏崇阿具禀，江苏藩库存贮耗羡存公二项银两内，共缺少七十余万两一折。殊深骇异！已于折内批谕矣。经管钱粮，固属藩司专责。而督、抚平日稽查出纳，更宜察核周。稍有丝毫不清，即当严行查究，以杜窥弊，何至侵亏如许之多，尚漫无觉察？则所谓盘库交代出结者何事？该督、抚等乃愦愦若此。至蠹吏顾涵业已供认，自属此案要犯。苏崇阿在藩司中，尚属能事之人，此案尤非寻常侵蚀可比。何以不将该犯亟行监禁？而任其散处科房，畏罪自尽？臬司苏尔德既经该抚派委会同藩司清理，亦何以听其自戕，而略不经意耶？且侵蚀至数十万之多，岂有不早露风声之理？亦断非一人所能为也，其中必有别故。此案发觉已阅月余，尚未确有头绪，看来非该督、抚等所能专办。已令协办大学士刘统勋、刑部侍郎常钧驰驿前往。可传谕该督、抚等，先将案内各犯，逐一拘齐根究，一得实情，即速行奏闻。俟刘统勋等到日，会同审讯。寻尹继善、陈宏谋奏覆：臣等于

---

① 《大清高宗法天隆运至诚先觉体元立极敷文奋武孝慈神圣纯皇帝实录》卷之六百十四。

八月二十外，先后到苏，臬司苏尔德已先赴台庄料理满兵事务。据藩司苏崇阿钞送各年耗羡存公库贮奏报，并司书程士雄等供首呈禀，据程士雄等坚供，各年耗羡存公，并未缺少，俱有印案可查。从前本官将奏报与库存比较，银数多寡不符，一切款项，不许抵兑归还。凡不对者，俱算侵蚀，严刑勒认。着令首报，祇得畏刑妄认等语。臣等查苏崇阿所送之册，祇以各年库贮收除银数，与奏报收除银数较对，多寡互异，即指为侵蚀。既未将朱簿实存银数滚算确切，又未将各年收放案据比较明晰，而讯问书吏各供，复未得其实据。是以从前混认，此时翻供。臣等逐款核对，据苏崇阿原禀，亏缺耗羡银九万余两，清查并无分毫缺少。其原禀亏缺存公银六十七万余两，现在祇有二万余两之节年案据，尚需细查。其余六十余万，已经查清。节年动用之数，与现存之数，实在款款相符，并无情弊。得旨：览奏俱悉，另有旨谕。①

〇秋八月，以阿桂为都统，总理伊犁事务，行屯田事。②

●十月初五日，刘统勋查明所谓江苏藩库亏空存公耗羡二项银两至七十余万案实并无丝毫短少，纯是布政使苏崇阿妄事刑求一手酿造的假案。

丙子，谕曰：前据尹继善、陈宏谋奏，布政使苏崇阿禀称藩库存公耗羡二项，被书吏侵蚀至七十余万两，朕以为必无其事，或者因南巡挪用库项不清，是以遣刘统勋等前往会同该督、抚彻底清查。今据刘统勋等查明奏到，亲盘藩库，并无丝毫短少。祇以苏崇阿因奏报与存贮数目，多有不符，心疑书吏有弊，严刑追究。书吏等遂畏刑诬认侵蚀如许之多，而苏崇阿亦不复究其果否如此，即指谎供为确据，始终坚执不移。种种荒唐，诚出情理之外。藩库钱粮，理宜慎重。书吏等营私舞弊，原不能保其必无。苟稍有弊端，自当严行厘剔，以清帑项。但欲究侵亏虚实，必先查库贮有无。今库贮既无所亏，则所谓侵蚀者何项？即如苏崇阿所云书吏中饱，皆系压批分侵外解银两，并非从库运出。则外解之银两，既为所蚀，库贮之项，又何从来？各州县岂能每项各垫两分，一解司而一饱吏乎？若谓各州县仰承督抚风旨，曲为事后弥补，亦岂能一时措办如许银两解交司库？而苏崇阿又岂肯扶同收受，听其掩耳盗铃若此乎？况尹继善、陈宏谋皆久任封疆。前司常亮亦尚属实心任事，藩库中不致大有窃弊，此亦朕所素信者。苏崇阿始则妄事刑求，继复遂非坚执，以数

---

① 《大清高宗法天隆运至诚先觉体元立极敷文奋武孝慈神圣纯皇帝实录》卷之六百十九。
② 印鸾章：《清鉴纲目》，长沙：岳麓书社，1987年，第344页。

十万帑项,全不推究确实,遽尔驾空悬坐。天下有如此荒唐之举耶?苏崇阿着革职发往伊犁。自备资斧,效力赎罪。①

● 《清史列传》对此也有记载,系节录刘统勋奏折的一部分。

十月,奏言:"臣等抵苏州盘查藩库,并无短少。苏崇阿所奏报与存贮数目不符,疑书吏作弊,严刑追究,致诬服;而苏崇阿即指谎供为确据,驾空悬坐。"②

●十月二十四日,以谢溶生参奏阿思哈巧于纳贿勒派属员馈送各款,乾隆命刘统勋等前往查办。

乙未,谕军机大臣等:据谢溶生奏,巡抚阿思哈巧于纳贿,勒派属员馈送各款,并辕门小钞二十四张,实为骇然。巡抚身任封疆,自当正己率属,乃该学政所奏,赃据累累至此。将谓谢溶生与阿思哈别有嫌隙,遂可驾空捏说,全无指实,则自应治以诬奏之罪,但所奏各条,俱有款征,亦何从凭虚捏造?若谓谢溶生好生是非,则伊前任山东学政,来京召对时,于阿尔泰并无所指摘,何独于阿思哈而有意诬蔑耶?此事虚实,不可不彻底根究,将原折并小钞,速行密寄刘统勋等,于奉到之日,即会同尹继善速行前往,秉公查审。阿思哈婪赃事迹,果有确据。一面即传旨将阿思哈解任质审,常钧暂行署理抚篆,一面将实在情形具奏,并将阿思哈严行定拟奏闻。如谢溶生所奏全虚,即当质之该学政,究其诬奏情由,亦不得颟顸了事。在尹继善与阿思哈同任督、抚,不能觉察,自有应得之罪,但以失察获咎,其罪尚轻,若更有意回护阿思哈,冀图潦草结局。无论刘统勋、常钧不肯扶同取戾,即三人俱有迁就,亦思此系何等事?而朕肯听伊等以和事老人伎俩,略为尝试耶?总之此案非阿思哈之款实,即谢溶生之诬奏,断无中立之理。似此大案,政治攸关。刘统勋等其据实查办,勿得稍存意见。折内所奏席椿现在浙江,并着即行调往质讯。③

●十一月初六日,以钱汝诚奏请将高、宝、甘、泉西乡一带低洼地亩豁免田粮改输芦课,乾隆命刘统勋江西审案完结之后,会同该尹继善亲往悉心查勘,熟筹妥办。

丙午,谕军机大臣等:据钱汝诚奏请将高、宝、甘、泉西乡一带低洼地亩,豁

---

① 《大清高宗法天隆运至诚先觉体元立极敷文奋武孝慈神圣纯皇帝实录》卷之六百二十二。
② 王钟翰点校《清史列传》卷四百七十六《列传》卷十八,北京:中华书局,1987年,第1396—1397页。
③ 《大清高宗法天隆运至诚先觉体元立极敷文奋武孝慈神圣纯皇帝实录》卷之六百二十三。

免田粮，改输芦课一折，似不为无见。该处上承洪湖之水，一遇盛涨入运，去路稍迟，即被淹浸，是以低洼田地，屡被水灾，而赈恤亦几无虚岁。计自十九年起至今，所赈银米，费已不赀。在国家物力正当全盛，且邻近各省，俱幸丰收，抚恤灾黎，度支原所不惜。但民生利病，务当权其久远，不得徒为目前补救之计。且以污莱之地，所供额征，本属无几，较之赈恤所需，相去不啻以什百计，自应亟行相度筹办者。尹继善于该处地方情形，固所熟悉，但伊诸事乐于静镇，而惮于更张。着将原折封寄刘统勋、常钧，令其于江西审案完结之后，仍会同该督亲往悉心查勘，熟筹妥办，其务从长计议，俾一劳永逸，勿稍为意见所拘，迁就了事。①

●十一月二十六日，刘统勋等查奏阿思哈巧于纳贿，收受司、道金镯、绫缎事。

丙寅，谕军机大臣等：据刘统勋等查奏阿思哈收受司道金镯绫缎一节，证据已确，实为可骇。朕初意以为阿思哈为人尚属谨饬，未必实有其事，今此款既确，其余各款，料非子虚。自应逐一根究，务得实情。即如为原任道员董榕弥补亏空一，更有疑窦。董榕向来尚属小心谨慎，其经理赣关事务，不应至有亏空。或系阿思哈平日科派需索，以致赔累，亦未可定，尤当详悉确查者。现已降旨将阿思哈革职严审。所有任所赀财，即着刘统勋等查抄，毋致隐匿。巡抚为封疆大吏，即屏绝苞苴，尚恐属员巧为尝试，乃籧篨不饬，一至于此。不可不重治其罪，以昭炯戒。着刘统勋等严审，按律定拟具奏。将此传谕知之。②

●十二月初四日，果如乾隆所料，董榕因为阿思哈置买物件而赔累，乾隆着刘统勋将供单内所开详加研讯，务得实情一并定拟具奏。

甲戌，谕军机大臣等：前经降旨令刘统勋等将董榕亏空之处，详悉确查。或系阿思哈科派需索，以致赔累，俱未可知。今据方观承奏称，准咨查讯董榕家属。据供，上年董榕差人赴粤，代阿思哈置买物件甚多。约核其值不下数千金，而所发价银，仅止二百两、一百六十两。则其科派赔累，已属显然，果不出朕所料。着传谕刘统勋等将供单内所开详加研讯，务得实情，一并定拟具奏。③

●十二月十五日，着传谕刘统勋俟何思哈一案审拟完毕，即行回京。④

●十二月十六日，对刘统勋等奏审拟阿思哈婪贿派累一案有不够分明之处，乾

---

① 《大清高宗法天隆运至诚先觉体元立极敷文奋武孝慈神圣纯皇帝实录》卷之六百二十四。
② 同上书，卷之六百二十五。
③ 同上书，卷之六百二十六。
④ 同上。

隆略有不满，认为此乃殊属草率。刘统勋接旨后，寻即奏明实情。

丙戌，又谕：据刘统勋等奏审拟阿思哈婪贿派累一案，已批该部核议具奏矣。其中勒派董榕买物一款，供单所开董蓉代买物件，与方观承讯取伊家属供词核对大概相符，阿思哈亦已承认。但约计诸物价值，不下数千金。今折内止称代买纱葛及紫檀木器俱照值发过价银四百两，并无累其赔垫等语。试思以数千金而仅给四百两，其短发价值，不问可知，尚得谓并无累其赔垫之事耶？！刘统勋等既未将短发价值之处，详悉核究。而于董榕是否因派累而致亏空，亦未查讯分明，殊属草率。着传谕刘统勋等将此款再行详讯具奏。寻奏：阿思哈派董榕代买诸物，据实查估，委系短发价值。亏空之故，原由赔累而生。并查赣关税务，收解之外，亦不无漏卮。得旨：该部核议具奏。①

1761　乾隆二十六年　辛巳　刘统勋63岁　刘墉42岁

○辛巳二十六年春正月，紫光阁成。②
○二月，乾隆奉皇太后西巡，幸五台山。三月还京师。③
●三月初六日，刘统勋为会试正考官。

辛巳恩科会试考官：吏部尚书刘统勋，字延清，山东诸城人，甲辰进士。兵部侍郎观保，字伯容，满洲正白旗人，丁巳进士。户部侍郎于敏中，字重常，江南金坛人，丁巳进士。题"红紫不以"二句，"旅酬下为"四句，"大夫曰何"一句。赋得"贤不家食"得"同"字。会元陈步瀛，字勤斋，江南江宁人。④

按：《清史列传》与此所记不同，其时间为2月。目前尚无更为确凿证据，以辨二者真伪。

●三月十一日，以二月时军机处行走、陕西道御史眭朝栋奏举乡试应持回避例，吏部查议其有心要誉，应照溺职例革职。乾隆以本科确有刘统勋胞弟胞侄二人、于敏中堂侄一人应试，而眭朝栋纯属知情妄奏，有意沽名，革职交刑部治罪；刘统勋、

---

① 《大清高宗法天隆运至诚先觉体元立极敷文奋武孝慈神圣纯皇帝实录》卷之六百二十七。
② 印鸾章：《清鉴纲目》，长沙：岳麓书社，1987年，第344页。
③ 同上。
④ ［清］法式善等：《清秘述闻三种·上卷》卷六，北京：中华书局，1982年，第210页。

于敏中之弟侄等罚停乡、会试一次。后眭朝栋着加恩准其赎罪。

庚戌，吏部议曰：御史眭朝栋，有心要誉，甚乖职守，应照溺职例革职。得旨：吏部察议眭朝栋照溺职例革职一本，所以留中不发者，朕意以为若总裁大员中，查无应行回避之人，则该御史所奏，不过博一时虚誉，其罪尚属可原。今据知贡举熊学鹏查奏应行回避士子，则有总裁刘统勋之胞弟、胞侄二人，于敏中之堂侄一人。刘统勋、于敏中，既系军机大臣。而眭朝栋现系军机处行走之员，此次刘统勋、于敏中二人不令随驾，外间已揣其与典试事，而军机处之人固不待言矣。况朕向刘统勋等曾面谕及之，眭朝栋岂有不知之理？则其所奏显属迎合上官，此风断不可长！前明师生堂属，党援门户之弊。往往假公济私，害及朝政，最为言路恶习。我皇考十三年以来，大加整顿，风纪肃清。朕临御二十有六年，于台垣章疏，苟有一二可采者，未尝不见之施行。若其意有所属，瞻顾徇私者，亦断难逃洞鉴。眭朝栋何人？而敢以此等伎俩，巧为尝试乎？此在诸科道，尚属不可，况该御史之在军机行走者乎？今岁恩科会试，已属格外旷典。臣工得与文衡，已可云宠荣逾分。而更欲为宗戚幸中，是于不知足之中，又加甚焉。号称读书者，宜如是乎？此于政体官方士习，均有关系。眭朝栋，革职不足蔽其辜。着挐交刑部治罪。刘统勋、于敏中之授意与否，姑不深究。然致属员之如此假言献媚，则二人亦不得谓无咎。其刘统勋、于敏中之弟侄，应行回避者概着罚停乡、会试一次，以示儆戒。①

● 四月二十日，刘统勋以协办大学士为殿试读卷官。

己丑，以大学士来保，协办大学士鄂弥达、刘统勋，兵部尚书梁诗正，左侍郎观保，刑部尚书秦蕙田，左侍郎钱汝诚，都察院左都御史刘纶，入觐两江总督尹继善为殿试读卷官。②

辛巳恩科殿试成进士榜单③：

第一甲三名：王杰、胡高望、赵翼。

第二甲六十六名：蒋雍植、嵇承谦、顾震、孙士毅、冯秉忠、姚棻、陈步瀛、蔡封、李文藻、梁昌圣、秦承恩、王永恭、汪为善、薛科联、葛正华、杜一鸿、赵杭、彭绍升、胡翘元、项淳、刘焯、季炬、吴坛、王宓、谢启昆、欧阳金、银文昭、

---

① 《大清高宗法天隆运至诚先觉体元立极敷文奋武孝慈神圣纯皇帝实录》卷之六百三十二。
② 同上书，卷之六百三十五。
③ 朱保炯、谢沛霖编《明清进士题名碑录索引》下册，上海：上海古籍出版社，第2731页。

冯应榴、张庆源、赵传纪、陈嵩年、何成棱、储秘书、孙景燧、陈嘉谟、张元泰、王廷模、周浩、沈士骏、傅钟岳、郭祚炽、毛业溥、卜柞光、袁维丰、顾駉、杨先春、李之萼、史琮、蔡璨、嵩贵、乔集鹓、张应曾、张曾炳、沈畸初、张六行、郝慎行、崔龙见、曹仁虎、罗清英、郭洁、汪上林、郭镛、曹君弼、钱露、凌梦曾、陆锡熊。

第三甲一百四十八名：沈琳、许法震、汪潮相、官志涵、纪曾荫、邵庚曾、马俊良、金云槐、沈作梓、程明昱、熊家振、丁荣祚、戴元夔、田均豫、喻宗泽、陶应遇、周辅、谢天衢、耿学模、蔡上翔、陈锡光、黄堂、杨缙云、华观贞、张绥佩、李松龄、刘琯、郭元潆、高喆、任震远、王凤鸣、史传远、沈浚、黄河清、萧附凤、孙颜、余廷灿、甘山、朱廷基、徐珏、邹朝阳、栗元、黄楷、袁起颖、吴玉纶、孙嘉乐、檀萃、萧聿焄、陈元锡、陈凤举、裴直方、罗爌、米天琦、陈时、刘作垣、周珹、李渠、黄鹤鸣、刘校之、彭同祖、邓大林、徐绍监、王镇、卢鐏、李燕、李照远、魏起睿、黄腾达、王熊兆、邵自镇、周克遵、孟永荣、张衡猷、翁需霖、郭玑、林昙、钱廷谟、霍仪泰、袁秀峦、秦宏智、冯昌绅、卜贻直、石玖光、严盛日、姚龙光、齐世南、汪槐、钟俨祖、孙芝桂、敏保、汪大亨、松龄、唐世厚、刘树芳、赵杭林、沈绳祖、董延楷、施璇枢、李方茂、刘元龙、叶端、李廷柏、郑岳钟、欧阳柱、王兆麟、樊荃、张灏、冯高琇、周卜政、吴履和、李榔、觉罗集兰、孙曰秉、蒋鑠裔、孟秉坚、吴翼基、戴芳、白凌云、李淳、薛叔鳌、高世纶、刘志、朱昱、马人龙、林光照、陈于畴、张念祖、张廷榴、何三畏、何浑、陈高飞、欧阳钦、杨中选、杨长佐、卫谋、张玉树、李萃、吴兴宗、胡文超、秦学瀚、俞开甲、许青龙、莫元龙、权天鉴、曹坦、余大鹤、谈理、马曾鲁。

●该届殿试高中探花的赵翼对此次考试有一段极为生动直观的描述。

辛巳殿试阅卷大臣刘文正公、刘文定公，皆军机大臣也。是科会试前，有军机处行走之御史眭朝栋上一封事，请复回避卷。即唐人所谓别头试也。上意其弟子中有会试者，虑已入分，校应回避，故预为此奏。乃特点朝栋为同考官，而命于入闱时，各自书应避之亲族，列单进呈，则眭别无弟子，而总裁刘文正、于文襄应回避者甚多。时岁上方南巡，启跸时，曾密谕刘、于二公留京主会试，疑语泄而眭为二公地也，遂下刑部治罪。部引结交近侍例，坐以大辟，于是军机大臣及司员为一时所指摘。且隔岁庚辰状元毕秋帆、榜眼诸桐屿皆军机中书，故蜚语上闻，有"历科鼎甲皆为军机所占"之说。及会试榜发,而余又以军机中书得隽,傅文忠为余危之,语余不必更望大魁。而余以生平所志在此,私心终不能已。适两刘公又作阅卷大臣,虑其以避嫌摈也,乃变易书法,作欧阳率更体。两刘公初不知,已列之高等,及将定进呈十卷,文定公虑余卷入一甲,又或启形迹之疑,且得祸。及遍检诸卷,意必得余置十名外,彼此俱无累矣。及检,一卷独九圈,当以第一进呈,九圈者,卷面另粘纸条,阅卷大臣各以圈点别优劣于其上,是岁阅卷者九人,九人皆圈者惟此一卷。文定公细检,疑是余,以语文正。文正覆阅,笑曰:"赵云崧字迹,虽烧灰,亦可认,此必非也。"盖余初入京时,曾客公第,爱其公子石庵书法,每仿之。及直军机,余以起草多不楷书,偶楷书即用石庵体,而不知余另有率更体一种也。文定则谓遍检二百七卷,无赵云崧书,则必变体矣。文正又覆阅,谓赵云崧文素跅弛不羁,亦不能如此谨严,而文定终以为疑,恐又成军机结交之局。兆将军惠时方奏凯归,亦派入阅卷,自陈不习汉文,上谕以诸臣各有圈点为记,但圈多者即佳。至是兆公果用数圈法,而惟此卷独九圈,余或八、或五,遂以第一进呈。先是历科进呈卷皆弥封,俟上亲定甲乙,然后拆。是科因御史奏改,遂先拆封,传集引见。上是日阅十卷,几二十刻,见拙卷系江南人,第二胡豫堂高望浙江人,且皆内阁中书;而第三卷王惺园杰则陕西籍。因召读卷大臣,先问:"本朝陕西曾有状元否?"皆对云:"前朝有康海,本朝则未有。"上因以王卷与翼互易焉。惺园由此邀宸眷,翔步直上,而余仅至监司,此固命也,然贱名亦即由此蒙主知。胪传之日,一甲三人例出班跪。余独挂数珠,上升座遥见之。后以问傅文忠,文忠以军机中书例带数珠对,且言昔汪由敦应奉文字皆其所拟,上心识之。明日谕诸大臣,谓:"赵翼文自佳,然江、浙多状元,无足异。陕西则本朝尚未有。今当西师大凯之后,王杰卷已至第三,即与一状元亦不为过。"①

按:赵翼此段记述可谓当时科举惊天秘闻。为避嫌,以廉洁公正闻名于时的二位刘公亦被舆论挟持,以不公正手法而博取公正之名,此实欲求公正舆情参与者之不可思议与可悲之处也。

●五月初二日,从侄刘塼庶常馆散馆后以部属用。

庚子,内阁、翰林院带领庚辰科散馆修撰、编修、庶吉士引见。得旨:修撰毕沅、编修诸重光、王文治、补行散馆之编修梅立本俱已经授职;其清书庶吉士曹文

---

① [清] 赵翼:《簷曝杂记》卷二,北京:中华书局,1982年,第26—27页。

埴、宋铣、刘权之，俱授为编修；田玉成、蒋曰纶、芮永肩俱授为检讨；其汉书庶吉士童凤三、王燕绪、张世禄、袁鉴、王中孚、张光宪、裘麟俱授为编修；蓝应元、张嚣、富森泰、萧芝、陈梦元、李台、刘经传、陈本敬，俱授为检讨；王显曾、钱受谷、刘塨、李瑞冈、姜锡嘏、孟邵、孟超然，俱着以部属用；魏大文、达椿、彭绍观、史大勋俱着留馆教习；谢敦源着归进士原班铨选。①

●五月初九日，刘统勋被授大学士。

丁未，以协办大学士、吏部尚书刘统勋为大学士，兼管礼部事务；兵部尚书梁诗正为吏部尚书；协办大学士、都察院左都御史刘纶为兵部尚书；礼部左侍郎金德瑛为都察院左都御史。②

●五月十五日，刘统勋以大学士兼管兵部事务。③

●五月二十三日，刘统勋着为东阁大学士，兼礼部尚书。

辛酉，吏部题：大学士刘统勋应兼殿阁及尚书衔。得旨：刘统勋着为东阁大学士，兼礼部尚书。④

●五月二十九日，刘墉奏沛县监生阎大镛抗粮拒差案中险涉文字狱。

丁卯，谕军机大臣等：据刘墉奏沛县监生阎大镛抗粮拒差，诬官逃走，旋经拏获未结一案，因其情形异常桀骜，随查出该犯诗稿二纸，并伊祖阎尔梅、伊伯阎垿稿本及阎尔梅犯罪时文移一本，粘签进呈，并查该犯家内，无伊诗稿存留，揆其情理，必系悖逆之词，曾经销毁等语。阎大镛以监生抗粮拒差，情属可恶，治以应得罪名，已无可宽贷。至查出稿本各条，以朕观之，不过愚贱无知，尚无悖逆之语。若牵引伊祖、伯等诗文，遽以悖逆定谳，而先置本案为轻罪，又不切究其烧毁灭迹之由，是既不足以服本犯之心，而议者或转疑为刻核，非朕用法平允，务得实情之意。且销毁之语，亦属揣度之词。该犯平日，果系居心悖谬，形之笔墨，即使本人豫事销毁，而天理不容，断不令其毫无踪影，脱然漏网之理。非有一二销灭不尽，即有留遗他处，使之旁出败露者，此正案中吃紧关键。该督、抚果肯实心详悉研鞫，自无不明之理，若实有悖逆本朝形迹，即应严处，以肃刑章而惩匪类。着将原折钞录，并粘签稿本，交与高晋、陈宏谋，令其确切严讯，并悉心躧访，及该犯悖谬诗

---

① 《大清高宗法天隆运至诚先觉体元立极敷文奋武孝慈神圣纯皇帝实录》卷之六百三十六。
② 同上。
③ 同上。
④ 同上书，卷之六百三十七。

文，有无留遗在外之处，秉公推勘，按律定拟具奏。寻高晋奏：据藩、臬两司讯报：阎大镛曾刻有《俣俣集》诗文，内有沛县志记一篇。因该犯之母，少寡守志，未经列入节孝，文内讥剌不公，为人呈首。经修志之原任知县李棠拘讯，将书板追缴，及已印诗集一并追毁，并无别项悖谬诗文等语。但揆之情理，殊难凭信。现饬司、道、府、县，再行确切严讯，务得实情。得旨：是。陈宏谋奏：查该犯所刻之《俣俣集》，业经销毁，其中恐有悖逆之处，必须追取原书，方可凭信。现饬府县搜查躧访，务将该犯前刻及续作诗文，尽行追出，以凭察验。得旨：览。汝不为此足矣，汝肯从严办理此等人乎？①

●六月十八日，乾隆让刘统勋等所办皇舆西域图志交与军机处方略馆办理。②

乾隆二十六年六月十八日谕旨：刘统勋、何国宗所办《西域图志》，著交军机处方略馆办理。钦此。③

●八月初二日，以豫省祥符黑堽口等处，河水漫溢，河溜夺趋尉氏县贾鲁河，乾隆命大学士刘统勋、协办大学士公兆惠星速驰驿赴豫，督率查办。

己巳，谕：昨据常钧奏豫省祥符黑堽口等处，河水漫溢，已命裘曰修前往会同办理。今据奏报，现在漫水日就消退，地方城郭，可以无虞。虽因稍慰，但旧流淤浅，斯于河防最关紧要。着大学士刘统勋、协办大学士公兆惠，星速驰驿赴豫，督率查办。

又谕：河南祥符等县，河水漫溢，已特派大臣驰驿前往，会同该抚等相度经理。所有被水村庄，并令加意抚绥。朕思被水情形，与被旱不同，盖旱形可以豫知，地方官先事详查户口，造册汇报，上司核定，委员监放，尚可需时。至于水灾猝至，室庐一空，灾民嗷嗷，岂能辽待？着大学士刘统勋等会同该抚常钧，严饬地方各官，遇应行加赈之地，随查随赈，无俟汇齐册报，辗转稽延，并于被灾较重州县，各按四乡，分设粥厂，俾得就近糊口，不致失所，副朕加惠贫民至意。但不得因有此旨，不行实力察勘，致令吏胥从中冒滥滋弊可耳。该部遵谕速行。

谕军机大臣等：尹继善奏南河上游，黄水陡落六七尺，遣人查探，闻知山东曹县北岸堤工漫溢，豫备调拨南河官弁，前往协助等语，具见留心，已于折内批示。

---

① 《大清高宗法天隆运至诚先觉体元立极敷文奋武孝慈神圣纯皇帝实录》卷之六百三十七。
② 同上书，卷之六百三十九。
③ 《钦定皇舆西域图志·谕旨》，引自《四库全书》第500册，台北：台湾商务印书馆，1986年，第3页。

顷据常钧折奏豫省黄河，现在夺溜趋贾鲁河，此事最关紧要。已派刘统勋、兆惠前往督办，及时堵筑漫口。河东河员，谙练之材甚少，非协济妥员，安能集事？着传谕尹继善即会同高晋于各河营弁将兵丁内，加意挑选，先期速行调往。以便刘统勋等一到工所，即可济用。其所奏下河勘办各事宜，并着即行悉心妥协经理。

又谕曰：常钧奏报，省城漫水消退，各缺口亦渐次断流。惟杨桥大坝一带，连接大堤，黄溜夺出杨桥，直趋贾鲁河，旧流淤浅等语。河南此次被水较大，昨已派侍郎裘曰修前往会同该抚将一应疏泄抚恤事宜，妥协办理。现今堤工渐就平稳，但黄河夺溜一事，于河道民生，最关紧要。现派大学士刘统勋、协办大学士公兆惠驰驿前赴该处。将引溜归槽之事，专司督办。并谕尹继善挑拣南河熟练官员兵丁，调赴豫省应用。但该抚等此时即应一面详悉相度，实力筹办，不得因派有钦差，因循坐守，如目下已经办有成局，钦差未到之先，河流可复，该抚可行文知会刘统勋等令其即回。再裘曰修奉差在前，如刘统勋等到豫，自应专任董办夺溜之事。裘曰修即将该省一切干支各河水利，并山东曹县一带漫溢处所，悉心经理，务期保护前工，为一劳永逸之计。至该省现在工程抚恤需用甚多，所有藩库存贮银两，是否足敷应用？并着即行查明。如有必需接济之处，奏闻动拨。着将此传谕裘曰修、张师载、常钧等知之。

又谕：据河南巡抚常钧奏报，豫省贾鲁河夺溜一折，已有旨令刘统勋等前往董率查勘。并据尹继善奏南河上游，黄水陡落，探闻山东曹县北岸堤工，亦有漫溢等语。该省地处河南、江南承上接下之交，该抚何以并未奏到？着传谕阿尔泰即将曹县北岸堤工漫溢情形，及现在作何上紧筹办之处，速行奏闻。并有旨谕刘统勋、兆惠等到豫后酌量查勘。如可一人督办，即分一人前往东省，会同查办。阿尔泰不必俟钦差，着即速前往，相机速行妥办。①

●八月初三日，以张师载奏请议处河工疏防各员一折，乾隆命刘统勋等会同该总河，查明分别交部议处。至运河水道堤工，现在保护平稳承办各员，亦着酌量奏请议叙。

庚午，谕：据张师载奏，请议处河工疏防各员一折。此次河水较大，非人力所能豫备。但其中有工程甫经修理，不应遽有冲决之事者，与寻常疏防有间。着钦差大学士刘统勋等会同该总河，查明分别交部议处。至运河水道堤工，现在保护平稳承办各员，亦着酌量奏请议叙，俾众知所劝惩。②

---

① 《大清高宗法天隆运至诚先觉体元立极敷文奋武孝慈神圣纯皇帝实录》卷之六百四十二。
② 同上。

●八月初十日，以抗洪两位主将，常钧于河道源流、办理挈要之处全无定见且对应决口之法大谬不然，张师载亦临事茫无端绪，然大水之为巨患即在眉睫之间，乾隆忧心如焚，促刘统勋等加紧速筹妥办。

丁丑，谕军机大臣等：常钧奏筹画各处决口事宜一折，于河道源流，办理挈要之处，全无定见，已于折内批示。河流夺溜，直归贾鲁河，势将渐趋东南，为害非细。则此时急堵杨桥漫口，为第一吃紧要务！乃该抚折内，先请将南岸各漫口，逐段补筑，方可彻溜合龙，此语尤为大谬！曾不思各漫口尽行补筑，则大溜势益湍急，全趋缺口，工程更难措手。此寻常情理所易晓，而常钧于河道情形，既未谙悉，张师载亦临事茫无端绪。幸朕于初报时，即命裘曰修、刘统勋、兆惠等先后赴豫董办。伊等可乘时会同相度，或不致因循贻患耳。朕适检看河图，贾鲁河由尉氏等县，经江南颍、寿各属与淮流通。倘上游不塞，势必直趋洪泽湖，将淤留水壅，其害更可胜言耶？！是河南决口，早塞一日，即杜一日之患，尤其确然无疑者。常钧等在黄溜初夺时，全局端委，或未及体究。今为时将近一月，而于河流之起径归宿及现今决口缓急若何，大溜现抵何处各情形，折内并无一语剖晰，此等大工，其将何以集事？着传谕裘曰修、刘统勋、兆惠督同该抚等加紧速筹妥办，总以堵筑归槽，为全河利害关键。仍一面将河溜各情形，详悉绘图贴说，迅速奏闻。①

●八月十一日，一日数谕，乾隆对河工之臣已无法信任，唯信刘统勋，让刘统勋总董杨桥漫工，并多方调度，为刘统勋提供多方支持。

戊寅，又谕曰：张师载奏筹办堵筑漫工一折，总未达治河紧要关键，已于折内批谕。昨据常钧奏到时已详谕刘统勋、兆惠、裘曰修及该抚等矣。南北两岸各漫口，固应随时修筑。然杨桥夺溜之处，所关尤重。如必待各漫工告竣，始议引溜归槽。其在决口下游者尚可，若势处上游，而一例急塞，不且愈助大溜之冲，自致棘手乎？看来现在惟以杨桥大工为吃紧要务，至于堵筑、引导二者，为治水必需之法。然分疏引河，先杀水势，以便乘机抢筑，其奏功尤为便利。已于图内河身曲处，用朱笔指画，如该处可以设法挑挖引河，令决口上游，先分急溜，令其径注旧日原河，则大工既易合龙。而河身逢湾取直，又可免两岸数处险工，岂不一举两得？但不知该处道里远近，地形高下若何？难以遽为悬定，着传谕刘统勋等及该督抚速行相度情形，商搉筹办，一面具折奏闻，图并发。至张师载单内数条，并交刘统勋等酌量办

---

① 《大清高宗法天隆运至诚先觉体元立极敷文奋武孝慈神圣纯皇帝实录》卷之六百四十二。

理。此内雇觅人夫一事，现在工程重大，势不得不资用民力，今仿以工代赈之例，令附近被水各州县，传集人夫，计工给值。灾民既得糊口，工务亦可速竣，于公私皆有裨益。但不得令吏胥人等从中滋弊，致闾阎被水之余，复以苛派贻累。此事专交与常钧妥办，将来如有未协，惟该抚是问。

又谕：豫省黄河漫口，由尉氏县贾鲁河夺溜南趋，水势甚重，若不及时堵截，则贾鲁河一带，与江省颍、寿等属下游淮河相接，甚属可虞。是豫省决口要工，实系全河要害。凡身任河防之责者，自难稍分畛域也。昨常钧等报到，已有旨令刘统勋等前往董办。看来该处抢堵工程，势难刻缓。江南情形，现在因上游漫溢，水落势平，尚无甚重大之工。高晋久任南河，诸事熟谙。着传谕尹继善等，令其酌量情形，高晋如可分身前往，即着率同所拣河弁兵丁，星赴豫省，协助经理。如本省实有难以兼顾之处，则慎选河工大员中之能事者，带领赴豫，听刘统勋等调用，务期协力共济俾速竣大工，以副朕望。

又谕曰：富明安奏路过河南，所见河水漫溢情形一折。该员以道途所经，留心入告，深可嘉尚。且其折内称杨桥夺溜，不可不速挽狂澜，归之故道，及浚筑兼施，成功较易云云，俱为切中肯綮。惟所称相地之宜，善筹永利之处，以现在紧要关键言之，恐及时堵漫师槽之外，亦别无善策也。日来因该抚等奏到，已谆切传谕，想刘统勋等自可次第接奉遵办。看来此番水势甚大，豫省决口，倘不加紧抢截，不独下游水势所趋，恐其混入清淮，必致洪湖淤垫，而大河以南，田畴民食，无一不关深计。是豫省急工，实系全河利害。现已降旨高晋令其度量南河如可分身，即自带谙练之人，前来协助经理。否则拣选大员能事者，率同弁兵以资接济。着将富明安折，钞寄刘统勋等及张师载、常钧阅看。其应如何相度缓急，浚筑兼施之处，着即遵照前旨，会同悉心妥办。将此一并传谕知之。①

●八月十八日，刘统勋等奏堵筑决口之法，先在上游引河一道分减缺口水势，同时以杨桥决口紧要，其他人等一体驻工督办。

乙酉，钦差大学士刘统勋、协办大学士公兆惠、侍郎裘曰修会同河东河道总督张师载、调任河南巡抚常钧覆奏曰：河溜由杨桥直下，拟于上游原河身内，先挑引河一道，分减缺口水势。臣兆惠，原拟驰赴曹县今曹县漫水，已经挂淤无需前往。杨桥决口紧要，应一体驻工督办。

---

① 《大清高宗法天隆运至诚先觉体元立极敷文奋武孝慈神圣纯皇帝实录》卷之六百四十二。

得旨：览奏俱悉，总以速堵决口为要。朕日夜望之。①

●八月十九日，刘统勋等奏深切乾隆帝怀，并让刘统勋等预告其大约何时完工，并让刘统勋等会同实力督办赈务。

丙戌，谕军机大臣等：据刘统勋等奏，堵筑杨桥漫口及筹办赈务各折。已于折内批谕，其开挖引河掣挽大溜以杀水势，尤为切中窾要。朕前于张师载所进河图内，用朱笔标指，即系此处，可谓不约而同。正当乘此天晴涨落之时，加紧赶办，迅速合龙，方为妥协。刘统勋等度量情形，约计何时可以堵筑断流，大溜归还故道，先行确勘奏闻，以慰悬切。至办赈一事，不得因常钧已奉调任之旨，一任承办官役人等，乘此时值侘傺，或致懈弛滋弊。现在胡宝瑔已令速赴新任，计日亦当抵豫。并着刘统勋、兆惠等会同实力督办，副朕轸念灾黎至意。②

●八月二十日，乾隆以热河节次阴雨，担心豫省天气，让刘统勋速行奏闻。刘统勋寻奏豫省八月以来天气俱晴，乾隆闻报心下稍慰。

丁亥，又谕：昨据刘统勋等奏报杨桥漫口及抚恤事宜一折，已有旨传谕上紧赶筑，其抚恤事宜，亦令会同查办。今热河自八月十九日以来，又复节次阴雨，不知豫省近日天气如何？不致有碍工作否？虽南北相隔，阴晴未必尽同，而朕心深切廑念。着传谕刘统勋等令将该处比来晴雨，及催办工程若何？速行奏闻。寻奏：豫省八月以来，天气俱晴，于工作并无妨碍。得旨：览奏稍慰。③

●八月二十三日，先以晋省秋粮丰收晋抚有意接济豫省碾米十万石，乾隆询刘统勋需否，刘统勋回奏此米可补拨赈仓储。继陈宏谋奏议欲工竣后从南河挑选赴豫协助弁兵十数人，留为豫、东两省骨干之用，乾隆询刘统勋意见，刘统勋回奏此于修防实属有益。

庚寅，谕军机大臣等：据鄂弼奏晋省今岁秋收丰稔，各属仓粮亦属充裕，拟于蒲解等属仓粮内碾米十万石运豫协济等语。豫省今秋因河水盛涨被灾较重，然系在二麦收成之后，且该省连岁丰收，民间尚有盖藏。现在水退涸出地亩，亦可补种秋禾。及明岁春麦则将来接济，当不致有缺乏。但既据鄂弼称晋省仓粮充裕，已密咨常钧豫筹接运，亦挹彼注兹之一策。着传谕刘统勋、兆惠等会同该抚，酌量筹度。

---

① 《大清高宗法天隆运至诚先觉体元立极敷文奋武孝慈神圣纯皇帝实录》卷之六百四十二。
② 同上书，卷之六百四十三。
③ 同上。

如可无需此协济则已，倘体察灾属情形，尚需筹办，即一面咨会鄂弼妥协经理，一面奏闻。寻奏：豫省连岁丰收，偶经被水尚不致缺乏，但赈务既拨仓储，将来尚须补额，藉有协济谷石，于仓储赈务益征充裕。现拟于晋抚密咨到日，将接运事宜移咨妥办。报闻。

又谕曰：陈宏谋奏，南河挑选赴豫协助弁兵，请于堵筑告竣后，酌留十数人，于豫、东两省补用等语，所见甚是。南河弁兵，俱系熟谙桩埽大工，自非豫、东二省工员所能及。若酌留在彼，指授教习，实于河务有裨。着传谕刘统勋等于此次大工告成后，可否择其奋勉出力者，酌留十数员名，即于豫东两省补用，以资河东河兵学习，但须妥办，不可使出力教人之人，反似迁流失所，则大不可。若可无须如此更张，亦不妨据实直奏。寻奏：南河弁兵，于工成后，酌留豫、东两省补用，以资河东弁兵学习，于修防实属有益。报闻。①

●八月二十六日，刘统勋等覆奏数事：一乾隆朱笔指画处所实为挑挖引河之关键；二业已断流之干河亦应挑挖淤阻，俾将来合龙后顺流通畅；三张师载单内数条现经会同筹办；四需用人夫业于附近州县雇觅。

癸巳，钦差大学士刘统勋等覆奏，杨桥大溜，必先挑引河，以杀水势。朱笔指画处所，实为紧要关键。至业已断流之干河，亦应挑挖淤阻，俾将来合龙后，顺流通畅。所发张师载单内数条，现经会同筹办。需用人夫，业于附近州县雇觅。得旨：览奏俱悉。②

●八月二十八日，以刘统勋前奏语义不详致乾隆对进埽之数与坝台之事困惑不明，刘统勋旋回奏讲明其事，乾隆真心叹服，用了一个极少用的"好"字。

乙未，谕军机大臣等：刘统勋等奏堵筑漫口事宜，已于折内详悉批谕。该处自九月初兴工计算，既称约得五十日可以告竣。现在天晴水落，趱办自易为力。漫口早得合龙一日，则地方少受一日之害。况南河弁兵已到，高晋亦将抵工。刘统勋等自可会同迅速董率从事，能于十月二十日以前完工，尤为妥协。至折内所称按日进埽三个之处，如系两岸同时俱镶，则不应有单数。再抢筑坝台，原为进埽而设，至既镶数埽以后，势必离台渐远，向后又如何续行下埽，此等处，非目击情形，不能悬揣。着传谕刘统勋等将一切筹办工程覆奏绘图贴说时，一并附折声明。寻奏：前

---

① 《大清高宗法天隆运至诚先觉体元立极敷文奋武孝慈神圣纯皇帝实录》卷之六百四十三。
② 同上。

者核计工段,每岸日下一埽,力尚有余。若下两埽,力又不足。意欲一日两埽,次日一埽,以均力役。折内所称,盖将两边工程,错综合计,而词不达意,遂称作三个。其实就一边论,乃是两日三埽。堤堰甫筑时,先用柴土填实,名为坝台。及进埽加镶后,堤堰已成,可以立脚攒工,亦呼为坝台。至于或用软镶,或须下埽,惟视水势深浅。浅则软镶,深则下埽,两无防碍。现在漫口堤岸,加紧攒筑,所挑引河,九月二十日可竣。至期,再加捞浚,俾层叠就下,于漫口水势增长时开放。约在十月初五以前,引归正溜,缺口易塞,适凑合龙日期。得旨:好!①

●八月,偕协办大学士公兆惠查勘河南杨桥漫工,合疏言:臣等赴工相度,先将月堤堵筑,候大溜断,再接筑大堤,以资巩固,仍于杨桥原淤河身内开挑引河。谕曰:速堵决口为要,朕日夜望之!刘统勋又言:现开引河九百三十六丈,引溜归入正河,并将正河身内浚渠疏引。②

●九月十三日,刘统勋已有数奏,而裘曰修查勘一月未奏,裘惹乾隆不满,命其将所有查勘过各处水利一并详悉速奏;以总兵田金玉奏怀庆府被冲房屋与淹毙人口数目精准,乾隆责令刘统勋将详细情形据实入奏。刘统勋寻有奏。

戊申,谕军机大臣等:昨刘统勋折内声明裘曰修现赴归德、陈州一路,查勘该处一切河渠疏泄事宜。裘曰修自应审度源流,通盘筹办,但一切工程缓急,及应行抚恤事宜,亦当随勘随奏,以慰厪怀。今刘统勋等到工以来,已折奏数次。而裘曰修自八月中旬奏事后,何以迄今未见奏到?着传谕裘曰修,将所有查勘过各处水利,现在作何商办?并各地方官,经理赈务,是否妥协之处?一并详悉速奏。

又谕:昨据河北镇总兵田金玉,奉朱批回奏称丹沁二河,水势暴涨,直入怀庆府城,被冲民房六万九千八百余间,淹毙一千三百余人等语。前刘统勋等查奏豫省被水各属,仅将州县数目,分列清单,而于房屋人口,俱未经逐一详奏。朕以为犹待细查也,今久未详查确奏。在怀庆府,水已进城,易入难出。自与开封之水未入城者不同,则损伤房屋人口,亦惟此处为重,别属未必皆然。但刘统勋等董办赈务,常钧则有地方之责,至今查勘日久,此等被淹之数,虽一面照例抚恤,亦当将详细情形,分晰奏闻,以慰厪念。此时常钧想已赴江西之任,着传谕刘统勋等令将怀庆

---

① 《大清高宗法天隆运至诚先觉体元立极敷文奋武孝慈神圣纯皇帝实录》卷之六百四十三。
② 王钟翰点校《清史列传》卷四百七十六《列传》卷十八,北京:中华书局,1987年,第1396—1397页。

赈恤事宜，并其余各属，有无似此应行查恤之处，即速据实具奏。寻奏：豫省被灾州县，轻重不同，惟怀庆府之河内县为最重。镇臣田金玉所奏坍塌房屋，淹毙人口，合乡城而计，实有此数。臣等俱经详查，被灾户口，给一月口粮。房屋给修费，淹毙给殓费，此外皆不至如怀庆之甚。惟朱仙镇最重，均经按其轻重，加之抚恤。得旨：览奏俱悉。①

●九月二十三日，乾隆要张师载至下游督工并嘱其要与刘统勋等声息相通以期全善无虞。

戊午，河东河道总督张师载奏杨桥漫口，现随同刘统勋等驻工催筑。其杨桥以下，南北两岸各漫口，当此黄河将归故道之时，急宜赶筑以资拦截，已饬属分限办理。得旨：杨桥不悉无人。汝竟宜急赴下游两岸，督办各工，仍与刘统勋等声息相通，以期全善无虞。勉之。②

●九月二十八日，刘统勋奏开放引河一折，得乾隆极度认可，并发出："看来此次刘统勋等所办杨桥工程，较之从前张家马路漫工，竣事更为迅速。可见大工之集，全在董理得人，则事半功倍，非必帑费工多，始堪奏效也"的感慨，并对高晋南河善后工程，概议增高培厚，斥其"非独不知办工竣急次第，且于事理全无体会。"

癸亥，又谕曰：刘统勋等奏，开放引河，形势已成，势甚通畅等因一折，办理皆中机宜，已于折内批谕。看来此次刘统勋等所办杨桥工程，较之从前张家马路漫工，竣事更为迅速。可见大工之集，全在董理得人，则事半功倍，非必帑费工多，始堪奏效也。昨者高晋折奏南河善后工程，概议增高培厚，甚至估需银四十余万，非独不知办工竣急次第，且于事理全无体会。必如高晋所奏，因一处漫口，全河并须兴作。则现在自杨桥而下，绵亘数千里，直至云梯关入海，其将何所措手？若以寻常修防，动费帑金数十万，势又安可为继？与其以此妄费于下游无事之处，更何如用济杨桥急工之为得乎？想刘统勋等亦必闻其言而非笑之。前寄尹继善谕旨，已极明悉，可一并钞寄刘统勋等阅看。令其面询高晋，伊将何以自解？着于奏事之便，附折奏闻。③

---

① 《大清高宗法天隆运至诚先觉体元立极敷文奋武孝慈神圣纯皇帝实录》卷之六百四十四。
② 同上书，卷之六百四十五。
③ 同上。

上　卷（康熙三十八年—乾隆三十八年）

●十月十二日，对大功告竣乾隆计日以盼，此时又忍不住敦催刘统勋速告其现在堵筑情形若何？合龙定于何日？

丁丑，谕军机大臣等曰：刘统勋等前奏杨桥地形河势，约计工程做至十月初十，即可计算合龙日期。计自十月以来，天气晴霁，攒工应为较易。且据称九月内所做工程，两岸合计，每日总有五、六丈不等。现存口门在百丈之内，迄今已几半月，按日计工，此际自当奏效也。其现在堵筑情形若何？并合龙定于何日？着传谕刘统勋、兆惠等即行详晰奏闻，以慰廑念。①

●十月二十日，亟盼决口合龙的乾隆因刘统勋所报"因东风倒吹，竹刷无力，漫口溜渐湍急，势需多费工力"语后，要求刘统勋如原可计日竣事则已，如不可则试用其所提供之参差襟抱之法。

乙酉，谕军机大臣等：据刘统勋等奏杨桥漫工，因东风倒吹，竹刷无力，漫口溜渐湍急，势需多费工力等语。口门愈小，则水势愈急，若两头相对，直接合龙，则正溜湍急，下埽自属更难。或量避急冲，用参差襟抱之势，俾水流曲折稍缓，既易于挂淤，而中间夹空。随势堵断将来亦不过添埽填镶，庶为妥便。着传谕刘统勋等如此时原可计日竣事则已，否则竟用通变之法行之，可将朕所指朱笔片一并寄看。②

●十月二十三日，杨桥漫工已将就绪，乾隆让刘统勋坚守岗位，命高晋为其南巡做准备。

戊子，谕曰：豫省堵筑杨桥漫工，已将就绪，可以指日合龙。现有刘统勋等在彼督率经理，无需多人协办。高晋所管南河，如高邮、甘泉等曾被风暴之处，现有应行相度办理工程。且南巡在即，差务亦应料理。着传谕高晋令其即回南河总河之任，不必留驻豫省。③

●十月二十四日，以合龙日期后延，乾隆传谕刘统勋速将工地近况及合龙具体日期，及是否需用通变办法，据实具奏。

己丑，谕军机大臣等曰：前刘统勋等奏杨桥漫口合龙，约在本月二十日。嗣因东风溜紧，需费工力，核计二十五日以前，必可合龙。俟拟定日期，即行飞奏等语，

---

① 《大清高宗法天隆运至诚先觉体元立极敷文奋武孝慈神圣纯皇帝实录》卷之六百四十六。
② 同上书，卷之六百四十七。
③ 同上。

当即降旨并将指出朱片寄示，刻下又已逾时，约计合龙之期，未见奏到，深为廑念。着传谕刘统勋、兆惠等，速将近日工程情形如何，究系何日必可合龙？及应否需用所指通变办理之法，即行据实具奏。①

●十月二十七日，钟音奏陕省岁丰欲拨米麦二十万石接济豫省，乾隆询刘统勋意见需要与否，刘统勋等旋回毋庸接济。

壬辰，又谕曰：钟音奏陕省本年岁事有收，盖藏充裕请于附近渭河州县，拨米麦二十万石运至陕州以资豫省加赈一折。河南秋水盛涨，工赈所需不无有资邻省。前鄂弼奏请拨粮协济，已令酌量举行。至陕西距开封较远，现在截漕拨运亦经屡为储备，着传谕刘统勋等就河南情形，悉心量度，如无可需用，则已。倘该处尚待济用，一面咨会钟音，两省妥协派员经理接运，仍一面具折奏闻。并将此谕令钟音知之。寻会奏：豫省截漕拨运，备明年籴借，已属宽余。又经侍郎裘曰修奏采办光州等处米麦，足资济用，无庸陕省接运。报闻。②

●十月二十九日，因杨桥漫工大功即将告成，乾隆要求刘统勋做好交接回京。

甲午，谕军机大臣等曰：据刘统勋等奏杨桥漫工，现在水势平缓，口门相距无多，定于十一月初一日辰刻合龙等语。看来该处堵口工程，已可克期告竣。合龙后大溜顺轨，即无需钦差在彼督办。着传谕刘统勋、兆惠，将一应加筑稳固事宜交与张师载、胡宝瑔妥协经理。刘统勋等即于初三日一面具折奏闻，一面起程回京可也。③

●十月内，刘墫用吏部主事。④

●十一月初五日，刘统勋等奏杨桥漫工合龙情形并请乾隆御题建河神专祠。刘统勋等大臣着交部议叙，所有在工文武各员弁俱着查明交部一体议叙。

己亥，谕曰：据刘统勋、兆惠等奏杨桥漫工于十一月初一日巳时合龙。是日天气晴朗，风恬浪静，大溜回旋顺轨，目睹庥征，倍钦神佑，请建立河神专祠，以照灵贶等语。杨桥漫水夺溜，工程重大，朕特派大臣前往督同堵筑。今大工告竣，为期迅速。固由在工诸臣，奋勉集事。而风日晴和，安澜顺轨，览奏欣感，允宜上答

---

① 《大清高宗法天隆运至诚先觉体元立极敷文奋武孝慈神圣纯皇帝实录》卷之六百四十七。
② 同上。
③ 同上。
④ 秦国经主编《清代官员履历档案全编》卷二，上海：华东师范大学出版社，1997年，第262页下。

神佑，永卫民生，着照所请，即于工所建立河神专祠，岁时祭享。落成时，该抚奏请御书扁额，以展诚敬。大学士刘统勋、协办大学士公兆惠、河道总督高晋、张师载、巡抚胡宝瑔董率有方，刻期竣事，俱着交部议叙。侍郎裘曰修往来查勘通省各工，亦属勤劳并着交部议叙。所有在工文武各员弁，俱着查明交部一体议叙，以示鼓励。寻御书扁曰：巩佑金堤。①

●十一月初十日，以杨桥漫工合龙迅速，乾隆认为对所有下桩进埽及看守工料各兵夫虽已经奖赏过一次，但仍觉分量不够，破例再赏一次。

甲辰，谕今岁豫省杨桥等处大工，所有下桩进埽，及看守工料各兵夫，虽经大学士刘统勋等量加犒奖，但念伊等昼夜供役，甚属劳力，现已合龙，工程迅速，着该督、抚等查明，再为酌量赏赉，以示鼓励。②

此外，有赠诗《大学士刘统勋协办大学士兆惠等奏报杨桥决口合龙诗以志慰》③一首。

秋霖河决致灾侵，亿万苍黎系念深。
特遣重臣资硕画，善能集众益详斟。
功无时已歌宁信，事在人为语允谌。
倍价那愁薪不属，抒诚早胜玉还沈。
栢冬归旧神哉沛，刻日传佳慰以钦。
不筑宣房筑灵宇，佑民巩偃冀来歆。

●其上均为国史所载，下面看洪亮吉与赵翼二位所记信而有征的逸闻，体会一下刘统勋在杨桥漫工时与水斗与贪官斗的真实场景。

洪亮吉所述：

乾隆二十有六年，河决开封杨桥，公以大学士奉命临视，决口久不得塞。一日日昃，公张秋毡笠、御大茧袍，微行出公廨，至决河口，见数十步外秸料山积，牛马杂沓，系车辕下，人则或立或坐，或卧复起，皆戚戚聚语，甚有泣者。公讶之，

---

① 《大清高宗法天隆运至诚先觉体元立极敷文奋武孝慈神圣纯皇帝实录》卷之六百四十八。
② 同上。
③ ［清］弘历《大学士刘统勋协办大学士兆惠等奏报杨桥决口合龙诗以志慰》，《御制诗三集》卷十六，《四库全书》第1305册，第519页。

招老成者问故，则并云："来已数日，远者四五百里、二三百里不等，一车或四牛、或三两牛、或杂骡马，一日口食及牛马麸草，至减得银两许，日久费无所出，复不知何日得返，是以惧且泣耳。"曰："何不交官？"则杂曰："此岸秸料，某县丞主之，每车索使费赊，众无以应故也。"公怒甚，回廨，即谕传巡抚恭请王命并缚某县丞，限时刻至决口。谕一出，河堤使者亦失色。夜将半，巡抚仓皇缚某县丞来，跪辕外。公怒甚，出坐堂皇，受巡抚礼谒，因大声曰："口一日不塞，则圣心一日不安，河南北万姓亦一日不宁。塞口所恃者秸料，今秸料山积，某县丞以勒索不遂，稽留要工，罪死不赦！今先斩若，徐专折参抚、司、道耳。"巡抚股栗，叩首堂皇下不止，天且曙不解。同公出使满尚书某，起为缓颊，久乃释，即命褫县丞职，枷示决口。甫半日，南北岸秸料车无一在者，又二日而决口塞。公临事刚断，不假借若此。①

赵翼所述：

刘文正公临事虽颇刚急，然实有厘剔奸弊，人受其福而不知者。辛巳岁，河决阳桥，公奉命往塞决口。时夺流者数百丈，埽工薪木皆数百里内村民车载而来。县丞某掌收料物，欲籍以营利，留难百端，有五六日不得交纳者，人马守候，刍粮皆告竭。公一日易服微行，见薪车千百辆环列河干，私问之，得其故，乃大怒。至公馆，亟请巡抚奉王命旗牌至，使伍佰缚县丞来，欲先斩然后入奏。巡抚及司道以下为之长跪，良久始释。而数千辆料物一日尽收。民皆驱车返矣。此虽细事，亦可见公察弊利民之一端也。②

按：乾隆对刘统勋杨桥漫工合龙妥速异常满意。然刘统勋为此所付出的努力，乾隆有所知，亦恐有其所未知处，如上述洪亮吉、赵翼所言，即应属此例。而由洪亮吉下面一则记述，我们可以更直观地感受到刘统勋如此风范所具有的深远意义："犹忆乾隆四十二年，睢州河亦决，时余客河南，以事数至河上，见老柳下一苍白叟叹咤不止，旁系两牛一车。叟荥泽人，距决口三百里外，问其故，曰：'十日前，以两牛一车驼秸料抵工所，某主簿监收，索重费不得遂，痛抑秸料，斤两云止九十七斤，余不敢争也。'叟故诙谐，因指二牛曰：'豢养若数年，日食料数升、秸数

---

① ［清］洪亮吉：《洪北江诗文集》三，《更生斋文甲乙集》卷四《书刘文正遗事》，《四部丛刊初编》第298册，上海：上海书店，1989年，第2—5页。
② ［清］赵翼：《簷曝杂记》卷二，北京：中华书局，1982年，第30—31页。

束，不意愞弱至此，驼不及百斤也。'盖河员之肆横蔑法至此，而重臣视河，及河堤使者又类皆养威重，不轻出，一任其惨肆荼毒，及糜费国帑以为固然，甚或借以渔利。老人年七十八者，述文正视河时事，为余泣也。"①

而洪亮吉另一则纪实，则可从另一侧面让我们感受到刘统勋的公忠亮直与谋国之诚与谋国之深："公屡奉使远出，所挈只二奴，用驿马不过六七匹。抵行馆，即使二奴居后廨，公处其前，卧亦如之。公食毕，呼二奴食，奴退，彻者乃入，不使见一人。有所需，则州县之承应者，传以出入焉。乾隆中叶后，亲信重臣出使，无逾公者，然究未尝于令甲外有所加也。厥后奉使者不然，空驿马不足给之，遂有役民骡民马者矣，有数州县津贴一县者矣，有站规、有门包、有钞牌、过站礼，州县官惴惴惕息，谨厚者费以千计，稍厉威严，及侈舆马、厨传者以万计、以数万计矣。大率一方仓库亏缺，多由驿站，驿站糜费，多由重臣出使。州县官窘急无计，则大吏为调剂法以救目前。于是调腹内州县，叠处冲途；又告乏，则又调员，不十年而州县仓库无有不亏缺者矣。使皆如公挈二奴、用马六七，又事事不过令甲，则民生吏治，困坏岂至此哉？"②

1762　乾隆二十七年　壬午　刘统勋64岁　刘墉43岁

○壬午二十七年春正月，乾隆奉皇太后南巡。三月，至杭州。五月，还京师。③
●二月二十一日，因随乾隆南巡，刘统勋着赏给一年正俸。④
●三月初三日，乾隆南巡抵浙首日命刘统勋等前往工所签试桩木，次日亲自临勘柴塘。⑤
●三月二十八日，京察届期，刘统勋着交部议叙。

辛酉，谕：今年京察届期，吏部开列在京各部院三品以上及各省督、抚等具奏，

---

① [清]洪亮吉：《洪北江诗文集》三，《更生斋文甲乙集》卷四《书刘文正遗事》，《四部丛刊初编》第298册，上海：上海书店，1989年，第2—5页。
② 同上。
③ 印鸾章：《清鉴纲目》，长沙：岳麓书社，1987年，第344页。
④ 《大清高宗法天隆运至诚先觉体元立极敷文奋武孝慈神圣纯皇帝实录》卷之六百五十五。
⑤ 同上书，卷之六百五十六。

已降旨甄别。大学士职长班联，例不列名。第念傅恒等参赞纶扉，兼领部务，敬慎恪恭，克称厥职，宜加优叙以奖勤劳。大学士傅恒、来保、史贻直、刘统勋俱着交部议叙。①

●三月，上南巡，以高、宝河湖入江之路未畅，命刘统勋偕兆惠往勘。寻合疏言：

湖河之水，以五坝为来源，江海为去路。归江多一分之水，即下河受一分之利。自邵伯以下，向设湾头闸、壁虎桥、凤凰桥、西湾坝、东湾坝、金湾滚坝、金湾六闸共七处，宣泄湖水，由盐河归廖家沟、石羊沟、董家沟、芒稻河四河分流下注，金湾坝引流紧接六闸，地居上游，由董家沟下注宣泄湖河，甚为便捷。惟滚坝仅宽十五丈，未能畅达。请将新挑引河，量为展宽，使有建瓴之势。六闸、盐河向设南、中、北各二闸，北闸为盐运要津，应自中闸迤南，改建石坝三十丈，将中闸存留闸下土堤接筑加长，并挑引渠以顺水势，既与盐运无碍，而盛涨亦资畅达。其西湾滚坝，照东湾一体落低，并于西湾河头酌浚宽深，诸河归江之路益增，宣泄之形益畅。谕曰：所议甚合朕意，应如是行。②

●四月初六日，刘统勋在随乾隆南巡之际，奉旨与协办大学士兆惠会同督、抚、河臣，将归江、归海各路，详勘标志，在此基础上乾隆对全河河工做出全局性建设规划。

己巳，又谕：江南濒临河湖沮洳之区，南则高、宝、甘、泉；北则宿、清、海、沭各属，最称洼下。每遇伏秋大汛，霖潦堪虞。而下游蓄泄机宜，惟洪泽一湖，尤为橐钥关键。朕早夜勤思，为泽国生民，求保障安全之计，畴咨所及，中外臣工，持议各凭所见，非亲巡规画，难定折中。昨驻跸苏城时，先命大学士刘统勋、协办大学士兆惠会同督、抚、河臣，将归江、归海各路，详勘标志，朕回銮取道按阅，讲求指示。其在高、宝一带，应宣导归江者，自邵伯以下，如湾头闸、壁虎桥、凤凰桥等处。河身宽展，足资分泄。惟金湾滚坝，宽五十丈，而新挑引河，仅宽十五丈，底宽八丈，未能畅达，应再为展宽，以河底十丈为率，迤下地势稍仰，并一律挑浚深通，俾成建瓴之势。又东湾滚坝，前年已故落低三尺，而西湾坝尚仍其旧。

---

① 《大清高宗法天隆运至诚先觉体元立极敷文奋武孝慈神圣纯皇帝实录》卷之六百五十七。
② 王钟翰点校《清史列传》卷四百七十六《列传》卷十八，北京：中华书局，1987年，第1396—1397页。

诸臣议请一体落低三尺，朕量该处泄水情形，致为便捷，应将西湾坝，再加落一尺，共低四尺，则平日已有尺水入江，循序而进，庶可豫减暴涨之势。其河头亦加挑宽深，以资利导。设遇落水过多，运河间有浅涩，即宜将浅处深挖，以视小小切埂捞淤，从事于河中者，不犹愈乎？其金湾六闸，应拆去中二闸，添建石坝，接筑土堤，并量挑引渠，以备盛涨，湖水自无闳壅之患。然引节节措置，特为三湖旁疏曲引起见耳。若其溯源挈要，为釜底抽薪之策。则莫如广疏清口，乃及今第一义。现在测验洪湖高堰五坝，高于水面七尺及七尺五寸不等。清口口门，现宽二十丈，当即以此酌定成算，将来俟两坝之水，如再增长三尺，清口不必议展，仍存其蓄清之说。设如由三尺长至四尺，即将清口拆宽十丈，湖水以次递长，则清口以次递宽，总以上坝增一尺之水，下口加开十丈之门为准。其或入夏后，水势一时不常，旋长旋落，则不必以口门既展，急事堵塞。以过秋汛为定，逐渐收清口，仍至二十丈，或十数丈。如此则全湖势畅，以视求助于分支别派者，其功奚啻倍蓰哉？脱以清口拆堵费，鳃鳃过虑，独不思湖水浸溢下流，所费更当何似？以彼絜此，其间轻重大小，不待握算而知也。至骆马湖水，由永济桥东注，为六塘河，源流既远，所受支河甚多，河中淤埂，阻滞溜势，一遇暴涨，猝难容泄。田庐易致漫淹，应视两岸中间窄狭者，再加宽展，切去河中淤埂，俾游波宽缓，不至出槽。堤身浅缺单薄者，量为修补，以资捍御。其六塘河尾闾横经盐河，由东岸武障等河，下泄入海。原设条石滚坝，为过水之准。其旁并设草坝，水小则蓄水运盐，水涨则拆坝消水，商利蓄而民利消，彼此各争其便。当每年权其缓急利害，立定限期，以时启闭，庶于渠政有裨。其草坝以下，各有引河。及六塘河北岸之丁家沟、南岸之马家河、鲍营河，形势迂曲阻塞者，均如诸臣所勘。估挑办理，务使通流，以达于海。第六塘河修防事宜，向无专设之员。即盐河各坝，亦非盐务微员，所能相机经理，该督、抚可于通省事简同知、通判缺内，议移一员，驻高家沟边中地方，仍应选能胜此任者，奏闻补授，俾专司水利。及修防启闭之事，地方水利各员，听其调遣，仍归淮、徐、海道总辖，亦听总河节制，务令宣防无误，而蓄泄合宜。此皆朕目击深维，集众议而取裁定制如此。地方大吏，其善体朕意，实力奉行。所有应添石坝土堤及一切挑挖疏浚各工。该督、抚、河臣，会同盐政，悉心确估核议以闻。①

●四月二十七日，刘统勋等奉旨会勘河道，建议将四女祠与哨马营两处宽展以

---

① 《大清高宗法天隆运至诚先觉体元立极敷文奋武孝慈神圣纯皇帝实录》卷之六百五十八。

防盛涨。同时建议德州州判移驻两支河交汇之边陵镇以俾不时巡查，有应修估之处，即移会河道坐落之州县，公同办理。为防州判呼应不灵，将一切疏筑事宜，责成山东粮道董理。

庚寅，大学士刘统勋、直隶总督方观承、山东巡抚阿尔泰会奏：直隶景州，连年被水，臣等遵旨会勘，因本处无地宣泄，上游德州运河，一遇大汛泛涨，遂至波及。查恩县四女祠坝座形势，分水减溜，最为得力。惟坝门窄狭，请宽展四五丈，即见通畅。再山东运河，临清迤北，惟藉四女祠及哨马营两处宣泄，必宜疏通，以防盛涨。两坝支河，均会老黄河入海，绵长三百里，经山东、直隶十数州县，向无专员管理，愚民各顾其私，遇淤滩即希种植，一阻碍即致漫溢。请将德州州判移驻两支河交汇之边陵镇，俾不时巡查。有应修估之处，即移会河道坐落之州县，公同办理。但州判官微，河道关系两省，恐呼应不灵，查山东粮道，驻札德州，稽查甚便。请将一切疏筑事宜，责成该道董理。从之。①

●四月，以直隶景州被水，命刘统勋查勘德州运河。

查勘后，刘统勋奏报：运河自临清以上，疏泄闸坝共八处；而临清迤北，惟藉四女祠、哨马营两坝宣泄，必宜疏通，以防盛涨，漫及下游。但两坝支河，俱会老黄河故道入海，袤延三百余里，居民于淤滩种植，河身易致淤塞。请将德州州判移驻两支河交汇之边陵镇，专司河捕，责成山东粮道董理其地。在直隶者，移会天津道商办。诏如所请。②

●四月，刘墉授太原府知府。③

●七月十八日戌时，刘统勋孙、刘墉侄刘镮之出生。

按：刘镮之，字佩循，号信芳。乾隆己亥（1779）钦赐举人，己酉（1789）进士。由清书庶吉士，改授翰林院检讨，升翰林院侍读，诰授奉直大夫，授翰林院侍讲学士，中宪大夫，恩荫一子，翰林院侍读学士，甲寅（1794）科顺天武乡试副考官，乙卯科（1795）乡试同考官，内廷国史纂修，戊午（1798）科顺天武乡试副考官，浙江学政，詹事府正詹事，授资政大夫，内阁学士兼礼部侍郎，兵部右侍郎，

---

① 《大清高宗法天隆运至诚先觉体元立极敷文奋武孝慈神圣纯皇帝实录》卷之六百五十九。
② 王钟翰点校《清史列传》卷四百七十六《列传》卷十八，北京：中华书局，1987年，第1396—1397页。
③ 王钟翰点校《清史列传》卷四百七十六《列传》卷二十六，北京：中华书局，1987年，第1987页。

吏部右侍郎，江苏学政，历授荣禄大夫，经延讲官，户部右侍郎兼管钱法堂事务，直隶学政，庚午（1810）科浙江正考官，江苏学政，兵部尚书，太子少保，署刑部尚书兼管顺天府府尹事务，调任户部尚书，后任吏部尚书。娶王氏，同邑道明庄广东盐运使棨公女，累封一品夫人。年四十七岁，忌正月十一日。葬白家庄南茔。侧室周氏。子二人：刘喜海、刘华海。

又按：刘镮之是诸城刘氏除刘统勋、刘墉外官职最高之子弟。最后官至吏部尚书，光禄大夫，为正一品大员。享年六十岁，卒于官，谕祭葬，予谥"文恭"。由此，镮之遂与刘统勋、刘墉酿就为诸城刘氏后裔所盛称之"三世一品，三世得谥"之刘氏鼎盛局面。诸城刘氏祠堂"清爱堂"供奉的三位祖先即为刘统勋、刘墉、刘镮之，为其后人尊称为"三公"。

●七月，刘墉有诗《赠钜琛侄》。

帽破衣残到太原，故人犹作旧时看。
才华莫叹江郎尽，风貌真怜范叔寒。
北上帝京鹏路近，南归甥馆凤巢安。
今朝且预龙山会，黄菊红萸露满盘。

●刘墉有诗《泽州道中》。

暮色苍然野气温，天西余赭似朝暾。
荒村过客将求火，小店招商未掩门。
入肆鸡豚丰岁有，在堂蟋蟀古风存。
太行西下吾能说，元气微茫带水浑。

●八弟刘纯炜（霁庵）升杭州府知府。
●九月初二日，刘墉在江苏学政任奏江苏省士习官方情形，激起乾隆共鸣，责令尹继善、陈宏谋等痛除旧习，刻自淬厉。

辛酉，乾隆谕曰：刘墉奏江苏省士习官方情形一折，内称生监中滋事妄为者，府州县官多所瞻顾，不加创艾。既畏刁民，又畏生监，兼畏胥役。既不肯速为审断，又不欲太分皂白。科罪之后，应责革者并不责革，实属阘茸不堪。讼棍蠧吏，所以互售其奸。不惟目已无学政，抑且心欲欺督抚等语，所奏实切中该省吏治恶习！江南士民风尚，多属浮靡喜事，为地方有司者，加以觍簸姑息。遂致渐染日深，牢不可破。故近年封疆懈弛之弊，直省中惟江南为甚。此固非刘墉一人之私言也。尹继善、陈宏谋在督抚中，扬历最久，而素性好以无事为福。且更事既多，上和下睦之风，竟成故智。其所辖，又大半往年旧属，因渎生玩，往往遇事姑容，甚至狡猾劣员，迩来借口办差，有意延搁公事者，更不一而足。积习颓靡，罔知振刷，此等情状，即问之尹继善、陈宏谋当亦难以自解。即托刘墉之在安徽，虽不如伊等年久，而自顾齿非少壮，不免人云亦云。此两江总督，率属办公，大略相同，不可不亟图整顿者。况督抚为庶僚表率，大吏不能振作，阖属谁不承风？然至上行下效，惰窳之势已成，谁任其咎？则朕仍惟于督、抚是问耳。尹继善等，当从此痛除旧习，刻自淬厉，州县官有怠玩相沿如刘墉所奏各情节，即严行体察，据实参处。若不知自改，而转以被揭尤人，更难逃朕洞鉴。①

●九月二十六日，刘统勋等奉旨勘阅后奏御史戈涛所参顺天科场情弊案内实无害换之弊。

乙酉，大学士刘统勋等奏御史戈涛奏顺天科场情弊，奉旨派臣等勘阅各卷，实无害换之弊。惟落卷内查出改涂太多、形迹可疑者三本，应交刑部传讯。查科场例内原有卷尾自注改涂字数之条，近日多不奉行，请敕礼部酌议。请旨遵行。从之。②

〇冬十月，以明瑞为伊犁将军。③

●十月十五日，刘统勋奏请科场试卷文末自注添注办法。

甲辰，礼部议覆：大学士刘统勋奏称科场试卷，向例于每场文末，自注添注、涂改字数，不得过百字。其添注字样，系跨格写，眉目易明。至涂改字数，不能均齐，须分晰计算。请嗣后核算字数，除涂而不改者，计数易了外，其涂甲改乙者，不重算。涂少改多者，以所改之字计。涂多改少者。以所涂之字计，令士子于文末，另一行，低二格，写添注、涂改共若干字。违者贴出，受卷官失查者察议，应如所请。从之。④

---

① 《大清高宗法天隆运至诚先觉体元立极敷文奋武孝慈神圣纯皇帝实录》卷之六百七十。
② 同上书，卷之六百七十一。
③ 印鸾章：《清鉴纲目》，长沙：岳麓书社，1987年，第345页。
④ 《大清高宗法天隆运至诚先觉体元立极敷文奋武孝慈神圣纯皇帝实录》卷之六百七十二。

●二十七年十一月内，刘纯炜用浙江杭州府知府。①

●十二月内，刘墉用山西太原府知府。②

●成亲王永瑆年十一岁，试赋得含花雪告丰八韵，诗成，刘统勋拍案称许。

●是年，刘墉另有应制诗三十六首。

恭和御制恭奉皇太后南巡启跸再叠前韵元韵③

寰宇腾欢庆昨辛，推恩锡类福群伦。

每从长至增慈寿，共向元正奉帝巡。

南海梯航深并集，农田补助命重申。

威行西北遐荒地，泽溥东南望幸民。

刻玉披图嘉瑞应，翕河乔岳典文陈。

龙舟稳泛桃花水，銮辂徐经麦陇春。

人为展期翘仰切，岁因转稔物华新。

皇心早共天心契，星拱云从送喜频。

恭和御制驻良乡行宫叠旧作元韵④

四海春台共乐胥，时巡无逸凛居诸。

版图式廓要荒外，风俗全登怀葛初。

县近皇都程第一，座收韶景憩几余。

慈云光被欢迎早，瞻仰纷填走巷居。

恭和御制良乡行宫奉皇太后观烟火即事得句元韵⑤

星云纠缦映春宵，南极光临望不遥。

行殿尧厨还视膳，时巡周礼更班朝。

---

① 秦国经主编《清代官员履历档案全编》卷二，上海：华东师范大学出版社，1997年，第178页下。
② 同上书，第398页上。
③ ［清］刘墉：《刘文清公应制诗集》卷一，爱日轩陆贞一仿宋镌，第5页。
④ 同上。
⑤ 同上。

镫连瑞霭辉同昼,乐接欢声响振霄。
知有瑶池仙献寿,停空烟彩迥成桥。

恭和御制弘恩寺元韵①

近畿经梵宇,禅室憩来仍。
花木通幽径,钟鱼悟上乘。
对时春正好,即境虑还澄。
布化群生遂,恩周法界宏。

恭和御制紫泉行宫十咏元韵②

敞 轩

皇览春郊阅百城,某山某水总知名。
此轩也似行营敞,朴斫裁教构数楹。

屏 山

屈戍何须开锦绣,天然岩岫是屏风。
爱兹临水三峰矗,易象当前山水蒙。

镜 湖

试开清沼一奁涵,秋月春风岸北南。
数顷何能喻渊海,偶同川上有微谈。

舫 室

上断风光一水涯,三楹仍效舫形为。
昆池气象兹难比,赏惬随安理寓斯。

椶 亭

萧然风日淡前坡,万缕如披凤尾娑。
作拂谁言惭薄陋,覆亭今见翠华过。

---

① [清]刘墉:《刘文清公应制诗集》卷一,爱日轩陆贞一仿宋镌,第5页。
② 同上。

虹 橘

吴江不见垂虹景，此地虹垂景宛然。
喜得宸章为标举，那论米昼与流传。

鱼 罾

得鱼沽酒自酬偿，谁识天机钓不纲。
濠上微言辨知乐，未窥宸咏意深长。

石 径

一径萦纡香无尽，延风贮月兴偏长。
奎文山海崇深比，随境拈来为阐扬。

竹 埭

数竿能使境清虚，岂独幽人分不疎。
静籁窗前传籁谷，悠然古意契几余。

箭 厅

挽强命中士如林，共仰唐弓九合临。
萧洒闲庭还肄武，武成常懔诘戎心。

恭和御制上元前夕观灯火元韵①

行春大泽汤渊泉，同乐欣逢令节前。
月已腾辉霄汉上，雪仍表瑞麦田边。
仙家七宝功成近，佛国千灯果证圆。
武技待看呈健捷，镜光融处见精妍。

恭和御制驻赵北口行宫即事元韵②

燕南赵北闲，几度翠华莅。
雁鸭穿垂杨，昌黎诗可肄。
野水散漫流，村烟微茫递。
民家生理资，画里风光寄。

---

① ［清］刘墉：《刘文清公应制诗集》卷一，爱日轩陆贞一仿宋镌，第8页。
② 同上。

双鱼忽登盘，河冻已开未。

漾漾江湖宽，好去得所置。

考牧兆奉年，野献征天意。

恭和御制题授经台元韵①

言诗北地最知名，兼治仍推易意明。

可有弦歌通卦象，尚闻精悍在儒生。

高台几岁风烟古，遗说何人荟蕞精。

圣咏常关经训切，怀贤抚景重含情。

恭和御制瀛州南楼四叠沈佺期韵元韵②

古诗留古谯，古意在烟霄。

其词足讽咏，其人久寂寥。

当年参侍从，逸翮凌惊飚。

楼前赋昆池，壮彩双虹桥。

华实不相副，年运忽已遥。

怀古览遗躅，抚卷怜群嚣。

一艺有不弃，旧韵收清谣。

恭和御制题毛公祠元韵③

人以治经传，遗祠想讲筵。

弦歌真比屋，苹藻尚千年。

闾井风犹古，茅茨驻亦便。

怀贤留睿咏，云日在华笺。

---

① ［清］刘墉：《刘文清公应制诗集》卷一，爱日轩陆贞一仿宋镌，第8页。
② 同上书，第9页。
③ 同上。

恭和御制示直隶总督方观承及属吏元韵①

皇鉴周大舆，泽溥万井田。

矧当畿辅近，数郡绣壤连。

翠华数经过，事事廑思艰。

奉行在有司，孰敢不勉旃。

清跸虽未历，天颜咫尺焉。

皇心念遐隐，恐或罹饥寒。

在远虽不遗，未必如目前。

眷言励职守，视此大道边。

一夫苟不获，责在鞠谋人。

譬彼岁功成，箕毕风雨宣。

庶民协星好，政平亦有然。

宵旰减忧劳，闾阎庆安全。

恭和御制御行营元韵②

列圣宏规帝所怀，法宫清跸率循皆。

虞巡礼器原崇俭，轩陈师兵更凛佳。

大野云屯帷幕展，吉行星拱羽旗排。

褰疏正惬观民意，还向几余适静斋。

恭和御制过德州运河即事元韵③

万家烟火此河津，联襫纷填待驾人。

柳拂星旗晴有露，花迎芝盖暖无尘。

瞻依早见觉民情，喜康又承帝鉴亲。

一水迤逦通上界，流波知沐圣恩频。

---

① ［清］刘墉：《刘文清公应制诗集》卷一，爱日轩陆贞一仿宋镌，第9页。
② 同上书，第10页。
③ 同上书，第11页。

恭和御制驻跸德州示山东大小吏叠旧作韵元韵①

时巡每念奠民居，课吏还闻廑若予。

金木从来递奉欵，室家好为计盈虚。

分疆职以承流重，布惠心应保赤如。

趋观行宫环德水，勤宣德意敢忘诸。

恭和御制降旨免河南灾地民借欠项因示胡宝泉元韵②

农畛力稼事，施功有次第。

先求种与牛，此是田家例。

二物不时得，多稼末由致。

往往难称贷，坐看他家艺。

皇恩久周浃，借与有先计。

便令收后偿，所得固已剧。

乃今竟豁免，厚泽实深暨。

所期奉行善，稽考在大吏。

何以慰皇衷，鞠谋失真意。

恭和御制灵岩寺西入石路仍用唐刘长卿韵二首元韵③

春风吹古寺，花雨长阶苔。

幡影日中静，磬声云外回。

逸西传曲径，翠辇此频来。

遥听迦陵哢，徐看优钵开。

酌泉想龙献，抚树问僧栽。

却忆唐时客，曾倾石上杯。

山水此佳胜，题诗好拂苔。

昨年赓宸咏，绛气久萦回。

---

① ［清］刘墉：《刘文清公应制诗集》卷一，爱日轩陆贞一仿宋镌，第11页。
② 同上。
③ 同上书，第12页。

留与应真读，知从竺国来。
长卿词客秀，古路昔游开。
石自当时坐，松更几度栽。
相光加被后，清众有浮杯。

恭和御制驻跸方山叠旧作韵元韵①
山殊南北类分符，何处岩峦可寄娱。
各有烟云标胜概，须从耳目校灵区。
齐邦之秀非虚矣，吴地藏奇得似乎。
一自宸章为题品，绝胜盘礴绘双图。

恭和御制降旨免山东被水州县积欠诗以志事元韵②
传闻圣驾来，早知有补助。
去年虽被涝，此际可宽虑。
惟有旧逋在，应赉余粟布。
缓征既荷恩，欢庆已盈路。
岂知尽豁免，不复劳勉措。
正供有常经，奚容缺国赋。
我后父母心，惟恐追呼遽。
夏谚喜频歌，尧仁幸身遇。

恭和御制阅本元韵③
题疏新从跸次开，凤城春逐报函来。
筹边几岁心勤止，辑瑞今兹典懋哉。
知有星云随帝座，还凭川岳献人材。
几余橘藻征乾惕，古训微言圣咏该。

---

① ［清］刘墉：《刘文清公应制诗集》卷一，爱日轩陆贞一仿宋镌，第12页。
② 同上。
③ 同上书，第13页。

恭和御制望蒙山雪色再叠旧韵元韵①

一山讶许色能同，黛翠微参皓洁中。
晃朗正宜海日照，氤氲偏得岳云蒙。
甘膏入地曾先雨，素质堆琼不散风。
雅胜终南阴岭秀，东方长养助田功。

恭和御制郯子园六韵元韵②

春风扇辇路，郯子问遗墟。
典数纪官旧，交论倾盖余。
皇心重怀古，民事廑咨予。
朴斫裁临止，俭勤还念诸。
阳和方茂对，花鸟自相於。
流咏关垂训，凭将载笔书。

恭和御制三依皇祖示江南大小诸吏韵元韵③

仁皇抚区宇，万国效千捆。
文明被南邦，课吏慎符剖。
武文道兼用，治化成悠久。
我皇绳祖武，亶聪作元首。
昊天付所覆，为民大父母。
棱威尽北荒，膏泽浃南亩。
南巡此再三，吏职孰敢后。
勖以厚闾阎，乃无愧官守。
风俗期敦庞，比屋书孝友。
长此迓銮舆，击壤歌眉寿。
拜手诵宸章，深衷矢无负。

---

① ［清］刘墉：《刘文清公应制诗集》卷一，爱日轩陆贞一仿宋镌，第13页。
② 同上。
③ 同上书，第14页。

恭和御制金山再叠旧作韵二首元韵①

江涵春影蘸螺青，玉座临江俯众形。
浑似鹫飞宜唱梵，遥连鳌负定通灵。
一丛楼阁排云起，四面帆樯绕槛停。
瑞气扶舆瞻驻跸，天花天乐破宵冥。

万里波涛来蜀国，三春花鸟入吴天。
略无洲接宁堪骑，可有形藏更得仙。
志乘然疑空往事，江山风月自流年。
登临慰意缘奉乐，隔岸欢声比户连。

恭和御制游金山三叠苏东坡韵元韵②

游於圣门难为言，譬如观水至於海。
南条众水又推江，希圣由贤义斯在。
海门浮玉高坡陁，轼也有句凌江波。
后来作者出其裹，正犹百渎归江多。
万乘来南舣兰楫，芝盖春旗照春日。
江山如画奉宸游，晨旭沧凉晚霞赤。
忆轼吟诗振精魄，笔力真堪破溟黑。
岂知天翰日星明，天光下烛鱼龙惊。
如海之深那可识，以宗以都储万物。
轼如江远达三山，江涛蓄泄藏灵顽。
万派朝宗不能已，且学附庸入江水。

恭和御制自金山放舟至焦山三叠苏轼韵元韵③

崇峦杰屋争耽耽，耸立不傍岸北南。
从来奇胜必有偶，不羡缥缈虚传三。

---

① ［清］刘墉：《刘文清公应制诗集》卷一，爱日轩陆贞一仿宋镌，第14页。
② 同上书，第15页。
③ 同上。

何人住此阅朝夕，一二僧侣缚春蚕。
江山如此不著句，斋盐送老能无惭。
法施财施本无尽，渐化蜗舍成潭潭。
已凭栏槛俯溁瀯，更藉花树添清酣。
去华从质古所贵，布金满地人争谈。
第一义谛听如语，秉戒只合楼岩龛。
纷纷丹漆绚云岫，阿兰那行宁斯甘。
诗豪字逸各臻极，爱山爱鹤高人贪。
韵留石泐荷褒惜，如斯宠重真难堪。
煌煌天笔灿星斗，永镇裴宇辉焦庵。

恭和御制游焦山作歌再叠旧作韵元韵[①]
江平如地山似屋，包蕴奇胜为大腹。
金焦孰弟还孰兄，焦也恬惔无虚声。
知仁所乐者山水，丹漆翚飞未须彼。
崇楼杰阁琳宫起，顾谓有为法可止。
清风明月本无价，鸟语花香镇如是。
省方布惠逢昌辰，民情乐矣皇躬勤。
几余适兴在吟咏，万象随笔收纷纭。
髽髻二士各标格，剑首一映归奎文。
梅蹊竹径致窈窕，步穿香雪排苍云。
遥瞻浮玉秀相映，风景要自堪平分。
此邦形胜昔割据，左蛮右触夸雄吞。
岂知一览三万里，羲图轩镜超前闻。

恭和御制反李白丁都护歌元韵[②]
距工集健儿，当用几丁旿。

---

① ［清］刘墉：《刘文清公应制诗集》卷一，爱日轩陆贞一仿宋镌，第16页。
② 同上书，第17页。

有无於此迁，财货於此府。
达江须凿崖，中梗石与土。
远谋计其成，众志忘其苦。
盛世民乐康，前功眷曩古。
始事不可非，随时慎修补。
实以厚闾閈，因之通商贾。
高岸何巀嶭，微径缆丁取。
壤歌和棹歌，欢声彻水浒。

恭和御制听松庵竹炉煎茶再叠韵二首元韵[1]

玉辇频经第二泉，泉依玉座试春煎。
山容屡赏王图后，水味深参陆品前。
年穀顺成时雨润，禅林清寂野僧眠。
皇心即景薪康阜，意惬人和乐事全。

竹炉佳制称名泉，曾付幽人细细煎。
雅兴自超声色外，清风直溯古初前。
白云满坞传松响，红雨平阶衬鹤眠。
一自奎章留胜迹，法流功德此中全。

恭和御制汲惠泉烹竹炉歌再叠旧作韵元韵[2]

铜腥铁涩旧所闻，瓦缶石铫仍区分。
那知妙用佐以竹，从来水竹原同群。
况复山佳助泉胜，通幽一径尤无尘。
山僧什袭旧诗画，忽发宝气垂星文。
频游爱此秀而野，花气浓入茶烟芬。
声尘妙悟聊即境，折脚铛里非因陈。
由来山水蕴灵异，故宜邱壑高情敦。

---

[1] ［清］刘墉：《刘文清公应制诗集》卷一，爱日轩陆贞一仿宋镌，第17页。
[2] 同上书，第18页。

茶经著后不寂莫，宗风有嗣如传薪。
但恐山灵笑寒俭，荠盐蔬笋徒纷纷。
岂如春风扇辇路，春社洽比情孔云。
布德行惠顺时令，句芒太皞方持权。
清明穀雨降甘泽，一勺挹注天浆存。
更拈风景缀鸿藻，如泉有本流长新。
见素抱璞此茶器，味无味乃道所珍。
味无味乃道所珍，饮和福此昇平人。

恭和御制邓尉香雪海歌再叠旧作韵元韵①

分宾主句妙彼吾，频游特似游之初。
山限南北地皆胜，海储香雪名非诬。
偿从志乘定甲乙，安得色象超形模。
从来灵境贵阐奥，欣瞻玉趾常萦纡。
山之南兮标旧赏，山之北也开新途。
山灵一例具清供，次第领略无歧趋。
今年春风最窈窕，花态拔出冰霜余。
三冬凛冽入花骨，特发奇秀供宸娱。
譬如流水钟为湖，沨洞乃兴常流殊。
而况混含至於海，并力蓄聚能无需。
春云筛雨众香国，花入三昧枝头疏。
结习未尽桃李（阙），庄严相好山水孤。
天章为发华海秘，优钵昙现光留吴。
优钵昙现光留吴，拈花圣谛如斯夫。

恭和御制虎邱寺三叠东坡韵元韵②

吴山多眉妩，幽峭有兹岭。

---

① ［清］刘墉：《刘文清公应制诗集》卷一，爱日轩陆贞一仿宋镌，第18页。
② 同上书，第19页。

舟行环雉堞，竹树带同井。
一水极萦纡，风物引光耿。
到来寺宏达，尘响隔蛙黾。
巨石忽罅裂，剑气破顽犷。
稍前思往事，何日化彪猛。
阖庐能用民，有嗣更豪骋。
如何麋鹿游，达甬语酸哽。
空为缁侣栖，喧寂爕俄顷。
仙语复鬼语，竞作松风泠。
翛然悟石轩，窅尔佛日永。
一庭瘦玉笋，竦立逗寒景。
妙义不可闻，竹柏自摇影。
大圣转法轮，语顺人天请。

恭和御制观海潮作歌元韵①

词人但识观涛奇，皇览即物穷其微。
而况民生计深至，河海堤防本同事。
元气簸荡蒸春三，潮来亿万笙钟酣。
天风琅琅动旗影，浪花高处春寒尖。
銮舆莅止缘筹海，百灵秘怪走汗骇。
沙从谟画定时高，消长之机知有待。
由来圣世天地官，坤舆总向指掌看。
照临如日尽日出，看到蓬岛风迴船。
环塘氓庶闻欢声，几回鼖鼓联甸訇。
作塘已固庆安堵，坐收粳稻连茨京。
云之油油甘泽泄，错绣青畦试秧马。
农歌遥和竹枝新，一片斜阳送潮下。
天章肖物收灵奇，万象鼓舞归睿思。

---

① ［清］刘墉：《刘文清公应制诗集》卷一，爱日轩陆贞一仿宋镌，第19页。

潮来潮去自今古，朝宗有象长东之。

恭和御制初游龙井志怀三十韵元韵①

言过风篁岭，奇胜不可数。
天开供宸游，摛藻瞻霞举。
却思小隐人，幽姿今弗睹。
词翰答禅诠，豪丽叶清苦。
谓当时迈勤，民事念耕补。
岂伊赏岩泉，而选此娟妩。
芹诚弗可虚，物色为判剖。
是惟旷奥兼，距城十里许。
缅昔勾漏令，栖真傍险龉。
丹光乍明灭，绛气腾崖屿。
尚想此盘桓，羽客惯接武。
又闻神物蟠，临川来禹步。
颇能致雨泽，余润到林楚。
远溯赤乌年，深潜不改所。
仙翁何年去，僧侣几辈处。
灵泉一何深，怪石一何巨。
春风时淡荡，白云自延伫。
烟霏那容画，天籁讵得谱。
向来客游人，素心偕所与。
耳目寄放旷，篇章竞雕组。
小乘禅寂静，老手句飞舞。
月团烹百片，柏子烧一炷。
蓺焉缁素流，亦号湖山主。
山灵念酸寒，埽辙枝未俯。
品题终有待，一旦开遐阻。

---

① [清]刘墉：《刘文清公应制诗集》卷一，爱日轩陆贞一仿宋镌，第20页。

天光荷照临，荣宠莫为旅。

　　禽声正欣春，花气更馥午。

　　雨来珠雾喷，风转笙簧聚。

　　兴从象外超，理以环中取。

　　仁知洽天机，渊然契邃古。

恭和御制灵隐寺用宋之问韵即效其体元韵①

　　梵宇得殊胜，高禅寄闃寥。

　　词人尝过此，笔力健於潮。

　　不二法门寂，长明灯影飘。

　　虞初轶事在，览古圣情遥。

　　已赠生平密，宁乖齿发凋。

　　章成非待助，年往惯腾嚻。

　　慧照归宸咏，迷津共识桥。

恭和御制赋得春雨如膏得逢字②

　　湖上春偏好，田闲雨快逢。

　　清尘方驻辇，洒野恰宜农。

　　瑟瑟泉鸣逗，阴阴黛色重。

　　近邀苔上砌，远助树藏峰。

　　镜面波还皱，裙腰绿更浓。

　　竹鸡啼雾暗，秧马试泥松。

　　稻拟尝时味，山期沐后容。

　　乘时均惠泽，布化仰陶镕。

---

① ［清］刘墉：《刘文清公应制诗集》卷一，爱日轩陆贞一仿宋镌，第20页。
② 同上书，第22页。

恭和御制龙井上作元韵①

灵境此新辟，瑞光纷漾漾。

风气既含肃，云烟亦腾壮。

仁风结琲瑚，泉味资颐养。

坐来雨添瀑，珠雾看喷放。

地脉有蓄泄，起伏几寻丈。

严壑信奇绝，移暑舒旷望。

即景念崇高，大观钦在上。

1763　乾隆二十八年　癸未　刘统勋65岁　刘墉44岁

●正月内，刘墉引见后，乾隆评其："有出息可用者。"②

○癸未二十八年春正月，命尚书阿桂在军机处行走。③

○夏四月，大学士史贻直卒。④

●四月二十日，刘统勋大学士充殿试读卷官。

丁未，命大学士来保、刘统勋、兵部尚书刘纶、左都御史彭启丰、兵部右侍郎托恩多、刑部右侍郎蔡鸿业、礼部右侍郎双庆、内阁学士窦光鼐为殿试读卷官。⑤

●五月初七日，乾隆驻跸热河，刘统勋先被派随往热河，俟与刘纶更换回京后办事。

癸亥，谕：朕此次驻跸热河，刘统勋着先行随往，刘纶俟将往木兰时同梁诗正前赴热河，更换刘统勋回京办事。

谕：朕恭奉皇太后安舆，驻跸热河避暑，着派诚亲王、裕亲王、大学士来保、尚书舒赫德留京办事。大学士刘统勋现派先行随往热河，俟更换回京后亦着一体办

---

① [清]刘墉：《刘文清公应制诗集》卷一，爱日轩陆贞一仿宋镌，第21页。
② 秦国经主编《清代官员履历档案全编》卷二，上海：华东师范大学出版社，1997年，第398页上。
③ 印鸾章：《清鉴纲目》，长沙：岳麓书社，1987年，第346页。
④ 同上。
⑤ 《大清高宗法天隆运至诚先觉体元立极敷文奋武孝慈神圣纯皇帝实录》卷之六百八十五。

事。所有吏、兵二部应行引见官员，着于未启銮往木兰之前，每月汇齐带至热河引见。至外省督、抚、提、镇等奏折，着照例自京启跸之日为始，俱赍赴留京办事处加封，交内阁随本呈送行在，候朕批示，随本发回，仍于留京办事处交付。赍折人祗领该部通行传谕。知之。

又谕：朕此次驻跸热河，刘统勋着先行随往，刘纶俟将往木兰时，同梁诗正前赴热河，更换刘统勋回京办事。来保、阿桂俱着留京。舒赫德着署理步军统领事务。①

●七月初八日，刘统勋着随往木兰。②

●十月初九日，乾隆让刘统勋询尹继善、庄有恭，沈德潜前岁进京所进由违碍之处的国朝诗选是否已经更改？是否已经付梓？庄有恭寻有奏。

壬辰，谕军机大臣等：前岁沈德潜来京所进国朝诗选，因有不合体制之处，当令内廷诸臣裁订后寄交尹继善，会同沈德潜刊刻成书。至今已阅二载，未知所刻曾否完竣？并旧有板片曾否更改？着刘统勋寄信尹继善、庄有恭等，令其于奏事之便，附折奏闻。寻庄有恭奏：沈德潜亲赍印就样书二套，并折交臣代进。其错谬原板，业于上年销毁。报闻。③

●十二月初二，命刘统勋以大学士兼翰林院掌院学士。④

●十二月初七日，命刘统勋以大学士为尚书房总师傅。⑤

●十二月初九日，刘统勋以大学士充日讲起居注官。⑥

●损之，姓赵氏，讳文哲，号璞函，上海人。乾隆壬午，上幸江南，进诗。召试，赐举人，授中书，直军机处。刘文正公统勋、文定公纶皆嗟异其才。⑦

---

① 《大清高宗法天隆运至诚先觉体元立极敷文奋武孝慈神圣纯皇帝实录》卷之六百八十六。
② 同上书，卷之六百九十。
③ 同上书，卷之六百九十六。
④ 同上书，卷之六百九十八。
⑤ 同上。
⑥ 同上书，卷之六百九十八。
⑦ [清] 李元度：《国朝先正事略》卷四十二，《续修四库全书》第539册，上海：上海古籍出版社，2002年，第121页。

1764　乾隆二十九年　甲申　刘统勋66岁　刘墉45岁

●二月初二日，以举行仲春经筵。直讲官阿桂、刘纶，进讲《论语》"因民之所利而利之"一句。讲毕。乾隆宣御谕毕。刘统勋奏曰：皇上以躬行者立论，所谓实心实政也。①

●二月初八日，刘统勋奏纂修记注，除内阁副本各档及六科正本，仍照例咨领摘录外，其各部院上年事件，请于次年开印后，造册送馆，以杜吏胥疏略延缓之弊。乾隆从之。②

●四月二十二日，刘统勋奏翰林院满洲读讲学士等京察考核及捡派新法，吏部议准。

癸卯，吏部议准翰林院掌院学士刘统勋奏翰林院满洲读讲学士、庶子及侍读、侍讲、洗马等官，奏留兼部行走人员，遇京察考核，应令该部堂官分别等第，出具考语，送翰林院办理。至遇有保送差委，令该堂官照额缺郎中、员外郎，一体核实，分别拣派。从之。③

●七月初五日。刘统勋留京办事。

乙卯，谕：朕此次巡幸木兰，着诚亲王、和亲王、大学士刘统勋、尚书舒赫德留京办事。④

○甲申二十九年秋七月，体仁阁大学士杨廷璋罢，以杨应琚为东阁大学士，仍留陕甘总督任。⑤

●七月内，刘墫用吏部员外郎。⑥

●八月初八日，遣大学士刘统勋祭先师孔子行礼。⑦

---

① 《大清高宗法天隆运至诚先觉体元立极敷文奋武孝慈神圣纯皇帝实录》卷之七百四。
② 同上。
③ 同上书，卷之七百九。
④ 同上书，卷之七百十四。
⑤ 印鸾章：《清鉴纲目》，长沙：岳麓书社，1987年，第346页。
⑥ 秦国经主编《清代官员履历档案全编》卷二，上海：华东师范大学出版社，1997年，第262页下。
⑦ 《大清高宗法天隆运至诚先觉体元立极敷文奋武孝慈神圣纯皇帝实录》卷之七百十六。

○冬十一月，协办大学士户部尚书兆惠卒。①

●十二月初五日，以方略馆奏准顶补效力誊录一事经吏部议驳后仍钞袭原驳数语颠顶具覆，而舒赫德据调查却是吏部也有颠顶之情。乾隆不明所以，乃着刘统勋等传询明白。据实具奏。

壬午，谕：吏部议驳方略馆奏准顶补效力誊录一折。前经降旨，令该堂官查明具奏。并谕舒赫德，将因何指驳情形，详悉察访。今据吏部堂官等具奏，仍钞袭原驳数语，颠顶具覆，于事理并无端绪。而舒赫德则称该部郎中章宝传，定拟驳稿，堂司各官画齐，惟员外郎庆桂，以其事业经奉昆，独未画押，且有其次候补誊录四人，其三俱系浙籍之语。所有缺额誊录，昨已降旨准照原奏顶补，其司员意见不符缘由，及有无从中怂恿情事之处。着刘统勋、舒赫德会同该堂官等传询明白，据实具奏。②

●十二月，刘墉致从五兄刘墫家书谈及胞弟刘堪病重诸事。

●十二月二十六日，次子刘堪卒。

1765　乾隆三十年　己酉　刘统勋67岁　刘墉46岁

●正月初六日，乾隆奉皇太后南巡，闰二月至杭州，刘统勋留京办事。

壬子，谕：朕恭奉皇太后銮舆，巡幸江、浙。于十六日启銮，着诚亲王、和亲王、大学士刘统勋、尚书阿桂留京办事。③

●正月初六日，庄有恭以刑部尚书、协办大学士仍暂留江苏巡抚之任。庄有恭未到以前，所有刑部尚书事务，仍由刘统勋兼管。

癸丑，谕曰：庄有恭着以刑部尚书、协办大学士，仍暂留江苏巡抚之任。庄有恭未到以前，所有刑部尚书事务，着大学士刘统勋兼管。④

●二月初一日，遣大学士刘统勋祭先师孔子行礼。⑤

---

① 印鸾章：《清鉴纲目》，长沙：岳麓书社，1987年，第346页。
② 《大清高宗法天隆运至诚先觉体元立极敷文奋武孝慈神圣纯皇帝实录》卷之七百二十四。
③ 同上书，卷之七百二十六。
④ 同上。
⑤ 同上书，卷之七百二十八。

●二月十六日，刘统勋查胡中藻案。

壬辰，谕军机大臣等：辅德奏胡中藻家谱刻有三子论泗字样，是否即系陕省拏获之胡得玉？必须与胡中藩等当面质对，彼此才难狡匿，真伪可以立辨。现在委员将胡中藩等解送刑部查讯一折。当日胡中藻如果止生论洙、论淮二子，此外并无余孽。何以家谱内又载有论泗字样？此中疑窦，非将胡中藩与胡得玉隔别研讯，复行当面质对，不能水落石出。着将原折钞寄刘统勋、舒赫德等阅看。俟案犯解到日，务须悉心研鞫，彻底根究，使鬼蜮无所遁情。可传谕刘统勋、舒赫德知之。

又谕曰：辅德奏查逆犯胡中藻之子一折，与胡得玉所供，大相悬殊，甚不可解。胡中藻如果止生论洙、论淮二子，此外并无余孽，如何家谱内又载有三子论泗字样？此中疑窦，非将胡中藩等解京研讯，不能明晰。已传谕刘统勋、舒赫德俟案犯到日，详悉质审，务得实情。是胡中藩等均为人质要犯，该抚必须慎选妥员解送。沿途严密防范。不可令伊等有自戕免脱等事。仍于该处，密访严查，彻底根究，毋任鬼蜮伎俩，幸逃法网。将此传谕辅德知之。①

●二月二十三日，刘统勋教习庶吉士。②

●二月内，刘纯炜用浙江杭嘉湖海防道。③

●闰二月初七日，胡中藻案出现怪诞细节，乾隆要刘统勋等及时跟进了解情况。

壬子，谕军机大臣等：据辅德奏查讯逆犯胡中藻之子胡论洙实系病故，并无另有子嗣一折。据所查胡中藻止生胡论洙一子，研讯亲邻族保，众口合同。并检查胡姓族谱及其中式朱卷，与寺庙旧存醮簿，所载亦无异说。而论洙病故年分，则更有学册可据，似不应更有遁情。且胡中藻之事，败露于乙亥之春，伊子论洙已于癸酉年病故，自无逆料其日后发觉，而于学册豫为捏报身故之理。但陕省所获之胡得玉岂不知逆犯之子罪应连坐？乃竟悍然直认。又何以捏称兄弟五人？言之确凿，于情理殊不可解。现在胡得玉已经解京，胡中藩等亦据该省委员押解赴部。着将此折钞寄刘统勋、舒赫德等阅看，令其详悉研讯，务得确情，以释疑窦。所有查出学册、家谱等件，着一并寄发。④

---

① 《大清高宗法天隆运至诚先觉体元立极敷文奋武孝慈神圣纯皇帝实录》卷之七百二十九。
② 同上。
③ 秦国经主编《清代官员履历档案全编》卷二，上海：华东师范大学出版社，1997年，第178页下。
④ 《大清高宗法天隆运至诚先觉体元立极敷文奋武孝慈神圣纯皇帝实录》卷之七百三十。

● 闰二月十二日，刘统勋等据实奏报研讯胡中藻案中因疑成误实情。

丁巳，大学士兼管刑部尚书刘统勋等奏：研究陕省盘获胡得玉，据供实系山西张京涵亲子张机。其年岁、妻室、住址邻右及逃出情节，均确凿可据。但陕省承审时，因疑成误，今据实详覆。并俟江省将胡中藩解到，再行核拟具奏。得旨：此事究属荒唐。细心推究，按例定拟可也。①

● 三月十九日，刘统勋交部议叙。

甲午，谕：今年京察届期，吏部开列在京各部院三品以上大臣暨督抚等，奏请甄别。内阁大学士，职掌班寮，向不与列。第念大学士傅恒等或参赞纶扉、兼领部务，或历膺节钺、宣力有年，均各敬慎恪恭，克称厥职，宜加优奖，以光巨典。傅恒、尹继善、刘统勋、杨应琚俱着交部议叙。②

● 四月初六日，以方略馆所进卷翻译字有误，刘统勋等总裁未能看出为乾隆批评。刘统勋等在自我检讨并将自己交部严议外旋奏对译误人员处理办法。

辛亥，谕军机大臣等：前方略馆所进卷十三清字方略，将一鼓先登句鼓字，翻为击鼓之鼓，业经降旨查询。今进呈第十五卷，又将以增羽翼句，直翻为羽翼字样，甚属非是。从前办理准噶尔回部事宜，节次俱系清字谕旨，编纂方略时，所译汉文，原不妨稍加词藻，至编辑清字方略，自有原奉谕旨可遵，不过节其繁冗，最为省便。今转因译出之汉文，拘泥一二字面，任意混翻，既失原文正意，亦且徒劳笔墨，岂非舍易而就难耶？想伊等祇因设有桌饭银两，借此以为能尽心力，而不自知其谬？刘统勋、舒赫德何以亦不加查看，听其屡次错误？所有上次误翻清字官员，已经降旨停升。其此次错误又系何人？着传谕刘统勋等查明覆奏。寻奏：翻译错误之处，臣等未能看出，殊属疏忽，除遵旨改正进呈，应请将臣等交部严议。其翻译官刑部郎中伊兰泰，即照上次刑科笔帖式苏成额之例，遇有应升处，停其升用。报闻。③

● 四月十五日，刘统勋议叙后著加一级。

庚申，吏部等衙门奏曰：本年京察大学士傅恒等遵旨议叙一折。得旨：傅恒、尹继善、刘统勋俱着加一级；杨应琚着加一级，抵前降一级；陈宏谋、庄有恭、阿桂、钱汝诚、安泰、阿永阿俱着加一级；阿里衮、托恩多、于敏中俱着加一级，抵

---

① 《大清高宗法天隆运至诚先觉体元立极敷文奋武孝慈神圣纯皇帝实录》卷之七百三十。
② 同上书，卷之七百三十三。
③ 同上书，卷之七百三十四。

前降一级；方观承、苏昌、阿尔泰、高晋、杨锡绂、熊学鹏、崔应阶俱着加一级；明德、定长俱着加一级，抵前降一级；余依议。①

● 五月十六日，从侄刘墫为广东乡试副考官。

乙酉科乡试广东考官：侍读学士卢文弨，字绍弓，浙江余姚人，壬申进士。吏部主事刘墫，字象山，山东诸城人，庚辰进士。题"子贡问为　其器"，"好学近乎　三者"，"古人之未"一句。赋得"云中辨江树"得"中"字。解元梁泉，顺德人，己丑进士。②

● 六月二十四日，乾隆巡幸木兰，刘统勋留京办事。

戊辰，谕：朕此次巡幸木兰，着裕亲王、和亲王、大学士刘统勋、尚书托恩多留京办事。其月选之文员内通判州县等官，武员内八旗护军校骁骑校及外省送到之补放水手官、骁骑校、并年满千总等官弁，俱着王大臣照从前之例验看。至外省督、抚、提、镇等奏折，着照例自启銮之日为始，俱赍赴留京办事处，加封交内阁随本呈送行在，候朕批示，随本发回。仍于留京办事处，交赍折人祗领。该部通行传谕知之。③

● 七月三十日，刘统勋与傅恒、尹继善等为国史馆正总裁官。

癸卯，以大学士傅恒、尹继善、刘统勋为国史馆正总裁官。协办大学士吏部尚书陈宏谋、户部尚书于敏中、兵部尚书托恩多、刑部尚书舒赫德为副总裁官。④

● 八月初四日，遣大学士刘统勋祭先师孔子行礼。⑤

● 九月初五日，刘统勋着管理刑部事务，乾隆传谕刘统勋赶赴行在，办理勾到事宜。

谕：大学士向俱兼管部务，尹继善到京后，着管理兵部事务。刘统勋，着管理刑部事务。戊寅，谕军机大臣等：现在刑部九卿办理秋审已毕，即应陆续具本进呈，将来自热河放跸后，仍照往年之例，在途次勾到一二次。刘统勋现以大学士管理刑部，着传谕刘统勋，令其赶赴行在，办理勾到事宜。⑥

---

① 《大清高宗法天隆运至诚先觉体元立极敷文奋武孝慈神圣纯皇帝实录》卷之七百三十四。
② ［清］法式善等：《清秘述闻三种·上卷》卷七，北京：中华书局，1892年，第222页。
③ 《大清高宗法天隆运至诚先觉体元立极敷文奋武孝慈神圣纯皇帝实录》卷之七百三十九。
④ 同上书，卷之七百四十一。
⑤ 同上书，卷之七百四十二。
⑥ 同上书，卷之七百四十四。

○乌什回人作乱，秋九月，将军明瑞击平之。①

● 刘墉擢翼宁道台。②

● 八弟刘纯炜（霁庵）特升杭州嘉湖海防兵备道。

● 翁方纲于此年秋日，因刘统勋从侄刘墫典视粤东，邀卢文弨游光孝寺，和壁间刘统勋律诗二首。

● 运使沈公，讳业富，字既堂……乙酉冬，补安徽太平府知府。掌院刘文正公曰："纂书之勤，无如君者。"欲留公京秩，未果。③

1766　乾隆三十一年　丙戌　刘统勋68岁　刘墉47岁

● 二月初四日，举行仲春经筵，直讲官蕴着、彭启丰进讲《论语》"无适也""无莫也""义之与比"三句。讲毕。乾隆宣御论毕。刘统勋与尹继善奏曰：

皇上垂训以宋王安石为适，汉曹参为莫，皆不比于义而有所偏。仰见圣心精义入神，直契尧舜允执厥中之旨矣。至论皇极之五福，不必定指寿、富、康、宁五者而直提五伦之叙，即为皇极之建。此在汉宋诸儒，未曾有窥见及此者。臣等幸侍讲筵，亲承圣训，不胜荣幸之至。④

● 二月十七日，以段成功案发，刘统勋审讯庄有恭、朱奎扬、孔传烱诸人。

丁巳，谕军机大臣等：据刘统勋等将审讯庄有恭、朱奎扬、孔传烱供词呈阅。其中情节，尚未能详细推究。即如孔传烱供，系五月间即将段成功藉端扰累之事，禀知巡抚。朱奎扬亦供，于六月十九日，即同藩司面禀庄有恭。至七月初八日，始将访单转发饬审。既系府、司等禀知在前，何以庄有恭又称系伊先得之访闻？至庄有恭原发款单内，即有段成功差后患病，诸务废弛，一任家人、书役肆行扰诈等语。是患病之说，庄有恭已先见之纸笔，岂得尽委过于属员？着传谕刘统勋等将以上各

---

① 印鸾章：《清鉴纲目》，长沙：岳麓书社，1987年，第347页。
② 王钟翰点校《清史列传》卷四百七十六《列传》卷二十六，北京：中华书局，1987年，第1987页。
③ [清]阮元：《揅经室二集》卷五《翰林编修河东盐运使司沈公既堂墓志铭》，引自《续修四库全书》第1479册，上海：上海古籍出版社，2002年，第125页。
④ 《大清高宗法天隆运至诚先觉体元立极敷文奋武孝慈神圣纯皇帝实录》卷之七百五十四。

情节悉心根究,务得实情,毋使案情稍有遁饰。①

●三月初十,刘墉以在太原府知府任内对属下段成功亏空未能弹劾获罪受审。

己卯,谕:据舒赫德奏讯问和其衷代段成功弥补亏空一案,供出伊前赴热河陛见时,系段成功代雇骡脚,又带信令买皮张,共享银九百八十两。回任后先给还四百八十两,段成功临起身赴任时,又找还银五百两等语。前因段成功亏空,何以各上司竟无一人举发其事?甚至和其衷给银代为凑补?早知其平日必有交结馈遗之事,今据供认情节,果不出朕所料。和其衷身为巡抚,乃令属员代办骡脚、皮张等项,其罪已无可逭,且恐所供尚有未尽之处。而其收受段成功馈送,更有不止于是者。和其衷平素为人,颇近深刻。若非与属员有交结之事,岂肯为其垫银弥补?且又岂不知滥举匪人之处分有限而不据实参劾,转为之委曲周旋乎?又据和其衷供,段成功平日与通省州县俱有交接,其自行央恳帮助之处,藩司、知府俱属知情,又向刘墉面催两次,据称现在严催弥补等语,则是段成功弥补亏空,文绶,刘墉显系通同掩饰、其是否授意各属帮补及平时有无收受段成功馈遗之事,均须彻底根究!和其衷身任巡抚,乃于保举之员,有受贿情事。所系于吏治官常者甚大,文绶系藩司大员,刘墉系专管知府,竟尔串通一气,弥缝欺庇如此!上下和同舞弊,充其伎俩将何事不可为?和其衷,已经舒赫德委员解往山西。段成功,亦据江苏起解赴晋对质之,自应水落石出,但此等情节重大,恐四达、彰宝未能根究底里,着传谕四达等于和其衷解到时,先行严鞫确情,一面奏闻,一面即着四达押带和其衷、段成功分别解京候审。文绶、刘墉,并着分别解京审讯。至案内有必须质证要犯,着四达等酌量解京。其干连应讯之人及帮银各州县即着彰宝就近查审,分别究拟。至文绶前已降旨革职,尚谓其咎止于失察,是以加恩赏给郎中衔,前往库车办事。今既有此情节,不可复为宽贷,已另降旨将伊革去职衔矣。刘墉系大臣之子,若与段成功有馈送情事,尤为罪不容诛。四达等倘因此稍有瞻徇,断难逃朕洞鉴,谅伊等亦不敢为他人任咎也。舒赫德原折及和其衷亲供,着钞寄阅看,将此传谕四达、彰宝知之。②

●三月二十日,刘统勋参与拣选历科举人。

己丑,谕:前以历科举人,积次壅滞,思所以筹办疏通,俾得及锋而试。特降

---

① 《大清高宗法天隆运至诚先觉体元立极敷文奋武孝慈神圣纯皇帝实录》卷之七百五十五。
② 同上。

旨，令于会试时拣选引见，候朕分别录用。乃朕嘉惠寒畯，格外加恩，与寻常拣选下第者不同。现在士子闻风踊跃，云集京师，视历科应试者为数倍多。若循例于榜后始行拣选引见，则伊等守候需时未免艰于旅食，朕心深为轸念。莫若即于月内定期拣选，列为三等。其应行引见者，候朕于时享常雩斋戒进宫时，即行分别带领引见，亦省其赴圆明园车马往来之费。其入选人员内，榜发中式进士者，原有简擢甄录之途。而挑选未入者，下第后即得遄程归里。不致久滞都门，于塞士尤为有益。至前经大学士九卿等议奏，按省分之大小，酌定人数多寡，虽比较向例量为加增，而核计止七百余人，尚觉限于成格，为数无多并着广为挑选。其列在一二等者，统以二千人为率，分别简用。其年逾七十以上者，着查明具奏，候朕酌量加衔，俾得普被殊恩，各遂其弹冠庆幸之志。副朕体恤士林、乐育群才至意。着派简亲王、裕亲王、诚亲王、和亲王、刘统勋、阿里衮、陈宏谋、托恩多、李侍尧、福隆安公同遴选，该部遵谕速行。①

○丙戌三十一年春三月，缅甸入寇九龙江，云贵总督刘藻率师御之，败绩，自刎死。诏以大学士杨应琚代之。②

●四月初五日，刘墉以段成功案扶同容隐坐罪革职拟死，因乾隆加恩得以诏免，但仍被发往军台效力赎罪。

甲辰，谕曰：侍郎四达等查办段成功亏空一案，已将和其衷等押解来京。着军机大臣会同刑部审拟具奏。寻议奏：参革苏州府同知段成功，在阳曲县任内，恣意侵蚀库项，数至逾万。与徇纵营私之巡抚和其衷均应依律拟斩，并请即行正法。扶同容隐之藩司文绥、知府刘墉应拟斩监候。徇庇劣员之臬司蓝钦奎等已经革职均无庸议。得旨：段成功着即处斩，和其衷着改为应斩监候，秋后处决。文绥、刘墉并着从宽免死，发往军台效力赎罪。蓝钦奎、富勒浑着该部带领引见，再降谕旨。③

按：光绪《山西通志》卷104"刘墉"条云："以翰林出为太原知府，迁冀宁道。丰裁峻整，习掌故，达政体，于吏事以勤慎着称。守太原时，清积案数十，购谷二万余石储为府仓。阳曲县令段某侵帑累万，巡抚荐迁秩去，而以所亏金命刘墉分摊之属县，刘墉不可，巡抚卒自行之。后事发，并罹大辟，上特宥刘墉，谴戍。"

---

① 《大清高宗法天隆运至诚先觉体元立极敷文奋武孝慈神圣纯皇帝实录》卷之七百五十七。
② 印鸾章：《清鉴纲目》，长沙：岳麓书社，1987年，第348页。
③ 《大清高宗法天隆运至诚先觉体元立极敷文奋武孝慈神圣纯皇帝实录》卷之七百五十八。

● 四月十一日，庚戌，又谕：

前因段成功亏空帑项，各州县徇情帮助竟有多至千余金者，尚浮于伊等岁入养廉之数。恐以别州县之库项，移补阳曲县之亏空。日后他人复有亏空，又必至那东补西，辗转效尤，势将何所底止？若不彻底根究，是伊等竟视亏帑公帮为常事！晋省吏治之坏复何由整顿？是以传谕彰宝，严查密办该抚！惟应核计各员俸廉所入若干，每岁余存即以五百金计，亦积至数年，始能符所帮之数，以此质之帮银之州县，伊等自难掩饰。并查各员库贮有无短少，及访其任内有无贪黩劣迹，更可得其实情，此办事要领也。至段成功亏空帑金数至逾万，既已明正典刑，但库项业已弥补，惟当治各上司徇情容隐之罪，已将和其衷问拟重辟，文绶、刘墉亦发往军台，其帮银各州县并交部分别严加议处。此案俱已大示惩创，今彰宝复请将段成功所亏之项，着落各上司及帮银州县照数分赔，所见甚小，全不能仰体朕整饬官方、厘剔积弊之意，彰宝着传旨申饬。①

● 四月二十日，刘统勋以大学士充殿试读卷官。

己未，命大学士尹继善、刘统勋、协办大学士吏部尚书陈宏谋、户部侍郎王际华、兵部侍郎钟音、彭启丰、刑部侍郎周煌、左都御史观保为殿试读卷官。②

● 五月二十一日，乾隆巡幸木兰，刘统勋留京办事。

己丑，谕：朕此次巡幸木兰，着诚亲王、和亲王、大学士刘统勋、尚书托恩多留京办事。其月选之文员内通判、州、县等官，武员内八旗护军校、骁骑校及外省送到之补放水手官骁骑校，并年满千总等官弁，俱着王大臣照例验看。③

○ 秋七月，皇后那拉氏崩，诏以妃礼葬之。④

● 八月初十日，遣大学士刘统勋祭先师孔子行礼。⑤

○ 冬十二月，《大清会典》成。⑥

○ 郎世宁（1688—1766）卒。

---

① 《大清高宗法天隆运至诚先觉体元立极敷文奋武孝慈神圣纯皇帝实录》卷之七百五十八。
② 同上书，卷之七百五十九。
③ 同上书，卷之七百六十一。
④ 印鸾章：《清鉴纲目》，长沙：岳麓书社，1987年，第351页。
⑤ 《大清高宗法天隆运至诚先觉体元立极敷文奋武孝慈神圣纯皇帝实录》卷之七百六十六。
⑥ 印鸾章：《清鉴纲目》，长沙：岳麓书社，1987年，第351页。

1767　乾隆三十二年　丁亥　刘统勋69岁　刘墉48岁

●正月二日，刘墉以行楷致从五兄刘塿家书言及己在军台情形事，曰：

"军台公文稀少，或浃月无南去马，便是无由作字"，"瑛世兄、徐太守及一、二官晋省者，遣人到台馈问。渠辈取道张家口，于其还也，寓书文藩，托送此信。"

按：此封家书，写得十分工整秀雅，由"军台公文稀少"，我们可以推知，刘墉在军台主要处理文书工作，其寄信，也多借助于此。由"一、二官晋省者，遣人到台馈问"，说明军台或在山西，或距山西甚近。正因如此，官晋省者才比官他省者便于遣人馈问。此封家书乃刘墉自述军台情形事的唯一材料，亦可谓之可贵矣。军台：清代设在新疆、蒙古一带的邮驿，专管西北两路军报和文书递送。

●二月初三日，刘统勋充三通馆正总裁。①

●二月初五日，举行仲春经筵。直讲官蕴著、裘曰修进讲《四书》"不逆诈"、"不亿不信"、"抑亦先觉者"、"是贤乎一节"。讲毕。乾隆宣御谕毕。刘统勋与尹继善奏曰：皇上聪明睿知，一本至诚。万方情伪，无不先几洞照。鸿猷骏烈，日异月新。而法宫密勿之中，犹且时以保泰持盈，自强不息。是诚古圣帝明王之用心也。臣等幸侍讲筵，亲承圣训，不胜荣幸。②

○丁亥三十二年春三月，逮大学士、云贵总督杨应琚入京，以伊犁将军明瑞补授云贵总督。③

●四月三十日，刘塿升吏部精膳司郎中。④

●五月内，刘塿推升礼部郎中。⑤

●（乾隆三十二年丁亥，年四十岁）六月，（钱辛楣）妻王恭人殁于京邸，居士幼多疾，不任劳剧。病后精力觉不支，重以伉俪之戚，益有归田之志。其秋遂以

---

① 《大清高宗法天隆运至诚先觉体元立极敷文奋武孝慈神圣纯皇帝实录》卷之七百七十八。
② 同上。
③ 印鸾章：《清鉴纲目》，长沙：岳麓书社，1987年，第352页。
④ 秦国经主编《清代官员履历档案全编》卷十九，上海：华东师范大学出版社，1997年，第312页下。
⑤ 同上书，第262页下。

病乞假。掌院刘文正公勉留之，固辞。十月，始得准假之旨，乃买舟南下，冬至后始抵家。①

● 六月，刘墉受命在修书处行走。②

● 八月初六日，遣大学士刘统勋祭先师孔子行礼。③

● 十一月，上命内廷诸臣举翰林数人以进。刘文正公、于文襄公、裘文达公、王文庄公联名奏今大司空彭云湄、宫保曹竹虚两前辈，大司农董蔗林同年与余四人，翌日命入直懋勤殿。④

○ 冬十二月，杀浙江人齐周华，并夺原任礼部侍郎齐召南职。⑤

● 从侄刘墫升授安徽宁池太广兵备道，督理芜湖钞关。

○ 三月，逮大学士云贵总督杨应琚入京，以伊犁将军明瑞补授云贵总督。

1768　乾隆三十三年　戊子　刘统勋70岁　刘墉49岁

○ 戊子三十三年春正月，御批《历代通鉴辑览》成。⑥

○ 二月，将军明瑞陷敌死。诏以大学士傅恒为经略，阿里衮、阿桂为副将军，代领其军。⑦

● 二月初五日，举行仲春经筵。直讲官观保、裘曰修，进讲大学是以君子有絜矩之道也一句。讲毕。乾隆宣御论毕。刘统勋与尹继善奏曰：

"皇上垂训以忠恕二字，明絜矩之道，仰见圣心精义入神，直揭孔氏传心之要。至尚书一日二日万几，不训事而训心，诚上接尧舜精一执中之旨。自汉宋诸儒，未有能窥见此者。臣等幸侍讲筵，亲承圣训，不胜荣幸。"⑧

---

① ［清］钱大昕：《十驾斋养新录·钱辛楣先生年谱》，上海：上海书店，1983年，第30页。
② 王钟翰点校《清史列传》卷四百七十六《列传》卷二十六，北京：中华书局，1987年，1987页。
③ 《大清高宗法天隆运至诚先觉体元立极敷文奋武孝慈神圣纯皇帝实录》卷之七百九十二。
④ ［清］沈初：《西清笔记》卷一《纪恩遇》，台北：新文丰出版公司，1985年，第286页。
⑤ 印鸾章：《清鉴纲目》，长沙：岳麓书社，1987年，第352页。
⑥ 同上。
⑦ 同上。
⑧ 《大清高宗法天隆运至诚先觉体元立极敷文奋武孝慈神圣纯皇帝实录》卷之八百四。

● 三月十四日，京察届期，刘统勋交部议叙。①

● 六月二十二日，乾隆巡幸木兰，刘统勋留京办事。②

● 七月初八日，刘统勋查办卢见曾家财寄顿案。

癸巳，又谕：据富尼汉奏查封卢见曾家财，伊已豫先得信，于各处隐匿寄顿，已经究出数处。今伊子卢瑛，伊孙卢荫恩，现在赴京应试，请敕交刑部，就近讯问等语。着传谕刘统勋、托恩多、英廉，即将卢瑛、卢荫恩提掣，隔别详细研讯，务将豫先得信及隐匿寄顿各处，彻底根究，毋使稍有支吾遁饰，仍即行具折覆奏。③

● 七月初十日，刘统勋等奏查办两淮盐引一案，查出漏泄此案情节之纪昀、王昶、黄骏昌三人，乾隆要求对三人均著革职并交刘统勋等分别严审具奏。

乙未，谕：据刘统勋等奏查办两淮盐引一案，卢见曾先得信息，藏匿赀财，讯问伊孙卢荫恩，据供伊亲纪昀，系先告知两淮盐务，有小菜银两一事，现在查办。伊即于六月十四日，差家人送信回家。后复见郎中王昶谈及，王昶告伊并非小菜银两，乃系历年提引事发，随又雇人送信回家。嗣复见刑部司员黄骏昌，传说高恒现已查抄家产，伊叔卢谟心惧，随于六月二十七日，起身回家等语。所有漏泄此案情节之纪昀、王昶、黄骏昌均着革职，交刘统勋等分别严审具奏。④

● 七月十一日，京城查拏割辫匪犯一案，刘统勋等没有上紧缉拿，随时奏闻，乾隆开始略有不满之意。

丙午，谕军机大臣等：京城查拏割辫匪犯一案。即经传谕刘统勋、托恩多、英廉严饬官兵番役，上紧躧缉。刘统勋等自应将办理情形及有无获犯之处，随时奏闻。乃本日报到，并未奏及此事。且昨据高晋奏称，山东省提讯割辫匪犯蔡廷章等，供出吴元、通元二僧，俱系宛平县人。当即降旨令刘统勋等于京城内外，及各乡村庵观寺院，严密访缉。其曾否密饬官役实力搜拏？及有无二僧踪迹？亦当随报奏覆，何竟无片纸入告？岂伊等视查拏割辫匪犯一事，为无关紧要，而不甚经心耶？本日又闻有工部笔帖式，亦被割去发辫之语。其事渐及职官，更非街市愚民可比。刘统勋等何以亦不奏闻？岂以为前次谕旨，有被割之人，不必每日报闻传讯之语，遂并

---

① 《大清高宗法天隆运至诚先觉体元立极敷文奋武孝慈神圣纯皇帝实录》卷之八百六。
② 同上书，卷之八百十三。
③ 同上书，卷之八百十四。
④ 同上。

此亦置之不论，是又不免过于拘泥矣。着传谕刘统勋等仍严饬官兵等，极力尽心搜捕，毋得稍懈。并将近日匪徒犯案之事，是否少减？及将现在办理情形迅速具奏。嗣后除拏获要犯，讯得确供，即专折由驿驰奏外。其余，并于发报之便，将作何查办？及有无获犯各缘由，随时奏闻。普辉一犯，曾否讯有切实供招，并着一并即行覆奏。①

●七月十二日，刘统勋查审被割发辫之孟士会案。

丁酉，谕军机大臣等：刘统勋等奏审讯被割发辫之孟士会等一案，尚有应行讯问之处，已传谕将各犯解送热河候讯。并令原解官，景州知州张在即回任缉匪矣。解送此等人犯，止应于佐贰，或武弁内，慎选妥员管押。知州有地方专责，岂可令其久旷职守？且孟士会此案，即系景州之事，尤当责令该员上紧缉拏。而被割发辫情形，颇有疑窦，是以令其解京确讯。今乃令原问官押解，伊等止图回护前失，安保无中途教供情事？而愚民见有本州岛岛印官在旁，即有实情，亦不敢尽吐，致与初供互异。其实办理公事，祇期于事有益，即初供不实不尽，覆讯究出确情，与承办之员亦无甚大碍。而外省州县，往往曲为掩饰，结习相沿，最为可鄙。方观承派令该知州押解之处，其意未必不出于此，甚属非是。若以为该州查办之事，即令该州管押。设该督自行获犯，亦需亲身督解耶？方观承久任封疆。岂不知事理轻重。或系病中精神不能周到。遂尔疏略。然究宜加意振作。不当如此舛误。方观承着传旨申饬。②

●七月十四日，乾隆告知刘统勋查出寄信卢见曾之中书徐步云一折，固应分别严审，但此案不过寻常查办事件，非若割辫匪徒之关系重大。催其留心督饬，迅速缉捕。

己亥，谕军机大臣等曰：本日据刘统勋等奏查出寄信卢见曾之中书徐步云等一折，自应分别严审。但此案不过寻常查办事件，非若割辫匪徒之关系重大，何以至今未据奏及？匪犯蔓延数省，扰害闾阎，且敢于辇毂重地，潜行匿迹，尤不可不尽力搜擒，以除民害。昨虽据英廉奏到，业经分差番役，四路访拏。但何以迄今多日，尚无一人就获？现在京城中紧要之事，无逾于此。刘统勋、托恩多、英廉，经朕责成专办。必当时刻留心督饬，迅速缉捕。着再传谕刘统勋等上紧严查，务期弋获毋

---

① 《大清高宗法天隆运至诚先觉体元立极敷文奋武孝慈神圣纯皇帝实录》卷之八百十四。

② 同上。

令匪犯免脱远扬，并将现在查办情形及有无获犯之处，迅速奏闻。其僧人普辉，亦即详细研鞫，录取确供覆奏。①

●七月二十二日，刘统勋等奏究出蔡廷章一犯，兼有伊亲戚王涟、王澋、王文瀚、朱然等，并曾与康亲王门上亲军布勒亨认识往来，乾隆较为满意，并嘱刘统勋仍严饬官兵番役，上紧查拏，毋得稍有疏懈。

丁未，谕军机大臣等：刘统勋等奏究出蔡廷章一犯，曾在京城隆长寺、松筠庵栖身，兼有伊亲戚王涟、王澋、王文瀚、朱然等，并曾与康亲王门上亲军布勒亨认识往来，讯据布勒亨称蔡廷章有画符、念咒、捉鬼等事一折。已于折内批谕矣，是此事查办，似颇有端倪。若从此根究，或可得其踪迹，昨已有旨令富尼汉，将蔡廷章派员解赴行在审讯。计月内即可到京，刘统勋等可于蔡廷章到京时，将该犯与王涟等及布勒亨，质对明确，讯取真切供词，俟无需再行究诘时，即派员送至行在。并着刘统勋等将割辫一案，仍严饬官兵番役，上紧查拏，毋得稍有疏懈。其普辉一僧，并当悉心设法详讯，务得实情。②

●七月二十四日，刘统勋等奏查办割辫匪犯、审讯卢见曾寄顿赀财案及近日京师情形。

己酉，谕军机大臣等曰：据刘统勋等奏查办割辫匪犯及近日京师情形一折，已于折内批谕矣。蔡廷章自系案内要犯，其事颇有端倪。俟东省解到时，即与布勒亨等彼此详加质讯，务得确情，勿任稍有狡展。其现获之僧人照月，既有发辫留藏，即可切实根究，设法严审。所供伊徒发辫之语，甚属荒唐。即其徒实有其人，伊曾为披剃，留此何用？况目下正当严查割辫匪犯，伊岂无见闻，焉肯藏此无用之物，自露破绽乎？此等游供，乃失枝脱节之大者，正当从此反复追诘，毋令抵饰。至所称查拏严密，渐次潜踪等语，未免有将就完事之意。匪犯蔓延各省，且敢于辇毂重地，肆行鬼蜮伎俩，岂可不实力严拏？务获要犯，以申法纪而靖人心。此时果能拏获正犯数人，或匪徒畏惧敛迹，尚属事理所有，今并未弋获一犯，究出实在根线，奸徒何遽尔潜踪？或系兵役因缉获未得造为此语以图卸责，切不可轻信。况以京城地面，分布三营、九门、八旗官兵番役，巡缉匪人。如果昼夜上紧搜擒，匪党何从匿迹？且奸徒敢于恣行街市，扰害良民，若竟一人不能就获，如何完局？宁不有关

---

① 《大清高宗法天隆运至诚先觉体元立极敷文奋武孝慈神圣纯皇帝实录》卷之八百十四。
② 同上书，卷之八百十五。

尔等颜面乎？看来刘统勋等办理此案稍有厌烦之意，此事所系甚大，断不可略嫌絮烦，倘厌事之心一生，诸事必从而懈怠。兵役等揣见意指，必致日就阑珊。正犯何由速获乎？总宜耐性安心，毋躁毋倦。每日督饬密拏，不可稍形宽假，方得办事关键。况近日热河，亦间有割辫之事。可见恶犯散布甚广。安可不悉力侦捕，以净根株乎？至普辉一犯，前因其曾受夹杖，故尔暂缓刑讯，乃审至于今，并未得一实供，必系奸僧见不复加刑，窥破尔等莫可如何，愈得逞其狡狯伎俩，此等恶僧，本无足惜。若始终不吐一字，即令其备受诸刑，或得其一二招语，更可按供根寻，若仍前茹刑坚执不吐，则是伊恶贯已盈，不得尚存姑息，即行奏闻，将伊罪恶昭布，于市曹正法。俾众人共知割辫要犯，已服典刑，庶民心共得安帖。此亦就现在情形办理之一法也。着将此传谕知之。

大学士刘统勋等奏曰：审讯卢见曾寄顿赀财一案，先后究出向与卢见曾认为师生之候补中书徐步云，伊戚翰林院侍读学士纪昀，并军机处行走中书赵文哲、军机处行走郎中王昶漏泄通信，应照例拟徒。其刑部郎中黄骏昌，信口传说，业经革职，应毋庸议。得旨：徐步云与卢见曾，认为师生，遇此等紧要案件，敢于私通信息，以致卢见曾豫行寄顿，甚属可恶。着发往伊犁效力赎罪。纪昀瞻顾亲情，擅行通信，情罪亦重，着发往乌噜木齐效力赎罪。余依议。①

●七月二十五日，以金简拏获民人宋胡子于其寓中起出谣言三纸等，乾隆命将所有擒获之人着交与刘统勋等详细研鞠，务取确实供词，寻踪根究，尽心惩治。另以阿里衮奏将认识缅字之人，派员送至热河，乾隆让刘统勋选记性聪明、口齿伶便者二人，送至热河随其学习。

庚戌，谕军机大臣等：托恩多、英廉奏据管番役郎中金简，拏获民人宋胡子，于该犯寓中起出谣言三纸，又于内务府护军老格衔邻四达子家中，搜出谣言钞帖并异虫画样，现在逐细研究等语，已于折内批示矣。此次查拏奸匪，金简颇能尽心，是以内务府番役，皆奋勉查缉。何以步军统领衙门番役，至今未见访得一案？弋获一人？向来该番役等，于缉捕尚属能事，且人数较多，散布各处，并可会合三营兵弁，一体协拏，如果实力侦查，岂有奸匪全无踪影之理？必系托恩多未能严切交办，上紧督催，故伊等观望因循，不肯实心出力。如此，则平日豢养若辈何为？而步军统领之责成，又属何事？着传谕托恩多，即速严饬番役等，各宜实力巡缉，务得要

---

① 《大清高宗法天隆运至诚先觉体元立极敷文奋武孝慈神圣纯皇帝实录》卷之八百十五。

犯，以尽根株，并不时设法督促，赏罚严明，无任仍前懈忽。所有现获各犯，着与英廉会同刘统勋等，详细研鞫，务取确实供词，寻踪根究，尽心惩治。毋令狡展支吾，希冀颟顸了事。

又谕：前据阿里衮奏将认识缅字之人，派员送京。想不日可到热河，着传谕刘统勋等于在京学习回字人员内，选择记性聪明、口齿伶便者二人，送至热河，豫备学习。①

●七月二十八日，据刘统勋等奏查拏鬋辫匪犯一折，乾隆提出指导办案之法并催促刘统勋督饬兵役，上紧缉匪。

戊寅，又谕：据刘统勋等奏查拏鬋辫匪犯一案。数日以来，报出被鬋者，每日均有数起，而匪犯踪迹，全无影响等语。究属兵役等，查拏不力所致。且现在被鬋者，既未尽息，岂有偷割贼踪，全无下落之理？刘统勋等仍应督饬官兵番役人等，多方密躧，期于必获，以尽根株。至于被割之人，原可无庸根究。若令其每日报闻传讯，徒扰人意而无益事体。且无知之徒，转相传述，摇惑听闻，殊非缉匪安良之道。又如妇女在家，被割衣襟，其迹尤属微暧，未必尽出奸徒。更当置之不问，以杜无稽之口。并闻有门墙书字之说，更属不根，于事亦毫无干碍，断不宜诧以为奇。所谓见怪不怪，其怪自败也。刘统勋等惟当督饬兵役，上紧缉匪，此外一切浮言，并不必过于诘问。明示镇定，而隐饬加严，方得办理此案要领。又本日据高晋奏山东省提讯蔡廷章等，供称吴元、通元二人，俱系宛平县人。前供江浙，系属讹错等语。此等匪犯游供，必不肯将确切住址，一时吐露。但该省既据供有宛平之语，宁可信以为实。刘统勋等，并当严谕番役人等，于宛平、大兴所属寺院等处，留心察访，如有形迹可疑，即行严加根究，毋得稍存宽纵。其前获僧人普辉一犯，并着即速审究，务取确供，止当设法研鞫，不必徒事刑求也。仍速将审讯情节及有无获犯之处，即行具折奏闻，毋致久延时日。②

●七月三十日，刘统勋等奏所有山东拏获蔡廷章、靳贯子业经解送到京，究其与僧人通元、吴元如何结党传授鬋辫邪术之事，供认情节，多涉含糊，与东省原供，不能吻合。乾隆指示蔡廷章等为此案紧要人犯，切不可因其辗转支吾，遂稍生厌烦之见。

---

① 《大清高宗法天隆运至诚先觉体元立极敷文奋武孝慈神圣纯皇帝实录》卷之八百十五。
② 同上。

乙卯，谕军机大臣等曰：据刘统勋等奏所有山东拏获匪犯蔡廷章、靳贯子二犯业经解送到京，究其与僧人通元、吴元如何结党传授翦辫邪术之事，供认情节，多涉含糊。与东省原供，不能吻合等语。蔡廷章等为此案紧要人犯，必须设法研鞫，庶从此可以穷追根线，搜寻羽党，切不可因其辗转支吾，遂稍生厌烦之见。其供出各犯，亦当彻底穷诘，不得任其游移抵混，遽尔颟顸了事。着传谕刘统勋等务须详细究审。即该犯等一时不肯尽情供吐，亦当平心耐性，多方讯问，使其无可遁饰，以靖奸伙而除民害。所有翦辫匪徒，仍当严饬上紧查拏，不可稍为疏懈。①

●八月初二日，遣大学士刘统勋祭先师孔子行礼。②

●八月初三日，除让刘统勋等不可稍涉厌烦、将就了事外，乾隆就割辫案又让刘统勋禀明至日内京城内外被割发辫有多少？禁不许剃去辫根后是否有仍有行全剃之人？是否有私自剃去不敢声张之人？命刘统勋等一并查明，即行据实覆奏。

戊午，又谕曰：据刘统勋等奏审讯山东解到割辫匪犯蔡廷章、靳贯子等供词闪烁，始终无一语确切，现在设法研鞫，务得实情等语。此等奸恶匪徒不肯吐露真情，希图狡展。但当耐心细鞫，自可寻线根求，期获正犯。即其随口供报，忽翻忽认，亦宁信其有，广为传问，逐一研求，自然难以遁饰。即使指称被讯之人，审每确据，原可讯明省释，何致累及无辜。刘统勋等切不可稍涉厌烦，将就了事，尤不可豫存外省获犯未真之见，任其狡速迷踪，便欲颟顸完案也。至日内京城内外被割发辫之案，多少若何？及禁不许剃去辫根以后有无仍行全剃之人？或私自剃去不敢声张各情节，折内俱未奏及。并着传谕刘统勋等一并查明，即行据实覆奏。③

●八月初九日，刘统勋奏审讯翦辫人犯韩沛显，供出僧人普敬等。乾隆要求立即将其解京与韩沛显对质。乾隆据方观承所奏孙显富事，判断也许割辫案首领即在宣化一地，并要求刘统勋仍将审讯情形，及近日京城内外被割发辫之案较前多少，并有无续获切实要犯之处，一并详晰奏覆。

甲子，又谕：据刘统勋奏审讯翦辫人犯韩沛显，供有江南海州茅山寺僧人普敬等，又供普敬等，系东光县僧人等语。自应迅速行文各该督、抚，飞提各犯解京，与韩沛显对质，以便蹑迹缉匪。至根究传播谣言，询有得自张家口孙德隆之语。本

---

① 《大清高宗法天隆运至诚先觉体元立极敷文奋武孝慈神圣纯皇帝实录》卷之八百十五。
② 同上书，卷之八百十六。
③ 同上。

日方观承奏到保安州现在盘获逆犯孙显富等，造作逆词，意欲重兴邪教。业经降旨臬司周元理，缉犯解送行在候审。看来宣化既现有邪教之案，而谣言又传自该处，或割辫首犯在彼潜匿煽惑，同恶相济，均未可知。虽鞫辫案情，自南而北，但奸徒诡秘窜逸靡常，不可不细加体察，以期得实。着传谕刘统勋等将现在人犯，即行详悉研讯，务究确情，迅速具奏。至折内所称该犯等供词狡展，忽翻忽认始终未有确供，匪徒奸诈百出，岂肯遽吐实情？自当细心设法详究，寻问根求务使不能掩饰。其所供人犯，亦宁信其有，飞调详鞫，以便蹑迹搜擒，早除民害。仍将审讯情形，及近日京城内外被割发辫之案较前多少，并有无续获切实要犯之处，一并详晰奏覆。①

●八月十二日，因有查审事件，乾隆特意嘱咐刘统勋到行在办理秋审勾到不必起程过早，可仍照去岁之期前抵热河即可。当日以聂乘南等供出九江关前任监督海福事，乾隆要刘统勋等会同详加询问。

又谕曰：吴绍诗奏讯据九江关关书聂乘南等供出前任监督海福，三十一年报解银内，有豫提三十二年首季银二万七千两，当时有无弊窦，请就近询问海福等语。着交与刘统勋、托恩多、英廉，即传谕海福，详加询问，从前因何豫提此项银两？是否止系那移？抑或另有弊窦？务得实在情形，即行覆奏。吴绍诗原折并钞寄阅看。②

●八月十六日，以冯钤奏拏获东省割辫案僧通杲同案自然、悟澄二人，乾隆要高晋速将二人解京与已解京的通杲，交与刘统勋等并案研鞫。

辛未，谕军机大臣等：据冯钤奏拏获东省审讯匪僧通杲所供之伙犯自然、悟澄二名，解赴徐州交该督审讯等语。前据富尼汉折奏拏获匪僧通杲，业经批谕令其解京，听候审讯。续据该抚奏报已于本月初八日，押解起程，所有安徽拏获之自然、悟澄二犯，着传谕高晋，即速遴委妥员解京，交与大学士刘统勋等并案研鞫。仍饬委员沿途小心防范，毋令该犯免脱自戕。③

●八月二十八日，乾隆再一次嘱刘统勋先查审案件，到行在办理秋审勾到时间，照去岁之期即可。

---

① 《大清高宗法天隆运至诚先觉体元立极敷文奋武孝慈神圣纯皇帝实录》卷之八百十六。
② 同上。
③ 同上书，卷之八百十七。

癸未，谕军机大臣等：现在秋审将次进呈招册，仍须于行在办理勾到一二次。刘统勋在京，现有查审事件，起程不必过早，可仍照去岁之期前抵热河。将此传谕知之。①

●九月初四日，刘统勋奏报蔡廷章、韩沛显以前所供皆为妄供，乾隆要求刘统勋再行严鞫二人妄供情由并取具确切供词，据实具奏。

己丑，谕军机大臣等曰：本日据刘统勋等奏蔡廷章所供扬州钞关开饭店之吴连，现经该省解到，令其识认质对，据蔡廷章坚供，从未见过。又韩沛显所供海州、东光各处僧人普敬、普贵、通明、通义等，分咨各该省，密访查拏，并准移覆，查无其人等语。蔡廷章前供在扬州东关吴姓饭店住宿，既经该处查有吴连开张饭铺，则前供不得谓之捏饰，何以亲面质讯，又坚称从未见过？如是反复狡展，希图脱卸，即应讯之蔡廷章，从前因何妄供现在因何狡赖？务得实情！至韩沛显所供四僧，茯寺名僧众，既据各该处查明，毫无影响，亦应仍将韩沛显详加严讯。岂有任其随口妄供遽行完结？着传谕刘统勋等即将蔡廷章、韩沛显二犯，再行严切审鞫。问其因何妄供情由，并取具确切供词，据实具奏。②

●九月初七日，刘统勋等奏审讯中所抓嫌疑人犯当堂都互不相识，乾隆以为这也许是嫌疑人事先约定，不可定为本案确据。

壬辰，又谕：据刘统勋等奏，审讯江南解到割辫匪犯张四儒，本名张四。与山东原供出之靳贯子，两相质对。其名其地，均不符合，且面目彼此各不相认，似非正犯等语。张四系直隶乞丐，与靳贯子原供之江南张四儒，地籍原不相同，所云即张四儒之语，系承审之地方官，诱令该犯幼子承认，亦不足为据。并有宿州赵姓，挟嫌诬陷，原案可证。则张四之非张四儒，似无遁情。但该犯在江南时，何故尽行承认？及到京又何以全翻前供？其中情节，亦应讯问周密，方足以成信谳。再刘统勋等审办此等要案，仅以人犯质对，并不相识，遂定匪伙之真伪，则大不然。奸徒狡诈百出，岂肯轻露真情？何难故作惊愕，饰为未曾见面情状，以惑问官之听闻？又安知匪犯等不预为要约，到官相见，彼此互妆不识，以图漏网，均未可定。若仅以当堂一对，遽执为本案确据，转堕奸匪术中，且恐真犯又迷踪迹。岂非差之毫厘，谬以千里乎？可传谕刘统勋等查审此事，不但本犯游供，全不足信。即提到各犯之

---

① 《大清高宗法天隆运至诚先觉体元立极敷文奋武孝慈神圣纯皇帝实录》卷之八百十七。
② 同上书，卷之八百十八。

彼此认识，亦不可凭。总须耐性平心，反复驳诘，或其无心吐露，及辞色之间，一经勘出破绽，立即乘势穷追，庶正线可以从此而得。现在永德奏到，拏获僧人明远一犯亦经押解送京，该犯本系贼匪，而所供云台山，又实有其地，虽庙名僧貌，不甚相合，亦不可尽以为无因。该犯解到时，并着详悉确勘，毋任狡展游移。如审有确供，即行具奏。其余各省解到人犯，并交伊等，会同刑部，一并查审。至刘统勋此时如已起身，前赴热河，即着刘纶、托恩多、英廉，悉心讯究。①

● 九月初八日，从侄刘墫任陕西学政。

癸巳，谕：各省学政，现届差满。顺天学政倪承宽，浙江学政周煌，南学政陈科捷，广西学政朱丕烈，俱系本年任事，无庸更换。江苏学政，着景福去；安徽学政，着德风去；江西学政，着汪廷玙去；山东学政，着韦谦恒去；山西学政，着吴岩去；福建学政，着阿肃去；湖北学政，着戴第元去；陕西学政，着刘墫去；四川学政，着孟超然去；云南学政，着李敏行去；河南学政嵩贵，广东学政翁方纲，贵州学政陈筌，俱着留任。②

● 九月十四日，刘统勋以奉天秋审本九卿改拟事未能及时正确处理，至不该被议处的朝铨被交部议处，而真正责任者恒禄却置身事外，刘统勋被乾隆交部议处。

己亥，谕：前日内阁进呈奉天秋审本，内有夹片称徐大等五案，俱经九卿改拟情实。朕以奉天案件，自系朝铨审拟。伊久任盛京刑部，非不谙晓律例，何以宽纵至此？是以降旨将伊交部严加议处。及昨日细阅招册内，则惟徐大一案，系朝铨定拟。其哈当阿一案，乃系黑龙江将军富僧阿所审。而马大、薛三、伊勒图三案，均系吉林将军恒禄承审之事。是朝铨仅止一案，尚不至于交议，使彼不敢陈辩，甘受处分，既不免于屈抑。若据实奏明情节，其将何以答之？朝铨毋庸议处。其恒禄所拟各案，经九卿改入情实者，至三起之多，殊属意存轻纵，着将恒禄交部议处，庶足以昭平允。至大学士傅恒等，进呈阁本。尚可云未及细检招册，而刘统勋则系承办秋审之本部，各省册案，皆所阅定，且现在热河所奉谕旨，皆同书呈览。何以并不据实奏闻？应将刘统勋交部议处。彼在朕前，实亦心悦诚服。朕办理庶政，一秉至公。即有检阅未周之事，所赖大臣等查明覆奏，何难随时改正？朕不执意文过也。即如进秋审本时，见部驳奉天多案，即降旨将朝铨议处。及亲阅招册，知非其罪，

---

① 《大清高宗法天隆运至诚先觉体元立极敷文奋武孝慈神圣纯皇帝实录》卷之八百十八。
② 同上。

即为开释，并不惮于反汗，亦并无丝毫成心。朕于大臣等，尚时加训勉不令文过饰非，若稍存回护之见，其何以风示臣工耶？将此通谕知之。①

〇秋九月，严禁偷剪发辫。②

●十月十五日，因杨锡绂奏杨家庄口门外黄水淤滩，回空粮艘，不能迅渡。乾隆派刘统勋前往查勘，侍郎期成额亦着同往学习办理，将应行疏浚事宜会同高晋、李宏、杨锡绂，悉心勘估奏明兴工。刘统勋俟估定工程，即先行回京。

己巳，谕：据杨锡绂奏，杨家庄口门外黄水淤滩，回空粮艘，不能迅渡。又因本年王家田头漫溢，将来黄运两河，恐不无浅阻，有碍明春重运等语。清口随时收展，为黄、运二河紧要关键，惟在河臣斟酌缓急机宜，庶无失时贻误。本年夏间黄水势盛，该总河等收束清口太迟，及秋月洪湖水长，又不能及时展拓，致运河有停淤浅阻之处。而九月内王家田头，复有漫工之事。今杨锡绂所奏自属实在情形。高晋、李宏，何以不早行陈奏？况杨锡绂向来遇事持重，断非张大其词，好功喜事者比。此事颇有关系，应及时筹办，大为挑挖，俾河身一律深通，无误漕运。第恐高晋、李宏经理未能尽善，着派大学士刘统勋前往查勘。侍郎期成额亦着同往学习办理。将应行疏浚事宜，会同高晋、李宏、杨锡绂，悉心勘估奏明兴工。刘统勋俟估定工程，即先行回京，仍留期成额在彼督工。所有随带司员，并着一体驰驿速往。③

●十月二十五日，以清水冲刷杨家庄口日渐深通，已不妨碍粮艘经过，乾隆认为杨家庄已无必须大办之工，惟当就惠济闸以下里河一带至淮安府，视其间段淤垫者酌量及时挑挖，以利漕运足矣。遂命刘统勋令其会同详勘，作速酌办。寻会奏。得旨：嘉奖。

己卯，谕军机大臣等：前以黄水漾入运河，淤滩浅阻，关系粮运，因命刘统勋等前往会同勘办。昨李宏奏现在清水畅流，冲刷沙淤，杨家庄口日渐深通，粮艘陆续径渡等语。业经钞折寄刘统勋等阅看酌办。今杨锡绂所奏，自开放临黄减坝，黄水消落尺许，东西坝清水直出抵黄而口门北岸，并盐河闸口筑坝阑截中河之水，亦得畅流，将暗滩冲刷，粮艘遄行无滞。是杨家庄水势通利，已无必须大办之工。惟当就惠济闸以下里河一带，至淮安府，视其曾经黄水倒漾，间段淤垫者，酌量及时

---

① 《大清高宗法天隆运至诚先觉体元立极敷文奋武孝慈神圣纯皇帝实录》卷之八百十八。
② 印鸾章：《清鉴纲目》，长沙：岳麓书社，1987年，第355页。
③ 《大清高宗法天隆运至诚先觉体元立极敷文奋武孝慈神圣纯皇帝实录》卷之八百二十。

挑挖，以利漕运足矣。着将此传谕刘统勋等令其会同详勘，作速酌办。仍一面将办理情形，具折奏闻。寻会奏：惠济闸迤下运河，水势通流无阻，无庸赶办。间有河底淤沙，及两岸逢湾滩嘴，系随时料理工程。臣高晋等当率属相机挑挖。得旨：嘉奖。①

●十月内，刘纯炜被召见，乾隆对其评为："此任去得"。②

●十二月初四日，八弟刘纯炜准备暂行护理抚篆。

戊午，谕军机大臣等：崔应阶奏盘获汀州傅元禧带有旗信逆词，随即拏获逆犯十一名一折。总兵眉绥及府县各官，办理此事，尚属妥协。此等奸匪，敢于结盟散札，情甚可恶，务须上紧查拏，毋任一人漏网，从重处治，庶足以示惩儆。闽省现有台湾匪犯一案，尚未办结，今复有此案，即须查审。崔应阶速回闽省办理，前已令永德回浙，如此时已到浙江，崔应阶即将巡抚印务交代起程。若尚未回任，即将抚篆交刘纯炜暂行护理。崔应阶迅速前往汀州，就近查办。其应拏广东逆犯，已谕令李侍尧，一体严拏。如有续经究出应拏之犯，该督可即飞咨粤省，严缉务获。至汀州府知府宋丰绥，及该处文武各员内所有实力妥办之人，着崔应阶查明，据实具奏，有应送部引见者，亦并列名奏闻。再阅该犯等逆词，内多隐语，且开有药方，其踪迹甚为诡秘。或于此中究出造意割辫首犯，亦未可知。崔应阶查审时，着一并留心根究。③

●十二月二十二日，刘墉以刘统勋故着加恩以江宁知府用。

丙子，谕曰：刘墉前在太原府知府任内，以属员弥补亏空一案，降旨发往军台效力。后经加恩，令其回京，在修书处行走。今伊父大学士刘统勋年届七旬，止此一子。且同案获罪之文绥，已经录用。刘墉事同一例，着加恩以知府用。④

按：刘墉到任前，乾隆赐宴，其父好友两江总督尹继善作陪，赠诗三首以示祝贺。刘墉因此写下与其唱和之诗"恩授江宁知府次韵奉酬望山相国见赠之作三首"。其诗为⑤：

---

① 《大清高宗法天隆运至诚先觉体元立极敷文奋武孝慈神圣纯皇帝实录》卷之八百二十一。
② 秦国经主编《清代官员履历档案全编》卷二，上海：华东师范大学出版社，1997年，第178页下。
③ 《大清高宗法天隆运至诚先觉体元立极敷文奋武孝慈神圣纯皇帝实录》卷之八百二十四。
④ 同上书，卷之八百二十五。
⑤ [清] 刘墉：《刘文清公遗集》卷十一，爱日轩陆贞一仿宋镌，第3页。

机务余暇句有神，春风旧是座中人。
喜于恩赉宴前侍，倍觉温颜接处亲。
介寿三章情已挚，宠行叠韵语尤真。
服官端赖周行示，黄发由来节钺臣。
近从省阃挹清辉，东阁抠衣自愧稀。
史馆荣趋方就正，郡符重领又相违。
别时思与花争发，到日心将雁共飞。
却和旧题还寄似，青山如画映书帏。
潞国精神晚益强，仁闻八秩赐霞觞。
甘棠到处荫犹在，黄菊吟来句亦香。
待向家邮通尺素，转怀纶阁对清光。
情知柏悦松还茂，进馔仍期共一堂。

●刘文清公（墉）少时知江宁府，颇以清介持躬，名播海内，妇人女子，无不服其品谊，至以包孝肃比之，及入相后，适当和相专权，公以滑稽自容，初无所建白。纯皇召见新选知府戴某，以其迂疏，不胜方面，因问及公，公以"也好"对之，为上所斥。谢芗泉侍郎，颇不满不其行，至以否卦象辞诋之，语虽激烈，公之改节亦可知矣。然年八十余，轻健如故，双眸炯然，寒光射人，薨时毫无疾病，是日犹开筵款客，至晚端坐而逝，鼻注下垂寸余，亦释家所谓善解脱者。余初登朝，犹及见其丰度。一日立宫门槐柳下，余问朱文正公五矢之目，朱未遽答，公喟然曰："君子务其大者远者，今君以宗臣贵爵，所学者自有在，奚必津津于象物之微者哉？"宜朱公之不答也。老成之见，终有异于众也。①

●十二月，刘统勋受赐御书匾额："赞元介景"。②
○冬十二月，台湾民黄教作乱。③
●八弟刘纯炜（霁庵）特升浙江布政使。
●是年，刘墉另有应制诗十首。

---

① ［清］昭梿：《啸亭杂录》卷二，北京：中华书局，1980年，第53页。
② 王钟翰点校《清史列传》卷四百七十六《列传》卷十八，北京：中华书局，1987年，第1396页。
③ 印鸾章：《清鉴纲目》，长沙：岳麓书社，1987年，第355页。

恭和御制题金廷标仿女史陈书画册叠旧题陈书画韵元韵十首（并引）

（题中陈书乃尚书钱陈群之母，侍郎汝诚之祖母也。尚书以画册进御，蒙恩赐题。旋命院工金廷标摹作一册，复用前韵题之，以存内府，而归其原画於钱氏，以荣世守云。）①

古木修篁（此幅有尚书之父所题诗句蒙恩以赵孟頫夫妇为比）

诗绘相庄纡圣鉴，鸥波亭主拟乡人。
更教临仿储天府，高节贞心并得神。

贞萝葍霜菘

儒家何物佐饔飧，雨足春畦润菜根。
老圃秋容图里见，故应宜子复宜孙。

仙果珍禽

许向瑶林占一枝，仙家日月本舒迟。
由来征瑞凭拈管，贵寿承恩兆在斯。

杂 果

植根得地即同甘，世业今将绘事参。
早向春华毓秋实，自天雨露浃春三。

眠 犬

奉舆京邸昔婆娑，翰墨丹青乐事多。
黄耳从教卧斜日，未曾远信虞如何。

蝴蝶凤仙牡丹

春入纤浓各斗奇，闺中此日理机丝。
不缘蝶粉沾衫袖，未省看花要及时。

---

① ［清］刘墉：《刘文清公应制诗集》卷二，爱日轩陆贞一仿宋镌，第1页。

怪石古柏（此幅御题用杜甫诗意）

豪端冰雪意萧森，柏石同坚表素心。

宾敬风期邀睿赏，品题迥迈浣花吟。

春溪水族

乡风仿佛识捞虾，蘸影春溪两岸花。

一段鸳湖芳景好，绿窗斑管写年华。

梅　溪

人似寒梅德不孤，鼎中实是掌中珠。

即看模本传标格，却月凌风景未逋。

花　蓝

妙迹临归内府装，筠蓝葱蒨竞含芳。

开函昼锦虹光满，宝气新腾御墨香。

1769　乾隆三十四年　己丑　刘统勋 71 岁　刘墉 50 岁

●二月初六日，举行仲春经筵。直讲官观保、蔡新进讲《大学》"所谓诚其意者，毋自欺也"二句。讲毕。乾隆宣御论毕。直讲官奉宽、王际华进讲《尚书》"钦哉，惟时亮天功"二句。讲毕。乾隆宣御论毕。刘统勋与尹继善奏曰："皇上聪明天亶，研究理奥，洞彻精微。以心为意之所自，以毋自欺仍即正心之学，诚千古未发之蕴。又以心法为治法，括尧舜传心之要于一钦。仰见圣德日新，兢业自矢，亮功熙载，无不本宥密单心以发为大业也。臣等幸侍讲筵，亲承圣训，不胜荣幸。"①

●四月初四，以属下上元县知县蔡熏于看守明福时并不严加防范，以致明福自缢身故，刘墉受牵连被交部议处。

---

① 《大清高宗法天隆运至诚先觉体元立极敷文奋武孝慈神圣纯皇帝实录》卷之八百二十八。

丙辰，谕曰：高晋参奏上元县知县蔡熏于看守不行揭报属员弥补亏空之署颖州府事明福，并不严加防范，以致明福自缢身故，请旨革职。知府刘墉、道员姚成烈、胡纯基、杨魁、按察使暻善、布政使梁国治俱有承审之责，不能留心体察，一并附参，听候部议。并自请交部严加议处等语。蔡熏管押重犯，并不监禁严防，又不小心看守，致明福在寓乘间自尽，非寻常疏防狱囚可比。蔡熏着革职，发往军台效力赎罪。高晋、梁国治、暻善、姚成烈、胡纯基、杨魁、刘墉俱着交部严加议处。①

●四月十九日，刘统勋以大学士充殿试读卷官。②

●乾隆己丑殿试，进呈十卷中，吴县潘榕皋（弈隽），名列第七，以得信迟误，保和殿御试不到，改为内阁中书。一日，刘文正公指潘笑谓同列曰："此天子呼来不上船者。"③

按：从这段逸闻中，我们不难想见刘统勋平时与同僚及文人相处时的声口与风采。

●六月初一日，乾隆巡幸木兰，刘统勋留京办事。④

●六月二十九日，八弟刘纯炜病愈，着加恩以三品京堂用，内授太仆寺卿，诰授通议大夫。⑤

○己丑三十四年夏六月，毁钱谦益所著书。⑥

●九月二十三日，以吴嗣爵奏到，现在回空粮艘，全出东境，乾隆派刘统勋等驰驿前往，会同河、抚二臣勘办挑浚运河，以利漕运。

壬寅，谕：前经军机大臣会同工部议覆范宜宾奏挑挖运河一折。以河工形势，不便悬拟请旨，特派大臣于霜降水涸后，会同办理。今据吴嗣爵奏到，现在回空粮艘，全出东境，必须早为勘定，庶可不误挑工等语。着派大学士刘统勋、侍郎德成驰驿前往。会同吴嗣爵、富明安详加履勘，悉心筹画，据实核议奏闻，妥协办理，务期于河道运务，俱有裨益。

---

① 《大清高宗法天隆运至诚先觉体元立极敷文奋武孝慈神圣纯皇帝实录》卷之八百三十二。
② 同上书，卷之八百三十三。
③ 徐锡龄：《熙朝新语》卷十五，上海：上海古籍书店，1983年，第8—9页。
④ 《大清高宗法天隆运至诚先觉体元立极敷文奋武孝慈神圣纯皇帝实录》卷之八百三十六。
⑤ 同上书，卷之八百三十七。
⑥ 印鸾章：《清鉴纲目》，长沙：岳麓书社，1987年，第356页。

谕军机大臣等：东省查办挑浚运河一事。现在节届霜降，已有旨派大学士刘统勋等驰驿前往，会同河、抚二臣勘办。着传谕吴嗣爵量度刘统勋抵东日期，即赴东省，会同履勘，悉心筹议，据实核办。①

●十一月初二日，同日两事涉从侄刘塇。一据明山参奏以镡壮聚众案内，有生员镡克仁等附和随行，刘塇以失察被交部议处。二礼部议覆刘塇关于迪化、宁边二厅，新设学额考试题目如何密递之事及武童内外场卷面标注问题。第二事部议从之。

庚辰，谕：据明山参奏成县知县汤尚箴徇纵蠹役，索诈滋事，阶州知州汪沁毫无觉察，请旨分别革审。再镡壮聚众案内，有生员镡克仁等附和随行。训导白士钧，平日不能训饬士子，请革职。学政刘塇，失于觉察，请交部察议，并自请议处等语。汤尚箴着革职，交与该督严审定拟具奏。汪沁、白士钧俱着革职。刘塇、明山着一并交部分别议处。

礼部等部议覆：陕甘学政刘塇奏称迪化、宁边二厅，新设学额。前经奏准于学臣按临肃州时，将题目封固，送交驻札大臣扃试，仍将试卷移送学臣取进。但考试题目，必须严密。请于地方佐贰内，委员递送等语。查乌噜木齐距肃州往返六千余里，专员解送，有旷职守。嗣后封发题目及移送试卷，均应照例由驿驰递。至武童内、外场，既系驻札大臣考试，应令其于卷面注明双好、单好字样，移送学政，以凭区别进取。从之。②

●十一月三十日，刘堸以任福建丙洲场盐大使五年期满，保题引见，着照例用。掣得甘肃阶州成县知县缺。③

●孙君永清以乾隆己丑会试取授内阁中书舍人，旋入直军机房，撰拟悉当，大学士刘文正公、于文襄公倚若左右手。三十八年，迁内阁侍读。④

按：孙永清（1734—1790年），字宏度，一字春台，号契斋，江南金匮人，于军机处确如，机敏干练，深受刘统勋与于敏中信任。后官至广西巡抚，处置内政及与安南（即今越南）多有建树。

---

① 《大清高宗法天隆运至诚先觉体元立极敷文奋武孝慈神圣纯皇帝实录》卷之八百四十三。
② 同上书，卷之八百四十六。
③ 秦国经主编：《清代官员履历档案全编》卷十九，上海：华东师范大学出版社，1997年，第622页下。
④ ［清］王昶：《春融堂集》，梁章矩、朱智《枢桓记略》卷二十八引文，北京：中华书局，1984年，第342页。

○冬十一月，协办大学士尚书果毅公阿里衮卒于军。①

○十二月，与缅人订和约罢兵。②

1770　乾隆三十五年　庚寅　刘统勋72岁　刘墉51岁

●三月初八日，刘统勋会同吏部堂官查办吏部改议甄别过少之各督、抚不明事项。

乙酉，谕军机大臣等：今日阅吏部改议甄别过少之各督抚一折，并各项原单，及交行在军机处代奏说帖一件，殊觉所答非所问。改议处分一事，系朕于初三日所降之旨。而令吏部查明，是否合三年统计，抑系就一年核议，则系初四日所降之旨。今吏部止遵前谕改议，而于复谕清查之处，并未办及。即所交军机处代奏说帖，仍未分晰。若系三年统计，则议处折内，何以不及嵇璜？若以嵇璜离任年余，不足置议。则梁翥鸿之护抚，亦在一年以外。何以将伊议处？设以为嵇璜在任之案，已经处分，此次无庸再议，则仍似就一年而论，亦应将开除缘由，于折内声明，又不应置之不论。朕初阅吏部议处折，似伊等有意开脱嵇璜，及经覆查。仍不能明晰登答，殊不可晓。此事并无难办之处，何始终纠缠不清若此？吏部若拘泥三年统计之说，因将三年内督、抚通行议处，此系初次交议，尚易于追叙，倘今年汇奏时，已议之省，复有应行交议者，将又连现在议处之人，仍按三年并议乎？抑止就本年议处乎？此固可不烦言而解者。止就在任之人，概行议及，而不分别其任之久暂，或其人莅任之日无多，任内未值应行报满甄别之人，又岂可令其无故干议乎？至此案系交吏部查明覆奏，自应该堂官查办。何以交军机处代为进呈？若谓托庸当朕降旨时，并未听闻。则托庸重听已久，伊所未能尽听这事甚多，设皆诿为不知，不肯同办，岂现在吏部应办事件，托庸竟不办理，而专仗刘纶一人独办乎？伊若拘执推诿若此，则甚不是矣。看来吏部堂官，于此案头绪，竟不能了了。昨降旨时，大学士刘统勋，亦同在朕前承旨，自悉其中原委。即着刘统勋会同吏部堂官，逐一查明详晰覆奏。倘此次查办，仍然牵混不清。则大学士傅恒将次可到。俟其回京时交伊查办，当有

---

① 印鸾章：《清鉴纲目》，长沙：岳麓书社，1987年，第356页。

② 同上。

分晓也。将此传谕刘统勋及吏部堂官,知之。①

●三月初十日,刘统勋会同刑部奏董希尧会审结果及处理意见。

丁亥,刘统勋会同刑部奏曰:遵旨严讯董希尧,据称实系在途拾获。前因追究来历,无可指供,止得认系自己编造。现受严刑即至亲骨肉所给,亦不能代为隐瞒,似非遁饰。查此等不经字样虽讯无传授人,然收藏传播,实属不法。董希尧前拟杖流未协,应发往乌噜木齐等处,给兵丁为奴,从之。②

●三月十六日,以驻跸台头地方得雨,且此地距京师不远,乾隆未见有奏雨之折,着刘统勋将曾否得雨情形报闻。

癸巳,又谕:本月十四日,驻跸台头地方,戌时以后即有微雨飘洒,竟夕至十五日辰时雨止。京师道里相距不远,明雨当约略相同,何以十五日未时所发本报,未见有奏雨之折?岂十四夜之雨,近京地面,竟未沾被耶?着传谕刘统勋,即将曾否得雨情形,缮折随下报奏闻。③

○庚寅三十五年夏六月,前大学士陈宏谋卒。④

○秋七月,大学士忠勇公傅恒卒。⑤

●七月二十日。乾隆巡幸木兰,刘统勋留京办事。⑥

●八月初四日,遣大学士刘统勋祭先师孔子行礼。⑦

●八月初六日,以刘纶在试场,其吏部事务,着刘统勋暂兼,俟刘纶出场后,刘统勋再赴行在办理秋审。⑧

●八月十八日,堂侄刘田(芳洲)中顺天第四十三名举人。

是科乡试——考官:吏部尚书刘纶,字宸翰,江南武进人,丙辰鸿博。左都御史观保,字伯容,满洲正白旗人,丁巳进士。题"子曰孟公"全章,"是故居上"二句,"他日由邹"二句。赋得"野无伐檀"得"扬"字。解元赵槐符,字子荫,

---

① 《大清高宗法天隆运至诚先觉体元立极敷文奋武孝慈神圣纯皇帝实录》卷之八百五十四。
② 同上。
③ 同上书,卷之八百五十五。
④ 印鸾章:《清鉴纲目》,长沙:岳麓书社,1987年,第357页。
⑤ 同上。
⑥ 《大清高宗法天隆运至诚先觉体元立极敷文奋武孝慈神圣纯皇帝实录》卷之八百六十五。
⑦ 同上书,卷之八百六十六。
⑧ 同上。

滦州人，辛丑进士。①

●八月二十三日，托庸、素尔讷奏秋审班内九卿等会审时，将汤宋氏仍照不知情，拟以缓决，未敢随同书题，乾隆恐在朝起不和衷商榷、显立异同门户之渐，遂轻责双方，并着刘统勋与托庸等虚衷集议，仍与九卿等合词妥拟，入册具题，毋各稍存意见。

丙申，谕军机大臣等：本日据托庸、素尔讷奏称秋审班内，有福建省陈招弟与汤宋氏通奸，殴死本夫汤乃明毁尸灭迹一案。九卿等会审时，将汤宋氏仍照不知情，拟以缓决，未敢随同书题等语。朕初阅情节，已降旨，令刑部会同九卿再议。继阅温福折亦奏及此事。因系伊前在福建巡抚任内所改情实之案，言之较详。此案汤宋氏，本系犯奸之妇，且目睹其夫为奸夫毁尸灭迹，尚以检柴溺毙，诳告夫兄。即拟以情实，亦不为过。但向来办理因奸谋死本夫之案，其审系本夫故纵卖奸者，虽由奸妇起意同谋，尚以斩决论罪，不拟凌迟。则奸妇之不知情者，其罪更当有间。若以为伊夫令其卖奸则从之，教以拒绝则不从。且目睹支解夫尸，并不阻挡。是乃责以大义，天下之不知大义、身犯刑辟者，不知凡几？尚不能尽以礼意相绳，何独于此等淫荡之妇，而为之斤斤责备乎？总之汤宋氏之人于情实与否，俱无不可。而秋谳大典，满洲三尚书，与刑部九卿异议，交章论奏，则于政体有关，所系甚大。在温福，曾经承办此案，于分原所当言。而托庸、素尔讷，则何所激而出此？若果系国计民生要务，满尚书数人，独能持正，不肯依阿众论，据实入告，朕必深为嘉许。而此种寻常谳牍，无关重轻，不值如此矫矫示异。设伊等意在从宽，或案犯亦系旗人，则已将伊等治罪，念所言尚系惩治淫凶，且心无所为，故不加责。但不和衷商榷，显立异同，恐启门户之渐，于事体大非所宜。至刘统勋任大学士已久，刑名又其专责，当托庸等讲论时，自应委曲婉转，极力尽言，以衷一是。即朕现在所降之旨，非刘统勋不能见及者，何妨如此明白开说，早为定案，乃竟听其两议入奏，刘统勋亦不得谓之识大体矣。若仅令刑部九卿再议，尚恐未喻朕意。着传谕刘统勋与托庸等虚衷集议，仍与九卿等合词妥拟，入册具题，毋各稍存意见。②

●九月初五日，着刘统勋、温福将滇省脱离不开之翁得胜遣回并赏物令其驰驿

---

① ［清］法式善等：《清秘述闻三种·上卷》卷七，北京：中华书局，1892年，第230页。
② 《大清高宗法天隆运至诚先觉体元立极敷文奋武孝慈神圣纯皇帝实录》卷之八百六十七。

前往滇省听用。①

●十月初一日，刘统勋以办理秋审至行在，乾隆以刑部议驳李侍尧审拟受贿纵私之把总吴定振一案面询，遂奏吴定振始索贿私放、后纵兵诈赃一案议驳详情。

癸酉朔，又谕：前因刑部议驳李侍尧审拟受贿纵私之把总吴定振一案。以吴定振带领巡兵上船，查拏私米，致兵丁莫裕扬殴死水手陈亚应。兵丁系听把总指使之人，应将吴定振按律拟议，不得专坐莫裕扬以擅杀之罪。就刑部指驳情节而论，该督定拟，实未允协。因传旨申饬，并令该督明白回奏。今据奏称主使殴人致死，律意系指听从下手，由于威力主使喝令者而言。今吴定振带兵巡洋，查问湾泊米船，该船户林亚揽，恐被查出私米，即欲开船抗拒。吴定振遂带兵过船查验，莫裕扬用棍殴伤陈亚应手腕，吴定振即时喝止，各兵遂不复动手，实无主使喝令情事。至其带兵持棍过船，则因林亚揽匪形显露，与无端滋事者不同，未便即坐以主使之罪，传令擅打致死之莫裕扬得从末减等语。该督所言，似为近理。已批交该部详议具奏。因大学士刘统勋以办理秋审，来至行在，复举以面询。据奏：刑部当日议驳之故，不专以兵丁听从把总指使一节，实以吴定振带兵巡洋，于查获私米之后，不即移交文员审究，竟敢得钱卖放。且一任兵丁吓诈，致将船米尽行卖钱分用，情罪较重，未便照该督拟遣完结，是以驳令改拟。是吴定振既已得贿私放，复纵兵伙同诈赃，其罪实在此。至其巡查船只，见有拒捕情形，率兵持械过船抵御，乃职任所宜然，况已叱止动手兵丁。而陈亚应之死，实由莫裕扬之自行擅殴，并非吴定振主使。若竟以主使科断，非特不能当吴定振之罪，亦不足以服李侍尧之心，无怪其致辩有辞也。但此案是否当时实情，必须鞫讯明确，方成信谳。所有原随巡哨之兵丁，自皆在伍，至该船船户水手，除陈亚应已经殴毙，余人谅就现存，一经切实质诘，自无遁饰。着李侍尧拘齐案内人证，与吴定振、莫裕扬，一并解京，交刑部秉公审讯确情，另拟具奏。该督务选派妥干官役，沿途小心隔别管押，毋令各犯证得有串供狡卸情事。朕办理庶狱，一秉大公至正。固不肯偏向李侍尧，亦不能为刑部回护。总期核实持平，以昭明慎。将此谕众知之。②

---

① 《大清高宗法天隆运至诚先觉体元立极敷文奋武孝慈神圣纯皇帝实录》，卷之八百六十八。
② 同上书，卷之八百七十。

●刘墉迁江西盐驿道。①

●秋,刘墉至江西王安石故乡凭吊王安石,有诗"舒城怀荆公作并序"。其序为:

"荆公志在富强,而不可以正告天下也。于是文之以经术,行之以独断。众君子既不与之合,势不得不用小人以求济事。以为苟吾之说行,虽怨谤有所弗恤;而人才苟为吾用,即邪正亦可不分。孰知事有大谬不然者,国事既败,而初心益不白于天下。公诗有云:'施为已坏平生学',盖亦不胜其悔矣。宋之立国,本处于弱,岁币屡更,财力大诎。此时而有救贫起羸之方,秉国成者,能无汲汲为之?荆公之法,虽不善其心,岂有他耶?只以欲速见小,自贻诟病,逮其后,小人从而轧之,而君子亦复不谅,为荆公者,亦良苦矣!甚矣!身任天下之难而心迹之不易明也。至于痛元泽之死,而以名世归之,似非其伦,几于侮圣。荆公何至于此?又如对明道先生出言狂易,唐突富、韩两公,元泽亦何敢乃尔?夫周秦行纪之不出于牛,奇章碧云騢之不出于梅宛陵,前人已辨之矣。于荆公父、子佚事奚不可为申论之乎?"

其诗为:

> 贫弱深将国脉忧,争教得柄缓持筹。
> 诸公不激终当悔,小子何知径与谋。
> 一县青苗民亦便,到今免役法仍优。
> 初心本为苍生出,安石宁宜处仲俦。

刘墉自注:李师中谓荆公似王敦,宋人记师中极诮。荆公若尔其言,何足据乎?

●十月,著名诗人袁枚有长诗《送刘石庵观察之江右》赠刘墉。

> 莽莽山万重,惟岳凌宇宙。
> 苍苍树万枝,惟松挺坚瘦。
> 四序虽平分,五行有独秀。
> 人胡独不然,但观所秉受。

---

① 王钟翰点校《清史列传》卷四百七十六《列传》卷二十六,北京:中华书局,1987年,第1987页。

觥觥石庵公，实应金精宿。
神羊不受羁，祥麟岂在囿！
其刚玉莫磷，其清石可漱。
初闻领丹阳，官吏齐缩脰。
光风吹一年，欢恋极老幼。
先声将人夺，苦志将人救。
抗上耸强肩，覆下纡缓袖。
张口辄诋娸，上手多宽宥。
奸豪既帖柔，狐鼠亦俯伏。
救灾如救焚，除弊如除垢。
殷然爱才心，白首还如旧。
视学上下江，所拔多薪檞。
今虽卸皋比，群才犹辐凑。
顾荣去未几，鲍昭来复又。
六一先生贫，三千弟子富。
即如山中氓，半面尚未觏。
客秋当此时，蜚语群相嗾。
道公逐李斯，不许少留逗。
诸生吊于门，山邻饯恐后。
我未奉伍符，姑且储粮糗。
故乡归亦佳，内省终无疚。
果然逢吾言，风影皆化谬。
匪徒免鞭驱，兼且通兰臭。
南国有表章，群儒已制就。
公独掉头言，必须某结构。
自惭石鼓顽，忽被桐鱼扣。
妄将下里音，强拟钧天奏。
公竟矜宠之，逢人夸锦绣。
惛惛知己恩，嘿嘿瓣香祝。

一朝束帝心，授玉节西走。

甘棠枝可攀，膏雨泽难留。

人人爱依刘，声声思借寇。

贱子抱区区，一言陈左右。

送公旌远行，望公德日茂。

公以天人姿，而兼宰相胄。

高如冰鉴悬，哪有吞舟漏。

宁可察之详，慎勿发之骤。

猛如万钧弩，所贯无不透。

但虑未中节，不愁不满彀。

已褰贾琮帖，可免叶公胄。

能为李横冲，何妨伏不斗。

气敛理益明，业广福弥厚。

黄堂虽始基，黄扉将肯构。

禄位奚足惜，勋名自可寿。

岂徒继家声，兼以答我后。①

按："初闻领丹阳，官吏齐缩脰。""丹阳"指江宁。脰，即颈。此句是说，刘墉初到江宁上任，便使属下官吏望风畏之，循轨蹈矩，不敢有半点违法乱纪的情事。"奸豪既帖柔，狐鼠亦俯伏"是说江宁豪绅中的奸邪之辈与市井无赖们均被治理得服服帖帖。"救灾如救焚，除弊如除垢"是说刘墉急百姓之急，革除了诸多行政弊端。"光风吹一年，欢恋极老幼。""光风"：雨止日出，日丽风和的景象，喻政治清明。此句是说，刘墉在江宁府上任一年多来，政治清明，广受人民爱戴。此与《刘公案》所讲完全吻合。"先声将人夺，苦志将人救。抗上耸强肩，覆下纤缓袖。"这两句讲得比较具体，因而与《刘公案》情节吻合程度也就更高。在《刘公案》中，"江宁府首部""江宁府二部""江宁府三部""江宁府四部""鸳鸯案五部""鸳鸯案六部""翠花苍七部""翠花苍八部""翠花苍九部""翠花苍十部"，这十部数十回，及后面的十几部百多回，皆极生动形象地说明了刘墉破案时的一个特点，就是

---

① 参见［清］袁枚《小仓山房诗集》。

不辞劳苦，不畏艰险，甚至不怕几次身陷奸邪之徒私牢、性命常悬系于一丝的危险处境，最终智破各案，使奸凶小人得到应得惩罚，使许多人的不白之冤终得以昭雪，使许多人终于得报多年之冤仇。此正可谓"苦志将人救"最好的注脚。"抗上耸强肩，覆下纡缓袖"所讲意思与《刘公案》中"高总督嫌弃寿礼轻，刘知府难缠偏为对"① 等回目中的情节亦可相互印证！由此看，《刘公案》中若干情节，都与当时刘墉所做所为吻合，因此其大部分故事情节可以采信。而由《刘公案》、袁枚长诗、《啸亭杂录》等时人记载，我们可以看到，在江宁知府任上，刘墉确实可以媲美包公。因为在我们所了解的包公诸多故事中，为后人虚构的成分，丝毫不少于《刘公案》中虚构的成分。

在刘墉的地方官生涯中，最有作为的一任就是江宁知府。江宁，其所辖地区，大致相当于今南京，当时领有上元、江宁、句容、溧水、江浦、六合、高淳七县。历史上曾为六朝古都，其王气亦足以与北京、西安相抗衡。又兼人才毕备，多有豪绅权贵，同时又是国家利赋渊薮，所以自清初以来，民间盛传"三年江宁府，十年栋梁材"，非有清望者不能居官于此。由此可见江宁知府之誉高、责大、任重，非寻常知府可比。

刘墉在江宁知府任上，奋发有为，取得了极其不凡的业绩。昭梿在其《啸亭杂录》中盛赞刘墉江宁知府一任时云："刘文清公墉为文正之子，少时知江宁，颇以清介持躬，名播海内，妇人女子无不服其品谊，至以包孝肃比之②。"做为晚年与刘墉有过交往的一代亲王，昭梿的记载，应该十分可靠。而昭梿的《啸亭杂录》在清人笔记中又素享信誉，故其记载的真实性应该说是值得采信的。而创作于嘉庆初年，即创作于刘墉本人尚健在之时的说唱鼓词《刘公案》（蒙古车王府曲本），就记载了刘墉在江宁知府任上明断疑案、除暴安良的一些故事。笔者认为，此鼓词虽属民间文学创作范畴，但因一是此鼓词创作完成于刘墉健在时代，故其对刘墉官声的评价，应与当时朝野上下的舆论是一致的。二是诚如作者所云，其中有七分真事，但为了说书热闹，又凭空添了三分，也就是说此鼓词《刘公案》所言，大部分是事实。因此这部以刘墉在江宁知府任上的作为为素材写成的作品，对我们考察刘墉江宁知府任上的政绩有较重要的参考作用。而这些故事所反映出的刘墉当时的从政风格与当

---

① 燕琦校点《刘公案》，车王府曲本，北京：人民文学出版社，1990年，第71页。
② [清]昭梿：《啸亭杂录》，北京：中华书局，1980年，第53页。

时清议对刘墉的看法也能完全吻合起来。如昭梿的记载与大诗人袁枚的称赞等就完全一致，也足以说明这一问题。

不过让笔者感到不可索解的是，看刘墉书信中他对皇帝的谦恭语态应为习以为常的日常生活常态，再考虑帝君对大臣生杀予夺的主宰能力，尤其在嘉庆朝皇权并没有旁落的客观情境下，刘墉似乎不会像《刘公案》小说中讲的那样敢于斗争。尤其刘墉还健在，他那么有智慧，能不考虑皇帝的感受吗？《刘公案》如此高调赞颂刘墉而贬低皇帝与许多大臣，其时政治环境允许吗？据说刘墉还请说书人到家里说《刘公案》，并讲道得着真事如何奖赏，但最后听完之后说"一句真事也没有"。这是否是刘墉自保之策？似此种种，确实令人费解。但袁枚的此诗估计即使有夸饰成分，但也不会远离事实。而昭梿的评价更没有讨好刘墉的必要，这说明至少刘墉在江宁府，至少在江宁府所环绕的官场中，他是刚正廉洁不输包拯与海瑞的，不然时人也不会对其以"白面包公"视之。

1771 乾隆三十六年 辛卯 刘统勋73岁 刘墉52岁

●正月初八日，以索琳博清额审办案件尚未明晰，乾隆令将人犯解京，并嘱刘统勋不必随往山东，即同尹继善留京办事，并审办此案。

庚午，谕：前派索琳博清额，往土默特审办案件情节尚未明晰，已谕令将人犯解京，交军机大臣会同刑部审讯。大学士刘统勋不必随往山东，即同尹继善留京办事，并审办此案。①

●二月二十六日，以阿桂等查办罗源浩呈诉赔办铜觔各款案不够公允，乾隆让其请教刘统勋后会同妥议。

丁酉，又谕曰：据阿桂等查办罗源浩呈诉赔办铜觔各款奏到一折，已批交在京军机大臣会同该部议奏。其查办程之章等一折，亦着一并会议。前因罗源浩等呈辨，恐其中或有屈抑，是以令阿桂、彰宝详晰查办，以定其是否应赔。今阿桂等所奏既历指罗源浩呈诉各款之不实而于应赔之项，则又请着落汪大镛名下追还。是阿桂等不论事理之是非惟计调停完案，殊未允协。此项银两，如果系汪大镛滥放自当向其

---

① 《大清高宗法天隆运至诚先觉体元立极敷文奋武孝慈神圣纯皇帝实录》卷之八百七十七。

照例追缴，不应令罗源浩代赔过多，即明德从前办理未当，不妨明斥其非，伊身已故，岂能复加之罪，何必复为瞻徇依违？若罗源浩实属例所应赔，又不宜复向汪大镛是问。设虑欠项悬宕责令代为赔抵，何以服汪大镛之心？朕办理庶务，一秉至公，从不肯令人有丝毫委屈，岂可不分曲直如阿桂之模棱了事耶？部中例案俱在，无难核办。其孰是孰非，大学士刘统勋曾经审办此案，于前后情节知之甚悉。着即行详悉查明，会同妥议。①

○辛卯三十六年春二月，乾隆奉皇太后东巡。②

●三月初六日，刘统勋为会试正考官。

辛卯恩科会试考官：内阁大学士刘统勋，字尔钝，山东诸城人，甲辰进士。左都御史观保，字伯容，满洲正白旗人，丁巳进士。内阁学士庄存与，字方耕，江南武进人，乙丑进士。题"子曰若臧"四句，"明乎郊社"二句，"今日姓善"二句。赋得"下车泣罪"得"惭"字会元邵晋涵，字二云，浙江余姚人。状元黄轩，字日驾，江南休宁人。榜眼王增，字方川，浙江会稽人。探花范衷，字士恒，浙江上虞人。③

辛卯恩科殿试成进士榜单④：

第一甲三名：黄轩、王增、范衷

第二甲五十五名：王尔烈、黄瀛元、吴震起、林树蕃、吴覃诏、周兴岱、张明谦、李簣、周厚辕、马启泰、李簧、侯学诗、杨以湲、吴昕、钱伯坰、熊枚、曹城、郑枘、蔡辉祖、谢宜发、饶崇魁、程世淳、陈源煮、程晋芳、项家达、张华甫、鲁仕骥、史积容、吴俊升、邵晋涵、周永年、凌世御、杨芳春、吴斐、仓圣脉、姜开阳、李光云、朱诰、燕位璋、孔继涵、蒋泰来、郭绥光、祝昂、郑安道、尹潮、张荣间、郎克谦、陈昌齐、闵思诚、李堡、杨楱珩、劳宗茂、张时宪、冯埙、朱依鲁

第三甲一百三名：陈承曾、顾葵、邱文恺、韩畅、郑澄、王斗文、洪朴、崔修绅、徐长发、孔广森、钱沣、敷森布、周元鼎、李镜图、包愫、田凤仪、胡世铨、彭孕星、杨殿梓、沈廷献、方昂、辛开一、沈沆、董子醇、邵洪、刘文徽、龚大万、

---

① 《大清高宗法天隆运至诚先觉体元立极敷文奋武孝慈神圣纯皇帝实录》卷之八百七十九。
② 印鸾章：《清鉴纲目》，长沙：岳麓书社，1987年，第358页。
③ [清]法式善等：《清秘述闻三种·上卷》卷七，北京：中华书局，1892年，第235页。
④ 朱保炯、谢沛霖编《明清进士题名碑录索引》下册，上海：上海古籍出版社，1980年，第2737页。

倪霖、刘煦、潘观成、陈国玺、江琅、马慧裕、杨九思、叶炜、沈荣嘉、曾力行、龚景瀚、李道南、陈作芹、林其宴、王慺、胡绍峄、朱钟麒、陆苍霖、吴甞、杨浣雨、彭载赓、章铨、彭锡璜、张家相、梁孔珍、墙见美、周景益、龚朝聘、李如桐、王积熙、何昱、胡章、萧永庚、董维城、秦睿、许镇、郎若伊、佛尔卿额、程夔、姚文起、杨湘、臧梦元、赵铨、谢肇渚、赵镶、毛晋登、吴思树、陈怀仁、吴元琪、陈廷栋、朱颖、王遡曾、宋昌芹、邹拔租、金黻、刘德风、陈尧光、唐琦、王孙晋、赵来震、刘敏远、戴书绅、赵永禔、郭士衡、范宗裕、薛又谦、朱本楫、陆光阳、和宁、姚象谦、周捴、杨全蕴、孙文起、孙尚简、韦典治、杨鼎

● （姚鼐）君在军机凡七年，通古今，多智，又工于奏牍，诸城刘文正公最奇其才。户部奏天下杂项钱粮，名目烦多，请去其名而以其数并入地丁征收。君曰："今之杂项，古之正供也。今法折征银，若去其名，他日吏忘之，谓其物官所需，民当供，且举再征之，是使民重困也。"文正曰："善。"乃奏已之……辛卯恩科会试，刘文正公为考官。值军机事有当关白，君挝鼓入闱得见，既而出，同考官朱学士筠曰："甚哉，冬友不自就试，而屑屑治吏事为。"文正曰："士亦视有益于世否耳。即试成进士，何足贵。"当是时，军机有数大案，赖君在直任其劳，获成议。而云南粮道，以分赔属员亏银不完，将死。去限期十日，君具奏入请，文正奏宽之，乃生。其年遂擢侍读。①

按：朱筠对姚鼐的看法固是狷介之士正议，但刘统勋对姚鼐的评价更令人感到振聋发聩。

● 三月十一日，以刘统勋入闱，尹继善病尚未愈，刘纶著同办留京事务。②

● 三月十四日，刘统勋交部议叙。

乙卯，谕：今年京察届期，吏部开列在京各部院三品以上大臣暨督抚等，奏请甄别。内阁大学士以领袖班联，向不与列。第念大学士尹继善等，或赞襄机务，兼掌部曹，或扬历封疆，勤劳夙着，均能敬公称职，宜加优叙，以昭恩眷。尹继善、刘统勋、阿尔泰、刘纶俱着交部议叙。③

● 会试期间，严长明以承审事至院中而人无异议。

---

① ［清］姚鼐：《惜抱轩文集》卷十三《严冬友墓志铭并序》，《续修四库全书》第1453册，上海：上海古籍出版社，2002年，第96页。
② 《大清高宗法天隆运至诚先觉体元立极敷文奋武孝慈神圣纯皇帝实录》卷之八百八十。
③ 同上。

乾隆辛卯文正典试礼闱，以承审事令内阁侍读严长明至闱中而人无异议。潘榕皋感旧诗："锁院开门日，滦河独对时。廉能绝物议，公不畏人疑。"①

●著名经学家程晋芳得中进士，朱筠为其房师，刘统勋叹赏其试帖，自书一纸，偏示同列。②

○夏四月，大学士尹继善卒。③

●四月二十日，刘统勋为殿试读卷官。④

●六月初十日，礼部议覆从侄刘墫以陕甘学政所奏称削籍乐户捐纳应试，宜酌定限制。应如所奏。⑤

●六月十三日，乾隆巡幸木兰。刘统勋留京办事。⑥

●八月十一日，阅永德奏监生段兴邦威逼佃户周德先父子五人先后服毒投塘身死一折，乾隆对段兴邦豪强凶恶殊为厌恶，以为永德对其处罚太轻，连发数问，著刘统勋等即行查明覆奏。

己卯，谕军机大臣等：据永德奏监生段兴邦威逼佃户周德先父子五人先后服毒投塘身死，照例拟发边远充军，并请将田亩断给一半与周德先之孙一折，已批交该部议奏矣。段兴邦以田土细故，辄捏词控告佃户，复用言恐吓，致周德先父子五人，先后自尽，实属豪强凶恶。仅拟军罪，岂足蔽辜？据称现在咨部核结，刑部作何核拟？或准或驳，曾否咨覆完结？而向遇威逼一家三命之案，部中作何定拟？有无分别另办。若果悉以军罪问拟，于理岂为得平？着传谕大学士刘统勋等即行查明覆奏。至永德明知段兴邦之情罪较重，仍照常拟以充军，咨部完结。转以科断田产末节，专折陈奏，貌似严惩，而意存轻纵，未免近于取巧。岂封疆大臣实心任事之道？永德着传旨申饬。⑦

●八月十九日，遣大学士刘统勋祭先师孔子行礼。⑧

---

① 杨钟曦：《雪桥诗话余集》卷四，沈云龙主编《近代中国史料丛刊续编》第25辑，台北：文海出版社，1983年，第534页。
② 杨钟羲：《雪桥诗话》，北京：北京文物出版社，木板刷印，1984年，第61页。
③ 印鸾章：《清鉴纲目》，长沙：岳麓书社，1987年，第358页。
④ 《大清高宗法天隆运至诚先觉体元立极敷文奋武孝慈神圣纯皇帝实录》卷之八百八十三。
⑤ 同上书，卷之八百八十六。
⑥ 同上。
⑦ 同上书，卷之八百九十。
⑧ 同上书，卷之八百九十一。

○冬十月，金川复叛，褫四川总督阿尔泰职，以侍郎桂林代之，命大学士温福率师进讨。①

●十一月二十二日，乾隆赐三班九老，宴游香山，并命画工艾启蒙于次日在乾清门内绘图，刘统勋在文职九老，倍极荣显。

戊午，赐三班九老，宴游香山。命于次日赴乾清门内，令画工艾启蒙绘图。文职九老：显亲王衍潢、恒亲王弘晙、大学士刘统勋、协办大学士刑部尚书官保、吏部尚书托庸、刑部尚书杨廷璋、理藩院尚书素尔讷、刑部侍郎吴绍诗、工部侍郎三和；武职九老：都统四格、都统曹瑞、散秩大臣国多欢、散秩大臣衔甘都、副都统伊松阿、副都统萨哈岱、副都统李生辉、副都统福僧阿、副都统色端察；致仕九老：刑部尚书衔钱陈群、内大臣福禄、礼部尚书陈德华、兵部侍郎彭启丰、礼部侍郎衔邹一桂、左副都御史昌炽、内阁学士陆宗楷、詹事府詹事陈浩、国子监司业衔王世芳。②

●乾隆三十六年，皇太后八旬万寿，赐三班九老宴游香山。次日，命画工艾启蒙绘图。文职九老：显亲王衍潢、恒亲王弘晙、大学士刘统勋……此国家崇禧之旷典，亦山灵未有之奇遭也。③

●乾隆三十六年，（朱笥河）四十三岁，充会试同考官，振兴古学，得士称盛。总裁刘文正公得一卷，五策渊奥，以示先生。先生曰："此余姚邵晋涵也，故知名士。"力赞公拔居第一。及拆卷，果邵名。公问何以知之，先生曰："今士之积学者，某莫不与之游，读其文如睹其面，宁或失之耶？④"

●砚材何用米颠评，片石流传授受明。此是乾隆辛卯岁，醉翁亲付老门生。⑤

---

① 印鸾章：《清鉴纲目》，长沙：岳麓书社，1987年，第359页。
② 《大清高宗法天隆运至诚先觉体元立极敷文奋武孝慈神圣纯皇帝实录》卷之八百九十七。
③ 徐锡龄：《熙朝新语》卷十三，上海：上海古籍书店，1983年，第1页。
④ 罗继祖：《朱笥河先生年谱》，《北京图书馆藏珍本年谱丛刊》第106册，北京：北京图书馆出版社，1999年，第16页。
⑤ 《纪晓岚诗集》卷十《刘文正公旧砚》，第519页。

1772　乾隆三十七年　壬辰　刘统勋74岁　刘墉53岁

●二月初二日，遣大学士刘统勋祭先师孔子行礼。①

●二月初四日，举行仲春经筵。直讲官观保、王际华进讲《中庸》"修道之谓教"一句。讲毕。乾隆宣御论毕。直讲官德福、倪承宽进讲《易经》"辅相天地之宜"一句。讲毕。乾隆宣御论毕。刘统勋等奏曰："皇上垂训，以觉斯民所固有，为修道之教。以勤恤民隐，赈灾济困，为辅相天地。仰见圣心本中和以位育，符覆载之生成。凡有教养斯民之责者，皆宜恪体此旨。臣等幸侍讲筵，亲承圣训，不胜荣幸。"②

●二月初七日，福隆安、丰升额现在随往盘山，所有兵部印钥着刘统勋暂行带管。③

○壬辰三十七年春二月，以阿桂、丰升额为四川军营参赞大臣。④

●三月内引见，刘墫被乾隆评为："此任竟可"，奉旨补授安徽宁池太广道。⑤

●四月十八日，乾隆幸避暑山庄，刘统勋留京办事。⑥

●四月十九日，刘统勋为殿试读卷官。⑦

○夏五月，四川总督桂林攻小金川，败绩。诏褫其职，以参赞阿桂代之。⑧

●五月初七日，八弟刘纯炜以在杭州任失察着降三级从宽留任。⑨

●八月初五日，遣大学士刘统勋祭先师孔子行礼。⑩

●九月初五日，以本年秋审属两年并办，虽系上年缓决，仍与新事无异，自应

---

① 《大清高宗法天隆运至诚先觉体元立极敷文奋武孝慈神圣纯皇帝实录》卷之九百二。
② 同上。
③ 同上。
④ 印鸾章：《清鉴纲目》，长沙：岳麓书社，1987年，第360页。
⑤ 秦国经主编《清代官员履历档案全编》卷二，上海：华东师范大学出版社，1997年，第262页下。
⑥ 《大清高宗法天隆运至诚先觉体元立极敷文奋武孝慈神圣纯皇帝实录》卷之九百七。
⑦ 同上。
⑧ 印鸾章：《清鉴纲目》，长沙：岳麓书社，1987年，第360页。
⑨ 《大清高宗法天隆运至诚先觉体元立极敷文奋武孝慈神圣纯皇帝实录》卷之九百八。
⑩ 同上书，卷之九百十四。

将各原案，仍照上年全列备览，乃刑部竟视同积年旧缓决，将案情一概删除，惹乾隆不满。认为刘统勋日在其前，不能诿为不知。

丁酉，谕军机大臣等曰：本日刑部等衙门，进呈云南省秋审缓决人犯本内，有阮国秀一名。寻阅原案，并未声叙，及细加检核，则该部将上年所定缓决人犯，亦概行列入旧事，竟不开明情罪具题，殊属非是。每年秋审时，该部将谳册进呈，其情实人犯，俱再三披阅，反复参详。至缓决各案，原不能逐一遍览。第其中有情节较重，于法司定案时，即行存记，俟秋审进本，留心覆阅。或所定尚属平允，即照拟入缓者。亦自情法难宽，改为情实者。此等案犯，与情实册同为详核。及经勾到一次，则上届所定缓决，至下届毋庸更改，无须再为检核。是以曾经降旨，令刑部将旧事缓决，止列犯名，不必复具案由，以省繁复。此指曾经勾到者而言。至上年乃停勾之年，该部虽将情实缓决各本照例具题。朕以既不勾到，则情实缓决各犯俱无可办。是以每次进本，不过照常批发，并未如每年详阅，原欲俟今岁秋审时，一并细加鉴核。此在刑部堂官等或未能深知朕意，刘统勋日在朕前，亦岂得诿为不知乎？是本年秋审，原属两年并办。虽系上年缓决，仍与新事无异。自应将各原案，仍照上年全列备览，方为妥合。乃刑部竟视同积年旧缓决，将案情一概删除，实为错误。此本已交内阁，查取上年红本呈阅。但刑部所办，一省如此，恐各省均属相同。凭何校核，着传谕刑部堂官将上年所定缓决人犯，均详叙案情具题。其现在已经出本，不及趱办者，或将上年进呈黄册及批发红本，赶送行在备阅。嗣后凡遇停勾次年，均遵此旨妥办。将此饬谕刑部堂官知之。①

● 本年，乾隆忽忆及章熙朝考诗，而忘其姓名，询刘统勋，刘统勋讲翰林院有榜可查，遂被特旨授为内阁中书。

国朝汉大学士多由翰苑荐擢，其由中翰致撰席者殊少。章文简煦，浙江钱塘人。中壬辰进士，已归班矣，纯皇帝忽忆其朝考诗，而忘其姓名，询刘文正公。文正言翰苑有榜可稽，因特旨授内阁中书。尝与和相忤，因迴翔枢廷几卅年而未迁一官。②

● 十一月十七日，刘墉擢陕西按察使。③

● 十弟刘经焘（常庵）卒。

---

① 《大清高宗法天隆运至诚先觉体元立极敷文奋武孝慈神圣纯皇帝实录》卷之九百十六。
② ［清］昭梿：《啸亭杂录续录》卷五，北京：中华书局，1980年，第541页。
③ 《大清高宗法天隆运至诚先觉体元立极敷文奋武孝慈神圣纯皇帝实录》卷之九百二十一。

● 是年，刘墉另有应制诗二十首。

恭和御制何处生夏早二十首元韵①

何处生夏早，夏生凉殿中。（集凤轩为奉皇太后夏清之所，御制诗有"凉室温闺地不同"之句。）

  清阴梧集凤，珍膳蒮摇风。

  温清鸿仪备，园林秀气融。

长赢锦福嘏，日永紫萱丛。（其一）

何处生夏早，夏生凤艒中。（四月十八日，奉皇太后游御园。）

  镜兰澄翠水，花屿稳兰风。

  境转三山迥，欢承百戏融。

仙瀛嘉会好，环立彩衣丛。（其二）

何处生夏早，夏生芳碧中。（勤政殿东敞室五楹，御题额曰"芳碧丛"。）

  如芭翩肄雅，有斐韵歌风。

  左个明堂接，南讹政象融。

克勤熙庶绩，丽旭转筐丛。（其三）

何处生夏早，夏生报雨中。（每岁春夏之交，各省奏报雨泽时廑圣怀。批牍之暇，辄以天藻纪之。）

  青黄殷望岁，珠玉散随风。

  农亩三时惬，天膏八极融。

援豪方纪庆，献瑞黍稌丛。（其四）

何处生夏早，夏生檀供中。（浴佛日，上幸万寿山大报恩延寿寺拈香。）

  猊炉凝篆缕，莲座飏旛风。

  卍字胸前涌，圆光顶上融。

庄严香界里，蘦蔔发新丛。（其五）

---

① ［清］刘墉：《刘文清公应制诗集》卷二，爱日轩陆贞一仿宋镌，第2页。

何处生夏早，夏生梵呗中。（四月初十日，喇嘛于清净地作道场。）

潮音清净地，花气吉祥风。

龙象资禅定，天人获妙融。

法云萦不散，竟日贝多丛。（其六）

何处生夏早，夏生福海中。（上於几暇泛月福海。）

几余波印月，籁静苇杭风。

天水空明接，烟云素彩融。

凌虚涵倒景，机趣玉壶丛。（其七）

何处生夏早，夏生莲圃中。（金莲花本五台种，香山所植特茂。御制诗："林齐治圃种金莲，的的舒英映日鲜"，盖是草宜於山圃，而萦于孟夏。）

金槃贮甘露，紫盏畅宗风。

地拟清凉迥，花将水陆融。

来游供睿赏，映带菱荷丛。（其八）

何处生夏早，夏生麦碾中。（以新麦为碾钻，见御制诗。）

碧丝芼鲜脍，翠釜动香风。

相谒民依旧，（相谒食麦曰钻，见方言。）尝新物性融。

大官传例事，采及嗈鸠丛。（其九）

何处生夏早，夏生榆饼中。（御制有膳榆钱饼诗。）

钱飞如粟雨，铛热借松风。

蔬谱调宜滑，汤官瀹欲融。

朱明当改火，每念社农丛。（其十）

何处生夏早，夏生贞萝幄中。（御园中夕佳书屋、韵泉书屋，俱有紫藤花迎夏盛开。）

夕佳延晚照，泉韵度晴风。

烂漫琼瑛羃，葳蕤紫翠融。

天花垂满院，永昼照书丛。（其十一）

何处生夏早，夏生鹄沼中。（《木草集解》谓：天鹅即鹄。御园池中，驯养者恒于首夏生雏。）

缟褷偕鹤子，下上侣晨风。

拍岸鸣还啄，乘波乐也融。

细参咸若理，信及大萝丛。（其十二）

何处生夏早，夏生锦石中。（御座几上，以锦石贮磁盘中养以清泉，自入夏始。）

斑斑盛湛水，珞珞照高风。

位置智仁合，澄观文质融。

璿源符静契，一勺万流丛。（其十三）

何处生夏早，夏生絪葛中。（立夏节，御座坐褥俱易以细葛。）

始绤传孟月，方褥漏疏风。

草服双趺便，波纹四角融。

还淳得无敩，晏坐念罩丛。（其十四）

何处生夏早，夏生蕉馆中。（北地植蕉至冬月必移贮温窖於四月中复栽种之）

才辞温室火，渐舞绿天风。

钜扇蒲葵竞，轻衫葛𦯶融。

吟笺余散染，护此露华丛。（其十五）

何处生夏早，夏生孔翠中。（御园所畜孔雀，以夏首开屏。）

飞翚偕翟扇，鼓翅展屏风。

节候敷花并。灵奇在囿融。

珍禽先得气，仪舞出芳丛。（其十六）

何处生夏早，夏生苑猎中。（每岁春暮夏初，命卫士小猎南苑谓之狼围。）

乘时咨卫士，育物靖贪风。

狝狩先声肆，蒐苗精义融。

伫看长矢发，吉语应葭丛。（其十七）

何处生夏早，夏生鹰毳中。（养鹰处於三四月间，将黄鹰入笼，令长新羽名曰："笼鹰"。）

入笼删旧羽，停放习温风。

将系卑飞豫，韬奇累变融。（累变见肉攫部。）

鸧鸽参肉攫，振翮待秋丛。（其十八）

何处生夏早，夏生寒廐中。（上所乘猎马於初夏，自南宛移牧喀喇河屯以备秋狝。）

天闲驰列锦，坰野牧嘶风。

松漠烟云壮，榆关水草融。

既差供待御，尽是渥洼丛。（其十九）

何处生夏早，夏生薰咏中。（御制生夏诗二十首，由生春生秋而廣之循环盥诵仰见，对时育物之怀与化工长养之妙默相符契，不独命意新辟，为发前人所未发也。）

揽兹尧砌芙，邕以舜琴风。

境自恢台辟，情因茂育融。

赓歌谐谩彧，万象括词丛（其二十）

1773　乾隆三十八年　癸巳　刘统勋75岁　刘墉54岁

●二月初五日，举行仲春经筵。直讲官永贵、王际华进讲《大学》"民之所好好之，民之所恶恶之"二句。讲毕。乾隆宣御论毕。直讲官德福、裘曰修进讲《尚书》"虑善以动，动惟厥时"二句。讲毕。乾隆宣御论毕。刘统勋等奏曰："皇上睿智性成，熙和化洽，综万事万物之要，而先握其枢机。协同好同恶之情，而普绥以康阜。是以一心运中和之极，而八方跻仁寿之麻。臣等幸侍讲筵，亲承圣训，不胜荣幸。"[①]

●二月初六日，刘统勋等遵旨议安徽学政朱筠条奏采访遗书事宜一折，按所奏各条，公同酌议，开列于后：

一、据称汉唐遗书存者希矣，而辽、宋、金、元之经注文集，藏书之家尚多有

[①] 《大清高宗法天隆运至诚先觉体元立极敷文奋武孝慈神圣纯皇帝实录》卷之九百二十六。

之，顾现无新刻，流布日少。其他九流百家，子余史别，往往卷帙不过一、二卷，而其书最精，宜首先购取，官抄其副，给还原书，用广前史艺文之阙等语。查古今书籍，其梓印行世者，固足广资传播，而名山著述，或因未经剞劂，抄帙仅存，亦可备储藏而供研讨。伏读原奉上谕："在坊肆者量为给价，家藏者官为装印，其有未经镌刻，只系抄本存留，不妨缮录副本，仍将原书给还。钦此。"钦遵通行在案，是抄本一项，原应与刻本一体搜罗，圣训煌煌，自无不恪遵办理。现在各该督、抚等奏到书单内，于抄本书籍，亦系兼为甄录。果能实力从事，妥协访求，将来衷集日多，则所称辽、宋、金、元之经注文集及九流百家子余史别等部，自当并归收录，不致有虞挂漏。至官其副给还原书之处，久经钦奉谕旨，遵照办理，不必另定章程。应将该学政所奏之处，毋庸再议。

一、据称宋臣郑樵以前代著录陋阙，特作《图谱》《金石》二略，以补其失。欧阳修、赵明诚则录金石，聂崇义、吕大临则录图谱，并为考古者所依据。请于收书之外，兼收图谱一门，而直者（省）所在现存钟铭碑刻，悉宜拓取汇送等语。查自古左图右史，经纬相资，原可互为订证。其金石文字，垂世最久，尤可藉以考古而不失其真。惟阮孝绪作《七录》，始不专列图谱一门，而马氏《经籍考》，于诸经部内无不咸归甄录，自不便因其与诸书体制稍殊，竟致听其沦轶。应如该学政所奏，令各该省于收书之外，凡有绘写制度名物，如聂崇义《三礼图》之类，均系图谱专家，宜并为采辑。其有将古今金石源流衷叙成书，如欧阳修、赵明诚所著者，亦宜一体汇采。仍开入书目，先行奏明，以便甄择取进。至古来金石刻文，现经流传可考者固多，其有僻在山林荒寂之所，一时难以搜寻者，若必令官为拓取，恐地方有司办理不善，转滋纷扰。所有该学政请将钟铭碑刻悉宜拓取汇送之处，应毋庸议。

一、据称汉臣刘向校书之例，外书可以广中书，中书亦用以校外书。请先定中书目录，宣示外廷，然后令各举所未备以献，则藏弆日广等语。查汉代藏书，有中禁、外台之别，又有太常、太史、中秘之分，品目本自纷歧，是以彼此必须互为校定。至我国家稽古右文，表章经籍，凡十三经、二十二史、三通等部，可以嘉惠艺林者，俱久经厘订，颁行中外，无不周知，毋庸另为宣示。至现今采访遗书，业经奉旨，令各督抚等先行叙列目录奏闻，俟汇齐后，令臣等详加检核，再行开单行知取进。知（如）其中查内府现有之书，臣等即可声明扣除，不必列单移取。是该学政所奏先定书目宣示之处，毋庸再行置议。

再，该学政又称前明《永乐大典》，其书虽少次伦，然古书之全者具在，请择取其中若干部，分别缮写，各自为书，以备著录等语。查《永乐大典》一书，系明永乐初年所辑，凡二万二千九百余卷，共一万一千九十五册，最称浩博。旧存皇史宬，复经移置翰林院典籍库。扃贮既久，卷册又多，即官隶翰林者，不得遍行检阅。今该学政所奏，亦只系约略大凡，于原书未能悉其梗概。臣等因派员前往库内逐一检查，据称：此书移贮之初，本多缺失，现存在库者，共九千余本，较原目数已悬殊。复令将原书目录六十本取出，逐细阅看，其书大指，系用韵以统字，用字以统事，将平、上、去、入韵字为纲，依次编序。凡经、史、子、集等部，或依音，或从其类，随字收载，多系割裂琐碎。但查原书，采取各种，为数甚夥。其中凡现在流传已少，不恒经见之书，于各卷中互相检勘，有足裨补缺遗、津逮后学者，亦间有之。若一概摒为陈册，不为分别检查，殊非采购遗书本义。惟是卷帙繁多，所载书籍又多散列各韵之中，非一时所能核定。相应奏明，容臣等就各馆修书翰林等官内，酌量分派数员，令其陆续前往，将此书内逐一详查。其中如有现在实无传本，而各门凑合尚可集成全书者，通行摘出书名，开列清单，恭呈御览，伏请训示遵行。

一、据称前代校书之官，如刘向、刘知几、曾巩等，并著专门之业。列代若《七略》《集贤书目》《崇文总目》，其书具有师法，请诏下儒臣分任校书之选，每一书上必校其得失，撮举大旨，叙于本书卷首。伏查武英殿原设总裁、纂修、校对诸员，即择其尤专长者，俾充斯选等语。查古人校定书籍，必缀以篇题，诠释大意。《汉书·艺文志》所称条其篇目，撮其指意者，所以伦次得失，使读者一览了然，实为校雠良法。但现今书籍，较之古昔日更繁多，况经钦奉明诏，访求著录者，自必更为精博。若如该学政所奏，每一书上必撮举大旨，叙于卷首，恐群书浩如渊海，难以一一概加题识。查宋王尧臣等《崇文总目》、晁公武《读书志》，皆就所有之书，编次目录，另为一部，体裁最为简当，应即仿其例。俟各省所采书籍全行进呈时，请敕令廷臣详细校定，依经、史、子、集四部名目，分类汇列，另编目录一书，具载部分卷数、撰人姓名，垂示永久，用昭策府大成，自轶唐宋而更上矣。

以上各条，臣等谨就意见所及，逐加核议，是否有当，统候命下，交与礼部行知各该督、抚、学政一体遵照。为此谨奏请旨。

乾隆三十八年二月初六日奉旨：依议。钦此。①

按：此实《四库全书》编纂真正进入实质性阶段之始。该次议奏对搜集编纂哪些内容的书籍、对图录之书的重视、对厘订图书的范围、厘订方式、对永乐大典轶书的整理、清点利用方法以及四库全书编纂体例等做了初步的规划与设想。

●二月初八日，遣大学士刘统勋祭先师孔子行礼。②

●二月二十日，大学士刘统勋等奏议定校核《永乐大典》条例并请拨房添员等事折。③

大学士刘统勋等谨奏，为遵旨详议具奏事。

乾隆三十八年二月十一日，内阁奉上谕，钦此。仰见我皇上稽古右文，表彰典籍，综群书之渊海，广四库之储藏，补辑搜罗，实为至周且备。

臣等伏查《永乐大典》一书，成自前明，且夸捃拾之繁，未协编摩之式，虽善本之流存不少，而遗编之丛杂尤多。仰蒙论断精微，折衷至当，钦承训谕，获奉准绳。窃惟采录固在无遗，而别择尤宜加审，今欲徵完册以副秘书，则部分蛐蛐之间，不可不确加详核。臣等遵谕旨，将应行条例，公同悉心逐一酌议，谨拟定十三条，另缮清单进呈，恭请训示。俟发下，臣等即行遵照，作速办理。如其间尚有应行斟酌查办之处，臣等再行随时妥核定议，奏闻请旨。

再，查翰林院衙门内，现有迤西房屋一区，从前修辑《皇清文颖》及《功臣传》各书，皆在此纂办。今奉旨校核《永乐大典》，应请即将此项房屋作为办事之所，于检查较为近使。惟是此项书籍几近万本，篇帙浩大，头绪纷繁，所有查校人员，必须多为派出，分头赶办，方能迅速排纂，刻期成事。臣等谨遵旨于翰林等官内，择其堪欲分校之仁者，酌选三十员，专司查办，仍即令办事翰林院。并酌派军机司员一二员作为提调，典簿厅等官作为收掌，常川在署，经理催趱，毋致稍有作辍。但现在并非另行开馆，其派出之翰林官等，俱毋庸请支桌饭银两。至此书卷册繁重，出入搬运，需人执役，翰林院原设供事人等，额数有定，不敷派拨，应请酌设供事十名、皂役四名、纸匠两名，以供差遣，俱照例给与公费，俾资口食。其誊录一项，现在商务可需用之处，应俟摘出目录，全行分别奏定后，其中如有应采之

---

① 中国第一历史档案馆编《刘统勋等奏议覆朱筠所陈采访遗书意见折》卷三一，上海：上海古籍出版社，1997年，第50—55页。
② 《大清高宗法天隆运至诚先觉体元立极敷文奋武孝慈神圣纯皇帝实录》卷之九百二十六。
③ 张书才：《纂修四库全书档案》，上海：上海古籍出版社，1997年，第58页。

本，另需缮录全函者，再行奏明，酌定员数，选取充补。所有桌凳纸张等项，查明必需应用者，行文户、工二部支取，照例核销。如此立定章程，上紧趱办，该员等责成即专，自可作速厘订成书，不致有稽时日。为此谨奏请旨。

乾隆三十八年二月十一日奉旨：是。依议。将来办理成编时，著名四库全书。钦此。

(军机处上谕档)

○癸巳三十八年春二月，开《四库全书》馆，以纪昀为总纂官。①

●姚鼐在其《惜抱轩文集》中记载四库全书馆开设之初史实。

朱竹君先生，名筠，大兴人，字美叔，又字竹君，与其弟石君珪少皆以能文有名。先生中乾隆十九年进士，授编修，进至日讲起居注官，翰林院侍读学士，督安徽学政，以过降级，复为编修。先生初为诸城刘文正公所知，以为疏俊奇士。及在安徽，会上下诏求遗书，先生奏言："翰林院贮有《永乐大典》，内多有古书世未见者，请开局使寻阅。"且言搜辑之道甚备。时文正在军机处，顾不喜，谓非政之要，而徒为烦，欲议寝之。而金坛于文襄公，独善先生奏，与文正固争执，卒用先生说上之，四库全书馆自是启矣。②

●蔡冠洛《清代七百名人传》"纪昀传"中则如是记载：

二月，命儒臣校核明代《永乐大典》，诏求天下遗书，开《四库全书》馆，选翰林院官专司纂辑。大学士刘统勋以纪昀名荐，充纂修官。后又奏全书浩博，应斟酌综核，以免挂漏参差，举纪昀及提调官郎中陆锡熊为总办。③

●乾隆三十八年闰三月十一日，军机处存有著刘统勋等为四库全书处正总裁、张若溎等为副总裁上谕。

乾隆三十八年闰三月十一日奉上谕：现在办理四库全书，卷册浩繁，必须多派大臣董司其事。刘统勋、刘纶、于敏中、福隆安、王际华、裘曰修，俱着为正总裁。英廉、庆桂外，并添派张若溎、曹秀先、李友棠为副总裁。钦此。④

●闰三月十一日，刘统勋为四库全书正总裁。举荐堪称四库全书骨干人员纪昀、

---

① 印鸾章：《清鉴纲目》，长沙：岳麓书社，1987年，第360页。
② [清] 姚鼐：《惜抱轩文集》卷十《朱竹君先生传》，《续修四库全书》第1453册，上海：上海古籍出版社，2002年，第72页。
③ 蔡冠洛：《清代七百名人传》(纪昀)，北京：中国书店，1984年，第1613页。
④ 张书才：《纂修四库全书档案》上卷，上海：上海古籍出版社，1997年，第73页。

陆锡熊、姚鼐、程晋芳、任大椿、汪如藻、翁方纲、余集、邵晋涵、周永年、戴震、杨昌霖等入馆修书。

庚午，谕曰：现在办理四库全书，卷册浩繁，必须多派大臣董司其事。刘统勋、刘纶、于敏中、福隆安、王际华、裘曰修俱着为正总裁。英廉、庆桂外并添派张若溎、曹秀先、李友棠为副总裁。

大学士刘统勋等奏曰：纂辑四库全书，卷帙浩博，必须斟酌综核，方免挂漏参差。请将现充纂修纪昀、提调陆锡熊作为总办。原派纂修三十员外，应添纂修翰林十员。又查有郎中姚鼐、主事程晋芳、任大椿，学正汪如藻、降调学士翁方纲留心典籍，应请派为纂修。又进士余集、邵晋涵、周永年，举人戴震、杨昌霖于古书原委，俱能考订，应请旨调取来京，令其在分校上行走，更资集思广益之用。从之。①

●蔡冠洛《清代七百名人传·邵晋涵传》中记载刘统勋对邵晋涵的推介。邵晋涵……三十八年，诏开四库馆，大学士刘统勋首荐之。特旨改庶吉士，充纂修官。②

●《办理四库全书档案》载乾隆三十八年四月初三日，大学士刘统勋等奏请京师藏书之家及京官将藏书目录抄送折。

乾隆三十八年四月初三日，大学士刘统勋等奏：臣等遵旨纂办四库全书，现将《永乐大典》所载及内府旧藏书目详检办理，其外省采访遗书，自必日就衷辑，而京师旧家藏书及京官携其家藏书籍自随者，亦颇有善本，足资采录。应单内将某书系某朝某人者，今从某家借出之处声名一折。奉谕旨：甚好。知道了。③

●四月初七日，乾隆奉皇太后安舆幸避暑山庄，刘统勋留京办事。

乙未谕：朕于五月初八日，恭奉皇太后安舆，幸避暑山庄。着派诚亲王、裕亲王、大学士刘统勋、协办大学士尚书官保留京办事。所有吏、兵二部应行引见官员，文职知县以上，武职守备以上。着于未启銮往木兰之前，每月汇齐，派该堂官一员，轮流带至热河引见。其文员内佐杂等官，武员内八旗护军校、骁骑校及外省送到之补放水手官骁骑校并年满千总等官弁，仍着王大臣照例验放。其八月以后月选等官，亦照向例办理。至外省督、抚、提、镇等奏折，俱着赍折人前赴热河行在投递。惟进哨以后，仍照例交留京办事处加封转交内阁，随本呈进，候朕批示发回。仍于留

---

① 《大清高宗法天隆运至诚先觉体元立极敷文奋武孝慈神圣纯皇帝实录》卷之九百三十。
② 蔡冠洛：《清代七百名人传》，北京：中国书店，1984年，第1621页。
③ 张书才：《纂修四库全书档案》上卷，上海：上海古籍出版社，1997年，第118页。

京办事处，交付赍折人祗领。该部即通行传谕知之。①

●四月，（钱南园）晋太常少卿，转通政司副使。上常召对便殿，其言秘，外人无有知者，惟总管国子监事务尚书刘墉知之，遂宣言与诸生曰："钱南园已将科场舞弊事面奏矣，诸君慎自爱也。"②

●军机处上谕档存乾隆三十八年五月十八日大学士刘统勋等奏遵议给还遗书办法折。

大学士刘统勋等谨奏：臣等恭译谕旨，仰见我皇上表彰点击，嘉惠士林，既令四库广集群编，仍以善本复归原璧，凡属薄海操觚之士，更无不感激欢欣。伏查盐政李质颖交馆之书已七百七十余种，现在派令纂修等分别校查。而浙江省奏报之书又二千七八百种，江南所采亦不下千百种，日积日多，若不预定章程，诚恐将来归还时，难于分别。臣等酌议刊刻木记一小方，印于各书面页，填注乾隆三十八年某月、某省、督抚某、盐政某送到，某人家所藏，某书计若干本，并押以翰林院印，仍分别造档存记。将来发还之日，既按书面木记查点明白，注明底档，开列清单，行文各督抚等派员领回，按单给还藏书之家，取其收领存案。如有交发不明，惟该督抚是问。如此则吏胥等既无从私自扣留，而藏书之家仍得全其故物，且有官印押记，为书林增一佳话，宝藏更为珍重，盖戴圣主右文公好仁于无既矣。是否有当，伏候训示遵行。谨奏。奉旨：依议。钦此。③

●六月十六日，八弟刘纯炜参与选派所属人员编纂《日下旧闻考》。

甲辰，谕曰：本朝朱彝尊《日下旧闻》一书，博采史乘，旁及稗官杂说，荟萃而成。视《帝京景物略》《燕都游览志》诸编，较为该备，数典者多资之。第其书详于考古，而略于核实。每有所稽，率难征据，非所以示传信也。朕久欲详加考证，别为定本。方今汇辑四库全书，典籍大备，订讹衷是之作，正当其时。京畿为顺天府所隶，而九门内外，并辖于步军统领衙门，按籍访咨，无难得实。着福隆安、英廉、蒋赐荣、刘纯炜选派所属人员，将朱彝尊原书所载各条，逐一确核，凡方隅不符、记载失实及承袭讹舛、遗漏未登者，悉行分类胪载，编为《日下旧闻考》。并

---

① 《大清高宗法天隆运至诚先觉体元立极敷文奋武孝慈神圣纯皇帝实录》卷之九百三十二。
② ［清］钱泳：《履园丛话》卷五《景贤》，《海王邨古籍丛刊》，北京：中国书店，1991年，第21页。
③ 张书才：《纂修四库全书档案》上卷，上海：上海古籍出版社，1997年，第117页。

着于敏中总其成，每辑一门，以次进呈，候朕亲加鉴定，使天下万世，知皇都闳丽，信而有征，用以广见闻而供研炼。书成后，并即录入四库全书，以垂永久。其如何厘定章程、发凡起例之处，着于敏中等悉心酌议以闻。①

●军机处上谕档也存此谕。

乾隆三十八年六月十六日，内阁奉上谕：本朝朱彝尊《日下旧闻》一书，博采史乘，旁及稗官杂说，荟萃而成。视《帝京景物略》《燕都游览志》诸编，较为该补，数典者多资其（之）。第其书详于考古，而略于核实，每有所稽，率难征据，并非以传言信也。朕久欲详加考证，别为定本。方今汇辑四库全书，典籍大备，订讹衷是之作，正当其时。京畿为顺天府所隶，而九门内外，并辖于步军统领衙门，按籍访咨，无难得实。着福隆安、英廉、蒋赐棨、刘纯炜选派所属人员，将朱彝尊原书所载各条，逐一确核。凡方隅不符、记载失实及承袭讹舛、遗漏未登者，悉行分类胪载，编为《日下旧闻考》。并著于敏中总其成。每辑一门，以次进呈，候朕亲加鉴定，使天下万世，知皇都闳丽，信而有微，用以广见闻而供研炼。书成并既录入四库全书，以垂永久。其如发凡、起例之处，着于敏中等悉心酌议以闻。钦此。②

●六月二十三日，由刘统勋自内务府支银奖赏乾清门侍卫保宁等领兵前赴四川军营者每人一百两。③

●六月，木果木兵变，乾隆计无从出，犹疑难决，刘统勋时为留京大臣，廷寄召至热河，为乾隆定计，并荐阿桂为将军，使大小金川军事得有力人选，从而一举成功。④

《清史稿》刘统勋传中对此有记载：方金川用兵，统勋屡议撤兵，及木果木军覆，上方驻热河，统勋留京治事，天暑甚，以兼上书房总师傅，检视诸皇子日课。廷寄急召，比入对，上曰：昨军报至，木果木军覆，温福死绥。朕烦闷无计，用兵乎？抑撤兵乎？统勋对曰：日前兵可撤，今则断不可撤。复问谁可任者，统勋顿首曰：臣料阿桂必能了此事。上曰：朕正欲专任阿桂，特召卿决之。卿意与合，事必

---

① 《大清高宗法天隆运至诚先觉体元立极敷文奋武孝慈神圣纯皇帝实录》卷之九百三十七。
② 张书才：《纂修四库全书档案》上卷，上海：上海古籍出版社，1997年，第129页。
③ 《大清高宗法天隆运至诚先觉体元立极敷文奋武孝慈神圣纯皇帝实录》卷之九百三十七。
④ [清]洪亮吉：《洪北江诗文集》，《四部丛刊初编》第298册，上海：上海书店出版社，1989年影印本。

济矣。即日令还京师。①

● 八月初一日，遣大学士刘统勋祭先师孔子行礼。②

● 八月初三日，刘统勋俟舒赫德到京后专管吏部事务。③

● 八月初四日，刘墉在陕西按察使任上奏京兵过境，因巡抚派其在省东一带照料，遂申请即便道查验通省台站，此举深惬乾隆心意。

庚寅，刘墉在陕西按察使任上奏曰：大兵进剿金川，陕省军台，前奉派布政使毕沅稽查。今毕沅护理抚篆，总办军需事务较繁。臣办理秋审已竣，现在刑名事件，尚不为多。此次京兵过境，抚臣派臣在省东一带照料。臣拟即便道查验通省台站。得旨：好！自应如此！④

● 九月初九日，以三通馆只有刘统勋一人任正总裁，着添派大学士于敏中为正总裁，协办大学士、尚书程景伊为副总裁。⑤

● 九月二十日，八弟刘纯炜以京兵经过应付妥速交部议叙。

丙子，谕：昨经降旨，将此次京兵经过，应付妥速之直隶等省地方官，交部议叙。其吉林索伦兵丁到京，在德胜门外驻宿起程，办理均属妥协。所有承办之地方官，并派出经理之侍郎英廉及侍郎蒋赐棨、府尹刘纯炜俱着交部议叙。⑥

● 十月二十四日，刘统勋受赏黑狐端罩。

己酉，谕曰：大学士刘统勋前经赏给青狐端罩，着另赏黑狐端罩。⑦

● 梁国治等编《钦定国子监志》卷四十，记载刘统勋为四库全书誊录分三次奏准使用四百六十人的誊录人员及其使用办法与待遇。

总裁大学士刘统勋等奏准，在京贡监生内有曾经学字，情愿自备资斧，效力行走人员内，择其字画端正，酌取三十名，令其在馆行走，以供缮录。五年报满，准其议叙。寻又奏添取三十名，一体在馆效力。又，刘统勋等奏准《四库全书》卷帙浩瀚，非多派誊录不能如期蒇役。应令现在提调纂修各员于在京之举人及贡监各生

---

① 赵尔巽主编《清史稿·刘统勋传》，杭州：浙江古籍出版社，1998年，第1176页。
② 《大清高宗法天隆运至诚先觉体元立极敷文奋武孝慈神圣纯皇帝实录》卷之九百四十。
③ 同上。
④ 同上。
⑤ 同上书，卷之九百四十二。
⑥ 同上书，卷之九百四十三。
⑦ 同上书，卷之九百四十五。

内，择字画工致者各举数人，共定四百人之数，令其充为誊录，自备资斧效力。仍核定字数，每人每日写一千字，五年期满，照各馆议叙。①

● 十一月十六日，刘统勋去世，乾隆亲临宅第赐奠。

辛未，谕曰：大学士刘统勋老成练达，品行端方，雍正年间耆旧，服官五十余年，中外宣猷，实为国家得力大臣。自简任纶扉，兼综部务，秉持公正，眷畀方殷。并命为诸皇子总师傅，久直内廷，勤劳懋著，虽年逾七旬，精神甚为矍铄，冀其可以常资倚任。今晨肩舆入直，至东华门，忽婴痰疾。比闻之即遣御前大臣尚书、公福隆安赍药驰往看视，至则业已无及，遽闻溘逝，深为震悼！着加恩晋赠太傅，入祀贤良祠。朕即日亲临奠酹，并赏内库银二千两，经理丧事。其任内革职降级之案，概予开复。伊子陕西按察使刘墉并着谕令即行驰驿来京，治丧守制，所有应得恤典仍着该部察例具奏。

谕军机大臣等曰：大学士刘统勋于本月十六日，肩舆入直，至东华门，忽婴痰疾，回至赐第，业已溘逝。伊家内现无经理丧事之人，已降旨令伊子按察使刘墉速即驰驿来京治丧。其陕西按察使员缺，候朕另行简放，着传谕毕沅即为料理起程，将此旨随报发往，谕令知之。②

● 清人王培荀在其《乡园忆旧录》中对刘统勋去世情况有较细情节记载。

诸城刘太傅延清，生平不佞佛，然于大乘、方广诸经，皆能得其指要。六旬以后，夜间跏趺危坐，至二、三更。临终之日，五更起，盥嗽、饮食如常，升舆至东华门，舆微侧，家人呼之已瞑。上亲临，见门外萧条，室无长物，深为痛悼，赐谥文正，不待议也。石庵先生以公勋业在国史，不撰行状，不乞人作墓碑及志铭，第取所奉谕旨及奏疏，编录以示子孙。从前格套一洗而空，真卓见也。③

● 清人纪昀在其《滦阳续录》中记载了一则与刘统勋相关的怪异事件。

翰林院堂不启中门，云启则掌院不利。癸巳，开四库全书馆，质郡王临视，司事者启之。俄而掌院刘文正公、觉罗奉公相继逝。④

---

① 梁国治等：《钦定国子监志》卷四十，《四库全书》第600册，台北：台湾商务印书馆，1986年，第475页。
② 《大清高宗法天隆运至诚先觉体元立极敷文奋武孝慈神圣纯皇帝实录》卷之九百四十七。
③ [清] 王培荀：《乡园忆旧录》卷二，济南：齐鲁书社，1993年，第108页。
④ [清] 纪昀：《阅微草堂笔记》卷二十《滦阳续录》，《续修四库全书》第1269册，上海：上海古籍出版社，2002年，第349页。

●清人王端履在其《重论文斋笔录》中以极为生动细节为后人留下刘统勋去世后，乾隆亲临其丧场景。

文恭公（刘镮之）言："凡君临臣丧，则移尸柩于北面，而其子孙吉服出迎，此定例也（或又云，须绘一死者跪像，主丧者捧之，迎于门外，未知然否，文恭公未及言之）。惟吾文正公薨，高宗闻信，即趣命驾。时文清公（刘墉）巡察陕西，家中止我一人，年尚童稚，不谙定例，诸事未经预备，惟闻传呼接驾，即丧服苍皇趋出，而驾已抵门。进内又不敢随入，惟闻门内哭声震地（定例：凡上哭，则随侍之人无不随哭）而已。少顷，又传呼送驾，予甫伏地，而驾已出门。顾予问曰：'是某孙耶？料此孩子讵能办大事？快叫刘墉！'玉音甫毕，而銮舆已行数十步矣。"（端履）案：公第本极宽敞，因曾经驾临，故大门厅事，咸扃森严，而别启一门出入。朱文正公之第亦然（文正公之丧，仁庙择日驾临，故诸事皆得周备）。①

●十二月初九日，乾隆赐刘统勋美谥"文正"。

癸巳，予故太子太保、大学士、加赠太傅刘统勋祭葬如例，谥文正。②

●刘统勋去世以后，备尽哀荣。时人多有作联作诗作文以记者。

诸城刘文正公，一代名臣，勋业在国史。薨时无病，上朝坐化舆中，玉箸下垂。上闻震悼，亲临赐奠，入门即哭，回跸，辇中犹闻哭声，至东华门始止。自古君臣相契之深，生前鱼水，殁后伤悼，未有过于斯者。先世贵显，至公官愈尊而贫如故，第宅不修，车马不饰。贵后，老仆犹呼十二叔，有教以呼大人者，公闻大怒，如东坡教坏司马公家人也。汪文端公有咏杖诗，公为改末句，云："入手先思放手时。"何等见地。赵云崧素游公门，记其一节，足征除弊安良之心。河决阳桥，公奉命往塞，柴薪皆数百里外百姓车载而来。某县丞掌收料，留难百端。公微行河干，见薪车千百辆，私问得其故，大怒。请巡抚奉王命旗牌至，缚县丞，欲先斩然后入奏。巡抚及司道为之长跪，良久始释。数千万料物，一日尽收。即此细事，宰天下可想矣。③

刘文正公当乾隆中久居相位，颇为上所倚任。公性简傲，不蹈科名积习，立朝侃然，有古大臣风。尝有世家子任楚抚者，岁暮馈以千金，公呼其仆入，正色告曰：

---

① ［清］王端履：《重论文斋笔录》卷五，《续修四库全书》第1262册，上海：上海古籍出版社，2002年，第581—582页。
② 《大清高宗法天隆运至诚先觉体元立极敷文奋武孝慈神圣纯皇帝实录》卷之九百四十八。
③ ［清］王培荀：《乡园忆旧录》卷二，济南：齐鲁书社，1993年，第90页。

"汝主以世谊通问候，其名甚正。然余承乏政府，尚不需此，汝可归告汝主，赠诸故旧之贫窭者可也。"有赀郎昏夜扣门，公拒不见。次早至政事堂，呼其入室，责曰："昏夜扣门，贤者不为。汝有何禀告，可众前言之，虽老夫过失，亦可箴规也。"其人喏嚅而退。薨时，上亲奠其宅，门间湫溢，去舆盖然后入。上归告近臣曰："如刘统勋，方不愧真宰相，汝等宜法效之。"①

（刘统勋）临终之日，五更起盥洗，饮食如常，升舆至东华门外，舆微侧，家人呼之不应，比启帷视之，则已瞑矣。上亲临其丧，见室无长物，内外萧条枯槁，寒气袭人，因深为叹息，赐谥文正，不待礼臣议请也。②

呜呼，惟公正色立朝，一心格主，天下倚之为泰山，天子脆之为心膂。赞刑赏，秉钧枢，宣一人之德，端士大夫之趋。其清风刚气，凛忽不可挠；而敷与万物，宽然而有余。盖公得于天者厚，而成于学者，不可诬也。上眷公深且久，经纶密勿，岿然寿苟。其脱然厌世也，上即日临其丧。海内闻之，若陨山而倾斗。公之子贤且能文，门生学士，遍于朝右，其所以发扬公之功德于不朽者，岂藉此戋戋覆瓿者哉。顾珪早辱公知，尚记公之一二逸事：尝乙夜退直，宿于翰林院之西厅，时冬严寒，或假公被，辞之，危坐假寐。或异之，徐曰："锦鲸卷还客，始觉心和平。"珪私议曰：公之洁身清操，盖庶几乎斯言而无愧。及珪初为监司，谒公请所，宜公曰："子知之，子不忆子与某围棋乎？棋隅穷于东，子顾而之西，不劫劫以为奇也。"珪曰："谨受教。"呜呼，公可谓得大儒之规矣。呜呼，公有李文靖、王文正之清刚，而躬逢尧舜，协于明良，无门户城府之私，而士气遂有惇大正直之德，而元气昌。珪方读杜甫《八哀》篇，闻公之讣，不觉戚余襟之浪浪。生刍一束，箕尾灼灼。公真不没，其何以不辱公之门墙。③

按："锦鲸卷还客，始觉心和平"，出自杜甫《太子张舍人遗织成褥段》一诗，其意为："如此美意按说我应该感谢，但是因为'掌握有权柄，衣马自肥轻。李鼎死岐阳，实以骄贵盈'，奢侈足以杀身，因此唯有一介不取，我才会觉得心平神安。"刘统勋此处引用杜甫诗句，非渊雅博闻者难识其妙，而会心者又觉含蓄雅赡

---

① [清]昭梿：《啸亭杂录》正录卷二，北京：中华书局，1980年，第49—50页。
② [清]王昶：《湖海诗传》卷三，引自《续修四库全书》第1625册，上海：上海古籍出版社，2002年，第559页。
③ [清]朱珪：《祭刘文正公文》，《知足斋文集》卷六，台北：新文丰出版公司，1985年，第399页。

贴切，由此可以一窥刘统勋在博学多识翰林群中潇洒自如、诙谐多才的风雅才藻。

纪文达师挽刘文正公（统勋）联云："岱色苍茫众山小，天容惨淡大星沉。"句奇语重，非文正公不足以当之。①

冯文肃（英廉）《挽诸城相国》诗："半夜台星黯欲湮，朝来音讯动中宸。王商不愧称真相，温峤终当是毅人。百事无心惟直道，一生报国有清贫。銮舆过处分明记，争道天颜镇怆神。"②

公（刘统勋）薨后，今相国石庵先生以事在记注，功在史宬，不撰行状，不请为墓碑、墓志，第取所奉谕旨及生平奏疏编年缮录，以示子孙。其谨慎小心，亦后来台辅所当取法者。③

侍御皂梅坪（伯麟）言："犹及见刘文正公，丰范严正，如对神人，数十年中，目中并未见有此等气象者。每值军机处，闭目坐，闻人言事偶误，张目侃侃直陈。内侍传赐食物，谢恩祗领。从不与内侍交一言。后高云从案，大臣多罹罪者，独不及公，其端严慎密如此。"④

今人黄鸿寿云：

墉父统勋，遇事神敏，性复刚劲，有古大臣风，高宗颇敬惮之。乾隆朝大臣，其始终未曾一入刑部狱者，勋一人而已。卒谥文正。⑤

● 十二月十七日，乾隆将原赏刘统勋所住之园内房屋，赏给尚书蔡新。⑥

● 刘统勋墓在白家庄南。⑦

● 八弟刘纯炜（霁庵）升顺天府尹。

---

① ［清］梁章钜：《楹联丛话》卷十，《续修四库全书》第1254册，上海：上海古籍出版社，2002年，第85页。

② 杨钟羲：《雪桥诗话》卷五，北京：文物出版社，木板刷印，1984年，第4—5页。

③ ［清］王昶：《湖海诗传》卷三，《续修四库全书》第1625册，上海：上海古籍出版社，2002年，第559页。

④ ［清］赵慎畛：《榆巢杂识》上卷，北京：中华书局，2001年，第122页。

⑤ 黄鸿寿：《清史纪事本末》卷三十七，北京：北京图书馆出版社，2003年，第263页。

⑥ 《大清高宗法天隆运至诚先觉体元立极敷文奋武孝慈神圣纯皇帝实录》卷之九百四十九。

⑦ 《诸城县续志·古迹考》，《中国方志丛书·华北地方》第385册，台北：成文出版社，1976年，第107页。

下 卷

(乾隆三十九年—嘉庆九年)

1774　乾隆三十九年　甲午　刘墉 55 岁

●三月十一日，刘统勋去世后，刘墉扶榇归里，乾隆命照从前大学士史贻直之例，沿途文武官弁，在二十里以内者，均至榇前吊奠，并遣人护送。

甲子，谕曰：故大学士刘统勋、刘纶，其子俱于月内扶榇归里。着照从前大学士史贻直之例，沿途文武官弁，在二十里以内者，均至榇前吊奠，并遣人护送，俾长途安稳遄行，以示优眷故臣之意。①

●四月初二日，以刘墉能克世刘统勋之业，赏《古今图书集成》一部。

甲申，乾隆谕曰：大学士舒赫德、于敏中著各赏《古今图书集成》一部，俾其收藏，传付子孙，守而弗失。再，故大学士刘统勋原欲一体赏给，不意其猝尔身故，未及身与。因念伊子刘墉尚克世其业，亦着加恩赏给一部。②

○甲午三十九年夏五月，命选宗室王公子入宗学肄业，着为令。③

○秋七月，内监高云从伏诛。④

○九月，兖州民王伦作乱，大学士舒赫德讨平之。⑤

●刘墉在籍守制，期间有诗"东村十景图十首"。⑥

---

① 《大清高宗法天隆运至诚先觉体元立极敷文奋武孝慈神圣纯皇帝实录》卷之九百五十四。
② 同上书，卷之九百五十六。
③ 印鸾章：《清鉴纲目》，长沙：岳麓书社，1987 年，第 362 页。
④ 同上。
⑤ 同上。
⑥ [清] 刘墉：《刘文清公遗集》卷十五，第 10 页。

一、曲岸桃花

南亩西畴穑事同，开轩场圃逗春风。
东村独有春如锦，千树桃花照水红。

二、春溪柳色

几树垂杨绿满溪，一犁春雨岸生泥。
芒鞋竹杖春溪侧，拍手儿童唱大堤。

三、涧底松籁

多少山苗在涧阿，岁寒不奈雪霜何？
闲同谡谡苍官语，只觉心平声韵和。

四、竹林积翠

精制铜盘五月凉，耽书自有两儿郎。
前林稚笋从挑吃，只要栽笙待凤凰。

五、镜泉涌雪

飞雪晴空洒面凉，携壶曾此坐绳床。
濯缨未与沧海比，盥漱偏宜夏日长。

六、荷溪晚香

红衣翠盖锦成秋，一曲明月忆旧游。
今日晚香闲里得，不须重土木兰舟。

七、桐荫秋月

百尺无枝格太奇，翠阴如幄正相宜。
微云河汉寻常有，未拟停杯问月时。

八、疏篱红豆

儿女情多绝可怜，深红能与雪争妍。

疏篱正有鲜鲜菊，推挽秋容到酒边。

九、西崦霜叶

欲写秋光下笔难，晓来青女为施丹。

直须抛却悲秋客，总作千重绮绣看。

十、古寺晨钟

不与弥陀共一庵，深禅也复静中参。

老僧只要披星起，春梦何由到晓酣。

●刘墉七叔维焯（见三）卒。
○诏令各省查缴"抵毁本朝之书，尽行销毁"。
○汉《祀三公山碑》，王治歧于元氏县城坡访得。
○罗聘（两峰）葬金冬心于钱塘。

1775　乾隆四十年　乙未　刘墉 56 岁

●十一月十一日，八叔刘纯炜与兼管顺天府尹胡季堂联名上奏，刘纯炜旧日长随杨三持顺天府旧废印花填写借约，在外抵挡债务，为胡季堂访拏，二人请交部议处。得旨：刘纯炜著交部议处。此案经胡季堂访闻查办，免其交部。

甲申，刑部左侍郎兼管顺天府尹胡季堂、顺天府尹刘纯炜奏：有臣刘纯炜旧日长随杨三，持顺天府旧废印花，填写借约，在外抵挡债务。经臣胡季堂访拏，请交刑部质审，臣等请交部议处。得旨：著交刑部审拟具奏。刘纯炜著交部议处，此案经胡季堂访闻查办，免其交部。[1]

●七月二十八日，刘纯炜以顺天府府尹衔与大学士舒赫德覆奏：京城本月二十

---

[1] 《大清高宗法天隆运至诚先觉体元立极敷文奋武孝慈神圣纯皇帝实录》卷之九百九十六。

五日早间阴雨,至晚方止。现在云气尚未尽开,洼地禾稼,不无伤损,高阜仍可丰收。报闻。①

●十月二十二日,刘纯炜为光禄寺卿。②

●十一月十九日,吏部议奏刘纯炜以失察长随窃用旧废印花捏写借约照例降调。得旨:刘纯炜著降一级调用。③

●乾隆四十年十一月二十一日,谕内阁准刘纯炜在四库全书官总校上行走。

乾隆四十年十一月二十一日,内阁奉上谕:据军机大臣奏,刘纯炜呈请在四库全书处效力等语,刘纯炜着准其在四库全书馆总校上行走。钦此。④

●姚鼐(姬传)因刘统勋去世,辞《四库全书》馆纂修官职,改主梅花书院。

○僧澹归(金堡)之《遍行堂集》定为逆书,韵州知府高纲为之作序,纲死,子被捕,家亦被查封。

○查阅各省呈缴应毁书籍。

○包世臣(慎伯)生。

○梁章钜(退庵)生。

1776　乾隆四十一年　丙申　刘墉57岁

●正月,刘墉服阕赴京。刘墉侄刘镮之娶同邑王概女并随刘墉至京后,随诸城同乡窦光鼐(东皋)受业。

○二月,金川噶尔崖破,索诺木随莎罗奔出降,金川平。

●二月二十二日,乾隆因"追念刘统勋宣力年久,且察刘墉器识可用",遂诏授刘墉内阁学士兼礼部侍郎,在南书房行走。⑤

甲子,谕曰:原任大学士刘统勋,宣力年久,每用轸怀。其子刘墉学问尚优,

---

① 《大清高宗法天隆运至诚先觉体元立极敷文奋武孝慈神圣纯皇帝实录》卷之九百八十七。
② 同上书,卷之一千四十三。
③ 同上书,卷之一千四十五。
④ 张书才:《纂修四库全书档案》上卷,上海:上海古籍出版社,1997年,第485页。
⑤ 王钟翰点校《清史列传》卷四百七十六《列传》卷二十六,北京:中华书局,1987年,第1986—1990页。

人亦似有出息。兹服阕来京，著以内阁学士用，遇缺即补。现在胡高望出差员缺即令其署理，仍著在南书房行走。①

●三月二十三日，命刘墉驰驿前往安徽会同巡抚李质颖查审事件。②

●四月初二日，命刘墉于查审安徽事竣后，就近前赴湖北会同陈辉祖查勘沔阳州土堤冲决案。

癸卯，乾隆谕曰：英廉奏湖北民人江荣周，在京呈控沔阳州土堤冲溃多年，未经修筑一案。已将江荣周交部解赴湖北听候查办，著刘墉于查审安徽事竣，即就近前赴湖北，会通陈辉祖，秉公查勘此项堤工。虽系民修，但关系垸数百万亩，岂可听其经久不行葺治？若其中有业户民，即应令其出资，上紧赶筑，倘或民力实有不能，亦当官为设法借给，按年扣还。俾堤埝卫田，以资久远之利。不宜因循坐视，致良田多年歉收。刘墉等务将实在情形，确查妥议具奏。至江荣周，本身只有田百亩，因何远涉赴控，恐不免有藉端敛费情弊，并著一并查明具奏。英廉折抄寄一份，并江荣周呈词原图，寄交刘墉阅看。③

○夏四月，金川酋索诺木、莎罗奔伏诛。④

●七月，刘墉以内阁学士署詹事。⑤

●七月初六日，初设文渊阁官，刘墉充直阁事。

乙亥，命大学士舒赫德、于敏中充文渊阁领阁事，署内阁学士刘墉、詹事金士松、翰林院侍读学士陆费墀、陆锡熊、侍讲学士纪昀、朱珪充文渊阁直阁事。⑥

●九月二十四日，刘墉充四库全书馆副总裁。

壬辰，谕曰：曹秀先、蔡新现在阿哥书房行走，张若溎年逾七旬，俱不必办理四库全书总裁事务。遇有算法等书，仍著蔡新阅看。沈初、钱汝诚、刘墉俱著充四库全书处副总裁。⑦

---

① 《大清高宗法天隆运至诚先觉体元立极敷文奋武孝慈神圣纯皇帝实录》卷之一千三。
② 同上书，卷之一千五。
③ 《大清高宗法天隆运至诚先觉体元立极敷文奋武孝慈神圣纯皇帝实录》卷之一千六。
④ 印鸾章：《清鉴纲目》，长沙：岳麓书社，1987年，第364页。
⑤ 王钟翰点校《清史列传》卷四百七十六《列传》卷二十六，北京：中华书局，1987年，第1986—1990页。
⑥ 《大清高宗法天隆运至诚先觉体元立极敷文奋武孝慈神圣纯皇帝实录》卷之一千十二。
⑦ 同上书，卷之一千十七。

○十二月，诏国史馆编列《贰臣传》。①

○翟云升（文泉）生。

● 是年，刘墉另有应制诗一首。

恭和御制赋得崑山片玉得精字元韵②

皇风畅西极，虹气发清英。

宛似观光侣，殷怀献琛情。

充庭瞻已灿，列席选尤精。

符采辉王路，声华满帝京。

琢磨材益显，享荐用非轻。

服礼陈圭璧，娴诗佩玖瑛。

垂衣钦辑瑞，被褐庆摅诚。

敢曰贤为宝，旁求仰圣明。

1777　乾隆四十二年　丁酉　刘墉58岁

○丁酉四十二年春正月，皇太后崩。③

● 三月二十四日，刘墉以所进四库全书内《少阳集》错字未能检出上奏自请处分，乾隆借机推动四库全书校勘工作。

乾隆谕曰：昨日据刘墉奏昨进《四库全书》内《少阳集》誊字错字，伊未经看出，请交部议处一折。《四库全书》誊字屡有错误，经朕指出更正者不少。若不定以处分，将来鲁鱼亥豕，累牍连篇，成何事体？但若将奏请处分之人交部，其未经奏请者，转得置身局外，何以得情理之平？著自今年正月起，所有进过书籍，讹错之处，交军机大臣通行查核，经朕看出错讹者，其分校、复校名下，错至两次，总裁名下所校错至三次者，均著查明，奏请交部议处。处分原轻，不过示以知愧。既

---

① 印鸾章：《清鉴纲目》，长沙：岳麓书社，1987年，第364页。
② [清] 刘墉：《刘文清公应制诗集》卷二，爱日轩陆贞一仿宋镌，第6页。
③ 印鸾章：《清鉴纲目》，长沙：岳麓书社，1987年，第365页。

已分阅,可不悉心乎?此后著交军机大臣照此,每三月一次,查办奏闻。其总纂官纪昀、陆锡熊、总校官陆费墀所办书籍既多,竟应免其处分,而伊等应更详慎办程,期于无误。如或因此稍有懈驰,则非朕体恤伊等之意矣。将此谕令四库全书馆总裁等知之。①

按:《清高宗实录》对乾隆谕旨的收录一字未删,说明《清实录》对此条谕旨的高度重视。《四库全书》既是一项举全国之力完成的千秋万代的文化伟业,自然不应鲁鱼亥豕,错、漏、衍字连篇,致使该套丛书的权威性大打折扣,但要保证丛书内容的正确无误,关键取决于分校、覆校、总裁等校稿人的责任心。而要保证校稿质量,至少要保证两条。其一靠校稿人自身过硬素质;二是靠一套行之有效、可操作性强的规章制度及与其配套的惩戒措施。而仔细推究刘墉这次检校出错自请处分的意义大概有以下三点:一是自乾隆三十七年(1772)至乾隆四十二年(1777),开馆近五年来,所有工作人员还从未有人这样做过。这足以说明刘墉将其在地方官任上的正身率属、自我要求甚严的优良作风带入了《四库全书》修书馆内,为所有工作人员树立了一个有益的工作规范。其二,刘墉所以在送皇帝检阅时没有发现失误,而过后却又发现了,说明他在他所检校的稿子作为成品上交后,仍然以高度的责任心,以精益求精的精神,反复校对,以防出现讹误。相对于那些将成品上交之后,便觉完事大吉,置诸脑后的常人做法,刘墉让我们真真切切地体会到了"兢兢业业"这个成语所包含的真实含义。其三,最重要的是,他的上奏,促使乾隆借题发挥,建立了一套有效的、操作性强的规章制度,全面推动了《四库全书》的检校工作。这才是他这次检校出错自请处分的最大意义。我们对《纂修四库全书档案》逐条审查发现,虽然刘墉奏折是三月所上,但促使乾隆要求对自该年正月所进书查核,因此该项制度的落实实际时间,是自乾隆四十二年正月至乾隆四十七年十一月,历时六年,每三月一查,共检查24次。具体查核情况如下:

乾隆四十二年(1777),工作人员记过次数:393—424次;

正月起至三月止,四库馆进过全书及散片各2次,工作人员记过次数31—35次;四月起至六月止,四库馆进过全书散片及武英殿进过《荟要》各2次,工作人员记过次数47—49次;七月起至九月止,四库馆进过全书散片各2次,武英殿进过

---

① 《大清高宗法天隆运至诚先觉体元立极敷文奋武孝慈神圣纯皇帝实录》卷之一千二十九。

《荟要》3次，工作人员记过次数23—26次；十月至十二月止，四库馆进过全书散片各2次、武英殿进过《荟要》1次，工作人员记过次数292—314次。（注：军机大臣奏章中所云某总裁、总校记过或1次、或2次，故只可划定范围）

乾隆四十三年（1778），工作人员记过次数：235次：

正月至三月止，四库馆进过全书2次、散片1次，武英殿进过《荟要》2次，工作人员记过次数27次；四月起至闰六月止，四库馆进过全书2次、散片3次，武英殿进过《荟要》3次，工作人员记过次数85次；七月起至九月止，四库馆进过全书16次、《荟要》5次，工作人员记过次数86次；十月起至十二月止，四库馆进过全书2次、《荟要》2次，工作人员记过次数37次。

乾隆四十四年（1779），工作人员记过次数：280次：

正月起至三月止，四库馆进过全书2次、《荟要》2次，工作人员记过次数30次；四月起至六月止，四库馆进过全书7次、《荟要》5次，工作人员记过次数47次；七月起至九月止，四库馆进过全书6次、《荟要》2次，工作人员记过次数58次；十月起至十二月止，四库馆进过全书2次、《荟要》3次，工作人员记过次数145次。

乾隆四十五年（1780），工作人员记过次数：2054次：

正月起至三月止，四库馆进过全书22次，工作人员记过次数233次；四月起至六月止，四库馆进过全书16次，工作人员记过次数607次；七月起至九月止，四库馆进过全书14次，工作人员记过次数295次；十月起至十二月止，进过全书4次、《永乐大典》一次，工作人员记过次数919次。

乾隆四十六年（1781），工作人员记过次数：4514次：

正月起至三月止，进过全书9次，工作人员记过次数624次；四月起至六月止，进过全书14次，工作人员记过次数1936次；七月起至九月止，进过全书6次，工作人员记过次数333次；十月起至十二月止，进过全书6次、《永乐大典》1次，工作人员记过次数2178次。

乾隆四十七年（1782），工作人员记过次数：9713次：

正月起至三月止，进过全书8次、《永乐大典》1次，工作人员记过次数1339次；四月起至六月止，续进过第二分全书7次，内有行在呈进节次发下查改错误之书，工作人员记过次数1162次；五月十八日起至九月底止，呈进过第二分全书11次共计16500册，工作人员记过次数4810次；十一月初二日，进过第二分全书7次，工作人员记过次数2402次。

乾隆四十二年（1777）至四十七年（1782）总计工作人员记过次数17746—17777次。记过次数是校对人员完成校对之后又被检查出来的错误数量。而这些校对人员已经检校出来的错误肯定要远远大于被查出来的错误。由此我们可知这近两万次的记过背后，是几倍乃至数十倍于记过次数的错字被发现。我们假使是10倍，那也是20多万错字被检出，这是一个多么大的贡献！同时与之密切相关的惩治措施——因记过而被罚俸、镌级的官员甚多，这种六年间三月一次持续不断的警示，对四库全书的校勘质量的提高，无疑起到了非常重要的作用。

● 三月二十九日，刘墉与福康安被派承办未竣之《西域图志》，同时与英廉被派承办未竣之《日下旧闻考》。

乙未，军机大臣等奏：遵查承办未竣书籍，共十六种。《内通典》《通志》二书，派有专管总裁。《日下旧闻考》亦派有总裁。惟《一统志》《西域图志》及辽、元、明史、《热河志》《明纪纲目》《通鉴辑览》《音韵述微》《太学志》等书，未经特派，应派专管之员，责成定限速纂，并统交稽查上谕处稽查。至《蒙古源流》一书，内有翻切对音之处。又《临清纪略》《金川方略》详悉原委，亦须一手编纂，请仍交军机处赶办。得旨：依议。《蒙古源流》著派舒赫德、奎林。《临清纪略》著派舒赫德、彭元瑞。《金川方略》著派福隆安、丰昇额。《一统志》著派袁守侗、和珅。《西域图志》著派福康安、刘墉。《元史》《辽史》俱著派金简、钱汝诚。《明纪纲目》著派和珅、彭元瑞。《明史》著派英廉、钱汝诚。《通鉴辑览》《热河志》俱著派梁国治、和珅。《通志》《通典》俱著派钱汝诚、彭元瑞。《日下旧闻考》著派英廉、刘墉。《音韵述微》《太学志》俱著派梁国治、金士松。[①]

[①]《大清高宗法天隆运至诚先觉体元立极敷文奋武孝慈神圣纯皇帝实录》卷之一千二十九。

○四月，大学士舒赫德卒。

○五月，以阿桂为武英殿大学士兼吏部尚书，英廉为协办大学士。①

●五月十三日，刘墉等受命将《明史》"本纪"部分原本逐一考覆添修，务令首尾详明，辞义精当，然后以次缮进，等候乾隆亲阅鉴定，重刊颁行。

丁丑，谕：前因《明史》内于蒙古人名、地名音译未真，特命馆臣照辽、金、元三史例，查核改订，并就原板扣算字数刊正，其间增损成文不过数字而止，于原书体制无多更易，兹阅所进御之《英宗本纪》，如正统十四年巡按福建御史汪澄弃市，并杀前巡按御史柴文显，同时杀两御史，而未详其获罪之由。又土木之败，由于王振挟主亲征，违众轻出，及敌锋既迫，犹以顾恋辎重，不即退军，致英宗陷身漠北，乃纪中于王振事不及一语，尤为疏略，所有《明史》本纪著英廉、程景伊、梁国治、和珅、刘墉等将原本逐一考覆添修，务令首尾详明，辞义精当，仍以次缮进，候朕亲阅鉴定，重刊颁行。②

○五月十八日，桐城姚鼐序《梦楼诗集》。

●六月二十六日，刘墉充江南乡试正考官。③

丁酉科乡试江南考官内阁学士刘墉，字崇如，山东诸城人，辛未进士。刑部主事顾震，字鸣夏，浙江钱塘人，辛巳进士。题"譬如为山"全章，"恐惧乎其"一句，"时举于秦"二段。赋得"黄花晚节香"得"黄"字。解元吴櫄，字伟持，歙县人。④

●七月初四日，军机大臣奏查《四库全书》总裁程景伊等错误次数请交部察议，刘墉校刊错误较少。

臣等前经奉旨，将四库全书处进过书籍，所有指出错误记过之处，每三月核查一次，总裁错至三次，分校、覆校错至两次者，均著交部察议。其余未及次数者，著加恩宽免，毋庸于下次积算。钦此。

又总校侍朝、张能照二员校阅书籍颇多，前经奏明，亦请照三次议处之例办理。奉旨允行在案。

---

① 印鸾章：《清鉴纲目》，长沙：岳麓书社，1987年，第365页。
② ［清］王颂蔚：《明史考证攟逸·叙》，《续修四库全书》第294册，上海：上海古籍出版社，2002年，第93—94页。
③ 《大清高宗法天隆运至诚先觉体元立极敷文奋武孝慈神圣纯皇帝实录》卷之一千三十五。
④ ［清］法式善等：《清秘述闻三种·上卷》卷七，北京：中华书局，第248页。

除本年正月至三月所进各书错误次数业于四月内查办外，兹自四月起至六月止，四库馆进过全书散片及武英殿进过《荟要》各二次。臣等详加查核，总裁程景伊于《呻吟语》原序内"全矍然曰"句，"余"字误写为"途"字，未经看出。奉旨非寻常错误可比，著记过三次。此外尚有错误三次，统计已在三次以上。总校侍朝于《通志》卷内，关帝谥号仍照旧书写，未经校出。奉旨非寻常错误可比，著记过三次。此外尚有记过四次，统计已在六次以上。张能照前后记过六次。覆校汪师会、分校张书勋、闵惇大、王璸各记过三次。覆校田尹衡、分校毛凤仪各记过二次。应请旨将总裁程景伊，总校侍朝、张能照，覆校汪师会、田尹衡，分校张书勋、闵惇大、王璸、毛凤仪，交吏部、督察院分别察议。其余总裁嵇璜、刘墉名下错误或一次、或二次；纂修余集，覆校徐立网、汪学金，分校杨寿楠、萧九成、裴谦、王福清、王家宾、吴裕德、吴省兰、金学诗名下错误俱各一次，现在未应交部，应毋庸议。至总裁董诰，总纂陆锡熊、纪昀，总校陆费墀，曾经奉旨免其议处，是以臣等未经查核。合并声明，谨奏。乾隆四十二年七月初四日奉旨："知道了。钦此。"①

●八月二十九日，壬子，刘墉受命督学江苏。②

●十月六日，刘墉以江苏学政衔"奏报门役徐珏送匾索银请地方官审讯事"。
○冬十月，户部尚书丰伸额卒。③

●十一月十二日，刘墉任内阁学士为户部右侍郎。

甲戌，调户部尚书袁守侗为刑部尚书，以户部左侍郎梁国治为户部尚书，转户部右侍郎董诰为左侍郎，以内阁学士刘墉为户部右侍郎。④

●十一月二十四日，刘墉奏接阅底抄知王锡侯所作《字贯》后查办情形折。

臣刘墉跪奏：为奏闻办理事，臣接阅底抄，知有江南新昌县逆犯王锡侯造作《字贯》，竟将圣祖仁皇帝钦定字典肆加删改，直写庙讳、御名及先师孔子名讳，实属大逆无道，出人意想之外。臣伏思此等逆迹，凡读书习字之人，无论收藏阅看，罪无可逭。但使一经心目，漠然无所动于其中，即属冥顽不灵，任其懵懂，终堕逆类，若不加以法惩，警发声聩，于风俗人心甚有关碍。其《字贯》既经板行，必不

---

① 张书才：《纂修四库全书档案》上卷，上海：上海古籍出版社，1997年，第630—632页。
② 王钟翰点校《清史列传》卷四百七十六《列传》卷二十六，北京：中华书局，1987年，第1986—1990页。
③ 印鸾章：《清鉴纲目》，长沙：岳麓书社，1987年，第365页。
④ 《大清高宗法天隆运至诚先觉体元立极敷文奋武孝慈神圣纯皇帝实录》卷之一千四十四。

止于本省有之，江南与江西相近，亟宜查办。现在督、抚已饬各属搜查，臣仍密加体访，如或收藏阅看，不以为非，即是逆党，即当按律核情，重治其罪。仍于面见生童之时，剀切晓谕，俾思各具天良，毋自丧失。嗣后凡遇此等狂悖蔑伦言语，速行举首，期令逆迹无地可容，以绝逆类，以正人心。为此恭折奏闻，伏祈皇上睿鉴。臣谨奏。

乾隆四十二年十二月十三日奉朱批：览。钦此。①

按：刘墉对王锡侯《字贯》将《康熙字典》加以删改，直写庙讳、御名及先师孔子名讳等行为，视为大逆不道，罪不容诛。在今人看来，十分滑稽可笑。但在刘墉那个时代，却非如此不可，没有这样一个"认识高度"，刘墉就不会被认为是一个正人君子，尤其不会成为一个忠臣，这属于历史人物的历史局限性，我们不能过于苛求古人。但是对收藏阅看《字贯》而不以为非者，刘墉也要大动干戈，判为逆党，按律核情，重治其罪，就有点过分了。

○十一月，杀新昌举人王锡侯。

○十二月，河州王伏林起义被总督勒尔谨镇压，河州教匪王伏林伏诛。②

○戴震（东原）（1724—1777）卒。

●是年，刘墉另有应制诗一首。

奉敕咏太公钟③

伊昔鹰扬佐，流传凫氏钟。
声宏昭立武，乐具想酬庸。
文勒丹书古，青含海岱浓。
铿然天笔振，恍忆钓璜逢。

1778　乾隆四十三年　戊戌　刘墉59岁

●春，刘墉堂弟刘诗中式进士一百零五名。

---

① 张书才：《纂修四库全书档案》上卷，上海：上海古籍出版社，1997年，第754页。
② 印鸾章：《清鉴纲目》，长沙：岳麓书社，1987年，第366页。
③ [清]刘墉：《刘文清公应制诗集》卷二，爱日轩陆贞一仿宋镌，第6页。

是科会试考官：内阁大学士于敏中，字重常，江南金坛人，丁巳进士。吏部侍郎王杰，字惺园，陕西韩城人，辛巳进士。内阁学士嵩贵，字抚棠，蒙古正黄旗人，辛巳进士。题"子曰其言"一节，"反古之道"一句，"且子食志　食志"。赋得"春服既成"得"鲜"字。会元缪祖培，字敦川，江南泰州人。

戊戌科殿试成进士榜单①：

第一甲三名：戴衢亨、蔡廷衡、孙希旦

第二甲五十一名：邵自昌、冯培、吴省兰、吴璥、孙履谦、潘庭筠、吴绍浣、李威、徐冕南、汤诰、彭翼蒙、莫允宣、汪泩、吴舒帷、蔡必昌、严惇彝、陈文彬、王天禄、徐文干、张九镡、钱杙、邓晅、张敦仁、吴裕德、汪锡魁、祖之望、何西泰、吴一麒、杨炜、管世铭、盛时杰、颜崇沨、王城、杨抡、吴鼎雯、董作栋、邵自悦、刘伯谦、谢赍、吾祖望、谢最淳、冯敏昌、章庆龄、王锟、王汝泰、杜塄、祁韵士、吕荣光、文风堂、窦汝翼、章学诚

第三甲一百三名：李鼎元、江元谦、汪泉、王臣、孟生（章）、公春、黄贤、张位、吴克元、纳麟宝、赵大淀、庄选辰、德生、缪祖培、蒋曾煌、李承祖、张维祺、张德安、包承祚、周棻、沙重轮、洪其绅、王嵩龄、钱世锡、韩汤衡、黄利通、许霖、韦佩金、张念祖、江濬源、牟贞相、关元鼎、钱兆鹏、许日章、潘茂才、江斑、范澐、江清、吴尊盘、魏肇高、张如礥、吴焕、刘尔芊、倪逮衍、刘诗、崔映辰、黄奕瑞、张明三、王简、阎曾履、戴祖荣、广厚、粘克昇、周映紫、汪应榛、王铠、翁霆霖、赵乃普、王赓惠、徐学勤、范三纲、杨元恺、王玉辉、慈国璋、陈作枢、曹德元、张谋照、高汝英、韩慎、薛绍清、王日晖、李廷兰、晏善澄、岳廷元、杨傅、杜华章、刘绍珽、江皋、杨国麟、王需霖、祝煜燔、李元琦、王谟、陈诗、王元勋、何恒镇、张槐、钟蟠云、李遇春、贺祥、梁钧池、梁雕龙、崔育荣、萧蔚源、冷纮玉、谢元安、王一筠、罗为孝、谈承升、李伯龙、崔毓峰、秦涟、张志学

○戊戌四十三年春正月，复睿亲王封号。②

●六月二十六日，刘墉结发妻子单氏去世。

---

① 朱保炯、谢沛霖编《明清进士题名碑录索引》下册，上海：上海古籍出版社，第 2742 页。
② 印鸾章：《清鉴纲目》，长沙：岳麓书社，1987 年，第 366 页。

○秋七月，乾隆东巡至盛京，杀锦县生员金从善。九月，还京师。①

●八月二十七日，乾隆以十八年前刘统勋杨桥漫工进埽之法指导高晋。

戊辰，谕军机大臣曰：高晋等覆奏改拟引河，并将拦河坝移上等因一折，所办甚好。并据称八月初一日后，晴霁多日，料物得以源源到工等语，稍为慰怀。引河既分段陆续挑挖，成功自可望迅速，而拦河坝移上，挑溜亦更为得力。至东西两坝，现在赶做坝台。一俟坝台办成，料物应手，自即上紧下埽。惟日盼高晋等将进埽情形奏到，以慰悬念耳。至初下埽时，贴近东西坝台，且两旁底水亦浅，施工自尚省力。若进埽既多，口门日渐收小，溜势更急，河底更深，下埽较为不易。前者杨桥漫工，遣大学士刘统勋、兆惠前往堵筑，裘曰修亦同差往。闻其回京时，曾向人言，下埽渐近，中泓颇难著力，因思埽在水内，其质轻浮。遂设法每埽系以船上大铁锚八支，便得直坠到底。自此下一埽，即得一埽之益，不复有漂走者。其说似为近理。但杨桥之事，距今已十八年，未必有能记忆者，著传谕高晋等下埽至口门收小时，水深溜紧，或可以其法试之。所需铁锚，若仅买之大船，尚恐不能敷用。即可仿其式成造，所费有限，而所全实多。高晋等当妥酌为之。今天气既晴，节令将届寒露，水力渐缓。可望施工稳妥，迅速合龙，惟额手以祈神佑耳。仍将运料能否迅速，每日下埽若干，迅速由驿覆奏。②

按：刘统勋真不愧为一代水利名臣，其所创漫工合龙之下埽法，在十八年之后，被乾隆作为成功宝典旧事重提。而54年之后，嘉庆皇帝又跟水臣再次提到这一下埽之法，就更显示出刘统勋水利名臣定海神针一般的存在之感。

●八月二十七日，乾隆朝两大文字狱案爆发，刘墉奏如皋县民童志璘投递呈词，缴出泰州徐述夔诗一本，沈德潜所撰徐述夔传一本。其徐述夔诗内，语多愤激，现移督抚授查办理等语。又另折奏称：有丹徒生员殷宝山当堂投递狂悖呈词，并于其家中搜出诗文二本，语多荒谬等语。

甲申，乾隆谕军机大臣等：据刘墉奏，如皋县民童志璘投递呈词，缴出泰州徐述夔诗一本，沈德潜所撰徐述夔传一本。其徐述夔诗内，语多愤激，现移督抚授查办理等语。徐述夔身系举人，而所作诗词语多愤激，使其人尚在，必应重治其罪。今徐述夔虽已身故，现据童志璘呈其所作之《一柱楼》诗，已有怨愤之语。其未经

---

① 印鸾章：《清鉴纲目》，长沙：岳麓书社，1987年，第367页。
② 《大清高宗法天隆运至诚先觉体元立极敷文奋武孝慈神圣纯皇帝实录》卷之一千六十四。

查出之诗文，悖逆词句，自必尚多，不可不严切查究，搜毁净尽，以正人心而厚风俗。且正当查缴违碍书籍之时，而其子不将伊父诗文呈出，亦当治以应得之罪。至沈德潜为此等人作传赞扬，亦属非是，念其已经身故，姑免深究。阅其所作传内有伊弟妄罹大辟阅十七月而冤雪之语。徐述夔之弟系属何人，曾犯何罪？作何完结？并著查明原案详悉覆奏。又另折奏称有丹徒生员殷宝山当堂投递狂悖呈词，并于其家中搜出诗文二本，语多荒谬等语。殷宝山所呈刍荛之献，深诋士习民风吏弊，竟以为耳闻目见，无一而可。其人必非安分守法之徒。但所言猥琐，转可置之不问。至阅其《岫亭草》内"记梦"一篇，有云若姓氏物之红色者，是夫物之红非即姓氏之红也，红乃朱也等语。显系指胜国之姓，故为翁子徵国之语以混之，尤属狡诡。该犯自高、曾以来，即为本朝臣民，食毛践土，乃敢系怀故国，其心实属叛逆，罪不容诛。著将书本，发交萨载，即提该犯到案，就此条严加刑讯。诘其是何肺肠，取具切实供词，勿任展饰，按律从重问拟具奏。其徐述夔诗，并著查明，据实办理。至昨岁，因王锡侯大逆之书，曾谕督抚等，饬属实心查察，遇有不法诗文，随时查办。今殷宝山悖逆之词，经刘墉搜查而得，即行具奏。该地方官平日竟置若罔闻。高晋、萨载、杨魁所司何事？应得何罪乎？即行明白回奏，并查明该管之县、府、司、道各官，一并参处。并谕刘墉知之。①

●八月二十七日，军机处上谕档有两条上谕与此有关。

1. 军机大臣奏黏签呈览徐述夔等诗本并拟为谕旨进呈片，蒙发下刘墉奏呈泰州已故举人徐述夔诗一本、丹徒生员殷宝山诗二本，臣等详加阅看。除原黏签外，复于徐述夔诗内检得四处、殷宝山诗内检得三处，语俱谬妄，谨一并于本页之下，黏签呈览，并拟为谕旨进呈。谨奏。②

2. 寄谕两江总督高晋等确查徐述夔、殷宝山案并著明白回奏及查参该管各官。大学士于<敏中>字寄大学士暂管两江总督高<晋>，署两江总督、河道总督萨<载>，江苏巡抚杨<魁>，乾隆四十三年八月二十七日奉上谕：据刘墉奏如皋县民人童志璘投递呈词，缴出泰州徐述夔诗一本、沈德潜所撰《徐述夔传》一本；其徐述夔诗内，语多愤激，现移督、抚搜查办理等语。徐述夔身系举人，而所作诗词，语多愤激，使其人尚在，必应重治其罪。今徐述夔虽已身故，现据童志璘呈其所作之《一

---

① 《大清高宗法天隆运至诚先觉体元立极敷文奋武孝慈神圣纯皇帝实录》卷之一千六十五。
② 张书才：《纂修四库全书档案》上卷，上海：上海古籍出版社，1997年，第870页。

柱楼》诗,已有怨愤之语,其未经查出之诗文,悖逆诗句自不必多,不可不严切查究,搜毁净尽,以正人心而厚风俗。且正当查缴违碍书籍之时,而其子不将伊父诗文呈出,亦当治以应得之罪。至沈德潜为此人作传赞扬,亦属非是,念其已经身故,姑免深究。闻其所作传内,有"伊弟妄罹大辟,阅十七月而冤雪"之语。徐述夔之弟系属何人,会犯何罪,作何完结,并著查明原案,详悉复奏。

又另折奏称,有丹徒生员殷宝山当堂投递狂悖呈词,并于其家中搜出诗文二本,语多荒谬等语。殷宝山所呈刍荛之献,深诋士习民风利弊,竟以为耳闻目见,无一而可。其人必非安分守法之徒,但所言猥琐,转可置之不问。至阅其《岫亭集》内《纪梦》一篇,有云:若姓氏物之红色者,是夫色之红,非即姓之红也,红乃朱也等语。显系指称胜国之姓,故为翁子徽国之语以混之,犹独狡诡。该犯自高曾以来即为本朝臣民,食毛践土,乃敢系怀故国,其心实属叛逆,罪不容诛!著将书本发交萨载,即提该犯到案,就此条严加刑讯,诘其是何肺肠,取其切实供词,勿任展饰,按律从重问拟奏矣。其徐述夔诗并著查明,据实办理。

至昨岁因王锡侯大逆之书,会谕督、抚等饬属实心查察,遇有不法诗文随时查办。今殷宝山悖逆之词,经刘墉搜查而得,即行据奏,该地方官平日竟置若罔闻,高晋、萨载、杨魁所司何事?应得何罪乎?著传谕高晋等即行明白回奏,并查明该管之县府司道各管,一并参处。此旨著由五百里发往,并谕刘墉知之。钦此。遵旨寄信前来。

(军机处上谕档)①

按:此两大案,不仅在乾隆朝影响甚大,即使在中国古代史上也是文字狱大案之一。刘墉侧身期间,对其声誉影响极大。有人或以此视刘墉为乾隆实施文字狱的爪牙与帮凶,似不无道理。因客观论之,此两大案的血雨腥风,确因刘墉奏报而发生,刘墉咎实难辞。但回到其时历史情境,如前按语所述,刘墉却非如此则难为忠臣。一是客观而言,两案所涉之徐述夔与殷宝山二人言辞,看上去均有以明朝遗民身份以影射之语表达自己对清王朝的攻击之意。此言论,无论对于当朝皇帝乾隆,还是对于清王朝的忠臣刘墉,抑或是对于刘墉其时的岗位职责——江苏学政,都是是可忍孰不可忍的挑衅与悖逆。因此,从主观上来讲,刘墉的检举实出于对朝廷之忠与职责有关应是毫无疑问的。至于最后产生什么后果,不仅刘墉,即使乾隆这个

---

① 张书才:《纂修四库全书档案》上卷,上海:上海古籍出版社,1997年,第870页。

最高统治者最初也不会是完全清楚的。我们过于苛求刘墉，实际上是属于超越历史、不切客观实际的一种非合理化诉求。二是刚刚过去的王锡侯《字贯》文字狱，因王锡侯对孔子及清帝庙会等不加避讳，惹乾隆雷霆之怒。在今天我们可能会觉乾隆小题大做，极其暴戾，但在封建社会，这却是人人不能接受的"大不敬罪"。我们不能超越历史客观限制要求历史人物按照我们今天的标准去做事。而在此案中，举报王锡侯的海成，仅因没发现王锡侯《字贯》中不加避讳之事，还被严厉惩处。而高晋、萨载、杨魁诸人则被乾隆严厉谴责云："至昨岁因王锡侯大逆之书，会谕督、抚等饬属实心查察，遇有不法诗文随时查办。今殷宝山悖逆之词，经刘墉搜查而得，即行据奏，该地方官平日竟置若罔闻，高晋、萨载、杨魁所司何事？应得何罪乎？著传谕高晋等即行明白回奏，并查明该管之县府司道各管，一并参处。"因此发生在刘墉身边的这件大案对刘墉肯定具有极大的震撼力。而讥讽之意如此明显之诗文集，刘墉若不上报，一旦被乾隆发现，也必会严惩不贷。因此，对于徐述夔与殷宝山两案，于公于私，他都不得不予以高度重视，予以检举上报。

●八月二十八日，乾隆对殷宝山案升格惩办措施，由地方审讯升级至押解到京审讯，两大文字狱案遂渐趋失控境地。

乙酉，谕军机大臣等：昨据刘墉奏于殷宝山家内，搜出诗文二本，内有《记梦》一篇，应行究讯，现在移咨督、抚办理等因一折，已谕萨载、杨魁严讯该犯确供，从重定拟具奏矣。今复思，该犯情罪重大。外间审讯，恐不能得其实供。著传谕萨载、杨魁查殷宝山现在解交何处审办？即由该处派委妥干员弁，管押该犯，严行解京审讯。沿途小心防范，毋致疏虞。昨日发去之书，仍著缴回。所有该犯家属，并著杨魁就近查拏监禁，听候办理。将此传谕知之。①

●八月二十八日，寄谕署两江总督萨载等殷宝山情罪重大，著即严行解京审讯。

大学士于<敏中>字寄署两江总督萨<载>、江苏巡抚杨<魁>，乾隆四十三年八月二十八日奉上谕：昨据刘墉奏，谕殷宝山家内搜出诗文二本，内有《纪梦》一篇，应行究讯，现在移知督、抚办理等因一折。殷宝山《纪梦》篇，有姓氏为红，红者朱也之语。显系系怀故国，实属叛逆，罪不容诛，昨已谕令萨载、杨魁严讯该犯确供，从重定拟具奏矣。今复思该犯情罪重大，外间审讯恐不能得其实供，著传谕萨载、杨魁，查殷宝山现在解交何处审办，即由该处派委妥干员弁，管押该犯，

---

① 《大清高宗法天隆运至诚先觉体元立极敷文奋武孝慈神圣纯皇帝实录》卷之一千六十五。

严行解京审讯。沿途小心防范，毋致疏虞。昨日发去之书，仍著缴回。所有该犯家属并著杨魁就近查拏监禁，听候办理。将此由五百里一并传谕知之。钦此。遵旨寄信前来。①

●九月初七日，因杨魁所奏徐述夔孙徐食田贿嘱县书，捏称自行呈缴徐述夔诗集，引乾隆对徐述夔案亦升格处理。不仅命杨魁将徐食田押解至京，而且还要求派人严搜其家，对所有徐述夔家中，各项书籍、书板详细搜查，全行解京查办。并将听受贿嘱之县书一并遴员，分别押解至京。

癸巳，乾隆谕军机大臣等：据杨魁接准学政刘墉咨会，有丹徒县生员殷宝山投递呈词，语多狂悖；又如皋县民童志璘呈缴泰州已故举人徐述夔，诗集多愤激，现已严行搜查审办等语。此二案，前据刘墉具奏，已降旨萨载、杨魁，令派委妥员，将殷宝山，严行解京审讯，并将其家属就近查拿，听候办理。萨载、杨魁接奉前旨，自即当遵照妥办。自徐述夔一犯，虽已身故，其所著之书，自应向其子孙速行追缴。今据杨魁称：伊孙徐食田贿嘱县书，捏称自行呈缴等语。徐食田既隐匿伊祖书籍，不早呈缴，及知事已败露，复敢贿嘱县书，捏称自缴。其诈讹殊可恶！且必有隐匿书籍、板片之事，亦当解京严讯。徐食田自已拘提到苏，著传谕杨魁，即派委妥员，将徐食田严行解京审讯，沿途小心防范，毋致疏虞。派人严搜其家，有无藏匿书籍之事，速行奏闻。并将听受贿嘱之县书，一并遴员，隔别管解来京。沿途毋任见面串供，另滋弊窦。所有徐述夔家中，各项书籍、书板，仍即详细搜查，全行解京查办。并谕萨载知道。②

○冬十月，戮已故浙江举人徐述夔尸。并夺前礼部尚书沈德潜职衔，寻戮其尸。③

●十月十一日，刘墉奏请将御制新乐府及御制全韵诗自行刊刻。

丁卯，乾隆谕曰：据刘墉奏请将御制新乐府及全韵诗，自行刊刻宣示，事属可行。至所谓勒发各省，敬谨刊刻，听许流布之处，殊可不必。朕所制新乐府及全韵诗二种，虽议论咸关政治，非仅陶写性情，但不过几余遣兴，并非欲昭示艺林。况朕从不肯以篇章之末，与海内文士争长，刘墉自应深悉。但伊现为学政，且二诗俱

---

① 张书才：《纂修四库全书档案》上卷，上海：上海古籍出版社，1997年，第872页。
② 《大清高宗法天隆运至诚先觉体元立极敷文奋武孝慈神圣纯皇帝实录》卷之一千六十六。
③ 印鸾章：《清鉴纲目》，长沙：岳麓书社，1987年，第367页。

曾赏给,欲自行校刊,传示诸生,固无不可。即诗本,亦无庸再发。他省学政,有愿自刊者,亦可听之。若颁发各省,俾一体刊刻流传,则非朕意也。①

●十月二十五日,杨魁对不涉及讥刺清统治者的文案大兴冤狱,借以示自己对文案的重视程度,惹乾隆大怒。怒斥其"不论其事之轻重,纷纷提讯株累多人,自以为办理认真而不知其过当,以饰前次之失"。并讲徐述夔一案所以升格,是因其诗有"明朝期振翮,一举去清都"这一类大逆不道之语。乾隆在表达对杨魁与陶易不满的同时,对刘墉查办举措则甚为满意。

辛巳,谕:据杨魁奏,赣榆县民韦昭禀首伊侄韦玉振为父刊刻行述内,有于佃户之贫者,赦不加息,并赦屡年积欠之语,殊属狂悖。而行述内叙其祖著有《松西堂稿》,因委员赴其家,查无别项违悖。讯明《松西堂稿》,亦已无存,惟家谱内云。山东日照县人丁椒圃有传,已飞咨国泰密饬查覆,一面带犯至苏确审。又据宝山县职员范起凤呈控堂弟范起鹄串窃书籍。因有应缴违碍禁书,被其挟制等情。必因为人查出,假称被失。并据该州解到书籍,查有现在应缴之禁书《亭林集》等数种,即委员赴其家,严查有无狂悖著作,及别项应缴禁书,提齐人证,至苏审究等语,所办殊属过当。即此可以见杨魁之不能实心办事也。查缴违碍书籍,屡谕各督、抚实力稽查,而伊等率以具文塞责。即如徐述夔所作逆词,狂悖显然。且刊板已久,该抚并未豫行查出。及被人告发,陶易尚欲为之消弭,若非刘墉据实具奏,几至漏网。然亦因其诗有"明朝期振翮,一举去清都"之句。借"朝夕"之"朝",作"朝代"之"朝",且不言"到清都",而云"去清都",显有欲兴明朝、去本朝之意。而其余悖逆词句,不可枚举。实为罪大恶极!是以提犯解京,命廷臣集讯,定徐述夔等以大逆不道之罪,律陶易以故纵大逆之条,以正人心而肃法纪。此因实有逆词足据,故不可不办也。今杨魁因前案之失,意存惶惑。遇有控首逆词之案,不论其事之轻重,纷纷提讯,株累多人,自以为办理认真,而不知其过当,以饰其前次之不能查察徐述夔逆词等之罪。夫韦昭控告伊侄韦玉振于伊父行述内,叙其自免佃户之租,擅用"赦"字,于理固不宜用,但此外并无悖逆之迹。岂可因一"赦"字,遂坐以大逆重罪乎?至各处违碍应毁书籍,各省现在陆续查缴。但经缴出,其迟早原所不计。若始终隐匿不交,后经发觉,即不能复为宽贷。并当视其所藏之书,系何等违碍,以定罪名耳。至此等控首之人,不过闻有蔡嘉树告徐食田一案,遂尔

---

① 《大清高宗法天隆运至诚先觉体元立极敷文奋武孝慈神圣纯皇帝实录》卷之一千六十八。

效尤挟制，以快其私，非实心尊君亲上也。现经审明蔡嘉树因徐食田不允赎田，挟嫌出告，其心亦为私而非为公。且作述夔书籍，刊刻已十余年。蔡嘉树自必早有闻见，若非近时涉讼之隙，彼仍隐忍不言。以此论之，蔡嘉树原不能无罪。第因所控逆词不妄，既办逆案，不必究及原首之人，是以从宽免议耳。设此后复有首告逆案之人，该督抚即应悉心研鞫，辨其真伪。如虚，仍当治以反坐之罪，据实具奏。使奸顽知警，不敢妄行。若如杨魁则怨家欲图倾陷者，片纸一投，而被控之身家已破，拖累无辜，成何政体？且告讦之风，伊于何底乎？况如途述夔之逆词，久经刊印，地方官理应切实访查，本不待他人之出首。各督抚又不可因此旨，而因噎废食耳。朕综理庶务，从不豫存成见，其情真罪当者，必不稍事姑容。其事属虚诬者，更不肯略使屈抑。且从不为已甚之举，致滋流弊而长刁风。杨魁经朕简用有年，岂尚不能仰体朕意乎？杨魁著交部议处。并将此通谕中外知之。①

按：从此条谕旨看，乾隆也并不愿株连无辜。其升级徐述夔案，确因徐诗中有"明朝期振翮，一举去清都"一类诗句刺激到他，为他甚至为他所属的民族所难容。由此看，乾隆对于此事的处理，并非完全如后世所描绘的那样——一个暴君形象，而是某种程度上企图在有理有据有节地处理此事。刘墉作为此案涉及到的一个职责与此密切相关的官员，其初心恐也未必是刮起血雨腥风。然二人对于这两大文字狱所造就的危害，却均有各自难以推卸的责任。

●十月三十日，依据各人职守，乾隆确认解京交军机大臣会同刑部审讯之江宁书局委员训导保定纬、茶引所大使沈澜两位无罪释放，并开复仍回原任。对殷宝山所供假托朱姓而有讥讽情节，乃是因愤激而借端讥毁仇人，本无悖逆之情尚抱怀疑态度，命萨载、杨魁查明奏报后再核实定案。至于为《岫亭集》评点作序之殷一柱、赵学礼、尹发萃均释放回籍。

丙戌，乾隆谕云：昨据萨载等派员将江宁书局委员训导保定纬、茶引所大使沈澜，官解到京交军机大臣会同刑部审讯。据保定纬供，向来各处缴局书籍，查明在应缴书目内者，俱留存汇缴其违碍之书。原经签出者，即查核有签处，是否应毁，分别办法，若未经粘签，即将原书发交原缴之员，加签送局，向来俱系如此办理。历有批禀印稿存局可据。本年六月初间，东台县缴到徐食田所呈伊祖徐述夔书籍，查未粘签，因即照旧规办理。其书如何违碍，当时实未阅看。且上年书局委员原有

---

① 《大清高宗法天隆运至诚先觉体元立极敷文奋武孝慈神圣纯皇帝实录》卷之一千六十九。

十余人，今年二月后，各员俱别经差委及事故离局，局中止留我一人。各处缴来之书，实在不能逐一翻阅。至沈澜供称，系派管书局内来往文移，并不看书。徐述夔书内有无违碍，并不知道等语。保定玮，本属微员，在局司事，将所缴徐述夔之书，照依局中旧规，发县加签，反覆严讯，实属未见悖逆之语，且今年书局，止伊一人，亦不能遍加翻阅，于理尚属可信。沈澜更系承管文移，与书籍无涉。较之陶易身为藩司大员，既据蔡嘉树摘句首告，尚欲为之消弥故纵者，情节迥别。保定玮、沈澜著省释，并著加恩开复，仍回原任。至学政刘墉所奏丹徒县生员殷宝山，呈递刍荛之献，因于其家搜出《岫亭集》内《纪梦》一篇中有红者朱也，语近悖逆，当经提解来京会鞫。据称于乙酉年，为本县北门小李家村朱建爵家教读。伊弟朱建纲，为人凶恶。屡来吵闹将我书馆打破，以致不能养家，所以借《纪梦》为题做这篇文字，骂他男女内外，尊卑上下，几无人物之辨。并说他不惜廉耻之事，因不好直言，故云若问姓名，物之红者是。又因他家中扁对，假借作朱文公子孙，他却惧内；故云其为会稽太守之后欤，抑徽国公之后，固有如此者欤。以见其惧内是朱买臣之后，而非文公之后，词意轩轾，实是可以看出来的。至我与朱建纲不和作文骂他，我学生朱文斗、朱文鸣都晓得的等语。殷宝山一犯，若果有假托朱姓，隐跃其词寓其怀想前明之意，自属罪不容诛，理宜尽法惩治。若果如所供，不过系愤激无聊，借端讥毁仇人，计图泄怨，本无悖逆情事。则仅当治其递献呈词狂妄乖谬之罪。但其所供，尚难凭信。将供词行文萨载、杨魁详细确查，将该犯所供情节是否实有其事，据实咨覆。所有殷宝山一犯著该部仍行监禁，俟查覆到日，再行核实定案。至《岫亭集》评点作序之殷一柱、赵学礼、尹发萃不过系庸陋无知之徒。其代为评点作序，非沈德潜与逆犯徐述夔作传者可比，俱著从宽释放回籍。①

●十一月，擢刘墉为户部右侍郎。②

●八叔刘纯炜（霁庵）卒。

●刘墉以小楷书册页六开。

●刘墉以小楷书禅语卷。

●刘墉有诗《阳明山人铜印歌》。

---

① 《大清高宗法天隆运至诚先觉体元立极敷文奋武孝慈神圣纯皇帝实录》卷之一千六十九。
② 王钟翰点校《清史列传》卷四百七十六《列传》卷二十六，北京：中华书局，1987年，第1986—1990页。

阳明山人有私印，我从遗物追豪雄。
波流颓靡道术裂，独开奥窔梯虚空。
微言何必讳释梵，壮藻颇喜妃青红。
偶从何李预文社，幡然伊洛追遐风。
奇功不世竟晚录，讹言谣诼纷相蒙。
青蝇白璧讵能污，蚍蜉撼树知无从。
黑白论定三百载，卓然乃作儒林宗。
文章道德不磨灭，光焰万丈常骞翀。
磨崖巨碣何磊落，柬札细字尤精工。
当年落笔未草草，到今遗墨归瑶宫。
蟠螭小印旧押尾，丹书四字神宵中。
吴侬为公作小篆，托公不朽垂无穷。
摩挲太息有遗憾，河汾弟子诬王通。
培塿或在泰山趾，讵以履扁伤穹窿。

王芑孙时年二十五岁，有应制诗《观石庵先生所藏阳明山人铜印作歌》。①

铜章扶寸纽压龙，朱文苍劲气浑融。
阳名先生古作者，新建儋爵膺褒封。
当年手握霹雳符，千军扫却心从容。
宁藩就擒事不易，上捷竟上中官功。
南赣抚臣印斗大，一笑掷去还山中。
头衔竟署山人字，至今心迹留枯铜。
谛观砻治不草草，拨蜡为范加镵攻。
高阳许初篆其字，傍列款识书亦工。
世间荣辱那有据，盛衰一往如飘风。
侯伯大封赐铁券，瞥眼春雪同销溶。

---

① ［清］王芑孙：《渊雅堂集》，《续修四库全书》第1480册，上海：上海古籍出版社，2002年，第397页。

区区余物仅存此，土花绣蚀斑青红。
忠魂道气所凭托，埋没不下腾长虹。
鬼神呵护三百载，流传又遇司农公。
我公作人有风味，嗜好殊俗为儒宗。
银黄入手不介意，宝此独前珪球垄。
摩挲岂惟悦清燕，拂试正尔增虔恭。
心光万古一顷刻，良知寒暖验自躬。
世人但识宋五子，拾宋糟粕讲异同。
宋儒堂奥初未见。叩椠扪签随笔朦。
神徂圣伏儒者贱，宋五子恨无终穷。
兼三不朽破宫出，天遣与世为晨钟。
阳明不出道坠地，坐令学究成冬烘。
阳明既出道在世，如晓日挂搏桑东。
山人还山若无有，始觉儒者真英雄。
知公必有心印在，鸿蒙一气中流通。
直寻仙佛本来意，以证涟洛希微衷。

○是年，在济宁、定海蓝嘉县掘出并拓《郎中郑固碑》。
○是年，《振武将军建宁太守爨宝子碑》出土。
○张燕昌《金石契》成书。

1779　乾隆四十四年　己亥　刘墉60岁

○正月，以三宝为东阁大学士兼礼部尚书。①
●乾隆有诗《故大学士刘统勋》并序。

统勋练达端方，秉公持正，朝臣罕有其比。故凡谳大狱，督大工，悉命往莅事，无勿治者。惟在陕甘时，闻阿逆之变，议弃巴里坤，所见虽谬，然书生未娴军旅，

---

① 印鸾章：《清鉴纲目》，长沙：岳麓书社，1987年，第368页。

且遇事辄抒所见，差胜于模棱怯避、缄默自全者。观过知仁，固宜深谅之矣。

> 从来举大事，要欲众志定。
> 小利亦何庆，小失亦何病。
> 阿逆之初叛，众论已纷竞。
> 统勋督陕甘，储需任所胜。
> 欲弃巴里坤，是殆乱军令。
> 治罪易廷桂，并命随军进。

统勋妄陈弃巴里坤之议，恐其惑乱军心，不可不斥革逮治，因发往军营，令以司员办理军需，效力赎罪。事平后，念其心本无他，复还原职，仍加任用，祸福惟视其自取，实不稍存成见也。

> 五年大功成，释罪重从政。
> 赏罚寓经权，顺应自取听。
> 十余年黄阁，总兼部务仍。
> 遇事既神敏，秉性原刚劲。
> 进者无私惑，退者安其命。
> 得古大臣风，终身不失正。①

● 二月初一日，刘墉与巡抚杨魁奏请裁减两淮商籍学额，获准。

丙辰，礼部议覆：江苏巡抚杨魁、学政刘墉奏称，御史戈源奏请裁各省商籍学额，经大学士九卿议，请交各督抚学政核查，应试商籍人数酌减。查两淮商籍学额十四名。现在官商亲子弟侄，例试商籍者，只一人，不敷十名取一，已停考。请嗣后，将旧额裁十留四，照例十名取一，不及十名停考，乡试仍归民卷。又泰州通州等处沿海灶户，因业煎盐，前设灶籍学额六。此等灶户与土著无异，请裁归本州、县应试，应如所请。惟商籍合例应试者，现只一人，未便预留学额四名，以启冒滥，请暂裁，俟后应试人多，该抚等随时奏设。至商籍生员，愿归本籍乡试者，准呈改廪、增为候廪、候增。与本籍生员照考案新旧间补廪生，照原食饩年份挨贡，其例

---

① ［清］弘历：《故大学士刘统勋》，《御制诗四集》卷五十八，《四库全书》第1308册，台北：台湾商务印书馆，1986年，第288页。

符入籍江南者，准于现住该州、县入籍，从之。①

● 二月初四日，刘墉以户部右侍郎为吏部右侍郎。②

● 乾隆四十四年二月十二日，军机大臣缮呈满汉三品以上大臣兼职与未兼职四库全书馆人员名单。

满汉三品以上大臣现充四库全书馆总裁、总阅名单③

总裁：

大学士、公阿桂_差，大学士于敏中，协办大学士英廉、程景伊。

尚书、公福隆安。尚书梁国治、嵇璜。署尚书金简。侍郎王杰、刘墉_差，董洁、沈初、钱汝诚、彭元瑞_差。

总阅：

侍郎谢墉、周煌。

内阁学士达椿、钱载、汪亭玙_差、胡高望。

宗人府府丞窦光鼐。

左都御史曹文埴。

詹事府詹事金士松。

满汉三品以上大臣未兼四库全书馆名单

尚书德保、曹秀先_{原充四库馆总裁}、蔡新_{原充四库馆总裁}、德福、袁守侗_差。

侍郎瑚世泰、和珅、阿肃、金辉、阿扬阿、喀宁阿、胡季堂、德成、雅德、徐绩、刘浩、保泰。

内阁学士塔永阿、嵩贵_{现在穿孝}、图思义、永信。

左都御史巴彦学、耀海、罗源汉。

通政使哈福纳、张若淳。

大理寺卿德尔泰、袁芳松。

太常寺卿德明、吴玉纶。

詹事府詹事梦吉。

光禄寺卿奇臣_{现在穿孝}、陈孝泳。

---

① 《大清高宗法天隆运至诚先觉体元立极敷文奋武孝慈神圣纯皇帝实录》卷之一千七十六。
② 同上。
③ 张书才：《纂修四库全书档案》上卷，上海：上海古籍出版社，1997年，第1001页。

太仆寺卿江兰。

●四月初四日，因刘墉前曾奏请刊刻乾隆御赐诗稿，沈初亦奏请刊刻所赐诗稿。

戊午，乾隆谕军机大臣等：据沈初奏，请将御制新乐府及全韵诗，自行刊刻，宣示诸生一折，事属可行。从前刘墉亦有此请，曾谕令其自行刊刻流传。但不必通行各省，一体刊布。今沈初既因曾经赏给二种诗篇，愿自行校刊传示闽省诸生，即听其自行酌定式样，镌刻宣示可也。将此谕令知之。①

○夏四月，杀乡民智天豹。②

●五月，刘墉按试扬州，点名会见童生焦循（其时十七岁）嘱其读经，焦循敬遵刘墉谆谆之嘱，终成清代经学大家。

陈康祺对此事记录如下③：

刘文清按部扬州，江都焦孝廉循时年十七，应童子试，取入学，复试日，公问："诗中用韫厚字者谁也？"孝廉起应之。问二字何所本，以《文薮·桃花赋》对，且述其音义。公喜曰："学经乎？"孝廉对曰："未也。"公曰："不学经，何以足用？尔盍以学赋者学经？"明日复谒，公复呼孝廉至前曰："识之，不学经，无以为生员也。"孝廉归，乃屏他学而学经，卒成经师。孝廉尝作《感大人赋》以识知己之恩，今冠《雕菰楼集》首。

焦循所作《感大人赋并序》④如下：

夏五月，诸城刘文清公，时以侍郎督学江苏，按部至扬州，循年十七，应童子试。公课士简肃，恶浮伪之习，试经与诗赋尤慎重，用是试者甚罕。循幼从范先生学诗古文辞，至是往试，公取为附学生，覆试日公令教授金先生呼曰："诗中用铅屋字者，谁也？"循起应之，教授令立俟堂下，良久，灯烛光耀。公自内出，循拜。公止之。公视循衣冠殊朴质，颜色甚怿，问二字何所本，循以《文薮·桃花赋》对，谨述其音义。公喜曰："学经乎？"循对曰："未也。"公曰："不学经，何以足用？尔盍以学赋者学经？"顾谓教授金先生曰："此子识字，今入郡学以付汝。"询循所寓远，令巡官执炬送归寓。明日公谒，公复呼循至前曰："识之，不学经，无

---

① 《大清高宗法天隆运至诚先觉体元立极敷文奋武孝慈神圣纯皇帝实录》卷之一千八十。
② 印鸾章：《清鉴纲目》，长沙：岳麓书社，1987年，第368页。
③ ［清］陈康祺：《燕下乡脞录》第十六卷，光绪七年刻本，第21页。
④ ［清］焦循：《雕菰楼集》卷一《感大人赋并序》，《续修四库全书》第1489册，上海：上海古籍出版社，2002年，第115—116页。

以为生员也。"循归，乃屏他学而学经，循之学经，公之教也。越二十年，嘉庆壬戌，会试在京师，时公已相，两过公之门，而不敢谒。又数年，公卒于位，循以病家居，闻公卒，北面蒲伏而哭，益从事于经学，不敢忘公之教也。感而为赋，以示后人。其辞曰：

嗟余生之羸钝兮，又里居之多僻。倚先德之相承兮，不囿我于乡壁。既涩蠹之孔戒兮，惟函通之我责。方负剑而孩笑兮，即画字以为识。初鼓箧以从师兮，诵风雅之三百。师悃悃其善诱兮，俾吟咏于朝夕。首震之以性灵兮，绋纵之以典籍。道古人之可似兮，期跻蹑乎伟迹。纯藕榴而大巫兮，琳亦应机而为雄。伯宪轻轻而穷雅故兮，善琅琅而注选。册锴啤蝉以击传兮，铉键腔于篆画。或人谓此纷纭兮，非仕宦之所急。嫡囊质以栖迟兮，义胶言而莫择。思蒙蒙而渐汔兮，枢塞塞以日迫。维大人能牖人兮，愚为之开。若清风之吹曙兮，道无尘埃。日月之高复兮，公示以阶。枝柯之纷颐兮，公授以黄。魂气之游散兮，公栖之以骸。雨潦之无归兮，公导之以江淮。屏糟粕而饮以醇醪兮，尊佳穀于卤莱。余乃皇皇以识路兮，轻众口之予嬗。耻奥境之未见兮，悔前习之已乖。抚年华之尚驻兮，冀名学于方来。行阮岸兮或坠，寝笔札兮在怀。鬼人梦兮与竞，发近燕兮半灰。阅荒歉其无食兮，探微言以疗饥。悃羸病其不支兮，躅惰窳而冥思。既超遥而长征兮，惟铅椠之日随。年倏忽其五十兮，嗟目眊而齿危。心悠悠而未已兮，就学业于何时。慕远至而央迁滞兮，舍禄利之聘驰。涧阳神以妙索兮，数写定而犹疑。风雨潇潇兮秋夜长，鸡鸣不已兮天有光。魂逞逞而不寐兮，道邈邈而弗忘。暝双眸而回溯兮，俨摄斋于公堂。凛严严而在上兮，爰仁我以春阳。奖士类以定品兮，泰有善之必扬。进小家而共语兮，膺无微之弗彰。拔英彦于韦褐兮，淑立贤之无方。甄侨胂于菰芦兮，亮何用之不臧。第鉴别于淑匿兮，只拟议于短长。惟大人之化育兮，乃物与之无亡。譬农夫之力穑兮，彼收获于仓箱。兹耕苗而灌沃兮，培荒岁而为良。体元亨而知始兮，柄消息之有常。颐童蒙而祛蔽兮，孚解悖而包荒。官大德而不居兮，利美利而时行。允忠勤于乃职兮，合参赞于维皇。系曰：于休大人，狱降神兮。以训四方，则蒸民兮。谓肃如霜，春霭霭兮。谓介于石，泽沛沛兮。谓直如绳，与人同兮。谓立如岱，变则通兮，经为人师。旧章率兮，受在吾身，知之实兮。

● 该年，刘墉还遇到一位狷介之士翁春，徐珂《清稗类钞》记载了此事。

大学士诸城刘文清公刘墉尝以侍郎视学江苏，行县，闻华亭翁春名，欲见之。

春不可，乃手书为卷以赠之。青浦王侍郎昶中岁假归，亦礼先于春，春不率谒也。春，字曙鸠。①

按：翁春（1736—1797），清江苏华亭人，字曙鸠，一字辨堂，号澹生，别号石瓠。家贫，自学成才，诗宗元人，书好孙过庭。为人耿介，终身不娶，待母笃孝。有《赏雨茆屋诗》《钓诗》。刘墉晚年常常书写史书中的隐逸之士，估计与翁春一类人的交往经历有关。

○六月，定盗杀一家数命律。②

●七月二十日，孔传炯以年老体惫休致，其所遗江宁布政使员缺，著刘墫补授。③

○八月，和珅在御前大臣上学习行走。④

按：和珅事始于此。自此以后，乾隆对和珅宠信备至，朝纲由此渐至不堪。

●九月，乾隆以刘统勋故，刘镮之应顺天乡试虽未中式，著加恩赏给举人，一体会试。⑤

○十二月，大学士于敏中卒，以程景伊为文渊阁大学士，嵇璜为吏部尚书协办大学士。⑥

●是年，刘墉有诗《书斋八咏》。⑦

笔

濡翰方临帖，含豪欲属文。

新邀管城子，旧识中书君。

列署双题篆，探怀五色纹。

要装犀象好，小字换鹅群。

---

① 徐珂：《清稗类钞·狷介类》，北京：中华书局，1984年，第3254页。
② 印鸾章：《清鉴纲目》，长沙：岳麓书社，1987年，第368页。
③ 《大清高宗法天隆运至诚先觉体元立极敷文奋武孝慈神圣纯皇帝实录》卷之一千八十七。
④ 印鸾章：《清鉴纲目》，长沙：岳麓书社，1987年，第368页。
⑤ 《皇朝文献通考》卷五十二，《四库全书》第633册，台北：台湾商务印书馆，1986年，第310页。
⑥ 印鸾章：《清鉴纲目》，长沙：岳麓书社，1987年，第369页。
⑦ ［清］刘墉：《刘文清公遗集》卷七，爱日轩陆贞一仿宋镌，第6页。

墨

乍见沈沈黑，旋闻细细香。
髯螺难比色，睹素顿生光。
斛满人犹卧，头濡酒正狂。
子云元尚白，什袭定多藏。

研

山骨何人凿，方圆称意成。
临池晨自洗，欲雨润还生。
紫爱沈云色，坚闻扣玉声。
米颠曾拜石，相对定呼兄。

纸

蔡氏初传法，临文每忆渠。
操觚真莫并，削竹更难如。
漫赠桓司马，须求女校书。
时时防燥湿，肯使宁衣鱼。

炉

文史三冬足，炉添活火勤。
冰清融研滴，香细暖书芸。
那觉琴弦折，偏宜雪夜闻。
郊寒殊未慊，诗思正纷纭。

扇

动摇怀袖里，炎景漫相干。
书值官奴误，书逢内史难。
微风生习习，秀句咏团团。
逸韵思安石，蒲葵代素纨。

茶

石鼎双沤起,松涛雪夜鸣。
火须候文武,水白汲深清。
消渴怜司马,沈酣笑步兵。
不知耽麴蘖,何似御风轻。

灯

摊书怜永夜,继晷更焚膏。
照影全无睡,频挑未觉劳。
不须悬蛤镜,白可辨牛毛。
何处辉金翠,长檠吐焰高。

王芑孙时年二十六岁,受刘墉影响,作诗《石庵先生课书斋八咏》。

砚

案上留青玉,山头割紫云。
千金知有璧,万古例称君。
画井需勤穑,为田合艺芸。
但坚穿铁志,磨盾岂殊勋。

笔

就邑封宜管,闻名族是毛。
久当脱颖见,还念尽心劳。
不惮千军扫,宁怀一掷豪。
中书应未老,朵殿好簪毫。

纸

编定何须简,诗成不削筒。
殷勤千载业,零落数番功。

雪妒桑皮白，霜留柿叶红。
胥钞添罪过，弟尔刜溪东。

墨

砚北宁无客，山阴记有池。
此中知白者，时复淡相思。
乌玦磨难得，元霜捣不辞。
削黛嗟岁月，点染愧新诗。

灯

纸阁风帘下，铜壶水箭深。
分来仙客照，坐见古人心。
烛有连盘赋，棨余倚壁吟。
金莲荣遇在，天上自森沉。

茶

破屋烟初上，空山雨乍收。
一旗春雾是，半榻午风柔。
炭火松留液，炉声竹助秋。
冰瓯堪涤笔，茶谱约同修。

炉

门掩新寒夜，帘开积润朝。
制分凫鸭旧，斑验鹧鸪娇。
九静瓦盆古，灯深玉篆销。
看寻坟典外，一瓣与谁烧。

扇

一握清高发，披襟向竹楼。

> 风霜原自挟，怀袖不禁秋。
> 雪版凭挥手，冰纨怅聚头。
> 谁能还捉麈，咳唾示风流。

● 同年，王芑孙有诗《石庵先生课白桃花》。

其诗为：

> 曾向圆蒲拜律师，尘绿销尽见天姿。
> 却从杏子春深后，修到梅花月上时。
> 洞口乍来云没路，观中蚕过鬓添丝。
> 东风作意吹成雪，露井新红又满枝。

○ 石卓槐以《槐芥圃诗抄》案，凌迟处死。
○ 祝庭诤以《续三字经》案戮尸。
○ 冯王孙以《五经简咏》案凌迟处死，子斩决。
○《华岳庙残碑阴》是年在陕西华岳庙五凤楼下出土。
○《宁寿鉴古》成书。
○ 王文治与梁山舟唱酬，以行书写《再酬梁山舟》诗。

1780　乾隆四十五年　庚子　刘墉61岁

○ 正月，乾隆南巡，二月，幸焦山；三月，幸海宁观潮；五月，还京师。①
● 三月十三日，刘墉被召至南巡行在觐见，授湖南巡抚。

壬辰，谕曰：王亶望现在丁忧。浙江巡抚员缺，著李质颖调补。其未到任之前，著三宝兼署。所有广东巡抚员缺，著李湖调补。所遗湖南巡抚员缺，著刘墉补授。②
● 刘墉书，后被汪志伊收藏并让姚东樵刻成《盛世赓扬》帖一卷。

---

① 印鸾章：《清鉴纲目》，长沙：岳麓书社，1987年，第369页。
② 《大清高宗法天隆运至诚先觉体元立极敷文奋武孝慈神圣纯皇帝实录》卷之一千一百二。

按：乾隆御制改教诗，颁赐臣工。时刘墉为湖南巡抚，得诗后上谢表。幕客胡药庄藏其副本，赠单竹轩，单后赠桐城汪志伊，汪嘱姚学经为其摹勒上石，此帖乾隆五十七年刻成。

《续修四库全书总目提要·盛世赓扬》评价此帖云：石庵为有清书家之冠，小楷为石庵书之冠，此诗字大仅三分许，而气象宽博，饶有异趣。他刻中无如此小者。包慎伯论书，谓小楷至难，要在笔短意长。以限于地位不及备法而画成，非深知书中甘苦者未能道比语。夫法尚未备，体格安能入古，神象何能超异。在他人以备法为难，入石庵手，则左顾右盼，姿态横生。是犹中年之作，未尽浑成，而风度端凝巧丽，若不可阶。附刻所临苏书《晚香堂帖》，石庵所最不满，谓坡迹落晚香为一劫。然此所临皆晚香本。近代汇刻苏帖，实无胜晚香者。不惟卷帙丰富，为坡书最完备也。石庵初学赵书，吴让之讥其终身不能除吴兴气味，实由院体误之。石庵于苏于董，各有其得力处，而赵则其所从入，是以不能尽去。自元以来书家，皆为吴兴所笼罩，惟香光突破其藩篱。石庵所诣，间有出赵以外者，不似元明诸家，跬步不离。让之之议，邻于苛矣。①

又按：汪志伊所托刻帖人姚东樵，被钱泳视为无廉耻造假者。因钱泳本身是刻帖高手，因此同行相轻还是姚东樵造假劣迹确实不堪，容待日后探讨。钱泳在其《履园丛话》中是这样评价姚东樵的：嘉庆初年，有旌德姚东樵者，目不识丁，而开清华斋法帖店，辄摘取旧碑帖，假作宋、元、明人题跋，半石半木，汇集而成，其名曰《因宜堂法帖》八卷、《唐宋八大家帖》八卷、《晚香堂》十卷、《白云居米帖》十卷，皆伪造年月姓名，拆来拆去，充旧法帖，遍行海内，且有行日本、琉球者，尤可嗤鄙。

●三月十四日，为刘墉等封疆大吏的交接，乾隆特下谕旨。

癸巳，又谕曰：李质颖接奉谕旨，即将巡抚即务交巴延三兼署。不必俟李湖到粤，即赴浙江新任。李湖俟刘墉到省交代，再行起程，驰赴广东巡抚之任。将此并谕巴延三知之。②

〇五月，赐和珅子名丰绅殷德，指为十公主额附。③

---

① 中国科学院图书馆整理《续修四库全书总目提要·盛世赓扬》第18册，济南：齐鲁书社，1996年，第433页。
② 《大清高宗法天隆运至诚先觉体元立极敷文奋武孝慈神圣纯皇帝实录》卷之一千一百二。
③ 印鸾章：《清鉴纲目》，长沙：岳麓书社，1987年，第369页。

●六月，刘墉到湖南任，所属新化县令有讳匿命盗案件据实上奏。①

●七月二十五日，刘墉以湖南巡抚衔奏请将盈余粮划归常平仓，以充买补之需与修仓之需。

壬寅，湖南巡抚刘墉遵旨覆奏：湖南通省常平仓谷，现在并无缺额。而历年平粜盈余银实存二万八千余两。将来按年续收，渐有增多。如遇常平缺额之时，即将此项拨给，以充买补之需。其各属仓廒朽坏者，仍请于此项内动支兴修。报闻。②

●七月二十八日，武冈等地水灾，刘墉忙于赈灾诸事。接旨后，刘墉又将赈灾新举措与属地秋收大稔、受灾水户既可补种且各有未淹之田实情一一回禀。

乙巳，谕军机大臣等：本日李国梁奏沅州熟坪、武冈州、会龙九团等处地方，于五月十九等日大雨，山水陡发，冲塌汛房田亩，并民居共二百余间，淹毙男妇九十名口，并淹浸淤田三百余亩等语。前据刘墉奏报武冈州等处雨后发水，有冲坍营房民居并漂溺人口之事，现在查明给发银两，修葺埋葬，其被淹地亩，酌借籽种一折。业经批发，此时谅已接到。何未续行明白速奏？救灾济民之事，不可延缓也。著再传谕刘墉务行详悉查明各处被灾确实户口，照例抚恤。其被淹地亩，有可以补种，应借籽种者，即行及时借给。该抚务宜督率属员，实心妥办。俾各均沾实惠，以副朕轸念灾黎至意。仍著将如何抚恤情形，速行覆奏。寻奏：被灾各处，前已查明照例抚恤。淹伤地亩，酌借籽种工本。今复委员覆勘，续查出被淹人口房屋田地，俱补行抚恤借给。本年各属秋成大稔，此等被水民户，已淹田亩，尚可补种有收，且各有未淹之田，收成合计九分，民间不虞拮据。报闻。③

○秋七月，班禅额尔德尼自后藏入朝。④

○八月，大学士程景伊卒。⑤

○九月，以嵇璜为东阁大学士兼兵部尚书。⑥

●十月十四日，刘墉以湖南巡抚衔参奏滇省押解囚人之官员徐勉称病落后不实

---

① 王钟翰点校《清史列传》卷四百七十六《列传》卷二十六，北京：中华书局，1987年，第1986—1990页。
② 《大清高宗法天隆运至诚先觉体元立极敷文奋武孝慈神圣纯皇帝实录》卷之一千一百十一。
③ 同上。
④ 印鸾章：《清鉴纲目》，长沙：岳麓书社，1987年，第370页。
⑤ 同上。
⑥ 同上。

心办事，为乾隆认同。

己未，谕：据刘墉奏滇省委解汪圩之试用从九品徐勉行至武陵，称病落后。迨汪圩解到澧州交替时，徐勉尚未赶到，应将徐勉截留，讯其因何落后？有无情弊。照例究办，一面另委妥员接解赴京等语。所办是！已于折内批示矣。徐勉系委解官犯之人，沿途理宜小心管押，迅速行走。乃称病落后，与汪圩擅自相离，路隔两站，显有捏病玩延情弊。徐勉著革职，拏交刑部，严审具奏。所有汪圩一犯，即著该督抚等另委妥员解京。该部知道。①

● 十一月十三日，针对刘墉新任巡抚，不熟回奏体例，乾隆以勒尔谨、闵鹗元回奏之折对刘墉作案例教示。

丁亥，谕军机大臣等：据刘墉奏覆，湖南武冈、邵阳、黔阳三州县，于本年夏间，猝被水灾。业经照例抚恤，旋值秋成，仍获稔收，堪资接济。访察民情，实已得所。兹接奉谕旨，询问明春应否加恩？已飞饬该州县，将被淹各户，再加体察，如应酌量借给，以纾民力。俟查覆到日，另行奏闻等语。前经传谕被有偏灾各省督、抚，询问明春应否加恩者，原恐灾民正赈之后，时届青黄不接，民力不无拮据，或有应需加展赈济之处。令该督、抚酌量情形奏闻，以备新正降旨加恩。如果民情得所，无需接济，即应以毋庸加赈奏覆。至酌借口粮籽种等事，只须该抚酌量情形，自行查办，不值因此特降谕旨。今该抚折内，既称灾民已沾实惠，堪资接济。又称来岁春耕，有无缺乏，如应酌量借给籽种，另行查奏，殊未明晰。本日勒尔谨、闵鹗元俱经奏到，著将原摺录交刘墉阅看，似此方为合式。刘墉系新任巡抚，或未能谙习，或存书生之见，以为既经奉旨询问，不肯直言毋庸加赈。不知朕轸念灾黎，方降旨垂询，有何不可据实直陈乎？此虽观过知仁，究亦不可。将此谕令知之。②

● 十二月二十二日，刑部议覆刘墉奏秋审未经勾决人犯事。

丙寅，刑部议覆刘墉所奏秋审未经勾决人犯事：湖南巡抚刘墉奏，秋审未经勾决人犯，定例次年提省会勘而奉文停止勾决者，可否亦照例解审等语。查停勾各犯案情业已审定，并非量从未减，自与寻常监候不同，请饬各督、抚，照拟于次年具题，毋容解审，用昭慎重。从之。③

---

① 《大清高宗法天隆运至诚先觉体元立极敷文奋武孝慈神圣纯皇帝实录》卷之一千一百十六。
② 同上书，卷之一千一百十八。
③ 同上书，卷之一千一百二十一。

○乾隆刻"古稀天子之宝",彭元瑞献古稀颂。

○戴移孝《碧落后人诗集》案发,戴氏父子戮尸,孙斩决。

○项怀述《隶法汇纂》成书。

○邓石如,由梁巘推荐至北门(江宁)梅缪家,居六月。凡梅家所藏《石鼓文》《泰山刻石》《三坟记》《汉开母石阙》《敦煌太守碑》及皇象《天发神谶碑》、李阳冰《城隍庙碑》、李斯《峄山碑》各临摹百本。

○张维屏(南山)生。

○彭蕴璨(振彩)生。

● 是年,刘墉另有应制诗一首。

恭和御制葛岭元韵①

一览全湖悉见之,亲民成务入规为。

洪澜不动柴兼石,乐岁常奉穀与丝。

帝眷昔贤曾著咏,人传仙客尚留祠。

荣观讵足关宸赏,芹曝微诚或藉斯。

1781　乾隆四十六年　辛丑　刘墉62岁

○正月,乾隆西巡,幸五台山。②

● 二月三十日,刘墉以上年通省丰收奏循例劝输新建社仓事。

癸酉,湖南巡抚刘墉奏:湖南社仓本息谷共存五十九万一千一百余石。自乾隆二十二年以后,未经捐增。上年通省丰收,当令长沙、善化等二十州县,循例劝输。随经各属报捐至十六万石。现已另立仓房、社长,分别收贮。至旧存谷,除本谷留贮备借,其历年收存息谷,请照安徽、江西等省例,变价存司,以为民田水利及随时抚恤之用。报闻。③

---

① [清]刘墉:《刘文清公应制诗集》卷二,爱日轩陆贞一仿宋镌,第7页。
② 印鸾章:《清鉴纲目》,长沙:岳麓书社,1987年,第370页。
③ 《大清高宗法天隆运至诚先觉体元立极敷文奋武孝慈神圣纯皇帝实录》卷之一千一百二十五。

○二月，《四库全书总目提要》进呈。

●三月二十四日，吏部议准刘墉以湖南巡抚衔奏属下浏阳等三县管制之"缺"的重新定位。

丁酉吏部议准湖南巡抚刘墉奏，浏阳县系繁难中缺；并零陵县、分驻冷水市县丞例归部选；龙山县原系苗疆难要缺，在外调补。惟近年腹地生齿较繁，苗疆渐归淳朴。请将浏阳县改为繁疲难要缺；零陵县、冷水县丞改为佐贰要缺，在外拣选调补；其龙山县改为专难简缺，并所属典史及隆头司巡检俱删苗疆字，归部选用。从之。①

○三月，兰州回籍教民起义，陷河州，为大学士阿桂镇压。②

○三月，乾隆西巡至保定，还京师。③

○四月，褫陕甘总督勒尔谨职。④

●闰五月十八日，刘墉以湖南巡抚衔"复奏查缴尹嘉铨书籍事"。

●六月十八日，乾隆以啯匪势力渐大，命舒常、刘墉等各饬所属选派妥干兵役上紧抓捕。

己丑，又谕：舒常等奏据副将陈大恩禀报，四川太平等县移拏川省啯匪一案。随会同利川县奋力擒拏，啯匪百余人持械抗拒，兵役放枪擒捕，生擒受伤啯匪一人，余悉逃散，当经利川县。讯据该犯供名蔡友应，同夥有棚头刘胡子、金小二、罗和尚、周呆子、杨满儿、王小六、杨大老满、袁老八，其外亦各有附和之人，欲到贵州去。并供在太平县地面行劫过客之物，现在将该犯提解来省严审。并将同夥姓名年貌住址，饬文武各属分路严拏。并分咨四川、贵州、湖南等省，一体严缉等语。川省啯匪，向来不过三五成群，闻拏歛迹。今乃约夥至百余人同逃，胆敢拒捕伤人，甚属可恶。著传谕舒常、郑大进、刘墉、李本、文绶等，各饬所属，选派妥干兵役，上紧躧捕，务期尽数弋获，毋使一名漏网。至拏获审办时，断不可稍存姑息，止办为首要犯数人。凡案内同夥党恶之人，既经同行，均应分别情罪，从严办理。即至轻者，亦应发新疆厄鲁特为奴，庶足以示惩儆。⑤

---

① 《大清高宗法天隆运至诚先觉体元立极敷文奋武孝慈神圣纯皇帝实录》，卷之一千一百二十七。
② 印鸾章：《清鉴纲目》，长沙：岳麓书社，1987年，第370页。
③ 同上。
④ 同上。
⑤ 同上。

●六月二十三日，刘墉奏接准舒常、郑大进来咨后，已派员于扼要处所截拏啯匪。①

●六月二十七日，乾隆以李本所奏，谕旨中讲已在舒常、刘墉先后奏到时让他们抓紧查拏，尽法处治。

庚子，又谕：据李本奏婺川县禀报拏获川省啯匪彭昌文，讯供首匪系刘老十、毛老九等共七八十人。因川省查拏，假装行旅，由四川彭水县入婺川境，现赴正安州一带逃窜。随即追至正安之小溪沟，与该州兵役会合截拏。当经拏获钟凤鸣等二犯，杀伤匪徒甚多，贼匪亦持械抗拒，被伤兵役二名，现在并力穷追等语。此案前据舒常、刘墉先后奏到时，已屡经谕令该督、抚等上紧查拏，尽法处治。匪徒敢于聚集多人，随处抢劫，抗拒兵役，情罪甚为可恶。必当搜获无遗，迅速审办，凡属同行之人，不分首从，概行正法，不可稍存姑息。至贵州、湖广现在查拏紧急，恐其仍窜回川境。并著谕文绶，务即督饬各属，严密擒拏，毋任一名免脱。至此等匪犯，踪迹诡秘，到处成群结党，究系起于何处，意欲何为？前此舒常等所奏，既未详晰。即本日李本所奏，亦仍不明白。并著传谕各该督、抚，即行查明具奏。②

○六月，回教首领苏四十三被害。③

●七月初六日，因舒常、刘墉、李本都已先后奏报，文绶至此才奏报朝廷，乾隆对其不满，予以申饬。

丙午，谕军机大臣等：据文绶奏，合州界连太平、东乡、开县等处，中有雪泡山，据报有啯匪三十余人，持仗拒捕。当即饬委镇道等督同营员州县，严行搜捕。果有百余人，闻拏窜逸，经官弁兵役，分路追擒，先后共获首夥匪犯胡范年等五十一名，现饬提省严办等语。此案先据舒常奏报，嗣经刘墉、李本亦陆续具奏，已节次传谕该督、抚等，迅速搜擒。文绶系本省总督，乃直至目下始行奏到，何迟缓若此，文绶著传旨申饬。至此等啯匪，竟敢百十成群，到处滋事，逞凶拒捕，杀伤兵役，实为不法已极！不可不严加惩治！应严刑问其因何聚集？所谋何事？所有案内帮同拒捕之人，必须区分首、从，一面正法，一面奏闻。即并未拒捕，而随行为匪者，亦当发伊犁给厄鲁特为奴，方足以示惩儆，断不可稍存姑息之见。将此传谕知

---

① 印鸾章：《清鉴纲目》，长沙：岳麓书社，1987年，第370页。
② 同上。
③ 同上。

之，仍著将如何擒捕审办缘由驰奏。①

● 七月初十日，乾隆表扬毕沅缉拿啯匪认真，对文绶及四川总兵极度不满，对湖广及贵州督办感觉尚不够得力。刘墉属于湖广，也属于还不够认真之列。

庚戌，谕：据毕沅奏平利县拏获川省太平县抢夺轮奸之凶淫啯匪艾隆即艾小二等十一名，先行按律定拟一折。已批交军机大臣会同行在法司核拟速奏矣。川省啯匪，最为地方之害，此案聚集多人，持械拒捕，淫凶肆扰，实为不法已极。前据舒常、刘墉、李本、李国梁等先后奏报。屡经传谕迅速查拏，毋令免脱散逸。至此等匪徒，本起于川省之太平等县，文绶以本省总督兼署提督，乃不及早饬属严行缉捕，致令窜往黔楚陕西等省。且其具奏转较舒常等为迟，而匪犯百余人，所获亦未及其半。地方大吏，遇此等匪徒聚集之案，尚不实力查办，所司更属何事？文绶著交部严加议处！其太平等县之防汛武职，并兼辖之总兵等官为谁，平日不行防范，致令成群结党，蔓延滋事，均属疏玩，著文绶查明参奏。至此案详核各省奏报，惟窜入陕西平利县之啯匪十六名，已据毕沅拏获十一名，并另案拏获黄自礼等六犯，所办较为认真。至湖广仅止拏获一名，贵州亦止拏获七名，余犯已俱逃脱，督缉亦俱不力。并著传旨申饬，将此通谕知之。②

● 七月十三日，福康安战绩尚可，舒常、郑大进、刘墉、李本等查拿啯匪数量太少，惹乾隆不满，而乾隆对文绶更加不满，对其传旨严行申饬。

癸丑，又谕：据福康安奏先后接据贵州各属禀报有啯匪多人，在途抢夺，戳伤事主。现已陆续拏获彭昌文、钟凤鸣等各犯。业经飞饬两司，严提取供驰报，并飞札署提督保成等酌量情形，如须亲往，即起程驰赴，会同查捕等语。此案啯匪聚集多人，肆劫不法。总由川省查缉不严，致令窜逃别省。而舒常、郑大进等所获啯匪，不过一二人。又不将该犯等如何聚众肆劫情形，详晰审明确供具奏，办理均属疏玩。至文绶身为总督，平日既不能尽心查缉，及至事发，又不亲往太平，严行督办，竟尔安坐省城，所办何事？文绶著传旨严行申饬。此案惟毕沅及其属员所办尚属认真。而舒常、郑大进、刘墉、李本等均未能实力查拏。觉上下官员，不过一奏一报了事，甚属不认真。著传谕该督、抚等各责成该地方文武，于交界处所，堵截严缉，务令全获，毋使一名免脱。仍将现获各犯迅速讯取确供，从重定拟具奏。将此并谕文绶、

---

① 《大清高宗法天隆运至诚先觉体元立极敷文奋武孝慈神圣纯皇帝实录》卷之一千一百三十六。
② 同上。

下　卷（乾隆三十九年—嘉庆九年）

福康安等知之。①

●七月十八日，刘墉以奏湖南虽无啯匪踪迹仍严密防范截拏等语而被乾隆训导。

戊午，谕军机大臣等：本日据刘墉覆奏饬属严拏啯匪一摺，内称本年四月川省重庆府之合州暨忠州之梁山等县，啯匪聚至百余，滋扰伤人。官甫追捕，逃入川北太平县等处。又称湖南省与川黔接壤，各处并无啯匪踪迹，仍严密防范截拏等语。此等匪犯，结党成群，去来踪迹，原无一定。若一省缉拏严紧，则该匪犯等又复窜入别省。刘墉何得遽称湖南并无啯匪踪迹？著传谕仍严饬各属文武员弁，上紧缉捕，不可稍涉大意。至所称四月内，该匪等于川省重庆之合州及梁山等县，聚集匪党百余滋扰之处，可见该匪等于四月内已有抢劫滋事之案。彼时文绶何以未见具摺奏闻？显系有心讳饰不办，以致窜入别省，皆文绶办理迟延所致。文绶著再传旨严行申饬。②

●七月二十三日，乾隆于本次谕旨中称引刘墉所奏啯匪事两处。

癸亥，乾隆谕军机大臣等曰：据舒常等奏，绩获啯匪傅开太、吴荣即吴芳贤二犯。现在提省严讯，并查询得啯匪结伙抢劫情形，实系蔡友应为首，该犯因伤监毙，现饬戮尸、枭示等语。啯匪滋扰不法，屡经传谕各该督抚，从重办理，所有湖北省拿获各犯。除蔡友应，业经枭示外，其现获之皮麻子一犯，著传谕舒常等迅速严加刑讯结伙抢劫各缘由，即遵照前旨，一面正法，一面奏闻，毋使匪犯久稽显戮。再据舒常等奏，于湖北巴东县地方，盘获悖逆妖妄之张武迁一犯，已批令该督等速审定案具奏。本日据刘墉奏，查搜该犯原籍，并称该犯妻子，及伊弟远钦等，应听督臣及湖北抚臣查办等语。此等要犯，自应速审定案具奏，何以刘墉已经奏及，而舒常等犹未将审讯定案之处，据实具奏？并著传谕舒常等即遵前谕，严审定拟，迅速覆奏。将此并谕刘墉知之。本日据刘墉奏，查办啯匪一折，其夹片内称川省重庆、夔州二府，与湖广等省毗连，结党为匪者，每起或二三十人，或四五十人不等。每起必有头人，名为掌年儿的。带有凶器，沿途抢夺拒捕等语。此等啯匪，起自川省之重庆、夔州所属，成群结党，每起多至数十人，并有掌年儿头目。可见匪党结聚已久。设令合各起为一起，而其中又有大头人为之统率，更复何所不为？尤觉不成事体。文绶在川年久，平日于此事漫不经心，并未随时严饬所属早为查办，以致滋蔓如此。伊试扪心自问，将何以自解耶？著再传谕文绶，将刘墉奏到折片，令伊阅

---

① 《大清高宗法天隆运至诚先觉体元立极敷文奋武孝慈神圣纯皇帝实录》卷之一千一百三十六。
② 同上书，卷之一千一百三十七。

看。仍将近日续获匪犯若干名，现在李国梁曾否到川会捕之处，迅速详晰覆奏。①

○七月，暹罗王郑昭请入贡，许之。②

●八月初一日，命刘墉严讯李国梁所拏形迹可疑萧必达等人。

辛未朔，谕军机大臣等：据文绶奏失察啯匪擒捕不力之文武各员弁，请交部分别议处一折。内称啯匪先在川省，逃至太平县，随路纠集诱胁。除拏获外，余匪百余人，复拒捕窜往湖北、贵州之处。啯匪纠聚多人，抢劫拒捕，不法至此。该督何以从前竟未奏闻？又称首犯胡范年、凶夥胡正德九名，审明正法具奏等语。前文绶奏到各折，亦未将胡范年等犯，录供奏明。业经降旨查询，何以此折仍未声叙明晰耶？又同日李国梁奏拏获形迹可疑萧必达等各犯，现饬解省审讯等语。著即解交刘墉严切讯究，务得实情。如审明止系啯匪逼勒同行，并未随同抢劫拒捕分赃之犯，亦应遵照前旨，发伊犁给厄鲁特为奴，毋致轻纵。又据李本奏审明续获啯匪王元周、萧方旦二犯，依律拟绞。自应如此办理！此外叶长红、吴大汉等十二名，虽讯非匪党，但既称形迹可疑，亦当严讯是否别有案犯，务得实情，另行分别办理，毋任狡饰。将此各传谕知之。③

●八月初六日，以文绶办理啯匪一案十分不力，乾隆除对之训斥外，还将湖广提督李国梁调赴川省。其所有湖广提督印务即著刘墉暂行兼署。

丙子，谕军机大臣等：据舒常、郑大进等奏，续获啯匪彭家桂一名，讯据夥党有黄大年、黄大富等十人，此外尚有不知姓名者二十八人，并有头人陈昇、罗恒二名，俱系忠州人。曾抢劫梁山马家堰场及高峰山场等语。此等啯匪，有头人掌年儿名目，呼群蚁聚，四处抢劫。倘不及早设法搜捕净尽，将来或更合数党为一党，如逆回苏四十三在甘省之事，亦复何所不为？此案皆缘文绶平日疏纵，及至事发，又不督饬文武各属，实力擒捕，致令窜出楚黔。文绶又安坐省城，及获犯审讯，又不能如舒常等将紧要情节，确讯供词呈览。办理种种错谬，全无条理，丧心昧良，天夺其魄！著再传旨严行申饬！又本日据福康安奏续获啯匪名数及现饬严捕情形一摺。所办亦为周密，其所获之吴大汉等各犯，前据李本奏审系均非啯匪党羽。当经传谕该抚，既系形迹可疑，亦当严讯，务得实情。兹据福康安奏讯据吴大汉供认，前在

---

① 《大清高宗法天隆运至诚先觉体元立极敷文奋武孝慈神圣纯皇帝实录》卷之一千一百三十七。
② 印鸾章：《清鉴纲目》，长沙：岳麓书社，1987年，第371页。
③ 《大清高宗法天隆运至诚先觉体元立极敷文奋武孝慈神圣纯皇帝实录》卷之一千一百三十八。

婪川有抢夺商民之事，并有夥犯十余人。是吴大汉各犯，不可不严行查办。著再传谕李本即提犯审讯确供，究出实情定拟。其从前因何未审出实情之处，亦著李本明白回奏。再毕沅奏审明啯匪王士花等定拟斩决一摺。现饬军机大臣，会同行在法司核拟。将首犯王士花等从重照叛逆例分别问拟。其首犯家属，亦照叛逆缘坐。嗣后四川各该省拏获此等啯匪首犯，审明定拟时，俱著照此办理。至李国梁现赴川省，所有湖广提督印务，即著刘墉暂行兼署，已于舒常等奏到夹片内批示。将此传谕文绶、福康安、舒常、郑大进、刘墉、李本、李国梁知之。所有军机大臣行在法司议奏摺，并舒常等摺，并著钞寄文绶阅看。问其知愧知惧否？①

●八月初八日，刘墫以江宁布政使衔奏海门、通州二属水灾情形及赈灾办法。

戊寅，江宁布政使刘墫奏：六月十八九日潮灾淹及海门、通州二属。臣亲往确勘，禾稻伤损，房屋坍塌，虽水涸甚速，业已成灾。应先抚恤一月口粮，正在商拨仓谷。当据海门厅禀报，该厅距通州百里，并无水路驳脚。向例皆系招商运米，即饬照速办。得旨：仍当详察妥办，俾穷民均沾实惠。②

●九月初五日，刘墉奏《拿获啯匪伙犯审明正法折》《访获潜回原籍啯匪遵旨办理折》《拿获啯匪究讯割辫情由事折》，受乾隆高度赞许。

甲辰，谕军机大臣曰：刘墉奏拏获啯匪夥犯审明正法及访获潜回原籍啯匪遵旨办理各折，所办甚好！至其所获罗添富、刘老十等讯系成都府金堂县等处人。成都为省会之地，已有此等匪徒，纠约夥党，肆行抢劫，其余各州县自不问可知。文绶前此名为查办，不过就垫江、太平等处已经破案者而言，其余通省各州县，何以未见办及？况详阅所讯各案犯，纠夥起意，商同抢劫，俱在乾隆四十三、四等年，何以迟至本年，始行搜捕？可见文绶从前竟未办理，实为姑息养奸，因循玩误，今予以革职发往伊犁效力，实属罪所应得。至各省擒拏啯匪，如湖广、贵州等省办理俱属认真，其所获正夥各犯亦多。惟川省尚未见实力严办，福康安抵任后，务须督饬阖属各员弁，严密访缉。其已经盘获者必逐名讯究夥党，躝拏务获，断绝根株。即未经破案者，亦须时刻留心，严密查搜，毋使一名漏网。将来总无啯匪名色，方为办理尽善。至刘墉折内所讯各犯，除胡范年等业经拏获审办外，其刘老十、朱玉等，著讯明现在窜匿地方及各省分，即飞咨各该督、抚协同严缉，以期按名弋获。将此

---

① 《大清高宗法天隆运至诚先觉体元立极敷文奋武孝慈神圣纯皇帝实录》卷之一千一百三十八。
② 同上。

谕令福康安、刘墉知之。①

●九月二十五日，刘墉以湖南巡抚衔"奏请改设佐杂分驻要隘事"；奏报查封张源曾任所衣物事。

●九月二十五日，刘墉以湖南巡抚衔奏查缴应毁书籍折（附清单三）。②

湖南巡抚臣刘墉跪奏，为查缴应毁书籍，恭折具奏事。窃照违碍书籍，钦奉谕旨频颁，饬令悉行查缴，业经前任抚臣遍加蒐访，节次奏缴在案。今据布政使陈用敷详称：据印委各官晓谕士民将应禁各省书籍及前任著作陆续呈缴解省，董率局员逐一校核，内有各省暨本省曾经奏缴今绩获重复各书共一百四十九种、记完全者一千五百九十二部、残缺者一千八百四十七部。此外，查有本省人著作陆续呈请销毁之书五十种、记完全者有四十九部、残缺者十一部；又外省人著作应行销毁之书二十四种、记完全者十三部、残缺者十四部；应行摘毁之书十一种、完全者二部、残缺者九部；并各板片二十四副。俱应解京销毁等情。臣细加核对，凡有违碍之处，俱黏签贴说，编号装箱，预期委员运解启程，咨送军机处验收，酌计此时可以运至京城。理合开具书目，恭呈御览，听候军机处请旨销毁。

再，查违碍遗书，前奉谕旨予限二年，钦遵在案。限满以后，现在加意查缴，以期净尽。此后如有续缴书籍，照旧校阅解缴。再，《湖南省志》及府州县志书，悉经磨勘，凡应行末节之处，俱逐条删削抽换另刊。合并陈明。谨缮折具奏，伏乞皇上圣鉴。谨奏。

乾隆四十六年十月十四日奉朱批：览。钦此。

附一　湖南本省人著作书目版片单

湖南巡抚臣刘墉跪奏，谨将湖南本省人著作应毁书目开列清单，恭呈御览。

《韵槐阁文集》，四本。安乡人毕雨周著。

《韵槐阁诗集》，四本。安乡人毕雨周著。板片恭四百四十四块。

《楚诗纪》，五本。长沙人廖元度辑。板片二百六十一块。

《杨文弱集》，二十五本。武陵人杨嗣昌著。

---

① 《大清高宗法天隆运至诚先觉体元立极敷文奋武孝慈神圣纯皇帝实录》卷之一千一百四十。
② 张书才：《纂修四库全书档案》下卷，上海：上海古籍出版社，1997年，第1390页。

《孤儿吁天录》，四本。武陵人杨山松著。

《损斋诗集》，六本。湘潭人刘授易著。板片二百八十三块。

《罗氏藏书》，八本。益阳人罗喻义著。板片二百四十二块。

《石村文集》，三本。湘潭人郭金台著。

《石村诗集》，三本。湘潭人郭金台著。

《硕薖园集》，八本。永明人浦秉权著。板片三百零八块。

《辽金大传》，一本。攸县人陈履谦著。钞本。

《刘友光批注李文正乐府》，一本。攸县人。残板一十四块。

《船山自定稿》，三本。《五十自定稿》，二本。《六十自定稿》，二本。《七十自定稿》，一本。《夕堂戏墨》，二本。《船山鼓棹》，二本。《五言近体》，一本。《七言近体》，二本。以上八种，俱衡州人王而农著。

《廖大隐诗集》，四本。板片一百四十八块。

《环山堂文集》，一本。攸县人蔡来苏著。

《梦草亭集》，三本。上湘谢天埠著。板片一百一十二块。

《青湖诗集》，一本。华容人岩承范著。板片一十八块。

《秋心草》，一本。湘潭人胡继虞著。板片一十六块。

《大学衍义迩言钞本》，三本。平江人彭其位辑。

《云秋养和录》，一本。酃县人谭衡瑗著。板片三十三块。

《天听楼偶兴》，五本。湘乡人李嗣亮著。板片三百三十八块。

《龙鄩遗谱》，一本。益阳人曹尔质著。板片四块。

《紫岩集钞本》，一本。长沙人黄学谦著。

《濑园诗集》，二本。华容人岩首昇著。

《濑园文集》，七本。华容人岩首昇著。板片五百一十五块又三十九块。

《天放古文》，一本。攸县人陈履谦著。钞本。

《古唐诗》，一本。攸县人陈履谦著。钞本。

《南溪草》，安乡人杨明伦著。

《慎斋诗》，溆浦人舒宏训著。钞本。

《南浦遗训》，酃县人谭秀云著。钞本。

《晴江草堂诗集》，八本。衡阳人李隐著。板片三百一十五块。

《常华堂文集》，二本。宁乡人张鸣珂著。板片七十三块。

《一纪删余稿》，一本。湘潭人胡继虞著。板片一十五块。

《后一纪删余稿》，二本。湘潭人胡继虞著。板片六十六块。

《秋感诗》，一本。清泉人周士仪著。

《耕余堂》，一本。安化人郭洪起著。

《楚风冷诗集》，一本。攸县人陈五玉著。

《了庵文集》《了庵诗集》，各八本。湘潭人王岱著。又诗板六百二十五块。

《夕堂绪论》，三本。恒州人王夫之撰。板片二十四块。

《燕日堂录》，旗本。醴陵人廖志灏著。

《国朝诗选》，是二本。攸县人彭廷梅选。

《后场经济类编》，一本。古吴杨廷枢选，古潭张运泰笺释。

以上书五十种，均有违碍及板片，俱请销毁。

注：其中《孤儿吁天录》前有乾隆朱点。

附二　外省人著作应请销毁书目名单

湖南巡抚臣刘墉跪奏，谨将查获外省人著作应毁书目开列清单，恭呈御览。

《赖古堂尺牍新钞》，六本。高阜罗耀选。

《写心集》，四本。西湖陈枚辑。

《天盖楼述评》，十本。吕葆中选。

《唐顺之稿》，十五本。逆犯吕留良评。

《皇明制书》，五本。

《通鉴会纂》，十二本。竟陵锺惺订，西陵汪桓定。

《听嘤堂汇选名表》，二本。吴郡黄始选。

《樵史》，一本。无撰人姓氏。

《古文观止》，六本。山阴吴乘权、吴大职同辑。

《明文得珠》，二本。古棠徐暄评释。

《叩钵斋》，一本。西陵李之涉、汪建封同辑。

《历朝鉴谱》未订。云间聂慎行著。

《二三场有神集策》，二本。江宁黎利宾编次。

《二三场有神集表判》，二本。江宁黎利宾编次。

《二三场开宗表策》，一本。赵城赵灿英评。

《英烈传小说》，四本。君召余应诏刊。

《明文大家二编》，三本。

《明文得》，一本。

《小题合评文在》，一本。

《通鉴约义》，一本。吴郡王世贞纂。

《历朝纲鉴辑略》，六本。古虞朱青岩著。

《四书尊注会意解》，十二本。广陵张九达著。

《半窗史略》，十二本。永新龙体刚纂。

以上书二十四种，俱应销毁。

附三　外省人著作应请摘毁书目单

湖南巡抚臣刘墉跪奏，谨将外省人著作应请摘毁书目开列清单，恭呈御览。

《古文快笔》，一本。吴门杭永年、琅玡王化远同评。查目录载钱谦益文一首。

《明文初学读本》，二本。长洲汪分选。内有钱谦益文三篇。

《香海棠诗歌》，一本。四川袁子让著。内有花命妇歌。

《诗持》，二集七本，三集六本。闽中魏宪选。内有龚鼎孳、钱谦益、吴伟业、屈大均等诗。

《明文分类传针》，一本。江南汪思回编。内有钱谦益文。

《明文小题传薪》，三本。濮阳臧岳评选。内有钱谦益文四首。

《江辰六文集》，十一本。贵阳江闿著。内有钱谦益语并屈大均诗。

《程墨衡》，一本。查系明人程墨选，不著选人名氏。有锺惺文一篇。

《合并纲鉴全篇》，一本。无撰人名氏。总论多引《历朝捷录》。

《陶庵诗集》，一本。明嘉定黄淳耀著。查集内《少年走马行》《宏光改元书怀》等诗，字有空缺。

以上书十一种，俱应摘毁。

按：刘墉一次就毁坏如此之多的书籍，实在是对学术事业的一大犯罪。

●九月三十日，刘墉奏拏获啯匪究讯割辫情由一折。

己巳，谕军机大臣等：刘墉奏拏获啯匪究讯割辫情由一摺。据称拏获匪犯黄胜才、王景文、刘荣华、颜自远、颜应超、陈添喜等六名，到案查验，皆系割去发辫一段，作为记认等供。且棚头自留发辫，余人勒割，显有奸谋邪术，别有营为。现在暂留活口，再为设法研讯，究出实情等语。所办是！匪徒聚党，俱以割去辫发标志色认，其情甚为可恶。现在湖广地方，所获割辫之犯颇多。啯匪起自川省。总由文绶不能饬属查拏，以致养痈贻患。而于割辫一节，尤无一字提及。其从前该省所获各犯，及现获匪党内，必有似此割辫者。著再传谕福康安，令其将从前拏获各犯内，其中割辫者共若干名，曾否讯取供词，逐一查明，据实覆奏。如有现获割辫之犯，即严讯其是何主意，从重究拟，不得稍为姑息了事。将此并谕舒常、刘墉知之。①

○九月，诏以武职官员虚额名粮归入养廉。②

●十月初七日，乾隆先是传谕舒常、郑大进、刘墉等即将现获各犯严讯实情，照前旨严办。后又在刘墫上奏徐州府属丰沛铜山等县续被豫省漫水抚恤情形后，指示其办赈事宜。

丙子，又谕曰：李国梁奏，据远安营报获啯匪张元保、李老七即李廷昌、胡魁即胡龙三名，宜都营报获啯匪陈世达、刘文年二名，宜昌镇后营报获啯匪匡阳泰、朱玉孙、达包子三名，又盘获叶天才、张宗荣、朱国才、张朝选、曾凤、刘世模、黄汉清、王登榜、余应伦九名，又盘获刘天贵一名，远安营又盘获湖南之刘成一名，现在移咨解省审办等语。此等啯匪结党成群，行踪诡秘，不法已极。今又据李国梁奏拏获多人，可见文绶办理不善，疏纵酿成，以致该犯等窜逸各处，至今尚未尽就弋获。著传谕舒常、郑大进、刘墉等即将现获各犯，严讯实情，遵照前旨办理。

谕军机大臣曰：刘墫奏查勘徐州府属丰沛铜山等县，续被豫省漫水抚恤情形一折。据称报明督、抚，酌带藩库银五万两驰至该县会同办理等语。所有被灾州县，务宜实力查办，已于摺内批示矣。至所带银两，如尚不敷赈恤，即著该督就近酌量，于两淮盐课本年现应拨解户部银两内，一面截留动拨若干，一面奏闻，以备赈济之

---

① 《大清高宗法天隆运至诚先觉体元立极敷文奋武孝慈神圣纯皇帝实录》卷之一千一百四十一。
② 印鸾章：《清鉴纲目》，长沙：岳麓书社，1987年，第372页。

用，俾灾黎均沾实惠。将此由五百里传谕萨载、闵鹗元，并谕图明阿、刘墫知之。①

●十月二十一日，乾隆又命刘墉等严讯李国梁新捕获之啯匪。

庚寅，谕：据李国梁奏查获啯匪李老三一名，又盘获陈添善、彭宏富、李元得三名，又获啯匪何文龙、郭辅臣、石正贵三名。现在移交文员审讯，解交该督抚办理。并将各犯所供逸匪，逐案移咨该省，一体饬缉务获等语。此等不法匪徒，成群结党，行踪诡秘，甚属可恶。屡经降旨严密查拏，至今尚未尽获，皆由文绶平日疏纵酿成，以致纷纷窜入他省。著传谕舒常、郑大进、刘墉即将各犯严行审讯，遵照前旨办理。②

●十月二十六日，以黄模奏拿获啯匪曾老岩、曾老二二人，乾隆命刘墉即严讯实情，根究伙党踪迹。

乙未，乾隆谕曰：据黄模奏拿获啯匪曾老岩、曾老二二犯，审讯供词，该犯等纠集多人，屡次抢劫，内并有头目名色。现咨明抚臣刘墉，将获犯曾老二等审办等语。该犯等伙结匪党，抢夺多案，自应从重办理，以惩凶顽。著传谕命舒常、刘墉，即行严讯实情，根究伙党踪迹。一面遵照前降谕旨办理，一面具奏其供出伙匪。务即来饬各属，实力查拿，并咨明邻近各省，将该犯所供各犯逃逸之处，一体饬属严缉拿获，毋使漏网。将此由六百里传谕舒常、刘墉，并谕黄模知之。所有黄模奏到原折，并著钞寄舒常等阅看。③

●十一月初二日，刘墉补授左都御史，其湖南巡抚员缺由将届服满之李世杰补受。

庚子，谕曰：工部尚书周元理勤慎供职，宣力有年，兹以老病乞休，著准其回籍调理，并加恩赏给太子少傅衔，以示优眷。所有工部尚书员缺，著罗源汉补授。刘墉著补授都察院左都御史，仍暂行兼管湖南巡抚事务，候朕另降谕旨。④

●十一月初八日，乾隆要求俟李世杰接任后，刘墉即行进京供职。

丙午，谕曰：刘墉，已补授左都御史。其湖南巡抚员缺，李世杰将届服满，即著前往署理，俟服阕再行实授。刘墉俟李世杰接任后，即行来京供职。⑤

---

① 《大清高宗法天隆运至诚先觉体元立极敷文奋武孝慈神圣纯皇帝实录》卷之一千一百四十二。
② 同上书，卷之一千一百四十三。
③ 同上。
④ 同上书，卷之一千一百四十四。
⑤ 同上。

●十一月十一日，刘墉以湖南巡抚衔"奏审办续获盗匪李再垅情形事"。

●十一月十五日，刘墉以湖南巡抚衔"奏为甄别教职佐杂等事"。

●十一月二十日，刘墉迁都察院左都御史。本月仍有折奏报湖南究出割辫啯匪情形。

戊午，谕军机大臣等：据刘墉奏，"究出割辫啯匪黄胜才等，供称川省匪类，各有记号。其割辫夥内，成群结拜。割下之发，烧灰入酒共饮，各护各党。其棚头因欲出头露面，故不割辫"等语。此等匪徒，竟敢割去发辫，作为记号，甚属可恶。看来川省逸出湖广境内之贼匪，竟有此记认。今黄胜才等犯，已据刘墉审明正法。恐川省各州县，似此割辫逃出者，亦复不少。虽从前据福康安奏川省啯匪从无割辫之事，但楚省获犯既有此事，则川省亦应严密查察。著传谕福康安密饬各属，于山谷深僻地方，再行严加搜缉，务令此类根株净绝，毋使稍留余孽，或致远扬，方为尽善。将此由六百里传谕知之，刘墉折并著钞寄阅看。①

●十二月二十四日，刘墉以湖南巡抚衔报交印起程及得雪情形，并又报湖南察拿逃兵并未拏获、亦无投首诸事。

庚寅，又谕：前进剿金川，所有各省绿营脱逃兵丁，曾明降谕旨，分立限期，如有自行投首者，加恩免死，发遣伊犁等处。此等逃兵，一经拏获，本系即应正法之犯。朕加恩宽以一线，准其投首免死，原属法外之仁。兹据湖南巡抚刘墉奏报，该省并未拏获，亦无投首等语。而各省奏报投首者亦复寥寥，逃兵等当知已赦其死，不过改遣伊犁等处，乃仍敢匿迹，希图漏网，实属不知朕恩，怙终贼刑，不可再宽矣。地方官等，平日不能留心办理，仅以通缉具文，或出示了事，并不认真，亦难辞咎。兹再予限一年，如有限内不行投首，续经拏获者，俱著即行正法，以彰军纪。其承缉不力之地方官，并著该部另行严定处分具奏。②

○刘墉好友朱筠（竹君）（1729—1781）卒。

○赵之琛（次闲）生。

---

① 《大清高宗法天隆运至诚先觉体元立极敷文奋武孝慈神圣纯皇帝实录》卷之一千一百四十五。

② 同上书，卷之一千一百四十七。

1782　乾隆四十七年　壬寅　刘墉63岁

●正月十一日，刘墉以湖南巡抚衔奏报整理湖南社仓情形折。

戊申，刘墉奏曰：社谷成例，准于秋收之后，劝谕捐输。湖南省自乾隆四十五年，长沙、辰州等属，捐谷十七万三千五百余石。上年湘阴等属，又捐谷十二万余石，合旧存本息谷五十余万石，颇为充裕。现饬各该州、县，于城乡要地，缮治仓廒，新旧分贮，并选殷实之人，充当社长。责成州、县官，实力稽查，不令胥吏涉手，以备农民接济，如遇俭岁，例得免息，于贫民更沾实惠。报闻。①

按：光绪《湖南通志》卷一百零五《宦绩刘墉》条评刘墉治绩云："政简刑清，吏民畏服。尝捐州县社仓谷十二万石，民以为便。"

●孟春，刘墉邀请皇十一子即成亲王为《槎河山庄图》题跋。②

> 大风声实被，旧宅画图垂。
> 食粟厅无马，为田世有诗。
> 春秋眷嘉树，本末具清时。
> 并美石门瀑，谁能专郁离？
> 　　乾隆五十七年（1792）孟春为石庵师傅题
> 　　　　　　　　　《槎河山庄图》　皇十一子

●正月，刘墉回京后亲自为侄刘镮之授业。
●二月初三日，刘墉值南书房。③
●二月十八日，赐刘墉紫禁城骑马。④

---

① 《大清高宗法天隆运至诚先觉体元立极敷文奋武孝慈神圣纯皇帝实录》卷之一千一百四十八。
② ［清］永瑆：《题槎河山庄图　山庄为石庵先生先文正公读书处》，《诒晋斋集》卷五，《续修四库全书》第1487册，上海：上海古籍出版社，2002年，第176页。另见诸城刘氏《槎河山庄图》成亲王题跋墨迹。
③ 《大清高宗法天隆运至诚先觉体元立极敷文奋武孝慈神圣纯皇帝实录》卷之一千一百五十。
④ 同上书，卷之一千一百五十一。

●三月初四日，刘墉以李侍尧彻查厅、州、县亏空案，会同军机大臣对解刑部罪犯详加审讯。

丙辰，谕军机大臣等：据李侍尧奏，查明皋兰等三十四厅州县，亏短仓库确数共银八十八万八千九百九十余两，又亏空仓粮七十四万一百一十余石及草束四百五万一千有零。俱系历任州县侵亏，转相容隐接收。各上司因循不办，捏结保题，酿成锢弊。请自乾隆四十年以前，溯至乾隆二十年之历任州、县、道、府、藩司、督、抚，照伊等任内亏空四十二万之数，著落加倍赔补。如有无力完缴者，即摊入通案各员名下代赔等语。仓库正项银两，乃敢任意侵欺，即令加倍赔补，亦所应得。但念历年已久，各州县辗转接收，较之折捐冒赈，昧良舞弊者，尚属有间。其滥行出结保题之各上司，咎止失察，著加恩将亏空四十二万之数，照依原单，按其在任久暂，照股分赔，毋庸加倍赔补。至该督所称，其余尚有八十二万余两，未便竟归无著。请于现任总督及司、道、府、厅、州、县各员养廉内，摊扣三成，陆续归补等语。甘省积弊相仍，为从来未有之奇事，此等劣员，既经冒赈殃民，又复侵亏正帑，实属罪无可逭。除已经正法各犯外，所有现在解部人犯，已交军机大臣会同英廉、胡季堂、刘墉详加核奏。候朕另降谕旨。至李侍尧、福崧等办理此案，彻底清查，尚属实心。即现在道、府及州、县各员，多系新任。若令摊扣养廉，办公未免竭蹶，且恐将来转有藉词赔累，复致亏缺之弊，并著一体加恩，免其分赔。此次宽免之后，若再有亏短，一经查出，断不能为之曲贷也。该督等仍当不时查察，毋得稍有徇隐。将此谕李侍尧知之。①

●三月初十日，刘墉以左都御史充三通馆总裁。②

●四月初四日，刘墉始受命查国泰、于易简贪纵营私案。

庚午，谕曰：尚书和珅、左都御史刘墉、侍郎诺穆亲驰驿前往涿州、德州至江省一带，有查办事件。所有随带司员，一并驰驿。御史钱沣并著驰驿前往。

又谕：据御史钱沣参奏，山东巡抚国泰贪纵营私，布政使于易简亦纵情攫贿与国泰相埒等语。叶佩荪由山东按察使升任湖南布政使，离山东不久。巡抚、布政如此婪贿不法，断难诿为不知。今特派尚书和珅、左都御史刘墉等前往，秉公据实查办，并带同该御史钱沣前往，断无不水落石出之理。著传谕叶佩荪，即将伊从前在

---

① 《大清高宗法天隆运至诚先觉体元立极敷文奋武孝慈神圣纯皇帝实录》卷之一千一百五十二。
② 同上。

山东任内所有见闻，国泰等如何贪纵营私之处，逐一据实速奏。若稍存徇隐，将来和珅等审明，果有其事，叶佩荪何以对朕？叶佩荪在山东将及二年，必有闻见。且此事与伊无涉，毋庸回护。若明白奏出，朕亦不治其一向徇隐之罪。所有钱沣折，著钞寄阅看。①

●四月初八日，刘墉与和珅、钱沣等到达济南。

甲戌，谕军机大臣曰：安徽按察使吕尔昌从前曾任山东府道，屡经国泰保奏。昨御史钱沣参奏国泰贪纵营私，勒索属员，遇有升调，惟视行贿多寡，以致历城等州县亏空，或八九万或六七万之多。布政使于易简亦纵情攫贿，与国泰相埒等语。已差尚书和珅、左都御史刘墉等前往审办矣。吕尔昌系国泰用人，且在东省历任府道，钱沣所奏国泰等种种劣迹，吕尔昌断无不知之理。著将原折钞寄萨载，即传吕尔昌到省。传旨令其将钱沣所参款迹，伊在山东时，所见国泰、于易简如何贪纵营私，并伊如何与国泰交结，国泰何以信任保奏伊之处。逐一据实指供，毋许丝毫欺隐。伊若能据实供吐，其罪尚可量从末减。若稍涉徇隐，将来和珅等审明，果有其事。是吕尔昌于本罪外，又加欺罔。伊试自度量，能当此重罪乎？萨载讯明吕尔昌后，即将伊所供情节，迅速驰奏。②

●《清史稿》分别在"国泰别传"与"钱沣别传"中对此案的审办过程有如下记载：

四十七年，御史钱沣劾国泰及易简贪纵营私，征赂诸州县，诸州县仓库皆亏缺。上命尚书和珅、左都御史刘墉按治，并令沣与俱。和珅故袒国泰；刘墉持正，以国泰虐其乡，右沣。验历城库银银色不一，得借市充库状。语互详沣传。国泰具服婪索诸属吏，数辄至千万。易简谄国泰，上诘不敢以实对。狱定，皆论斩，上命改监候，逮系刑部狱。巡抚明兴疏言通察诸州县仓库，亏二百万有奇，皆国泰、易简在官时事。上命即狱中诘国泰等，国泰等言因王伦乱，诸州县以公使钱佐军兴，乃亏及仓库。上以王伦乱起灭不过一月，即谓军兴事急，何多至二百万？即有之，当具疏以实闻。国泰、易简罔上行私，视诸属吏亏帑恝置不问，罪与王亶望等均。命即狱中赐自裁。③

---

① 《大清高宗法天隆运至诚先觉体元立极敷文奋武孝慈神圣纯皇帝实录》，卷之一千一百五十四。
② 同上。
③ 赵尔巽主编《清史稿·国泰传》下册，杭州：浙江古籍出版社，1998年，第1253页。

● 《清史稿》在"钱沣传"对此案的查勘还有如下记载：

四十七年，沣疏劾山东巡抚国泰、布政使于易简吏治废弛，贪婪无餍，各州县库皆亏缺，上命大学士和珅、左都御史刘墉率沣往按。和珅庇国泰，怵沣，沣不为挠。至山东，发历城县库验帑银。故事，帑银以五十两为一锭，市银则否。国泰闻使者将至，假市银补库。沣按问得其状，召商还所假，库为之空。复按章丘、东平、益都三州县库，皆亏缺如沣言。国泰、易简罪至死，和珅不能护也。上旌沣直言，擢通政司参议。四十八年，迁太常寺少卿。再迁通政司副使。出督湖南学政，沣持正，得士为盛。五十一年，任满，命留任。湖北荆州水坏城郭，孝感土豪杀饥民。上责沣在邻省何不以闻，下部议。诸生或匿丧赴试，又有上违禁书籍者。沣按治未竟，闻亲丧去官，以事属巡抚浦霖。霖遂并劾沣，坐夺职。上命左授六部主事。①

● 《清代七百名人传记》《钱沣碑铭》《啸亭杂录》《清稗类钞》《郎潜纪闻初笔二笔三笔》对此事细节也都有载录，但以清人陈康祺《郎潜纪闻初笔二笔三笔》对此事来龙去脉所记最为详尽可信。今录之如下：

钱南园通政复有疏劾东抚国泰一事……时和珅柄国，而国泰素奔走其门下者……及抵境，和已授意国泰弥缝，辄以危言相恫喝。幸刘文清深知其弊，常与通政密商，比到省盘查，则和先扬言不用全数弹兑，抽查至数十封，无短绌，和遽起回馆舍……高宗嘉之，许为敢言，语云：批龙鳞易，捋虎须难。通政是举，若非圣君在御，贤相同舟，其不为珅所搏噬也几希！②

按：陈氏一开始就挑明了和珅与国泰的关系——"时和珅柄国，而国泰素奔走其门下者"。而"及抵境，和（珅）已授意国泰弥缝"与"到省盘查，则和（珅）先扬言不用全数弹兑，抽查至数十封，无短绌，和（珅）遽起回馆舍"两语，则明白无误地揭露了和珅对国泰先是事先授意、然后设法阻挠正常勘验的种种丑行。而由"幸刘文清深知其弊，常与通政密商……语云：批龙鳞易，捋虎须难。通政是举，若非圣君在御，贤相同舟，其不为珅所搏噬也几希！"一段，我们可知，虽然钱沣的弹劾获得了意外成功，但如果没有刘墉敢于主持正义，经常与之密商，与和珅展开有效斗争，那么钱沣"捋虎须"的后果可能就是陈康祺所云的为和珅所搏噬。

---

① 赵尔巽主编《清史稿·钱沣传》下册，杭州：浙江古籍出版社，1998年，第1218页。
② ［清］陈康祺：《郎潜纪闻初笔二笔三笔》，北京：中华书局，1997年，第516—517页。

唯此则记事中"辄以危言相恫喝"一语令人费解，但当我们看到陈氏在同书的补充说明，就会知道钱沣在国泰"辄以危言相恫喝"下的尴尬，也才可能进一步体会到刘墉在此事件中所扮演的角色是多么重要！也才能真正理解作者前面所讲的"若非圣君在御，贤相同舟，其不为珅所搏噬也几希！"的深刻含义。

在"钱南园劾国泰之勇决"条下，陈康祺补充云：

钱南园通政为御史时，劾东抚国泰，前笔记之未详。是时刘文清公偕和珅奉高宗命，往山东讯鞫，并谕御史同讯。方谳狱日，国泰忽起立詈御史曰："汝何物，敢劾我耶？"文清大怒曰："御史奉诏治汝，汝敢詈天使耶？"立命隶人披其颊，国泰怯而伏，珅遂不敢曲庇。狱上，国泰伏诛。① 看来，"方谳狱日，国泰忽起立詈御史曰：'汝何物，敢劾我耶？'"就是陈氏所云的"辄以危言相恫喝"一类事件。审案之初，国泰突然发作，对钱沣声色俱厉地大骂道："你是个什么东西？敢告我？！"虽然钱沣是铁面御史，但在审案现场，国泰冷不丁的突然暴发，想必使他措手不及。现在所有的清史史料没有记载他对国泰这次突然袭击的反应，恰恰说明当时他是被动的，因此才没有很结实、很经典的反击，不然的话，那些清史史料的作者决不会漏掉这样一个精彩的片断。国泰乃乾隆所称的"小有才之人"，居心巧诈，在属吏面前，大施淫威，其凶残与淫威，实绝非寻常者可比。而在这千钧一发之际，面对凶神恶煞般咆哮公堂的国泰，刘墉呵斥道："御史奉诏治汝，汝敢詈天使耶？！"刘墉这句话，极有智慧，可谓寸铁杀人！御史官小，但御史是代表天子而来，你敢骂天子之使，不言而喻，就是辱骂天子！听到此话，咆哮要横的国泰才没了脾气。刘墉紧接着"立命隶人批其颊"，凶横的国泰才象泄了气的皮球一样瘫软下来。这样一来，审案方能正常进行下去。否则，让"小有才"的国泰折腾起来，再加上和珅的暗中相助，恐怕审案的难度要增大许多。刘墉一招毙敌，在这次交锋中，不仅震慑了罪犯国泰，而且对不断阻挠正常审案的和珅也敲响了警钟，使其对国泰不敢再曲加包庇。否则，和珅与国泰一唱一和，就像他刚到济南时，"只抽数封"那样明显地庇护国泰，其间刘墉如再保持中立，恐怕钱沣再厉害，也难保不被和珅搏噬！

刘墉、钱沣的组合，胜过和珅与国泰的组合，无疑是发生于乾隆朝晚期的一个重要政治事件。这个事件中正义一方的胜利，大大鼓励了正义官员们对和珅及其党

---

① ［清］陈康祺：《郎潜纪闻三笔》卷十一，《续修四库全书》第1182册，上海：上海古籍出版社，2002年，第583页。

徒们所开展的斗争。如乾隆五十一年（1786）曹锡宝告和珅家奴刘全，乾隆五十五年（1790）尹壮图借议停罚罪银暗斥和珅乱政，乾隆五十七年（1792）武亿痛杖和珅蛮仆①，乾隆六十年（1795）谢振定焚和珅妾弟违制轿车②。这些有正义感的官员们，对于怙宠作恶的和珅敢于接二连三地交锋，再加上朝中大臣阿桂、嵇璜、王杰等人的正直无私，酿成了乾隆朝晚期一缕极其难得的正气。在这一历史阶段，如果乾隆公正且明察，曹、尹善于斗争，形成乾隆晚期的政治清明格局未必不可能，和珅对清王朝的危害也许就不会太大，清王朝引以为自豪的康乾盛世也许还会得以延续下去。但事实却是，敢言者如曹锡宝、尹壮图等人缺乏斗争艺术，在与和珅的交锋中，节节败退，最后一个郁闷而死，一个险些当时就丢掉脑袋。而武亿、谢振定均因开罪和珅丢官，朝中正直大臣刘墉、阿桂、王杰等对和珅虽十分厌恶，但因乾隆待之貌似公正实则包庇纵容，故无力去之。和珅的实力遂日渐坐大，大到除了乾隆以外，无人能够控御的程度，曹、尹的悲惨遭遇使朝臣们对和珅的肆意妄为更是噤若寒蝉，使清王朝政局痛失挽回衰颓之势的一次重要机遇。这实是清王朝在进入乾隆晚期以后国势由盛转衰的重要节点。

●四月十三日，刘墉与和珅、钱沣等审实国泰、于易简贪纵滥索以致府库亏空。乾隆大怒，革职拏问一大批官员。并命和珅押解国泰、于易简至京由他亲自审问。余者交与刘墉，并命刘墉继续查察东平、益都、章邱三州县库帑亏空之情。

己卯，谕：昨御史钱沣参奏山东巡抚国泰、布政使于易简贪纵营私，勒派所属州县，以致历城等处仓库，多有亏空各款迹一折。特派尚书和珅、左都御史刘墉并带同御史钱沣驰赴山东省城，严查办理。今据和珅等奏先将历城县库盘查，查出该县知县郭德平亏空银四万两，有挪移掩饰之弊。并询问国泰任意婪索各属员，盈千累万各款迹，亦俱承认。俱系调任漳州府前任济南府知府冯埏经手。从前系吕尔昌经手。又于易简身任藩司，一任县库亏空，扶同弊混。甚至见巡抚时长跪回话，卑鄙无耻。其余案内款迹，现在彻底严究等语。国泰、于易简、吕尔昌、冯埏、郭德平均著一并革职拏问。交和珅、刘墉严切询究定拟。并著萨载，派员将吕尔昌迅速解往山东，归案办理。所有山东巡抚员缺，著明兴补授，即赴山东新任，接印办事。俟此案结后，再赴热河陛见请训。明兴未到之前，著诺穆亲暂行署理。直隶布政使

---

① 赵尔巽主编：《清史稿》下册，《二十五史》（百衲本），第1516页。
② 同上书，第1218页。

员缺，著陕西布政使祥鼐调补。所遣员缺，著西安粮道图萨布署理。

谕军机大臣等：据和珅等奏查办御史钱沣参奏山东巡抚国泰一案，于初八日到省。询问于易简，称国泰闻钦差前来之信，就对我说，我有交州县变卖物件银子，在济南府里。历城现有亏空，教且挪动顶补。该县郭德平随向冯埏府库要去银四万两，挪移掩饰。又询梁肯堂，称国泰勒派属员银两，俱系冯埏经手。随询据冯埏、郭德平供认相符，并据冯埏呈出各府州县帮费清单，复令于易简等当面质证国泰，据伊供认前情不讳等语。此事实属大奇！除明降谕，将国泰、于易简、冯埏、郭德平并升任按察使吕尔昌革职拏问外，国泰身任巡抚，竟敢明目张胆，逼勒派累，任意婪索，通省官员俯首听从。今据冯埏呈首帮费清单，止系伊任内经手之事，其从前吕尔昌任内，如何勒派之处，著传谕和珅严行讯问国泰，务令逐一供吐。至藩司于易简专管钱粮，乃于历城县库一任亏空，复扶同弊混，又向国泰长跪回话，实属卑鄙，并著和珅等逐层根究。至钱沣原参于易简勒索属员之处，何以并未问及？于易简设果无其事？何不问之钱沣？著一并严究。得实后即一面奏闻，一面著和珅押带国泰、于易简于五月初间到京，候朕亲讯。其余案犯交刘墉会同诺穆亲并新任巡抚明兴办理。又国泰、于易简供内有钦差过境，恐有盘查等事，此系何人与信？必当究出实情，毋任捏饰。又钱沣原奏亏空，系历城、东平、益都、章邱四州县。今历城既经查出，其余三州县著刘墉一律查办，务使水落石出，不可颟顸了事。至通省州县人数众多，与历城等州县指实被参者不同。前所降谕旨原云除一二正犯外，朕实不忍似甘肃之复兴大狱。盖东省各州县，被上司抑勒需索。原与甘省之上下通同一气、公然冒赈殃民者有间，此朕不为已甚之心。和珅等自能遵照妥办也。再梁肯堂由直隶州县不数年间擢为臬司，伊到东省数月，于国泰勒派银两及各属亏空之事，既有见闻，何以不行陈奏？并著和珅等询问明白。令其自行据实覆奏，将此传谕知之。①

●四月十四日，乾隆就国泰案涉及诸事多所布置，对案中几个关键人物与案件重要节点，指示刘墉等如何处理。

庚辰，谕军机大臣等：昨和珅查奏国泰、于易简一案，已降旨将国泰等革职拏问，传谕和珅等遵照研讯矣。国泰此案，即勒派通省属员，婪索银八万两，从前不知凡几。较之李侍尧在滇省索取矿厂余息者，其罪较重。且此银数，乃据冯埏呈出

---

① 《大清高宗法天隆运至诚先觉体元立极敷文奋武孝慈神圣纯皇帝实录》卷之一千一百五十四。

本年经手之件，其从前吕尔昌经手者，又有若干。务须逐一根究，不得将就了事。至于易简，前据钱沣奏自上年入觐回任之后，自谓于国泰有保奏之力遂亦纵情攫贿，与国泰相埒等语。果如所奏，得赃属实，是竟欺君罔上，以济其婪索之私，其罪更浮于国泰，自应即行正法。若无其事，止于畏惧巡抚，不能据实参奏。甚至长跪回话，乃其人品卑鄙不堪。较之国泰勒派各属者，情节则稍轻矣。此处乃于易简生死所关，必使案情明晰，证据确凿，方成信谳。此事在省各官，均可逐一体问。至钱沣既有此奏，其闻之何人？有何证据？自必确有指陈实迹。若止称风闻言事，又因国泰、于易简现已革审问罪，即可完事，不欲更为已甚，则大不可。试思伊所奏于易简若实，则罪应斩决。若所奏不实，则钱沣之不是为何如乎？朕于办理庶政，一秉大中至正，如此不为已甚则可。若内外大小臣工，不据实秉公，亦托言不为已甚可乎？总之此案惟准情定罪，明白允当。有则有，无则无。朕不肯曲庇国泰、于易简，又岂肯枉屈国泰、于易简乎？著和珅等将此传谕钱沣，令其与于易简质对明确，据实覆奏，不可颟顸混过，作和事老人也。至昨所奏现在盘查历城县库，亏空银四万两，因银色不对，查出挪移掩饰之弊。此事前经面谕和珅、刘墉等，今果不出朕之所料。其余钱沣指参之三州县，恐亦不免有此等情弊，务须详悉查明，水落石出，不可因历城已经办出，不加详细盘验，任其朦混掩饰。此三处，和珅、刘墉即不能亲往，或诺穆亲、明兴、钱沣等均可分投往查，或令梁肯堂同军机司员赴彼详查，以服钱沣之心。至通省亏空，人数众多。虽与甘肃上下通同一气、公然冒赈殃民者有间，然较之直隶各处，因办差致有短缺者不同。如果各州县自知畏法，不敢以官项为结欢上司之资，何以致有亏空？今朕格外施恩，不欲复兴大狱。然不可不彻底详查！予以限期，令其上紧弥补。倘有因此次从宽，仍复任意延宕，不即抵补者，即当严参治，惟在新任巡抚明兴，率同新任藩司孙士毅，仰体朕意，妥协办理。又梁肯堂现因钦差严讯，始供出于易简见巡抚时长跪无耻此等情节。若梁肯堂日久，恐亦所不免。设果伊守正不阿，岂有到任数月，于国泰种种贪纵不法，无所闻见之理，何以不行据实奏闻？和珅等即以此问之梁肯堂，令其自行明白据实覆奏。又和珅、刘墉等昨所奏摺内，有于易简称国泰闻有钦差过境，恐有盘查等语。此事必有人与信，今日传讯国霖，据称伊母于前月二十五日起身，前往山东。恐途中闻有钦差之信，不能放心。是以于初四日遣家人套儿前往，并言并非与国泰送信。套儿现在山东，可以确讯等语。此事不可不严行讯究！国霖遣人前往，何以不先不后，亦于初四日出京？显系通知国泰，令其豫为地步。著和珅等将套儿严切讯问，究竟如何遣伊送信？并于何日到东省之处，详悉具奏。此案国泰自应按律定拟斩候，于易简有无婪赃情节，出入罪关立决。著和珅等一秉天良，不得丝毫含混，畸轻畸重。朕于办理庶务，必期真知灼见，从不肯调停迁就，为和事老人之见。刘墉向在外任，或未能深悉。和珅日侍禁廷，岂得诿为不知？将此传谕和珅、刘墉等，令其悉心详细办理。完结后再令和珅押带国泰、于易简来京。若案情未明，即于朕启銮后赶赴热河，亦不为迟。至明兴，昨谕令即由保定星驰前赴山东省，接篆任事。所有节次所降谕旨，并和珅等奏摺夹片，著一并钞寄明兴阅看，以便遵照办理。①

●四月十八日，乾隆嘱将为国泰婪索属员银两经手的吕尔昌直接押解至京并嘱传谕让和珅、刘墉等知道。

甲申，乾隆谕曰：前据和珅等奏，查办国泰贪纵不法一案，讯据国泰供认婪索属员银两，从前系吕尔昌经手。此事朕已料及，业已降旨，令萨载询问吕尔昌，嗣将吕尔昌革职拿问，解往山东归案办理。此案吕尔昌如何与国泰勾通交结，及国泰如何倍用吕尔昌，历年如何经手婪索之处，此时萨载自已严切讯问明白。著传谕萨载，将所讯确供，一面奏闻，一面即派委妥员，押解来京，务于五月初间解到。约计彼时国泰、于易简亦已押解到京，可以互相质对，毋将解往山东审讯。将此并谕和珅等知之。②

按：此段文字虽没有出现刘墉名字，但"和珅等"之"等"字即表明此条谕旨与刘墉相关。

●四月十九日，国泰案案情已基本审明。刘墉等分别前往盘查章邱、东平、益都等三州县库帑。

乙酉，谕军机大臣等：据和珅等奏国泰勒派属员，于易简有无婪索各情节一折，所奏俱已明晰。折内所称国泰供吕尔昌前任首府时代办物件并各州县帮费，俱系吕尔昌经手等语。已节次传谕萨载将吕尔昌毋庸解往东省，即迅速押解来京质审矣。至于易简有无婪索属员银一节，既据询问众人，并夹讯于易简之管门家人，坚供实无赃据，惟年节收受属员水礼绸缎等物。传询钱沣面质，亦得之传闻，不能指实各等语，看来情节不过如此。国泰系小有才之人，其居心巧诈。因于易简已经保奏，

---

① 《大清高宗法天隆运至诚先觉体元立极敷文奋武孝慈神圣纯皇帝实录》卷之一千一百五十四。
② 同上。

不肯因此假之词色，致通省属员不怕巡抚，使藩司得分其权势，所以故为严厉，不给颜面。且明知于易简已经保奏，不敢复参，转得肆行无忌，恣情婪索。而于易简实系庸懦卑鄙不堪之人，甘心隐忍，曲意逢迎，是以通省属员，共相鄙薄，不肯送给银两。所奏各供，自系实情，此案大概已有根据，不过如此。和珅即可一面定案奏闻，一面押带国泰、于易简来京。其吕尔昌亦可于五月初到京，当面质对。至钱沣所奏章邱、东平、益都等三州县，自应与历城一律彻底清查，不可颟顸了事。著刘墉、诺穆亲、明兴亲往盘查。实在有无亏空。并将钱沣留于东省，不妨令其同查。俟查明三州县后，一同回京。钱沣所参国泰款迹已实，至于易简攫贿证据，何以不能指出，若知而不言，是既托名正直，而又欲为人存留地步，调停将就，亦属非是。今既众供于易简虽未收受银两，而水礼绸缎，亦属不应收受，则所奏尚非无因，朕亦不加深究。至指参之三州县亏空，必应逐一严查，务使有无虚实，毫无隐遁，方成信谳。至通省州县之亏空，人数众多，且出自国泰之抑勒，朕实不忍似甘省之复兴大狱。著明兴详查妥办。酌量轻重，与以二三年之限，令其自行弥补。此系朕格外施恩，若众人不知感知惧，仍复因循延宕，是伊等自取重戾，不可复宽，著明兴严参，按律从重治罪。此时明兴系新任巡抚，毫无瞻顾，自当仰体朕意，悉心妥办也。至国霖遣家人套儿送信一节，已将国霖革职拏问，交军机大臣会同刑部严讯，自得实情。将此由六百里发往并谕诺穆亲、明兴知之。①

●四月二十一日，乾隆指示刘墉等盘查仓库原则。

丁亥，谕军机大臣等：前据钱沣参奏山东州县仓库亏空一节，除历城一县，已据查奏。其余章邱、东平、益都等州县，已谕令刘墉、诺穆亲、明兴亲往盘查有无亏空，自应核实办理。但现在山东通省州县之亏空，朕法外施仁，已降旨令明兴详查酌办。与以二三年之限，令其自行弥补。今思章邱、东平、益都三州县。本与通省州县无异，然既经钱沣指参，则不得置之不问，以完此案。即使三州县果有亏空，于国泰、于易简罪名，原无所增。查无亏空，亦于国泰、于易简罪名，不能量减。该三州县，因闻国泰之事，果已弥补完足，即银色间有不齐，亦不必似历城之深加究诘矣。朕办理政务，一秉至公，当宽者宽，当严者不得不严。此三州县，即遵旨妥办。至嗣后明兴于一切地方公务，均当仰体朕意，宽严酌中，悉心办理也。至查办三州县亏空一事，刘墉、诺穆亲、明兴尽足办理。和珅不必在彼同办，现在哈萨

---

① 《大清高宗法天隆运至诚先觉体元立极敷文奋武孝慈神圣纯皇帝实录》卷之一千一百五十五。

克沙海素勒坦入觐，御前大臣及理藩院正在需人，福隆安气体尚弱，行走勉强。和珅务于五月初一以前，押带国泰、于易简迅速到京。将此由六百里传谕和珅等知之。①

●四月二十四日，刘墉以工部尚书衔与和珅同"奏审拟国泰、于易简等勒索营私一案事"；"奏报查抄山东巡抚国泰等人任所资财事"。

●四月二十六日，蔡新奏请给假一年回籍省墓后，其吏部尚书兼国子监事务俱由刘墉署理。

壬辰，谕曰：协办大学士、吏部尚书蔡新奏请给假一年回籍省墓，并请照例开缺等语。蔡新准给假回籍，不必开缺。其吏部尚书兼国子监事务俱著刘墉署理。至协办大学士系由各部尚书简员兼办，非实缺可比。毋庸署理。②

●四月二十八日，刘墉补授工部尚书员缺。

甲午，谕曰：工部尚书罗源汉年力已衰，难以供职。著加恩给还顶带，以原品休致。所有工部尚书员缺，著刘墉补授，仍兼署吏部尚书管国子监事务。其都察院左都御史员缺，著王杰补授。彭元瑞著调补吏部侍郎。曹文埴著调补户部侍郎。所遗兵部侍郎员缺，著纪昀补授。内阁学士员缺，著李绥补授。③

●四月二十九日，明兴等接乾隆旨查勘赈灾情形，刘墉则继续留在山东盘查东平等三州县亏空。

乙未，谕军机大臣等：上年山东曹州、兖州、济宁等府州各属，因豫省漫口，黄水泛豫省，青龙冈复有蛰塌之事，堵合尚须时日。第念现在另于南岸筑堤改渠筹办，且大汛瞬届，漫水下注东境。曹州、兖州、济宁等府州属一带，均系下游，今加赈将满，朕心深为廑念。著传谕明兴，即与藩司孙士毅，分投速往各该处，详细查勘被灾户口，是否不致失所，据实具奏，候朕酌量加恩。明兴等务须仰体朕意，实力查办，毋得稍存讳饰。其东平等三州县亏空，非甚要事，交刘墉、诺穆亲查办可也。④

○夏四月，褫陕甘总督勒尔谨职。⑤

---

① 《大清高宗法天隆运至诚先觉体元立极敷文奋武孝慈神圣纯皇帝实录》卷之一千一百五十五。
② 同上。
③ 同上。
④ 同上书，卷之一千一百五十五。
⑤ 印鸾章：《清鉴纲目》，长沙：岳麓书社，1987年，第372页。

●五月初八日，在刘墉奏明山东省历城、东平、仓库亏空一案后，乾隆对亏空原因又大发议论，借以表明其办事不为已甚，惟在鉴空衡平，情罪悉视其人之自取的原则。

甲辰，又谕：昨刘墉等奏查明山东省历城、东平、仓库亏空一案，分别定罪，已批交该部议奏矣。据刘墉等折内所称该州县等亏空，系由从前办理逆匪王伦滋扰案内，因公那用，以致各有亏空银三四万两。若果如此，该省抚藩等何以不将各该处情形，早行据实入告？以致辗转因循，使库项久悬？况凡地方公务应用钱粮，朕从无不格外加恩，准其开销。即如两金川平定后，凡军需奏销，经部指驳，仍令川省承办军需大员，详悉查明，切实具奏。即特降恩旨，概予准销，或径行豁免，动以千百万计，此天下所共见共闻者。东省各员办理逆匪一事，若果系实用，该抚等即行奏请开销。设竟有因地方有事，藉端浮冒，侵蚀入己之处，则昧良已极，必当查明参奏，从重治罪，何竟转为徇隐耶？总之东省亏空，皆由国泰、于易简一则恣意贪婪，一则负心欺罔，以致酿成其事。冯埏、吕尔昌等，代巡抚经手，系由抑勒所致。即各州县以贿逢迎，亏短正项，亦由畏惧上司，并非侵蚀入己。与甘省折捐冒赈，公然舞弊营私肥橐者，究属有间。虽甘省各犯，亦被王亶望勒索财物，但各该犯之分肥入己，数在盈千累万，核其情节，不能为之曲贷。若以东省相较，轻重自属悬殊。朕办事不为已甚，惟在鉴空衡平，情罪悉视其人之自取。将此通谕中外知之。①

●五月二十三日，刘墉奏历任山东东平州知州白云从、胡锦、施云汉、李瑛，历任历城县知县许承苍、陈珏成、单琏、郭德平任内均有亏短库项银两。刑部议覆，照因公挪移例从重定拟发遣伊犁，乾隆因刚兴过甘肃大狱，不愿再牵扯人员太多，故从宽处分。

己未，谕：据刘墉等奏历任山东东平州知州白云从、胡锦、施云汉、李瑛，历任历城县知县许承苍、陈珏成、单琏、郭德平，任内均有亏短库项银两。刑部核覆照因公那移例从重定拟发遣伊犁，固属罪所应得。但念此项亏短银两，或系从前因公那用，历任交代接收；或出于上司抑勒。究与擅自那用者有间。白云从等俱著免发伊犁，从宽发往军台，自备资斧，效力赎罪。其扶同徇隐定拟革职，发往军台效力赎罪之历任知府夏玢、朱孝纯、富钿、韩龙震、沈维基、胡德琳、李华钟，及任内止因雇办车辆、那用库项银两、并未接收交代、定拟杖流之前署历城县知县王元

---

① 《大清高宗法天隆运至诚先觉体元立极敷文奋武孝慈神圣纯皇帝实录》卷之一千一百五十六。

启等各员，业经革职，已足蔽辜。所有问拟军台杖流之罪，俱著加恩宽免。①

●六月十三日，刘墉以署理吏部尚书衔与大学士阿桂、吏部尚书永贵"参奏借病规避河工知县事"。

○秋七月，《四库全书》成。命续缮三分，分藏扬州、镇江、杭州等处。②

●七月初八日，乾隆通谕宣布和珅、刘墉主办国泰案两位主犯处理结果。

癸卯，谕曰：国泰、于易简在山东抚藩任内，朋比营私。国泰身任封疆，勒派通省属员，婪索得赃，数至累万。于易简系大学士于敏中之弟，加恩用为藩司大员，乃一味逢迎阿附。及朕降旨令其来京面加询问，伊甘蹈欺罔，不肯实言，并令军机大臣详加开导究诘，伊始终为之庇护。昨经御史钱沣参奏，命和珅、刘墉等前往查审，赃私败露。依律问拟斩候。复命大学士九卿等会核，请旨即行正法。维时以六月停刑，从宽仍改为应斩监候，兹又据明兴奏查办山东各属亏空，竟至二百万两之多，实堪骇异！因命留京办事王大臣等将明兴查办东省亏空奏折，令国泰、于易简阅看，讯供具奏。据国泰、于易简同供，自乾隆三十九年，因办理王伦逆案，有豫备守城、不准开销之项，各州县因公挪移、致有亏空等语。王伦滋事之案，办理不及一月，即使因公挪移，何致有二百万两之多？况伊等身为抚藩，如果查系实在公用挪移，即应据实奏明，朕必降旨加恩准其报销，若系州县藉词侵，亦应据实严参治罪。乃国泰、于易简但知罔上行私，通同舞弊。而于属员亏空帑项，概置不问。其罪实与王亶望、蒋全迪相埒，即立予弃市，原所应得。但尚有王伦一案，藉词卸罪，较之王亶望等又可略宽一线。国泰、于易简著加恩赐令自尽。派侍郎诺穆亲前往宣旨监看。并将此通谕中外知之。③

●九月十七日，吏部议刘墉等奏以山东历城县仓库亏空将徇隐之历任上司官员议处、分别降革折。得旨：此案仓库亏空，皆由国泰贪纵营私、于易简扶同欺隐所致。其历任各上司，过衹失察，俱著加恩免其降革。④

○冬十月，褫浙闽总督陈辉祖职，寻赐死。⑤

---

① 《大清高宗法天隆运至诚先觉体元立极敷文奋武孝慈神圣纯皇帝实录》卷之一千一百五十七。
② 印鸾章：《清鉴纲目》，长沙：岳麓书社，1987年，第373页。
③ 《大清高宗法天隆运至诚先觉体元立极敷文奋武孝慈神圣纯皇帝实录》卷之一千一百六十。
④ 同上书，卷之一千一百六十五。
⑤ 印鸾章：《清鉴纲目》，长沙：岳麓书社，1987年，第373页。

●十月初十日，以刘墉奏报办理赈务江宁藩库库银不足与河工经费并无划拨赈款之事，乾隆命萨载一并查明覆奏。

癸酉，谕军机大臣等：本日据刘墉奏办理赈务情形一折，内称，江宁藩库止实存银四十七万三千余两。苏州各司道库，共可协拨银一百二十万两。较之上年用数，得半有余，仅敷今冬赈用，如或不足，另筹拨济等语。该省赈务应需银两，前据萨载等奏，通计本省司道库内，堪以酌拨赈银一百六十万两，将来如有不敷，各司道库内尚有续收银两可以就近酌拨，毋需别省协济，则是该省赈恤所需，已足敷用。何以此次刘墉摺内，较之萨载前奏，似仍有不敷拨济之意？著传谕萨载令其再行详悉确查，通盘筹画，将实在可以酌拨各司道库银两确数，据实具奏。如该省各司道库，实在不能再拨即行专摺奏明，即降旨酌拨部库银两，豫为筹备赈恤之用亦无不可。又刘墉摺内称河工经费等用，并无拨赈之款等语。该省因上游漫口，尚未堵筑，所有本年一切河堤工程，并无抢修急需之用。何以河工经费一项，转致不能节省存留？其故亦未明晰，著萨载一并查明。此项银两，作何开销？据实覆奏。①

●十一月十二日，刘墉与三宝、嵇璜同在尚书房总师傅上行走。

乙巳，谕：大学士三宝、嵇璜、尚书刘墉，著在尚书房总师傅上行走。德保、曹秀先、周煌不胜总师傅之任，著回原衙门办事。②

●刘墉以小楷书六开册页。

●刘墉书《东方朔传》册页。

○童钰（梅道人）（1721—1782）卒。

●是年，刘墉另有应制诗二首。

奉敕题王翚雪江图③

瑞启飞霙应节连，望中景物画中传。

高人爱写荒寒意，睿藻欣题奉稔年。

直取岷峨来纸上，真贻年麦自天边。

已图汹涌兼飞洒，想见拈毫兴浩然。

---

① 《大清高宗法天隆运至诚先觉体元立极敷文奋武孝慈神圣纯皇帝实录》卷之一千一百六十六。

② 同上书，卷之一千一百六十八。

③ [清]刘墉：《刘文清公应制诗集》卷二，爱日轩陆贞一仿宋镌，第7页。

恭和御制题王翚雪江图元韵①

即素即绚妙如此，此画之中蕴诗旨。
几余吟赏再披寻，咫尺岷涛览原委。
应节绥绥绘事同，一幅包萝更条理。
山川楼阁互照耀，林霭炊烟递表里。
俗人不见见高人，不是诗翁即渔子。
烹茶埽径认谁家，访客回舟问何氏。
大江汹汹从西来，夹岸岩峦高下峙。
笔端挥霍不留行，起伏坡陀又逶迤。
邮亭莫辨路迢迢，滩濑浑忘石齿齿。
江山踏遍得精能，知费平生几两屐。
巴陵洞庭日本东，想见氤氲荡胸起。
黻也水嬉已夺标，翚也雪下方摩垒。
画中好景与时偕，睿虑关民周万里。
以兹伯仲颉顽闲，写入天章兆奉美。
句如禹凿见本根，义配羲图示所以。
小臣仰和才欲竭，书万本诵万过耳。

● 是年，刘墉另有应制诗一首。

恭和御制仲春经筵有述元韵②

万方熙皥正同春，典学经筵礼秩循。
福自天申膺乐寿，极由皇建锡人民。
千年微旨心传圣，三重宏猷训本身。
知以为安能哲惠，渊衷独契知仁真。

---

① ［清］刘墉：《刘文清公应制诗集》卷二，爱日轩陆贞一仿宋镌，第10页。
② 同上书，第8页。

1783　乾隆四十八年　癸卯　刘墉64岁

●正月二十一日，刘墉以署理吏部尚书衔与阿桂、永贵联名"奏为督抚升调拣员中，如有处分应交部核准事"。①

●正月二十三日，刘墉以署理吏部尚书衔与阿桂、永贵联名"奏明满洲京员升选必须交清赔项事"。②

●二月初七日，刘墉与德保、德成等被派前往阅视度地，以便兴建辟雍。在阅视其地后，刘墉与德保等将辟雍图式呈进，并被命与德保总办其事。

戊辰，谕：稽古国学之制，天子曰辟雍。所以行礼乐，宣德化，昭文明而流教泽，典至钜也。朕此次释奠礼成，念国学为人文荟萃之地，规制宜隆。而辟雍之立，自元明以来，典尚阙如。自应增建，以臻美备。著派礼部尚书德保、工部尚书兼管国子监事务刘墉、侍郎德成敬谨前往阅视，度地鸠工，诹吉兴建。落成之日，朕将举行临雍典礼，以昭久道化成之盛。

又谕：据德保等将辟雍图式呈进，自应仿照礼经旧制，度地营建。即著派德保、刘墉、德成总司其事，敬谨承办，以光盛典。③

●二月十六日夜，刘墉书摘《八师经》"神耀得道"四字。

●三月初七日，以舒常奏湖南社谷息银交商，各商均有不欲承领之意。而经手各员亦虞多发，以致日后亏折，请将现存司库社息银停发典商等语，乾隆感到意外，要求军机大臣询问刘墉并钞寄舒常阅看。舒常回奏系商力单薄，不能两项并运，恐致停搁，是以请免给发。又查社谷息银，现存司库，无经手那移情弊。

戊戌，又谕：据舒常奏湖南平粜谷价赢余银两，经前抚臣颜希深奏请拨借银四万两，交长沙府属典商生息。又经前抚臣刘墉奏将此项银两仍应提回，为采买之用。另将社谷息银拨出四万两，交商取息。但前项银两，尚未提回。若又将社谷息银交商，各商均有不欲承领之意。而经手各员，亦虞多发，以致日后亏折。请将现存司

---
① 奏折见清宫档案馆档案胶片。
② 同上。
③ 《大清高宗法天隆运至诚先觉体元立极敷文奋武孝慈神圣纯皇帝实录》卷之一千一百七十四。

库社息银两停发典商等语。各省存公款项，交典商生息，名色本不应有。但闻商人等向俱乐于承借官项，以其轻于民间之三分利息也。今湖南省典商，何以有不欲承领之意？而经手各员，又虞多发以致亏折，是否实系商力疲乏，不愿领银？抑系经手之员，意存那借，是以详请停发耶？该督所奏尚未明晰，著传谕舒常等查核实在情形，逐一详晰覆奏。所有交军机大臣等询问刘墉覆奏情节，并钞寄阅看。寻奏：查系商力单薄，不能两项并运，恐致停搁，是以请免给发。又查社谷息银，现存司库，无经手那移情弊。得旨：览。①

● 三月初十日，刘墉以勤慎称职交部议叙。

辛丑，谕：今年京察届期，吏部开列在京各部院三品以上大臣暨各省督抚等奏请甄别一本。向来大学士例不开列，第念大学士阿桂等或襄赞纶扉，或兼统部务，均能懋著勤劳，敬公称职，宜加优叙，以昭恩眷。阿桂、三宝、英廉、嵇璜俱著交部议叙。协办大学士、尚书永贵，尚书和珅、梁国治、福隆安、喀宁阿、胡季堂、绰克托、刘墉，侍郎金简、董诰、福长安、曹文埴均勤慎称职宜加优奖，著交部议叙。其礼部侍郎钱载、兵部侍郎钱士云、大理寺卿德尔泰、太仆寺卿佛禄年力就衰，难以供职，均予原品休致。余著照旧供职。②

● 四月二十四日，刘墉与福隆安、和珅等受命督办内廷宫殿易换琉璃瓦工料等事。③

● 五月十七日，刘峨补授直隶总督员缺。刘峨未到任以前，命刘墉暂署理直隶总督。④

● 五月十九日，刘墉署直隶总督，六月十八日卸任。在此一月时间内，刘墉经办获鹿县生员王用中控告王琇怀交结县官案、随曹寅刺死试用知县伍绍喜案、冒千总巴种化招摇撞骗案、解山东河工银两督运福康安在四川所采办之大楠木、查办原任天津道后任闽浙总督陈继辉资产案，奏解偷窃通州仓谷要犯等。

● 六月二十八日，以英廉对身体状态自奏与刘墉所云差异甚大，乾隆要英廉将现在气体究竟如何，详悉覆奏。

---

① 《大清高宗法天隆运至诚先觉体元立极敷文奋武孝慈神圣纯皇帝实录》卷之一千一百七十六。
② 同上书，卷之一千一百七十六。
③ 同上书，卷之一千一百七十九。
④ 同上书，卷之一千一百八十一。

戊子，又谕：据英廉奏数日以来，气体较前略健，起坐时刻，支持亦能稍久。拟于七月初一日起，在家阅画稿件等语。昨刘墉来热河召见，询及英廉病体，据称现在又患泄泻，三日未能见客等语。朕心甚为廑念，乃今日英廉又有气体较前稍健之奏。计刘墉在京起身，在发摺之前，或系所患随即痊好，抑系伊家人应对不明，以致刘墉误听，俱未可定。著传谕英廉即将现在气体究竟如何，详悉覆奏，以慰悬注。至应办稿件，自应照前旨在家办理。但秋审班上，须得练达重臣，方能坐镇一切。英廉到彼时，若果精力强健，照旧上班固好。如尚未能到班，先期再行据实奏闻。候朕酌量降旨。①

● 七月十五日，刘墉为兰川杂录杂临诗文册 16 开，现为美国观远山房所藏。

● 七月二十二日，户部议准刘墫所奏徐州府属沛县常平仓缺额米谷调剂之法。

辛亥，户部议准江宁布政使刘墫奏称：徐州府属沛县常平仓缺额谷石，请于江宁省仓贮南屯等米积剩项下照依市价出粜一万石，将价银发交沛县，于邻境丰收地方采买，补贮新仓，以实储备。又嗣后江宁省仓余存米石，如积至二万石上下，即详明督、抚，酌量拨补州县，以抵采买还仓之数，将存价解司。或就近在省出粜易银，随时报部拨用。得旨：依议速行。②

● 七月二十六日，刘墉补授吏部尚书。

乙卯，谕曰：大学士英廉患病，现在兼管刑部事务乏人。从前舒赫德、刘统勋俱曾兼管吏刑二部。大学士阿桂即著兼管刑部事务。

又谕：据英廉奏近日病势转增，急难痊愈，恳请开缺等语。英廉宣力年久，倚畀方深。自卧病以来，朕心甚为廑念，屡经降旨，谕令加意调摄，以冀就痊。今以病势缠绵，陈请开缺，情词恳切。英廉著以大学士在家专心养病，不必开缺。将来病痊时，仍照旧入阁办事。大学士从前本有六缺，即多一人，亦属无妨。现在内阁协办乏人，蔡新著补授大学士，梁国治著协办大学士，刘墉著补授吏部尚书，其工部尚书员缺著金简补授，福长安著转补户部左侍郎，诺穆亲著调补户部右侍郎，其吏部右侍郎员缺著玉鼎柱补授，所遗盛京礼部侍郎员缺，著宜兴补授。③

---

① 《大清高宗法天隆运至诚先觉体元立极敷文奋武孝慈神圣纯皇帝实录》卷之一千一百八十三。

② 同上书，卷之一千一百八十五。

③ 同上。

●八月初六日，刘墉充顺天乡试正考官。①

癸卯科乡试顺天考官：吏部尚书刘墉，字崇如，山东诸城人，辛未进士。内阁学士尹壮图，字万起，云南蒙自人，丙戌进士。洗马翁方纲，字忠叙，顺天大兴人，壬申进士。题"在人"二字，"虽愚必明"一句，"舜禹益相"一句。赋得"仙露明珠"得"秋"字。解元裴显相，字宿塘，清宛人，己酉进士。②

●九月二十日，户部议覆刘墉在湖南巡抚任上所奏武冈州紫阳司巡检等事。

戊申，户部议覆升任湖南巡抚刘墉奏称武冈州紫阳司巡检移驻龙阳县之龙潭桥，新化县苏溪司巡检移驻辰溪县之黄溪口，其廉俸应照旧改拨支给。至巴陵县鹿角地方，裁汰巡检，改设主簿，其养廉并役食，照旧支领。至岁需俸银，应准将从前裁汰湘乡县主簿空缺俸银三十三两有奇，照数拨给。原编巡检，归入空旷项下造报。得旨：允行。③

●十月二十八日，刘墉受前任吏部尚书袁守侗核定秋审官员办理不当所累，被交部议处。

丙戌，又谕：秋谳大典由各省巡抚，分别情实缓决，核准具题。其中罪名，或稍有出入，经九卿核改，从未有如今年之甚者。山西省改入情实三十一起，河南省改入情实二十三起，直隶省改入情实十五起。朕初以为大学士阿桂系本年新命管理刑部，秋审招册，由伊核定，或未免有意从严，以致改入情实者多。及将改拟各案于勾到前确核案情，详加披阅，俱属情真罪当，法无可贷，所改颇为允协。即如执持金刃杀伤，及持械逞凶，一死一伤，窃贼赃至满贯等案，例外省具题，拟入情实。乃此次山西、河南等省，将此等案犯，列入缓决。九卿循照向例改驳，亦得谓之有意从严乎？各省秋审失出，每五起，吏部处分即议降一级，然具题时，朕每加恩留任。伊等或因每邀留任，无所儆畏，转致相沿成习，藉以博宽厚之名，殊非明刑弼教，策励办公之道。雅德著停支巡抚养廉一年。直隶秋审，虽系刘墉接署后具题，而罪名生死出入，系袁守侗核定办理，著于袁守侗名下，追罚总督养廉一年。刘墉署事虽不久，仍著交部照例议处。何裕城著降为三品顶带，停支二年巡抚养廉。至

---

① 王钟翰点校《清史列传》卷四百七十六《列传》卷二十六，北京：中华书局，1987年，第1986—1990页。
② [清]法式善等：《清秘述闻三种·上卷》卷八，北京：中华书局，1892年，第266页。
③ 《大清高宗法天隆运至诚先觉体元立极敷文奋武孝慈神圣纯皇帝实录》卷之一千一百八十九。

农起前经降旨询问，令其明白回奏。乃其覆奏之折，竟于朕前强为陈辩，一似九卿核改各案，尽属非是。并称核之连年秋审，拟入情实数目，适为相准等语。此何言耶？审拟案犯，祇论其情罪确，岂有较论上年人数多寡之理？使必执人数而论，设遇案犯较少之年，岂竟将无罪之人，有心罗织以足其数耶？农起此奏，不是尤大。且河南省人犯，经九卿改入情实，朕核其情稍可原，未经予勾者，尚有三起。而山西省核改三十一起之中，未勾者祇一起。可见农起办理秋审，较他省更为弛法。即予以革任，亦所应得。第念其平日留心民事，著革去顶带，并停支三年巡抚养廉，仍留山西巡抚之任，以观后效。所有朱批农起覆奏摺，并著发九卿阅看。其余各省秋审，及由情实核改缓决失入之案，仍著该部查明起数，将该督、抚、臬司照例分别议处。朕于秋审案犯，详阅招册鉴空衡平，不稍存畸重畸轻之见。苟其人有一线可生之路，即免其予勾，以体上天好生之意。而情节之重者，断不能屈法施仁。所谓辟以止辟，非有意从严也。倘外间无识之徒，或谓阿桂迎合朕旨，而刑部堂官又顺从阿桂意指，以致改入情实者多，是以私意妄为揣测，岂知朕矜慎庶狱，务期平允，生死总视其人之自取，全无丝毫成见乎？将此明白宣谕知之。①

○十月，诏辑《古今储贰金鉴》。②

○冬十月，褫浙闽总督陈辉祖职，寻赐死。③

●十一月初二日。刘墉与伍弥泰、福康安等充经筵讲官。

庚寅，命协办大学士吏部尚书伍弥泰、吏部尚书刘墉、署工部尚书福康安、礼部右侍郎德明充经筵讲官。詹事刘跃云署经筵讲官。④

●十一月十九日，因赵文达殴死夫役张二一案，乾隆忽疑其或有顶凶情节，又以阿桂奏此案情节，颇有疑窦，乾隆遂派阿桂、和珅、福康安、刘墉会同刑部堂官覆讯。

丙午，又谕：前阅本年朝审情实招册内赵文达殴死夫役张二一案，忽疑其或有顶凶情节，因询之和珅、福康安、福长安，俱不能深悉其中情伪。至朝审勾到之晨，

---

① 《大清高宗法天隆运至诚先觉体元立极敷文奋武孝慈神圣纯皇帝实录》卷之一千一百九十一。
② 印鸾章：《清鉴纲目》，长沙：岳麓书社，1987年，第373页。
③ 同上。
④ 《大清高宗法天隆运至诚先觉体元立极敷文奋武孝慈神圣纯皇帝实录》卷之一千一百九十二。

据大学士阿桂奏此案情节，颇有疑窦，请旨再行研审确情。因派阿桂、和珅、福康安、刘墉会同刑部堂官覆讯。该犯等始犹坚执前供，及研鞫再三，据供实系福隆安管事家人富礼善主使责打，赵文达等听从动手属实。此案既据审明，可见从前刑部堂司官，不能尽心推鞫。复令查检原案，初供系福隆安署步军统领时移送刑部，其原咨内本有家人富礼善喝打之语。乃刑部定案时赵文达挺身直认，证佐匠役等，亦随同指供。司官既不加严诘，而堂官等意存观望，不肯深求，颟顸了事，以致富礼善脱然事外。福隆安病体至今未愈，被家人始终瞒哄，竟无见闻。而刑部堂官不加驳诘推求，未免有意瞻徇福隆安情面。刑部堂司官实咎无可宽，该堂官及主稿随同画押之司官等俱著交部严加议处。至福隆安于此案，虽原报本有富礼善之名，及后改供，亦实不知情，但致令刑部堂司官等意存观望，即伊平素恃朕恩以致人畏，即其过也。此案若赵文达已经勾决，不特福隆安获咎更重，即阿桂等亦不能无罪。兹幸究出实情，水落石出，未致枉纵，其情节尚可稍从宽减。福隆安著罚公俸十年，仍交部严加议处。所有此案办理缘由，著明白宣谕中外知之。①

● 十一月二十七日，刘墉等因在署理直隶总督时对参革唐山县知县赵钧彤一事迁延未办，乾隆要求查明其迁延实情。

甲寅，谕军机大臣等：据刘峨奏参革唐山县知县赵钧彤因雇办兵车，违禁派敛村民钱文，审无侵蚀情事，将赵钧彤定拟发往伊犁充当苦差一摺，已批交该部议奏矣。此案尚系袁守侗任内参奏革审之事，刘墉署事未办，刘峨接任亦未及办理，藩、臬、道、府俱有承审之责。且犯证现在，何不及早审明详报，迟延至今，始行定案。即此可见外省急缓积习全不知改，著交该督查明迟延缘由，据实参奏。将此谕令知之。②

○ 黄景仁（仲则）（1749—1783）卒。

● 是年，刘墉另有应制诗三首。

奉敕题赵孟坚落水兰亭二首③

几人传宝冠唐摹，换骨求丹问有无。

---

① 《大清高宗法天隆运至诚先觉体元立极敷文奋武孝慈神圣纯皇帝实录》卷之一千一百九十三。
② 同上。
③ [清]刘墉：《刘文清公应制诗集》卷二，爱日轩陆贞一仿宋镌，第9页。

付与王孙参水月，好从内史解衣珠。
沿溪一濯尘还净，入寺微熏色更腴。
呵护到今归藻鉴，清流宛在惠风俱。

一夕晴虹饮雪川，墨林扬搉几经年。
辨真不待黄银押，写妙还期绿玉镌。
八柱昔标疑地涌，七言今焕庆星联。
永将陈迹成欣遇，海印光涵会俨然。

恭和御制赋得仙露明珠得秋字元韵①

露如珠彩莹，珠似露华流。
梵行清堪拟，宸章妙共收。
降霄垂午夜，应月耀中秋。
迥向鸿濛得，旁从烛照求。
即今轩瓮满，自昔佛璎留。
饮比衢尊酌，珍同韫椟售。
还因称寿献，正以宝贤投。
泽渥殷衔报，心先负笈俦。
赐糖恭纪萝，拜经帷饫赐。
珍朱提色映，钌盘匀颁从。
天上含饴膳，分向书中得。
味人酽白堆，来应兆雪轻。
红点处欲先，春作甘有本。
方调蔗且咀，英华识至醇。

---

① ［清］刘墉：《刘文清公应制诗集》卷二，爱日轩陆贞一仿宋镌，第9页。

1784　乾隆四十九年　甲辰　刘墉65岁

○正月，乾隆南巡。①

●三月初四日，刘墉兼署所有兵部尚书事务。

己丑，谕曰：兵部尚书员缺著王杰补授，仍著在籍守制，俟服满来京供职。王杰未到以前，所有兵部尚书事务，即著刘墉兼署。②

●三月初八日，刘墉与德保奏辟雍土方事不合乾隆之意，本为乾隆视为中才的德保被训斥为"原属无用之人"，刘墉则受乾隆宽谅。

癸巳，又谕：据刘墉、德保奏辟雍工程一折。内称据该监督等呈，现在刨出之土，多系沙性。除将堪用土方抵用外，尚需添买黄土五百八方。又应出运沙土九百五十五方，运至安定门北城根平垫，二共需银三千九百六十五两等语，所奏甚属非是。殿脚地基，固应坚筑。但河内既有刨出之土，亦何至不堪筑打？转欲将刨出土方，运至城根平垫，另买黄土添用？往返运送，徒滋糜费，且将来打土入地，不能再为刨看，最易作弊。况京城各处工程，俱筑地基，从未见有添买土方之事。自系该监督等因德成奉差在外，即藉词出运添买，为开销运价地步，总未能绝弊。而刘墉等不俟德成回京商酌办理，即行据呈具奏，自系为其所愚。刘墉于工程本未谙悉，朕自不加责备。至德保原属无用之人，其于工程，自更懵然罔觉，更不足责。此事著添派金简将此项土方，切实查勘。如该监督等果有藉词开销情弊，即行据实参奏。俟德成回京后，此项工程，即责成伊二人办理。将此传谕金简，并谕刘墉、德保、德成知之。③

●四月二十五日，以大学士阿桂、蔡新、内阁学士朱珪、吏部尚书刘墉、吏部右侍郎彭元瑞、户部右侍郎曹文埴、礼部左侍郎达椿、都察院左副都御史觉罗、巴彦学为殿试读卷官。④

---

① 印鸾章：《清鉴纲目》，长沙：岳麓书社，1987年，第374页。
② 《大清高宗法天隆运至诚先觉体元立极敷文奋武孝慈神圣纯皇帝实录》卷之一千二百。
③ 同上书，卷之一千二百。
④ 同上书，卷之一千二百五。

甲辰科殿试成进士榜单[①]

第一甲三名：茹棻、邵瑛、邵玉清

第二甲四十名：李长森、习振翎、陈万全、魏成宪、章廷枫、王锡奎、孙大椿、胡应魁、彭希濂、李宗澍、侯健融、丁士颖、王沆、吴廷选、张世濂、杨清轮、贺贤智、周兆基、王奉曾、郭缙光、温汝适、张德懋、刘若璪、姚祖恩、杭光晋、吴芳培、崔景仪、文宁、祝万年、张允槭、李蘅、蒋攸铦、杨志信、张树槐、李骥元、沈肯松、白凤、倪鹤皋、叶蓁、蔡曾源

第三甲六十九名：陈观、翟绳祖、倪思淳、盛堂、曾济、李琦、劳瑾、查曾印、魏若虚、周祚熙、顾礼琥、关遐年、陈大春、郭祚炳、史积英、龙澍、潘奕藻、杨护、胡秀森、张端城、恽鹏、沈维坤、张源、高叔祥、郑敏行、牛步奎、刘连魁、刘炘、朱依炅、赵午彤、张翩、卢彭、张锦、刘之棠、陈霞蔚、焦和生、阎学淳、邵培意、张至耠、廖怀清、李肖筠、郑玉振、宁云鹏、翟中策、张映汉、刘瑞麟、陈煦、汪世隽、邓再馨、陈渼、德宁、要问政、赵洛、李青云、沈谦、姚士鹏、赵三元、朱熊光、夏炳、王永、柴起鹏、武定、汪树镞、郁大鐏、成书、丁阶、沈景熊、胡钧璜、王善垲

〇五月，以大学士阿桂为将军，尚书福康安领侍卫内大臣，海兰察为参赞大臣，率军镇压回人起义。[②]

〇七月，起义被镇压。[③]

●七月，刘墉临《麻姑仙坛记》。

●刘墉以行草书王安石诗。

●八月初一日，刘墉等所建辟雍已届落成。

甲申朔，谕：稽古明伦设教，典重学官。国学为首善之区，桥门观听，规制尤宜隆备。前命尚书刘墉、德保、金简、侍郎德成鸠工庀材，兴建辟雍，现在已届落成。朕于明年仲春，释奠礼成，即临雍讲学。所有应行典礼，著各该衙门详议具奏。[④]

[①] 朱保炯、谢沛霖编《明清进士题名碑录索引》下册，上海：上海古籍出版社，1980年，第2747页。

[②] 印鸾章：《清鉴纲目》，长沙：岳麓书社，1987年，第375页。

[③] 同上。

[④] 《大清高宗法天隆运至诚先觉体元立极敷文奋武孝慈神圣纯皇帝实录》卷之一千二百十二。

●九月九日，刘墉有诗《重阳日十刹海灯下作四首》。

出德胜门阅武，宿十刹海安禅。
仁者莫生分别，古云法尔如然。

天际白云吹尽，林间黄叶飞来。
原自不离色相，何曾一惹尘埃。

明月同光处处，莲花妙印心心，
会取定中不隔，无劳梦里相寻。

从古相传重九，有人自看黄花。
笑我今朝得句，报君后日还家。

●十一月初六日，以所承办《日下旧闻考》告成，刘墉著将加二级抵前降二级。

丁巳，吏部奏四库馆承办《日下旧闻考》《契丹国志》《明唐桂二王本末》《河源纪略》，方略馆承办《满洲源流考》并《兰州纪略》等书告成，应请将总裁及总纂、总校等官分别加级记录一流，奉谕旨：皇六子永瑢、皇八字永璇、皇十一子永瑆俱著记录十二次，阿桂、梁国治俱著加五级，嵇璜、王杰俱著加二级，和珅著加六级，福康安、德保、胡季堂、彭元瑞、福长安、沈初、蒋赐棨俱著加一级，金简、曹文埴俱著加三级，董诰著加四级，纪昀、陆锡熊俱著记录六次，陆费墀、孙士毅、窦光鼐、戈源、潘曾起、许宝善、张焘、蔡廷衡、吴锡麒、关槐、陆伯焜、孙希旦俱著记录二次，刘墉著将加二级抵前降二级。余依议。①

○甘肃新教回人起义，陕甘总督李侍尧，提督刚塔受命镇压。

○蒋士铨（心余）（1725—1784）卒。

●是年，刘墉另有应制诗一首。

---

① 张书才：《纂修四库全书档案》下卷，上海：上海古籍出版社，1997年，第1808页。

恭和御制命彭元瑞曹文埴检四库全书见元孙者有几据奏自唐迄明凡六人以志事元韵①

> 瑞衍皇家庆毓珍，旧闻爰考古君臣。
> 年登大耋诚希觏，亲见元孙更几人。
> 景运中天欣化洽，百支百世验祥臻。
> 乾坤父母尊宸极，帝谓钦承福兆民。

1785　乾隆五十年　乙巳　刘墉66岁

○正月，赐千叟宴。②

●正月初六，刘墉参与千叟宴，有《恭和御制重华宫茶宴廷臣及内廷翰林以千叟宴为题得近体二首元韵》，为和乾隆当时所作《重华宫茶宴廷臣及内廷翰林以千叟宴为题得近体二首》③

重华宫茶宴廷臣及内廷翰林以千叟宴为题得近体二首

> 茶宴重华迓新祉，年年联句邕文风。
> 柏梁赓已燕千叟，东壁筵恒异百工。
> 养老奚妨先讲学，视殊其义究归同。
> 两章亦可当长律，颂莫忘规体我衷。
> 累洽重熙沐昊恩，得教耆宴继前番。
> 三千宽以礼数肃，酬酢加之笑语温。
> 特喜百龄来硕老，同欢五代抱元孙。
> 自思此盛何修遇，戒满惟深敬永存。

恭和御制重华宫茶宴廷臣及内廷翰林以千叟宴为题得近体二首元韵

> 岁岁重华茶宴启，东厢淑气扇仁风。

---

① ［清］刘墉：《刘文清公应制诗集》卷二，爱日轩陆贞一仿宋镌，第10页。
② 印鸾章：《清鉴纲目》，长沙：岳麓书社，1987年，第375页。
③ ［清］弘历：《御制诗五集》卷十一，清乾隆六十年内府刻本，第7页。

共钦睿咏章成速，独愧赓歌句未工。
开五十年春倍好，合三千叟福攸同。
我皇寿锡臣邻寿，燕寿为题仰圣衷。
寿宏宇开昔纪恩，今番盛事继初番。
膝前麟集承颜喜，海外人来奉谕温。
班序瞻天同拜舞，宴归扶路各儿孙。
筵叨两预臣何幸，稠叠珍颁奕世存。

按：《刘文清公应制诗集》三卷与此长卷中的《恭和御制即事七月初三日元韵》为同一首诗。按规则来讲，应制诗写作应紧承皇帝御制诗完成时间，因此乾隆御制诗写作时间一旦确定，刘墉该应制诗写作时间自然也就随之确定。刘墉在诗题中提到的这一次千叟宴与这一次的重华宫茶宴关系极为密切，又有明显差异。其关系密切之处是这一次于中午举办千叟宴后，接着又于夜间举行了重华宫茶宴。但其他时间的千叟宴与重华宫茶宴不一定同天举行。因为千叟宴不定期举行，重华宫茶宴则每年都要举办。清代千叟宴共举行过四次，乾隆一生参加过两次千叟宴。一次在乾隆五十年（1785）正月初六日以皇帝身份参加。一次在嘉庆元年（1796）正月初四日以太上皇身份参加。重华宫茶宴一般在元旦后三日举行，每岁新正召集内廷大学士、翰林等人在重华宫赐茶宴联句。乾隆此作被收录在《御制诗五集》的第十一卷，有注释记曰："今岁新正六日于乾清宫赐千叟宴，用柏梁体联句，内廷翰臣年未六十者不得与宴，惟赓和朕恭依皇祖千叟宴韵诗，此亦照康熙壬寅内廷翰林和韵之例也"，因而乾隆五十年（1785）的重华宫茶宴举行时间应为当年的新正六日，而千叟宴也是在那一日举行，又因"向以联句与诸臣茶宴重华宫之东厢，今岁既以柏梁体于千叟宴中选百人联句，故今日祇此二律命诸臣赓韵"，故乾隆与刘墉的这两首诗应是千叟宴结束之后，在重华宫茶宴内君臣之间赓和时所作，诗题也正是以当日举行的千叟宴为主题。《乾隆御制诗初集》中载有此两首诗，该诗注明确标明其写作时间为乾隆五十年（1785）。由此可知，刘墉此二首诗作于乾隆五十年（1785）正月初六日。

●正月初六，刘墉参与千叟宴，还有《恭和千叟宴》应制诗一首。

> 春天皇都景物妍，观传千叟赐华筵。
> 仁风广被钦绳武，渥泽新沾应引年。
> 就日瞻云心共逐，饮和食德寿均延。
> 臣叨葵藿依光近，耆耋班随幸接肩。

●二月初七日，刘墉以辟雍告成，龙颜大悦，议叙。

丁亥，又谕：此次辟雍告成，办理尚属妥协。除德保现交部察议，毋庸议叙外。所有承办之刘墉、金简、德成，及在工监督等，俱著交部议叙。①

●二月，乾隆临辟雍讲学，并有诗纪其盛。刘墉有《恭和御制上丁释奠后临新建辟雍讲学得近体四首》诗。

> 学以明伦圣所先，渊衷遥契命夔年。
> 旁敷大化方颙②若，悬建宏观更焕然。
> 宝殿晨开云陛峻，海流春满壁池圆。
> 健行敬止符经训，奥义钦聆黼座宣。

> 清天绳武鸿图廓，已轶周景更迈虞。
> 麟集紫庭呈瑞早，凤飞丹阙沛恩殊。
> 道隆上古勤稽古，训正群儒重育儒。
> 此日圜桥观听者，发蒙一洗旧闻诬。

> 引年有义赖推详，异说经纭订汉唐。
> 恩宴昨开春浩浩，经宴此秩典煌煌。
> 凫趋万众争翘首，鹄立千官俨缀行。
> 进讲儒臣承简命，凛持微照向曦阳。

---

① 《大清高宗法天隆运至诚先觉体元立极敷文奋武孝慈神圣纯皇帝实录》卷之一千二百二十四。

② 刘墉原诗避嘉庆皇帝名讳，"颙"字页旁少下两点。

寰宇腾欢盛典逢，化成文道庆时雍。
宫墙咫尺开天语，日月光华觐帝容。
早沐涵濡应共劝，新承鼓舞更谁慵。
作人寿考传周雅，礼圣群瞻寿益恭。

●三月初五日，刘墉带领德保、金简、曹文埴、德成等督修诸明陵。

甲寅，谕：直隶昌平州为前明陵寝之地，本朝定鼎后，我世祖章皇帝，即命以帝礼改葬思陵，并敕工部修葺诸陵，亲临奠酹，并禁止樵采，添设陵户。我皇祖圣祖仁皇帝，亦曾亲临致奠，并饬地方官加意防护。所以加礼前代者，最骎优渥。朕此次行幸汤山，取道昌坪，躬诣长陵致奠，见诸陵寝，明楼享殿，多有损坏。神牌龛案，亦遗失无存，为之慨然弗忍视。盖由明代中叶以后，国事废弛，全不以祖宗为念，于陵寝并未修葺。至末年复经流寇扰乱，亦无人守卫，以致日就倾圮。若其后代之君，果能岁加缮治，整齐完固，逮今不过百有余年亦何致颓剥若此？又诸陵前，虽建有碑座，均未镌泐，未审彼时是何意见？今亲临奠酹，周览之下，深为轸恻，自应重加葺治，增设龛位，俾臻完备。再我朝开创之初，睿亲王以我师克取辽东，时明之君臣，惑于形家谬说，疑金代陵寝，与本朝王气相关，将房山县金陵拆毁，是以尔时亦将定陵享殿彻去，停其祭祀。然明楼宝城，仍存其旧未坏也。维时我世祖尚未亲政，其事实由睿亲王建议，亦非世祖意也。今国家一统，已历百数十年，胜朝陵寝，自应一体修复。所有定陵享殿，著仍行修建，春秋祀事如故。又明世宗永陵，前因尹嘉铨条奏，将其祭祀裁彻。但前明之亡，不亡于崇祯，而亡于万历、天启，是以于历代帝王庙中彻其位祀，而陵寝仍前致祭。明世宗虽溺意斋醮，尚不至如万历、天启之昏庸失德，其陵寝自应照前一体致祭，以昭大公。我国家受天眷命，世德显承，于前代陵寝，缮完保护，礼从其厚。此次修复诸明陵殿宇等工，节费至百万帑金，亦所不靳。所有此项工程，著派尚书刘墉、德保、金简、侍郎曹文埴、德成董率经理，务期完固。工成后饬该地方官，随时稽察，小心防护，严禁樵苏，用副朕隆礼胜朝之至意。①

●三月二十八日，刘墉领命带德保、金简、曹文埴、德成等督修卢沟桥。

---

① 《大清高宗法天隆运至诚先觉体元立极敷文奋武孝慈神圣纯皇帝实录》卷之一千二百二十六。

丁丑，谕：卢沟桥为都会通衢，车马辐辏，经行年久，多有残损。兹特发帑鸠工，重加修造。所有此项工程，著派刘墉、德保、金简、曹文埴、德成督办修理。①

●四月二十二日，以吏部尚书刘墉兼管国子监事务。②

●四月二十三日，刘墉以吏部尚书衔与和珅等联名"奏为遵旨查议礼部员外郎海升殴死伊妻事"。③

●五月二日，刘墉以吏部尚书衔，与福长安、郎玛兴阿联名"奏请将刘鉴革职事"。④

●五月二十八日，刘墉授协办大学士。⑤

丙子，谕曰：梁国治著补授大学士，吏部尚书刘墉著协办大学士事务，户部尚书员缺，著曹文埴补授，汪承霈著调补户部右侍郎仍暂管行在工部事务，李绶著调补工部侍郎，兵部右侍郎员缺著沈初补授。⑥

○五月，大学士蔡新罢，以梁国治为东阁大学士。

●至九月十一日，刘墉仍带管兵部印钥。

丁巳，（王杰）前来行在陛见，已令其即行回京办事。伊系新任，且在外城居住，所有兵部印钥，仍著刘墉带管。俟福长安回京接任后，再行交卸。⑦

●十月二十日，刘墉获赐《钦定储贰金鉴》。

○十月，释李侍尧于狱。⑧

●十二月初二日，以御史左周奏，刘墉受命带领福长安、王杰、胡季堂、苏凌阿、勒保等将该馆缮字总数并各省采进捐交书籍，逐细详查具奏。

丁丑，谕曰：御史左周奏请清查四库全书缮字总数，并各省采进捐交书籍分别办理一折，所奏是。著派刘墉、福长安、王杰、胡季堂、苏凌阿、勒保将该馆字数

---

① 《大清高宗法天隆运至诚先觉体元立极敷文奋武孝慈神圣纯皇帝实录》卷之一千二百二十七。

② 同上书，卷之一千二百二十九。

③ 奏折见清宫档案馆档案胶片。

④ 同上。

⑤ 王钟翰点校《清史列传》卷四百七十六《列传》卷二十六，北京：中华书局，1987年，第1986页—1990页。

⑥ 《大清高宗法天隆运至诚先觉体元立极敷文奋武孝慈神圣纯皇帝实录》卷之一千二百三十一。

⑦ 同上书，卷之一千二百三十八。

⑧ 印鸾章：《清鉴纲目》，长沙：岳麓书社，1987年，第376页。

书籍，逐细详查办理具奏。①

●十二月十六日，以乾隆问属员贤否，闵鹗元趁机上奏刘墫人虽谨饬，但已年老力衰，意在将屡屡与己掣肘属员刘墫调离自己领地。

辛卯，谕军机大臣等：闵鹗元奏属员贤否一折，内江宁布政使刘墫，据称人尚谨饬，惟觉年力衰老等语。刘墫历任司道，为人谨饬，朕所素悉。但江宁藩司事务繁剧，该员年已就衰，恐难胜任。著传谕萨载、闵鹗元，如刘墫果精力衰颓，不能办理藩司事务。即行据实具奏，候朕另行简放。②

按：据刘光斗《诸城县续志》卷十三载，（乾隆）四十六年，河决徐州，灾民皆露处堤上，苏抚臣不欲振。墫与力争于制府前，既乃酌与糇粮。明年，河再决，墫亲巡察抚恤，无失所者。五十年，旱，稻秧不时艺，抚臣又不肯奏闻。时总督在河上，墫亲往见，言之，遂与总督同奏奉旨振恤。巡抚衔之，因劾其老病，授鸿胪寺卿，予告归。年八十五，卒。此总督即萨载，抚臣即闵鹗元也。

●十二月，刘墉获赐《经筵御论墨刻》。

○十二月，诏免呈钟表洋货之物。③

●刘墉书行书卷。

○续修《大清一统志》。

○山东连年大饥荒。

○林则徐（少穆）生。

○郭尚先（兰石）生。

1786　乾隆五十一年　丙午　刘墉67岁

●正月二十二日，刘墉京察届期议叙。

丁卯，又谕：今年京察届期，吏部开列在京各部院三品以上大臣，奏请甄别一

---

① 《大清高宗法天隆运至诚先觉体元立极敷文奋武孝慈神圣纯皇帝实录》卷之一千二百四十四。
② 同上书，卷之一千二百四十五。
③ 印鸾章：《清鉴纲目》，长沙：岳麓书社，1987年，第376页。

本，向来大学士例不开列，第念大学士阿桂等或襄赞纶扉，或兼统部务，均能懋著勤劳，敬公称职，宜加优叙，以昭恩眷。阿桂、嵇璜、伍弥泰、梁国治俱著交部议叙。协办大学士尚书和珅、刘墉、尚书曹文埴、彭元瑞、王杰、金简、留保住、左都御史阿扬阿、署尚书侍郎福长安、侍郎董诰宣力中外，均能勤慎称职，宜加优奖，俱著交部议叙。其礼部侍郎庄存与、内阁学士塔彰阿、伯兴年力就衰，难以供职。均予原品休致，余著照旧供职。①

●正月，刘墉有诗《恭和御制上元后一日小宴廷臣即事得句元韵》② 一首，乃是应制乾隆《上元后一日小宴廷臣即事得句》所作。③

乾隆《上元后一日小宴廷臣即事得句》

布惠联情迓做春，例于翼节宴廷臣。
七言授几七始候，五代同堂五福申。
天保鹿鸣一宵雅，李仙杜圣两诗人。
问他此事几经古，独我崇麻恩沐旻。
恩沐旻施我独深，益惭修遇益增钦。
子于父母报罔极，君合黔黎念在心。
咨尔外中治赞者，莫忘饥溺责同任。
歙荆南望怜沟壑，节燕虽临愧不禁。

刘墉《恭和御制上元后一日小宴廷臣即事得句元韵》

筵开节后庆同春，宴逮旬宣布泽臣。
谋鞠政勤纶早贲，时几歌作意还申。
一堂情洽鹓鸾侣，万里心周亿兆人。
即此仁覃征寿应，从知宵旰契苍旻。
奎章捧绎训辞深，拜手赓飏喜更钦。
天锡万年归有道，人联九寓协同心。

---

① 《大清高宗法天隆运至诚先觉体元立极敷文奋武孝慈神圣纯皇帝实录》卷之一千二百四十七。
② 见傲徕山房藏刘统勋刘墉父子应制诗长卷。
③ ［清］弘历：《御制诗五集》卷二十，清乾隆六十年内府刻本，第17页。

垣墉涂塈为堂焕，楣衍桐新受福任。

珍赐渥沾惭莫报，以欣以悚两难禁。

● 二月初三日，刘墉以协办大学士祭先师孔子行礼。①

● 二月十六日，吏部尚书刘墉等奏遵旨清查四库全书字数书籍完竣缘由折。

协办大学士、吏部尚书臣刘墉等谨奏，为清查四库全书字数、书籍，据实覆奏事。

先经掌浙江道监察御史左周奏称：自乾隆三十八年开馆以来，业经十有余载。除现在续办之三分全书，仰蒙皇上特发帑金，按字核算，毋庸置议外，至从前议叙誊录所缮之书，每人名下正课、余课，计各该二百余万字，馆臣自必查核足数，方予议叙。但此外如绘图、篆、隶等誊录，每名下抵字若干，补写若干，又誊录中有缮写尚未足数而告退、革退及中式得官、捐纳、事故等项，其人不下数百名，其字不下数千百万。除给过加级外，此外字数归于何著，恐供事人等不无影射冒销之弊。且现在之三分书已有字数可稽，则办过之全书及《荟要》，以人核字，又可按数而得，似应彻底清查。将在馆缮竣之誊录若干员、所缮字数若干，及未经缮竣因事离馆之誊录若干员，每名下实在写过字数若干，统计办过书籍赢余字数共有若干，以杜弊混。但此案清查字数，头绪繁多，现在在馆之提调等官，既日有承办之事，不暇兼管，且恐不无回护之见。合无仰恳皇上另行派员会同馆臣详细清釐，以归核实。再，各省采进遗书，荷蒙圣恩，谕令缮写告成，将原书发回本家，以示体恤。臣查其中有同此一书，而数省俱各解到者，馆中自有从前奏到之清单可考，且有誊录自行捐书以供缮写者，并恳饬下馆臣，于三分书成后一并清查，将采进者发回本家，捐交立档存贮，庶各供事人等不致有偷卖等弊等因一折。于乾隆五十年十二月初二日奉旨：御史左周奏请清查四库全书缮字总数，并各省采进交出书籍，分别办理一折，所奏是。著派刘墉、福长安、王杰、胡季堂、苏凌阿、勒保，将该馆字数、书籍逐细详查，办理具奏，钦此。

臣等遵奉谕旨，公同会查四库全书，自乾隆三十八年开馆以来，为时既久。全书及《荟要》各书，卷帙浩繁，各分头绪，及缮写字数之各项誊录不下二千余名。

---

① 《大清高宗法天隆运至诚先觉体元立极敷文奋武孝慈神圣纯皇帝实录》卷之一千二百四十八。

以书核字，以字核人，必须彻底详查，方昭确实。随各派所属司员查照该御史原奏，一面行文续办三分全书馆，将缮写三分书籍、字数若干查明声覆，以便核办去后。

嗣据续办处覆称：办理三分全书，每分计字七万万三千零八十一万九千字等，因前来臣等查该馆原定章程内开：每誊录一名，缮字二百万者，列为一等；一百六十五万者，列为二等；篆字以一作十，隶字以一作五；绘图一页作字一千；疏者，自两、三页至八、九页折作一页；密者，一页申作两、三页至十页不等。其绘图、篆、隶不足额者，俱以楷字补足，按其多寡，分别议叙等第。年限未满、中式、捐纳得官，酌其写字多寡给予加级。誊录中有字画不甚端楷者，记过一次，罚写字一万，均属有册可稽。

臣等查自乾隆四十三年起至五十年春季止，前后共议叙一等誊录一千五百八十四名，二等誊录一百四十三名，内有加课一百万改为一等者四名，年限未满、中式捐纳得官给予加级者六十二名，功课已足、未经到馆议叙移付翰林院咨部存案者六十七名。外有缘事离馆、因事革退未经议叙者七百六十名，记过誊录二百二十五名。共应写字三十七万万三千五百七万四千字。今核该馆所缮四分全书，按照续办处核算，该字二十九万万二千三百二十七万六千字，内除《永乐大典》系翰林院缮写，应扣字一万万四千三百八十万余字，实计字二十七万万七千九百四十七万六千字；《荟要》二分，计六万万字。以上书籍，俱以议叙誊录所缮字数作正开除外，尚有留办三分书，计二万万七千零八十五万七千四百字；另行陈设书，计六百四十五万字；已经缮写进呈奉旨扣除改纂、更定各书，计八千四百余万字；全书、荟要中各种提要，计一千三百二万字。以上各书核算，共计三十七万万五千三百八十万三千四百字。以人核字，尚盈余一千八百七十二万九千四百余字。统计各书字数，核之各项誊录所缮字数，实属有盈无绌。谨分别款项，另缮清单，恭呈御览。

再，查议叙一、二等誊录，除应写正课之外，各有盈余字数，其中多寡不齐，自应按照功课原册详细稽查，以归着落。今该馆所送功课清册，每誊录名下盈余二、三万至十数万不等，且有核减字数，此项盈余作何着落。再，功课清册，捆积浩繁，检查多不齐全，保无供事人等有意抽藏，以为影射冒销之地。询据该馆提调覆称：此项盈余，原有数千余万，实因书籍浩繁，赶办缮写，经手既多，间有误发重本，有一、二卷至十数卷不等，俱属盈余字数。至功课清册，则因历年既久，经手供事屡经更换，不无遗失，其现存者尚可约略统计。其核减字数，因收书时恐销算或有不准，每名量加核减，以归核实，其实为数无多等语。臣等随检查所存重本废书，实系分架排列，不下数千卷。伏思此项，虽系正课议叙之外盈余之字，但既系重本，概归无用，似不致有影射冒销之弊。惟供事等发书错误，究系该馆提调等未能随时查察，以致误发重本，多费字数，实属办理不善。至誊录功课清册，更应检齐存贮，以备查核。乃遗失不全，以致不能逐名细算，亦属非是。相应请旨将在馆承办之提调各官交部议处。

至各省采进遗书并各家呈进书籍，自应分项清查，以稽全数。臣等行文翰林院详晰开送书目去后。旋据翰林院查明付覆：收过各省采进及各家进呈各种书籍，共计一万三千五百零一种。除送武英殿缮写书籍三千九十八种，又重本二百七十二种，已经发还各家书三百九十种外，现在存库书九千四百十六种，内应遵旨交武英殿者六千四百八十一种，应发还各家者二千九百十八种，军机处及内庭三馆移取者十七种。又销毁书一百四十四种，抽毁书一百八十一种，均另行存贮。臣等各派司员赴翰林院，按各项细册清查，并将该馆所存之书照数检阅，均无亏少。至武英殿所存翰林院移送各书，现交续办三分全书处缮写，应俟三分书完竣后，交馆臣送武英殿分别办理。其重本书二百七十二种，并各誊录捐书五百八十九种，亦逐项点查，俱属实存。现有武英殿立档可稽，亦不致供事等有偷卖情事。

所有臣等遵旨清查四库全书字数、书籍完竣缘由，相应据实覆奏。为此谨奏。乾隆五十一年二月十六日，协办大学士、吏部尚书臣刘墉，署兵部尚书、户部左侍郎臣福长安，兵部尚书臣王杰，刑部尚书降为四品顶戴臣胡季堂，署吏部左侍郎臣苏凌阿，兵部右侍郎臣勒保。

乾隆五十一年二月十七日奉旨："知道了。钦此。"①

● 三月二十七日，刘墫以年老力衰，至京以京堂补用。②

○ 三月，乾隆西巡，幸五台山，至正定阅兵，还京师。③

● 四月十五日，刘墉以吏部尚书衔与和珅、苏凌阿联名"奏请将失察审案之刑部尚书等官交部察议事"。④

---

① 张书才：《纂修四库全书档案》下卷，上海：上海古籍出版社，1997年，第1926页。
② 《大清高宗法天隆运至诚先觉体元立极敷文奋武孝慈神圣纯皇帝实录》卷之一千二百五十一。
③ 印鸾章：《清鉴纲目》，长沙：岳麓书社，1987年，第376页。
④ 奏折见清宫档案馆档案胶片。

○五月，御史曹锡宝以疏劾和珅家人不法状，革职留任。①
●夏日，刘墉为耐圃书石曼卿书评立轴于丹林诗舫。
●七月，刘墉有诗《奉和惺园大司马九松山同宿用壁间韵二首》。

> 素壁题诗有旧踪，到来拂拭认丰容。
> 韵拈畴昔鸿留雪，句豁胸怀雨洗峰。
> 与子徘徊今夜月，有谁省记种时松。
> 一僧已老难行脚，懒卧空房弃短筇。

> 薄才强趁朗吟踪，读罢新篇更敛容。
> 此地久经人做客，几时才著寺依峰。
> 将登禾黍虹收雨，暂息尘嚣露滴松。
> 输与山僧无个事，幽寻常伴一枝筇。

●秋，刘墉有诗《丙午秋日用九松山僧寺壁间韵二首呈定圃大宗伯》②。

> 每到先看壁上踪，闲情余事亦雍容。
> 书中有态云边月，句里无尘雨后峰。
> 联步履追形似鹤，健谈常接韵如松。
> 僧寮一憩还相忆，可许同游共挂筇。

刘墉自注：公诗乃用故尚书崔公应阶之韵。

> 七字拈吟亦旧踪，故人几时隔音容。
> 曾同广宴趋丹陛，更接鸣镳历翠峰。
> 陈迹正如寻梦蝶，清标常记傲霜松。
> 因公款语怀畴昔，何故游仙寄一筇。

刘墉自注：连日接席而谈，颇道崔公往事，故缕及之。

---

① 印鸾章：《清鉴纲目》，长沙：岳麓书社，1987年，第376页。
② ［清］刘墉：《刘文清公遗集》卷十一，爱日轩陆贞一仿宋镌，第3页。

●闰七月，刘墉录旧句赠从兄刘增。

○闰七月，以和珅为文华殿大学士兼吏部尚书。福康安为吏部尚书、协办大学士，仍留陕甘总督任。①

●八月初七日，刘墉以协办大学士祭先师孔子行礼。②

○九月，封郑华为暹罗国王。③

○冬十月，台湾彰化民林爽文作乱，凤山庄大田起兵应之，陷彰化、诸罗、淡水等地。知府孙景燧死之。④

●十一月九日，刘墉以三通馆总裁衔与王杰、曹文埴联名上折请求"展限办理皇朝通典通志等事"。⑤

乾隆五十一年十一月初九日三通馆总裁刘墉等奏《皇朝通典》《通志》未峻请予展限折。⑥

三通馆总裁、协办大学士、吏部尚书、管理国子监事务臣刘墉等谨奏：为奏此事，窃臣馆恭纂《皇朝通典》《通志》二书，于上年十二月具折奏明，《通典》八门，计书一百二十卷，《通志》二十略，计书一百二十卷，各门事实均载至乾隆五十年，其底本俱已告竣，所有臣等及纂修、提调桌饭银两，业经奏明停止在案。

臣等谨将各门之书详加复阅，随时查核签改，缮成正本，于本年次第进呈。现在二书计已进过一百零三卷，尚有一百三十余卷未经缮进。实因臣等承命恭纂二书，期于记载周详，门类该备，未敢草率蒇事。加签核改之处颇多，其中事实，有须查各部院成案者，有应俟各直省咨覆者，往返动须时日，不能依限完竣。究系臣等催办不力，实深惶悚。应请旨将臣等交部议处，并仰恳皇上天恩，展限至明年八月办竣。臣等赶紧校核，按期告蒇，不致再有稽延。谨奏。乾隆五十一年十一月初九日，总裁、协办大学士、吏部尚书管理国子监事务臣刘墉，总裁、兵部尚书臣王杰，副总裁、户部尚书管理顺天府府尹事务臣曹文埴。

乾隆五十一年十一月初九日奉旨：知道了。著该总裁督同承办各员上紧交辑，

---

① 印鸾章：《清鉴纲目》，长沙：岳麓书社，1987年，第376页。
② 《大清高宗法天隆运至诚先觉体元立极敷文奋武孝慈神圣纯皇帝实录》卷之一千二百六十二。
③ 印鸾章：《清鉴纲目》，长沙：岳麓书社，1987年，第376页。
④ 同上书，第377页。
⑤ 奏折见清宫档案馆档案胶片。
⑥ 张书才：《纂修四库全书档案》下卷，上海：上海古籍出版社，1997年，第1956页。

无致再有稽延。倘明年八月底仍不能完竣，惟该总裁等是问。钦此。

● 十一月二十日，刘墉以吏部尚书衔与和珅、惠龄联名"奏请将率行奏留推升他省官员之豫抚毕沅降级留任事"。①

● 十二月，刘墉充玉牒馆副总裁官②，获《御制题养正图诗》墨刻及《千叟宴诗》。

● 刘墉书洒金寿联一幅并附贺帖一纸，以祝五兄刘墫八秩大寿。

● 王芑孙有《过九松山寺和诸城相国、韩城大司马用壁间留题韵》诗。

孤云万里堕无踪，瘦马清衫对佛容。
屋是邮亭偏号寺，山如拳石亦称峰。
野泉喷雪寒侵路，清磬涵秋夜入松。
衮衮群公留墨妙，书生翻愧负吟筇。

● 刘墉此年为和乾隆所作《题郎世宁绘准格尔献马图》③，还有应制诗《恭和御制题郎世宁绘准格尔献马图元韵》一首。④

乾隆《题郎世宁绘准格尔献马图》
罢兵绝域反来宾，牵献权奇良且驯。
遂使海西作图画，并教内翰志缘因。
偶然试展失六者，介尔犹看有两人。
识用古稀天子宝，重令赓什一回新。

刘墉《恭和御制题郎世宁绘准格尔献马图元韵》
胜算惟多憬亦宾，如窥鞭影自知驯。
即今扫荡靖无外，缅昔画图传厥因。
一个期颐眷平格，万年寿縠戴皇人。

---

① 奏折见清宫档案馆档案胶片。
② 王钟翰点校《清史列传》卷四百七十六《列传》卷二十六，北京：中华书局，1987年，第1986—1990页。
③ 见傲徕山房藏刘统勋刘墉父子应制诗长卷。
④ ［清］弘历：《御制诗五集》卷二十，清乾隆六十年内府刻本，第9页。

兴怀卌载重拈咏，健协天行又日新。

○十二月，大学士梁国治卒，以王杰为东阁大学士兼礼部尚书。①
●是年，刘墉另有应制诗三首。

恭和御制春仲经筵元韵②
化被垓埏符地载，治隆怙冒法天行。
秩筵此日春诹吉，进讲先期帝命卿。
圣论宏宣闻奥秘，名言莫罄仰钦明。
臣民会极尊皇建，仁寿无疆本至诚。

恭和御制经筵毕文渊阁赐茶有作元韵③
阁外晴烟暖飐茶，缥缃分色粲交加。
两篇才著敷言秘，万卷还思蕴义赊。
浩浩渊渊钦莫测，原原本本喜无差。
五千文字臣何有，拜赐芳甘却愧嗟。

恭和御制赋得蓬瀛不可望得秋字元韵④
仙庄称万寿，宝月朗中秋。
吁俊缄题秘，程才试笔遒。
文皇传旧咏，房魏孰赓酬。
兰沼差宜泛，沧溟未要浮。
天戈挥既定，珠网举还收。
二九蓬瀛集，丹青职贡投。
河须尘外赏，自得域中留。
诗义原通史，宸章鉴论周。

---

① 印鸾章：《清鉴纲目》，长沙：岳麓书社，1987年，第377页。
② ［清］刘墉：《刘文清公应制诗集》卷二，爱日轩陆贞一仿宋镌，第13页。
③ 同上。
④ 同上。

1787　乾隆五十二年　丁未　刘墉 68 岁

●正月九日，刘墉邀请皇次孙为《槎河山庄图》题跋。①

　　　　身依魏阙念家乡，人望犹思岳降祥。
　　　　地独秀灵钟百里，墅余桑梓荫千章。
　　　　锦秋不断书香古，东海常留世泽长。
　　　　入眼清风佳句在，披图何异午桥庄。

壬子正月九日题奉石庵
师傅请教，皇次孙。

●正月十八日，刘墉本应实授大学士，但因言语不慎受阻。

丁亥，刘墉在尚书中资分较深，且协办有年，本应实授。惟是上年在热河时及回銮后。曾与军机大臣等论及嵇璜年老，若求回籍，不忍不从。及曹文埴现有老亲，若求回籍养亲，亦不忍不从，而皆惜之。此不过寻常议论耳。然见嵇璜精力尚未就衰，在汉大臣中，最为老成，且欲留以相伴。又部院诸臣，一时乏人，曹文埴亦属能事，故胥迟之。意军机大臣，自不敢以议论之言，即行宣露。事隔多时，嵇璜等亦并未有所陈请。昨冬召见刘墉偶曾与之闲论及此，乃次日曹文埴于召见时，即有告养之奏。朕询之军机大臣，俱称并未向嵇璜等说及，同称系刘墉在懋勤殿所言者。朕召见诸臣，君臣之间，原如家人父子。且以刘墉系刘统勋之子，内廷行走之人，非不可与闻者。是以向其论及，乃刘墉即以告之嵇璜等，其意不过欲嵇璜闻知请告，刘墉即可觊觎补授大学士。似此言语不谨，此时岂可即以刘墉实授，以遂其躁进之私耶？现在尚书中王杰资俸亦深，在内廷行走有年，且现在大学士，军机处已有满洲二人，亦不可无一汉大学士。王杰著补授大学士。所有兵部尚书员缺，著彭元瑞调补。其礼部尚书著纪昀补授。德保、纪昀俱属中材，王杰著管理礼部事务，以资

---

① 见诸城刘氏《槎河山庄图》真迹。

经理。将此通谕知之。①

按：乾隆此道谕旨，为给刘墉罗织罪名，偷换概念，有点过分。刘墉是协办大学士，设若他真有躁进之私，其所觊觎者应是大学士之位，而非尚书一职。因此，只有大学士嵇璜退位，刘墉才能补位。问题来了，向乾隆呈告养之奏的是尚书曹文埴而非大学士嵇璜。如果刘墉向嵇璜泄露乾隆私下之言的话，那么嵇璜也应该呈上回籍之奏，以免被乾隆视为恋栈之马才对。那么难道是嵇璜已有回籍之奏，乾隆忘记讲了吗？我们只能说出现这种情况的概率太低了！为什么？这几乎不可能！因为乾隆比谁都明白，只有将刘墉泄密与嵇璜联系起来，才能证明刘墉有"躁进之私"。因此他翻覆讲刘墉向嵇璜泄密："朕询之军机大臣，俱称并未向嵇璜等说及""乃刘墉即以告之嵇璜等，其意不过欲嵇璜闻知请告，刘墉即可觊觎补授大学士。"然而，无论如何，给乾隆递辞呈的只有曹文埴而不是嵇璜。因此，就出现了如此奇怪的逻辑：乾隆在讲刘墉泄密时其对象是嵇璜，但讲递辞呈时，只有并不相关的曹文埴。乾隆为阻止刘墉大学士实授时大玩偷换概念的把戏，真是欲加之罪何患无辞?!

○正月，林爽文、庄大田分兵犯台湾府，总兵柴大纪御之，爽文败绩。二月，复彰化、凤山、诸罗。②

●二月初三日，以举行仲春经筵，刘墉与德保充经筵直讲官进讲《孟子》"天与贤则与贤，天与子则与子"二句。③

●二月初九日。刘墉以协办大学士祭先师孔子行礼。④

●二月，朝鲜冬至书状官李勉兢给其国王所进闻见别单中述及刘墉自去年欲革放料量积弊，本已蒙乾隆允准，但因积年谬例，犯者实众，各怀危怯，共嘱和珅奏达乾隆，以为荒年下派钦差会无端扰民，乾隆遂命召还往审诸路转运钦差，厘革告败，刘墉本人也被视为和珅阵营之劲敌。

朝鲜冬至书状官李勉兢给其国王所进闻见别单中述及在中国所见者云：一、皇帝近年颇倦为政，多涉于柔巽，外事每患于优游，恩或多滥，罚必从轻，恩滥故启

---

① 《大清高宗法天隆运至诚先觉体元立极敷文奋武孝慈神圣纯皇帝实录》卷之一千二百七十三。
② 印鸾章：《清鉴纲目》，长沙：岳麓书社，1987年，第377页。
③ 《大清高宗法天隆运至诚先觉体元立极敷文奋武孝慈神圣纯皇帝实录》卷之一千二百七十四。
④ 同上。

幸进之门，罚轻故成冒犯之习。文恬武嬉，法纲懈弛，有识者以为忧……各省常税米栗，从水路转运，而道里辽远，赋纳千斛，船费殆过数倍。而皇城旗下放料，一朝为累万石，故近年以来，诸州府预送计吏带价入京，货买放料米谷，以充输纳之数，故价贱谷贵，民业日困。协办大学士刘墉欲为厘革，昨年奏请往审诸路转运，蒙允。积年谬例，犯者实众，各怀危怯，共嘱和珅奏达皇帝，以为荒年钦差无端扰民，皇帝即命召还。

按：李勉兢的这段话比较费解，其大意是讲：国家要求各省向国家输送的漕粮，各省如从当地运来，其运费比所送粮食本身的价格还高数倍，因此诸多省的州、府就想出一条妙计，在向京城交粮时，提前预算好价格，派属吏带钱到北京买"放料粮"，这样一来，因各地均至北京购买，北京的粮价就扶摇直上，北京的老百姓因粮价太高，大受其害，以至民业日困。在此，有一句话需要特别解释一下，否则就会妨碍我们对整段史料的正确理解。这句话就是"价贱谷贵"。在这里，"价贱"是指外省州、府来京买粮的"价"与其从本地将粮食运过来的"价"比便宜，所以称"价贱"；"谷贵"是指北京的粮食价格比以前北京粮食的价格，尤其是同北京百姓所能承受的正常价格相比显得昂贵，所以朝鲜使者说是"谷贵"。由此我们可以了解到，从全国调粮至京，本是从大局出发，平衡全国市场，满足京畿地区特殊要求，是国家政局安定的需要。而各省却不顾大局，只顾自己局部利益，图省钱、省力，却使首都这一全国政治、经济、文化中心粮价腾涨，民生日困，正因如此，刘墉才下定决心给予厘革。然而这里有一个非常容易被忽略的问题——各省州、府省下的钱那里去了？按照当时吏治松弛、贪污贿赂公行的现实，我们可以十分肯定地说，充公的少，入私囊的多。而且入私囊的省、州、府官员们绝对不敢独自私吞，为了提高贪污这笔钱的安全系数，他们必定用各种方式贿赂其上司，拉他们下水，以充当自己的保护伞。如是以来，督、抚、藩、臬、道台、知府、知州便沆瀣一气，结成了一个祸福与共之网。而且积年谬例，官员调动频繁，就使犯者更多，网络更为庞大。这就是朝鲜使者所讲"积年谬例，犯者实众，各怀危怯"的客观情势。以刘墉的精明，对此内情不可能不了解。了解却要"冒天下之大不韪"，自然，就会成为全国这一大批官员的共同敌人。这批官员就达成了一种默契：自上而下，北京与外省，外省与外省之间，声气相通，结成了异常紧密的网络关系。在地方，他们广造舆论，说朝廷派钦差是无端扰民；在朝廷，与和珅勾结，由其向乾隆进谗言，请乾隆收回成命。而最终他们果真达到了他们的目的，成功地使乾隆收回了成命。而令多少年来乾纲独断的乾隆收回成命，在十几年前是根本不可能的。因为收回成命，就等于宣布自己的决策错了，这在过去是绝对不可能的！但现在形势变了，还是这位李勉就说得透彻，他向其国王汇报时说："（乾隆）皇帝近年颇倦为政，多涉于柔巽，处事每患于优游，恩或多滥，罚必从轻。恩滥故启倖进之门，罚轻故成冒犯之习。文武恬嬉，法纲懈弛。"① 和珅成功地抓住了乾隆"颇倦为政，多涉于柔巽，处事每患于优游"的弱点，终于使这位疑惑不定的老人认为是刘墉搞错了，刘墉误导了他，刘墉要求派出的那些钦差是在无端扰民，于是这位已经感到倦政的皇帝便稀里糊涂地收回了成命。在这次交锋中，刘墉面对的敌人太多，太强大，他明显地处于劣势，但以他忧国忧民的胸怀，以他"抗上耸强肩，覆下纡缓袖"、"救灾如救焚，除弊如除垢"、"其刚玉莫磷，其清石可漱"（袁枚对刘墉的评价）的个性②，估计他肯定不会就这样随随便便善罢甘休的，一定还会为此进行过不屈不挠的斗争，只是我们限于手头的资料，无法立即直接证明这一点而已。不然的话，乾隆就不会在不久对刘墉做出这样一种无可奈何地批评："素好执拗"、"每多议论，立异鸣高"③。乾隆的意思是说：刘墉你这个人太倔了，简直是执迷不悟，桀骜不驯。你这个人也太好议论了，什么事也看不惯，而且议论起来总是与众不同，喜欢标新立异，甚至是危言耸听。朝鲜使者所云，可能正是指的刘墉当时的状态。然而不管胜负如何，京城的麦价因刘墉的厘革弊端之举被阻而日益腾涨，老百姓也日益怨声载道。无奈之下，乾隆只好派其亲家金简去通州查勘各粮仓是否屯积居奇，急调外省粮食入京以解燃眉之急。这恰恰从反面证明刘墉厘革此弊的必要性和紧迫性。然而在日益昏聩的乾隆这里，却是正确的不被支持，错误的反被放行，这是继刘墉、钱沣组合胜过和珅、国泰组合后，乾隆朝晚期国势日非，并加速下滑的标志性事件。

〇二月，命闽浙总督常青为将军，至台湾督师，以李侍尧署闽浙总督。④

●四月二日，刘墉以吏部尚书衔与和珅、惠龄联名"奏为大挑举人事"。刘墉奉派同十一阿哥、阿桂等挑选扩军统领。

●四月十八日，刘墉以吏部尚书衔与和珅、惠龄联名"奏为查议历任湖北失察

---

① 吴晗辑《朝鲜李朝实录中的中国史料》（下编）卷十一，第4784页。
② ［清］袁枚：《小仓山房诗集》卷二十二，《续修四库全书》第1431册，第454页。
③ 陈连营、方瑞丽：《宰相刘墉的一生》，北京：北京古籍出版社，2004年，第144页。
④ 印鸾章：《清鉴纲目》，长沙：岳麓书社，1987年，第378页。

讳盗蒋竺氏被劫案官员事"。①

●四月二十一日。刘墉以吏部尚书衔与阿桂、嵇璜、纪昀等充殿试读卷官。

戊午，以大学士公阿桂、大学士嵇璜、内阁学士阿肃、胡高望、吏部尚书刘墉、礼部尚书纪昀、兵部尚书彭元瑞、左都御史李绶为殿试读卷官。②

丁未科殿试成进士榜单③：

第一甲三名：史致光、孙星衍、董教增

第二甲四十五名：朱理、王观、李如筠、秦恩复、汤藩、吴于宣、马履泰、何道冲、康纶钧、沈清瑞、彭希洛、唐仁埴、马书欣、范逢恩、方建钟、龙廷槐、谢恭铭、邱采、李传熊、谈祖绶、周维祺、吴煦、冯锡宸、任衔惠、何泌、柳迈祖、郭均、邱先德、何道生、余芬、伍有庸、胡钰、李承端、王祖武、陈士雅、汪彦博、陆模孙、初乔龄、吴烜、陆元鋐、雷维霈、周廷森、潘鹭、顾敏恒、江淑槼

第三甲八十九名：焦以厚、朱钰、顾钰、傅修孟、施履亨、潘绍经、周锷、高乐生、王轼、龚鹤鸣、王应奎、刘广恕、杜南棠、包恺、薛淇、毛登瀛、吴荫暄、陈若霖、萧士双、张溥、谢其情、翁树培、钱豫章、林挺然、章守勋、张鎮、瑚图礼、王国元、朱蓉、沈叔埏、徐森、陈学诗、王肇成、尹英图、王奎甲、杜秉阳、周宗元、张京翰、刘永标、叶中鲤、朱秉鉴、任澍南、丁大猷、贾揆、马维驭、张祥云、刘廷楠、茅豫、马思圣、周维坛、袁春鼎、张执琮、吴咸德、郑文明、杨焰、王世永、程义庄、瑚图灵阿、孙范金、邓文炳、朱承宠、杨维翮、杨彦青、杨世锐、漆銮、赵继昌、际良、吴五凤、吕铭、杨纲、胡德溶、尹大璋、黄岩、杨梦符、任尚蕙、徐慰祖、阎棆阁、吕雯、李其纲、马潜蛟、徐景芳、宋鸣琦、孙鹏仪、蔡振中、胡永焕、陈琮、由树甲、雷应畅、刘德懋

●四月二十六日，刘墉以吏部尚书衔与和珅、惠龄联名"奏请钦定试用得缺不胜民社之员勒令休致新例事"。④

●四月，以刘墉厘革粮弊失败京师市集麦价失控日趋昂贵，乾隆命金简前往通

---

① 奏折见清宫档案馆档案胶片。
② 《大清高宗法天隆运至诚先觉体元立极敷文奋武孝慈神圣纯皇帝实录》卷之一千二百七十九。
③ 朱保炯、谢沛霖编《明清进士题名碑录索引》，上海：上海古籍出版社，1980年，第2748页。
④ 奏折见清宫档案馆档案胶片。

州查各铺户有无堆积居奇事。

○四月，凤山复陷，逮提督黄仕简、任承恩、郝壮猷等入京。壮猷寻伏诛。①

●五月十七日，吏部为知照办理《诸史同异录》人员分别议处事致典籍厅移会（附黏单）。②

乾隆五十二年五月十七日，吏部为查议具题事，考功司案呈，吏科抄出本部会题前事等因。乾隆五十二年四月二十六日题，五月初三日奉旨：皇八子永璇著销去纪录四次，免其罚俸；皇六子永瑢著销去纪录两次，其从前罚俸三个月之处，仍注于纪录抵销；孙士毅著从宽免其革任，仍注册；纪昀、陆锡熊俱改为革职从宽留任，陆费墀著于补官日改为革职从宽留任，俱俟八年无过方准开复；恭泰著降二级调用；吴裕德著于补官日降二级用；许烺著于补官日降一级用；王杰著降二级留任；嵇璜、沈初著各销去加二级；董诰著销去军功加一级；曹文埴著销去加一级，纪录四次；阿桂著销去寻常加一级，和珅著销去随带加一级，彭元瑞、金简著各销去加一级，俱免其降级；刘墉著销去加一级，仍降一级留任。钦此。相应知照可也。须至移会者。

计黏单壹纸。

右移会内阁典籍厅。

附　黏　单

吏部题遵旨将四库全书馆总裁等议处本

会议得先经内阁抄出三月十九日奉上谕：四库全书处进呈续缮三分书，李清所撰《诸史同异录》书内，称我朝世祖章皇帝与明崇祯四事相同，妄诞不经，阅之殊堪骇异。李清系明季职官，当明社沦亡，不能捐躯殉节，在本朝食毛践土，已阅多年，乃敢妄逞臆说，任意比儗。设其人尚在，必当立正刑诛，用彰宪典。今其身侥逃显戮，其所著书籍悖妄之处，自应搜查销毁，以杜邪说而正人心。乃从前查办遗书时，该省及办理四库全书之皇子、大臣等未经掣毁，今续办三分全书犹复一例缮录，方经朕摘览而得，甚属非是。因检阅文渊、文源两阁所贮书内，已删去此条。

---

① 印鸾章：《清鉴纲目》，长沙：岳麓书社，1987年，第378页。
② 张书才：《纂修四库全书档案》下卷，上海：上海古籍出版社，1997年，第2000页。

查系从前覆校官、编修许烺初阅时签出拟删，是以未经缮入。但此等悖妄之书，一无可采，既据覆校官签出拟删，该总纂、总校等即应详加查阅，奏明销毁，何以仅从删节，仍留其底本？其承办续三分书之侍读恭泰、编修吴裕德虽系提调，并司总校，但率任书手误写，均难辞咎。所有办四库全书之皇子、大臣，及总纂纪昀、孙士毅、陆锡熊，总校陆费墀、恭泰、吴裕德，从前覆校许烺，俱著交部，分别严加议处。至议叙举人之监生朱文鼎，系专司校对之人，岂竟无目者，乃并未校出，其咎更重。朱文鼎本因校书钦赐举人，著即斥革，以示惩儆。所有四阁陈设之本及续办三分书内，俱著掣出销毁。其《总目提要》亦著一体查删。钦此。钦遵。抄出到部。

查总裁八阿哥多罗仪郡王永璇等，虽仅系抽阅头分正本，但不严加查核，亦应议处。应将大学士嵇璜，大学士王杰，协办大学士吏部尚书刘墉均照失于查察降二级留任例，降二级留任。至总裁大学士公阿桂等虽向来并不看书，但现办之书既有不合，究系总裁，不能辞咎，应将大学士镶黄旗满洲都统一等诚谋英勇公阿桂、大学士兼管吏部事务正白旗满洲都统步军统领和珅均照不严加查核降一级留任例，降一级留任。查嵇璜有加八级，应销去加二级，抵降二级，免其降级；刘墉有加一级，应销去加一级抵降一级，仍降一级留任；阿桂有军功加三十七级、寻常加六级，应销去寻常加一级，抵降一级；和珅有随带加一级，应销去随带加一级，抵降一级，均免其降级。

（内参移会）

●五月十九日，刘墉在圆明园与八阿哥专管文源阁书挖改换页之事，并由武英殿拣派匠役人员承办。

乙酉，谕军机大臣等：热河文津阁所贮四库全书，朕偶加繙阅，其中讹谬甚多。已派随从热河之阿哥及军机大臣并部院随出之阮葵生、阿肃、胡高望、嵩贵、吉梦熊再行详加校阅改正。因思文渊、文源二阁所贮四库全书，其讹舛处所，亦皆不一而足。除年老大学士嵇璜不派外，著派科甲出身之尚书、侍郎京堂以及翰、詹科道部属等官分司校阅。其尚书、侍郎管理事务繁多者，每日每人著各看书一匣。六阿哥、八阿哥及事简之堂官，各看书二匣。京堂翰、詹科道、部属等官每人每日各看书二匣。再六部司员中，并著该堂官，每司各派出一人，每日各看书二匣。总计大小各员，不下二百余人，每人每日二匣，计算不过两月，两阁书籍，即可校阅完竣。

其文渊阁书籍，著在文华殿、内阁等处阅看。文源阁书籍，著在圆明园、朝房阅看。内天文推算等书，交钦天监堂司各官专看。乐律等书，交乐部专看。医药等书，交太医院官员专看。文渊阁书著六阿哥、阿桂专司收发。其挖改换页等事，交彭元瑞、金简管理。文源阁书著伊龄阿、巴宁阿专司收发。其挖改换页等事，著八阿哥、刘墉专管。八阿哥现住圆明园，刘墉系总师傅，自必随同阿哥等在彼居住。即著八阿哥、刘墉常川住彼，以资料理。并拣派武英殿匠役，前往圆明园承办。仍著六阿哥、阿桂总司其事。除校出一二错字，即随时挖改，毋庸零星进呈。如有语句违碍错乱简编，及误写庙讳，并缮写荒谬错乱过多，应行换五页以上者，再随报进呈，仍查明原办总纂、总校、提调、校对各员分别治罪。并将业经议叙已登仕版之该誊录，亦予斥革。俾甄叙不得滥邀，而藏书益臻完善。并著六阿哥、阿桂一面即行酌派分阅。天气炎热，阅书诸人，家中早饭，于辰正进，申初出，仍给与清暑茶汤。京中金简、园中伊龄阿司其事。一面将如何分派校勘，酌定章程之处，随报具奏。①

●乾隆在热河，偶翻文津阁所贮四库全书，发现讹谬甚多，因思文渊、文源二阁所贮四库全书，其讹舛处所，亦皆不一而足。遂命除年老大学士嵇（璜）不派外，著派科甲出身之尚书、侍郎、京堂及翰、詹、科、道、部属等官，分司校阅。刘墉与八阿哥专管文源阁校书。②

大学士和（珅）字寄六阿哥（永瑢），大学士、公阿（桂），乾隆五十二年五月十九日奉谕：

热河文津阁所贮四库全书，朕偶加翻阅，其中讹谬甚多，已派随从热河之阿哥及军机大臣并部院随出之阮葵生、阿肃、胡高望、嵩贵、吉梦熊，再行详加校阅改正。因思文渊、文源二阁所贮四库全书，其讹舛处所，亦皆不一而足。除年老大学士嵇（璜）不派外，著派科甲出身之尚书、侍郎、京堂及翰、詹、科、道、部属等官，分司校阅。其尚书、侍郎管理事务繁多者，每日每人著各看书一匣；六阿哥、八阿哥及事简之堂官，各看书二匣；京堂、翰、詹、科、道、部属等官，每人每日各看书二匣。再，六部司员中，并著该堂官每司各派出一人，每日各看书二匣。总计大小各员不下二百余人，每人每日二匣计算，不过两月，两阁书籍即可校阅完竣。

---

① 《大清高宗法天隆运至诚先觉体元立极敷文奋武孝慈神圣纯皇帝实录》卷之一千二百八十一。

② 张书才：《纂修四库全书档案》下卷，上海：上海古籍出版社，1997年，第2004页。

其文渊阁书籍，著在文华殿、内阁等处阅看，文源阁书籍著在圆明园朝房阅看。内中天文、推算等书交钦天监堂司各官专看，乐律等书交乐部专看，医药等书交太医院官员专看。文渊阁书著六阿哥、阿桂专司收发，其挖改换页等事，即交彭元瑞、金简管理；文源阁书著伊龄阿、巴宁阿专司收发，其挖改换页等事，著八阿哥、刘墉专管。八阿哥现住圆明园，刘墉系总师傅，自必随同阿哥等在彼居住。即著八阿哥、刘墉常川住彼，以资料理，并拣派武英殿匠役前往圆明园承办。仍著六阿哥、阿桂总司其事，除校出一、二错字即随时挖改，毋庸零星进呈，如有语句违碍，错乱简编，及误写庙讳，并缮写荒谬，错乱过多，应行换五页以上者，再随报进呈。仍查明原办总纂、总校、提调、校对各员，分别治罪，并将业经议叙已登仕版之该誊录亦予斥革，俾甄叙不得滥邀，而藏书益臻完善。并著六阿哥、阿桂一面即行酌派分阅，天气炎热，阅书诸人家中早饭于辰正进，申初出，仍给与清茶暑汤，京中金简、园中伊龄阿司其事；一面将如何分派校勘酌定章程之处，随报具奏。钦此。遵旨寄信前来。

（军机处上谕档）

●五月二十三日，质郡王永瑢与刘墉等奏遵旨酌定校勘文渊文源阁全书章程折。①

臣永瑢等谨奏，为遵旨酌定校勘章程，恭折覆奏事。

本月二十二日接奉上谕：热河文津阁所贮四库全书，朕偶加翻阅，其中讹谬甚多，已派随从热河之阿哥及军机大臣并部院随出之阮葵生、阿肃、胡高望、嵩贵、吉梦熊，再行详加校阅改正。因思文渊、文源二阁所贮四库全书，其讹舛处所，亦皆不一而足。除年老大学士嵇璜不派外，著派科甲出身之尚书、侍郎、京堂及翰、詹、科、道、部属等官，分司校阅。其尚书、侍郎管理事务繁多者，每日每人著看书一匣；六阿哥、八阿哥及事简之堂官，各看书二匣；京堂、翰、詹、科、道、部属等官，每人每日各看书二匣。再，六部司员中，并著该堂官每司各派出一人，每日各看书二匣。总计大小各官不下二百余人，每日每人二匣计算，不过两月，两阁书籍即可校阅完竣。其文渊阁书籍，著在文华殿、内阁等处阅看，文源阁书籍著在圆明园朝房阅看。内中天文、推算等书交钦天监堂司各官专看，乐律等书交乐部专看，医药等书交太医院官员专看。文渊阁书著六阿哥、阿桂专司收发，其挖改换页

---

① 张书才：《纂修四库全书档案》下卷，上海：上海古籍出版社，1997年，第2007页。

等事即交彭元瑞、金简管理；文源阁书著伊龄阿、巴宁阿专司收发，其挖改换页等事著八阿哥、刘墉专管。八阿哥现住圆明园，刘墉系总师傅，自必随同阿哥等在彼居住。即著八阿哥、刘墉常川住彼，以资料理，并拣派武英殿匠役前往圆明园承办。仍著六阿哥、阿桂总司其事，除校出一、二错字即随时挖改，毋庸零星进呈，如有语句违碍，错乱简编，及误写庙讳，并缮写荒谬，错乱过多，应行换五页以上者，再随报进呈。仍查明原办总纂、总校、提调、校对各员，分别治罪，并将业经议叙已登仕版之该誊录亦即斥革，俾甄叙不得滥邀，而藏书益臻完善。并著六阿哥、阿桂一面即行酌派分阅，天气炎热，阅书诸人家中早饭于辰正进，申初出，仍给与清茶暑汤，京中金简、园中伊龄阿司其事；一面将如何分派校勘酌定章程之处，随报具奏。钦此。

窃照文渊、文源两阁所贮四库全书讹舛甚多，自应详加校正，今拟派部院各官共二百五十余员，两阁各分一百二十余员，专司校阅。校出书籍内如有谕旨指出各条，非寻常错误者，即行随报进呈，将原办各员并誊录等严行参奏，分别办理。其一切校勘事宜，除每日课程及在京、在园管理收发挖改等事，钦遵圣训分投妥办外，臣等复会同臣永璇等，悉心商酌。此次校阅全书，卷帙浩繁，应查应改各签必须汇齐覆核，即有签出不甚确当者，亦可随时更正，以免舛误。应请旨令彭元瑞、纪昀总司其事，毋庸兼看书籍。凡各员校勘之签，均由彭元瑞等覆看一过，送交永璇、刘墉、金简，另派妥员登记册档，挖改后再行照档销签，并于书前副页下黏签注明详校官恭阅衔名。如敢草率从事，仍前舛误，即惟详校之员是问。责成既专，雠校益可精审。至此项书籍均系装潢成帙之书，签出数字错误祇须就书挖改，遇有更换篇页者，再行拆钉重装，并饬令匠役等小心办理，不得稍有污损，以昭慎重。

再，从前司校之员，此时若概令回避，人数不敷分派，应请将原校之书另派他员详校，以防回护。臣等现在赶紧办理，数日内即可开局校勘，务令剋期速竣。

除拣选熟谙办书人员及供事等分管收发催查事务，并酌定应办一切事宜，分别续行具奏外，谨将现在会议缘由，先行恭折覆奏，伏祈皇上睿鉴。谨奏。

乾隆五十二年五月二十三日

臣永瑢　　臣永璇　　臣阿桂　　臣刘墉

臣彭元瑞　臣金简　　臣伊龄阿　臣巴宁阿

乾隆五十二年五月二十四日奉旨：知道了。钦此。

●五月二十四日，乾隆发动官员校对文渊、文源两阁所藏四库全书。凡各员校勘之签均由彭元瑞等覆看一过，再送交永璇、刘墉、金简派员登记档册，挖改后再照档销签。

庚寅，质郡王永瑢等奏遵旨详校文渊、文源两阁所贮四库全书。拟派部院各官二百五十余员，两阁各分派一百二十余员，专司校阅。其应改各签，必须汇齐覆核以免舛误。应请旨令彭元瑞、纪昀总司其事，毋庸兼看书籍。凡各员校勘之签，均由彭元瑞等覆看一过，送交臣永璇、刘墉、金简派员登记档册，挖改后再照档销签。并于书前粘签、注明详校官恭阅衔名。如有仍前错误，即惟详校之员是问。再从前司校之员，若概令回避，人数不敷分派。请将原校之书，另派他员详校。报闻。①

●五月二十四日，军机大臣为奉旨刘墉等阅看书籍无庸来滦等事致留京王大臣函。②

本日奏到各折内有接奉筹办米麦训谕覆奏一折，此事前寄信内已奉有不必再行具奏之谕，此时若仍行覆奏，转似烦渎，是以公同商酌，未经代为呈递。其余二件，即饬司员随本报进呈。

再，刘中堂、彭大人现在总办两阁书籍，不能分身来滦带领引见一事，本日召见，适蒙询及，已将来札之意代为奏明。奉旨：刘墉、彭元瑞现在阅看书籍，即六、七月亦可无庸前来，统俟校书完竣后，于八月再来亦可。所有现在吏、兵两部引见，惠龄、玛兴阿、海宁不看书之人，尽可令其带领前来。等因。钦此。

专此奉达，并候台祺不一。

绵二阿哥处，将原折撤下未递之处，祈代为道及。

（军机处上谕档）

●五月初，刘墉获赐《钦定时晴斋法帖》。

●七月初二日，刘墉因校书挖补事受乾隆皇帝赏赐纱二匹，葛布二匹。

丁卯，谕军机大臣等：现在天气炎热，所有在京派出办理校阅文渊、文源、两阁书籍之大臣、官员等，内刘墉、彭元瑞、金简、伊龄阿四员，著每人赏给纱二匹、葛布二匹。其余看书大小官员，每人各赏给纱一匹、葛布一匹。其管理收发各员，

---

① 《大清高宗法天隆运至诚先觉体元立极敷文奋武孝慈神圣纯皇帝实录》卷之一千二百八十一。
② 张书才：《纂修四库全书档案》下卷，上海：上海古籍出版社，1997年，第2016页。

每人各赏给纱一匹。著交六阿哥、八阿哥分别赏给,以示体恤。①

● 七月初七日,军机大臣为奉旨谢恩折不谙体制事致刘墉等函。②

本日奏到校书各官,蒙恩赏纱葛陈谢一折,面奉谕旨:此等联衔谢恩奏折,自应按其品级大小,次第列衔,方合体制。乃按照各衙门开列,以中书、编检等官列入尚书、侍郎之前,而六部内,如户部未经派出堂官看书者,即以郎中首先列衔。大小错杂,阅之毫无头绪。刘墉等于此等谢恩奏折,尚且不谙体制,办理舛错如此,恐伊等所看书籍,亦似此疏略,将来竟不免又须派员另看矣。钦此。

特此布闻不一。

(军机处上谕档)

● 七月十五日,刘墉以吏部尚书衔与绰克托、惠龄联名"奏明议驳勒保所谓理事同知缺出先尽试用人员补用事"。③

● 七月十八日,刘墉以吏部尚书衔与绰克托、惠龄联名议奏"山东学政刘权之家眷船只在直隶境内被劫一案查参该管各员"。④

● 八月初二日,丁酉,刘墉以协办大学士衔祭先师孔子行礼。⑤

● 八月初四日,礼部尚书管太常寺事德保参劾刘墉致祭文庙时少了一揖之礼。

己亥,礼部尚书管太常寺事德保等奏:向例遣官致祭文庙于节次行礼之后,俱有一揖。今协办大学士刘墉于祭祀时,未照例行一揖之礼,请交部查议。谕曰:太常寺堂官参奏刘墉遣祭文庙,未行一揖礼一折。从前朕为皇子时,曾经致祭文庙。记所行仪注,并无一揖之礼。今礼部所用仪注,仍有此一揖。自系相沿,未经改定。刘墉于祭祀时,以一揖之礼不可行,未经照例行礼。该堂官固应据实参奏,但此一揖之礼,俱在上香献爵饮福受胙之后,本系小节俗礼,刘墉未经遵行,尚非大过,姑免交部。但刘墉之意,既以为断不可行,自应奏明更改,乃并未陈奏,而于向用仪注率任臆改,此则非是。至相沿一揖之礼,本不可行,嗣后著于仪注内改正。以

---

① 《大清高宗法天隆运至诚先觉体元立极敷文奋武孝慈神圣纯皇帝实录》卷之一千二百八十四。
② 张书才:《纂修四库全书档案》下卷,上海:上海古籍出版社,1997年,第2040页。
③ 奏折见清宫档案馆档案胶片。
④ 同上。
⑤ 《大清高宗法天隆运至诚先觉体元立极敷文奋武孝慈神圣纯皇帝实录》卷之一千二百八十六。

昭诚敬。①

●仲秋，刘墉临王右军奉橘诸帖，有跋。

●八月十五日，刘墉邀请谢墉为《槎河山庄图》题跋。

谢墉《奉题槎河山庄图即和石庵先生老前辈元韵》书呈大教：②

东武仙灵窟，山椒瞰水滨。隐居求志地，精舍读书人。
鸣和在荫鹤，根株上古椿。清芬良可诵，清极不忧贫。
赤松游有欲，匪计隙约过。草色应同郑，兰英岂让罗？
经书藏不少，骨肉聚期多。两世苍生望，何能恋薛萝？
御笔标门第，恩谐海岱长。莲峰真卓绝，蜃市任迷茫。
楼有毫光现，亭余手泽香。原非筮嘉豚，述德自难忘。
草堂留妙迹，高致俨雪鸿。以此方嵩少，宁论视上公。
画情丹碧外，诗兴钓游中。济美衡前哲，惟应玉局翁。
承家超广受，馨歆溯清音。展卷如函丈，联吟快梦簪。
箕裘名业重，酒羍宴私深。后学欣晨夕，维桑表素心。

乾隆丁未八月十五日嘉禾世侍谢墉稿，时年六十有九。

○八月，以福康安为将军，海兰察为参赞大臣，驰赴台湾代常青督办军务。③

●九月二十七日，谕承办《皇朝文献通考》讹错之刘墉等著分别罚俸。④

又议三通馆承办《皇朝文献通考》，讹错草率之校阅官陈万全、总裁官刘墉等，照例罚俸一疏。奉谕旨：

刘墉著罚俸六个月，陈万全著销去纪录一次，仍罚俸六个月；王杰著销去纪录一次，免其罚俸；彭元瑞著销去纪录一次，仍罚俸一个月，注与纪录抵销。

（起居注册）

●十月九日，刘墉以协办大学士衔与和珅、王杰联名"奏为黄仕简、任承恩应

---

① 《大清高宗法天隆运至诚先觉体元立极敷文奋武孝慈神圣纯皇帝实录》卷之一千二百八十六。
② 见傲徕山房藏刘统勋刘墉父子应制诗长卷。
③ 印鸾章：《清鉴纲目》，长沙：岳麓书社，1987年，第378页。
④ 张书才：《纂修四库全书档案》下卷，上海：上海古籍出版社，1997年，第2062页。

依统兵将帅致误军机例拟斩立决事"。①

● 十月九日，刘墉获赐缎匹并负责挑补广西地方同知官。②

十月初九日，谕：刘墉、彭元瑞，着各赏缎二匹。余，各赏缎一疋。钦此。

(军机处上谕档)

● 十月十八日，军机大臣等奏遵查《食货略》《学校考》系周琼、吴锡麒分别纂校片。③

臣等遵旨查三通馆昨日所进《食货略》系编修周琼纂办，《学校考》系编修吴锡麒纂办，俱系该员自行校对。至该馆总裁，系臣王杰、刘墉、彭元瑞三人。谨奏。

(军机处上谕档)

● 十月二十四日，礼部尚书纪昀奏请将文渊阁翻译册档移送热河一分等事折。④

臣纪昀跪奏：为奏明请旨事。窃臣仰承恩命，率同各员覆核文津阁四库全书。臣于本月十五日已抵热河，见全德、董椿等所办章程，俱各妥协。所有同来各员，现已有裴谦、祁韵士、郭在逵、李严、王燕绪、励守谦、王天禄、潘有为、王坦修等九员先到，臣即于二十二日率同开手办理。各该员感激宽恩，均图自效，又见茶汤炉炭，体恤周详，尤觉倍增愧奋，看其校勘甚属认真，惟是文渊、文源二阁校正册籍，俱为刘墉、彭元瑞留为校理三分全书之用，其订正译语册档，亦未付臣。所有辽、金、元人地名，俱无从查改。应奏明请旨敕下刘墉、彭元瑞，将二阁翻译册档，以一分留京备用，以一分移送热河照改，庶两无贻误。

再，文津阁书系第四分，当时事届垂成，未免急图完竣，错谬尤多。其中需查底本者，据大学士臣和珅所交，已一巨册，将来尚不知其几。但底本俱在京中，臣等实鞭长莫及，合无仰恳天恩，敕下军机大臣，于罚来各员内择其过失稍轻者，酌留一、二员，常川在翰林院专办此事，即令自备夫马，往来驰送，计其所费，与前来资斧亦足相当。似于公事有裨，而仍不失示罚之意。

是否有当，相应一并奏明请旨，伏乞皇上睿鉴施行。谨奏。

---

① 奏折见清宫档案馆档案胶片。
② 张书才：《纂修四库全书档案》下卷，上海：上海古籍出版社，1997年，第2067页。
③ 同上书，第2078页。
④ 同上书，第2081页。

乾隆五十二年十月二十九日奉旨：著照所请。交军机大臣分别查办。钦此。

(军机处录副奏折)

●十月二十八日，质郡王永瑢、刘墉等奏酌议详校三分书携归私宅校勘办法折。①

臣永瑢、臣永璇、臣刘墉、臣彭元瑞谨奏，为酌议具奏事。据御史祝德麟条奏，详校三分全书请准该员等携归私宅，昼夜校勘，一切收发章程交总理大臣详悉妥议具奏等语。奉旨：著照所请行。钦此。

臣等伏查三分全书，卷帙浩繁，详校官共有二百余员，若不预定章程，纷纷授受，倘有舛错，转非慎重办公之道。臣等公同酌议，三分全书校对现有二十二员，每员约校书五千余册，应请将详校官等传齐在文渊阁，公同拈阄。每详校官十员阅看一校对之书，先期于提调处设立册档，每员名下注清书名册数，庶彼此交收不致歧误，而责有攸归，亦不致互相推诿。至详校官签出应改、应补之书，由核签处核定提调等转交原办之校对收拾换写，办妥后即交原派之提调吴裕德、彭元珫及武英殿派出各员查明用宝，以昭慎重。再查详校官人数甚多，若不按限交书，必致迟速不一，应请将各详校官及校对俱分为五班，轮流按期送核签处核定，则已校之书既不致壅滞，而未校之书亦不至宕延，办理似为周密。

以上各条，臣等谨就现在情形酌议请旨。如蒙允准，臣等即催取校对书籍，并传齐各详校官于十一月十五日起酌定班期发校。谨奏。

乾隆五十二年十月二十八日奉旨：是。钦此。

(军机处录副奏折)

●十一月四日，刘墉行书书苏黄书画跋。卷尾款前录其旧作《烧香颂》。②

> 鹤骨龙筋几岁僵，凝来脑髓浣心肠。
> 已成枯槁无生体，正有氤氲不尽香。
> 沉水一痕苍玉重，博山双缕紫云翔。
> 何人解试无烟火，午夜心斋证坐忘。

---

① 张书才：《纂修四库全书档案》下卷，上海：上海古籍出版社，1997年，第2084页。
② 见刘墉同名墨迹。

○十一月，诏改诸罗为嘉义县，封柴大纪为一等义勇伯，世袭罔替。①

●十二月二十六日，刘墉以吏部尚书衔与彭元瑞联名"奏报皇朝三通全书告成请奖叙各员等事。"②

●刘墉行书山谷朱子题画跋。

●刘墉行书杂诗。

○以王杰为东阁大学士。

○程敦《秦汉瓦当文字》成书。

○石梁《草字汇》成书。

●是年，刘墉另有应制诗四首。

恭和御制上元后一日小宴廷臣二首元韵③

紫殿香飘篆袅丝，云从星拱肃还怡。

八方熙皞常萦念，万象欣荣早入诗。

中外一家歌在昔，会同有绎颂维时。

宫庭瑞霭连宵接，宝炬光腾月满规。

皇仁已见宏开网，吏职还闻饬献囚。

寰宇神周绥万里，封章捷报靖无忧。

春台共上恩承煦，绮席荣联宴饫羞。

天锡来年符睿虑，玉霙叠布润深留。

恭和御制五福堂对玉兰花二十韵元韵④

一堂式廓崇基树，熙春景物纡宸顾。

玉兰高出百花丛，得地乘时最荣遇。

那论蝶舞与蜂游，仙风仙露枝闲留。

---

① 印鸾章：《清鉴纲目》，长沙：岳麓书社，1987年，第378页。
② 奏折见清宫档案馆档案胶片。
③ [清]刘墉：《刘文清公应制诗集》卷二，爱日轩陆贞一仿宋镌，第14页。
④ 同上书，第1页。

浩态浓香常献瑞，栽培恩渥花能酬。
昨岁迄今俨然待，吟管重拈几暇乃。
再探月窟蹑天根，奥蕴还加洪范倍。
福为德致语无欺，寿先诸福理可思。
即以华实观草木，宛然锡福逢昌期。
巩固根株符寿义，涵濡泽富霱霄赐。
既安且吉德维嘉，受命葆生善斯备。
群伦咸视此花身，咏入篇章蔼性真。
披拂春风酿春雨，星云璀璨又轮囷。
仰瞻藻翰辉莲朵，天文刚健含婀娜。
显承於此念羲轩，空色宁云超粲可。
对时育物意殷然，四海应书大有年。
夏谚风谣知乐利，凯歌士马看精妍。
我皇行健见天刚，训厥庶民康尔色。
曰仁曰义福斯钟，积德从来无不克。
堂前花木验农畴，帝力勤民农不忧。
万福攸同称万寿，与天无极迓天庥。

恭和御制题文彭刻陋室铭章元韵①
雕虫留得旧巢痕，一室悠然想晤言。
妙篆擒华看凤泊，圣情怀古瞻鸿轩。

1788　乾隆五十三年　戊申　刘墉69岁

●二月初四日，刘墉以协办大学士衔行礼祭先师孔子。②

---

① [清] 刘墉：《刘文清公应制诗集》卷三，爱日轩陆贞一仿宋镌，第2页。
② 《大清高宗法天隆运至诚先觉体元立极敷文奋武孝慈神圣纯皇帝实录》卷之一千二百九十八。

● 二月，刘墉获赏《御制诗文二集》。

○ 二月，林爽文就擒，台湾平。①

● 三月十四日，刘墉参与总办万寿庆典事宜。②

丙子，谕：上年八月，王公大臣及直省将军、督、抚大吏等，以乾隆五十五年，朕八旬万寿，吁请举行庆典。朕因王公内外大臣等身际昌期，久承渥泽，胪欢祝嘏，出自积诚。且朕自临御以来，亲理万几，孜孜不倦，五十余年如一日。兹仰荷上苍眷佑，列圣垂庥，膺受纯熙，锡光□□马庆，躬跻上寿。五世一堂，实古所未有。允宜光昭盛噢，以答景贶。若却而不行，转觉矫情。是以特俞所请，并恐王公内外大臣等过事铺张，业经谆切谕令，祗照圣母皇太后六旬、七旬、八旬万寿庆典之例备办，毋得稍有加增。现在王公内外大臣等，因朕俯允所请，踊跃欢忭，亟欲抒诚。其应备仪文，典礼甚钜，若不专派大臣董理其事，恐承办之员，未喻朕意，仍不免踵事增华，致滋繁费，非所以体朕嘉与诸臣效诚献悃之心也。所有五十五年万寿庆典各事宜，著派阿桂、和珅、刘墉、福长安、胡季堂、金简、李绶、伊龄阿总办。以期经理得宜，用光钜典。③

● 端阳后三日，刘墉临颜真卿《争座位帖》成扇面。

● 五月，刘墉主持制定官员处分条例并查视顺天府会试贡院。

● 七月十七日，刘墉以吏部尚书衔"奏为补授部院侍郎事"。④

● 七月十九日，刘墉以吏部尚书衔与郎玛兴阿联名"奏请将旷班迟误之防巡库使革职事"。⑤

○ 七月，杀太子少保参赞大臣一等义勇伯柴大纪。⑥

● 八月初八日，刘墉以协办大学士衔被派祭先师孔子行礼。⑦

● 八月十二日，刘墉以吏部尚书衔与绰克托联名"奏询应否将札郎阿开缺内阁

---

① 印鸾章：《清鉴纲目》，长沙：岳麓书社，1987年，第379页。
② 王钟翰点校《清史列传》卷四百七十六《列传》卷二十六，北京：中华书局，1987年，第1986页—1990页。
③ 《大清高宗法天隆运至诚先觉体元立极敷文奋武孝慈神圣纯皇帝实录》卷之一千三百。
④ 奏折见清宫档案馆档案胶片。
⑤ 同上。
⑥ 印鸾章：《清鉴纲目》，长沙：岳麓书社，1987年，第379页。
⑦ 《大清高宗法天隆运至诚先觉体元立极敷文奋武孝慈神圣纯皇帝实录》卷之一千三百十。

学士事"。①

●八月，刘墉族侄孙泌中山东第五十一名举人。②

是科乡试考官：修撰茹棻，字稚葵，号古香，浙江会稽人，甲辰进士。编修吴鼎雯，字云圃，河南光州人，戊戌进士。题"君子不以"二句，"载华岳而"一句，"今夫水搏　在山"。赋得"云开雁路长"得"长"字。解元隋维烈，寿光人，丙辰进士。③

按：刘泌，字卫川。乾隆戊申、己酉（1788—1789）联捷进士，云南呈贡县知县，授文林郎。享年五十一岁，忌十月二十日。葬重兴庄东茔。娶隋氏，同邑富山庄隋书声公女，例□封孺人。子二人：刘巽权、刘可权。女三人：长适高密县梁尹庄任延照，次适同邑贾悦庄廪生丁锡麟，次适同邑王畿。

又按：据刘镜如编著《东武刘氏家乘》云：（泌）祖（刘）果，曾祖（刘）纶炳，祖父（刘）采，父（刘）钧恕。

●八月，刘墉侄孙刘沆中顺天第一百二十三名举人。④

是科乡试顺天考官：礼部尚书德保，字定圃，满洲正白旗人，丁巳进士。内阁学士邹奕孝，字念乔，江南无锡人，丁丑进士。工部侍郎管干珍，字阳复，江南阳湖人，丙戌进士。题"子曰不曰"全章，"小德川流"二句，"尧舜之知　遍物"。赋得"六艺道德本"得"行"字。解元赵令家，深洲人。⑤

按：刘沆，字孟李，号清臣，一号雨峰。江苏候补知县。高祖刘棐，曾祖刘继焻，祖父刘墫，父刘钜琛。娶李氏，安邱县辉渠庄陕西布库大使长茹公女。子一人：世杰。女二人：长适同邑巴山庄监生王廷庆，次适高密县李。

●九月十一日，御史祝德麟劾司业黄寿龄受贿一折，内称国子监考试，惟刘墉、邹炳泰二人清介素著，诸生不敢向其馈送营求。刘墉与祭酒吉善以失察受乾隆申斥。⑥

---

① 奏折见清宫档案馆档案胶片。
② [清]刘文霱：《刘氏贡举文集》，目录第 11 页。
③ [清]法式善等：《清秘述闻三种·上卷》卷八，北京：中华书局，1892 年，第 280—281 页。
④ [清]刘文霱：《刘氏贡举文集》，目录第 10 页。
⑤ [清]法式善等：《清秘述闻三种·上卷》卷八，北京：中华书局，1892 年，第 278 页。
⑥ 王钟翰点校《清史列传》卷四百七十六《列传》卷二十六，北京：中华书局，1987 年，第 1986—1990 页。

己巳，谕：御史祝德麟奏国子监考试惟刘墉、邹炳泰二人，诸生不敢向其馈送营求。此外各堂官，则来者不拒，去者不追。虽不能一无沾染，尚不至骇人听闻。独司业黄寿龄猥鄙性成，外间竟传有非钱不取之说。本年考到时，苞苴满户，甚至寒畯空囊，虑其摈抑，率皆典质称贷，士怨沸腾等语，览之不胜骇异。本年办理科场，因诸臣纷纷条奏，屡经降旨，通行严饬，并颁发科条，以期诸弊肃清。国子监考到录科，分别去取，正所以杜绝入场侥幸之端，即与科场无异。该堂官自应公慎遴选，倍矢洁清。乃祝德麟参奏黄寿龄，竟有非钱不取、士怨沸腾之事。殊出情理之外，如所参属实，黄寿龄所得赃银，无论满数与否？均当立寘典刑。黄寿龄著即先行摘去顶戴，解任交刑部看守。并派福康安、董诰即日起身回京，秉公审办。但祝德麟所奏系属传，并未经奏出黄寿龄得贿实在证据，事关科场舞弊，罪名出入甚重。亦未便以风闻入告之言，坐人死罪致启将来告讦之端。并著福康安等，即传该御史到案，面加询问。令其将黄寿龄考到时，曾向何人婪索银两？所闻非钱不取之说，系何人向该御史告知？再拘齐犯证，逐一确切严审定拟具奏，以成信谳。如该御史不能指出证据，即当律以诬告反坐之罪。至其余国子监堂官，除邹炳泰、纳麟宝出差外，尚有刘墉、吉善在京。何以将考到之事，专交黄寿龄办理？任令从中肆意婪索？刘墉、吉善竟同聋瞆，并著福康安等于审明后一并查办。①

●九月十八日，祝德麟参奏革职司业黄寿龄考到得受银两一案结果如下：黄寿龄与祝德麟降三级以部员补用，曹锡宝、王念孙降二级留任，刘墉与祭酒吉善以失察交部议处。

丙子，谕曰：福康安等奏审明御史祝德麟参奏革职司业黄寿龄考到得受银两一案，请将黄寿龄、祝德麟分别治罪革职一摺。此事若果关系科场，朕必彻底根究，按律严办，断不肯稍事姑容。今国子监考到，非录科可比，录科不取，即不能入闱应试。至于考到，此次不取，下次仍准其再考。况考取之后，仍由钦派大臣及祭酒等覆行录科，始准入闱。文理荒劣者，亦无从冒滥。是考到一事，系重复具文，于士子本无关轻重。其考后馈送贽仪，亦属托名师生，相沿陋习，与用财营求者不同。在洁清自爱者，顾惜体面，自不肯收受。其见小猥鄙之流，即来者不拒。而黄寿龄贪鄙尤甚，以致舆论不协。此事若果于科场去取有涉，必将黄寿龄立寘重典。今据福康安等审明，考到一事，既无关入场去取，而所得贽仪，自一两至四两不等。聚

---

① 《大清高宗法天隆运至诚先觉体元立极敷文奋武孝慈神圣纯皇帝实录》卷之一千三百十二。

少成多，才共得银六十余两。实系相沿陋规，于录取后馈送收受。虽其猥琐龌龊，有玷官箴，固难留司业之任，尚不至于治罪。黄寿龄业经革职，其所拟杖责之处，著加恩宽免。至祝德麟身为御史，既经具摺参劾，当福康安等传旨询问时，自当列款指出，乃始则以一奏博建白之名，冀图转科。继则游移含混并牵引多人，以卸其言之不实。似此进退无据，岂堪复膺台谏之职？本应照议革职，第念祝德麟本有言责，而黄寿龄收受贽仪，致被参劾，尚不为无因。祝德麟著从宽降三级以部员补用。曹锡宝、王念孙皆系言官。既闻黄寿龄声名不好，即应自行具摺参劾，乃于署内私相谈论，及传至公所询问，又复哓哓剖辩，互相推诿，不顾颜面。本应照议交部，第念其究得自传闻，未有确据。曹锡宝、王念孙俱著从宽降二级留任。刘墉系总理国子监事务，吉善身系祭酒，于考到一事，自应公同办理。何以专交黄寿龄一人考校，致滋物议？咎实难辞！刘墉、吉善俱著交部议处。其生监人等所送贽仪，为数甚微，讯无营求情弊。且于揭晓之后，多已出京回籍，并著加恩免其提究。余著照所议行。朕办理庶务，凡有关弊窦者，无不加意厘剔。而沿习陋例并非作奸犯科者，亦不肯稍事苛求。此即不为已甚去已甚之意也。将此通谕知之。①

○九月，缅甸遣使奉表入觐，诏暹罗罢兵。②

●十月十五日，军机大臣等奏遵旨查刘墉与八阿哥督办之文源阁应补各书分缮清单呈览片（附清单二）。③

乾隆五十三年十月十五日，臣等遵旨带同纪昀至文源阁，查看得各书皆系上年八阿哥、刘墉督同详校官各员详加校正，尚无匿页损坏之处，所有空函二百四十九匣，现在各馆分投抄录办理。臣等再行遵旨严催，务令迅速缮写，校对详妥，办竣后按架归函，以期毋误。所有应补各书，分缮清单，恭呈御览。

至文渊、文津、文溯三阁留空各函及应撤换补入各书，臣等亦一并查明，严催各馆上紧赶办归架。谨奏。

附一　空匣补写各书单：

《御制文集》《御制诗集》《钦定宗室王公功绩表传》《钦定蒙古王公功绩表传》《钦定平定两金川方略》《钦定兰州纪略》《钦定皇朝通典》《钦定皇朝通考》《钦定

---

① 《大清高宗法天隆运至诚先觉体元立极敷文奋武孝慈神圣纯皇帝实录》卷之一千三百十三。
② 印鸾章：《清鉴纲目》，长沙：岳麓书社，1987年，第380页。
③ 张书才：《纂修四库全书档案》下卷，上海：上海古籍出版社，1997年，第2137页。

皇朝通志》《钦定续文献通考》《钦定续通志》《钦定盛京通志》《钦定胜朝殉节诸臣录》《大清一统志》《开国方略》《满洲源流考》《蒙古源流考》《翻译五经四书》《历代职官表》《辽金元国语音义》《元史》《明史》

未经留空现在纂办及抄录各书：

《万寿盛典》《日讲诗经解义》《诗经乐谱》《翻译琴谱》《石峰堡纪略》《平定台湾纪略》

以上各种，俟办成后，按照次序，在前后各匣内归并排空添入。

附二　撤换各书单：

《南北史合注》《南唐书合订》《闽小记》《书画记》《读画录》《书影》《印人传》《列代不知姓名录》《诸史同异录》

以上各函，现因违碍撤去，另换《尚史》《宋稗类抄》二种抵补，仍按照二书次序排入。据纪昀告称，不过略为挪移，匣面改刻无多等语。合并声明。

（军机处上谕档）

●十月十六日，乾隆又下旨督催办书诸事。

癸卯，谕：文渊、文源等阁藏弆四库全书。上年派六阿哥、八阿哥、刘墉、彭元瑞督同详校官重加校正。惟留空未补各函，或因缮写未竟；或因算办未完，尚未归函插架。亟应予限严催，毋任延缓。所有武英殿、国史馆、方略馆、三通馆翻书房、承办各种书籍，著派八阿哥、彭元瑞、金简会同该管总裁督饬纂修眷录等上紧赶办。其四库馆应办各书，现在该馆已撤，即交武英殿办理。应用缮书之费，在于议叙眷录等罚交项下按数支用。惟各馆分投赶办，稽察为难。并著军机大臣定立限期，随时查核，以期迅速完竣。①

●十月，刘墉得赏内廷画十四轴及御临宋李迪《鸡雏待饲图》。

○十月，安南内乱，其遗臣阮辉宿奉王族来奔，乾隆命两广总督孙士毅出兵讨之。②

○十一月，孙士毅复安南，诏封黎维祁为安南国王。③

●十二月，刘墉得赏《御批通鉴辑览》《二十功臣赞序》《生擒林爽文庄大田纪

---

① 《大清高宗法天隆运至诚先觉体元立极敷文奋武孝慈神圣纯皇帝实录》卷之一千三百十四。
② 印鸾章：《清鉴纲目》，长沙：岳麓书社，1987年，第381页。
③ 同上书，第382页。

事语》。

●是年,以乾隆有诗《御制诗五集》卷之三十五中的《命弄新疆呈样钱文仍叠庚辰命儒臣排次回部钱文诗韵》,① 刘墉和其韵作《恭和御制命弄新疆呈样钱文仍叠庚辰命儒臣排次回部钱文诗韵元韵》。②

乾隆《命弄新疆呈样钱文仍叠庚辰命儒臣排次回部钱文诗韵》

准部回城久定功,铜镕圜府布泉通。

背镌本处名殊制（伊犁及各回城钱文阳面各镌本处地名左国书右回书）,

面铸乾隆号大同（阳面则铸乾隆通宝汉书）。

呈样各看来自外,聚铢并以弄于中。

开疆守器均非易,既幸天恩既惕躬。

刘墉《恭和御制命弄新疆呈样钱文仍叠庚辰命儒臣排次回部钱文诗韵元韵》

岁熟屯田阜土功,列城输赋货泉通。

汉文译语辨殊异,年号国书钦大同。

金范早归天莫外,干圆长仰日方中。

函存叠荷宸章咏,昭事柔怀戴圣躬。

●九叔刘绂焜（善溪）卒。
●刘墉行书书立轴。
●刘墉行书《三戒》并序。
●刘墉行书临王帖。
●刘墉行书杨羲传。
○张燕昌《石鼓文释存》成书。
○武亿《金石遗文记》成书。
●是年,刘墉另有应制诗六首。

---

① ［清］乾隆:《御制诗五集》卷之三十五,第7页。
② 见傲徕山房藏刘统勋刘墉父子应制诗长卷。

恭和御制仲春朔日重华宫茶宴廷臣及内廷翰林等以平定台湾联句并成四律元韵①

蠢尔穷逋蚁聚抛，絷从伏莽铲丛苞。
天兵罙透兔三窟，贼首占符比上爻。
禁旅言归齐唱凯，台甿相庆各携肴。
春风浩荡驰章路，万目欢看马上包。

报到欣闻刚进膳，盈廷济济喜无疆。
久钦神武战则克，俘此么么虑亦详。
海面风涛候难必，天心佑助理惟常。
生擒未觉稽时日，捷奏还教飓息狂。

兵因不得已而用，念靖兵源诚吏欺。
既受牛羊给刍牧，宁忘縻禄转营私。
贼遗君父古为疚，时有暑寒民所咨。
共乐升平何以报，宸章传诵惕思之。

命讨平施灿有伦，埽除余秒不艰辛。
共知仁寿斯民意，同作羲皇向上人。
赓咏早看承湛露，劳旋竚为洗兵尘。
重华拜赐群申祝，就日东升仰在寅。

恭和御制启跸至避暑山庄即事得句元韵②

清尘宜雨复宜晴，朗现仙庄似画城。
近圣观光随日化，迎銮有喜隔年情。
将军已迅天边驿，兵气全销海外营。
万里神周才一憩，又从绥定计宁盈。

---

① ［清］刘墉：《刘文清公应制诗集》卷三，爱日轩陆贞一仿宋镌，第8页。
② 同上书，第2页。

恭和御制永佑寺瞻礼叠辛丑诗韵元韵①

佛地深严奉閟居。每申瞻礼到来初。

人知勘定功由圣，帝谓诚祈默佑予。

海阔天宽钦化溥，归心乞命敢来徐。

君王神武多良将，响震应重几议书。

1789　乾隆五十四年　己酉　刘墉 70 岁

○正月，阮文惠袭安南，孙士毅败走，提督许世亨死之。②

●二月初十日，刘墉以协办大学士衔祭孔子先师行礼。③

●二月二十四日，刘墫休致。

己亥，又带领王大臣京察验看四品京堂翰林院侍读学士平恕等四十三员引见。得旨：平恕、陆伯焜、陈崇本、吴璥、庆龄、王懿修、永来、邹炳泰俱准其一等。刘墫、良成、额尔克图著休致。余依议。④

○二月，阮光平奉表乞降，许之。⑤

●三月初六日，乾隆耕耤，刘墉参与。

癸亥，上耕耤，诣先农坛行礼。更服至耤田所，躬耕三推，御观耕台。命皇六子质郡王永瑢、皇八子仪郡王永璇、豫亲王裕丰各五推。皇十一子永瑆、皇十五子颙琰、皇十七子永璘随耕布种。吏部尚书协办大学士刘墉、户部尚书董诰、礼部右侍郎邹奕孝、兵部尚书彭元瑞、刑部尚书胡季堂、工部左侍郎韩鑅、都察院左副都御史觉罗巴彦学、通政使梦吉、大理寺卿富炎泰各九推毕。顺天府府尹率农夫终亩。赏赉耆老农夫如例。⑥

---

① [清] 刘墉：《刘文清公应制诗集》卷三，爱日轩陆贞一仿宋镌，第 3 页。
② 印鸾章：《清鉴纲目》，长沙：岳麓书社，1987 年，第 382 页。
③ 《大清高宗法天隆运至诚先觉体元立极敷文奋武孝慈神圣纯皇帝实录》卷之一千三百二十二。
④ 同上。
⑤ 印鸾章：《清鉴纲目》，长沙：岳麓书社，1987 年，第 383 页。
⑥ 《大清高宗法天隆运至诚先觉体元立极敷文奋武孝慈神圣纯皇帝实录》卷之一千三百二十四。

●乾隆有《耕耤禾词》诗①，刘墉以《恭和御制耕耤禾词元韵》和其韵②。

刘墉《恭和御制耕耤禾词元韵》

三推义劭穑夫慵，为重民天秉耒恭。
坛上星辉连烛耀，升香凤夜礼先农。
木德同符帝德洪，土膏染履验春融。
田边共看青旗引，台上遥瞻玉座崇。
圣泽深覃万井冶，遂阡迤陌总会滋。
好凭函籥宣天藻，南亩东皋遍咏之。
耕凿于今安皞皞，仓箱到处纪陈陈。
九重宵旰勤民意，咫尺天颜共喻亲。
大有频书上瑞呈，跻堂祝圣法天行。
万方一气同怀葛，千耦联耘似弟兄。
瞻天罗拜群农喜，归憩中田各爱吾。
旧德先畴依寿考，欢腾氓庶洽师儒。

●春，侄刘镮之中式贡士第四十九名，殿试三甲第二十三名，族侄孙泌同榜三甲第十八名。

是科会试考官：内阁大学士王杰，字伟人，陕西韩城人，辛巳进士。礼部侍郎铁保，字冶亭，满洲正黄旗人，壬辰进士。工部侍郎管干珍，字阳复，江南阳湖人，丙戌进士。题"点尔何如之撰""溥博如天"二句，"苟为不熟"二句。赋得："草色遥看近却无"得"夫"字。会元钱楷，字宗范，浙江嘉兴人。

已酉科殿试成进士榜单③：

第一甲三名：胡长龄、汪廷珍、刘凤诰

第二甲三十三名：钱楷、李钧简、阮元、言朝标、张锦芳、张锡谷、张经邦、

---

① [清]乾隆：《御制诗五集》卷之四十五，第31页。
② 见傲俫山房藏刘统勋刘墉父子应制诗长卷。
③ 朱保炯、谢沛霖编《明清进士题名碑录索引》下册，上海：上海古籍出版社，1980年，第2749页。

包敏、张位中、贵征、王育琮、张炳、施杓、伊秉绶、钱本礼、江有本、周杙、万应馨、荆汝翼、杨祖纯、王史、黄镕、董思驹、祝孝承、朱庆颐、严年谷、金梅、倪鑠、顾德庆、申瑶、游光绎、那彦成、华榕端

第三甲六十二名：广善、许元淮、范鹤年、王斯飔、王正雅、吴灼、叶逢金、杨克济、林溥、敬大科、武开吉、李晓峦、达林、韩天骥、彭希郑、钱佳楠、郎千里、刘泌、赵时、李再瀛、王宁焯、陈汝秋、刘镶之、荣麟、钱开仕、瞿曾辑、卢荫文、裴显相、张鹏展、李元符、萧光浩、张文旟、易昌、汪滋畹、游艺、薛天相、徐元梅、彭云鹤、张志濂、胡森、金櫺发、李如林、姚杰、焦以润、丁桐、杨昭、井大源、顾椿年、周冕、汪兆宏、尚庆云、甄松年、刘之睿、刘斯颢、刘槐楸、章为棣、张履元、任泽和、曹祝龄、张秉锐、张世昌、程卓梁

●三月初七日，刘墉在尚书房总师傅任上以皇子诸师傅旷工至七日之多未能随时纠劾惹乾隆大怒，被交部严加议处。

甲子，乾隆谕曰：朕阅内左门登载尚书房阿哥等师傅入直门单，自三十日至初六日，所有皇子、皇孙之师傅，竟全行未到，殊出情理之外！因召见皇十七子同军机大臣，并刘墉等，面加询问。如系阿哥等不到书房，以致师傅各自散去，则其咎在阿哥，自当立加惩责。今据皇十七子奏称，阿哥等每日俱到书房，师傅们往往有不到者。曾经阿哥们面嘱其入直，尹等连日仍未进内等语。皇子等年齿俱长，学问已成，或可无须按日督课，至皇孙、皇曾孙、皇元孙等，正在年幼勤学之时，岂可少有间断？师傅等俱由朕特派之人，自应各矢勤慎，即或本衙门有应办之事，亦当以书房为重，况现在师傅内，多系阁学、翰林，事务清简，并无不能兼顾者，何得旷职误功，懈弛若此？皇子为皇孙辈之父叔行，与师傅等胥有主宾之谊。师傅等如此怠玩，不能训其子侄，皇子等即当正词劝谕。如劝之不听，亦应奏闻，乃竟听伊等任意旷职，皇子等亦不能无咎。至书房设有总师傅，并不专司训课，其责专在稽查，与总谙达之与众谙达等无异。师傅内有怠惰不到者，总师傅自应随时纠劾，方为无忝厥职。今该师傅等，竟相率不到至七日之久，无一人入书房，其过甚大，而总师傅复置若罔闻，又安用伊等为耶？此而不加惩创，又复何以示儆！嵇璜年已衰迈，王杰兼军机处行走，情尚可原，著从宽交部议处。刘墉、胡高望、谢墉、吉梦熊、茅元铭、钱棨、钱樾、严福、程昌期、秦承业、邵玉清、万承风俱著交部严加议处。至阿肃、达椿身系满洲，且现为内阁学士，毫无所事，其咎更重！均著革职，

仍各责四十板，留在尚书房效力行走，俱著交部严加议处。以赎前愆而观后效。①

●三月初八日，尚书房事件继续发酵，乾隆雷霆震怒，刘墉遭际平生仕途最大挫折，被乾隆斥为事事辜负溺职，于国家则为不忠，于伊父则为不孝！由协办大学士降为侍郎衔，仍在总师傅上行走。

乙丑，乾隆又谕：昨因尚书房阿哥等师傅自二月三十至本月初六，七日之久，无一人入书房，殊出情理之外，已降旨将总师傅嵇璜、王杰交部议处。刘墉、胡高望交部严加议处矣。刘墉系大学士刘统勋之子，朕念伊父宣力年久，特加恩擢用，其在府、道任内，颇觉黾勉，及为学政，即不肯认真，逮授湖南巡抚，声名亦属平常。因内用尚书，其办理部务，更复一味模棱。朕曲赐优容，未加谴责，伊自当感激朕恩，及思愧奋，益矢勤慎，今阿哥师傅等不到书房，至七日之久。刘墉身为总师傅，又非如嵇璜年老，王杰兼军机处行走者可比，乃竟亦置若罔闻。似此事事辜负溺职，于国家则为不忠，于伊父则为不孝，其过甚大，岂可复邀宽宥？且伊系大员，亦不必再俟部议，刘墉著降为侍郎衔，仍在总师傅上行走。不必复兼南书房，以观其能愧悔奋勉否？所有吏部尚书员缺，著彭元瑞调补。兵部尚书员缺，著孙士毅补授。孙士毅来到之前，其兵部尚书事务，仍著彭元瑞兼署。至协办大学士，本系可有可无之缺，现在内外汉大臣内，一时亦不能得人，此时切毋庸补放。至皇子等年齿俱长，学问已成，或可无须按日督课，皇孙、皇曾孙、皇元孙等正当年幼勤学之时，岂可少有间断。师傅等之任意懈弛，皆由总师傅不能稽查督饬所致。嵇璜年力衰迈，王杰兼军机处、南书房行走，既不能随时查察，即不必复兼此虚名。总师傅之职，著改派阿桂、李绶为总师傅，以专责成。王懿修现实患病，毋庸交部，亦不必在尚书房行走，著总师傅等，另选人品端方，学问优长之员，带领引见，候朕间派。谢墉在学政任内，声名平常，本系获咎之人，前京察议处时，经吏部议以革职，念其学问尚优，是以从宽留任，仍令在尚书房效力，伊更当知过感奋，乃亦复偷安，七日不到！更属有乖职守！谢墉著降为编修，革职留任，亦不必在尚书房行走。著在武英殿修书处效力赎罪，其余各师傅等，统俟部议上时，再降谕旨。②

●四月初二日，刘墉补内阁学士兼礼部侍郎衔。

---

① 《大清高宗法天隆运至诚先觉体元立极敷文奋武孝慈神圣纯皇帝实录》卷之一千三百二十四。

② 同上。

戊子，以侍郎衔刘墉、翰林院侍读学士玉保、光禄寺少卿永来为内阁学士兼礼部侍郎。①

●乾隆有《启跸幸至避暑山庄即事得句》诗，② 刘墉以《恭和御制启跸至避暑山庄即事得句元韵》③ 和其韵。

刘墉《恭和御制启跸至避暑山庄即事得句元韵》

清尘宜雨复宜晴，朗现仙庄似画成。
近圣观光随日化，迎銮有情隔年情。
将军已迅天边驿，兵气全消海外营。
万里神周才一憩，又从绥定计宁盈。

●乾隆有《御制补咏安南战图六律》诗。④ 刘墉以《恭和御制补咏安南战图六律元韵》⑤ 和其韵。

嘉观呵护之战

携累来归念抚茕，正名讨罪义须征。
出关大将建旗鼓，夹道群氓瞻甲兵。
一路飞腾真莫遏，两军会合怕相迎。
未劳禁旅从天下，万众推锋早振声。

三异柱右之战

选锐分兵各凿门，三军同愤彼孤恩。
拘妻可得几时见，骑马欲投何处村。
丑类巢焚难伏莽，健儿腹果易追奔。
即看懋赏延钟鼎，仓庚真同氏子孙。

---

① 《大清高宗法天隆运至诚先觉体元立极敷文奋武孝慈神圣纯皇帝实录》卷之一千三百二十六。
② [清] 乾隆：《御制诗五集》卷之四十九，第1页。
③ 见傲徕山房藏刘统勋刘墉父子应制诗长卷。
④ [清] 乾隆：《御制诗五集》卷之五十，第3页。
⑤ 见傲徕山房藏刘统勋刘墉父子应制诗长卷。

寿昌江之战

蜂屯蚁聚齿依唇，鼠技穷来且抚津。
半夜兼程森莫御，全军过险浩无垠。
雾浓好助云成阵，筏快还胜浪激舱。
借问汉儿何遽勇，承恩身是八旗人。

市球江之战

士怒何曾仰漾攻，仰迟俯迅势难同。
轴衡雷动天威远，奇正环循将略雄。
隔岸示形浑莫测，中宵密迹欸收功。
神机制胜犹余事，即事还钦帝德崇。

富良江之战

将惟识义始称良，好勇知方意汲皇。
以少击多才自杰，捐身全帅志犹臧。
伏波柱立江边右，诸葛祠寻徼外芳。
革面革心怜彼儆，奉天戢武布麻祥。

阮惠遣侄光显入觐赐宴

才经兵创畏加兵，冀列藩封函献诚。
土地人民皇锡爵，曲拳擎跽自求祯。
姻来已喜瞻天近，身赴还思向日行。
倾者全生栽者顺，仁同大造赋安荣。

- 夏日，刘墉为广亭表弟书扇面。
- 五月初七日，刘镮之著改为翰林院庶吉士。

癸亥，内阁、翰林院、带领新进士引见。得旨、新科进士之一甲三名胡长龄、汪廷珍、刘凤诰，业经授职。钱楷、李钧简、阮元、张锦芳、施朴、周杙、杨祖纯、黄镕、祝孝承、顾德庆、游光绎、那彦成、吴灼、达林、刘镮之、钱开仕、张鹏展、汪滋畹、杨昭、尚庆云、张履元俱著改为翰林院庶吉士。言朝标、贵征、王育琮、伊秉绶、董思馰、严年谷、申瑶、广善、王正雅、林溥、彭希郑、李再瀛、王宁焯、荣麟、瞿曾辑、裴显相、萧光浩、金橒发、曹祝龄俱著分部学习。张经邦、包敏、张位中、张炳、钱本礼、万应馨、金梅、华榕端、许元淮、范鹤年、杨克济、敬大科、李晓峦、赵时、卢荫文、李元符、丁桐、汪兆宏、刘斯颢、任泽和、张秉锐、张世昌、程卓梁，俱著以知县即用。余著归班铨选。①

○夏六月，诏封光平为安南国王。②

●八月十六日，刘墉授顺天府学政。

己巳，谕：各省学政，现届应行更换之期。除安徽学政秦潮、湖南学政张姚成俱系本年补放毋庸更换外，顺天学政著刘墉去，江苏学政著胡高望去，浙江学政著窦光鼐去，江西学政著赵佑去，福建学政著刘跃云去，山东学政著邹炳泰去，山西学政著茹棻去，河南学政著茅元铭去，陕西学政著周兆基去，湖北学政著李长森去，广东学政著陈桂森去，广西学政著费振勋去，四川学政著戴均元去，云南学政著萧九成去，贵州学政著陆湘去。现已启銮进哨，以上各员，现出该省试差者，于出闱后，即行接印任事，其在京各员，亦著于奉旨后速赴新任。均不必前来请训。③

●九月十六日，刘墉补授礼部左侍郎员缺。因刘墉出顺天学政差，见遇按试之期，著沈初兼署。④

●十月，复赐刘墉紫禁城骑马。⑤

○冬十一月，封皇诸子为亲王。⑥

●腊月二十五日，应好友瑛梦禅之嘱，刘墉书十开册页，前半册杂书前人诗句与史传；后半册，录古德言句。

---

① 《大清高宗法天隆运至诚先觉体元立极敷文奋武孝慈神圣纯皇帝实录》卷之一千三百二十八。
② 印鸾章：《清鉴纲目》，长沙：岳麓书社，1987年，第383页。
③ 《大清高宗法天隆运至诚先觉体元立极敷文奋武孝慈神圣纯皇帝实录》卷之一千三百三十七。
④ 同上书，卷之一千三百三十九。
⑤ 王钟翰点校《清史列传》卷四百七十六《列传》卷二十六，北京：中华书局，1987年，第1986—1990页。
⑥ 印鸾章：《清鉴纲目》，长沙：岳麓书社，1987年，第384页。

● 刘墉另书行书册页十二开、杂书长卷一纸。

○《庐江太守范式残碑》，隶书，乾隆四十三年崔氏先得额，至是，济宁李氏再得残碑于济宁学宫棂星门西。

○汪启淑（秀峰）《续印人传》成书。

○翁方纲（覃溪）《两汉金石记》成书。

● 是年，刘墉另有应制诗六首。

恭和御制重华宫茶宴用戡定安南封黎维祁为国王功成联句是日复得二律一韵元韵①

岁前送喜捷书开，曲宴联吟胜算该。

缄示旬宣遥捧诵，筵亲堂陛近趋陪。

乘时布令仁源矣，除逆扶危义大哉。

湛露浓沾申颂祝，自天申命福基培。

稽古南交帝世开，到今职贡典详该。

列藩久鉴此恭顺，窃国宁容彼隶陪。

创以军锋遄锐矣，复其王位早归哉。

拜赓宸藻还钦绎，中外恩覃总厚培。

恭和御制游狮子园元韵②

望里含滋行处乾，润归陇亩逮林峦。

清香果是夏初有（欧诗园林初夏有清香），好景偏宜晓观。

此地向来邀玉步，早年常忆弄柔翰。

从知卅万春秋水，座上薰风足舜弹。

恭和御制创得斋元韵③

昨年句就原随境，兹岁章成更问源。

---

① ［清］刘墉：《刘文清公应制诗集》卷三，爱日轩陆贞一仿宋镌，第6页。
② 同上书，第3页。
③ 同上书，第4页。

於此智仁观所乐，因之道义启其门。

窗光砌影新时节，竹笑松吟旧话言。

刱得依然逢故物，即从不住见长存。

恭和御制永恬居素尚斋向皆各题兹为二首一韵仍各书其室中元韵①

二室连来藉一廊，垓埏宥密宛遥望。

钦哉素尚迈千圣，大矣永恬绥万方。

悟此斋居达步廊，於民言视道言望。

外王内圣一斯贯，施济宏功近取方。

恭和御制书麟兰第赐奏睢宁南岸隄工漫溢情形诗以志事元韵②

河堤忽漫走群工，旋斡机操睿虑中。

巨埽矗空云涌阵，狂澜伏地草从风。

朱提已为酬安饱，白屋何劳问鞠穷。

宣泄酌宜钦圣算，诸臣仰赖免心冲。

1790　乾隆五十五年　庚戌　刘墉 71 岁

○庚戌五十五年春正月，以八旬万寿，普免天下钱粮。③

○二月，乾隆东巡，登泰山，至曲阜，谒孔林。夏四月，还京师。④

●三月初二日，从五兄刘壿受御赏大缎一匹。

壬午，谕曰：山东省在籍人员，于灵岩建设经坛，情殷祝嘏。刘壿、王杲、张诚基、李封著各赏大缎一匹。其郎中、道、府以下等官二十一员，俱著各赏八丝缎一件。⑤

---

① ［清］刘墉：《刘文清公应制诗集》卷三，爱日轩陆贞一仿宋镌，第 4 页。
② 同上。
③ 印鸾章：《清鉴纲目》，长沙：岳麓书社，1987 年，第 384 页。
④ 同上。
⑤ 《大清高宗法天隆运至诚先觉体元立极敷文奋武孝慈神圣纯皇帝实录》卷之一千三百五十。

●四月三十日，侄刘镮之散馆授为检讨。

庚辰，内阁、翰林院带领己酉科散馆修撰编修庶吉士引见。得旨：此次翰林散馆之修撰胡长龄、编修汪廷珍、刘凤诰、邵瑛业经授职。其清书二甲之庶吉士朱理、祝孝承、梁上国俱著授为编修。三甲之庶吉士刘镮之著授为检讨。汉书二甲之庶吉士阮元、李钧简、游光绎、施朸、那彦成、张锦芳、顾德庆、杨祖纯、周栻俱著授为编修。三甲之庶吉士张鹏展、汪滋畹、钱开仕、达林、吴灼、张履元俱著授为检讨。钱楷、董教增、黄镕、尚庆云、杨昭俱著以部属用。①

○夏六月，缅甸遣使入觐。诏封孟陨为缅甸国王。②

○秋七月，安南国王阮光平入觐。③

●七月二十日，以江苏句容县粮书，侵蚀钱粮漕米之历任该管上司，均被处罚，从五兄刘墫被革去职衔。

戊戌，吏部议失察句容县粮书侵蚀钱粮之历任该管上司及前任两江总督李世杰等照例分别降调。得旨：江苏句容县粮书，侵蚀钱粮漕米一案。该省各上司漫无觉察，锢弊相沿，以致奸吏蠹书，吞侵银米，累万盈千，重徵累民，莫此为甚，非寻常失察可比。是以将总督书麟革职拏问，发往伊犁效力赎罪。巡抚闵鹗元知情不举，定以重辟。李世杰系前任两江总督，在任已历一年，于此等重案，不能先事严查参奏，其咎实与书麟相埒，本应严加治罪，姑念伊平日尚属能事，现已年力就衰，染患两腿软弱之疾，亦难望其就痊。今在京供职，步履维艰，不能当差办事。且伊藉隶贵州，距京较远，李世杰著加恩以原品休致，令其回籍。所有历任失察之该管司、道、府等官，均照该部所议。刘墫著革去职衔，成汝舟、夏家瑜、鹤龄、张铭、金汝圭、初之朴俱著革职。索宁安、方炜著降二级调用。余依议。④

●八月庆寿期间，刘墉获赐《春雏得饲图》《重排石鼓文》《泾清渭浊诗图》等。

○八月，暹罗国王郑华遣使入觐。⑤

---

① 《大清高宗法天隆运至诚先觉体元立极敷文奋武孝慈神圣纯皇帝实录》卷之一千三百五十三。

② 印鸾章：《清鉴纲目》，长沙：岳麓书社，1987年，第384页。

③ 同上。

④ 《大清高宗法天隆运至诚先觉体元立极敷文奋武孝慈神圣纯皇帝实录》卷之一千三百五十九。

⑤ 印鸾章：《清鉴纲目》，长沙：岳麓书社，1987年，第384页。

●十月初七日，从五兄刘墫降一等给衔。

甲寅，吏部遵旨查办经坛庆祝议列二等之原任编修祝堃、御史郑澂、郎中灵毓、布政使永庆、按察使巴尼珲、道员初之朴、知府袁鉴等一百十六员，俱系缘事革职，并无余罪，请给原衔。原任主事廖占鳌、知州沉长春等十六员，俱系革职后问拟杖徒，请降一等给衔。原任员外郎业成额、按察使使王廷燮、道员朱澜、知府王汝璧等十四员，俱系革职后问拟军流，请降二等给衔。议列三等之原任鸿胪寺卿刘墫、司业黄寿龄、郎中吾祖望、道员边学海、知府任溥等七十五员俱系革职后并无余罪，列入三等请降一等给衔，原任员外郎彦方、道员周廷俊、知府牛绳祖等四十员俱系革职后问拟杖徒请再降一等给衔。原任给事中葛鸣阳、郎中宋国璁、按察使吴之黼、盐运使沈树声、道员周升桓、知府弓养正等三十九员，俱系革职后问拟军流，请再降二等给衔。又原任员外郎永善等四员，应降一等给衔。司务爱仁阿应降二等给衔。笔帖式定德应降三等给衔。知州陈焕应降一等给衔。知县明德布应降三等给衔。佐贰教职李宝裔等一百八员，应降一等给衔。佐杂张学英等二百四十六员应降一等给衔。查该员等俱系无级可降微员，请各给与原衔。得旨：如所议行。①

●刘墉在京会见邓石如，对其书法大加叹赏。

曹文埴偕（邓石如）至京师，大学士刘墉，副都御史陆锡熊皆惊异曰：千数百年无此作矣！②

●刘墉行书杂书。

●刘墉楷书《太上感应篇》。

●从五兄刘墫（松庵）卒。

○洪亮吉（稚存）、张问陶（船山），桂馥（未谷）登进士。

○翁方纲（覃溪）擢内阁学士。

○朱珪（石君）抚皖政。

○皇六子永瑢卒。

---

① 《大清高宗法天隆运至诚先觉体元立极敷文奋武孝慈神圣纯皇帝实录》卷之一千三百六十四。

② 赵尔巽主编《清史稿·艺术传二·邓石如传》，杭州：浙江古籍出版社，1998年，第1596页。

1791　乾隆五十六年　辛亥　刘墉 72 岁

● 正月二十三日，刘墉再度被授为左都御史。①

● 正月二十九日，甲辰，刘墉与纪昀对调，刘墉任礼部尚书，纪昀任左都御史。②

● 正月，刘墉诰授光禄大夫，恩荫一子。

● 正月，刘墉临董其昌书陶弘景语立轴于深寂书屋。

● 正月，刘墉于会经堂书唐永乐道士侯道华升仙事成立轴。刘墉跋王芑孙继妻曹墨琴书《花蕊宫词百首》后曰："花蕊夫人宫词警拔不及王建，而婉弱多风，亦自可传。此书劲健无尘韵，庶几坡公所云小楷清绝，规模欧也。跋语考论详核，义复归正，其于心画心声，自当以余力及之耳"。

按：此据王芑孙所记。晚上，刘墉于灯下又跋曰："惕甫（王芑孙）楷法甚工，此书蹊径不同。尝见管夫人与中峰书，不似松雪，又一帖则甚似，或者闺阁之中，时相仿效，亦此比也。"

● 正月，王芑孙有诗：《辛亥正月，从刘石庵先生试士八旗，既锁闱，与公茶话。观公作书，用东坡试院煎茶诗韵》。

> 公摄学政我为生，当时献技虓虎鸣。
> 公常九迁我三黜，日月逝矣飞梭轻。
> 公今作书世莫二，笔外情兼笔前意。
> 携来石铫并银铛，呼童娱客瀹冻泉。
> 求书得陇还望蜀，墨瀋喷华纸铺玉。
> 砚池秀色餐不饥，端溪眼活欹妩媚。
> 洛下正逢颜尚书，肯传笔法相追随。

---

① 《大清高宗法天隆运至诚先觉体元立极敷文奋武孝慈神圣纯皇帝实录》卷之一千三百七十一。
② 同上。

坡诗诘屈和不得，所愧年级当坡时。

芑孙自注："东坡三十七岁为钱塘太守作此诗，予今年亦正三十七也。"

●正月，刘墉为王芑孙在试院书大小杂书颇多。一日为芑孙书"楞加山房"匾额，因于灯下又为之以小楷书楞加经第一偈。又一日，为王芑孙继妻曹墨琴书"写韵轩"匾额，因此又为之小楷书"沉香山子赋"，据王芑孙讲，此时刘墉虽年逾七十二岁（按：石蕴玉为之订正，石之订正误！），然于烛下做小楷，运笔如飞。其后，王芑孙将刘墉为己及其妻所书装成长卷，于卷后跋诗。

> 戟院沉沉昼鼓停，砚池新月点疏星。
> 相公自试高丽墨，午夜明灯写佛经。

> 诗人老去莺莺在，甲秀题签见吉光。
> 乞取簪花偏不肯，自翻古赋写沉香。

> 写韵轩中月已斜，倡酬仙舫自仙家。
> 多缘未是维摩处，不散天花散墨华。

> 公今老矣日萧疏，我亦萧疏较甚初。
> 公不还山吾不第，供人需索日临书。

芑孙自注：公有爱姬王能学公书。予尝见其甲秀堂法帖题签，笔迹几乱真矣。予乞公书并以墨琴意乞姬书，公亦许之，顾至今未之与也。

按：王芑孙为南人，黄、王不分，故将黄氏误为王氏。黄氏，即黄春晓。

●二月十三，翰詹各官考试，按其文字优劣，分为四等，侄刘镮之位列二等，升授侍读。

戊午，又谕：此次考试翰詹各官，按其文字优劣分为四等。一等：阮元、吴省兰；二等：胡长龄、刘凤诰、陈嗣龙、汪廷珍、刘镮之、蔡共武、曹城、程昌期、崔景仪、吴树本、邵晋涵十一员；三等：潘绍经、陈崇本、余集、俞廷槺、谢振定、刘种之、陈万青、朱理、游光绎、曹振镛、裴谦、周厚辕、陈万全、祁韵士、梁上国、王天禄、施杓、李钧简、秦承业、邱庭漋、王锡奎、寇贲言、祝孝承、汪如洋、吴廷选、罗修源、钱开仕、顾德庆、达椿、张鹏展、徐鉴、汪彦博、倪思淳、卢荫溥、徐准、史致光、王观、文宁、秦泉、李传熊、钱樾、蔡善述、吴鼎雯、戴联奎、陆伯焜、钱栻、罗国俊、冯集梧、德生、周栻、甘立猷、钱棨、法式善、谢墉、德昌、周维坛、朱绂、关槐、尹英图、李光云、缪晋、程嘉谟、李骥元、杨祖纯、那彦成、恭泰、王坦修、吴玉纶、瑚图礼、汪滋畹、翟槐、翁树培、邵玉清、汪镛七十四员；四等：周琼、刘锡五、邵瑛、吴灼、达林、朱依炅、李鼎元、永安八员；不入等集兰一员。侍讲吴省兰著升授詹事；编修阮元著升授少詹事；侍讲曹城、编修刘凤诰、吴树本俱著升授侍读学士；修撰胡长龄、侍读陈嗣龙俱著升授侍讲学士；编修汪廷珍、检讨刘镮之俱著升授侍读；编修曹振镛虽考列三等，但观其才具，尚堪造就，且系曹文埴之子，著加恩升授侍讲；编修邵晋涵、检讨蔡共武俱著升授中允；编修崔景仪、程昌期俱著升授赞善；其考列三等之少詹事恭泰著降补侍读；少詹事罗修源著降补右庶子；侍读学士达椿著降补侍讲；侍讲学士陈崇本著降补侍读；侍讲学士王坦修著降补洗马；侍读德昌、陈万青、侍讲文宁、中允朱绂、赞善刘种之、裴谦俱著各降留任；编修检讨法式善、陆伯焜、祁韵士、俞廷榆、汪彦博、卢荫溥、王观、秦泉、倪思淳俱著以部属分别录用；徐鉴、尹英图俱著以知县用。至三等六十名以下经朱笔单点之程嘉谟、李骥元、杨祖纯、吴玉纶、瑚图礼俱著罚俸一年；七十名以下之汪滋畹、翟槐、翁树培、邵玉清、汪镛俱著罚俸二年；考列四等之员，诗赋俱属庸谬，但观其才具，尚可录用之周琼、刘锡五、邵瑛、吴灼、李鼎元俱著加恩以内阁中书用。达林、朱依炅、永安俱著休致；不入等之侍讲学士集兰著革职。其留馆者，各宜自思愧奋，勤读正书，敦励实行，毋负朕激劝教诫至意。①

○辛亥五十六年春二月，下内阁学士尹壮图狱。②

●二月，刘墉临虞雍公尺牍。

●四月二十七日，刘墉著管理国子监事务。③

乾隆五十六年四月二十七日内阁奉上谕：内阁刘墉著管理国子监事务，铁保、

---

① 《大清高宗法天隆运至诚先觉体元立极敷文奋武孝慈神圣纯皇帝实录》卷之一千三百七十二。

② 印鸾章：《清鉴纲目》，长沙：岳麓书社，1987年，第385页。

③ 张书才：《纂修四库全书档案》下卷，上海：上海古籍出版社，1997年，第2230页。

金士松著充武英殿总裁。钦此。

(军机处上谕档)

● 四月三十日，谕曰：孙士毅未到任之前，所有吏部尚书事务，著刘墉暂行署理。①

● 四月，刘墉获赏《御制墨云室记》。

● 秋中，刘墉所辑《书法菁华》一书编成。刘墉自跋曰②：

墉少小即爱书，惟于古贤论书多不经意。终日埋头，辄喜效前朝董思翁笔意。然操翰二十年，迄无所获。非仅病黯淡，渐且自伤纤弱。已既乃精研永八法及右军笔势，恍似有所悟，觉五指稍稍能操纵，而浑厚之气亦渐奔凑腕下。遂遍搜峄山以还，钟、张、卫、王、智果、永兴、率更、清臣等晋唐诸名贤之书法与执笔法，萃抄于帙，悉心研玩，并手写数过，自是而指腕间乃自成机轴矣。时方学大苏于烂漫之中，亦能丰筋多骨。至此乃知不究前贤成法而徒自效颦步趋者之终无益也。因以所辑诸法论，复为编次，厘别其先后，订为八卷，题其检曰《书法菁华》。并略述墉之所得益，俾家塾子弟法而习焉。辛亥秋中诸城刘墉记。

按：如果没有因仕途受挫，刘墉何来如此大量时间，而事实上无论从现存刘墉作品来看，还是从刘墉夫子自道——觉五指稍稍能操纵，而浑厚之气，亦渐奔凑腕下……"自是而指腕间乃自成机轴矣。"皆能指证正是在七十三岁时，刘墉行书风格才真正走向成熟的，早在《中国书法全集·刘墉卷》中，笔者当时虽未见到刘墉这段夫子自述，但现在看来将刘墉书法的真正成熟划定在这个阶段，应是符合事实的。

● 十月，刘墉获赏颜真卿书朱巨川告身墨刻。

● 十月二十三日，命礼部尚书刘墉、工部尚书彭元瑞仍在紫禁城骑马。③

● 十一月二十一日，刘墉为校刻《十三经》副总裁。

壬辰，命刻石经列辟雍。谕：自汉唐宋以来，皆有石经之刻。所以考定圣贤经

---

① 《大清高宗法天隆运至诚先觉体元立极敷文奋武孝慈神圣纯皇帝实录》卷之一千三百七十七。

② [清]刘墉编《书法菁华》，山师图书馆藏，上海：上海图书公司，民国十三年（1924）石印本。

③ 《大清高宗法天隆运至诚先觉体元立极敷文奋武孝慈神圣纯皇帝实录》卷之一千三百八十九。

传，使文字异同，归于一是。嘉惠艺林，昭垂奕禩，甚盛典也。但历年久远，碑多残缺，即间有片石流传，如开成绍兴年间所刊，今尚存贮西安、杭州等府学者，亦均非全经完本。我朝文治光昌，崇儒重道，朕临御五十余年，稽古表章，孜孜不倦。前曾特命所司，创建辟雍，以光文教。并重排石鼓文，寿诸贞珉。而十三经虽有武英殿刊本，未经勒石。因思从前蒋衡所进手书十三经，曾命内廷翰林，详核舛讹，藏弆懋勤殿有年，允宜刊之石版，列于太学，用垂永久。著派和珅、王杰为总裁，董诰、刘墉、金简、彭元瑞为副总裁。并派金士松、沈初、阮元、瑚图礼、那彦成随同校勘。但卷帙繁多，恐尚不敷办理。著总裁等再行遴派三人，以足八员之数，为校勘。诸臣等其悉心研办，务臻完善，以副朕尊经右文至意。寻奏：遵旨遴派翰林院侍读学士刘凤诰、祭酒汪廷珍、侍讲邵晋涵留心经学，堪以并充校勘。报闻。①

○冬十月，俄罗斯请续开恰克图市场，许之。②

○十一月，廓尔喀入寇后藏，诏以福康安为将军，海兰察、奎林为参赞大臣，率师讨之。③

●十二月，刘墉获赏《正阳桥疏渠记》、绢纨布匹。

●侄刘镮之诰授封直大夫。

●刘墉书"究竟坚固"匾。

●刘墉跋赵孟頫行书送秦少章序卷。

按：此卷刘墉后赠英和，赠与时，刘墉有"以之为衣钵，终生学之不尽"语。

●刘墉楷书般若波罗蜜多心经等。

●刘墉用洒金笺以行书临帖成立轴。

●刘墉行书临帖成长卷。

●成亲王自木兰归京，在中关道与刘墉相遇，有诗《石庵先生督学直隶，余归自木兰，相遇于中关道上赋诗以赠》。④

---

① 《大清高宗法天隆运至诚先觉体元立极敷文奋武孝慈神圣纯皇帝实录》，卷之一千三百九十一。

② 印鸾章：《清鉴纲目》，长沙：岳麓书社，1987年，第385页。

③ 同上书，第386页。

④ [清]永瑆：《诒晋斋集》卷四，《续修四库全书》第1487册，上海：上海古籍出版社，2002年，第168页。

櫜弓出田防，指驿涉修防。

先生从东来，下马握手语。

从以三仆夫，大似忍羁旅。

行年遂七十，幸见无所苦。

暮秋边塞阴，崇冈黯其雨。

君心如清风，可以慰吉甫。

○毛际盛撰，李兆洛序《说文解字述议》成书。

○阮元（芸台）《石渠随笔》成书。

○冯金伯（墨香）《国朝画识》成书。

○翁方纲（覃溪）授山东学政。

●是年，刘墉另有应制诗四首。

奉敕作画马赞三首[①]

掣电骍

斯马斯才走过，掣电日五十里。

不以力见权奇，倜傥君轩是恋。

饮之秣之神皋，芳甸汗沟沫赭。

一色莫辨饰焕，朱缨声超紫燕。

笯云骆

贡琛有骏曰惟，德致其来不偶。

星明房驷我马，维骆婉随衔辔。

雪肉兰筋天骨，表异锡銮和铃。

星才顺志匪地，上行笯云而至。

曦驭黄

天闲凤驾照耀，曦阳长风万里。

沛艾腾骧迥立，阊阖稳步康庄。

龙文虎脊在驭，惟良具中央色。

[①] ［清］刘墉：《刘文清公应制诗集》卷三，爱日轩陆贞一仿宋镌，第11页。

力以德臧披图，考箓瑞协飞黄。

恭和御制嘉平月朔开笔之作元韵①

紫殿晴曦辉朔旦，仙毫渑露九霄垂。

皇猷锡福欣兹日，圣藻贻谋念昔时。

与物为春钦布惠，法天行健颂迎禧。

嘉平岁赐奎文贲，祝愿同欢亿万期。

1792　乾隆五十七年　壬子　刘墉 73 岁

●正月，颙琰（后来的嘉庆皇帝）有诗《题石庵师傅槎河山庄图》。②

相国家声著，洋洋表海东。

披图数胜境，怀旧仰高风。

嘉树人常誉，仙庄笔更工。

圣朝功业重，元气萃鸿朦。

●二月初五日，刘墉充经筵讲官进讲《论语》"君子思不出其位"一句。

甲辰，以举行仲春经筵，直讲官舒常、刘墉进讲《论语》"君子思不出其位"一句，讲毕，乾隆宣御论曰：此虽曾子重述夫子之言，以兼举艮大象之语。然其义各殊，朱傅所引，程、范均未道及焉。盖不在其位，不谋其政，不过尽己之职无越思耳。若夫思不出其位，则有二义焉。盖位者，职也。一为不越职，一为尽其职。不越职犹易，尽其职甚难。譬之侍郎不思尚书之职，尚书不思大学士之职，易也。然平心自问果各能尽其职哉？冢宰掌邦治，统百官，均四海，皆其位中之事。司徒掌邦教，敷五典，扰兆民，皆其位中之事。果皆尽职乎？为人君者，协和万邦，辟

---

① ［清］刘墉：《刘文清公应制诗集》卷三，爱日轩陆贞一仿宋镌，第 7 页。
② 此诗作于乾隆壬子年（1792），《味余书室全集定本》，《故宫珍本丛刊》第 579 册，海口：海南出版社，2000 年，第 175 页。

门明目，实皆予位中之事也。不能身体力行，兢业惶恐之不暇，尚何敢有出其位之思哉？且出其位亦更何之乎？然而今实有四年后归政之期，则亦所谓过望之思，出其位矣。然在耄期倦勤者或宜，余不可也。①

●二月，刘墉送黻文砚一方。"晓岚爱余黻文砚，因赠之，而书以铭曰：石理缜密石骨刚，赠都御史写奏章，此翁此砚真相当。壬子二月、石庵。"② 蒋师籛题此砚曰："城南多少贵人居，歌舞繁华锦不如。谁见空斋评砚史，白头相对两尚书。"桂馥铭此砚云："刘公清苦得院僧，纪公冷峭空潭冰。两公棐几许汝登，汝实外朴中藏棱。"③

●三月二日，纪昀戏谓友人云："昔陶靖节自作挽歌，余亦自题一联云：'浮沉宦海如鸥鸟，生死书丛似蠹鱼'，百年之后，诸公书以见挽足矣。"刘墉应声曰："上句殊不类公，若以挽陆耳山乃确当耳。"越三日，而闻陆之讣音至。④

●五月，刘墉邀请瑛宝为《槎河山庄图》题跋。⑤

> 万山重叠翠生波，海岱烟云毓秀多。
> 指点旧游风景在，浓荫犹共仰乔柯。
> 水石平泉入梦思，何缘重整旧藩篱。
> 经纶再世推黄阁，正是苍生待泽时。
> 相公厅院才容马，处士衡门自有家。
> 数世传来茅舍好，眼前处处种桃花。
> 难酬青眼愧交深，晨夕追随是素心。
> 教我题诗留小句，依稀人在画中寻。
>
> 壬子五月，石翁大兄大人命题并请诲正，世弟瑛宝拜草

---

① 《大清高宗法天隆运至诚先觉体元立极敷文奋武孝慈神圣纯皇帝实录》卷之一千三百九十六。

② 贺治起、吴庆荣：《纪晓岚年谱》，北京：书目文献出版社，1993年，第119页。

③ [清] 桂馥：《题刘石庵赠纪晓岚黻文砚》，载贺治起、朱庆荣《纪晓岚年谱》，北京：书目文献出版社，1993年，第119页。

④ [清] 纪昀：《阅微草堂笔记》卷十一《槐西杂志》，《续修四库全书》第1269册，上海：上海古籍出版社，2002年，第174页。

⑤ 见傲徕山房藏刘统勋刘墉父子应制诗长卷。

○壬子五十七年夏六月，福康安收复后藏，进征廓尔喀，大败之，夺铁索桥。秋八月，廓尔喀降。①

● 立秋后三日，刘墉临苏东坡《表忠观碑楷书卷》韵语部分。

● 立秋后，刘墉于仙舫斋庐书《养老诏行楷书卷》。

● 八月初六日，刘墉顺天乡试为正考官。②

壬子科乡试顺天考官：吏部尚书刘墉，字崇如，山东诸城人，辛未进士。刑部侍郎王昶，字兰泉，江南青浦人，甲戌进士。祭酒瑚图礼，字景南，满洲正白旗人，丁未进士。题"大学之道"一句，"邦君之妻"一节，"公都子不"一句。赋得"爽气澄兰沼"得"心"字。

解元聂亮采，行唐人。③

按：据刘墉家书云，乾隆皇帝非常满意。赞许道："此科解元取得好！"

● 八月初七日，刘墉调补吏部尚书。④

癸酉，谕曰：福康安统领大兵剿捕廓尔喀。自进兵以来，督率将弁兵丁，摧坚破险，屡战屡捷，无不鼓勇争先。于调度布置一切机宜，悉中窾要。且经越艰险，冒雨步战，手足胼胝，用兵之难，为从来所未有，实属奋勇出力。现在大功将次告成，福康安著加恩实授为大学士。孙士毅自署川督以来，办理一切粮，督率所属，尚属认真。且伊系汉人，能由察木多一带驰赴卫藏，会同和琳等筹备军需，俾资源源接济，甚为出力，孙士毅亦著加恩实授为大学士。和琳自到藏后，催办粮运，实心整顿，设法劝惩。俾该处疲玩积习，日有起色。昨经奏请驰赴宗喀、济咙一带，与福康安所奏适合。现复奏报即日迅赴该处，赶紧催趱，俾军食接济充裕，无误师行，奋勉可嘉。所有吏部满尚书员缺，著金简调补。其工部尚书员缺，即著和琳补授。和琳未回京以前，工部尚书事务，仍著金简兼署。吏部汉尚书员缺，著刘墉调补，纪均著补授礼部尚书。都察院左都御史员缺，著窦光鼐补授。所遗礼部侍郎员缺，著刘跃云补授。⑤

● 八月，刘墉获赐《回疆三十韵》。

---

① 印鸾章：《清鉴纲目》，长沙：岳麓书社，1987年，第387页。
② 《大清高宗法天隆运至诚先觉体元立极敷文奋武孝慈神圣纯皇帝实录》卷之一千四百十。
③ ［清］法式善等：《清秘述闻三种·上卷》卷八，北京：中华书局，1892年，第290页。
④ 《大清高宗法天隆运至诚先觉体元立极敷文奋武孝慈神圣纯皇帝实录》卷之一千四百十。
⑤ 同上。

●十月，刘墉获赐《开国方略》。

○冬十月，御制《十全记》成。①

●十一月，刘墉为当月官，挑选贵州知县。

●十一月，刘墉获赐《十全武功记》。

●十二月，刘墉获赐《御制喇嘛说》及绢纨等物。

●成亲王有诗：《题槎河山庄图》并有序云：山庄为石庵先生先文正公读书处。②

> 大风声实被，旧宅直图悉。
> 食粟听无马，为田世有诗。
> 春秋蜷嘉树，本末具清时。
> 信佛仪形在，寥寥动所思。

●因山东吴方南得王芑孙夫妇书迹后，将其与刘墉书法合装成卷，并请芑孙跋之。王芑孙遂有诗并序，其序云："山左吴季游太学方南，欲得予夫妇书迹甚勤。重违其请，辄以小书数幅赠之。顷过诗龛复出见示，则已与石庵先生合装卷且嘱著语于后，遂作一诗附其卷尾。"

> 吾书无法取快意，意所欲到忘妍媸。
> 不知于古正何似，越女剑术忽有之。
> 半生参参身似狗，冀缺一妻充井臼。
> 偶然画纸细作行，又与人间供换酒。
> 当今海内论操笔，东武刘公真第一。
> 我出公门得所从，世人谬谓书如公。
> 公书容易求其似，趋妙在心不在纸。
> 心自书空手不知，似亦非真况无此。
> 吴生德器圭玉温，留意翰墨何殷勤。

---

① 印鸾章：《清鉴纲目》，长沙：岳麓书社，1987年，第388页。
② 见傲徕山房藏刘统勋刘墉父子应制诗长卷。

误垺海图缝裋褐，飞黄跋鳖非其伦。
公今人与书俱老，我愧从公太草草。
负公期许十余年，岁月回头一飞鸟。
君持此卷山东去，藏向天门最高处。
后人登岱思公贤，此卷合传五百年。
思公或念公之士，文箫夫妇皆神仙。

●此年，袁枚在其笔记中载云，乾隆三十四年（1769），今协办大学士刘崇如先生出守江宁，风声甚峻，人望而畏之。相传有见逐之信，邻里皆来送行。我与先生素有世谊，闻听此言，偏不过访。竟一年多的时间里相安无事。先生托举人刘某要我代撰《江南恩科谢表》，备申宛款。直到现在，才知从前传言皆为捕风捉影之谈。不久升任湖南观察使，余为其送行，有联云："月无芒角星先避，树有包容鸟亦知。"因无存稿，久已忘却。今年公充会试总裁，犹向内监试王蒻亭诵此二句。王寄信来云，故感而志之。①

按：袁枚此处所云湖南观察使错，应是江西盐驿道。袁枚乾隆三十五年（1770）所作《送刘石庵观察之江右》长诗诗题中"江右"，即为"江西省"的别称。

●此年，英和应刘墉邀请，为诸城刘氏传家宝《槎河山庄图》题长诗云：

五岳惟岱尊，旁支华不注。
二劳与九仙，郁起势如怒。
云气荡溟濛，仙真自来去。
其下见高门，天笔垂雨露。
笃生命世英，上应星辰数。
世世为国桢，大厦借楮捂。
自昔农部公，买山此延驻。
方伯后归田，亦在槎河渡。

---

① ［清］袁枚：《随园诗话补遗》卷六，《续修四库全书》第1701册，上海：上海古籍出版社，2002年，第576页。

巍巍文正公，勋名六寓布。
衮职冠岩廊，锵然龙虎步。
少有读书亭，即傍乔柯树。
文清继相业，展卷终身慕。
更念诸父行，当时族居处。
筑舍借烟萝，尝稻思匕箸。
唐生早传神，麓台非溢誉。
绵渺起云岚，清苍发缣素。
山杏及溪杨，秀色成野趣。
何当策杖游，呼童为携具。
今诵诗五篇，此境梦中遇。
我出文清门，相赏始一晤（壬子榜发，谒文清公，亟蒙赏识）。
后与公犹子（谓文恭公），同寮襄部务。
惜哉遽骑箕，愁赓蒿里句。
济美两郎君，骅骝方得路。
示我故山图，儿时记曾觑。
琅琅三百言，名押先人署。
弁首帝子词，其余钜公附。
大笔尽燕许，妙绘亦张顾。
藏弆动百年，已足验门祚。
愿毋鬻旧业，列戟重施柌。
我作瓦釜鸣，敢继咸与頀。①

○龚自珍（定庵）生。

○彭蕴章（咏莪）生。

●是年，刘墉另有应制诗四首。

---

① ［清］英和：《题〈槎河山庄图〉恭次先文庄公元韵》，《恩福堂诗钞》卷八，北京：北京古籍出版社，1991年，第216页。

恭和御制紫光阁宴外藩元韵①

近吉祥云被瑞充，同心礼佛共尊王。

亲藩异域欢联席，擎跪曲奉荣赐觞。

神武功成人尽乐，康宁福锡圣弥强。

即看图画辉层阁，指授钦承庆永覃。

恭和御制重华宫茶宴廷臣及内廷翰林用洪范九五福之二曰富联句复成二律元韵②

杰阁筵回更宴茶，丹青翰墨递光华。

富惟四海由天贶，化被九垓知地遐。

解愠阜财人尽乐，食时用礼俗无奢。

风来自艮先呈瑞，百穀奉盈验不差。

仁风义气宣无外，西极行闻奏凯来。

四裔使臣瞻紫殿，万方黎庶上春台。

瑶阶近幸沾宵露，蔀屋遥欣劝社杯。

民富共钦皇锡福，赓诗拜赐庆趋陪。

恭和御制正定府隆兴寺五叠前韵元韵③

弥勒法身千尺古所闻，金粟丈六释迦摩尼尊。

一衣被体宛尔无长短，惟佛与佛究此三昧门。

七言九字演说亦如是，大小多少融入华海云。

云中楼阁层叠不可说，一毫端举梵刹千宝轮。

为救为归持世依大圣，真丹五顶五智凌苍旻。

闻思大士示现乃岳路，祥光瑞霭迓圣常纷纭。

我亦从中证悟曾偈赞，曼殊观音一相何由分。

五叠前韵从此更万叠，修多萝教日照高山辰。

三千大千世界照临内，施无畏者获二殊胜神。

---

① [清]刘墉：《刘文清公应制诗集》卷三，爱日轩陆贞一仿宋镌，第10页。
② 同上书，第9页。
③ 同上书，第10页。

惟此般若兰那富灵境，三三前后隐现空中身。
瑜伽经本再录菩提寺，金刚智付弟子不空云。
天乐天花是处敷莲座，坐见龙象杂遝来趋尘。
香南雪北步步总佛地，如来贤圣诸将收魔军。
福慧所加愿力无不有，光明相好久久庄严存。
小中见大大中可见小，去木留铜留去无非真。
风日恬和辇路验熙皞，乃见茅檐蔀屋桑麻论。
皇情欣悦恺泽布万国，羲爻禹范灿烂图书陈。
中山一石入咏重琼玖，臣轼何幸屡被曦晖春。

御题赋得王道如龙首得龙字奉勅作①

惟王尊出首，龙道颂如龙。
大泽期时溥，群伦睹庆逢。
飞腾元有象，变化讵窥踪。
已听风声寂，还看土脉松。

云行施雨近，阳健倡阴从。
中正乘方御，威怀震亦容。
德同天布德，农赖帝勤农。
利见联逌迩，恩膏待饫重。

1793　乾隆五十八年　癸丑　刘墉74岁

●正月，刘墉获赏御笔小行楷书墨刻。
〇癸丑五十八年春正月，安南国王阮光平卒，封阮光缵为安南国王。②
●二月初二日，因钦定《石渠宝笈续编》即将完工，乾隆命缮五份贮乾清宫、

---

① ［清］刘墉：《刘文清公应制诗集》卷三，爱日轩陆贞一仿宋镌，第9页。
② 印鸾章：《清鉴纲目》，长沙：岳麓书社，1987年，第390页。

宁寿宫、圆明园、避暑山庄、盛京五处。刘墉奉旨与八阿哥、十一阿哥、十五阿哥、纪昀各校阅一份,并"交武英殿装潢,由懋勤殿呈览"。

乙丑,谕:石渠宝笈续编,将次纂成。著缮写正本五分,分贮乾清宫、宁寿宫、圆明园、避暑山庄、盛京五处。于翰林中书各官内挑派字迹端楷者二十员,赶紧缮办,统于年内完竣。其缮出之本,著派八阿哥、十一阿哥、十五阿哥、刘墉、纪昀各分一分,详细校阅,交武英殿装潢,由懋勤殿呈览。所有阿哥应校书本,俱由军机处转送。缮出正本后,照四库馆之例,将校缮各官衔名,逐本列入。如有看出错讹草率之处,惟校缮各员是问。①

●二月初六日,以《石渠宝笈续编》将次纂成,著缮写正本五分,分贮五处,乾隆命刘墉等各分一分,详细校阅。②

本月初二日面奉谕旨:《石渠宝笈续编》将次纂成,著缮写正本五分,分贮乾清宫、宁寿宫、圆明园、避暑山庄、盛京五处。于翰林、中书各官内,挑派字迹端楷者二十员,赶紧缮办,统于年内完竣。其缮出之本,著派八阿哥、十一阿哥、十五阿哥、刘墉、纪昀各分一分,详细校阅。交武英殿装潢,由懋勤殿呈览。所有阿哥应校书本,俱由军机处转送缮出正本后,照四库馆之例,将校缮各官衔名,逐本列入。如有看出错讹、草率之处,惟校缮各员是问。钦此。

兹派得戴均元等二十员,分分缮写,即传知各该员敬谨妥速遵办,毋得迟误。奉此。

(军机处上谕档)

●二月初六日,军机处拟缮写《石渠宝笈续编》章程③:

一、书底本由懋勤殿领出,由军机处分交派出之翰林、中书等官领缮。缮竣后仍交军机处送三位阿哥,并分与刘<墉>、纪<昀>二位大人校对。校毕陆续交回懋勤殿,转交武英殿装潢。

一、纸张由军机处发片向武英殿支取,发交缮写各官。仍按书篇页计算,于每百张外敷余二十张,以备更换,不准滥行支给。其打补填写,俱令缮写各员自行办理。

---

① 《大清高宗法天隆运至诚先觉体元立极敷文奋武孝慈神圣纯皇帝实录》卷之一千四百二十二。
② 张书才:《纂修四库全书档案》下卷,上海:上海古籍出版社,1997年,第2338页。
③ 同上书,第2339页。

一、收发书本由军机处设立档案，派李桢、冯培、管世铭、张姚成专司管理。所有懋勤殿收发，派赵秉冲专司管理。

一、缮写行款式样，俱照懋勤殿呈览原本，毋得错讹。

（军机处上谕档）

●三月初六日，刘墉以吏部尚书充会试正考官，铁保、吴省钦为副考官。①

按：是科，刘墉取中门生英和与潘世恩二人，称为"玉树二株"。二人后皆位至军机大臣、大学士。但发榜后该次会试即遭人指责有舞弊行为，而查勘结果舞弊未曾发生，但摘出文字瑕疵甚多，以致乾隆称"实为开科以来所未有之事"。

癸丑科会试考官：吏部尚书刘墉，字崇如，山东诸城人，辛未进士。礼部侍郎铁保，字冶亭，满洲正黄旗人，壬辰进士。工部侍郎吴省钦，字冲之，江南南汇人，癸未进士。题"古者民有"二句，"或生而知"三句，"孔子曰操"三句。赋得"繁林翳荟"得"贤"字。

会元吴贻咏，字惠连，江南桐城人。②

癸丑科殿试成进士榜单③：

第一甲三名：潘世恩、陈云、陈希曾

第二甲二十九名：陈秋水、姚礼、叶绍楏、张燮、蔡之定、马学赐、孙承谋、吴云、王麟书、周垣、谭光祥、周系英、戴敦元、徐国楠、戴三锡、唐仲冕、赵佩湘、程华国、黄炳奎、狄梦松、郭世谊、俞廷樟、左辅、李师舒、英和、李宗瀚、汪梅鼎、周葆善、范照藜

第三甲四十九名：朱瑞椿、许作屏、魏元煜、陈世章、赵灿、商起、贾澄、孙锡、洪廷杓、白守廉、周麟元、巩懿修、黄洽、朱声亨、王进祖、张福谦、殷圻、宋邦英、刘敬熙、弓佩绂、王绍兰、吴国乡、酆云倬、王启聪、李大猷、凌廷堪、吴贻咏、舒懋官、王恺、李元枢、何学林、田兴梅、蒋第、薛志亮、仲瑚、吴居阀、高守训、谢淑元、李梃、陆寿昌、高金藻、冉玉行、罗龙光、甘家斌、史书筠、朱桓、叶灼、杨学光、李席珍

---

① 《大清高宗法天隆运至诚先觉体元立极敷文奋武孝慈神圣纯皇帝实录》卷之一千四百二十四。

② ［清］法式善等：《清秘述闻三种·上卷》卷八，北京：中华书局，1892年，第295页。

③ 朱保炯，谢沛霖编《明清进士题名碑录索引》下册，上海：上海古籍出版社，1980年，第2751页。

●诸城刘文正公最爱才；文清公屡司文衡，亦好士如不及。英煦斋、潘芝轩，公乾隆癸丑所得士也。进谒时，文清目之为"玉树两株"，后果先后入阁。道光庚子，芝轩先生主礼闱，赠分校及门诸君云："我愧师门称玉树，散樗也许作荆柟。"盖指此云。①

●三月，朝鲜书状官郑东观进其国王闻见别单云："阁老和珅，用事将二十年，威福由己，贪黩日甚，内而公卿，外而藩阃，皆出其门。纳赂诣附者，多得清要。中立不倚者，如非抵罪，亦必潦倒。上自王公，下至舆台，莫不侧目唾骂。刘墉之劾奏，王杰之却衣，人称朝阳之凤。"②

○三月，内大臣海兰察卒。③

●五月二十日，乾隆对该年会试极为不满，刘墉等俱遭严行申饬并被罚俸多年。

辛亥，又谕：国家设科取士，原期甄拔真才，以为多士楷模，岂容文理平庸者幸邀入彀，以致鱼目混珠，转使真才摈斥。虽历来主试衡文，亦间有目迷五色，弃取未能尽当者。然每科磨勘，及近年举行覆试，其摘出文字疵类罚令停科，亦不过数卷，从未有如此次之多者。兹阅吏部议处本内，主考刘墉、铁保、吴省钦，各按举子停科名数，竟至罚俸十余年。而房官降级罚俸亦有十余人，实为开科以来所未有之事。即将该员等重治其罪，亦所应得。姑念伊等祇系校阅失当，尚无别项情弊，著从宽照部议完结。但科场大典衡文者，如此草率，仅予降留罚俸，不足蔽辜，刘墉等俱著严行申饬！嗣后考官等，务当恪遵前降谕旨，将各房考呈荐之卷，公同尽心详阅，毋许公省校看，以一人意见遽为定评。若经此次格外加恩，谆谆训谕之后，尚敢粗心从事，弃取不公，经覆试黜落多人，必将考官等加倍治罪，决不再为宽贷。④

●长至日，纪昀铭其砚曰："绎堂尝攫取石庵砚，后与余阅卷聚奎堂，有砚至佳……"

按：王培荀《乡园忆旧录》卷三对此亦有记载：诸城刘文清公以书名天下，有

---

① ［清］王培荀：《乡园忆旧录》卷八，济南：齐鲁书社，1993年，第431页。
② 吴晗辑《朝鲜李朝实录中的中国史料》（下编）卷十一，北京：中华书局，1980年，第4881页。
③ 印鸾章：《清鉴纲目》，长沙：岳麓书社，1987年，第390页。
④ 《大清高宗法天隆运至诚先觉体元立极敷文奋武孝慈神圣纯皇帝实录》卷之一千四百二十九。

砚甚佳，为史绎堂攫取。纪晓岚先生闹中亦攫绎堂砚去，绎堂以他砚赎之。前辈风流跌宕，犹可想见。晓岚题诗有云："昔我掌乌台，石庵赠我砚。肌理缜密中，隐隐锋芒现。今岁司文衡，适与绎堂伴。此砚复赠余，粹温金百炼。"是文清曾以砚赠文达矣。文达又诗记文正公砚："砚材何用米颠评，片石流传授受明。此是乾隆辛卯岁，醉翁亲付老门生。"诗笔之古，如见唐人。①

● 五月，刘墉获赏《御制笔误识过》。

● 端午前，刘墉临王《慈柏酒帖》《翁尊体帖》王僧虔《太子舍人帖》、萧子云帖成扇面。

● 六月榖旦，刘墉大楷书《刘羲墓表》。

● 六月二十八日，刘墉应英和索书小楷《洛神赋十三行》，有跋。其跋曰："煦斋以此纸求书，泾县新制，吾误以为宣德纸，乃临此小字，殊多滞卤，然亦未失法度。"

● 六月二十九日，为英和书册页，有跋。其跋曰："薛道祖不俗，但孱甚，亦少变化，不能比米芾也。煦斋属书此册，一日毕之。山谷曾云：'六十老人，五月挥汗'，今实不能办此，何其惫耶？"

● 七月初三日，乾隆有诗《即事 七月初三日》，为和其韵刘墉作《恭和御制即事 七月初三日元韵》。②

乾隆《即事 七月初三日》

孟朔农占雨叶贞，翼朝常谚又符巧。

似此时若合慰欣，而方寸中愁每扰。

各省麦收报已全，八分九分余不少。

祇一安徽称七分，堪接青黄足食肇。

至于大田苗茂发，胥称优渥沾恩饱。

兹接江南奏河工，盛长速消安澜保。

是宜心适怡盱宵，却以蒸炎愿凉好。

愿凉需雨复恐多，进退艰得两全道。

---

① [清] 王培荀：《乡园忆旧录》卷三，济南：齐鲁书社，1993年，第183页。
② [清] 高宗：《御制诗五集》卷八十三，清乾隆六十年内府刻本，第20页。

洵予欲美不知足，欲多愁多理堪晓。

秋阳之暴炽腾欹，究望阵霖驱暑燥。

刘墉《恭和御制即事 七月初三日元韵》

休征每在农谚中，正以颙蒙觑天巧。

祁寒暑雨那能无，皥皥之民亦扰扰。

岁既丰矣室已盈，升斗依然计多少。

此兹常系圣人怀，后乐先忧讫还肇。

万里封圻亿兆人，年年处处筹温饱。

自朝至于日中昃，不遑暇食廑怀保。

河流安稳麦收多，雨趁秋来纳凉好。

曰雨而雨旸而旸，稷稌由来有相道。

尧天巍荡信难名，不识不知亦应晓。

即看高廪九州同，下无苦湿高无燥。

● 八月，刘墉获赐《御制凯旋兵丁由驿归伍纪事》《西藏善后事宜诗志颠末》。

● 八月，刘墉获赏《御制廓尔喀所贡象马至京诗以志事》。

○ 秋八月，英吉利使臣马戛尔尼入觐。①

● 九月，刘墉临赵孟𫖯《裴行俭佚事》成横披。

● 十月，刘墉同和珅、王杰等复试新科顺天乡试中试举人及上科补行复试者。

● 十一月，刘墉获赐《通志堂经解》。

● 十一月，刘墉于天香室书槎河山庄大士岩诗，并跋曰："唐毓东，曩为吾家作《槎河山庄图》，一时画者十许辈，皆谢不如。麓台司农亟为奖许。今观此幅，宛然二妙。因忆旧句书于纸末，等为过眼云烟，数十寒暑间，又略分先后耳。"②

有墅颇萧爽，依山傍海滨。

---

① 印鸾章：《清鉴纲目》，长沙：岳麓书社，1987年，第391页。

② 见唐岱应刘棨之请所画诸城刘氏《槎河山庄图》刘墉题诗，亦见刘喜海道光六年刘氏味经书屋刊刻之《刘文清公遗集》之卷六。

相逢采药侣，仿佛种桃人。
服饵薯兼术，蚕丝檿又椿。
资生聊取具，俗朴未言贫。

两世作别业，闲中时一过。
藩篱从缺漏，书史自骈罗。
但觉幽栖好，宁论岁入多。
到今勤菽麦，无地借烟萝。

画里山容古，寻真日月长。
灵仙何缥缈，云海自苍茫。
僧舍钟鱼近，田家匕箸香。
锦秋亭畔路，陈迹未能忘。

故物今余几，丛残雪后鸿。
良工心独苦，哲后语还公。
往事浮云外，流年逝水中。
园亭童稚见，华发已成翁。

诸父一人在，年来稀信音。
平生惟笔砚，久矣谢朝簪。
付嘱知偏惜，流传意共深。
待求篇什富，持慰老人心。

● 十一月，纪昀应刘墉之邀为《槎河山庄图》题跋。①

千叠云岚四面开，原非无地起楼台。
如何画里莱公宅，只似孤村傍水隈。

---

① 见傲徕山房藏刘统勋刘墉父子应制诗长卷。

数重老屋是家赀，还自西川宦橐遗。
指点空亭读书处，清风一榻忆吾师。

荒园渐渐种桑麻，犹说裴公旧杏花。
可是萧然徒四壁，只凭画卷向人夸。

敬观槎河山庄图缅然有作，兼戏恼石庵参知，参知书名震天下，无敢代为余书者。不得已而自书之，一奇也。癸丑十一月河间纪昀题并识。

按：纪昀误以为槎河山庄为刘棨宦橐所购，不确，应是刘必显所置买。纪昀"兼戏恼石庵参知，参知书名震天下，无敢代为余书者。不得已而自书之，一奇也。"此跋语理解上可能会有难度，纪昀文名与学术，在清堪称一流，但其书法却极其糟糕。我们平时拍卖会上所见其所谓"真迹"，实际上都是代笔之作。其跋语就泄露了这一秘密，因为震于刘墉书名太大，所以当纪昀找人代笔为刘墉《槎河山庄图》题跋时，谁也不敢答应。纪昀以此"戏恼"刘墉，但也无可奈何，只好丑媳妇不怕见公婆，亲自上阵挥写了这三首诗。由此不难揣知这件墨迹肯定是纪昀真迹无疑，甚至有可能这是纪昀存世的唯一真迹。

○冬十一月，诏永停捐纳例。[1]

●十二月，刘墉获赐《御笔四十章经》《续纂秘殿珠林石渠宝笈序》。

●王芑孙有诗"题伊墨卿比部秉绶所藏刘石庵先生诗卷，即用墨卿韵"，其序云："此卷石庵先生官编修视学江苏时书，盖三十余年矣。卷尾无名款、年、月，殆由他人割截去其大半而独存此绝句十首也。所书绝句乃题唐画诗，实无缺矣。予卷尝以示墨卿，墨卿作诗题后，今墨卿亦出此卷属题，因次其韵"云云。

奕奕银钩三十年，至今人作吉光传。
帖如岳麓都分段，诗似夔州已竟篇。
犹喜绣图留紫凤，依然墨海涌青莲。

---

[1] 印鸾章：《清鉴纲目》，长沙：岳麓书社，1987年，第392页。

人间录副资参考，他日应同掌故编。①

- 刘墉继母颜太夫人八十寿辰，御赐"令寿延祺"匾额。
- 刘墉为好友瑛宝《槐雨图》题跋。
- 刘墉行书杂文四段。
- 侄孙刘喜海生。

按：刘喜海，刘镮之长子，字吉甫，号燕庭。恩荫监生，嘉庆丙子（1816）举人。刘喜海历官兵部员外郎、户部郎中、福建汀州知府（有善政，当地百姓自发为其立生祠）、陕西巩秦阶道、陕西延榆绥道巡道、四川按察使、浙江布政使并兼署浙江巡抚。后为人弹劾耽于考古，以四品顶带休致。喜海乃诸城刘氏学术方面的代表人物，为清道、咸间著名金石学家、古泉学家、藏书家。其对翁树培《古泉汇考》倾三年心力，将无法辨识原稿誊清、加两万多字补注并对学界做推广；其著作《古泉苑》与《金石苑》是晚清古泉史与金石学界重要代表作。古泉学与金石学外，他对古籍、书目之收藏考评、批校整理抄录，亦堪称一代大家。其对金石、钱币甚至书目诸多方面开创式贡献，迄今仍惠施今世学者而人多不知。以此言之，誉其为晚清古泉学、金石学、古籍鉴藏一位集大成式人物，当不为过。陈介祺、鲍康、王懿荣、李佐贤等均受其启沃甚多。娶吴氏，河南光州嘉庆壬戌（1802）进士，吏部主事陕西邠州直隶州吴玉堂女，年十九岁，忌四月初八日；继丁氏，浙江山阴县乾隆甲辰（1784）进士、山东盐运司丁阶女，年十九岁，忌六月初五日；继马氏，山西介休县陕西驿盐道署按察司使马权女。

○王杰（惺园）等奉勅编成《续西清古鉴甲编》。

○罗聘（两峰）与孙星衍（渊如）、伊秉绶（墨卿）、桂馥（未谷）、法式善（时帆）定交。

○此年王文治有《行书终南招鹤图歌长卷》《行书归去来兮辞长卷》。

○汪中（容甫）（1744—1794）卒。

- 是年，刘墉有应制诗多首。

---

① 见《伊秉绶所藏刘石庵先生诗卷》。

恭和御制重华宫茶宴廷臣及内延翰林用洪范九五福之三曰康宁联句复成二律元韵①

佛力维持西国教，天心怙冒万方人。
兵逾绝险遐荒伏，光被无垠率土宾。
五福膺多敷锡遍，十全功葳典谟陈。
康富普被春台乐，玉琯条风庆叶寅。
腊雪春曦寒燠协，晶荧和旭蔼相参。
萁阶秀发祥舒十，茶盏清浮妙会三。
拜舞赓飏钦圣藻，陈畴作范正群谈。
惟民康义求宁切，善颂才微喜亦惭。
维皇盛世如春日，正值春来远人心。
初以兵惩旋恩抚，因之畏伏即欣宾。
十全记述万全葳，五福诗赓多福陈。
敷锡康宁中外共，盈延色喜又心寅。
春宜茶宴年年赐，仙饮非茶妙可参。
景赏云披看岳笔，瑞呈穀九乐农三。
翘瞻睿咏争先读，伏和沈思静息谈。
亿载康宁臣忝预，慈光长被勉还惭。

恭和御制启跸幸避暑山庄元韵②

清风将早发，仲夏亦微寒。
圣法天行健，人依帝力安。
垂光观荜屋，乐意在门阑。
六日程途近，山庄企迓欢。

恭和御制过清河桥即事杂咏叠去岁韵三首元韵③

青葱绮绣嫩於染，滑笏穀纹平不波。

---

① ［清］刘墉：《刘文清公应制诗集》卷三，爱日轩陆贞一仿宋镌，第11页。
② 同上。
③ 同上书，第15页。

景色无边佳若此，盈宁有象庆如何。

荽拔功殊均麦积，怀新竞奋又苗长。
祈年答贶农知否，犁雨锄云敢或遑。

雨晴远近萦宸念，已慰还筹补助多。
农叟应如牧人乐，维鱼恬梦到无何。

恭和御制两闲房行宫即事元韵①
民天所系念凭生，贻我来牟崖雨晴。
泰宇常宁无喜惧，为民喜惧仰皇情。

恭和御制出古北口作元韵②
塞云常作雨，山路少逢泥。
已喜麦收近，还欣禾种齐。
风凉人马健，村接叟童徯。
二万封圻廓，黎氓胥乐兮。

恭和御制至避暑山庄之作叠壬子韵元韵③
昨年耆定远氓苏，震叠归心远不殊。
章疏往来遥置驿，銮舆巡莅即成都。
万方职贡联中外，一例安全洽彼吾。
庆举霞觞人尽乐，仙庄仙景写黄图。

恭和御制永佑寺瞻礼叠昨岁韵元韵④
羹墙昨岁记瞻前，展礼今来慕更虔。

---

① ［清］刘墉：《刘文清公应制诗集》卷三，爱日轩陆贞一仿宋镌，第16页。
② 同上。
③ 同上。
④ 同上书，第17页。

缅想音徽诚俨若，钦承谟烈信殷然。
定功保大心绳武，翼子诒孙道体乾。
念切民依通帝载，九围永式万斯年。

恭和御制写心精舍元韵①

先后圣同揆，去来今一心。
每于精舍憩，俨对古皇临。
默省渊源接，洪惟堂构任。
健行钦乐寿，经义惬研寻。

恭和御制题鉴始斋元韵②

渊衷念伊始，朗鉴惬斯斋。
岁月圆常住，云山近远排。
太平征有象，淳化洽无乖。
道脉羲轩接，贞恒仰圣怀。

恭和御制喜晴（六月初八日）元韵③

打麦相呼卯至酉，一飔三晒无闲手。
梦闻碎响觉衣沾，晓畏曦炎寻笠纠。
风清四野净氛埃，扫尽白衣苍狗丑。
润在原田霁在霄，为雨为晴雨无咎。
斡旋元化赖元功，一喜缘农农解否？
尧民好作画图看，饼如盘大家家有。
秋社钱多春社钱，醉笑村翁大开口。
瓦盆盛酒长儿孙，一味之甘亦分剖。

---

① ［清］刘墉：《刘文清公应制诗集》卷三，爱日轩陆贞一仿宋镌，第17页。
② 同上。
③ 同上书，第14页。

恭和御制即事（七月初三日）元韵①

休征每在农谚中，正以颛蒙觑天巧。
祁寒暑雨那能无，皞皞之民亦扰扰。
岁既丰矣室已盈，升斗依然计多少。
此兹常系圣人怀，后乐先忧讵还肇。
万里封圻亿兆人，年年处处筹温饱。
自朝于日日中昃，不遑暇食廑怀保。
河流安稳麦收多，雨趁秋来纳凉好。
曰雨而雨旸而赐，稷穑由来有相道。
尧天巍荡信难名，不识不知亦应晓。
即看高廪九州同，下无苦湿高无燥。

恭和御制直隶总督梁肯堂奏乘时买补仓谷以资储备既纾伤农之欢复资遇歉之绸然非逢稔岁岂易得哉诗以志事益切惕乾元韵②

时和遂百昌，农愿此时偿。
果腹诚无缺，飞蚨亦有方。
固应防歉岁，尤戒饱私藏。
吏肃民求得，钦哉五字章。

恭和留京王大臣奏报京城晴雨应时炎暑已退谷稼丰收诗以志慰元韵③

清凉炎热因晴雨，晴雨关农倍要详。
今岁山庄差觉热，垂询京色可能凉。
熇蒸已解为霖好，禾黍将登应候常。
圣敬日跻参化育，黎民于爕亦知饔。

---

① ［清］刘墉：《刘文清公应制诗集》卷三，爱日轩陆贞一仿宋镌，第18页。
② 同上书，第13页。
③ 同上书，第18页。

1794　乾隆五十九年　甲寅　刘墉75岁

○甲寅五十九年夏六月，大学士嵇璜卒。①

○秋八月，诏普免天下漕粮一次。②

●十月十三日，刘镮之为顺天武乡试副考官。

●英和陪侍刘墉时，有人向刘墉兜售薛道衡铜琴。后此铜琴竟归于他。

侍刘文清公座，有售薛道衡铜琴者，公以三十金售之，嗣经成哲亲王以黄山谷真迹卷子向公易去。逾二十年，王以此琴并明人铁笛见惠，余即以"铜琴铁笛"名斋。③

●是年，刘墉有应制诗一首。

恭和御制立春日得句元韵④
甲为木德协寅年，仙菜祥征俪又骈。
风欲温回将冻解，雪为丰兆让春先。
对时育物皇功大，航海梯山天付全。
句里元音调玉律，迩安远至庆同然。

1795　乾隆六十年　乙卯　刘墉76岁

○乙卯六十年春正月，贵州苗石柳邓叛，陷湖南永绥厅。诏云贵总督福康安、四川总监和琳率师平之。⑤

---

① 印鸾章：《清鉴纲目》，长沙：岳麓书社，1987年，第393页。
② 同上。
③ [清] 英和：《恩福堂笔记》卷下，《续修四库全书》第1178册，上海：上海古籍出版社，2002年，第561页。
④ [清] 刘墉：《刘文清公应制诗集》卷三，爱日轩陆贞一仿宋镌，第18页。
⑤ 印鸾章：《清鉴纲目》，长沙：岳麓书社，1987年，第393页。

- 正月，刘墉参与高宗所办琼华宴。
- 二月，针对刘之协在河南脱逃一事处理，刘墉上奏支持乾隆决定。
- 三月，刘墉为值月官，负责挑选河工效力人员。
- 四月，刘墉临怀素论书语成扇面，获赐《平定安南战图》。
- 四月十六日，刘墉与和珅、王杰等为殿试读卷官。

丙申，以大学士和珅、王杰、吏部尚书刘墉、户部尚书董诰、礼部尚书纪昀、吏部侍郎金士松、礼部侍郎铁保、工部侍郎吴省钦为殿试读卷官。①

乙卯恩科殿试成进士榜单②：

第一甲三名：王以衔、莫晋、潘世璜

第二甲十八名：陈廷桂、陈琪、郑士超、沈乐善、张志绪、韩文绮、严荣、沈焯、田永年、乔远炳、孙宪绪、舒怀、赵良澍、胡枚、吴邦基、玉麟、杨汝任、黄因琏

第三甲九十名：高鹗、阎绍世、吴元庆、沈华旭、黄时沛、蔡孔易、王赓琰、孙珏、许庭梧、应丹诏、郭楷、李德淦、何会祥、彭应会、傅玉林、多山、廖连、詹坚、任烜、刘重、薛玉堂、陈廷硕、雷学海、杨业万、赖相栋、储嘉珩、陆开荣、韩鼎晋、李继可、陈略、步毓严、姚璋、唐维锡、李泉、骆灿、董健、向曾贤、汤谦、张鹏升、陈跻敬、曹梦鹤、朱光晷、完智、汪玉林、吴芳锜、周有声、李鹏、李逢源、许鲤跃、王延弼、罗攀桂、田维敬、张凤枝、陈宏度、福兴、李复元、曹惠华、严振先、石文涟、沈大吕、谢城、刁思卓、王丹枫、贾允升、杨开基、沈鹏程、华丰贞、杨毓江、蒋瀜、罗天桂、赵宜本、王晭、蒋维淦、丁曰恭、李实、商景泰、叶儒林、孙奇峰、郑道印、陆梓、周虎彝、董长春、沈成渭、增禄、李金臺、徐润第、潘杰、何荇芳、王瑶臺、冯瀚

- 四月，纪昀元配马氏去世，刘墉为纪昀写《般若波罗蜜多心经》持诵。
- 五月十六日，刘墉于灯下试延年汉瓦砚行书苏轼《游道场山何山》诗，卷首有王褆"静爱遗墨"四字额题，后有谭泽闿、萧俊贤、曹典初、高振宵四人跋。
- 五月，刘墉获赐御制诗。

---

① 《大清高宗法天隆运至诚先觉体元立极敷文奋武孝慈神圣纯皇帝实录》卷之一千四百七十七。

② 朱保炯、谢沛霖编《明清进士题名碑录索引》下册，上海：上海古籍出版社，1980年，第2752页。

●八月，刘墉临董其昌书成扇面。

〇秋九月，立皇十五子嘉亲王颙琰为皇太子。①

●九月，因策题诗言福字共五十三处，试官误为四十九处，刘墉奏请追究考官责任。

●九月十二日，刘墉为武会试正考官。②

●秋日，刘墉书石曼卿题张穆之别业园内亭之联语。

●十月十九日，命大学士刘墉为正使、礼部尚书纪昀为副使持节册封芳妃。

己酉，命大学士刘墉为正使、礼部尚书纪昀为副使持节册封芳妃。册文曰：朕惟内官选德，先绥履福之常。中壸服勤，尤念承恩之久。功既襄于褕采，宠宜被以纶音。咨尔芳嫔陈氏，秉质柔嘉，持躬温淑，早传婉娩，椒庭之礼教维娴，计厥岁年，兰殿之职司无斁，兹晋封尔为芳妃。锡之册印，尔其式膺茂典。副优渥之殊荣，弥表懿徽，昭敬恭于勿替。钦哉。③

●十月，刘墉为侄刘镮之以小楷书《头陀寺碑》，后为成亲王索去并为之跋。

●十月二十六日，刘墉用山谷洮河绿砚试吴拭七宝光墨，以行书小楷为铁保书册页，中有铁保小楷跋一则。

〇冬十月，闽浙总督伍拉纳、巡抚浦霖、按察使钱受椿有罪伏诛。④

●阳月，刘墉书庄子《承蜩篇》，并对为人处世慨叹云："人惟求异于众，则众来伤之矣"。

●刘墉行书临帖十二开。

●刘墉书行书轴。

●刘墉临《争座位帖》。

●刘墉杂书唐宋诗文。

●刘墉行书苏轼句。

●刘墉行书评石曼卿两佳句。

---

① 印鸾章：《清鉴纲目》，长沙：岳麓书社，1987年，第394页。
② 《大清高宗法天隆运至诚先觉体元立极敷文奋武孝慈神圣纯皇帝实录》卷之一千四百八十六。
③ 同上书，卷之一千四百九十九。
④ 印鸾章：《清鉴纲目》，长沙：岳麓书社，1987年，第394页。

- 乙卯恩科顺天乡试，侍读刘镮之任同考官。①
○ 十二月，诏明年归政。②
○ 钱沣（南园）（1740—1795）卒。
○ 蒋仁（山堂）（1743—1795）卒。
○ 窦光鼐（东皋）（1720—1795）卒。

1796　嘉庆元年　丙辰　刘墉77岁

- 嘉庆元年元日，禅让大典举行之际，乾隆受和珅操纵，欲传位不传大宝。此时，朝贺群臣束手无策，唯刘墉挺身而出曰："朝贺可止，天下安有无大宝之天子?!"遂入奏高宗曰："陛下不能无系恋天位之心，则传禅可已。传禅而不与大宝，则天下闻之，谓陛下何如？"半日力争，卒得大宝而出，始行贺礼。由是，嘉庆帝以定册元老视之。③

按：此为刘墉一生最见峥嵘气象之时。因是最高统治者丑闻，故中国史料对此一概讳莫如深，连《熙朝新语》之"内禅真相"中都未言及，更不用说《清实录》《清史列传》《清史稿》等书了，只有这因使臣要向其君主汇报上朝真相的《朝鲜李朝实录中的中国史料》才给我们留下了这弥足珍贵的史料，才使我们有机会领略刘墉的这一风采。当乾隆受和珅挑唆传位而不传大宝，紊乱朝纲，制造出令天下不知所措的弥天笑料之时，刘墉冒着激怒乾隆、随时有可能被杀头的危险，击中了乾隆又要想当明君又感到自己将会被天下嗤笑的矛盾心态，挫败了和珅的阴谋，才使朝政没有进一步紊乱，即将动荡的局势没有进一步恶化，及时挽回了嘉庆皇帝比生命都重要的朝廷体面。对此，嘉庆皇帝自然由衷地感激，从此，便把刘墉视为定册元老，以心腹相托。而刘墉在此举中表现出来的敢于断大事、定大局的过人胆识与气度，在嘉庆皇帝心目中也肯定留下了深刻的印象。嘉庆四年（1799）正月初四日，

---

① ［清］法式善等：《清秘述闻三种·上卷》卷十六，北京：中华书局，1892年，第516页。
② 同上。
③ 吴晗辑《朝鲜李朝实录中的中国史料》（下编）卷十二，北京：中华书局，1980年，第5002页。

嘉庆皇帝对和珅实施突然袭击，将其拘捕后，他第一个找的大臣是谁？不是王杰，不是董诰，也不是纪晓岚，而是刘墉！第二个人，才是他的老师朱珪，然而朱珪此时仍在外任，并没有回到北京。这说明，在这极有可能是生死存亡的危急关头，在嘉庆皇帝的心目中，满朝文武，只有刘墉才是最忠诚、最可靠的大臣，才是跟和珅斗争最坚决、也是最得力的大臣，同时还是其威望与能力足以辅佐他将这个复杂局面稳定下来的社稷之臣。

● 正月二十七日，刘墉小楷书《与会稽王笺》，极精。

● 正月，刘墉参与千叟宴，有诗《乾隆六十一年嘉庆元年恩预千叟宴恭纪十首》①。

衢歌巷舞乐喧阗，广宴春开拱御筵。
大启皇图传嗣圣，钦绳祖武养耆年。
六旬初预心偏喜，七十重征寿更延。
旷典举行千万度，与天无极仰星旋。

昨宴瑶宫宠莫过，群沾锡赉沐恩波。
天颜一顾精神竦，赐馔加餐志意和。
重捧霞觞心更省，再扶筇杖手频摩。
非关蒲柳能经久，总赖皇仁雨露多。

鸿施更逮甲周巡，生及皇初第一春。
回忆年庚今校昔，互论齿发旧联新。
情知天赐期颐发，可要童扶矍铄身。
七十再来添伴侣，叠歌寿谷祝皇人。

崇班末秩各修龄，同观慈光列紫廷。
恩渥宗亲偏近日，福均民庶亦惟星。
欢情浃洽频瞻向，礼数宽容任醉醒。

---

① 傲徕山房藏刘统勋刘墉父子应制诗长卷。

玉倌风和钟吕畅，不斟社酒也能听。

舆马舟船辏帝闾，喧传朝野姓名香。
天家有庆荣征召，马齿虽增幸健强。
各领儿孙随杖履，或寻朋辈倩文章。
宴归邸舍争夸说，真见红云捧玉皇。

尧天巍荡迥难名，此日偏殷颂祷情。
不识不知安食饮，为农为士赖生成。
太平有象丰年屡，大造无私品汇荣。
凤翔鸟元鸟在宥，春风一扇各能鸣。

忆昨仁皇御六龙，和风丽日万方同。
天迥雷动神功大，岳拱川环宝祚崇。
道阐图书垂奕世，恩周寰宇洽昆虫。
到今亿兆讴思切，几许儿孙预寿翁。

圣有渊源宥密孚，早承大训蕴洪谟。
十全疆廓基垂巩，五代堂高瑞应愉。
远至迩安今日盛，光前裕后古来无。
重华协帝宸章焕，依韵诗赓若合符。

光华日月仰奎文。可是仙凡总许闻。
勉和每惭才既竭，诚钦惟觉诵弥勤。
老安孔志因辞见。乾见爻以昼分。
从此更编诗万万，华严楼阁吉祥云。

萤舒四芙映彤墀，皇极光临万景宜。
佛国仙山开胜境，礼章乐舞备隆仪。

瞻天到此天为上，仰圣於今圣作师。

嘉庆亿龄赓昊贶，承欢尊养集蕃厘。

按：乾隆皇帝禅位后，宫中为表示对其敬意，仍以乾隆年号纪年者，刘墉因此而有如是诗题。

刘墉此次另有《恭和圣制初御皇极殿开千叟宴用乙巳年恭依皇祖元韵》①，为恭和乾隆《初御皇极殿开千叟宴用乙巳年恭依皇祖元韵》② 而作。

乾隆《初御皇极殿开千叟宴用乙巳年恭依皇祖元韵》

归禅人应词罢妍，新正肇庆合开筵。

便因皇极初临日，重举乾清旧宴年。

教孝教忠惟一笃，曰今曰昨又旬延。

敬天勤政仍颤子，敢谓从兹即歇肩。

刘墉《恭和圣制初御皇极殿开千叟宴用乙巳年恭依皇祖元韵》

萱舒四叶映阶妍，广殿初临列叟筵。

绳武成章依昔日，传家锡类协新年。

道隆授受惟衷契，福被人民庆寿延。

尧舜同堂钦作述，长申祝颂一心肩。

按：此次千叟宴举行于嘉庆元年（1796）正月初四日，是乾隆退位后以太上皇身份在宁寿宫皇极殿举办的第二次千叟宴。这首诗与前一首不同，此诗正是作于千叟宴之上。《清史稿》本纪八中有载："上赋诗，诸臣属和，题曰千叟宴诗。"其实，清朝历次举办千叟宴都有皇帝作诗、诸臣属和的传统，并将这些"千叟宴诗"收录成集，嘉庆元年的这一次千叟宴诗集共收录了三千余首，但是根据《千叟宴诗》的记载，当时的预宴者也就三千多人，所以这些诗作其实并非都出自预宴者之手，在乾隆皇帝为嘉庆《千叟宴诗》而题的《圣制南书房翰林集千叟宴诗成呈览，作提

---

① 见傲徕山房藏刘统勋刘墉父子应制诗长卷。
② ［清］弘历：《御制诗余集》卷一，清乾隆间内府写本，第5页。

要，示志》一律中就很明确指出"例教内翰捉刀充，"并且自注明确表明："昨岁丙辰，纪元周甲，御皇极殿，重举千叟宴，入宴者凡三千余人。照乙巳《千叟宴诗》之例，令内廷翰林代作，合之得三千余首，兹汇辑呈览。"但是傲徕山房藏刘统勋、刘墉父子应制诗长卷却可以为我们证明刘墉的这首诗并非出自他人之手，而是本人亲自所作，手稿上尚有刘墉当时涂画改写的痕迹，为刘墉诗作的考证补充提供了证据。①

● 二月，刘墉临《赵孟頫书裴行俭佚事》成立轴。

● 二月，刘墉临陈继儒《晚香堂法帖》于久安室。

● 三月，朝鲜书状官徐有闻进闻见别单给其国王曰："和珅专权数十年，内外诸臣，无不趋走，惟王杰、刘墉、董诰、朱珪、纪昀、铁保、玉保等诸人，终不依附。及珅败后，其党与干连之人，虽不查治，而若其倚仗，专在于王杰等。查与刘墉、董诰即上皇时阁老，而庆桂、勒保新入阁，上皇第二子之长子绵恩新任军机大臣，朱珪自南方巡抚所承命还京，而阁老军机大臣将匪久降旨云云"②。

● 四月二十日，刘墉与和珅、董诰等为殿试读卷官。

乙未，以大学士和珅、吏部尚书刘墉、户部尚书董诰、工部尚书彭元瑞、吏部左侍郎沈初、右侍郎胡高望、兵部左侍郎玉保、内阁学士吴省兰，为殿试读卷官。③

丙辰科殿试成进士榜单④：

第一甲三名：赵文楷、汪守和、帅承瀛

第二甲四十名：戴殿泗、李锡恭、王鼎、吴邦庆、张锦枝、许应喈、陆以庄、黄焜望、慕鏊、秦瀛、赵麟、陈鹤、赵慎畛、汪德钺、靳文锐、黄跃之、吴廷燮、龚丽正、马廷燮、黎承惠、陈光銮、张文靖、李培元、邱勋、林绍光、沈璐、沈学厚、陈兰畴、韩抡衡、胡本渊、周之域、李林松、高钿、吴应咸、蔡维钰、史祐、董彩凤、桂龄、陆泌、鹿维基

第三甲一百一名：邱超、祁坟、曹松筐、石时榘、那尔丰阿、蔡炯、郎汝琛、

---

① 见傲徕山房藏刘统勋刘墉父子应制诗长卷。
② 吴晗辑《朝鲜李朝实录中的中国史料》（下编）卷十二，北京：中华书局，1980年，第4982页。
③ 《大清仁宗受天兴运敷化绥猷崇文经武孝恭勤俭端敏英哲睿皇帝实录》卷之四。
④ 朱保炯、谢沛霖编《明清进士题名碑录索引》下册，上海：上海古籍出版社，1980年，第2753页。

韩克均、杨健、颜允璨、刘名载、许廷椿、袁樾、万世发、刘廷珍、李于培、陈毓咸、王恩注、黄丹桂、谐汝卿、熊如洵、幸翰、俞日烘、郑鹏程、贾名伸、萧德充、周宏纲、姚学壤、朱曷、杨中龙、周圭、姚逵、李可端、蒋作梅、王维屏、李麟征、隋维烈、张再英、鄂山、王敬之、周泰元、靳金鼎、成格、张斯沆、杨受廷、朱逵、金瓯、朱宠、马廷楠、来玠、王德修、崔本、李华庭、解城、杨廷琮、邱立和、谭元、高春藻、申企中、谭兆燕、程体常、来宗敏、邵葆祺、兀崇德、李藩、刘澍、王延瑞、扎兰泰、程俊、丁玉奉、周家锐、刘玉湛、董义、程健学、何允徽、严烺、刘峒、辛绍业、黄显章、徐维城、徐云龙、杨尚琳、珠隆阿、曾宝光、蔡毓琳、谭景韩、张大杂、常泰、王嵝、吕中吕、谢凝道、李杰甡、夏文蔚、李亨圻、林策、张源、高作霖、觉罗清昌、郭龙光、陈邦杰、胡万青

●八月八日雨窗，刘墉临《董其昌临宋四家书》。

●八月，刘墉临《东坡覆唐林夫求评唐人书帖》成中堂。

●十月初七日，就大学士选充一事，刘墉受到指责。

《清实录》是这样记载的：

己卯，嘉庆谕曰：内阁大学士缺出，久逾匝月。现在各尚书内，若以资格论，则刘墉、纪昀、彭元瑞三人，俱较董诰为深。但刘墉向来不肯实心任事，即如本日召见新选知府戴世仪，人甚庸劣，断难盛方面之任，朕询之刘墉，对以"尚可"。是刘墉平日于铨政用人诸事，全未留心，率以模棱之词塞责，不胜纶扉，即此可见；彭元瑞不自检束，屡次获愆；纪昀读书多而不明理，不过寻常供职；俱不胜大学士之任。董诰在军机处行走有年，供职懋勤殿，亦属勤勉，著加恩补授大学士。至王杰因患腿疾，久未入值，现在军机处汉大臣，止有董诰一人，著左都御史沈初，在军机处学习行走。朕于用人行政，悉秉大公，考绩程材，无不权衡至当，则刘墉、纪昀、彭元瑞皆当扪心内省，益加愧厉。①

中国历史第一档案馆编《嘉庆道光两朝上谕档》所记载与《清实录》完全一样。

大学士缺出久逾匝月，现在各尚书内若以资格而论，则刘墉、纪昀、彭元瑞三人俱较董诰为深。但刘墉向来不肯实心任事，即如本日召见新选知府戴世仪，人甚庸劣，断难胜方面之任，朕询之刘墉，对以"也可"，是刘墉平日于铨政用人诸事

---

① 《大清仁宗受天兴运敷化绥猷崇文经武孝恭勤俭端敏英哲睿皇帝实录》卷之十。

全未留心，率以模棱之词塞责，不胜纶扉，即此可见。彭元瑞屡次获衍不自检束，纪昀读书而不明理，亦只寻常供职，人所不上列者，尚觉不及。刘墉相等俱不胜大学士之位。董诰在军机处行走有年，供职懋勤殿，亦属勤勉，著加恩补授大学士。至王杰因患腿疾，久未入值，现在军机处汉大臣，止有董诰一人，著左都御史沈初，在军机处学习行走。朕于用人行政，悉秉大公，考绩程材，无不权衡至当，则刘墉、纪昀、彭元瑞皆当扪心内省，益加愧厉。①

● 时大学士悬缺，久难其人，高宗谓刘墉、纪昀、彭元瑞三人，皆资深，墉遇事模棱，元瑞以不检获愆，昀读书多而不明理，惟诰在直勤勉，超拜东阁大学士，明诏宣示，俾三人加愧励焉。②

按：嘉庆对刘墉此段指斥，出于乾隆皇帝意志，因为自嘉庆元年至嘉庆四年，乾隆在世期间，用人行政大事，均由乾隆决定。

● 九月，侄刘镮之充日讲起居注官。

● 十月，纪昀《题绎堂砚》曾谈及与刘墉等交谊与从仕处世的态度："论交均胶漆，持论斥冰炭。毋乃学道久，客气消其悍。抑或阅世多，坎坷刚愎变。激水石转雷，风淡江澄练。泊然一寸心，吾本无恩怨。"③

按：刘墉学术立场以宋学为主，纪昀则以汉学为主，故纪昀称二人"持论斥冰炭"也。

● 十一月初五日，嘉庆以毕沅、汪新含混保奏崔龙见之子崔景俨事咨询刘墉。

丙午，谕内阁：御史宋澍参奏湖北荆宜施道崔龙见之子就职州判崔景俨，经总督毕沅保奏交部议叙，巡抚汪新复将崔景俨咨部请以知县升用，办理朦混，又该督等请将枝江县知县汪云铭调任当阳，为脱卸处分地步，请旨敕部确实查办一折。已交军机大臣会同本日召见之尚书刘墉等详议具奏矣。楚省办理军务以来，带兵之督、抚，将在事出力人员专折保奏，于定例稍为假借，朕非不知。即从前福康安、和琳保奏各员，亦间有与例未符之处。朕因军务需人，原难拘定成格。伊等为鼓励勤劳起见，是以即照所请行。但于破格之中，亦当存核实之意。今崔景俨，经毕沅以该员办事出力具奏，当即照所请，加恩交部议叙。而汪新即将该员咨部请以知县升用。

---

① 中国历史第一档案馆编《嘉庆道光两朝上谕档》（一），嘉庆元年（1796）十月初七日诏书，桂林：广西师范大学出版社，2000年，第298页。
② 赵尔巽主编《清史稿·董诰传》，杭州：浙江古籍出版社，1998年，第1254页。
③ 孙致中等点校《纪晓岚文集》，石家庄：河北教育出版社，1995年。

崔景俨系现任道员崔龙见之子，在伊父任所随同帮办，本属分内之事，非投效人员可比。何得率行咨部请以知县升用？此等随任子弟，该省地方大小官员，谅必不少。若俱似此越例邀恩，岂不与前代之窜名冒滥军功者相等？该御史所奏尚是。著毕沅、汪新将办理此事何以含混奏咨之处及御史所参情节，据实明白回奏。其枝江县知县江云铭，因何调任当阳？令其规避处分之处，亦著一并据实覆奏。寻据军机大臣等议奏：毕沅、汪新覆，俱以汪云铭调任当阳，并无与例不符之处，应毋庸议。至崔景俨出力，即系伊父崔龙见在河溶堵截后路之事，应将崔景俨以知县升用查销。该督、抚朦混陈奏，应请将毕沅、汪新降二级调用。嗣后军营出力人员，奉旨指明以何项升用者，自应遵办。其督、抚奏请议叙人员，应令夹单开列何项出身，于何处著有劳绩，是否现任官员子弟，详细注明。于奉旨后，吏部按其出身劳绩，将如何奖励之处，具题请旨。得旨：毕沅、汪新均改为革职留任，余依议。①

● 冬日，刘墉书梁武帝书评成立轴。

● 刘墉行楷书祝朱太夫人（曹文埴母）九帙寿庆诗轴。

● 此年，刘墉传世作品较多：临王羲之诸帖，行楷《公以司》轴，行草《朱栏画柱》，行楷四条屏，行书四条屏，楷书六开藏经纸册页，行书杂书十一开金笺册页，小楷册页，行书临帖轴，书古代书论数则。

1797　嘉庆二年　丁巳　刘墉 78 岁

● 正月十五日，刘墉书自作《拟元白放言》诸诗。刘墉小楷书自作《前后燎蚊》诗。

● 正月，刘墉书自作《汝为我楚舞》诗。

● 二月初二日，以举行仲春经筵，刘墉进讲《中庸》"人道敏政，地道敏树"二句。②

● 二月十五日，刘墉书扇面。

● 三月二十二日，刘墉书《楞伽阿跋罗宝经》序。

---

① 《大清仁宗受天兴运敷化绥猷崇文经武孝恭勤俭端敏英哲睿皇帝实录》卷之十一。
② 同上书，卷之十四。

●三月二十三日，刘墉补授大学士。

癸亥，嘉庆谕曰：大学士缺出，已届匝月，现在各尚书内，刘墉资格较深，著补授大学士。但伊向来不肯实心任事，行走颇懒。兹以无人擢升此任，朕既加恩，务当知过倍加感激，勿自满足，勉除积习，以副恩眷。沈初，著调补吏部尚书，所有兵部尚书员缺，著朱珪补授，仍带革职留任。张诚基仍著调补安徽巡抚，现在吉庆前往粤西边界办理事宜。张诚基应俟吉庆办竣军务，回至广东省城时，将巡抚印篆，交吉庆暂行兼署，再赴安徽新任。朱珪俟张诚基到任交代后，即行来京供职，其广东巡抚员缺，候朕另行简放。①

按：嘉庆对刘墉此时语气仍内含乾隆意志。

●四月初一日，吏部以大学士刘墉应定何殿阁请。得旨：著为体仁阁大学士。②

●四月二十六日，刘墉书东坡《敕杨绘》文成横披。

●四月，嘉庆命刘墉案询山东控案事。

●六月望前，刘墉录《水经注》语成扇面。

●夏日，刘墉临钟王楷行草成扇面。

●闰六月，刘墉小楷书《大学》全文成一长卷。

○七月，湖广总督毕沅（秋帆）卒于军。

●八月，刘墉为玉岑临李北海碑帖成中堂。

●十月十七日，嘉庆奉太上皇乾隆命，遣大学士刘墉为正使、礼部左侍郎铁保为副使，持节，赍册、宝，册封贵妃钮祜禄氏为皇贵妃。

壬子，上奉太上皇帝命，遣大学士刘墉为正使，礼部左侍郎铁保为副使。持节、赍册、宝，册封贵妃钮祜禄氏为皇贵妃。敕曰：全付有家，必资贤于内助。聿绥多福，宜佐治于中闱。矧训政之方长，尤承欢之攸赞。爰循葳典，式举彝章。尔贵妃钮祜禄氏，华胄钟祥，德门毓粹，早依光于桂邸。敬慎恒昭，嗣领秩于兰宫，温恭愈懋，问安侍膳，时襄温清之文。献茧称丝，凤树俭勤之本，用载扬夫蕙问，镠简升华，仡特晋于椒涂，袆衣作则。兹封尔为皇贵妃，锡之册宝。尔其麻承滋至，弥隆尊养之诚，化裕始基，并著谦和之范，尚徽柔之允叶，体顺垂模。期蕃祉之备膺，

---

① 《大清仁宗受天兴运敷化绥猷崇文经武孝恭勤俭端敏英哲睿皇帝实录》卷之十五。
② 王钟翰点校《清史列传》卷四百七十六《列传》卷二十六，北京：中华书局，1987年，第1986—1990页。

含章抚誉。克衍坤元之庆，倍徵泰运之亨。钦哉。①

● 刘墉此年传世作品另有：《行书册页》《行书杂诗轴》《小楷横幅》《行书轴》《楷草杂卷》《桓车骑行草书扇面》。

○ 袁枚（随园）卒。

● 是年，刘墉有应制诗二首。

恭和御制新正重华宫茶宴廷臣及内廷翰林用平定苗疆联句复成二律元韵②

天兵罙阻自天扶，蠢纲全空螳臂无。
诡陋蜀军收孟获，诞怜汉将志伊吾。
捷书飞递迎春气，凯唱齐歌和万夫。
沅水桃红湘水碧，除残布德赐欢娱。

青阳应候重华启，纻缦星云仰帝书。
律转条风宣玉琯，杯承湛露胜方诸。
荣叨曲宴欣还凛，宠示宸章汝和予。
长颂尧天依舜日，康衢击壤可同欤。

1798　嘉庆三年　戊午　刘墉79岁

● 二月十三，嘉庆亲临辟雍讲学，苏凌阿与刘墉进讲《大学》"大学之道，在明明德，在新民，在止于至善"。

丁未，上诣文庙行释奠礼，礼成。御彝伦堂，更衮服亲临辟雍讲学。王公、衍圣公、大学士、九卿、詹事、起居注官入侍。至圣后裔、五经博士、各氏后裔及学官、进士、举人、荫生、贡监生等圜桥肃立。上赐讲官坐，大学士苏凌阿、刘墉进讲《大学》"大学之道，在明明德，在新民，在止于至善"。讲毕。上宣御论曰：大学一书，首言明德新民，而必皆止于至善，此道统之渊源，而内圣外王之纲领也。夫大人为学之道，在明吾本来之德。德赋于天，禀于性，具于心，至精至醇，广蕴

---

① 《大清仁宗受天兴运敷化绥猷崇文经武孝恭勤俭端敏英哲睿皇帝实录》卷之二十三。
② ［清］刘墉：《刘文清公应制诗集》卷三，爱日轩陆贞一仿宋镌，第21页。

圆神方智之体，故谓之明德。然此德者，人人之所同得，非一己之所私有，故必致力以明之，使无或为外物所蔽。既明矣，则思推而溥之，俾薄海生民，皆有以复其本来所同得者，咸与臻于大同之治。斯明德之效，见之于新民矣。欲明其德，必极于合天之心；欲新其民，必极于凝天之命，然后为能止于至善焉。人主照临天下，己德无不明，则民德无不新。上下皆能止至善，弥纶范围之能事毕矣，此修齐治平之全功。为学之道，孰大于此？为君者诚身体力行，于以希尧舜于变之风，其庶几乎？祭酒法式善、胡长龄进讲《周易》"君子以教思无穷，容保民无疆"。讲毕。上宣御论曰：大易著象，临卦之义，尤切于人君之道焉。盖人君之道，一仁而已矣。仁之心，教之思也。心之本乎仁者，肫然不已。故思之著乎教者，油然无穷。申之以孝弟辅之以德礼，振之以政刑。欲民为善之心，无所不尽，与兑泽同其深矣。始之于邦畿，达之于侯甸，极之于要荒，欲民从风之化，无所不届，与坤德同其广矣。作君即所以作师，非异人任也，而尤在养贤以及万民，感化育之恩，戴照临之德，斯教思之无穷者达，而容保之无疆者遂矣。此先圣著象之本意，有知临之责者，可不勉诸？时王公百官及听讲之进士、举人、荫生、贡监生等跪聆圣训毕。王以下各官行三跪九叩礼。祭酒、司业率学官、诸生谢恩。礼成。恩赉进讲大学士祭酒、并衍圣公圣贤后裔、国子监官、观礼进士、举人、荫生、贡监生等有差，广太学本科乡试中额十五名。①

●三月四日，戊辰，翰詹各官考试按其文字优劣分为四等，刘镮之名列二等，转补侍读学士。

谕内阁：此次翰詹各官，按其文字优劣分为四等。一等：陈琪、潘世恩二员。二等：莫晋、汪廷珍、曹振镛、吴廷选、英和、祝曾、文宁、刘镮之、李宗瀚、陈希曾、李钧简、李传熊、朱绂、陈万全、王绶、汪滋畹、戴联奎、吴烜、钱棨、钱福胙、叶绍楏二十一员。三等：周厚辕、洪亮吉、余集、玉麟、赵未彤、秦维岳、王坦修、缪晋、王瑶台、游光绎、施约、裴谦、何学林、黄因珽、周系英、张翽、李骥元、王宗诚、张凤枝、蒋祥墀、朱桓、石韫玉、张运暹、龙廷槐、魏元煜、温汝适、庞士冠、初乔龄、翁树培、张绶、熊方受、顾德庆、辛从益、李师舒、贾允升、谷际岐、恩普、亮保、何会祥、延弼四十员。四等：庆承、达椿、奢音泰、萨保、和书、万承风六员。编修陈琪、修撰潘世恩俱著升授翰林院侍读；编修莫晋著

---

① 《大清仁宗受天兴运敷化绥猷崇文经武孝恭勤俭端敏英哲睿皇帝实录》卷之二十七。

升授侍讲；侍讲汪廷珍著升授侍讲学士；侍读学士曹振镛著升授少詹事；编修吴廷选著升中允；侍读英和著升授侍读学士；编修祝曾著升授中允；侍读学士文宁著升授詹事；侍讲学士刘镮之著转补侍读学士；编修李宗瀚、陈希曾俱著升授赞善；赞善李钧简著升授右庶子；其二等之未经升用者，俱著记名，遇有应升缺出题奏。其考列三等之侍读学士余集、张运暹、侍读学士王坦修俱著以侍读侍讲降补；侍读缪晋著以中允赞善降补；中允李骥元、张翶、赞善龙廷槐俱著降留编修检讨；其考列三等二十名以后之检讨魏元煜、翁树培、熊方受著以部属用；编修李师舒著以知县用；检讨何会祥著以内阁中书用；其未经降改之朱桓、石韫玉、温汝适、庞士冠、初乔龄、张绶俱著罚俸一年；顾德庆、辛从益、贾允升、谷际岐、恩普俱著罚俸二年；庶子亮保、侍讲延弼本应降补，姑念满洲进士出身人员较少，从宽仍留本任，各著罚俸三年。其考列四等之达椿，在上书房行走有年，万承风文理尚属清顺，祇系誊写题目次序违式，俱著从宽降为检讨，仍罚俸四年。中允庆承、奢音泰、赞善萨保、和书俱著以原品休致。其翻译堪列二等者，止有纳清保一员，所有考列三等之庶子富森布、洗马普恭、侍讲学士哈福、侍讲鹤林俱著罚俸一年。该员等其各读书立品，勉励学业，毋负朕甄别教诲至意。①

● 三月，朝鲜书状官洪乐游进其国王闻见别单云以刘墉夙负朝野之望，为人正直，独不阿附于和珅，故其言，嘉庆采纳最多。皇上眷注，异于诸臣。

朝鲜书状官洪乐游进其国王闻见别单云：一、太上皇容貌气力，不甚衰耄，而但善忘比剧。昨日之事，今日辄忘；早间所行，晚或不省。故侍御左右，眩于举行。而和珅之专擅，甚于前日，人皆侧目，莫敢谁何云。一、皇帝（嘉庆）平居与临朝，沉默持重，喜怒不形。及开经筵，引接不倦，虚己听受，故筵臣之敷奏文义者，俱得尽意。阁老刘墉之言，最多采纳。皇上眷注，异于诸臣。盖刘墉夙负朝野之望，为人正直，独不阿附于和珅云。②

● 四月二十一日，嘉庆命刘墉等审案一经完竣，驰赴曹汛漫工工所，详细履勘该督等所筹办之法是否形势确系如此？将来堵筑是否可期完善竣工？李奉翰等因何因循于前，并不早为筹办之处也要一并查明据实覆奏。

---

① 《大清仁宗受天兴运敷化绥猷崇文经武孝恭勤俭端敏英哲睿皇帝实录》卷之二十八。
② 吴晗辑《朝鲜李朝实录中的中国史料》（下编）卷十二，北京：中华书局，1980年，第4953页。

乙卯，谕内阁：李奉翰等奏坝工水深溜激，另筹堵筑一折。内称口门现在深至十一二丈，坝头时见蛰裂，恐徒费工料。拟在二坝迤前一带，河势坐湾向东处所，开挑引河头，另筑坝工一道。即以旧西坝留作挑水坝，请俟秋后新料登场兴工等语。此次曹汛漫工，总由该督等筑坝进埽，未能坚实，以致上年甫堵旋开，及复经镶筑后，又不能督率在工人员赶紧施工，旷日持久，水性就下，致口门日刷日深。昨有旨令刘墉、庆桂前往查勘，即以口门跌成深塘，转瞬大汛经临，办理费手为虑。今据所奏情，果不出朕所料。是李奉翰等疏玩迟延之咎，实无可辞。除伊江阿系属巡抚，有本任应办事务，非专办河工之员，姑暂从宽免外。李奉翰、康基田原系河东总河，司马骕系现任总河，厥罪均属甚重，本应革职治罪，姑念伊等向于河工尚为熟习，姑先革去翎顶，图功自赎，以示薄惩。仍俟秋后工竣，核其功过，再降谕旨。至漫口处所，现已深至十丈以外，断难再为施工，徒费工料。阅该督等所绘图说，二坝迤前一带，河势坐湾之处，向东侧注。且距新挑引河，尚不甚远。若于此处开挑河头，导入引河，似尚得力。其所称另筑坝工一道，及留旧西坝为挑水坝之处，亦止可如此办理。但黄河之性，迁徙靡常，亦未可拘执成见。已于原图改挑引河头处所，用朱笔标出，该督等务须察看情形。如此时尚可施工，或酌量所费无多，不妨先行试挖，加放宽深，俾大汛经临，水势盛涨时，或向东坐湾之处，渐成吸溜之势。若汛水直注引河，归入正河，岂不事半功倍？河道关系民生，自昨秋漫溢后，曹、单下游一带，多被淹浸，迄今已逾半载。该督等办理堵筑事宜，为时已久，早应熟筹情形，迅速妥办。乃该督等既未能实力堵筑于前，及复行兴工时，又未查勘此等情形，早为筹及。直至此时束手无策，始议另办。则该督等从前所办何事？若此时刘墉等审案一经完竣，即仍遵前旨，驰赴工所，详细履勘，现在该督等所筹办法，是否形势实系如此？将来堵筑时，是否可期完善竣工？及李奉翰等因何因循于前，并不早为筹办之处。一并查明据实覆奏，毋得稍有迁就瞻徇。惟是将届大汛经临，漫口既须缓至秋汛后方始兴工。则下游一带，多系民田庐舍，必须广筹去路，俾水有归墟，方足以保卫民生。折内所称微山湖尾闾、伊家河、蔺家山坝等处，凡可以递达六塘河归海，及分泄入黄之路，务须一律展拓，俾得畅达下注，不致壅遏为患。该督、抚等亟宜派委妥员，分投查办，毋得仅以纸上空谈塞责，致干重戾。其附近漫口及下游各属，如有被灾之处。该抚尤应加意抚绥，妥为经理，务俾灾黎口食有资，毋令一夫失所，方为妥善。至现在粮艘正当北上之时，漫工既未能依时堵合，运河连成一片，粮船行走，挽运稍艰。该督等亦应照前旨，于河南插立标识，导用纤船，务须慎重办理，俾粮运得以衔尾前进。如再有途次脱空，致迟逾限期之事，必当一并从重治罪，断不能幸邀曲贷也。①

● 四月，山东武生戴云龙控告齐河县令侵蚀舞弊，刘墉奉派偕尚书庆桂前往按讯。结果，惟修仓勒派及车辆、漕粮拆作三项事属有因，余为诬，拟如律，事竣，前往曹州勘察漫工。②

● 谷雨前，刘墉书杜甫诗长卷。

● 五月，刘墉勘察漫工后有《查勘漕汛漫工情形折》上奏。随后继续到黄河下游查勘河道。

● 五月初七日，刘墉奏查勘引河折已上达嘉庆，所言情形与李奉翰等所奏同。

庚午，谕军机大臣等：据刘墉等奏查勘漕汛漫工情形一摺。该处漫口跌成深塘，断难在此施工。其改挑之引河头，现据刘墉等查明，开放引河，与堵筑口门，相资并济。若先行挑挖，恐大汛时普漫停淤，请一并缓至七月后兴工，与李奉翰等所奏情形相同。惟是漫口既须俟秋汛后堵筑，下游河道，务须趁此时挑挖宽深，收来合龙后，大溜归入正河，方能顺就下之势。倘不能畅达下注，仍恐壅遏为患，所关甚钜。刘墉、庆桂现已赴下游履勘是否一律深通，如从前实有淤垫以致口门合而复开之处，即行据实严参，俾知儆惧，毋得徇隐。至漫水下注，广筹宣泄去路，该督等务须亲赴各处相机开放，俾去路宽广，大汛时水有所容，毋得空言塞责。将此传谕知之。③

● 五月十一日，刘墉等奏查勘引河情形，嘉庆下旨。

甲戌，嘉庆谕曰：刘墉等奏查勘引河情形，该处漫口，须至秋汛后堵筑，而下游河道，必须一律宽深，大溜归入正河，方能畅注。今据勘明下游一带，间有淤沙一二尺至六七尺者，可见前此办理未善，现当夏令雨水之时，自难即行施工。一俟秋汛后，该督等务请督率所属，实力挑濬于开放引河之前，俾下游一律深通，普复原挑二丈之数，以期引河溜势，顺下畅注。倘再不妥速办理，致下游复有淤垫之处壅遏为患，惟该督等是问，将此谕令知之。④

---

① 《大清仁宗受天兴运敷化绥猷崇文经武孝恭勤俭端敏英哲睿皇帝实录》卷之二十九。
② 蔡冠洛编撰《清代七百名人传》，北京：中国书店，1984年，第206页。
③ 《大清仁宗受天兴运敷化绥猷崇文经武孝恭勤俭端敏英哲睿皇帝实录》卷之三十。
④ 同上。

●长至前刘墉临东坡尺牍于梅花书屋成中堂。

●夏日刘墉临郗愔《远近帖》。

●八月十六日,刘墉小楷书《沉香山子赋》。

●八月,刘墉族侄刘铨玮中山东举人第三十三名。

是科乡试考官：祭酒胡长龄,字西庚,江南通州人,己酉进士。内阁中书曹惠华,字山甫,江西新建人,乙卯进士。题"子谓卫公美矣","及其成功"一句,"百里奚虞奇谏"。赋得"一览众山小"得"东"字。解元郝茂榕,章邱人。①

●八月二十三日,刘墉书小楷《游侠传》成长卷。

●十月,刘墉以大学士衔为正使,礼部尚书纪昀为副使持节册封芳妃。

●十一月,刘墉被派与和珅、王杰、苏凌阿、彭元瑞等总办万寿庆典事。

●冬日,刘墉为琴轩节录《颜真卿送刘太冲序》成中堂。

●此年刘墉另书有：《临东坡录异僧诗》《行书杂诗六开》《行书轴》《行书道素轴》《行书题画诗》。

1799　嘉庆四年　己未　刘墉80岁

●正月初三,复刘墉上书房总师傅职。

壬戌,又谕：上书房师傅除总师傅刘墉照旧行走外,其各师傅内,著陈万全、达椿、万承风仍留上书房行走,余各回本衙门供职。②

●正月初七日,御史广兴具疏劾珅诸不法状,刘墉亦于造膝时奏请究治。③

●正月初八日,奉旨革和珅职,拿交刑部收禁,诏仪亲王、成亲王、七额附、大学士刘墉、董诰籍和珅家,列单具奏。④

●正月二十五日,谕内阁：达椿前因上书房旷班降调,其过尚轻。彼时刘墉亦缘此降官,今刘墉已为大学士,达椿尚未迁擢,殊欠平允。所有恒杰之内阁学士员

---

① ［清］法式善等：《清秘述闻三种·上卷》卷八,北京：中华书局,1892年,第310页。
② 《大清仁宗受天兴运敷化绥猷崇文经武孝恭勤俭端敏英哲睿皇帝实录》卷之三十七。
③ 无名氏：《殛珅志略》,《中国内乱外祸丛书》第35册,上海：神州国光社,1936年,第267页。
④ 同上。

缺，加恩著达椿补授。①

● 正月，侄刘镮之受命提督浙江学政。②

● 二月初九日，刘墉以大学士衔祭先师孔子行礼。③

● 二月十一日，刘墉加太子少保。

己亥，加大学士保宁、前任大学士署尚书董诰、协办大学士尚书庆桂、直隶总督胡季堂太子太保。大学士刘墉、吏部尚书书麟、朱珪、陕甘总督松筠太子少保。④

● 《朝鲜李朝实录》记录了和珅被逮制始末。

朝鲜李朝景宗二十三年己未，三月丁丑（清嘉庆四年，1799）

一、皇帝今年为四十岁，皇兄弟三人，即第八义亲王永璇，第十一成亲王永瑆，第十七庆郡王永璘。皇子只有一人，今十四岁，方定婚于古阁老满人阿理衮之孙女。太上皇之孙凡十二人，曾孙四人，元孙一人云。一、正月初四日，既褫和珅军机大臣、九门提督等衔，仍命与福长安昼夜守直殡殿，不得任自出入。又召入大学士刘墉、吏部尚书朱珪，珪则为珅中伤，方巡抚江南。乃于初八日下珅于刑部狱，数珅二十大罪，布示中外。谕曰：朕于乾隆六十年九月初三日，蒙皇考册封皇太子，尚未宣布谕旨，而和珅即于初二日即在朕前先递如意，漏泄机密，居然以拥戴为功，其大罪一。皇考在圆明园召见和珅，伊竟骑马直进左门，过正大光明殿，至寿山口。无父无君，莫此为甚，其大罪二。又因腿疾，乘坐椅轿，擅入大内。肩舆出入神武门，毫无忌惮，其大罪三。并将出宫女子娶为次妻，罔顾廉耻，其大罪四。皇考昞望军书，刻紫宵旰，乃和珅于各路军营递到奏报，任意延搁，有心欺蔽，以致军务日久未竣，其大罪五。皇考圣躬不豫，和珅毫无忧戚，每逢见后，出向外廷叙说，谈笑如常，其大罪六。昨冬皇考力疾披章，批谕字画见有未真之处，和珅辄敢口称不如撕去，竟另行拟旨，其大罪七。前奉皇考敕旨，令伊管理吏部、刑部事务，嗣因军需销算，伊系熟手，是以又谕令兼理户部题奏报销事件，伊竟将户部事务一人把持，变更成例，其大罪八。上年十二月内，奎舒奏报循化、贵德二厅贼番，聚众千余，抢夺达赖喇嘛商人牛只，杀伤二命，在青海肆劫一案，和珅竟将原奏驳回，

---

① 《大清仁宗受天兴运敷化绥猷崇文经武孝恭勤俭端敏英哲睿皇帝实录》卷之三十八。
② ［清］法式善等：《清秘述闻三种·上卷》卷十，北京：中华书局，1892年，第334页。
③ 《大清仁宗受天兴运敷化绥猷崇文经武孝恭勤俭端敏英哲睿皇帝实录》卷之三十九。
④ 同上。

隐匿不办,其大罪九。皇考升遐后,朕谕令蒙古王公未出痘者,不必来京;和珅不遵谕旨,令已未痘者俱不必来,全不顾国家抚绥外藩之意,其大罪十。大学士苏凌阿两耳重听,衰迈难堪,因系伊弟和琳姻亲,竟隐匿不奏。侍郎吴省兰、李潢、太仆寺卿李光云皆曾在家教读,并保列卿阶,兼任学政,其大罪十一。军机处记名人员,和珅任意撤去,其大罪十二。昨将和珅家查抄,所盖楠木房屋,僭侈逾制,其多宝阁及隔段式样,皆仿照宁寿宫制度,其园囿点缀,竟与圆明园蓬岛瑶台无异,其大罪十三。蓟州坟墓,居然设立享殿,开置隧道,致附近居民,有和陵之称,其大罪十四。家内所藏珠宝,内珍珠手串竟有二百余串,较之大内,多至数倍。并有大珠,较御用冠顶尤大,其大罪十五。又宝石顶并非伊应戴之物,所藏真宝石顶,有数十余个,而整块大宝石,不计其数,其大罪十六。家内银两及衣物等件,数逾千万,其大罪十七。且有夹墙,藏金二万六千余两,地窖内并有埋藏银两百余万,其大罪十八。附近通州、蓟州地方,均有当铺钱店,查计资本,又不下十余万,其大罪十九。伊家人刘全,不过下贱家奴,而查抄资产竟至二十余万,并有大珠及珍珠手串,若非纵令需索,何得如此,其大罪二十。其余贪纵狂妄处,尚难悉数,实从来罕见罕闻者。至福长安祖父叔侄兄弟世受厚恩,尤非他人可比。其在军机处行走,与和珅朝夕聚处,凡和珅贪渎营私,种种不法罪欸,知之最悉。伊受皇考重恩,常有独对之时,若果据实直陈,较之他人举效,尤为确凿而有据。皇考必早将和珅从重治罪正法,如从前办理内亲之案,何尝稍有宽纵,岂当任其贻误军国重务,一至于此。其扶同循隐,情迹显然。如果福长安在朕前有一字提及,朕断不肯将伊一并革职拿问。现在查抄伊家财物,虽不及和珅金银珠宝数逾千万,但已非伊家之所应有。其贪黩昧良,仅据和珅之次,并着一并议罪,钦此云云。其子之尚公主者,其婿之为郡王者,及婢妾奴仆,并同时囚系。仍封其门孥籍,而使第八王按其事。珅之别业又在西山之海甸,亦令皇孙一人按而籍之。珅之京第宝玩山积,过于王府,皇帝初欲剐杀之,皇妹之为珅子妇者,涕泣请全其支体,屡恳不止。大臣董诰、刘墉亦乘间言,珅罪虽万剐犹轻,曾任先朝大臣,请从次律,皇上久乃可之。正月十八日,赐帛自尽。珅临绝作诗曰:五十年来梦幻真,今朝撒手谢红尘,他时水汛含龙日,认取香烟是后身。遂缢而死。①

---

① 吴晗辑《朝鲜李朝实录中的中国史料》卷十二,北京:中华书局,1980年,第4979—4982页。

●三月，朝鲜书状官徐有闻进其国王闻见别单，提及和珅被逮制及刘墉对其终不依附但劝嘉庆为其留全尸一事。

朝鲜书状官徐有闻进其国王闻见别单云：正月初四日，既削和珅军机大臣、九门提督等衔，仍命与福长安昼夜守值殡殿，不得任自出入。又召大学士刘墉、吏部尚书朱珪。珪则为和珅中伤，方巡抚江南。乃于初八日下珅于刑部狱，数珅二十大罪，布示中外……皇帝初欲剐杀之，皇妹之为珅子妇者，涕泣请全其肢体，屡恳不止。大臣董诰、刘墉亦乘间言：珅罪虽万剐犹轻，曾任先朝大臣，请从次律。皇上久乃可之……和珅专权数十年，内外诸臣，无不趋走。惟王杰、刘墉、董诰、朱珪、纪昀、铁保、玉保等诸人，终不依附。①

●刘墉五月十八日与老家兄弟通信言浙中、京中家事。

●六月，刘墉充会典馆正总裁官、内廷供奉、经筵讲官。

●夏，以江苏有杖责诸生之狱，王昶在致友人信中提及刘墉等。

以江苏有杖责诸生之狱，王昶在致友人信中提及刘墉等云："王韩城（王杰）、刘诸城（刘墉）二相国以及石君冢宰、绎堂司空，赞翊熙朝，爱才好士，力持大体，恐承旨之下，于此亦不无慊然。"②

●秋七月，朝鲜书状官曹锡中进闻见别单曰："一、各部院机要之任，皆以满人居之，汉人则不过备员，自是传来旧法，而自新皇帝亲莅万机之后，并用满汉，如刘墉之清谨，王杰之醇确，素所倚毗，而方为大臣……而其所亲宠，则不及满人。是日，皇帝颁衣资于位高朝臣，皆入阙谢恩，如王杰、刘墉、那彦成、庆桂、彭元瑞诸人，成班坐于神武门外桥头，外貌皆魁伟，动止俱非常品，知其极一代之彦。"③

●十月，刘镮之迁詹事府詹事，诰授资政大夫。

●十一月，朝鲜徐滢修进其国王闻见别单曰："朝臣中一辞公论，刚方正直推刘墉，风流儒雅推纪昀。而刘墉则见其为人视下而步徐，一入班行，位著为之肃然。去年传禅时，临当受贺，高皇帝不肯与大宝，则刘墉止贺曰：'古今安有无大宝之天子？'遂即入奏高宗曰：'陛下不能无系恋天位之心，则传禅可已；传禅而不与大

---

① 吴晗辑《朝鲜李朝实录中的中国史料》卷十二，北京：中华书局，1980年，第4982页。
② ［清］昭梿：《啸亭杂录》卷十，北京：中华书局，1980年，第344页。
③ 吴晗辑《朝鲜李朝实录中的中国史料》卷十二，北京：中华书局，1980年，第4987页。

宝，则天下闻之，谓陛下何如？'半日力争，卒得大宝而出，始行贺礼。故今皇帝以定册元老待之。"①

按：以"去年传禅时，临当受贺……"而言，此闻见别单应写于嘉庆二年。吴晗整理之《朝鲜李朝实录中的中国史料》归于是年，不知何故？

●十二月，陈大文奏山东漕帮旗丁经费陋规，刘墉上奏分析漕丁卖粮拆船之弊及成因云："漕粮起运收米，行船为旗丁之专责，而州县佥派旗丁，或将殷实之丁索钱卖放，强派贫者。贫丁若懦弱无能，或致自尽，以免累妻子，纳词状于怀中，诉冤苦于身后，此犹一人一家之事耳。其贫丁之无赖者，不以无苦，挈家上船，居然温饱，自水次以至通州，盗卖官粮，无复畏忌。所卖既多，或凿船沉水，以匿其迹，或称漕粮交兑，本不足数，抵通弊混，同归于无可考据，卸桅拆柁，无所不卖，及至回空，仅存船底。于是新漕起运之时，船已不可复用，此亦州、县、府、道不职，而督抚两司不能察吏之一端也。请敕下有漕省分督抚两司，严查州县，务佥殷实丁户，或一人力薄，数家帮贴，则卖粮拆船之弊可免。"②

●冬日，刘墉书宋人笔记张方平事成立轴。

●刘墉临古法帖成巨册，后为周尔墉收藏。另书"汉画室"匾额。

●曹锡宝子归葬其父尸骸，求铭于朱珪，朱珪方病脊背，锡宝子请珪愈后为之寄江南即可。珪曰："不可，吾病。吾文且益真挚，愈于不病者。"乃流泪属草，稿竣，请刘墉书之。书成，珪觉有数字意不惬，遂改定，又重新请刘墉书之，即今刊石流传者。清人陈康祺评曰："文正不虑己之病，而急就为之铭，文清再为之书而不厌，盖匪惟笃于友朋生死之际也。"③

●朱珪应刘墉之邀为《槎河山庄图》题诗。④

槎河山庄方伯筑，平泉绿野各争芳。
过庭文正读书处，锦秋亭古云苍茫。
世美卿公讵惭尹，石庵书笔尤雄强。
携图示我索我咏，惭我腕弱嗟老荒。

---

① 吴晗辑《朝鲜李朝实录中的中国史料》卷十二，北京：中华书局，1980年，第5002页。
② 蔡冠洛编纂《清代七百名人传》，台北：明文书局印行，第1856—1857页。
③ [清] 陈康祺：《郎潜纪闻初笔二笔三笔》。
④ 见傲徕山房藏刘统勋刘墉父子应制诗长卷。

麓台手题唐岱画，峰峦近远疑庐匡。

神山昼锦那并取，黄鹄回首天一方。

忆昔丁年谒东阁，美皙公子惊仙郎。

授毫竞韵搏狡虎，并驱肩牡嗤亡羊。

中间离合五十载，衰皤风泊蓬瀛航。

文章功德两何有，肉食苦鄙蔬笋香。

先忧独乐昔贤志，调燮风雨难甘祥。

逃禅学道不可得，梦幻未觉空鲐黄。

君家琅邪九仙胜，夜半观海暾扶桑。

劳成自是聚仙窟，白云深处帝所乡。

大书刻石公独擅，练神拔宅吾未忘。

乘槎相约晤何所，骑鲸不著织女裳。

嘉庆己未且月下弦石庵相国世讲属题，盘陀居士珪。

● 刘镮之以侍读学士任浙江学政。①

1800　嘉庆五年　庚申　刘墉 81 岁

● 春四月二十六日，刘镮之擢内阁学士兼礼部侍郎。②
● 五月，刘墉书李白诸人诗词四条屏。另书《衡岳千寻》诗轴。
● 五月，朝鲜首译金在洙进其国王闻见别单云：

"汉阁老刘墉、王杰、董诰、兵部尚书朱珪、工部尚书彭元瑞各以所长，亦荷眷遇。刘墉之劲直，王杰之谨慎，董诰之经学，朱珪之清介，彭元瑞之文章，皆为一世之最云。"③

● 五月，朝鲜柳畊在给其国王的闻见别单中说：刘墉为人峭直，随事规箴，皇

---

① ［清］法式善等：《清秘述闻三穜·上卷》卷十，北京：中华书局，1892 年，第 334 页。
② 《大清仁宗受天兴运敷化绥猷崇文经武孝恭勤俭端敏英哲睿皇帝实录》卷之六十四。
③ 吴晗辑《朝鲜李朝实录中的中国史料》（下编）卷十二，北京：中华书局，1980 年，第 5020—5021 页。

帝为悯其年老勤苦，特拜体仁阁大学士，使之闲养，官是创设。

按：此说误，实体仁阁于乾隆十三年所设，而阁在太和殿东庑，别无所管之务，故人皆以外示优老之礼，而内售疏远之意云。①

● 八月初七日，刘墉以大学士祭先师孔子行礼。②

● 八月二十八日，戊寅，谕内阁曰：

朕恭阅乾隆六年实录，内载左都御史刘统勋条奏二疏：一以大学士张廷玉历事三朝晚节当慎。外间舆论，动云桐城张姚两姓，占却半部搢绅。此即盈满之候，为倾覆之机所伏。请令张廷玉会同吏部将张姚两姓部册有名者详悉查明，若系亲房近支，累世密戚，开列奏闻，三年之内，停其升转。一以尚书公讷亲承办事务太多，任事过锐。请量行省减各等因，词义极为严正。其时我皇考整饬纪纲，励精图治。大臣中尚无蚀法营私者，即张廷玉、讷亲二人亦无款迹可指。而刘统勋独能抗疏指陈，豫防盈满。其意自己见及张廷玉、讷亲声势赫奕，形迹之闲，晚节难保，故为此防微杜渐之奏。迨数年后，张廷玉因事获谴，讷亲身罹重罪，果如老成先见。是刘统勋立朝风节，实能侃侃不阿，是以仰蒙皇考眷注优隆，用为大学士。身故后饰终备礼，易名之典，赐谥文正。而其子刘墉亦擢任纶扉，受恩两世。可见臣工建白，惟当于用人行政诸大端剀切敷陈，以收兼听并观之效。不在毛举细故，敷衍塞责也。即如和珅从前专擅贪黩各款，若诸大臣及有言责者能早为参奏，皇考必立将和珅惩治。和珅亦不敢恣意妄行，是转可保全末路，何至酿成巨案耶？嗣后臣工等居心立言，皆当以刘统勋为法。其大臣中有所管事务虽多，并无私弊者，固不必有意苛求。倘所管事务虽少，而有专擅营私不公不法等事，即当据实指参。以期肃清朝列，裨益政事。君臣一德，庶几可望郅治矣。将此通谕知之。③

按：该年刘统勋去世已逾27年，其60年前弹劾张廷玉诸人事仍被当朝最高统治者作为至诚推崇的经典案例，训示臣工，可见刘统勋在清最高统治者心目中所占分量。

● 八月，刘墉节临《万岁通天帖》成立轴。

● 九月十九日，刘墉录以下旧作。④

---

① 吴晗辑《朝鲜李朝实录中的中国史料》（下编）卷十二，北京：中华书局，1980年，第5018页。
② 《大清仁宗受天兴运敷化绥猷崇文经武孝恭勤俭端敏英哲睿皇帝实录》卷之七十二。
③ 同上书，卷之七十三。
④ ［清］刘墉：《刘石庵诗稿》，小楷习字范本，上海：上海大东书局，1924年。

渔庄雪霁

渔舟昨晚雪中归，江上寒云密更稀。
梦里素霓飘箬笠，觉来红日照紫扉。
珠光射眼千山晓，银海连天一鹭飞。
几处钓矶风为扫，坐看丝影弄晖晖。

褚临兰亭

茂林修竹晋时春，陶写中年老大身。
正尔临文多感慨，却将欣遇乞闲人。
瑶台青琐斗婵娟，谁到中书意匠边。
持校右军差少骨，也应飞鸟得人怜。

拟唐人卢女曲

学舞夸腰细，弹筝斗爪长。
每愁春倦绣，独爱夜焚香。
梁燕娇留语，窗禽暖弄簧。
坐来无个事，把镜对新妆。

●十月，朝鲜国王薨，告讣兼请谥请承袭正使具敏和、副使郑大容呈表奏于礼部。王杰、刘墉、庆桂会议，以"文庄""孝恭""恭宣""恭悫"拟谥请旨，嘉庆皇帝钦定"恭宣"。以"孝恭"即康熙皇后谥号，而王杰、刘墉等矇不觉察，也将此拟入，王杰、刘墉等被交部议处。

●立冬日，刘墉录旧作《前后燎蚊诗》。

按：刘墉此诗录入《续山左诗抄》。

前燎蚊

北人向南已苦暑，况乃蚊蚋纷相遭。
青天露坐思一憩；耿耿星汉悬秋高。

旅怀虽复乍怅触，清景亦自堪游遨。
忽然有物来啖我，暗中抵巘无由逃。
裁惊芒刺救辛螫，已成风痹烦爬搔。
控搏不得忿莫释，提防再至心尤忉。
倮虫之长役万物，扰龙狎虎钓鲸鳌。
嗟此微渺制无术，坐使玉体供馋饕。
搴帷恣噬更非理，区区求伯拙且劳。
岂知天道有时杀，付我一炬青烟蒿。

后燎蚊

古人除害有其理，锄头有眼苗不戕。
良医治病病去已，受治之处无痛疮。
降而不能乃剽贼，稂莠纵死嘉谷伤。
恶石美痰两相剥，沴气已中神所藏。
灼然此理吾不昧，闲中有触重推详。
北土蚊害未为剧，燎以蒿艾兼青黄。
湿烟虽复强郁勃，嘬肤犹自能飞扬。
南方豹脚恶难似，恶业所感传薰方。
硫黄液毒泉水沸，鲨鱼骨发尸虫狂。
么么吻嘴那堪此，五步之外闻烟僵。
我来初喜试有验，旋觉逆鼻难为常。
较量二害孰可忍，竟夕不寐空彷徨。
何时地长一茎草，乌喙比力兰比芳。
百虫扰扰莫敢近，服媚君子仍馨香。

●立冬次日，刘墉录以下旧作《赋得云林谢家宅》《田家行》（有跋）。

赋得云林谢家宅

谢公爱岩壑，卜宅在云林。

户牖内朝爽，阶庭坐夕阴。

青山遂命酒，白水和弹琴。

朱绂荣难谢，沧洲云已深。

暂游怀寂寞，久住觉萧森。

旧迹今人赏，悠悠望古心。

田家行

双轮车，秃尾驴，大户小户输官租。

官租输罢囷仓余，酿秫成酒不用法。

雨是春畦撷春蔬，东邻西舍邀观娱。

田翁诈醉觋孙扶，长男生子含浦叶。

中男娶妇孝于姑，小儿假馆粗知书。

丰年乐岁一事无，闻道天家赏旧逋。

按：二诗录自墨迹。在此两诗之后，刘墉跋曰："试高丽翰林风月墨，高丽墨以长乐、春云、翰林风月为佳。色沉着而无光耀，著笔似粗而不凝滞，可用也。皇象论墨以多胶者为上，其意未晓。立冬次日。"

● 刘墉在吏部废除属吏见长官时半跪之礼，而受清誉普遍称赞。礼部汪德钺以此向其尚书纪昀建议效仿吏部做法。

1801　嘉庆六年　辛酉　刘墉82岁

● 二月十三日，刘墉以"谨慎称职"交部议叙。

己未，谕内阁：本年京察届期，吏部开列在京各部院大臣及各省督抚名单进呈，请旨甄别。大学士向不开列，第念大学士、公保宁，前年晋擢纶扉。本应入阁办事，因其经理新疆诸务谙熟，一时更换乏人，是以未令来京。伊久任伊犁将军，镇静安详，藩部同深悦服。庆桂、董诰在军机处行走，承旨书谕，恪勤匪懈，俱著交部议叙。王杰、刘墉谨慎称职，亦著一体交部议叙。尚书彭元瑞恭办高宗纯皇帝实录，尽心编纂。侍郎戴衢亨在军机处行走,勤慎称职。仓场侍郎达庆、邹炳泰剔除积弊,整顿漕务,均著交部议叙。协办大学士、总督书麟前在云贵总督任内,办理猓黑,妥速蒇功,兹调任湖广,督兵剿截窜匪,一切正资整饬。总督吉庆久任封圻,操守廉洁,督捕洋盗,甚属认真。吴璥熟悉河务,上年调任南河,即能将邵家坝漫口堵合。铁保总司漕务,肃清诸弊。巡抚岳起洁己率属,卓著廉名。吴熊光办理防堵事宜,最为认真,上年剿捕宝郏教匪,妥速完竣,俱著交部议叙。余俱照旧供职。①

●三月初五日,嘉庆以当年曾与刘墉等参与过大挑举人实例,说明御史济兰所奏之事断不可行。

辛巳,谕内阁:吏部议驳御史济兰条奏酌改大挑举人章程一折,已依议行。朕在藩邸时,曾蒙皇考简派,与成亲王永瑆及大学士阿桂、刘墉等一同挑选。彼时朕与成亲王坐位在前,即系与众大臣公同商酌,以定去取,从无独出意见之事。目今派出之王大臣等,自不敢意存专擅,如果挑选时,派出居首之一二人,并不与他人参酌。现有御史在旁,原可据实参奏。倘竟有听受嘱托情事,访查得实,亦无难列入弹章,何必更易旧规,始能剔弊?若如该御史所奏令派出之王大臣于名册内各注记号。挑毕后,另派亲信大臣,会同拆看,始定去留。挑额不敷,再将此记圆圈,彼记尖圈之举人,另传覆看。如此烦扰周章,成何政体?设覆看之大臣,亦不可信,又将简派何人乎?该御史又请每排不必豫定额限,亦属非是。历来挑选,每排以十人为率。无论远近省分,皆挑十分之五。一等者二人,二等者三人。按科分名次,均匀选择,方有限制。若不按排挑取,转得前后任意通融,更滋物议。该御史所奏,皆断不可行。至大挑举人,原为疏通寒畯,以免淹滞。其中年力精壮者,自应列为一等,俾得及锋而试。即年齿稍长,而精力未衰,亦可与民社之选。若年力近衰之人,则应列为二等,俾膺司铎,以遂其读书上进之愿。惟在派出之王大臣等仰体朕意,秉公挑选。自必舆论翕然,不在多为条例也。将此通谕知之。②

●春日,刘墉临东坡《夫人阁四首其一》成中堂。

●四月十五日,命体仁阁大学士刘墉为正使,内阁学士纳清保为副使,持节,赍册、宝,尊封婉妃陈氏为婉贵太妃。

辛酉,命体仁阁大学士刘墉为正使,内阁学士纳清保为副使。持节,赍册、宝,

---

① 《大清仁宗受天兴运敷化绥猷崇文经武孝恭勤俭端敏英哲睿皇帝实录》卷之七十九。
② 同上书,卷之八十。

尊封婉妃陈氏为婉贵太妃。册文曰：翊坤仪而布化，德茂前徽。修壸教以延庥，年登大耋。式稽彝典，益阐芳声。皇考婉妃陈氏，禀则柔嘉，持躬肃慎，宵衣日侍。小心夙著于椒闱，宫翟申颁。恩眷久隆于星掖，树采珩之令范。群奉师宗，标彤管之徽音，宜崇位号。谨以册、宝，尊为皇考婉贵妃。于戏，舒长岁月，弥膺介祉以康宁。肃穆规型，浡受期龄之福履。谨言。①

● 六月，刘墉书旧作《小游仙》《苔》二首，合嘉庆五年所书之《渔庄雪霁》《褚临兰亭》《拟唐人卢女曲》《前后燎蚊诗》《赋得云林谢家宅》《田家行》成一长卷，应大学士董诰之请赠之。后人于民国出版时名之曰《刘石庵诗稿》。

小游仙

玉女灵妃位颉颃，相逢一笑口脂香。

不愁人与红颜老，共爱春好浩劫长。

放去鹤边多紫气，采来芝上有金光。

谪仙谩语真堪哂，敢道麻姑两鬓霜。

苔

三径多秋雨，紫门长绿钱。

晓来谁踏破，一鹤到阶前。

● 七月二十三日灯下，刘墉临东坡《洞庭春色赋》。
● 七月二十七日，刘墉临东坡《中山松醪赋》。
● 夏日，刘墉书李商隐诗于久安室。
● 夏日，刘墉节临王羲之《游目帖》。
● 夏日，刘墉为介亭节录李勣碑文成中堂。
● 十一月初八日，刘墉为会典馆总裁官。②

辛巳，以大学士王杰、庆桂、刘墉、董诰为会典馆总裁官。吏部尚书刘权之、

---

① 《大清仁宗受天兴运敷化绥猷崇文经武孝恭勤俭端敏英哲睿皇帝实录》卷之八十二。
② 王钟翰点校《清史列传》卷四百七十六《列传》卷二十六，北京：中华书局，1987年，第1986—1990页。

户部尚书朱珪、礼部尚书纪昀、兵部尚书丰绅济伦、刑部尚书禄康、工部尚书彭元瑞为副总裁官。①

●刘墉临锺繇诸人帖并书苏轼诗成二十开册页。为伯允临赵孟頫《裴行俭佚事》成横披。书李白《望庐山瀑布》诗成立轴。行书杂诗成十二开册页。行书四六文句成立轴。行书临帖成七开册页。行书临帖成中堂。行书李义山诗。行书临帖成立轴。

○是年，戴熙生，黄易卒。

1802　嘉庆七年　壬戌　刘墉 83 岁

●六月，刘墉书范成大绝句于久安室。

1803　嘉庆八年　癸亥　刘墉 84 岁

●二月，嘉庆帝临幸翰林院，命刘墉率董诰等群臣与诸亲王由嘉庆皇帝以唐张说"东壁图书府"五律字分韵赋诗。

●闰二月二十二日，嘉庆耕耤，署吏部右侍郎刘镮之与九卿各九推毕。

●四月初九日，嘉庆谕内阁，陈大文原署吏部右侍郎事务，仍由刘镮之署理。

癸酉，谕内阁：彭元瑞奏染患腿疾未愈，请假调理，将本身职事派员署理一折。彭元瑞腿疾已逾三月，尚未痊愈，著加恩准其乞假，俾得安心调理。至伊现充实录馆总裁，一切事例，素为熟悉，虽在家养疴，纂办之书，仍可照常恭阅，无庸派署。即所兼翰林院掌院学士，职司文字，此外并无要务。其稽察上谕处及各馆总裁事务，均无庸派员署理。惟工部尚书，每日有应办事件，彭元瑞现既不能进署，诚恐照料未周，所有工部尚书事务，著陈大文署理。陈大文原署吏部右侍郎事务，仍著刘镮之署理。②

---

① 《大清仁宗受天兴运敷化绥猷崇文经武孝恭勤俭端敏英哲睿皇帝实录》卷之九十。
② 同上书，卷之一百十一。

●夏日，刘墉书二扇面，一为《平山堂诗》，一为《小雨清风诗》。

●六月，刘墉赠砚与纪昀。昀记曰："石庵以此砚见赠，左侧有'鹤山'二字，是宋人故物矣。然余颇疑其伪托。石庵曰：'专诸巷所依托，不过苏黄米蔡数家耳。彼乌知宋有魏了翁哉？是或一说矣。"①

●六月，刘墉送纪昀砚时附一手札云："送上古砚一方，领取韩稿一部。砚乃朴茂沉郁之极，譬之文格，为如此也。晓岚四兄大人。弟刘墉顿呈"。昀将之刻于砚上。②

●八月，刘墉书东坡题宋复古潇湘图跋语及宋复古对东坡质疑语成立轴。

●中秋前二日，纪昀铭砚云："石庵论砚贵坚老，听涛论砚贵柔腻，两派交争，各立门户，余则谓其互有得失，均未可全非。此砚即听涛之所取，亦乌可竞斥耶？"③

●九月初四日，因兵部会题之本抄录谕旨内，世宗抬写之处缮录错误，未经校对改正。吏部议将兵部堂司各官照溺职例革职，刘镮之著加恩改为革职从宽留任。

丙申，谕内阁：各衙门题奏事件，恭遇列祖列宗庙号应行抬写之处，堂司各官，自应敬谨缮写，详细核对，方足以昭恪慎。此次兵部等部会题之本，抄录谕旨内世宗抬写之处，缮录错误，未经校对改正，非寻常疏忽可比。吏部议将兵部堂司各官照溺职例革职，并据都察院将会题之吏部堂司各官分别议以降级罚俸，本应照议行。惟念此次错误之处，不但出于无心，且尚非违悖字样。总因兵部传抄之员书写错误，以致办稿缮题各员相率承讹，而该堂官等总不寓目，漫不经心，其疏率之咎，虽此次姑从宽减，而因循疲玩之恶习，不可不各思迁改也。所有传抄错误之兵部郎中毛承先著革职，加恩免交刑部治罪。其议以革职之兵部堂官保宁、长麟、刘镮之、潘世恩、前署尚书汪承霈及司官景善等各员俱著加恩改为革职从宽留任。其未经画稿不行详查之兵部堂官费淳、那彦宝著照议降一级留任。至吏部堂官琳宁、瑚图灵阿、钱樾、范建丰均著照议罚俸一年。其司官继昌等二员亦著改为罚俸一年。俱准其查明纪录议抵。此系朕格外施恩，嗣后内外各衙门大小官员，惟当随事敬慎。遇有恭缮天祖及一切应行抬写之字，尤宜倍加谨禀，免蹈罪愆，试思此等舛误之处，该员

---

① 孙致中等点校《纪晓岚文集》第三册，石家庄：河北教育出版社，1995年，第495—496页。

② 同上。

③ 同上。

等不能小心详悉缮校，迨本章呈递之后，朕一经看出，焉有不加指摘立时惩办之理？而部臣等于此等严议事件又岂敢不照例议上乎？倘诸臣等见朕此次办理从宽，谓此后即有错误，总可希冀邀恩，得免重戾，仍复不知儆戒，尚可谓实心任事之大臣乎？不过旅进旅退之庸臣耳！戒之！如再有贻误，朕必按例严惩，不能照此次宽贷矣。将此通谕知之。①

●九月十九日，刘墉以管理国子监事大学士衔率祭酒润祥、顾德庆等受皇帝"以典学、亲师为首务"敕谕。

辛亥，敕谕管理国子监事大学士刘墉、祭酒润祥、顾德庆等：我国家列圣重光，以典学、亲师为首务。群士沾濡化雨，浃髓沦肌。朕绍承大烈，嘉庆三年，即举临雍之典，八年于兹，兢兢业业，不敢昕夕愆忘。今仰荷洪慈，武功戢事，文教宜修。首善之地，尤加意焉。夫学以明伦为本，士以喻义为先。伦不修而以文贲饰，义不明而以利计私，何以为士子之倡乎？学校之科条，非不灿然，顾或于伦物不躬行，则三德六行，皆空华矣。或于义利不明辨，则服古入官，皆市道矣。尔监臣可不孜孜以是道其国子，尔多士可不汲汲以是臻于高明？毋以为迂阔而远于事情，毋以为陈言而不求切己。朕所厚望于臣工庶士，涤濯其心，诚勤无懈，以培植贤才，为国桢干焉。各宜交勉。特谕。②

●冬，刘墉以老乞休不得，温旨慰留。

●刘墉于久安室书"东坡及韩退之题名事长卷"。后有石韫玉跋曰：

"嘉庆初，予与公同直上书房，日闻公绪论。公尝言：'吾书无他长，但向背之间，能左右取势，不著一死笔。'又曰：'吾卅年功夫，始写平一画。'闻斯二语，公书法三昧可知矣。"③

●纪昀跋刘墉临王右军帖后云：

"诗文晚境多颓唐；书画则晚境多高妙。倪迂写竹似芦；石田翁题咏之笔每侵画位，脱略畦封，独以神运天机所触，别趣横生，几几乎不自觉也。石庵今岁八十四，余今岁八十，相交之久，无如我二人者。余不能书，而喜闻石庵论书。盖其始点规画矩，余见之；久而拟议变化，摆脱蹊径，余亦见之。今则手与笔忘，心与手

---

① 《大清仁宗受天兴运敷化绥猷崇文经武孝恭勤俭端敏英哲睿皇帝实录》卷之一百二十。
② 同上书，卷之一百二十一。
③ [清]刘墉：《曙海楼帖》第1册，石韫玉跋，第260页。

忘，虽石庵不自知亦不能自言矣。此所临摹，以临摹为寄焉耳，勿以似不似求之"。①

●十一月十七日，嘉庆到翰林院用唐张说东壁图书府五律字分韵赋诗，刘墉分得"翰"字。

戊申，谕内阁：朕诹吉于来年甲子二月初三日，临幸翰林院。上继前徽，恩荣艺苑。仍用唐张说东壁图书府五律字分韵赋诗。朕赋东字、音字二首。余三十八字，著派仪亲王永璇、成亲王永瑆、庆郡王永璘、定亲王绵恩、大学士公保宁、大学士庆桂、刘墉、董诰、协办大学士尚书宗室琳宁、协办大学士、尚书掌翰林院事朱珪、尚书刘权之、那彦成、纪昀、觉罗长麟、戴衢亨、侍郎掌翰林院事英和、侍郎钱樾、玉麟、王懿修、潘世恩、戴均元、刘跃云、初彭龄、内阁学士关槐、通政使曹振镛、詹事王绶、南书房行走太常寺卿赵秉冲、通政副使莫晋、少詹事茅元铭、上书房行走翰林院侍读学士万承风、翰林院侍读学士周兆基、陈希曾、侍讲学士吴省兰、陈嵩庆、侍读吴鼒、侍讲王引之、中允鲍桂星、吴烜等各分一字赋诗。其为字数所限、不得同与赋诗者、应重赋柏梁体一章。朕为首倡，诸臣依次联吟，俾清华列秩，共效赓扬，以昭盛典。②

●刘石庵先生，以书名天下，每日必挥毫，以为课程。盖深耽其中之趣，故无厌倦。年八十四矣，犹临右军帖。晓岚协揆谓其心忘乎手，手忘乎笔，兴趣超町畦之外，临摹特寄焉耳。是语深得书画三昧。先生墨迹，所见甚多，然往往杂赝作，浅学莫能辨其真伪。③

●年底，刘墉有函与纪昀，其信息量较大。④

今早见戴师傅，知台候已佳，为慰。三十日，永恩殿召见，蒙问强健否、怕冷否，随跪陈衷曲：今年衰于去年，心欲乞告，只以继母颜氏来年十月二日九十岁，私心欲求恩赐扁额，若告休，则不敢求，且无由请矣。即蒙圣慈允准，墉碰头未毕，即谕戴帽，所谕全是生日，说话不及准休也。见军机知已有谕：明年九月赏生日。又谕军机：某不曾老，何言告也？此闻来年再恳，可蒙俞允矣。

---

① ［清］刘墉：《曙海楼帖》第1册，石蕴玉跋，第260页。
② 《大清仁宗受天兴运敷化绥猷崇文经武孝恭勤俭端敏英哲睿皇帝实录》卷之一百二十三。
③ ［清］王培荀：《乡园忆旧录》卷八，济南：齐鲁书社，1993年，第426页。
④ 见南京博物院《刘墉与纪昀手札》。

芝麻茶已传授明白，手本赘礼，创闻创见，公之结燥，人人多有，不用冥然冈觉，大力对付。引及稼轩，公其听吾言之。

稼轩往云南，立意杀人，督提以为不必杀者必杀之，且多杀之。其过贵州也，一老僧相之曰："状元宰相。"归路再相曰："公杀人耶，相坏矣！"到京以质所识之僧了缘，了缘曰："然，不可为矣。"稼轩怵焉，以告耐圃。耐圃曰："二僧不谬。"稼轩倍怵焉，求耐圃曰："我为官法耳，非好杀也。"耐圃答云："《秋审册》中，张三打死李四之类，何必文致周纳，减矜缓而增情实不可已乎？"稼轩无语。以上皆耐圃述以告石庵者，比时石庵随问稼轩于秋谳："亦多杀耶？"耐圃曰："有之。"

右段闻之南城，士夫言之，尚书当亦知之耳。新经以活人为心，福报正长，何乃拟非其伦？但公已入正宗，不必著相耳。

弟近日写明人八股，用古纸佳墨书之，加以印章，览之何如？

璧晚初五六必面谈。晓岚尚书四兄大人阁下，弟墉拜复，初三日。

○刘墉好友铁保由广东巡抚调任山东巡抚。

1804　嘉庆九年　甲子　刘墉85岁

●正月二十日，刘镮之提督江苏学政。①

●二月二日，纪昀记刘镮之赠砚事云：

"刘信芳督学江苏，以此砚留余。自文正公以来，世进八法，故其家古砚至多，此尚非其至佳者，然较市侩公持，则相去远矣。"铭此砚云："三复白圭，防言之玷，文亦匪瑕，慎哉自检。"②

●二月初七日，京察届期，刘墉交部议叙。

丁卯，又谕：本年京察届期，吏部开列在京各部院大臣及各省督、抚名单进呈，请旨甄别。大学士向不开列，第念大学士保宁、庆桂、刘墉、董诰，协办大学士琳宁、朱珪参赞纶扉，或职司票拟，或趋承枢禁，俱能恪勤匪懈。尚书刘权之、德瑛、戴衢亨在军机处行走，小心勤慎。尚书禄康职任度支，兼管步军统领，办事勤妥。

---

① ［清］法式善等：《清秘述闻三种·中卷》卷九，北京：中华书局，1892年，第769页。
② ［清］刘墉：《曙海楼帖》第3册，石蕴玉跋，第498—499页。

内阁学士曹振镛恭纂高宗纯皇帝实录稿本，尚为详慎，均著交部议叙。直隶总督颜检办理地方一切事宜，黾勉妥协。山西巡抚伯麟久任封圻，循声素著。浙江巡抚阮元有守有为，清俭持躬。亦均著交部议叙。闽浙总督玉德前因江西石城等处匪徒滋事与闽界毗连，当令玉德驰往建宁一带查办，已据奏将首犯吴韬甯、金鳌等缉获到案，尚属勤勉，著赏还花翎。江西巡抚秦承恩当该省匪徒廖干周等滋扰时，即带兵赶往督捕，全数扫除。特因其奏报迟延，是以未即加恩。但念纠众钜案，该抚能克期办竣，其功足录，著赏给二品顶带。余俱著照旧供职。①

●二月，纪昀铭砚云：

"黄荣阁赠余双砚，新石柔腻，与笔墨颇宜。或谓其肌理不坚，恐墨渍渐滑。然勤于洗涤，使胶气不能渗入，亦尚不迟钝也。"昀又记此砚云："冶亭尝言：'石庵论砚赏坚老，殆为子孙数百年计。余则谓嫩石细滢，用之最适。钝则别换，有何不可乎？'此语亦殊有理，因书于荣阁公赠第二砚背"。②

●二月，嘉庆帝因袭其父乾隆旧绪，再度临幸翰林院赐宴赋诗，刘墉荣与宴。

●三月四日，刘墉为瀛舸临张旭、苏轼帖成中堂。

●四月三十日。江苏学政刘镮之奏士习情形。得旨：江南不患无才。但有才无行之辈，不可姑容。去稂莠正为培植嘉禾，非凌辱斯文也。勉之。③

●五月初，刘墉赠纪昀砚一方。纪昀铭之："余与石庵皆好蓄砚，每互相赠送，亦互相攘夺，虽至爱不能割，然彼此均恬不为意也。太平卿相，不以声色货利相矜，而惟以此事为笑乐，殆亦后来之佳话欤。"④

●夏日，嘉庆帝驾幸热河，刘墉受命为留京办事大臣驻京。

●六月十七日，刘镮之从兵部左侍郎调为吏部右侍郎。⑤

●八月初四，以例不更换，刘镮之仍任江苏学政。

庚申，谕内阁：各省学政，现届应行更换之期。除顺天学政王懿修、江苏学政刘镮之例不更换，山西学政陈希曾甫经简放。其余应行更换省分，届时再行降旨外。所有现出试差各员内经朕简用者，自应先期颁发谕旨，俾令早日接奉，不致于典试

---

① 《大清仁宗受天兴运敷化绥猷崇文经武孝恭勤俭端敏英哲睿皇帝实录》卷之一百二十六。
② [清]刘墉：《曙海楼帖》第3册，石蕴玉跋，第498—499页。
③ 《大清仁宗受天兴运敷化绥猷崇文经武孝恭勤俭端敏英哲睿皇帝实录》卷之一百二十八。
④ [清]纪昀：《阅微草堂砚谱》，嘉庆九年五月十日记，1916年石印本。
⑤ 《大清仁宗受天兴运敷化绥猷崇文经武孝恭勤俭端敏英哲睿皇帝实录》卷之一百三十。

事竣徒劳往返以示体恤。浙江学政著潘世恩去，山东学政著万承风去，湖南学政著吴廷琛去。均于出闱后留省接印任事。广东学政著茅元铭去，即于福建典试毕后，驰赴新任。俱不必来京请训。①

●九月，以刘墉继母颜太夫人九十寿辰，嘉庆亲洒宸翰，书"萱辉颐祉"匾以荣贺。刘墉亲赍匾额到江阴贺寿。

按：由去年刘墉与纪昀手札我们知，刘墉对其继母九十寿辰极度重视，嘉庆宸翰乃其拜求所得。

又按：

《清史列传》如此记载：

七月，上以刘墉母本年九十生辰，时就养江苏学政刘镮之署内，命刘墉亲赍赐件前赴江苏，旋回京。②

《清史列传》此处所记时间不确。因刘墉本人讲其继母生日为十月二日，嘉庆九月赐"萱辉颐祉"匾。刘墉亲赍匾额到江苏学政署衙所在地江阴，其出发时间不能早于嘉庆赐匾时间。

《熙朝新语》则如此记载：

山东诸城刘信芳尚书祖母颜太夫人，前相国刘文正公之继配，文清公之母也。嘉庆辛未，尚书督学江南，迎养太夫人于江阴使署。值太夫人九十诞辰，文清公恭奉恩命前赴江南为母介寿。天章炳耀，锡予便蕃，朝野荣之。公卿大夫，各有骏辞联句赠行。记其一联云："帝祝期颐，举朝祝期颐，合三代之门生，亦共祝期颐，八座恩荣照海内；夫为宰相，哲嗣为宰相，备六官之文孙，又将为宰相，九旬福曜荫江南。"一时传颂，洵古今所罕有也。③

早在七月末，赴江苏为继母祝寿前，刘墉即收朱珪请吴山尊代作寿联。其联云：

夫作宰相，子作宰相，伫见文孙成宰相，古今一品太夫人，能有几个？

天许长生，帝许长生，更闻多士祝长生，富贵百年曰寿考，请增十龄。④

---

① 《大清仁宗受天兴运敷化绥猷崇文经武孝恭勤俭端敏英哲睿皇帝实录》，卷之一百三十三。
② 王钟翰点校《清史列传》卷四百七十六《列传》卷二十六，北京：中华书局，1987年，第1986—1990页。
③ 徐锡龄：《熙朝新语》卷十六，上海：上海古籍书店，1983年，第9页。
④ [清]梁章钜：《楹联续话》卷三，北京：中华书局，1987年，第213页。

收阮元寿联。其联云：

帝祝期颐，卿士祝期颐，合三朝之门下，亦共祝期颐，海内九旬真寿母。

夫为宰相，哲嗣为宰相，总百官之文孙，又将为宰相，江南八座太夫人。①

清人对当时盛况还有如下评述：

诸城刘文清公之太夫人九十寿辰，阮芸台师所制寿联，脍炙人口，已载前编，近黄右原知吴山尊学士为朱文正师代制一联云："夫作宰相，子作宰相，仁见文孙成宰相，古今一品太夫人，能有几个；天许长生，帝许长生，更闻多士祝长生，富贵百年曰寿考，请增十龄"与其台师句意相仿，似流丽有余，而庄雅称逊也。②

山左刘文清公在相位，其太夫人九十寿辰，仁庙赐寿，备极恩荣，阮芸台先生撰联寄祝云："帝祝期颐，卿士祝期颐，合三朝之门下，亦共祝期颐，海内九旬真寿母；夫为宰相，哲嗣为宰相，总百官之文孙，又将为宰相，江南八座太夫人。"盖其时文清以两江总督，遥执相权，而信芳先生已官太宰也。此与崑山徐氏，溧阳史氏家祠中联，皆无第二家足以当之。③

● 九月，继母颜太夫人九十寿辰。刘墉持御赐匾额"萱辉颐祉"至江苏祝寿。途经山东境内，接铁保寄诗，刘墉依韵奉和。④

何期握手在榆乡，高阁开樽软语长。
锡寿白天瞻翰墨，庆丰随地列壶觞。
南游依旧文成海，北觐应陈稼筑场。
各罄尽怀钦伟抱，心殷才劣亦倾阳。

返京途中，刘墉又与铁保见面，并又依前时二人唱和之韵作诗一首。⑤

---

① ［清］梁章钜：《楹联续话》卷三，北京：中华书局，1987年，第213页。
② ［清］梁章钜：《楹联续话》卷三，《续修四库全书》第1254册，上海：上海古籍出版社，2002年，第145页。
③ 同上书，第80—81页。
④ ［清］乾隆：《御制诗五集》卷之十三，第11页。
⑤ 同上书，第12页。

武文相继礼宾乡，于役河干路孔长。

岂意重逢前日地，依然同举此时觞。

岱沂云壑雄千里，黍稌仓箱富亿场。

膏雨封圻宣泽涡，康侯蕃锡晋晞阳。

●王培荀《乡园忆旧录》记刘墉祝寿事甚详。

其一云："（刘墉）晚岁奉旨往江南寿太夫人，沿路不见一客；至济南，各上宪请谒，皆以病辞。诸城县令以事在省，禀见，刻即延入，相劳苦。自谓久居都门，离乡井，族间或有倚藉声势为非者，必严惩勿偏徇。临别云：'无以为赠，欲书字一幅尽秀才人情，明晨即发，不暇染翰，俟到南相寄也。'至江南，祝毕，令家众缓缓演优觞客。忽一日，绝早自侧门出，各大宪皆不知，亦未预与信芳先生谋。先生急追送，已在舟中。问何遽行，曰：'事已毕矣！虽奉上命，究属吾家私事，何得久延？'又禀今日风色不佳，公笑曰：'汝读书见江内淹死几宰相乎？'催令旋署谢诸公，又唤回曰：'吾家世受国恩，今天恩又隆重如是，吾老矣，无以图报，汝居官当刻刻勿忘。'又曰：'吾来匆遽未及告假省墓，心甚歉然。汝回朝尽职，更须时时修治先人祠墓'。是时，各大僚皆立江干候送，公举手作别，催船即行。出京时，家人李廷新制喀拉马褂。公见之，怒曰：'咄！汝牧牛儿，随吾在任，冬裘夏葛，已逾分矣，尚服此耶？'公所衣墨渍沾襟，至兴积靴绽，命工缝，不另制。公生平事事脱俗套，真诚自率，廉亦非矫，观此可知其概。语语忠孝，大臣家法如是。"①

其二云："刘石庵相国奉旨往寿继母太夫人于江南，太夫人年届九十，公亦八十二矣。太夫人冢孙文恭公信芳，以少宰督学政，即石庵先生前为学政之地。母子白首，伯侄继任，家族盛事，为古今稀有。赵云菘观察，少年在文正公门下，与石庵先生同学，是时家居，随入同叩贺，作诗以纪，甚为雅切。有云：'绛骖不远三千里，皓首亲捧九十觞'；'接武两朝贤宰相，疏封一品太夫人'；'韦平有传难专美，绛灌无文敢媲功。'又：'剩夸年少依刘日，伴食曾陪两相公'。及送石庵归，云：'来为称觞增燕喜，去歌遵渚羡鸿飞。'"②

---

① ［清］王培荀：《乡园忆旧录》卷三，济南：齐鲁出版社，1993年，第181—182页。
② 同上书，第104页。

按：赵翼所记刘墉年龄有误，刘墉该年应为八十五岁。另赵翼诗集中尚有多首此时与刘墉唱和之诗。其送别刘墉返京诗有云："送别临河干，离绪岂有涯。心逐轮蹄远，目断烟树遮。倘再期后会，毋乃愿太赊。惟当晚节香，为公歌黄花。"可谓至情殷殷，撼人心旌者。①

●刘墉应英和之请，书"瀛州亭"（翰林院）与"南书房"二匾额。

●刘墉此年传世书作尚有：《行书临帖轴》《行书题朝阳岩诗》《行书立轴》。

●十二月二十二日，刘墉傫直南书房，适英和在懋勤殿作书。刘墉呼英和至南书房，告以雍正至乾隆初南斋旧事，复理前作传语，且云："昨已嘱瑛，梦禅镌印，记曰：'洞门童子，以当息壤'。今为期已迫，岂展限耶？"既行，复还坐，纵谈良久，起曰："吾去矣，毋恋。"②

●对于刘墉去世时间，《清史列传》与《清实录》记载略有不同，一并附录如下：

十二月二十四日申时（下午3时至5时）刘墉卒于官。晋赠太子太保，入祀贤良祠，谕祭葬，赐谥"文清"，葬回籍白家庄北茔。嘉庆帝特下谕曰：前任大学士刘统勋翊赞先朝，嘉猷茂著。伊子刘墉克承家世，清介持躬。扬历中外，浃陟纶扉。年逾八旬，精神矍铄。兹闻溘逝，深为轸惜！加恩晋赠太子太保，入祀贤良祠。即派庆郡王永璘带领侍卫十员，前往奠醊，赏给陀罗经被、银一千两。并命刘墉侄刘镮之来京经理丧事。③

庚辰，谕曰：前任大学士刘统勋翊赞先朝，嘉猷茂着。伊子刘墉克承家世，清介持躬。扬历中外，浃陟纶扉。年逾八旬，精神矍铄。兹闻溘逝，深为轸惜！加恩晋赠太子太保，入祀贤良祠。即派庆郡王永璘带领侍卫十员，前往奠醊，赏给陀罗经被、银一千两。并命刘墉侄刘镮之来京经理丧事。寻赐祭葬，予谥文清。④

●闻刘墉讣告至，赵翼连写三首挽诗，以寄哀思。⑤

---

① ［清］赵翼：《送石庵相公还朝》，《瓯北集》，第1193页。
② ［清］刘墉：《刘文清公遗集》卷十七，道光六年刘喜海刘氏味经书屋刊刻，英和跋。
③ 王钟翰点校《清史列传》卷四百七十六《列传》卷二十六，北京：中华书局，1987年，第1986—1990页。
④ 《大清仁宗受天兴运敷化绥猷崇文经武孝恭勤俭端敏英哲睿皇帝实录》卷之一百三十八。
⑤ ［清］赵翼：《瓯北集》，上海：上海古籍出版社，1997年。

才送还朝数月前，俄惊仙驭大罗天。
向愁久别难重见，岂意相逢俱永捐。
黄阁调元荣再世，青灯谈艺记当年。
翻思昨岁与来日，天予吾曹一面缘。

贞白汾阳陆放翁，寿俱八十五才终。
高名已属三君子，大耋今添一相公。
勋业不妨文敌武，神仙皆到老还童。
即论落纸云烟妙，也抵山阴万首工。

我与公交迹最陈，秀才时已客平津。
分歧虽隔青云路，阅世同为白发人。
楹帖一联成绝笔，书签十册枉随轮。
始知老健原难恃，只在斯须臂屈伸。

●王培荀《乡园忆旧录》对刘墉去世时间记载有误：

诸城刘文清公，嘉庆十年薨于位，谕赐祭葬。赐物便蕃，将抵里门，每物一人，捧盘悬谕，赐牌夹道而驰，内有红绒结顶冠。盖当时之特蒙殊恩如是。开奠日，有人耳目手足皆有残疾，见者谓之十不全，入祭痛哭，口呼忠臣。问其姓字，自称明良。县中素无其人，哭毕趋出，莫知所往。人以为异，作诗纪之云："忽有明良一废人，盘香祭幛哭忠臣。"惜忘其全。公侄冢宰信芳先生，绰有家风，道光元年薨，缢文恭。上谕追奖其遇事敢言，赐次子华海举人。乙未大挑，与辛巳科同班。背诵历履，肃亲王及大臣再三慰谕。挑一等，以知县用。朝庭眷顾世臣，恩遇隆重，非徒一家之荣也。①

●刘墉在时人心目中也有被神化的成分，频见时人如下猜测云：

九月二十日，内阁堂上见狐蹲伏汉相座，逾久乃去。不数月而刘文清、王文端、纪文达三相继逝，此物之出，信非偶然矣。②

---

① ［清］王培荀：《乡园忆旧录》卷三，济南：齐鲁书社，1993年，第173—174页。
② ［清］赵慎畛：《榆巢杂识》卷下，北京：中华书局，2001年，第140页。

诸城刘文清公，亦由精灵转世。其归道山之岁，值十二月封篆之期，公坐内阁堂上，座后有一白猫，体态甚伟。当公未至时，固无猫也。此物自何来，人亦不知。堂上中书供事等群见之，而未敢言。及公退，猫亦遂不见。二十四日公卒，或谓猫即狐也，公将卒而神出见，然则此狐为公前身矣。①

刘文清年八十五，卒日之清晨，到阁办事，与陈春淑副宪争解《论语》不休。王文端年八十一，卒前一日，犹进内召对如常。无疾端逝，二公之生也有自来。②

●以刘墉为当世书法名家，嘉庆皇帝下旨命刘镮之辑刘墉书法摹勒上石，成《清爱堂石刻》六卷。《续修四库全书总目提要·清爱堂石刻》对其介绍如下：

清刘墉书。前四卷隶书题首云"清爱堂石刻"。册尾"嘉庆十年冬十月户部右侍郎臣刘镮之奉圣旨摹勒上石"，均钱梅溪笔。后二卷前题"清爱堂墨刻"，册尾无年月款识。刘镮之，石庵孙也。石庵及成邸书，皆出松雪。成邸犹为赵法所拘不能越其范围，石庵离合变化，自成体格，小真书尤极妍媚之能事。有清一代书家无出其右。成邸题《头陀寺碑》：作此七十有六，篝灯疾写，精神不倦，人书俱老，遂臻化境。其倾服甚至。自题临董书云：下笔明珠个个圆，风神端不愧前贤。赞董实自赞也。《与会稽王笺》爱国忠悃，昭然若揭，惜其书不传，傅青主补以草书，为包慎伯所讥，石庵喜书之。曾见数本，一小册不及五寸，字大仅及此刻三之二。左顾右眄，逸趣横生，虽未识年月，当为晚年之笔。此七十七岁所书，可与襄阳重写《辞世帖》并美艺林，青主之作，瞠乎后矣。陈仲醇《晚香堂苏帖》，石庵恒讥其草率，然所临坡书，仍多依晚香本。以其采撷甚富，为他刻所罕见，而伪迹亦少，摹勒不无可议，究属江河不废之流。独惜石庵临苏，有时流露赵法，所从入者，在此遂成结习。钱梅溪勾勒古今人书，往参以己意，此刻诚工致，以较墨迹则稍钝，亦不能无遗憾云。③

●在刘墉去世22年后，刘喜海编辑刊印《刘文清公遗集》十七卷《刘文清公应制诗》三卷，求名人序跋时，英和跋之如下：

我朝诸城刘文正公，以侍从起家，洊登首辅，凡朝廷大典礼，诸巨制多出公手，

---

① 葛虚存：《清代名人轶事·异征类·刘文清前生》，台北：文海出版社，2006年，第200页。

② [清] 赵慎畛：《榆巢杂识》卷下，北京：中华书局，2001年，第141页。

③ 中国科学院图书馆整理《续修四库全书总目提要·清爱堂石刻》第18册，济南：齐鲁书社，1996年，第313页。

而吾师文清公克守庭诰，相继为相，燮理之暇，述作不倦。今观其遗诗所载赓扬进御之篇，以及指事述意之作，并能质有其文，津逮后起。盖公生于国家隆平之时，玉珂金车照耀门第，禀承文正之彝训，仰赞缉熙之盛业，故其言冲然以和。早岁迴翔馆阁，内通掌故；中年扬历封圻，外娴政术。故其言浏然以整，而又贯串乎经史，宏览乎诸子百家佛老小说，故其言高而不樕，华而不绣，雄而不矜，逶迤而不靡。世徒震耀公之书名，疑若词章非所兼擅者，岂其然哉？公中式乾隆辛未，回避卷为先世父文恭公所取士，与先文庄公尤契好无间。壬子、癸丑，和两出公门，撤棘拜谒，深以师生门户积习相戒，而于门弟子中独许和侍坐，或竟日，或至夜分，视如家人父子，因得略窥公运笔之妙。曾手赵松雪真迹见贻云，贻以此传薪，终身学之不尽也。公初见和时，即诏曰，子他日为余作传，当云以贵公子为名翰林，书名满天下，而自问，则小就不可，大成不能，年八十五不知所终。和起立，负墙曰，愿吾师为召康公。公曰：贪也。迨嘉庆甲子岁，公年八十五矣。腊月二十二日傫直南书房，适和在懋勤殿作书，公呼至，告以雍正至乾隆初南斋旧事，复理前作传语，且云，昨已属瑛梦禅镌印记，曰洞门童子，以当息壤，今为期已迫，岂展限耶？既行，复还坐，纵谭良久，起曰，吾去矣，毋恋。是月二十四日晨兴，饮啖如常，至未申间，端坐而逝。呜呼，若公者，不洵称生有自来，死有所归者哉。公于和，深相器异，每有手书辄以见畀，故家藏墨迹甚多。曩已摹勒上石，垂为世守，又尝乞公书南书房及翰林院瀛洲亭扁榜，至今悬诸楣端。呜呼，虽无老成人，尚有典型，和渥受主知，猥参撰席，于吾师之旧德百不逮一，而开卷循诵，觉当日休休之度如将见之焉。公素不喜存稿，今距公之殁逾二十年，公从孙喜海辑公遗诗成集，而问序于和，因更检所弆手稿附益之，都为十八卷。和之谫陋，乌足以序公诗，顾追维知爱之深，敬以函丈燕闲得之亲炙者，识数语于后，至于公之清操硕望，光辅两朝，所以绍家声而绵世泽者，则国史具详，固无俟后生肸饰尔。道光六年丙戌孟陬月。①

---

① ［清］英和：《刘文清公诗集跋》，《八旗文经》（影印标点本）卷二十三，沈阳：辽沈书社出版社，1988年，第207页

附 录

一、诸城刘氏重要人物世系表

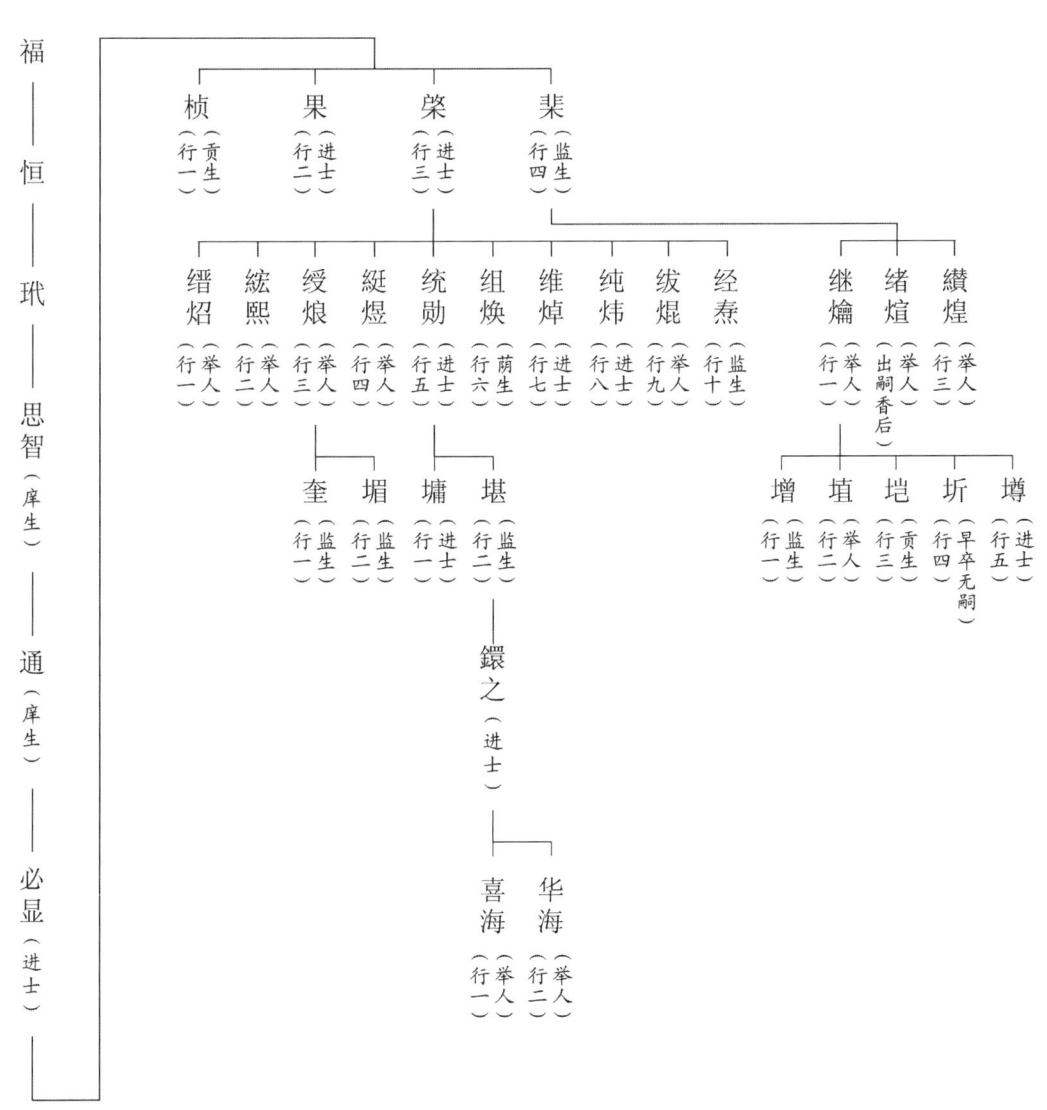

注：刘诗、刘泌两位进士仕宦政绩不显，故未收录。

二、诸城刘氏举人进士年表

世次	序号	姓名	中举时间	中进士时间
六世	1	刘必显	明天启甲子（1624）	清顺治壬辰（1652）
六世	2	刘必大	顺治庚子（1660）	
七世	3	刘 果	顺治甲午（1654）	顺治戊戌（1658）
七世	4	刘 棨	康熙乙卯（1675）	康熙乙丑（1685）
八世	5	刘绍煇	康熙丁巳（1677）	
八世	6	刘缙炤	康熙癸巳（1713）	
八世	7	刘绂熙	康熙癸巳（1713）	
八世	8	刘绶烺	康熙癸巳（1713）	
八世	9	刘继煜	康熙丁酉（1717）	
八世	10	刘统勋	康熙丁酉（1717）	雍正甲辰（1724）
八世	11	刘维焯	雍正己酉（1729）	雍正庚戌（1730）【联捷】
八世	12	刘纯炜	雍正丙午（1726）	乾隆己未（1739）
八世	13	刘绂焜	雍正乙卯（1735）	
八世	14	刘继熽	康熙甲午（1714）	
八世	15	刘缵煌	雍正甲辰（1724）	
八世	16	刘绪煊	雍正壬子（1732）	
九世	17	刘 堃	乾隆丙辰（1736）	
九世	18	刘 坦	雍正乙卯（1735）	
九世	19	刘 塨	雍正壬子（1732）	
九世	20	刘 堈	乾隆丙辰（1736）	
九世	21	刘 垣	雍正乙卯（1735）	
九世	22	刘 堉	乾隆辛酉（1741）	
九世	23	刘 垌	乾隆辛酉（1741）	
九世	24	刘 坿	雍正乙卯（1735）	
九世	25	刘 墉	乾隆辛酉（1741）	乾隆辛未（1751）
九世	26	刘 臻	乾隆甲子（1744）	

续表

世次	序号	姓名	中举时间	中进士时间
九世	27	刘 田	乾隆庚寅（1770）	
	28	刘 诗	乾隆戊子（1768）	乾隆戊戌（1778）
	29	刘 礼	乾隆戊子（1768）	
	30	刘 埴	乾隆戊午（1798）	
	31	刘 墫	乾隆癸酉（1753）	乾隆庚辰（1760）
十世	32	刘镮之	乾隆己亥（1779）【钦赐】	乾隆己酉（1789）
	33	刘铨玮	嘉庆戊午（1798）	
	34	刘錄效	道光乙酉（1825）	
十一世	35	刘 泌	乾隆戊申（1788）	乾隆己酉（1789）【联捷】
	36	刘长源	嘉庆丙子（1816）	
	37	刘喜海	嘉庆丙子（1816）	
	38	刘华海	道光辛巳（1821）【钦赐】	
	39	刘 沆	乾隆戊申（1788）	
十二世	40	刘攀龙	道光癸卯（1843）	
	41	刘振采	咸丰戊午（1858）	
十三世	42	刘云根	光绪壬寅（1902）	

三、诸城刘氏著述表

世次	姓名	编号	著述
七世	刘果	1	《芫园集》
		2	《十柳堂诗集》一册
		3	《木斋公诗稿》
	刘棨	4	《养厚堂诗稿》一册
		5	《恩荣纪略》
		6	《平阳府志》
		7	《青岑公诗稿》
八世	刘缙照	8	《四刘合稿》
	刘继熽	9	
	刘鈜熙	10	
	刘绶烺	11	
	刘绂熙	12	《南村集》一册
	刘统勋	13	《钦定皇舆西域图志》四十八卷，卷首四卷
		14	《评鉴阐要》十二卷
		15	《刘文正公集》不分卷
		16	《刘文正公奏议》
		17	《刘文正公家言集》
		18	《大清律例》
		19	《百余集》
	刘纯炜	20	《霁庵诗略》一册
		21	《性理集说》
		22	《九经辩疑》
	刘绂焜	23	《唐诗小学集》
九世	刘墫	24	《清欢堂诗集》一册
	刘堉	25	《锦秋亭集》一册

续表

世次	姓　名	编号	著　　述
九世	刘烱	26	《写意诗集》一册
	刘坸	27	《写意集》
		28	《槎河山房集》一册
	刘墫	29	《海上吟》
	刘墉	30	《丙戌诗草》一册
		31	《同善见闻录》八册
		32	《刘文清公遗集》十七卷
		33	《刘文清公应制诗集》三卷
		34	《书法菁华》八卷
	刘臻	35	《清爱堂法帖》
		36	《石庵公诗稿》
		37	《筠谷诗略》七卷
		38	《遗泽草堂集》
		39	《清泽草堂草》
	刘奎	40	《筠谷公诗稿》
		41	《魏塘唱和诗》
		42	《松峰说疫》七卷
		43	《说疫全书》六卷
		44	《瘟疫论类编》
		45	《增补瘟疫论》五卷
		46	《痧疫二症合编》六卷后一卷又三卷又二卷又二卷
		47	《松峰诗略》一册
		48	《文略》一册
		49	《松峰集》
		50	《松峰医话》
		51	《耒阳县乡土志》二编
		52	《景岳全书简方》
		53	《四大家医粹》

续表

世次	姓 名	编号	著 述
九世	刘 诗	54	《洗心亭未定草》一册
		55	《园林百吟》
	刘 界	56	《倚树吟》一册
		57	《云严公诗稿》
	刘 昀	58	《贻清堂诗钞》一册
		59	《防边草》
		60	《扶苏近草》
	刘 书	61	《仲雅诗草》
	刘 琭	62	《澹园诗稿》四卷
		63	《西江一棹集》一卷
		64	《澹园集》
		65	《挹秀山房诗集》八卷
		66	《澹园公诗稿》
	刘 锜	67	《留余斋诗钞》一册
		68	《莨溪集》
十世	刘之鋐	69	《四友斋诗草》一册
	刘铨玮	70	《顾溪诗集》
	刘铨瑊	71	《琪园诗草》一册
	刘秉锳	72	《松台诗草》一册
	刘秉钧	73	《乙照书屋试草》
	刘秉锦	74	《濯西济急简方 首水程迪吉之方 陆路迎祥之方 万□平安之方》六卷
十一世	刘仲䂮	75	《淡虑轩诗草》
		76	《寄庵公诗稿》
	刘喜海	77	《金石苑》一百二十一卷
		78	《金石苑目》
		79	《古泉苑》一百零一卷
		80	《海东金石苑》八卷，补遗六卷，附录二卷

续表

世次	姓　名	编号	著　　述
十一世	刘喜海	81	《苍玉洞宋人题名》
		82	《海东石墨古泉随笔》
		83	《海东撷古志》
		84	《海东金石存考》一卷
		85	《嘉荫簃藏器目》一卷
		86	《嘉荫簃集》二卷
		87	《嘉荫簃搜古汇编》七十卷
		88	《嘉荫簃泉拓》五卷
		89	《嘉荫簃古泉随笔》八卷
		90	《嘉荫簃论泉绝句》二卷
		91	《刘燕庭所得金石》一册
		92	《洛阳存古录》三十二卷
		93	《清爱堂钟鼎彝器款识法帖》一册
		94	《泉苑精华》四册
		95	《三巴瞀古志》
		96	《陕西得碑目》二卷
		97	《鼓山题名》六卷
		98	《燕庭金石丛稿》不分卷
		99	《玉华洞题名》一册
		100	《昭陵复古录》
		101	《贞珉阐古录》
		102	《东武刘氏款识》
		103	《佛幢证古录》
		104	《长安获古编》三卷，补一卷
		105	《鼓山题名》六卷
		106	《大钱图录》一卷
		107	《味经书屋金石丛书》二十六卷
		108	《书目类编》

续表

世次	姓 名	编号	著 述
十一世	刘喜海	109	《新莽货布范》
		110	《嘉荫簃杂著》一卷
		111	《诸城刘氏金文拓本释》不分卷
		112	《燕庭公诗稿》
		113	《刘喜海像卷》
		114	《寰宇碑目》不分卷
		115	《蒐古汇编》七十卷
		116	《类海清源总略》十卷
		117	《燕庭先生手书丛稿》不分卷
		118	《三巴汉石纪存》不分卷
		119	《历代古钱录》不分卷
	刘文霨	120	《鸿雪轩诗稿》
		121	《雨亭公诗稿》
		122	《东武刘氏贡举文集》四卷
		123	《东武刘氏贡举传略》一卷
	刘华清	124	《半园诗草》一册
	刘春源	125	《凌云斋文集》四卷
	刘长源	126	《莲南诗草》一册
	刘 涛	127	《云岩诗草》一册
		128	《集古诗草》二册
	刘 溁	129	《诒园诗存》一册
		130	《怡园诗稿》
		131	《怡园公诗稿》
	刘 津	132	《晴川集》
		133	《晴川诗草》一册
	刘 瀚	134	《诗稿》一册
	刘大河	135	《急救新编》

续表

世次	姓　名	编号	著　　述
十二世	刘昭栋	136	《停云室诗草》二卷
		137	《停云室乩仙诗文集》十卷
	刘云栋	138	《清臣吟草》
	刘士林	139	《梦生集》四卷
	刘攀龙	140	《列岫山房诗草稿》四卷
		141	《梅生公诗稿》
	刘隆业	142	《爱鹤轩诗草》
		143	《遇初公诗稿》
	刘怀朴	144	《半园吟诗稿》
		145	《半园吟草》一册
		146	《念初公诗稿》
	刘鼎铭	147	《仙莲山房集》二册
	刘春元	148	《凌寒斋诗文存》
		149	《寇警记略》一册
		150	《披衲余编》
		151	《桑梓图考》
		152	《凌寒斋文稿》四册
		153	《凌寒斋诗稿》一册
		154	《橘亭公诗稿》
	刘春林	155	《双竹轩诗稿》一册
十三世	刘凤鸣	156	《与石居诗稿》
		157	《声山公诗稿》
	刘凤岗	158	《苍雪山房樵唱》
		159	《雪岩公诗稿》
	刘燕昌	160	《伴松居诗草》
十四世	刘篯	161	《旅青吟草》
		162	《云溪诗词》

续表

世次	姓　名	编号	著　　述
十四世	刘　篯	163	《松荫庐诗稿》
		164	《松荫庐词稿》
		165	《伤寒论约注》
		166	《伤寒论提要》
		167	《伤寒论药品简方》
		168	《伤寒论教学参考数据》
		169	《医方歌诀》
		170	《本草一览》
		171	《外科提要》
		172	《疠症全书》
		173	《眼科秘要》
		174	《松荫庐医话》
		175	《松荫诗稿》
		176	《唐诗绝句选》
		177	《清代名人七律选》
		178	《渔洋初白七律选》
		179	《古方杂谈》
	刘　筠	180	《秋溪诗稿》
		181	《青岛百吟》

参考文献

1. ［清］张廷玉等：《皇朝文献通考》卷五十二，《四库全书》，台北：台湾商务印书馆，1986年。

2. ［清］弘历：《御制诗集》。

3. ［清］梁国治等：《钦定国子监志》，《四库全书》，台北：台湾商务印书馆，1986年。

4. ［清］袁枚：《小仓山房诗集》，《续修四库全书》。

5. ［清］宫懋让等修，李文藻等纂：乾隆二十九年刊本《诸城县志》，台北：成文出版社有限公司，1976年。

6. ［清］卢见曾：《国朝山左诗钞》，《山东文献集成》第1辑第41册，济南：山东大学出版社，2006年。

7. ［清］刘墉：《刘文清公遗集》十七卷，清道光六年（1826）东武刘氏味经书屋刻本。

8. ［清］刘墉：《刘文清公应制诗集》，清道光六年（1826）东武刘氏味经书屋刻本。

9. ［清］刘墉编《书法菁华》，上海：上海图书公司，民国十三年（1924）石印本。

10. ［清］朱珪：《知足斋文集》。

11. ［清］纪昀：《阅微草堂笔记》，《续修四库全书》，上海：上海古籍出版社，2002年。

12. ［清］纪昀著，孙致中等点校《纪晓岚文集》，石家庄：河北教育出版社，1995年。

13. ［清］纪昀：《纪晓岚诗集》。

14. ［清］姚鼐：《惜抱轩文集》，《续修四库全书》第1453册，上海：上海古籍出版社，2002年。

15. ［清］王昶：《春融堂集》，北京：中华书局，1984年。

16. ［清］王昶：《湖海诗传》，《续修四库全书》，上海：上海古籍出版社，2002年。

17. ［清］赵翼：《簷曝杂记》，北京：中华书局，1982年。

18. ［清］赵翼：《瓯北集》，上海：上海古籍出版社，1997年。

19. ［清］法式善等：《清秘述闻三种》，北京：中华书局，1892年。

20. ［清］刘奎：《疫疹二症合编》，《说疫全书》，九皇宫藏版，道光丙午（1846）重镌。

21. ［清］刘奎：《松峰说疫》，北京：人民卫生出版社，1987年。

22. ［清］刘奎评释《瘟疫论类编》，本衙藏本，嘉庆四年（1799）新镌。

23. ［清］刘奎撰，李顺保校注：《松峰说疫》，北京：学苑出版社，2003年。

24. ［清］刘奎《瘟疫论类编》，日本享和三年（1803年）翻刻本。

25. ［清］刘塈：《挹秀山房诗集》，道光十六年（1836）刘氏刻本。

26. 燕琦校点《刘公案》，车王府曲本，人民文学出版社，1990年。

27. ［清］曾国荃、张煦等修《山西通志》，《续修四库全书》册644，上海：上海古籍出版社，2002年。

28. ［清］昭梿：《啸亭杂录》，北京：中华书局，1980年。

29. ［清］昭梿：《啸亭杂录续录》，北京：中华书局，1980年。

30. ［清］允禄等：《钦定同文韵统》卷首，《四库全书》，台北：台湾商务印书馆，1986年。

31. ［清］王端履：《重论文斋笔录》，《续修四库全书》，上海：上海古籍出版社，2002年。

32. ［清］王芑孙：《渊雅堂集》，《续修四库全书》册1480，上海：上海古籍出版社，2002年。

33. ［清］梁章钜：《楹联丛话》，《续修四库全书》，上海：上海古籍出版社，2002年。

34. ［清］焦循：《雕菰楼集》，《续修四库全书》，上海：上海古籍出版社，2002年。

35. ［清］陈康祺：《燕下乡脞录》，光绪七年刻本。

36. ［清］陈康祺：《郎潜纪闻初笔二笔三笔》，北京：中华书局，1997 年。

37. ［清］爱新觉罗·颙琰：《味余书室全集定本》，《故宫珍本丛刊》第 579 册，海口：海南出版社，2000 年。

38. ［清］英和：《恩福堂诗钞》，北京：北京古籍出版社，1991 年。

39. ［清］刘镮之嘉庆十九年修订《东武刘氏家谱》。

40. ［清］《钦定皇舆西域图志》，《四库全书》，台北：台湾商务印书馆，1986 年。

41. ［清］福格：《听雨丛谈》，沈云龙主编《近代中国史料丛刊》第六十九辑，台北：文海出版社，1973 年。

42. ［清］《清高宗实录》，北京：中华书局，1986 年。

43. ［清］《清仁宗实录》，北京：中华书局，1986 年。

44. ［清］钱仪吉：《碑传集》，北京：中华书局，1993 年。

45. ［清］王筠：《清诒堂文集》，济南：齐鲁书社，1987 年。

46. ［清］刘统勋、刘墉、刘镮之：《诸城刘氏三世奏稿》，《续修四库全书》第 494 册，上海：上海古籍出版社，2002 年。

47. ［清］卢文弨：《抱经堂文集》，《续修四库全书》第 1432 册，上海：上海古籍出版社，2002 年。

48. ［清］赵翼：《陔余丛考·元韵原韵》，北京：商务印书馆，1957 年。

49. ［清］梁巘著，洪丕谟点校《承晋斋积闻录》，上海：上海书画出版社，1984 年。

50. ［清］法式善：《陶庐杂录》，北京：中华书局，1959 年。

51. ［清］钱大昕：《潜研堂文集》，上海：上海古籍出版社，1989 年。

52. ［清］钱大昕：《十驾斋养新录》，上海：上海书店出版社，1983 年。

53. ［清］王鸣盛：《十七史商榷》，上海：上海书店出版社，2005 年。

54. ［清］吴振棫：《养吉斋丛谈》，北京：北京古籍出版社，1983 年。

55. ［清］姚元之：《竹叶亭杂记》，中华书局，1982 年。

56. 《刘公案》，车王府曲本，北京：人民文学出版社，1990 年。

57. ［清］杨钟曦：《雪桥诗话余集》，沈云龙主编《近代中国史料丛刊续编》第二十五辑，台北：文海出版社，1983 年。

58. ［清］杨钟羲：《雪桥诗话》卷七，北京：文物出版社，木板刷印，1984 年。

59. ［清］洪亮吉：《北江诗话》，《续修四库全书》，上海：上海古籍出版社，2002 年。

60. ［清］刘镮之修《刘统勋刘墉刘镮之年表》。

61. ［清］刘光斗：《诸城县续志》第 385 册，台北：成文出版社有限公司，1976 年。

62. ［清］李元度：《国朝先正事略》。

63. 赵尔巽主编《清史稿》，杭州：浙江古籍出版社，1998 年。

64. ［清］刘文霱：《刘氏贡举文集》。

65. ［清］赵慎畛：《榆巢杂识》，北京：中华书局，2001 年。

66. ［清］阮亨：《瀛洲笔谈》，嘉庆二十五年（1820）刻本。

67. ［清］永瑆：《诒晋斋集》，《续修四库全书》第 1487 册，上海：上海古籍出版社，2002 年。

68. ［清］震钧：《天咫偶闻》，《续修四库全书》第 730 册，上海：上海古籍出版社，2002 年。

69. ［清］阮元：《揅经室集》，北京：中华书局，1993 年。

70. ［清］吴长元：《宸垣识略》，《续修四库全书》第 730 册，上海：上海古籍出版社，2002 年。

71. ［清］阮元：《揅经室二集》，《续修四库全书》第 1479 册，上海：上海古籍出版社，2002 年。

72. ［清］徐珂：《清稗类钞·礼制类》，北京：中华书局，1984 年。

73. ［清］刘延圻辑印《东武刘氏诗萃》（八卷本），同治二年（1863）刘氏爱闻簃石印本。

74. ［清］法式善：《梧门诗话》，《清代稿本百种丛刊》第 77 册，台北：文海出版社，1963 年。

75. ［清］潘世恩：《思补斋诗集》，道光三十年（1850）刊本。

76. ［清］王赓琰：《东武诗存》，嘉庆二十五年（1820）化香阁刻本。

77. ［清］戴璐：《藤阴杂记》，沈云龙主编《近代中国史料丛刊三编》第二十六辑，台北：文海出版社，1987 年。

78. ［清］洪亮吉：《北江诗话》，《续修四库全书》，上海：上海古籍出版社，2002年。

79. ［清］洪亮吉：《洪北江诗文集》，《四部丛刊初编》第298册，上海：上海书店，1989年。

80. ［清］王培荀：《乡园忆旧录》，济南：齐鲁书社，1993年。

81. ［清］沈初：《西清笔记》卷一《纪恩遇》，台北：新文丰出版公司，1985年。

82. ［清］钱泳：《履园丛话》，北京：中国书店，1991年。

83. ［清］陈其元：《庸闲斋笔记》，《续修四库全书》，上海：上海古籍出版社，2002年。

84. ［清］梁章钜、朱智：《枢垣记略》，北京：中华书局，1984年。

85. ［清］梁章钜：《楹联续话》卷三，北京：中华书局，1987年。

86. ［清］梁绍壬：《两般秋雨盦随笔》，《续修四库全书》第1263册，上海：上海古籍出版社，2002年。

87. ［清］岳濬等监修，杜诏等编纂：《山东通志》，民国二十三年（1934）商务印书馆民国四年至七年山东通志刊印局铅印本。

88. ［清］卞宝第、李瀚章等纂修：《湖南通志》，《续修四库全书》第664册，上海：上海古籍出版社，2002年。

89. ［清］李伯元：《南亭笔记》，南京：江苏古籍出版社，2000年。

90. ［清］无名氏：《瘂坤志略》，《中国内乱外祸丛书》，上海：神州国光社，1936年。

91. ［清］李元度：《国朝先正事略》卷十六，《续修四库全书》第538册，上海：上海古籍出版社，2002年。

92. 徐世昌：《晚晴簃诗汇》，1929年。

93. 中国历史第一档案馆编《嘉庆道光两朝上谕档》（一），桂林：广西师范大学出版社，2000年。

94. ［清］葛虚存：《清代名人轶事》，《近代中国史料丛刊三编》第四辑，台北：文海出版社，2006年。

95. 于植元：《英和与奎照》，沈阳：辽宁人民出版社，1988年。

96. 秦国经主编《清代官员履历档案全编》卷十九，中国第一历史档案馆藏，上海：华东师范大学出版社，1997年。

97. 朱保炯、谢沛霖编《明清进士题名碑录索引》，上海：上海古籍出版社，1997年。

98. 王钟翰点校《清史列传》北京：中华书局，1928年。

99. 吴晗辑《朝鲜李朝实录中的中国史料》，北京：中华书局，1980年。

100. 印鸾章：《清鉴纲目》，长沙：岳麓书社，1987年。

101. 沈云龙主编《近代中国史料丛刊三编》，台北：文海出版社。

102. 黄鸿寿：《清史纪事本末》，北京：北京图书馆出版社，2003年。

103. 贺治起、朱庆荣：《纪晓岚年谱》，北京：书目文献出版社，1993年。

104. 罗继祖：《朱笥河先生年谱》，《北京图书馆藏珍本年谱丛刊》第106册，北京：北京图书馆出版社，1999年。

105. 蔡冠洛编纂《清代七百名人传》，北京：中国书店出版社，1984年。

106. ［清］余金：《熙朝新语》，上海：上海古籍书店，1983年（此书为徐锡龄、钱泳同辑，此刊本取二人姓氏偏旁，托名"余金"纂集）。

107. 张书才：《纂修四库全书档案》，上海：上海古籍出版社，1997年。

后 记

　　终于把最后一个脚注修改好了，这本积累了近三十年的资料，遂呈现为今日《刘统勋刘墉桥梓年谱》的样子。其实，为了繁富，还有一些资料可以加进来，譬如已经写了五万多字的《刘喜海年谱》，还有诸城刘氏家族简史、刘统勋、刘墉以及刘必显、刘果、刘棨、刘纯炜、刘墫、刘奎、刘喜海等家族代表人物的评论。但，如果把这些加进来，不仅题目要改，而且篇幅可能会增加至少三分之一。因此，几经反复，最后还是决定删芜去杂，还年谱本来面目，除"凡例"外，其他能够精简的一概删除。

　　这部年谱，其命运说来还颇有点曲折。

　　书稿基本完成后，曾打过三个样本。但后来因忙于应付各种无法推脱的事务，便将其束之高阁了。不料，一天中午，山东省诸城市对乡土文化挚爱且颇有研究的王忠伟先生突然将这部书稿一打印件的图片通过微信发来，说这是他在南京某古籍网店上看到的，问真伪，并说他准备购买。我一看，价格还很高，着实被吓一跳。书，没出，就被流通到古籍网上去了。原来这是该年谱最早的一个打印件，因工作室搬家，夫人让我去检查一下她准备扔掉的废纸与多余的报刊资料，我当时身体不适，就没去亲自检点，结果被混在一大堆废纸中卖掉了。还真得佩服书贩们的信息之灵通与眼光之犀利：书稿一到废纸店就被他们收走，这草稿所蕴藏的那么一点点市场价值灵光一现之际就被他们捕捉到了。我只好一边感叹书贩们的境界不俗，一边自己掏钱让夫人回购。每每想到这里，就令我哭笑不得。

　　此后半年左右时间，忠伟经常问我该书下落，最后建议出版事宜由我联系诸城市政协。当时，我感觉无可无不可，而且感觉不一定能运作成功，就信口答应了。不料不久，诸城市政协王爱民主席即安排文史委万军主任与我联系，很正式地跟我谈联系合作出版的诸项事宜。并说王主席对诸城地方文化特别重视，认为书中史料具有"存史、资政、团结、育人"的重要作用；尤其是以刘统勋、刘墉为杰出代表的刘氏一门清廉爱民的家风，对当前反腐倡廉的廉政建设，具有特别重要的现实意义；年谱对于渴望了解当地历史上最为著名的乡贤刘统勋、刘墉生平事迹的诸城人，乃至潍坊、甚至所有山东人，都是一个非常好的契机。王主席有如此情怀，对年谱又如此重视，令我感动不已，遂准备好好地再修订一番。

但毕竟没签正式合同，事，尚在两可之间，书法展、书法会议、书法市场等多个方面纷至沓来的事务仍然牵扯了我的大部分精力。尤其是因为疫情导致全国各地财政状况陡然紧张之后的一段时间，我一直没有收到消息，我猜想可能是因为资金不好筹措，诸城市政协已经放弃了。所以，我也就放下修订工作，忙其他事去了。

没想到，一过春节，诸城市政协就给我打电话，说梁清波、张佳伟两位政协委员，热爱公益事业，对诸城地方文化研究特别支持，在与王爱民主席的交流中，表示愿意慷慨解囊提供出版资金，并说已经与出版社签署了出版合同等等。也就是说万事俱备，只欠东风了。书稿的修订由此又成为我工作中的头等大事。

虽然自1992年秋就已开始年谱资料的积累工作，而且2022年前初稿已经草就，但真到修订时间，才发现工作量仍然十分巨大。

年谱与阐释性著作不同的是，著作是一次性成型的新衣，极易浑然一体。年谱却如和尚的百衲衣，前后三十多年时间积累的资料，犹如一块块碎片，必须将其纳入一个完整的叙事系统后方可。原来资料不合系统规范的需要调整，甚至舍弃。而这一点一点积累起来的资料，其实都是一个一个的坑，校对时稍有不慎，就会出错。几十年跨度，对于一些时间、内容的记忆，常有出入，但成书之时却要求对之不能有半点含糊。因此，在事久记忆不确之际，需翻箱倒柜，寻找资料，接续那些时断时续的记忆。与此同时，作为作者，还必须以读者为上帝，不管自己有无学术风险，方不方便，在编排资料时，必须站在读者立场上，为读者提供最大的阅读便利，给读者提供最为准确的信息，然后方能赢得当下心安。譬如，前人年谱对录入资料多有未标明出处者，致使验证真伪、完整与残缺之时，多有不便。但本年谱所录资料，除个别漏检者外，均一一标明出处。再如《清实录》月相纪日，常常使绝大多数读者不知所措，对日期变化无法把握。本年谱针对于此，将其一一换算成农历纪年纪月纪日的方式。再如刘统勋、刘墉及其家人，其事记于很多清代文献，然年谱应以史料翔实、时间线索清楚之《清实录》资料最为重要。因今日读者对《清实录》所述事件的背景、人名、地名、术语乃至语言表述方式多有隔膜，以致阅读如棘随步、障碍颇多，故对所涉刘氏资料均在加以标点符号之后，以纲目方式呈现——《清实录》每条与刘统勋相关者以数语概而言之为纲，相关之事以原文形式附之于后为目（包括月相纪日，以便读者核查）。庶几可使编者即使概括时偶有偏漏之失，也不妨碍读者了解原始史料之本来面目。这样虽然方便了读者的理解，但却极大地增加了作者学术工作量，同时还带来了可能因概括不确为时人或后人诟病的学术风险。

总之，在撰写与修订的过程中，每一个字都如一只飞舞的蚊蝇，数十万字，犹如一个庞大的蚊蝇群，搞得我头晕眼花、不胜其烦。好在总拢初稿时，我聘请了一个学术助手许岳。他化学专业本科毕业，人品极好。在我培养下，进入角色很快，承担了年谱资料的全部录入工作。另外，还必须要提到的是我多年前的两个弟子——丁平与李强，他们都在校对上付出了巨大的努力。尤其是丁平，其校对认真、规范、高效。在今年推出的四部拙著中，无论哪一部，都流下了他辛勤校对的汗水。没有这三位年轻人的帮助，该书的问世，还不知要增加几多曲折。

但所有这一切，如果没有王爱民主席与梁清波、张佳伟两位先生的鼎力支持，也不会落实为今天读者眼前的出版物。所以，在此请允许我对他们表示再一次的诚挚谢意。

虽然，前述的"我们"，为本书的完善付出了许多，但最终为本年谱增光添彩的还是两位老师的序言。陈振濂老师身为中国文化界的大咖，日常生活可谓千头万绪，依然在百忙之中，带病完成序言，使我深感不安的同时大受感动。蒿峰老师自省政府重要岗位上退休后，被推举为山东省诗词协会第一副会长，诗境大进，而且对诗词的写作与研究可谓如痴如醉，同时又兼修书画，时间上亦可谓间不容暇，竟然在接我请序电话后，抛开一切事务，数日后就把序言发来，不愧为省府大院一支笔的美誉。其凤在此，谢谢两位恩师的加持与厚爱！

作　者

2024 年 1 月